Schriftenreihe des
EUROPA-KOLLEGS HAMBURG
zur Integrationsforschung

Herausgegeben von
Prof. Dr. Peter Behrens
Prof. Dr. Harald Jürgensen
Prof. Dr. Gert Nicolaysen
Prof. Dr. Karl-Ernst Schenk

Band 2

Dr. Hans-Joachim Seeler

Die Europäische Einigung und das Gleichgewicht der Mächte

Der historische Weg der Europäischen Staaten zur Einheit

2. Auflage

Nomos Verlagsgesellschaft
Baden-Baden

Die Deutsche Bibliothek – CIP-Einheitsaufnahme

Seeler, Hans-Joachim:
Die Europäische Einigung und das Gleichgewicht der Mächte : Der historische Weg der Europäischen Staaten zur Einheit / Hans-Joachim Seeler. – 2. Aufl. – Baden-Baden : Nomos Verl.-Ges., 1995
(Schriftenreihe des Europa-Kollegs Hamburg zur Integrationsforschung; Bd. 2)
ISBN 3-7890-3881-4
NE: Stiftung Europa-Kolleg <Hamburg> : Schriftenreihe des Europa-Kollegs ...

2. Auflage 1995

Vorwort

Seit dem Erscheinen der 1. Auflage sind zweieinhalb Jahre vergangen, eine kurze Phase in der Geschichte Europas - und dennoch hat sich in dieser Zeit vieles bewegt und manches verändert.
Das Vertragswerk von Maastricht ist in Kraft getreten und damit die Europäische Union geschaffen worden, unter deren Dach die supranationale Europäische Gemeinschaft fortbestehen wird, ergänzt durch die mit präzisen Daten vorgegebene Wirtschafts- und Währungsunion und einer vertraglich geregelten Kooperation der Mitgliedstaaten in der Außen-, Sicherheits-, Justiz- und Innenpolitik. Die Staatsangehörigen der Mitgliedstaaten sind nun zugleich auch Unionsbürger geworden.
Seit dem 1. Januar 1995 sind drei weitere Staaten Europas, nämlich Österreich, Finnland und Schweden Mitglied der EU geworden. Dadurch wurde das Übergewicht der südlichen Mitgliedstaaten ein wenig ausgeglichen. In Norwegen hat die Bevölkerung zum zweiten Mal nein zu einer Mitgliedschaft in der Europäischen Union gesagt. Das Land wird nun wohl für lange Zeit seinen Weg alleine gehen müssen, allerdings an den Binnenmarkt der EU durch den EWR gebunden und als Nato-Mitglied mit der in die EU integrierten WEU assoziiert.
Durch die Europaverträge sind inzwischen auch weitere Staaten Mittel-Ost- und Südosteuropas, nämlich Polen, Ungarn, Tschechien, die Slowakei, Bulgarien und Rumänien mit der Europäischen Union assoziiert, um ihnen so die Möglichkeit zu geben, sich auf eine spätere Mitgliedschaft, insbesondere wirtschaftlich, vorzubereiten.
Immer stärker drängt der Osten und Südosten Europas in die EU. Vor allem für das wiedervereinigte Deutschland wird diese Osterweiterung eine große politische Herausforderung sein; bedeutet sie doch eine schwerwiegende Gewichtsverlagerung in Europa. Deutschlands politische und wirtschaftliche Position wird stärker werden. Vor allem darum muß Deutschland seine Bemühungen um die Integration der Mittel-Ost- und Südosteuropäischen Staaten als eng integriertes Mitglied der EU voranbringen und um jeden Preis eine erneute Isolierung in Europas Mitte vermeiden. Für die Mittel-Ost- und Südosteuropäischen Staaten gilt es vor allem auch, das durch den Zerfall der Sowjetunion gestörte Gleichgewicht erneut zu stabilisieren. Ihre Aufgabe als Mitglieder der EU wird es vor allem sein, für ein ausgeglichenes Nebeneinander und auch Miteinander zwischen der EU und Rußland sowie den GUS-Staaten zu sorgen.
1996 wird die in Maastricht beschlossene Folgekonferenz sehr wichtige Entscheidungen zu treffen haben. Es geht nicht nur darum, die gemeinsame Kooperation in der Sicherheits-, Außen-, Justiz- und Innenpolitik stärker in die Strukturen der supranationalen Europäischen Gemeinschaft zu integrieren. Es geht auch um weitere institutionelle Reformen, um so die EU fähig zu machen, nach und nach weitere Mitglieder aufzunehmen, ohne dabei Gefahr laufen zu müssen, zu einer klassischen internationalen Staatengemeinschaft zu degenerieren. Nach wie vor gilt es, bei der schrittweisen Weiterentwicklung und Vergrößerung der EU immer wieder unterschiedliche Interessen auszugleichen. Dabei muß auch bedacht werden, daß die bisher von der Wirtschaftshilfe profitierenden Staaten im Süden der EU um ihre Transferzahlungen Sorge haben und die Konkurrenz neuer Niedriglohn-Länder fürchten könnten. Andererseits eröffnet eine Erweiterung der Europäischen Wirtschaftsgemeinschaft große Entwicklungschancen auch für diese Staaten.

Politisch wird mit der Erweiterung nicht nur ein nach der Auflösung der Sowjetunion und des Ostblocks entstandenes Machtvakuum im Osten und Südosten Europas wieder ausgefüllt, es wird auch innerhalb Europas zu einer Neugewichtung kommen, die sowohl Risiken in sich bergen kann als auch große Chancen für die Stellung ganz Europas und seiner Völker in der Welt eröffnet.

Möge dieses Buch weiterhin dazu beitragen, Verständnis für die Rolle der einzelnen Völker in Europa - bedingt durch ihre Geschichte und geopolitische Lage - zu wecken, und möge es allen an einer gemeinsamen europäischen Zukunft der Völker dieses Kontinents Interessierten helfen, an der Verwirklichung dieser einzig wirklich zukunftsweisenden politischen Idee am Ende dieses so grausamen 20.Jahrhunderts mitgestalten zu können. Der Bürgerkrieg im ehemaligen Jugoslawien zeigt mahnend, daß das Erbe engstirniger, nationalistischer Politik der Staatengründer von gestern und ihrer Nachfolger von heute noch lange nicht vergangen ist, und daß Europa noch viel tun muß, um nicht nur nach außen, sondern vor allem im Innern für Frieden, Freiheit und Gerechtigkeit zu sorgen.

Dr. Hans-Joachim Seeler

im April 1995

Inhaltsverzeichnis

Seite

Seite

Seite

Einleitende Anmerkungen

Als Caesar den Rubicon überschritt und begann, Gallien zu erobern, war dies der Anfang der ersten erfolgreichen und für viele Jahrhunderte beständigen Einigung eines großen Teiles von Europa. Das Römische Reich umfaßte zur Zeit seiner größten Ausdehnung ganz Süd- und Westeuropa sowie große Teile Deutschlands und Englands. Aber diese römische Einigung großer Teile Europas war die Ausdehnung der Herrschaft eines Volkes und Staates über andere Völker und Staaten. Die Römer beherrschten dieses Europa und prägten es kulturell und zivilisatorisch.

Jahrhunderte nach dem Ende des weströmischen Reiches entwickelte sich diesmal in Mittel/Westeuropa erneut ein großes Europäisches Reich, das Reich der Franken. Unter Karl dem Großen waren in diesem Reich weite Teile Mittel- und Westeuropas, sowie das nördliche Italien vereinigt. Viele Völker mußten damals unter der Herrschaft der Franken leben. Aber dieses große europäische Reich war nicht von Dauer, es zerfiel nach dem Tod Kaiser Karls des Großen wieder. An seine Stelle trat das Heilige Römische Reich Deutscher Nation, wiederum ein Europäisches Reich, das zur Zeit seiner größten Ausdehnung von der Nordsee bis zum Süden Italiens reichte und die heutigen Benelux-Staaten, den Osten und Süden Frankreichs, die Schweiz, Österreich, Böhmen und Mähren, sowie weite Teile Italiens umfaßte. Viele Völker lebten unter der Herrschaft der Deutschen Kaiser. Viele Kriege, vor allem in Italien, waren nötig, um diese Herrschaft zu behaupten. Aber es war keine Herrschaft, die das Ziel hatte, anderen Völkern ihre sprachliche und kulturelle Eigenständigkeit zu nehmen, es war die Macht der Fürsten, um die es in diesem Europa ging. Dies änderte sich, als im 16. Jahrhundert mit der Reformation, und in ihrer Folge der Glaubensspaltung, das Deutsche Reich zu zerfallen begann. Mit dem tatsächlichen Ende der christlichen Universalmonarchie des Heiligen Römischen Reiches Deutscher Nation im 16. und 17. Jahrhundert begann sich das europäische Staatensystem als eine Gesellschaft großer, mittlerer und kleiner Mächte zu entwickeln. Die französische Revolution leitete dann das Ende der von ihren Fürsten beherrschten und geprägten Monarchien in Europa ein. Die Völker begannen, ihre Teilhabe an der Macht einzufordern. Aus dynastischen Herrschaftsgebieten wurden Nationen. In Europa begann die Zeit der Nationalstaaten und mit ihnen der Nationalismus. Das Ziel, Europa zu beherrschen, blieb. Für wenige Jahre konnte Napoleon I. das von ihm beherrschte Frankreich auf weite Teile Nord- und Südeuropas ausdehnen. Die Staaten, die er seinem Reich nicht einverleibte, degradierte er zu französischen Satelliten. Aber Europa läßt sich auf Dauer nicht von einem Volk erobern und beherrschen, es verzichtet nicht auf die Vielfalt seiner Kulturen und auf die Bewahrung der Eigenständigkeit seiner Völker und Stämme. Das französische Europa Napoleons blieb eine kurze historische Episode.

130 Jahre nach Napoleon wurde erneut versucht, Europa unter die Herrschaft eines Volkes und eines Mannes zu zwingen. Während Napoleons Reich immerhin für einige Jahre die Anerkennung seiner Nachbarn erzwingen konnte, blieb Hitlers Eroberung und Einigung

Europas unter deutscher Herrschaft nur ein Versuch. Er scheiterte mit einem der schrecklichsten und grausamsten Kriege in der neueren Geschichte der Menschheit.

Neben diesen historischen Versuchen, Europa ganz oder teilweise unter die Herrschaft eines Volkes zu zwingen, gibt es aber auch Beispiele für eine Nationen übergreifende Einigung in Europa, die die Prinzipien der Gleichheit der beteiligten Völker ganz oder jedenfalls teilweise beachtet. Österreich, seit 1867 Österreich-Ungarn, ist ein solches Beispiel. Je schwächer das Heilige Römische Reich Deutscher Nation wurde, desto stärker entfalteten seine südlichen Länder unter Führung Österreichs eine eigene Expansionspolitik. Durch Heirat hatte das herrschende Haus Habsburg die Kronen Böhmens und Ungarns und damit die Herrschaft über diese Länder erworben. Mit dem Niedergang des Osmanischen Reiches fielen dann weite Teile des Balkans an Österreich. Durch die polnischen Teilungen erwarb Österreich zudem im Osten wesentliche Teile Polens. So wurde Österreich ein Vielvölkerstaat unter Führung der Deutschen in Österreich, aber gleichzeitig auch unter Wahrung weitgehender individueller Rechte und Entfaltungsmöglichkeiten der Völker.Es gibt in der jüngeren Geschichte Europas kein Beispiel, das dem Ziel gleichrangiger Einheit vieler Völker so nahe gekommen ist, wie Österreich. Wäre die Politik des nationalen Ausgleichs, die zur Schaffung der Doppelmonarchie im Jahre 1867 führte, konsequent weiterentwickelt worden, hätte sich Österreich-Ungarn zu einem Beispiel europäischer Zukunftsgestaltung entfalten können. So aber zerfiel dieses Land in zahlreiche Nationalstaaten, in denen die Herrschaft eines Volkes über jeweils andere noch einmal zur vollen Entfaltung kam.

In dieser langen europäischen Geschichte hat es aber auch schon früh Menschen gegeben, die über die Einheit Europas nachgedacht haben, ohne dabei an Eroberungen und die Ausweitung der Herrschaft eines Volkes und Staates über andere Völker und Staaten zu denken. Zu nennen ist hier der französische Publizist zur Zeit Philipps des Schönen (1300), Pière Dubois, und auch Dante, der in "De Monarchia" von der Idee eines geeinten Europa spricht, oder der Herzog Maximilien v. Sully, Minister Heinrichs IV. von Frankreich, der in seinen Memoiren "Economies royales" den Plan einer Föderation der christlichen Staatenwelt entwickelte. Zu nennen ist hier der deutsche Philosoph Immanuel Kant, der in seiner Schrift "Zum ewigen Frieden", die 1795, also unter dem Eindruck der französischen Revolution und der sie begleitenden Kriege, aber auch der damit einhergehenden Grausamkeiten, erschien, die Idee einer friedlichen Gemeinschaft der Völker aus Vernunft entwickelte. Im vorigen Jahrhundert war es in Frankreich Victor Hugo, der auf dem internationalen Friedenskongress 1849 in Paris die Vereinigten Staaten von Europa als politisches Zukunftsziel forderte. In Deutschland war es Friedrich List, der vor allem aus Gründen der wirtschaftlichen Notwendigkeiten für ein friedlich zusammenwachsendes Europa eintrat. Was Europa konkret bedeuten, und wie die Einheit aussehen sollte, blieb aber unscharf. Die Zeit war noch nicht reif, noch dominierte die Idee des Nationalen, der Überlegenheit des eigenen Volkes in den Herzen der Menschen und ihrer Führungsschichten. In zwei großen Kriegen sollte diese historische Periode ihr Ende finden und zugleich den Boden für den Neuanfang Europas und seiner Völker bereiten.

Nach dem ersten Weltkrieg gab es viele Menschen, die schon damals ein einiges Europa wollten. Graf Coudenhove-Kalergi mit seiner 1924 gegründeten Pan-Europa-Bewegung ist hier zu nennen. Es gab aber auch Staatsmänner, die versuchten, die nationale Enge des politischen Denkens zu überwinden. So legte der französische Außenminister Briand 1929 dem Völkerbund in Genf einen Plan zur Schaffung der Europäischen Föderalen Union vor. Der Tod Stresemanns und die ausbrechende Wirtschaftskrise verhinderten die Verwirklichung dieser zukunftsweisenden Idee. Auch politische Parteien, wie die SPD, wurden schon damals von der Notwendigkeit, ein einiges Europa zu schaffen, überzeugt. In ihrem Heidelberger Programm 1925 forderte die SPD ausdrücklich die Schaffung der Vereinigten Staaten von Europa. Die nationalistische und chauvinistische Haltung der Völker und ihrer Führungsschichten, verstärkt auch durch die Demütigung, die die Friedensverträge den Besiegten des 1. Weltkrieges zugefügt hatten, führten jedoch Europa weit weg von dem Ziel seiner Einheit. In den 30-iger Jahren wurden mehr als die Hälfte aller europäischen Staaten faschistisch, nationalistisch, autoritär regiert.

Erst der 2. Weltkrieg mit all seinen Schrecken schuf die Grundlage für die Entwicklung einer Idee von Europa, die die Freiheit, die Gleichheit und die Solidarität seiner Völker respektiert und fördert. Schon im Widerstand gegen die Diktaturen trafen sich die Frauen und Männer der Parteien, der Gewerkschaften und auch der Kirchen, die sich zuvor oft leidenschaftlich bekämpft hatten. Man begann einander zu verstehen und miteinander Ideen für Europas gemeinsame Zukunft zu entwickeln. Als der Krieg schließlich mit all seinen Schrecken und menschlichen Grausamkeiten zuende war, besannen sich die europäischen Völker zunächst auf sich selbst. Sie standen vor Bergen von Schutt und Trümmern vor unendlich viel Leid und Elend und Hunger und Not. Für die Idee eines einigen Europas konnten damals nur wenige gewonnen werden. Im Gegenteil, der Nationalismus tobte sich noch einmal und mit schrecklicher Gewalt aus. Millionen von Menschen wurden aus ihrer Heimat verjagt und dies nur, weil sie dort nach jener unheilvollen Politik der nationalen Abgrenzung nach dem ersten Weltkrieg zur Minderheit geworden waren. Damals hatte man in Europa und vor allem auf dem Gebiet des ehemaligen Österreich-Ungarn den vergeblichen Versuch gemacht, die vielfach miteinander vermischt wohnenden Völker national abzugrenzen. Politische Unehrlichkeit und territorialer Machthunger auf der einen Seite und Unkenntnis, Naivität ja auch Bestechlichkeit auf der anderen Seite führten zu neuen Grenzen, die mit dem Siedlungsgebiet der Völker oft kaum noch einen Zusammenhang hatten. Nach dem zweiten Weltkrieg versuchte man nun das Siedlungsgebiet der Völker dieser Grenzziehung anzupassen, ein in der menschlichen Geschichte einmaliger Vorgang kulturloser Barbarei.

Das besiegte Deutschland wurde in Besatzungszonen aufgeteilt, in denen die jeweiligen Besatzungsmächte ihre politischen Vorstellungen von Staat und Gesellschaft, am Anfang ohne Rücksicht auf die anderen Zonen und auf das ganze Land, zu verwirklichen suchten. Territorial war Deutschland zum völkerrechtlichen Freiwild geworden. Holland, Belgien, Luxemburg und Frankreich bedienten sich mit mehr oder weniger kleinen Gebietsteilen, die sie erst Jahre später unter dem Druck der Entwicklung größtenteils wieder zurückgaben. Gegenüber der Tschechoslowakei wurde die alte Grenze aus der Zeit vor dem Münchner Abkommen wieder hergestellt. Aber statt nun zu verwirklichen, was man nach dem ersten Weltkrieg, als dieser Staat neu geschaffen wurde, versprochen hatte, nämlich einen föderativen Bundesstaat auf der Grundlage der Gleichheit aller dort lebenden Völkerschaften, praktizierte man barbarischen Imperialismus und verjagte die Deutschen ebenso wie die Ungarn aus ihren Siedlungsgebieten.

Noch barbarischer verfuhren Russen und Polen mit dem Osten Deutschlands. Die Sowjetunion annektierte den nördlichen Teil Ostpreußens und erreichte so ein uraltes Ziel aus zaristischer Zeit, nämlich mit Memel und Königsberg eisfreie Häfen an der Ostsee zu besitzen. Schon im siebenjährigen Krieg hatte die Zarin Elisabeth versucht, das besetzte Ostpreußen ihrem Reich einzuverleiben.

Polen machte noch reichere Beute, es annektierte Ost-Deutschland bis zur Oder und westlichen Neiße und verwirklichte so hochfliegende Pläne polnischer "Patrioten", die schon nach dem ersten Weltkrieg mit ihrem Drang nach Westen am liebsten bis vor die Tore Lübecks vorgedrungen wären. Mit den Menschen, die in diesen Provinzen lebten, tat man dasselbe, was die Deutschen mit den Polen in den von ihnen während des Krieges annektierten westpolnischen Gebieten getan hatten, man verjagte sie und nahm ihnen alles, was sie besaßen. Nur, die deutschen NS-Größen waren auch dafür in Nürnberg gehängt worden.

Sehr vordergründig war die Rechtfertigung für diese Annektionen. Polen hatte alle im russisch- polnischen Krieg Anfang der 20er Jahre eroberten Gebiete im Osten des Landes wieder an die Sowjetunion verloren, dafür sollte es im Westen entschädigt werden. Tatsächlich war nach dem ersten Weltkrieg die sog. Curzon-Linie, die in etwa der heutigen polnischen Ostgrenze entspricht, als ethnische Grenze Polens festgelegt worden. Polen aber wollte auch die vor den polnischen Teilungen besessenen weißrussischen und ukrainischen Gebiete zurückhaben und führte deshalb Krieg mit der damals noch machtlosen Sowjetunion und erreichte die Abtretung weißrussischer und ukrainischer Gebiete bis etwa zu einer Linie, die der Ostgrenze Polen-Litauens vor der dritten Teilung 1795 entsprach.

Für Stalin war die Westverschiebung Polens und die Vertreibung der Deutschen ein politisches Mittel, um zwischen Deutsche und Polen einen tiefen Keil zu treiben und so dieses Land fest an sich zu binden. Weitsichtige polnische Politiker haben dies damals sehr wohl gesehen und offen erklärt, daß Polen weder Breslau noch Stettin wolle. Aber für solche Mahnungen hatte die damalige Zeit kein Ohr. Die Politik der Führer der westlichen Alliierten war bestimmt von naiver Unkenntnis der politischen, historischen und sogar geographischen Verhältnisse im Osten Deutschlands und Europas. Deutschland war damals rechtlos und bedurfte der politischen Bestrafung. Polen hingegen sollte für das erlittene Leid entschädigt werden, und so tappte man in diese von Stalin aufgestellte Falle.

Winston Churchill, der hieran maßgebend beteiligt war, hat dann wohl als erster westlicher Staatsman bemerkt, wie sehr sich Europas Gleichgewicht zu verändern begonnen hatte. Man war für Polen in den Krieg eingetreten und hatte nach dem Krieg alles getan, um Polens Freiheit und Unabhängigkeit zu bewahren, ohne Erfolg. Polen wurde schnell und ohne Konzessionen an den Westen, politisch, ideologisch und wirtschaftlich in den sowjetischen Machbereich einbezogen. Die in Potsdam zugestandene Vertreibung der Deutschen aus den Ostgebieten führte zu beinahe chaotischen Verhältnissen in den westlichen Besatzungszonen. Die Wohnraumsituation und vor allem die Ernährungslage waren katastophal. Es drohte in vielen Teilen der späteren Bundesrepublik ein menschliches und soziales Chaos und damit ein für den Kommunismus idealer Nährboden beim politischen Wiederaufbau.

Zu stoppen war die einmal zugestandene Annektion der Ostgebiete durch Polen und Rußland nicht mehr, aber die politische Entwicklung Europas, die begonnen hatte, sich im engen Rahmen der Vorkriegsnationalstaaten zu gestalten, konnte beeinflußt werden. Dies geschah mit zwei berühmt gewordenen Reden, einmal der Rede des amerikanischen Außenministers Byrnes in Stuttgart am 6. September 1946 und mit der Züricher Rede Churchills am 19.September 1946. Byrnes signalisierte eine Wende in der amerikanischen und damit westlichen Politik Deutschland gegenüber. Die wirtschaftliche Einheit und die Stärkung der wirtschaftlichen und politischen Selbstverantwortung war jetzt das Ziel. Deutschland sollte aufhören, mit seinen Besatzungszonen dem unterschiedlichen und zuweilen gegensätzlichen Spiel der Mächte zu dienen.

Am 1. Januar 1947 wurden die amerikanische und die britische Zone zur Bizone zusammengeschlossen. Frankreich folgte mit seiner Zone erst im April 1949, nachdem die alte Politik der Schaffung deutscher Kleinstaaten und des gegeneinander Ausspielens dieser Staaten im europäischen Mächtekonzert als neubelebtes Relikt des 19. Jahrhunderts gescheitert war. So begann der wirtschaftliche und politische Wiederaufbau Deutschlands, das für viele Jahrzehnte in zwei Staaten getrennt blieb. Dieser Wiederaufbau Deutschlands war aber auch zugleich der Beginn einer mehr und mehr europäischen Orientierung der europäischen Staaten und damit des Ende der national individuellen Politikgestaltung.

Churchills Züricher Rede und die Wiederbelebung der europäischen Gleichgewichtspolitik

In seiner Züricher Rede forderte Churchill die Schaffung der Vereinigten Staaten von Europa, allerdings ohne Einschluß des Vereinigten Königreiches, weil dies an das Commonwealth gebunden war, aber unter vollem und gleichberechtigtem Einschluß Deutschlands. Eine enge Partnerschaft zwischen Deutschland und Frankreich sollte die Grundlage dieses Europas sein. Dies war nur anderthalb Jahre nach dem Ende des Krieges ein beinahe revolutionärer politischer Vorschlag, der allen überkommenen politischen Maximen widersprach. Dennoch war die Reaktion durchaus nicht ablehnend. Europa nach dem zweiten Weltkrieg war ein anderes Europa als das nach dem ersten Weltkrieg. Es war nüchterner geworden. Nach dem ersten Weltkrieg lebten die Völker noch voll im nationalistischen, chauvinistischen Denken. Die USA, der eigentliche Sieger des ersten Weltkrieges, hatte sich aus dem Friedensprozess zurückgezogen und die Europäer mit ihren Problemen allein gelassen. Frankreich und Großbritannien versuchten damals mit dem Instrumentarium der Kabinettskriege des 19. Jahrhunderts den Frieden zu gestalten. Man konnte Deutschland zwar nicht wieder in einzelne Staaten teilen, die man dann den einzelnen Machtgruppen hätte zuordnen können. Dies wäre nur möglich gewesen, wenn auch Rußland zu den Siegern des Krieges gezählt hätte. Nur in Österreich-Ungarn gelang dies mit Hilfe des kleinstaatlichen Nationalismus. Man wollte Deutschland aber schwächen und tat dies durch Gebietsabtretungen und andere, oft demütigende Friedensvertragsbestimmungen. So war der damals vereinbarte Frieden im Grunde nur ein Waffenstillstand für 20 Jahre.

1945 waren tatsächlich nicht nur Deutschland und seine Verbündeten sondern ganz Europa besiegt worden. Die militärische Besetzung Deutschlands und Europas von West und Ost war damals mehr als nur das Ausfüllen des durch die deutsche Niederlage entstandenen Vakuums. Es war das Ende des europäisch bestimmten Gleichgewichts. Seither war Europa für viele Jahrzehnte Teil eines weltweiten Gleichgewichtssystems nicht-europäischer Mächte. Dieses Gleichgewicht zwischen den Staaten war und ist in der Geschichte stets auch ein friedenssichernder Faktor gewesen. War dieses Gleichgewicht gestört, sei es durch die Dominanz eines Staates über die anderen, oder sei es durch die Schwächung eines Staates gegenüber seinen Nachbarn, so war dies stets eine Ursache für politische Konflikte und oft für Kriege und in ihrer Folge für territoriale Veränderungen.

Mit seinem Vorschlag, die Vereinigten Staaten von Europa zu schaffen und zwar gegründet auf einer engen deutsch-französischen Union, kehrte Churchill zur jahrhundertealten britischen Gleichgewichtspolitik in Europa zurück. Seit Philipp II. von Spanien 1588 mit der für damalige Zeiten gewaltigen Armada versuchte, Englands Vorherrschaft zur See und damit die Grundlage seiner politischen Position zu brechen, verfolgen alle englischen und später britischen Herrscher eine Politik des Mächtegleichgewichts in Europa. Niemals, so war die Maxime, durfte der Kontinent unter einer Macht vereint und von dieser beherrscht werden und damit dem Vereinigten Königreich geschlossen gegenüber stehen.

Im Laufe der Jahrhunderte stand das Vereinigte Königreich stets auf Seiten der Gegner der jeweils Europa dominierenden Macht. Mit dem westfälischen Frieden von 1648 war die Rolle des Deutschen Reiches als dominierender Mittelpunkt des alten Europa zuende gegangen. Frankreich und Schweden waren die europäischen Vormächte geworden. Deutschland war in zahlreiche souveräne Staaten und Herrschaften zerfallen und zum Objekt und vielfach zum Spielball der europäischen Machtpolitik geworden. Schweden verlor seine politische Vormachtstellung im Kampf mit Polen, Rußland und auch Brandenburg um die Vorherrschaft in Osteuropa und dem Ostseeraum sehr bald wieder. Frankreich aber wurde nach dem dreißigjährigen Krieg zunehmend mächtiger und begann, sich nach Norden und Osten auszudehnen. Erst am Anfang des 18. Jahrhunderts gelang es dem Reich, und hier vor allem Österreich im Bunde mit Holland und dem Vereinigten Königreich, Frankreich zu bezwingen und im Frieden von Utrecht 1713 das Mächtegleichgewicht wieder herzustellen. Während des ganzen 18. Jahrhunderts war es das Ziel der britischen Politik, Frankreichs Macht einzudämmen, auch um sich ungehindert am französischen Kolonialbesitz zu bedienen und sein wachsendes Weltreich zu vergrößern. Vorzugsweise förderte und stützte Großbritannien Preußen, das sich als Gegengewicht zu Österreich im Osten Deutschlands entwickelt hatte. So entstand in Europa am Ende des 18. Jahrhunderts ein Mächtetrio, bestehend aus Frankreich, Österreich und Preußen, umgeben an der europäischen Peripherie von drei weiteren Mächten, Rußland, dem Osmanischen Reich und eben dem Vereinigten Königreich. Die einst mächtigen Staaten, wie Spanien, Schweden und die Niederlande hatten sich zunehmend aus der europäischen Machtpolitik zurückgezogen.

Besonders offensichtlich wurde die britische Gleichgewichtspolitik im siebenjährigen Krieg, als Österreich im Bund mit Rußland, Frankreich, Schweden und Teilen des Reiches versuchte, Preußen zu vernichten und damit das bestehende Gleichgewichtssystem zu zerstören, mindestens aber erheblich zu stören. Mit beträchtlichen Subsidien unterstützte das

Vereinigte Königreich Preußen in seinem Kampf um seine Existenz. Ziel dieser Politik war es, Frankreich aus dem Bund gegen Preußen herauszulösen und zu verhindern, daß Österreich zur beherrschenden europäischen Macht wurde. Im Hubertusburger Frieden, der diesen Krieg beendete, wurde auch der Westfälische Frieden und damit das 1648 begründete Gleichgewichtssystem in Mitteleuropa noch einmal ausdrücklich als fortbestehend bestätigt.

Als Österreich einige Jahre später versuchte, sich im sogenannten bayerischen Erbfolgestreit Bayern einzuverleiben und die erbberechtigte pfälzische Linie der Wittelsbacher mit den österreichischen Niederlanden zu entschädigen, gelang es Preußen, fast das ganze Reich gegen Österreich zu mobilisieren und diese drohende Veränderung des Gleichgewichtssystems im Reich und damit der österreichischen Stellung in Europa zu verhindern. Im Teschener Frieden, der diesen unblutigen Krieg 1779 beendete, wird bezeichnenderweise erneut das Ordnungssystem des westfälischen Friedens bestätigt.

Mit dem Aufstieg Napoleons wurde Frankreich zur Vormacht in Europa und wieder stand das Vereinigte Königreich auf Seiten der Gegner Frankreichs, stützte vor allem Preußen und nahm schließlich selbst am Kampf gegen Napoleon teil. Der Friede von Wien 1814/15 war der für Jahrzehnte erfolgreiche Versuch, das europäische Gleichgewichtssystem neu zu etablieren. Bei den Friedensverhandlungen forderte Großbritannien sehr nachdrücklich die Stärkung Preußens als neue Grenzmacht gegen Frankreich, nachdem sich Österreich völlig aus Westdeutschland zurückgezogen und seine politischen Aktivitäten vor allem auf den Balkan und nach Italien verlagert hatte.

Der Versuch, Deutschland in irgendeiner Form wieder zu einigen, scheiterte 1815 - und erneut 1848/52 - vor allem daran, daß Großbritannien, Frankreich und auch Rußland darin eine unerwünschte Veränderung des Wiener Systems sahen und auch um den möglichen Verlust ihres Einflusses auf "ihre" deutschen Staaten besorgt waren. Für Großbritannien war die dann 1871 gefundene preußen-deutsche Lösung vor allem deswegen akzeptabel, weil dieses Deutschland ein Gegengewicht zu dem wieder erstarkten Frankreich werden konnte und auch die Rolle Österreichs als Machtausgleich gegenüber Rußland übernehmen konnte. Erst die schnell zunehmende Macht Deutschlands, die nicht mehr in Rußland und Frankreich das notwendige Gegengewicht fand, führte dann das Vereinigte Königreich an die Seite dieser Mächte und schließlich zum Konflikt im ersten Weltkrieg 1914/18.

Nach dem Krieg wurde Frankreich in den Augen Großbritanniens sehr schnell zur dominierenden Macht Europas. Rußland und Österreich-Ungarn waren auf Dauer oder für eine längere Zeit aus dem europäischen Mächtekonzert ausgeschieden. Konsequenterweise förderte Großbritannien daher sehr bald die Erholung Deutschlands, um so ein Gegengewicht gegen Frankreich zu entwickeln. Diese Politik wurde noch Jahre nach der Machtergreifung durch Hitler fortgesetzt, vor allem, weil man in Deutschland jetzt wieder ein Bollwerk gegen das erstarkende Rußland, jetzt in der Gestalt der Sowjetunion, sah. Diese britische Gleichgewichtspolitik schien 1939 ihr einstweiliges Ende gefunden zu haben, als Hitler und Stalin für die Sowjetunion und das Deutsche Reich einen Nichtangriffspakt schlossen. Damit standen auf dem Kontinent nun plötzlich Frankreich und Deutschland einander allein gegenüber. Wie 1914 mußte Großbritannien an der Seite Frankreichs dem zu mächtig gewordenen Deutschland entgegentreten. Als Frankreich 1940 geschlagen war und aus dem

Krieg ausscheiden wollte, machte Großbritannien einen letzten Versuch, das europäische Gleichgewichtssystem zu erhalten und bot Frankreich die volle staatliche Vereinigung an, so daß diese Union auf den britischen Inseln und vor allem mit dem bedeutenden französischen Kolonialreich im Hintergrund den Krieg fortsetzen konnte. Dieser Versuch scheiterte an der fehlenden Bereitschaft Frankreichs, als Teil einer britisch-französischen Union den Krieg fortzusetzen.

Großbritannien allein war nicht mehr in der Lage, Deutschland zu bezwingen. Es mußte sich immer stärker an die USA anlehnen und sich zunehmend ihrer Führung unterordnen. Mit dem Angriff auf die Sowjetunion 1941 schuf sich Hitler selbst eine gegnerische Allianz, der Deutschland sehr bald nicht mehr gewachsen war, und er verspielte die beinah unanfechtbar gewordene Stellung Deutschlands in Europa.

1945 verlor Europa die Möglichkeit, aktiv an der Gestaltung der Weltpolitik und zeitweilig sogar der europäischen Politik, mitzuwirken. Es wurde Teil eines neuen Gleichgewichtssystems der euroasiatischen Großmacht Sowjetunion und der amerikanischen Großmacht USA. Die Teile Europas waren zum Objekt eines weltweiten Machtsystems geworden. Europa hatte aufgehört, eine führende Rolle in der Welt zu spielen und zwar nicht nur das besiegte Deutschland, sondern auch das zu den Siegern gehörende Großbritannien und auch Frankreich, das man 1945 eingeladen hatte, mit am Tisch der Sieger zu sitzen.

Mit seiner berühmten Rede in Zürich wollte Churchill diese Entwicklung wieder verändern. Er erkannte, daß die europäischen Einzelstaaten im Konzert der Supermächte zu schwach waren, um eine einflußreiche Rolle zu spielen oder auch nur mitzuspielen. Nur ein geeintes Europa hatte die Chance, die Stimme dieses Kontinentes wieder zur Geltung zu bringen. Aber mehr noch, nur ein geeintes Europa war in der Lage, mittelfristig gegen die bedrohlich mächtig gewordene Sowjetunion ein Gegengewicht zu bilden und so wieder ein europäisch bestimmtes Gleichgewicht herzustellen. Mit der Züricher Rede knüpfte Churchill an die klassische britische Politik vergangener Zeiten an. Konsequenterweise sollte Großbritannien diesem europäischen Bundesstaat nicht angehören, sondern zusammen mit den Partnern des Commonwealth eine eigene, politisch von Europa unabhängige Größe bilden.

Die Rede Churchills gab den "Europäern" in Mittel- und Westeuropa großen Auftrieb. Ein Prozess wurde eingeleitet, der zunächst zur Gründung des Europarates und später schrittweise der Europäischen Gemeinschaft führte. Diese beiden parallel zueinander laufenden Bemühungen, das Europa der souveränen Nationalstaaten zu überwinden und zu einer neuen Form gemeinsamer Staatlichkeit zu führen, sind Ausdruck der in dieser Zeit immer deutlicher werdenden Gegensätze zwischen denen, die eine Gemeinschaft auf der Basis des internationalen Rechtes, also bei Wahrung der vollen nationalen Souveränität wollten und denen, die ein bundesstaatliches Europa, also ein Europa auf staatsrechtlicher Grundlage anstrebten. Dieser Gegensatz ist bis zur Gegenwart nicht überwunden und prägt die gesamte Entwicklung des europäischen Einigungsprozesses.

Europa nimmt Gestalt an

Neben der politischen Initiative, die Winston Churchill mit seiner Züricher Rede ergriffen hatte, entwickelte sich sehr bald nach dem Kriege in Mittel- und Westeuropa eine europäische Bürgerbewegung, die mit wachsendem Nachdruck für den Zusammenschluß der Europäischen Staaten eintrat. Man forderte eine europäische Föderation, einen europäischen Bundesstaat, ja die Vereinigten Staaten von Europa nach dem Vorbild der Vereinigten Staaten von Nordamerika. Es ist das gute Recht solcher Bewegungen, Ziele zu formulieren und Forderungen zu erheben, die die politischen Realitäten und das Machbare weit hinter sich lassen. Nur so wird das oft zum konservativen Verharren neigende poltische Leben in Bewegung gebracht und zum Handeln gezwungen.

Etwa zur gleichen Zeit, als Churchill in Zürich seine berühmte Rede hielt, trafen sich in Hertenstein am Vierwaldstätter See auf Einladung der Schweizer Europabewegung Vertreter aus dreizehn europäischen Ländern und den USA, um über die Schaffung einer europäischen Gemeinschaft auf föderativer Basis zu beraten. Vertreten waren damals mit Ungarn und Polen auch Staaten aus dem sowjetischen Machtbereich. Den eingeladenen Gästen aus Deutschland und Österreich hingegen hatten die Besatzungsmächte keine Ausreiseerlaubnis erteilt. Trotzdem waren auch Europäer aus diesen beiden Ländern anwesend.

In Hertenstein nahm die Europabewegung ihren Anfang. Von diesem Kongress gingen die Impulse aus, die dann im Mai 1948 zur Gründung der Union Europäischer Föderalisten in Den Haag führte. In Hertenstein wurde auch ein Strich unter die Vergangenheit gezogen. Man wollte Deutschland uneingeschränkt in den europäischen Einigungsprozess einbeziehen und eine gegenseitige Verantwortung Deutschlands für Europa und Europas für Deutschland begründen. Nicht die Kollektivschuld Deutschlands, sondern die gemeinsame Verantwortung aller Völker für Europas Zukunft, das war die Botschaft der Hertensteiner Konferenz im September 1946.

Auf dem Haager Kongress im Mai 1948 nahm die europäische Bewegung konkret Gestalt an und begann, sich in den einzelnen Ländern mit allerdings sehr unterschiedlicher Breitenwirkung zu entfalten.

Der erste Anstoß zu Konkretisierung einer europäischen Zusammenarbeit und zur Schaffung gemeinsamer Organisationen kam aus den USA mit dem Hilfsangebot des damaligen US-Außenministers Marshall. Anläßlich der Verleihung der Ehrendoktorwürde durch die Harvard-Universität am 5.Juni 1947 bot Marshall in seiner Rede allen europäischen Staaten, auch denen unter sowjetischer Herrschaft, die wirtschaftliche Hilfe der USA beim Wiederaufbau an und schuf damit den sogenannten Marshall-Plan. Die Vereinigten Staaten und insbesondere die amerikanische Exportwirtschaft hatte nach dem Kriege im Zuge der Umstellung der Wirtschaft auf Friedensproduktion sehr schnell gemerkt, daß der Außenhandel, der für die wirtschaftliche Entwicklung Amerikas vom großer Bedeutung war, ohne eine wirtschaftliche Gesundung Europas nicht belebt werden konnte. Das amerikanische Hilfsangebot an Europa war daher in erster Linie ein Exportförderungsprogramm. Die Subvention von Exporten in die zerstörten Staaten Europas bot diesen aber zugleich die Chance, die für den Wiederaufbau dringend notwendigen Importe zu finanzieren. Zur Organisation dieser Wirtschaftshilfe wurde am 16.4.1948 in Paris die Organisation für europäische wirtschaftliche Zusammenarbeit, OEEC, gegründet. Auf diesem Wege sollte erreicht werden, daß der wirtschaftliche Wiederaufbau der europäischen Staaten gemeinsam erfolgte, es sollte der Handel und die wirtschaftliche Partnerschaft gefördert werden. Man wollte die Fehler vermeiden, die man nach dem ersten Weltkrieg gemacht hatte, als jeder Staat glaubte, für sich und ohne Rücksicht auf seine Nachbarn wirtschaftlich regenerieren zu können. Die Wirtschaftskrise Ende der zwanziger Jahre mit ihren katastrophalen politischen Folgen, war ein hoher Preis, den Europa für diesen Irrtum hat bezahlen müssen.

Die Sowjetunion verbot den unter ihrem Machtbereich lebenden mittel- und osteuropäischen Staaten, sich an dieser europäischen Zusammenarbeit zu beteiligen und das amerikanische Hilfsangebot anzunehmen. Hätte die Sowjetunion damals anders entschieden und die Annahme des amerikanischen Angebotes, oder auch nur eine Prüfung ermöglicht, so hätte sie die US-Regierung in erhebliche Verlegenehit gebracht. Möglicherweise wäre damals das ganze Projekt im Kongress gescheitert, denn unter den Abgeordneten gab es erhebliche Vorbehalte gegen eine derart umfangreiche Finanzhilfe an die europäischen, insbesondere an die unter sowjetischer Herrschaft stehenden europäischen Staaten. So aber wurde mit der Zurückweisung des amerikanischen Angebotes durch die Sowjetunion der Beginn der wirtschaftlichen Spaltung Europas eingeleitet. Die Sowjetunion gründete damals als politische Antwort auf den Marshall-Plan den Rat für gegenseitige Wirtschaftshilfe, RgW, eine Staatenorganisation, die die wirtschaftliche Zusammenarbeit, den gegenseitigen Handel, vor allem aber die gemeinsame Plangestaltung und -erfüllung nach kommunistischer Wirtschaftspraxis zum Ziel hatte. Die Sowjetunion band auf diese Weise die Staaten Mittel- und Osteuropa wirtschaftlich sehr eng an sich und an ihre Interessen und Ziele. Anders als die Vereinigten Staaten konnte die Sowjetunion ihren Herrschaftsbereich in Europa nicht durch finanzielle Subventionen fördern. Die Sowjetuion war selbst im Krieg schwer zerstört worden und brauchte alle ihre Kräfte, um ihren Wiederaufbau und die wirtschaftliche Erholung zu ermöglichen. Im Gegenteil, sie stellte die Wirtschaften ihrer RgW-Partner in ihre Dienste und nutzte die Zusammenarbeit zu ihrem Vorteil. So mußte beispielsweise die damalige Sowjetische Besatzungszone, die spätere DDR erhebliche Reparationen an die Sowjetuion leisten. In den drei westlichen Besatzungszonen Deutschlands, der späteren Bundesrepublik, hingegen wurden zwar auch Reparationen geleistet insbesondere durch die Demontage ganzer Fabrikanlagen, aber man merkte doch sehr bald, daß es wenig Sinn hatte, den Deutschen die Möglichkeit zu nehmen, ihr Land wieder aufzubauen und durch eigene Arbeit ihre Lebensbedürfnisse zu befriedigen. Diese Demontagepolitik machte es zudem nötig, erhebliche Mengen an Lebensmitteln nach Deutschland zu liefern, um ein Minimum an Ernährung sicherzustellen. Sie belastete also die Haushalte der Besatzungsmächte beträchtlich. So begann der Wiederaufbau der Kriegszerstörungen und die wirtschaftliche Erneuerung Europas in Ost und West unter völlig verschiedenen Bedingungen. Noch bevor Europa sich politisch zu teilen begann, war es bereits in zwei Wirtschaftsblöcke getrennt.

Die damalige agressive und imperialistische Politik der Sowjetunion in Europa und Asien ließ die Sorge vor einer militärischen Bedrohung in Westeuropa in den ersten Jahren nach dem Kriege sehr schnell wachsen. Die Etablierung kommunistischer Regierungen in den mittel- und osteuropäischen Staaten, der Staatsstreich in der Tschechoslowakei, die Berliner

Blockade, die Ausweitung des kommunistischen Herrschaftsbereiches in Asien durch den Sieg Mao Tse Tungs in China und durch die Einsetzung einer kommunistischen Regierung in der sowjetischen Besatzungszone in Korea zeigten deutlich die expansionistische Tendenz der Sowjetunion und der sie beherrschenden kommunistischen Ideologie. Es war damals vor allem der amerikanische Präsident Truman, der begriffen hatte, daß die USA sich nicht wieder, wie nach dem ersten Weltkrieg, aus Europa zurückziehen durften. Der Versuch der Kommunisten, in Griechenland mit Gewalt die Macht an sich zu reißen und damit den ganzen Mittelmeerraum für den sowjetischen Einfluß zu öffnen, gab schließlich den letzten Anstoß für eine Neuorientierung der amerikanischen Politik in Europa. Den Amerikanern war klar geworden, daß die Gefahr bestand, daß in Westeuropa die Kommunisten schrittweise Machtpositionen an sich reißen könnten und damit der Sowjetunion immer mehr Einfluß zufallen würde. Die starke Stellung der kommunistischen Parteien in Italien und Frankreich bestärkte diese Sorge. Man hatte in den USA aber auch begriffen, daß ein kommunistisch beherrschtes Europa das etablierte Gleichgewicht der Supermächte entscheidend zugunsten der Sowjetuion verändern und damit die Sicherheit und Unabhängigkeit der Vereinigten Staaten selbst gefährden würde. So kam es zum Abschluß des Nordatlantik-Paktes am 4. April 1949. Die NATO war ein militärisches und politisches Bündnis. Ihre Gründungsmitglieder waren die USA und Kanada in Nordamerika sowie Belgien, Dänemark, Frankreich, Großbritannien, Island, Italien, Luxemburg, die Niederlande, Norwegen und Portugal in Europa. 1952 kamen Griechenland und die Türkei und 1954 die Bundesrepublik Deutschland hinzu, 1966 verließ Frankreich das militärische Bündnis.

Die Gründung des Europarates

So hatte das nach dem Kriege in Europa entstandene Mächtegleichgewicht seine wirtschaftliche, politische und militärische Gestalt gewonnen. Diese Entwicklung förderte aber auch die Bestrebungen, die einen engeren wirtschaftlichen und politischen Zusammenschluß der west-europäischen Staaten zum Ziel hatte. Ausgehend von den Anstößen des Haager Kongresses wurde die Grundlage für den Europarat geschaffen und am 5. Mai 1949 das Statut unterzeichnet. Gründungsmitglieder waren: Belgien, Dänemark, Frankreich, Großbritannien, Irland, Italien, Luxemburg, die Niederlande, Norwegen und Schweden. Später sind hinzugekommen, Griechenland, die Türkei, die Bundesrepublik Deutschland, Österreich, die Schweiz, Zypern, Malta, Portugal, Spanien, Liechtenstein und San Marino. Mit dem Ende der Teilung Europas hat sich der Europarat auch den mittel- und osteuropäischen Staaten geöffnet. Bis Ende 1991 waren Polen, die Tschechoslowakei und Ungarn Mitglieder geworden. In Kraft trat das Statut am 3. August 1949.

Der Europarat ist eine international organisierte Staatengemeinschaft nach dem Vorbild der klassischen Formen der Staatenzusammenarbeit. Durchgesetzt hatten sich die Kräfte, vor allem in Großbritannien und in den skandinavischen Staaten, die eine international organisierte europäische Staatenunion wünschten. Man wollte zwar eine Gemeinschaft der europäischen Staaten und eine enge Zusammenarbeit, aber keine Übertragung von Macht und keine Einschränkung oder gar Übertragung von hoheitlichen Rechten. Europa sollte nicht als eigenständige Macht neben die Staaten treten und schon gar nicht über ihre Belange entscheiden können. Die Mitgliedstaaten sollten die uneingeschränkte Herrschaft über ihre Belange behalten. Man war sehr wohl bereit, eine gemeinsame Politik zu gestalten und zu vertreten, Voraussetzung aber war der volle Konsens der beteiligten Staaten. Das Kriterium dieser Form der Staatengemeinschaft war und blieb die Einstimmigkeit.

Für Frankreich begann mit dem Europarat eine neue politische Epoche in der Nachkriegszeit. Nach 1945 war die französische Politik gegenüber Deutschland zunächst rückwärts orientiert. Man wollte Deutschland wieder in einzelne Staaten aufteilen, um auf diese Weise das Nachbarvolk bequemer in das politische Spiel einordnen zu können. Im Grunde setzte die französische Politik wieder dort ein, wo sie im 19. Jahrhundert durch die Bildung des Deutschen Reiches abgebrochen worden war. Das Bemühen, den Staat der Deutschen aus dem allgemeinen Bewußtsein zu verbannen, ging so weit, daß in den drei Ländern, die in der damaligen französischen Besatzungszone gebildet worden waren, die Benutzung des Wortes "Deutschland" verboten wurde. Hinzu kam das Bestreben, deutsche Gebiete zu annektieren. Das 1920 gebildete sogenannte Saargebiet wurde aus der französischen Zone ausgegliedert, durch angrenzende Gebiete erheblich vergrößert und dem französischen Zoll- und Wirtschaftsgebiet eingegliedert. Die Schaffung eines Staatsgebildes "Saarland" sollte die Annexion verdecken. Darüberhinaus hatte Frankreich ein großes Interesse an einer wirksamen und möglichst langfristigen Kontrolle der Ruhr. Diese Deutschlandpolitik wurde ergänzt durch enge freundschaftliche Beziehungen zu den östlichen Nachbarn Deutschlands, insbesondere der Sowjetunion, um so für alle Fälle die Grundlage für ein notwendiges Gleichgewicht zu sichern.

Es war Robert Schuman, der damalige französische Außenminister, der sein Land aus dieser letztlich in eine politische Sackgasse führenden Politik löste und damit eine völlig neue Epoche in der französischen Deutschlandpolitik einleitete. Der zunehmende Ost-Westgegensatz erleichterte diese Wende.

Der Europarat als internationale Gemeinschaft ohne eigene Entscheidungsbefugnisse und damit ohne wirkliche Macht, entfaltete eine rege Diskussionsaktivität. Viele Anregungen und gute Ideen und auch bleibende Regelungen für die Staaten und Völker Europas sind das Ergebnis der Arbeit des Europarates und seiner Organe. Die Europäische Konvention für Menschenrechte ist ein großes Beispiel für diese erfolgreiche Aktivität. Aber diese wie auch andere Konventionen des Europarates sind nur Vorschläge an die nationalen Regierungen und Parlamente der Mitgliedstaaten. Sie bedürfen der Ratifikation, also der Umsetzung in einzelstaatliches Recht, um Geltung zu erlangen.

Im Gegensatz zu den Funktionalisten oder auch Internationalisten, die die Souveränität und damit die uneingeschränkte Hoheitsgewalt der Mitgliedstaaten unberührt lassen wollten, forderten die Föderalisten eine eigenständige Entscheidungsbefugnis für die gemeinsamen europäischen Organe.

Dieser Konflikt wurde offensichtlich bei den Beratungen des Europarates über die wirtschaftliche Entwicklung Europas. Diskutiert wurde schon 1949 die Möglichkeit, gemeinsame europäische Gesellschaften zu gründen. Man dachte auch über die Schaffung von gemeinsamen "Sonderbehörden" für Landwirtschaft, Energie, Transportfragen und Rohstoffversorgung nach. Vorsichtig suchte man nach neuen Formen der Zusammenarbeit der Staaten. Man war sich im Europarat auch darüber im Klaren, daß sich durchaus nicht immer die gleichen Mitgliedstaaten in solchen "Sonderbehörden" verbinden würden, dafür waren die Interessen der Einzelstaaten zu differrenziert.

Die Gründung der Europäischen Gemeinschaft für Kohle und Stahl, der Montanunion

Im Jahre 1949 war auf dem Gebiet der drei westlichen Besatzungszonen in Deutschland die Bundesrepublik und auf dem Gebiet der sowjetischen Besatzungszone die DDR gegründet worden. Die politischen Spannungen zwischen den beiden Machtblöcken waren in diesen Jahren immer deutlicher geworden und zwangen die Besatzungsmächte im Westen wie im Osten Deutschlands, die Einschränkungen und Behinderungen der wirtschaftlichen Entwicklung schrittweise abzubauen. Für die französische Politik bedeutete dies, daß Beschränkungen der deutschen wirtschaftlichen Entwicklung, wie etwa eine Kontrolle der Schwerindustrie an der Ruhr, auf Dauer nicht mehr aufrecht erhalten werden konnten.

Schon während des Krieges waren in den USA Überlegungen angestellt worden, wie man das "Nach-Hitler-Deutschland" fester in eine europäische Staatengemeinschaft einbinden könnte. Der spätere Außenminister John Foster Dulles vertrat schon 1941 die Idee, eine bundesstaatsähnliche europäische Föderation unter Einschluß Deutschlands zu schaffen. Als es nach Gründung der Bundesrepublik darum ging, die wirtschaftliche Erholung dieses westdeutschen Staates zu ermöglichen und zu fördern, schied Großbritannien für die Idee, mit der Bundesrepublik eine enge Wirtschaftsgemeinschaft zu bilden, aus. Großbritannien stand damals außerhalb solcher Überlegungen, vor allem, weil es als Noch-Weltmacht enger an die Mitglieder des Commonwealth als an das kontinentale Europa gebunden war. So blieb Frankreich der Partner für einen Wirtschaftsbund mit dem westdeutschen Staat. Es bedurfte aber sehr nachdrücklicher Bemühungen der USA-Administration, um die französische Politik gegenüber Deutschland schließlich völlig zu verändern. In dieser Situation griff der damalige französische Außenminister Robert Schuman die im Europarat ventilierte Idee auf, europäische Behörden zu schaffen. Er hatte Sorge, daß ein wieder erstarkendes Deutschland sich vor allem an den USA orientieren würde, und Frankreich damit wirtschaftlich und politisch in den Schatten der Geschichte gedrängt würde.

Jean Monnet, ein weitsichtiger französischer Wirtschaftspolitiker, Paul Reuter, ein Professor aus Aix und Etienne Hirsch, ein mit Monnet befreundeter Ingenieur entwickelten damals die Konzeption einer gemeinsamen Behörde für Kohle und Stahl. Das Neue, bisher in der Geschichte des Völkerrechts nicht dagewesene Element dieses Vorschlages war, daß die Mitgliedstaaten - damals hoffte man noch, daß sich alle Mitglieder des Europarates beteiligen würden - Teile ihrer hoheitlichen Rechte auf diese neue Gemeinschaft übertragen, so daß die Gemeinschaft aus eigenem Recht im Rahmen ihrer Aufgaben entscheiden konnte und nicht der Ratifikation ihrer Vorschläge durch die nationalen Parlamente bedurfte. Gleichrangig und gemeinsam sollte die deutsche wie die französische Kohle- und Stahlwirtschaft weiterentwickelt werden. Ohne Kontrollen des einen über den anderen, aber eingebunden in ein gemeinsames europäisches Interesse, sollte die Zukunftsentwicklung sein.

Nicht nationalstaatliche Individualität, sondern europäische Gemeinsamkeit war das Ziel. Mit der Aufgabe dieser nationalen Orientierung seiner Politik erreichte Frankreich, daß sich die deutsche wirtschaftliche Entwicklung zwar nicht mehr unter Kontrolle der ehemaligen Besatzungsmächte, aber auch nicht ohne Einflußnahme von außen vollzog. Monnet schreibt in seinen Memoiren dazu: "Dieser Vorschlag hat eine wesentliche politische Bedeutung: in die Wälle der nationalen Souveränität eine Bresche zu schlagen, die so begrenzt ist, daß sie die Zustimmung erlangen kann, aber tief genug, um die Staaten zu der für den Frieden notwendigen Einheit zu bewegen". Mit diesem Vorschlag sollten aber auch die ersten konkreten Grundlagen einer europäischen Föderation geschaffen werden. Deutschland und Frankreich sollten durch die Montanunion eng aneinander gebunden, ja miteinander auf dem Gebiet der Grundlagenindustrie eng verbunden werden, so daß Konflikte in Zukunft vermieden werden, jedenfalls aber nicht mehr gewaltsam ausgetragen werden konnten.

Robert Schuman griff diese Idee auf und legte sie auf dem Außenministertreffen am 10.Mai 1950 in London seinen Kollegen vor. Das Aufsehen war erheblich. Insbesondere in Großbritannien wurden sofort Meinungsverschiedenheiten über diese neue Form der Staatenkooperation deutlich. Der damalige britische Außenminister Antony Eden setzte sich für eine britische Teilnahme ein, aber die öffentliche Meinung blieb zurückhaltend. Eine Föderation der europäischen Wirtschaft, verbunden mit der Abgabe souveräner Rechte, paßte nicht in die britische Staatsraison. So büßte Großbritannien die Möglichkeit ein, an der Gestaltung dieser ersten supranationalen Gemeinschaft mitzuwirken. Das gleiche galt auch für die skandinavischen Mitglieder des Europarates. Nur sechs seiner Mitglieder waren bereit, diesen Schritt in völkerrechtliches Neuland und damit in eine neue europäische Zukunft zu gehen. Am 18. April 1951 unterzeichneten die Vertreter Belgiens, der Bundesrepublik Deutschland, Frankreichs, Italiens, Luxemburgs und der Niederlande den Vertrag zur Gründung einer Gemeinschaft für Kohle und Stahl und gründeten miteinander die Montanunion. Am 10. August 1952 nahm die Hohe Behörde, das Exekutivorgan der Montanunion, in Luxemburg ihre Arbeit auf.

Der Versuch einer Verteidigungsgemeinschaft

Mit dem Koreakrieg (1950 - 1953) erhielt die Entwicklung zur europäischen Gemeinsamkeit eine neue Dimension. Der Angriff Nordkoreas auf Südkorea und der Versuch, das Land gewaltsam unter kommunistischer Herrschaft wieder zu vereinen, machte der politischen Welt das Westens deutlich, daß die kommunistische Ideologie ihre Weltherrschaftsziele durchaus auch mit Gewalt durchzusetzen bereit war. Was mit russischer und chinesischer Hilfe in Korea geschah, konnte sich täglich in Europa, insbesondere im geteilten Deutschland wiederholen. Die Blockade Berlins 1948/49 und die unverminderte militärische Präsenz der Sowjetunion in dem von ihr beherrschten Teil Europas waren deutliche Signale.

Die USA hatten in Verkennung der kommunistischen, ideologischen Motivation der sowjetischen Politik und im Vertrauen auf den Fortbestand der politischen Allianz sehr schnell einen großen Teil ihrer Truppen aus Europa zurückgezogen und ihre gewaltige Armee abgerüstet. Die Sowjetunion hingegen festigte ihre Herrschaft in Osteuropa mit Nachdruck und auch mit Gewalt. Die Rote Armee unterstützte die von ihr eingesetzten kommunistischen Regierungen und half, jegliche Opposition erbarmungslos zu unterdrücken. Dort, wo der eigene Machtbereich an Grenzen stieß, wie in Berlin oder in Südkorea und auch in Vietnam, ergriff man alle denkbaren Mittel, um den eigenen Einflußbereich zu Lasten des US--amerikanischen Einflusses auszudehnen und so schrittweise das erreichte Gleichgewicht zu verändern und die USA zum Rückzug zu zwingen.

Westeuropa mußte sehr schnell aus der Illusion erwachen, mit der Niederlage Deutschlands sei der Friede wiederhergestellt und gesichert. Alles könne wie vor dem Krieg im souveränen Individualismus weitergehen und die amerikanischen Besatzungstruppen schützten vor allem Unbill. Die Lehre war kurz aber auch deutlich. Man erkannte, daß Europas Einzelstaaten nicht mehr in der Lage waren, ihre Unabhängigkeit zu behaupten und über ihre Zukunft zu bestimmen, auch nicht die zu den Siegermächten zählenden ehemaligen westeuropäischen Großmächte. Nur gemeinsam und zusammen mit den USA als atlantischem Partner und westlicher Führungsmacht konnte Westeuropa mit Aussicht auf Erfolg seine politischen Positionen behaupten und ein einigermaßen stabiles Gleichgewicht in Europa bewahren.

Die Westmächte und ihre Verbündeten waren sich aber schon sehr früh darüber im klaren, daß Westeuropa ohne die Bundesrepublik nicht mit Aussicht auf Erfolg verteidigt werden konnte. Schon im September 1950 hatten die drei westlichen Außenminister in New York daher die Schaffung einer gemeinsamen europäischen Armee mit deutscher Beteiligung beschlossen. Die USA neigten zwar mehr zu einer Einbeziehung Deutschlands mit eigenen Streitkräften in die Nato. Sie stellten ihre Bedenken aber schließlich zurück. Gegen einen deutschen Verteidigungsbeitrag gab es in Europa erhebliche Vorbehalte. Wenige Jahre nach dem Ende des zweiten Weltkrieges war es für die europäischen Völker nur schwer vorstellbar, daß wieder eine deutsche Armee geschaffen werden sollte. Auch in der Bundesrepublik war der Widerstand gegen eine Aufrüstung groß. Die Deutschen hatten genug von allem Militärischen nach gut dreißig Jahren Krieg, Kriegsfolgen und Kriegsvorbereitungen. Sie begannen in diesen Jahren nach der Währungsreform auch zu spüren, wie vorteilhaft es sein konnte, die ganze Leistungsfähigkeit der Nation in die wirtschaftliche Entwicklung des Landes zu investieren. Das, was man gerne das Wirtschaftswunder zu nennen pflegte, begann sich damals zu entwickeln.

Aber es wurde damals auch ein neues Denken, ein neues europäisches Bewußtsein in ersten Konturen deutlich. Getragen war diese Entwicklung vor allem von der jungen Generation. Sie erkannte, wie begrenzt das national orientierte Denken sein konnte und wie sehr gerade die Jugend in diesem Jahrhundert unter Berufung auf die Nation mißbraucht worden war. Für die deutsche Jugend kam hinzu, daß die Idee, ein einiges Europa zu schaffen, ihr erstmalig nach der Katastrophe des Krieges wieder Hoffnung gab und politische Zukunftsperspektiven eröffnete. Deutschland war in Besatzungszonen geteilt, die östlichen Provinzen waren von Polen und der Sowjetunion annektiert. Eine nationale Perspektive gab es für die Jugend damals nicht. Europa wurde für viele junge Menschen zum Ersatzvaterland. Besonders in Frankreich und Deutschland wuchs in der jungen Generation die Bereitschaft, die nationale Enge zu durchbrechen und zu einer neuen gemeinsam gestalteten Zukunft zu kommen. Man erkannte immer klarer, daß für beide Völker die Fortsetzung der gegeneinander gerichteten Politik das Ende ihrer politischen Selbstbestimmung bedeuten würde. Generationen in Frankreich und Deutschland hatten - vergeblich - versucht, ihre Probleme mit den Mitteln der Gewalt zu lösen. Nun wollte man beginnen, die gemeinsamen Probleme, mit friedlichen, demokratischen Mitteln anzupacken und zu lösen.

Anders war damals die Haltung der Bürger und auch noch noch vieler junger Menschen in den kleineren europäischen Staaten. Ihre Unabhängigkeit und Selbstbestimmung war keine Frage der eigenen Stärke, sondern der Respektierung durch ihre großen Nachbarn. Ein Konflikt zwischen den europäischen Großmächten machte diese Respektierung immer weniger möglich. Das hatte die politische Entwicklung vor allem im 20. Jahrhundert sehr deutlich gezeigt. Dänemark und Norwegen ebenso wie Belgien, Luxemburg und die Niederlande und im Osten Polen und die Tschechoslowakei waren zwangsläufig in das Konfliktsfeld der Auseinandersetzung Deutschlands mit seinen großen Nachbarn geraten. Die militärische Besetzung Dänemarks und Norwegens im zweiten Weltkrieg war für diese Länder ein Schock, da man nicht mit einer Einbeziehung in die kriegerische Auseinandersetzung gerechnet hatte. Dieser Schock wäre vermutlich nicht geringer gewesen, wenn die Briten und Franzosen, denen die Deutschen ja nur um Stunden zuvorgekommen waren, als erste diese Länder besetzt hätten. Aus dieser Erfahrung wuchs in den kleineren europäischen Staaten und bei ihren Völkern die Erkenntnis, daß nicht die nationale Eigenständigkeit, sondern die politische Partnerschaft mit den großen Nachbarn eine stabile Grundlage für die zukünftige Politik sein könnte. So entwickelte sich auf einer anderen Grundlage auch in diesen Ländern ein neues europäisches Bewußtsein.

Trotz dieser im Gegensatz zur Zeit nach dem ersten Weltkrieg für eine gemeinsame europäische Politikgestaltung viel aufgeschlosseneren Grundhaltung der Menschen in Europa, war der Gedanke an eine neue deutsche Armee nur sehr schwer politisch durchsetzbar. Man begann aber einzusehen, daß eine erfolgreiche Sicherheitspolitik gegenüber der Sowjetunion auf Dauer mit den Mitteln individueller nationaler Politik nicht zu verwirklichen war. In dieser Situation machte der damalige französische Verteidigungsminister René Pleven den Vorschlag, nach dem Vorbild der Montanunion eine europäische Verteidigungsgemeinschaft zu gründen. Die Mitgliedstaaten sollten auf diese Gemeinschaft ebenfalls Teile ihrer hoheitlichen Rechte übertragen. Die Schaffung einer gemeinsamen europäischen Armee, die Entwicklung einer gemeinsamen Sicherheits- und Verteidigungspolitik, die Rüstung - Produktion und Handel mit Rüstungsgütern - und damit auch ein wichtiger Bereich der Außenpoltik sollten Aufgabe der neuen Gemeinschaft werden. Vor allem ging es darum, keine neue deutsche National-Armee zu schaffen, dennoch aber Deutschland voll in die Verteidigungsanstrengungen Westeuropas einzubeziehen.

Gegen diese Überlegungen gab es erhebliche Widerstände. Die Schaffung einer gemeinsamen europäischen Armee und zugleich der Verzicht auf ein Kernstück nationaler Souveränität, das berührte die Völker der Sechsergemeinschaft zutiefst. Auch die USA sperrten sich lange gegen diese Überlegungen. Sie wollten keine weiteren militärischen

Strukturen neben der Nato. Aber sie gaben ihren Widerstand schließlich auf, da ihnen die Stärkung der westlichen Verteidigungsfähigkeit vorrangig war. Ein Vertrag über die Gründung einer europäischen Verteidigungsgemeinschaft wurde ausgehandelt und am 27. Mai 1952 unterzeichnet. Es waren aber nur die Mitglieder der Montanunion, die bereit waren, diesen Schritt zu tun. Auch einige ihrer Mitglieder, besonders die Niederlande taten sich schwer. Vor allem in Frankreich bemühte man sich sehr, auch Großbritannien in die neue Verteidigungsgemeinschaft einzubeziehen, um auf diese Weise ein stärkeres Gegengewicht gegen die Bundesrepublik zu gewinnen. Schon damals erregte das Tempo der wirtschaftlichen Entwicklung in Deutschland bei den europäischen Nachbarn nicht nur Staunen. Man erkannte, daß mit der wachsenden wirtschaftlichen Stärke auch das politische Gewicht Deutschlands wieder steigen würde. Großbritanniens Teilnahme an der neuen Gemeinschaft hätte in den Augen Frankreichs hier ausgleichend wirken können. Auch in der Bundesrepublik war der Widerstand gegen die EVG groß. Es bedurfte erst einer Entscheidung des Bundesverfassungsgerichts und einer Änderung des Grundgesetzes, um den Weg zur Ratifizierung des Vertrages freizumachen.

In den Beratungen und öffentlichen Diskussionen über die Verteidigungsgemeinschaft zeigte sich im Laufe der Zeit mit zunehmender Klarheit, daß eine derartige supranationale Gemeinschaft nicht isoliert und ohne Verbindung zur Politik bleiben konnte. Sie brauchte einen politischen Überbau in Form einer europäischen politischen Gemeinschaft. Nur so war sicherzustellen, daß der Verteidigungsbereich dem Primat der Politik und damit auch der politischen Kontrolle unterworfen blieb. Dieser Gedanke wurde zum ersten Mal auf der Außenministerkonferenz der drei westlichen Alliierten in Washington am 14. September 1951 erörtert und befürwortet. Die beratende Versammlung des Europarates griff diese Idee auf und empfahl am 10. Dezember 1951 dem Ministerkomitee, entsprechende Schritte einzuleiten. Das Ergebnis war Art. 38 des EVG-Vertrages, in dem die Bildung einer auf demokratischer Grundlage gewählten Parlamentarischen Versammlung der EVG vorgesehen war. Drei Tage nach Unterzeichnung des EVG-Vertrages am 30. Mai 1952 griff die beratende Versammlung des Europarates diese Frage noch einmal auf und forderte, unverzüglich die verfassungsrechtlichen Grundlagen einer europäischen politischen Gemeinschaft auszuarbeiten und nicht erst auf das Inkrafttreten des EVG-Vertrages und damit des Art. 38 zu warten. Die Ratifikation des EVG-Vertrages sollte auf diesem Wege erleichtert werden. Der Ministerrat der Montanunion nahm diesen Vorschlag an und forderte die parlamentarische Versammlung der Montanunion auf, sich durch Zuwahl von neun Mitgliedern zu erweitern, um so die Mitgliederzahl der vorgesehenen Versammlung der EVG zu erreichen und dann einen Satzungsentwurf für eine politische Gemeinschaft auszuarbeiten. Am 10. März 1953 wurde der von dieser ad-hoc-Versammlung ausgearbeitete Vertrag über die Satzung der Europäischen Politischen Gemeinschaft angenommen. Damit hatte die sich entwickelnde Europäische Gemeinschaft zum ersten Mal einen Verfassungsentwurf vorbereitet und auf diese Weise die Konsequenz aus der Erkenntnis gezogen, daß ohne einen solchen Schritt Kohle- und Stahlpolitik und jetzt auch Verteidigungspolitik isoliert auf europäischer Ebene gestaltet, die allgemeine Politik und insbesondere die demokratische Kontrolle aber weiterhin auf nationaler Ebene stattfinden würde.

Das politische Klima war aber noch nicht reif für einen solchen zukunftsweisenden Schritt. Vielleicht war es sieben Jahre nach dem Ende des zweiten Weltkrieges auch noch zu früh, so etwas wie einen europäischen Patriotismus zu schaffen. Das Ende des Koreakrieges 1953 hatte eine gewisse Entspannung in der Weltpolitik gebracht und auch gezeigt, daß der kommunistische Imperialismus nicht zu allem fähig war. Die Niederschlagung des Volksaufstandes in der DDR am 17. Juni und die passive Haltung der drei Westmächte, von verbalen Kraftakten abgesehen, hatte darüberhinaus die beiderseitigen Machtbereiche in Europa stabilisiert. Man begann sich gegenseitig zu respektieren und signalisierte einander, nicht in den jeweils anderen Machtbereich einzugreifen. Diese politische Grundhaltung sollte sich in späteren Jahren noch häufiger manifestieren, so 1956 beim Aufstand des ungarischen Volkes und 1968 bei der Okkupation der Tschechoslowakei durch die Staaten des Warschauer Paktes. Frankreich hatte außerdem 1954 den lange und erbittert geführten Indochinakrieg beendet und so das Interesse an der Schaffung einer europäischen Armee verloren. Eine eigenständige deutsche Armee, voll integriert in die Befehlsstrukturen der NATO, erschien der französischen Politik nicht mehr eine unerträgliche Alternative zur europäischen Armee zu sein. Im August 1954 lehnte die französische Nationalversammlung die Ratifikation des EVG-Vertrages endgültig ab. Damit war auch dem Entwurf des Vertrages zur Gründung einer politischen Gemeinschaft die Grundlage entzogen worden. Die Montanunion blieb nun für viele Jahre die einzige konkrete Form einer neuen Gestaltung der Gemeinschaft europäischer Staaten.

Mit der fortschreitenden Überwindung der Kriegsfolgen in den europäischen Staaten und mit dem sich schnell entwickelnden und ausweitenden Welthandel wuchs aber auch die Erkenntnis, daß man auf Dauer nicht die Kohle- und Stahlwirtschaft europäisieren, den Rest der Wirtschaft aber national abgeschlossen lassen konnte. So wie im 19. Jahrhundert in Deutschland die wirtschaftliche und vor allem die technische Entwicklung den Kleinstaaten praktisch die Grundlage raubte und den zunächst wirtschaftlichen Zusammenschluß mit Nachdruck förderte, so wurde auch in Europa, und zwar besonders in den Mitgliedstaaten der Montanunion, der Druck der Wirtschaft auf die Politik immer stärker. Die technologische Entwicklung, vor allem im Verkehrswesen und in der Datentechnologie und die zunehmende Arbeitsteilung zwischen den nationalen Wirtschaften war mit den fortexistierenden, voneinander durch Zoll- und Wirtschaftsgrenzen getrennten Wirtschaftsräumen immer weniger zu vereinbaren.

Durch die militärische Präsenz der USA wurden Europa und die Europäer mit dem Denken und Leben in größeren Dimensionen konfrontiert und vertraut. Die USA waren das reiche Land der unbegrenzten Möglichkeiten, das nachzuvollziehen der Traum vieler Europäer war. Auch hatte der Krieg die Menschen - oft gegen ihren Willen - einander näher gebracht. Besatzungssoldaten, Verfolgte und Flüchtlinge lernten andere Länder und ihre Kulturen kennen und erfuhren, daß man in Europa einander viel ähnlicher war und einander viel näher stand, als man bisher wußte. Jahrhundertelang hatten die Völker nebeneinander und ohne große Kenntnis voneinander gelebt. Der Krieg und seine Folgen halfen den Europäern zu lernen, daß man auch miteinander leben konnte.

Wirtschaftlich wurde den Europäern zudem immer deutlicher, daß der Abstand zu den USA immer größer wurde, und daß die kleinen Wirtschaftsgebiete der europäischen

Einzelstaaten keine Chance haben würden, diesen Abstand aus eigener Kraft zu verringern oder gar zu überwinden. So enstand die Idee, aus der Gemeinschaft für Kohle und Stahl eine europäische Wirtschaftsgemeinschaft zu entwickeln mit dem Ziel, aus den einzelnen Märkten der Mitgliedstaaten am Ende einen gemeinsamen Markt aller Mitgliedstaaten zu schaffen.

Die Europäische Gemeinschaft

Der Gemeinsame Markt

Die Initiative zur Weiterentwicklung der europäischen Integration ging von der Hohen Behörde der Montanunion unter Leitung von Jean Monnet aus. Er schlug vor, ein "Aktionskomitee für die Vereinigten Staaten von Europa" ins Leben zu rufen. Dieser Sachverständigenausschuß sollte Vorschläge für die Fortsetzung des europäischen Einigungsprozesses erarbeiten. Die Konferenz der sechs Außenminister in Messina am 1. und 2. Juni 1955 übernahm diesen Vorschlag und setzte einen entsprechenden Ausschuß unter Vorsitz des belgischen Politikers Paul Henri Spaak ein.

Nach knapp einem Jahr legte dieser Ausschuß einen Bericht vor, in dem er die Gründung zweier neuer europäischer Gemeinschaften vorschlug, eine Europäische Atomgemeinschaft und eine Europäische Wirtschaftsgemeinschaft. Vorangegangen waren schwierige Verhandlungen vor allem auch mit Frankreich. In der damaligen europäischen öffentlichen Meinung nahm die Diskussion über eine friedliche Nutzung der Atomenergie einen breiten Raum ein. Man sprach von der Zähmung der Atombombe und hoffte, das Energieproblem mit Hilfe der Atomenergie für alle Zeiten lösen zu können. Niemand ahnte damals, welche technischen Probleme mit dem Betrieb, der Verarbeitung und der Lagerung der bleibenden und hochgefährlichen Abfälle verbunden sein würden. Man kannte zwar die Gefahren und Risiken der Atomstrahlung, aber man war sicher, diese beherrschen zu können.

Damals schien zwar die klassische Energieversorgung mit fossilen Energien noch für eine geraume Zukunft sicher zu sein, aber man wußte, daß die Erdölvorräte der Welt begrenzt waren und daß auch Kohle und Erdgas nicht für ewige Zeiten verfügbar sein würden. Für Deutschland bot die Atomgemeinschaft die Chance, auf friedliche Weise an der Entwicklung der Kerntechnologie beteiligt zu werden. Kontrolle und Besitz spaltbaren Materials sollten ausschließlich dieser Atomgemeinschaft zukommen. So wollte man verhindern, daß Deutschland eigene Atomwaffen entwickelte. Eine neue supranationale Gemeinschaft, der die Mitgliedstaaten Teile ihrer Hoheitsrechte übertrugen, wurde so auch zum Mittel, um Deutschland fest in eine gemeinsame Entwicklung einzubinden.

Für Frankreich hatte damals die gemeinsame friedliche Nutzung der Atomenergie absolute Priorität. Frankreich war arm an eigenen Energiequellen und abhängig von Importen von Öl aus Übersee und Kohle vor allem aus Deutschland. Bei der Regelung der Saarfrage war für Frankreich das Anrecht auf Kohlelieferungen und Kohleförderungsrechte über die Grenze zur Bundesrepublik hinweg eine wesentliche Bedingung für die Zustimmung. Die Atomenergie sollte Frankreich von diesen Abhängigkeiten befreien.

Für die Bundesrepublik stand die Schaffung einer Wirtschaftsgemeinschaft mit dem Ziel eines gemeinsamen Marktes im Vordergrund ihrer Interessen an diesen Verhandlungen, wenngleich für die sozialdemokratische Opposition auch die Atomgemeinschaft und die vorgesehene strikte und nahtlose Kontrolle der Verwendung spaltbaren Materials wesentliche Voraussetzung für ihre angekündigte Zustimmung zu diesen neuen Schritten der europäischen Integration war. Für die Bundesrepublik bedeutete die Schaffung eines gemeinsamen Marktes eine Existenzsicherung für die industrielle Entwicklung. Die Erforschung neuer Technologien und ihre Markteinführung war in den immer enger werdenden nationalen Wirtschaftsgebieten der europäischen Staaten immer schwieriger geworden. Hier bot der gemeinsame Markt große Zukunftsmöglichkeiten. Daneben sicherte dieser gemeinsame Markt der deutschen Wirtschaft notwendige Exportchancen.

Für Frankreich war vor allem der mit Nachdruck angestrebte gemeinsame europäische Agrarmarkt wesentliches Element der Wirtschaftsgemeinschaft. Der Agrarmarkt und die damit verbundenen Exportchancen der französischen Landwirtschaft waren der Preis, den die Deutschen für den gemeinsamen Industriemarkt zahlen mußten. Nach und nach sollten Marktordnungen für fast alle Agrarprodukte geschaffen werden, die feste - und vor allem hohe - Preise und verbunden damit eine Absatzgarantie sicherten. Zusätzlich sollte eine Präferenz für EG-Produkte und hohe Zölle den Binnemarkt vor unerwünschter Konkurrenz schützen. Diese Politik ging solange gut, solange der EG-Markt die steigende Agrarproduktion aufnehmen konnte. Aber diese Politik hatte schon sehr bald Auswirkungen auf den Welthandel und auf den Export von Investitions- und Konsumgütern vor allem in die klassischen Agrarexportländer. Diesen ging der europäische Markt zunehmend verloren und damit die Möglichkeit, in Europa mit dem Verkauf von Agrarprodukten die für den Import europäischer Industrieprodukte notwendigen Devisen zu verdienen. So wurde im Laufe der Entwicklung der damals geschaffene gemeinsame Agrarmarkt zu einer der Ursachen für die kontinuierliche Arbeitslosigkeit in Europa und auch für die wachsende Verschuldung vieler Staaten der dritten Welt, die früher mit Agrarexporten nach Europa auch ihre Schuldendienste verdienen konnten.

Verschärft wurde diese Entwicklung noch, als die europäische Agraproduktion anfing stärker zu wachsen als die Nachfrage in Europa und man dazu übergehen mußte, die Überschüsse - sehr oft subventioniert - auf dem Weltmarkt abzusetzen und auf diese Weise den klassischen Agrarproduzenten auch auf dem Weltmarkt Konkurrenz zu machen. Erst Ende der 80er Jahre sollte es gelingen, diese Überschüsse langsam abzubauen und Maßnahmen zum Ausgleich des EG-Agrarmarktes einzuleiten. Offen und nach wie vor ungelöst ist das Problem, wie der europäische Markt wieder stärker für Importe aus den klassischen Agrarländern geöffnet werden kann, um den Handel zu beleben und damit neue Arbeitsplätze zu schaffen, und um diesen Ländern die Möglichkeit zu bieten, ihre Schulden abzutragen.

Ähnlich den Risiken der friedlichen Nutzung der Atomenergie sah man damals auch die Risiken der gemeinsamen Agrarpolitik nicht. Der Ausschuß unter Leitung von Paul Henri Spaak trieb beide Projekte voran. Politisch wurden diese Bemühungen sehr nachhaltig durch die Verstaatlichung und Blockade des Suez-Kanals durch Ägypten im Herbst 1956 gefördert. Diese Ereignisse zeigten deutlich, wie abhängig das Gleichgewicht der Welt auch vom Funktionieren der Energieversorgung und des Energietransportes war. Die Idee, Europa und vor allem Frankreich durch die Entwicklung von Atomernergie unabhängiger von Energieimporten zu machen, erhielt starken Auftrieb. Die Machtlosigkeit Großbritanniens und Frankreichs gegenüber der russischen Drohung und auch der amerikanischen Pression zeigte diesen Ländern und ihren führenden Politikern erneut, wie sehr sich das Gleichgewicht zugunsten außereuropäischer Mächte verlagert hatte und wie abhängig, ja ohnmächtig die europäischen Einzelstaaten geworden waren. Zum schnellen Abschluß der Verträge über die Gründung einer europäischen Atomgemeinschaft und einer europäischen Wirtschaftsgemeinschaft trugen diese weltpolitischen Ereignisse wesentlich bei. Am 25. März 1957 wurden die Verträge feierlich in Rom unterzeichnet und noch im gleichen Jahr von den Mitgliedstaaten der Montanunion ratifiziert

Am 1. Januar 1958 traten die Verträge in Kraft. Gleichzeitig trat ein Abkommen über gemeinsame Organe für die Europäischen Gemeinschaften in Kraft, durch das für alle drei Gemeinschaften ein gemeinsames Parlament, ein gemeinsamer Gerichtshof und ein gemeinsamer Wirtschafts- und Sozialausschuß geschaffen wurde. Durch ein weiteres Abkommen vom 8. April 1965 wurden auch eine gemeinsame Kommission und ein gemeinsamer Rat gebildet und damit die Grundlage für das Zusammenwachsen der drei Gemeinschaften zur Europäischen Gemeinschaft geschaffen.

Die politischen Auswirkungen der EG

Ziel dieser Europäischen Gemeinschaft war es, die einzelnen Wirtschaftsgebiete der Mitgliedstaaten zu einem einheitlichen gemeinsamen Markt zusammenzuführen. Als wichtiger Schritt auf dieses Ziel zu war eine etappenweise Abschaffung der Zölle für den Handel untereinander und die Einführung eines gemeinsamen Außenzolltarifs vorgesehen. Diese Zollsenkung wurde schneller als ursprünglich vorgesehen verwirklicht. Statt Anfang 1970 war schon am 1. Juli 1968 die volle Zollunion der EG-Mitgliedstaaten erreicht. Die Folge war eine rasche Zunahme des innergemeinschaftlichen Handels und ein starkes wirtschaftliches Wachstum. Diese wirtschaftliche Entwicklung blieb nicht ohne Außenwirkung. Die EG trat in der Welt an die Stelle ihrer Mitgliedstaaten und dies nicht nur als Handelspartner, sondern schrittweise auch als politischer Faktor. Sie begann als neuer wirtschaftlicher Machtfaktor Wirkung zu zeigen und gewann damit eine zunächst primär wirtschaftspolitische interkontinentale Verantwortung.

Innerhalb Europas blieb diese Entwicklung nicht ohne Einfluß auf die Nachbarstaaten. Schon 1961 ersuchten Großbritannien, Dänemark und Irland um Beitritt, Norwegen folgte ein Jahr später. Griechenland und die Türkei hatten schon 1959 ihren Wunsch auf eine enge Assoziierung geäußert, Österreich, die Schweiz und Schweden fogten 1961, Spanien und Portugal 1962.

Wenige Jahre nach ihrer Gründung entwickelte die supranationale EG bereits eine neue Qualität einer Staatengemeinschaft. Die politische Führung Großbritanniens hatte es lange Zeit für ausgeschlossen gehalten, daß souveräne Staaten einen Teil ihrer Hoheitsrechte auf eine zwischenstaatliche Gemeinschaft übertragen konnten und sich den Entscheidungen der Organe dieser Gemeinschaft unterwerfen würden, auch wenn diese Entscheidungen - soweit sie mit Mehrheit getroffen wurden - gegen die Stimme des betroffenen Staates gefällt worden waren. Die EG wünschte eine Erweiterung um Großbritannien, insbesondere Frankreich wollte diese Mitgliedschaft auch als Ausgleich gegenüber der schnell wirtschaftlich erstarkenden Bundesrepublik. Obgleich Frankreich bereit war, dafür einen politischen Preis zu zahlen und die Niederlande sogar erwogen, die supranationalen Prinzipien der EG jedenfalls abzuschwächen, blieben die römischen Verträge die Basis der beginnenden Beitrittsgespräche.

Großbritannien hatte sich Anfang der fünfziger Jahre geweigert, der Montanunion beizutreten wegen der supranationalen Struktur dieser Gemeinschaft. Man hatte sich jenseits des Kanals einfach nicht vorstellen können, daß es neben oder gar über dem Unterhaus von Westminster ein anderes gemeinsames europäisches Parlament geben könnte. Aber immer stärker hatte sich in der Folgezeit die Erkenntnis durchgesetzt, daß die unerwartet schnelle wirtschaftliche Entwicklung der EG Großbritannien zunehmend wirtschaftlich ins Abseits stellen würde. Dieses Land war nicht besiegt und militärisch besetzt worden, seine Industrie hatte den Krieg ohne allzugroße Zerstörungen überstanden, es gab daher keinen Zwang zum Wiederaufbau und damit auch keine Chance zum Neubeginn. Was eigentlich ein Vorteil zu sein schien, erwies sich für Großbritannien mehr und mehr als Nachteil. Diesem Land fehlte die Erfahrung der eigenen Ohnmacht und damit die Erkenntnis, daß die nationale Eigenständigkeit durch die Geschichte überholt worden war. Es entsprach auch der britischen Mentalität, mehr als Beobachter denn als Mitbeteiligter die Entwicklung auf dem Kontinent zu verfolgen. Aufgeschreckt durch die unerwartet schnelle und erfolgreiche Entwicklung der EG auf dem Kontinent und zunehmend besorgt um die eigene wirtschaftliche Zukunft, setzte sich in der britischen Regierung unter Führung des Premierministers Harold Macmillan die Einsicht durch, daß das Land nicht länger ohne Schaden außerhalb der EG bleiben könne. Am 9. August 1961 beantragte Großbritannien die Vollmitgliedschaft in der EG.

Anderthalb Jahre vorher war noch unter britischer Führung die Europäische Freihandelszone gegründet worden. Sie sollte eine wirtschaftliche Vereinigung souveräner Staaten sein. Die EG als ganzes wurde eingeladen, dieser Freihandelszone beizutreten, lehnte dies aber vor allem auf Drängen Frankreichs ab. Diese Freihandelszone war im Grunde nichts anderes als eine Alternative für alle diejenigen Staaten Europas, die nicht bereit waren, sich in eine supranationale Gemeinschaft einzugliedern und damit schrittweise Hoheitsrechte abzugeben. Zu dem britischen Sinneswandel hatte die Erfahrung einer zunehmenden Isolierung beigetragen. Auch bewirkte die enge Bindung an die USA, die seit dem zweiten Weltkrieg Vorrang in der britischen Politik genoß, einen gewissen Meinungswandel, denn die USA hatten nie ein Hehl daraus gemacht, daß für sie die EG und nicht die EFTA der wichtigere europäische Partner war. Schon bei Gründung der OEEC favorisierten die USA eine staatenähnliche Struktur. Damals konnten sich Großbritannien und die skandinavischen Staaten durchsetzen und eine klassische internationale Form der Zusammenarbeit erreichen. Jetzt, zwölf Jahre später, existierte in Europa eine solche staatenähnliche Gemeinschaft und genoß die Unterstützung der USA. Von einem Beitritt konnte man sich in London daher auch eine Stärkung der britisch-amerikanischen Beziehungen erhoffen, auf die man auch wegen der sehr schwierigen Wirtschaftslage des Landes dringend angewiesen war. Im Herbst 1961 begannen die schwierigen Verhandlungen zwischen der EG und Großbritannien.

Frankreichs Sonderrolle unter der Präsidentschaft von Charles de Gaulle

Der Machtwechsel in Frankreich und die Rückkehr General de Gaulles an die Spitze des Staates sollten den Beitritt um mehr als zehn Jahre hinauszögern. De Gaulles führte Frankreich in die Zeit nationalstaatlichen Denkens zurück. Für ihn war die Nation, und hier natürlich Frankreich, die höchste Form staatlicher Organisation. Eine Übertragung hoheitlicher Rechte an eine über dem Staat angesiedelte und für ihn verbindlich entscheidende Autorität, kam für de Gaulle nicht infrage. Seine Vorstellung von einer europäischen Entwicklung beruhte auf der vollen Souveränität der Mitgliedstaaten. Europa sollte ein Bund von Staaten sein und zwar vom Atlantik bis zum Ural. Daß der Ural zwar Europas willkürlich gezogene geographische Grenze ist, aber politisch keinerlei Bedeutung hat, sondern mitten durch die russische Republik verläuft, störte ihn nicht und auch nicht alle die, die diese Formel später ohne weiter darüber nachzudenken übernehmen sollten. Diese Formel deutete vielmehr darauf hin, daß 'Europa' für de Gaulle mehr eine sehr unbestimmte Zukunftsvision und nicht ein konkretes Ziel einer realen Politik war. Sein Europa war das 'Europa der Vaterländer'. Er war daher auch gegen jede Weiterentwicklung der EG zur politischen Union in welcher Gestalt auch immer. Er verhinderte die in den römischen Verträgen vorgesehenen direkten Wahlen der Abgeordneten des Europäischen Parlaments. Das Europaparlament, oder wie er zu sagen pflegte, die parlamentarische Versammlung, sollte eine Delegiertenversammlung von Abgeordneten der nationalen Parlamente bleiben. Als Instrument der Beteiligung des Volkes an staatlichen Entscheidungen bevorzugte er das Referendum. Konsequenterweise war de Gaulle auch gegen eine europäische Verteidigungsgemeinschaft und gegen eine europäische Armee. Die notwendige Gemeinsamkeit der Verteidigungsanstrengungen in Westeuropa sollte nach seinen Vorstellungen die Form einer klassischen Allianz souveräner Staaten haben. Der Nordatlantikpakt ging für ihn über diesen Rahmen weit hinaus, weil europäische Truppen amerikanischem Oberbefehl unterstellt waren. Frankreich verließ daher auch den militärischen Teil des Bündnisses und entzog seine Truppen dem NATO-Oberbefehl.

Die EG war für de Gaulle allein ein Instrument zum besseren wirtschaftlichen Nutzen Frankreichs und auch nur solange und soweit interessant. Irgendeine politische Finalität, die auch Frankreich umfassen und in der Frankreich aufgehen würde, war für ihn allenfalls Gegenstand ironischer Verhöhnung der Väter der Europäischen Integration. Konsequenterweise war für de Gaulle die Zusammenarbeit mit der Bundesrepublik Deutschland eine Zusammenarbeit souveräner Staaten und nicht ein Teil des europäischen Integrationsprozesses. Die politischen Folgen des zweiten Weltkrieges, die Teilung Deutschlands in zwei Staaten und die besondere Lage West-Berlins als Exklave im kommunistischen Machtbereich, engten den politischen Handlungsspielraum der Bundesrepublik sehr stark ein und hatten zwangsläufig zur Folge, daß Frankreich die Führungsrolle in der sich entwickelnden deutsch-französischen Gemeinsamkeit zufiel. De Gaulle hätte diese neue Partnerschaft sehr gern noch viel enger gestaltet. Sogar eine Union beider Staaten entsprach durchaus seinen Vorstellungen. Die Bundesrepublik hingegen lebte in einem ständigen Konflikt, einerseits wünschte auch sie eine enge Zusammenarbeit mit Frankreich und förderte diese auf allen denkbaren Wegen, andererseits jedoch war sie in der NATO eng mit den USA verbunden und nicht bereit, diese Beziehungen zugunsten der Partnerschaft mit Frankreich zu schwächen oder gar aufzugeben. Die USA waren die führende Garantiemacht für den status quo in Europa und insbesondere in Berlin. Die Sicherheit der Bundesrepublik beruhte ganz entscheidend auf dieser deutsch-amerikanischen Partnerschaft. Frankreich war frei in seiner Politikgestaltung, jedenfalls glaubte de Gaulle, daß Frankreich seine eigene Sicherheit im

Konfliktfall gewährleisten könnte. Die Bundesrepublik war nicht frei, sie war durch die Teilung des Landes und durch den Status Berlins gebunden. Wollte sie den politischen Vorstellungen Frankreichs uneingeschränkt folgen, so hätte sie das verfassungspolitische Ziel der Einheit Deutschlands und längerfristig auch West-Berlin aufgeben müssen. Dazu aber war weder die Regierung noch die Opposition zu irgendeiner Zeit bereit.

Das Verhältnis Frankreichs zu Großbritannien war in diesen Jahren von einer gewissen Rivalität geprägt. Frankreich war Mitglied der EG und hatte in ihr eine Führungsposition vor allem im Verhältnis zur Bundesrepublik. Eine Vollmitgliedschaft Großbritanniens hätte diese Rolle Frankreichs beeinflußt. Daher wünschten insbesondere auch die kleineren Mitgliedstaaten der EG einen Beitritt Großbritanniens. Sie sahen mit Sorge die Entwicklung der deutsch-französischen Beziehungen und fürchteten eine Dominanz dieser beiden Staaten. Frankreich hingegen mißtraute der engen Partnerschaft zwischen Großbritannien und den USA und fürchtete, daß eine EG-Mitgliedschaft des Vereinigten Königreiches den USA einen stärkeren Einfluß auf die EG eröffnen würde. Auf einer Pressekonferenz im Januar 1963 erklärte de Gaulle, daß England keinen Platz in Europa habe. "Es ist möglich", erklärte er wörtlich, "daß England sich eines Tages ändert, um Teil der europäischen Gemeinschaft zu werden, ohne Einschränkung und ohne Vorbehalte, um was immer es sich handelt; und in diesem Falle werden die Sechs das Tor öffnen, und Frankreich wird dem nichts in den Weg legen..." Äußerer Anlaß für diese harsche Ablehnung war ein vorangegangenes Treffen des britischen Premierministers Macmillan mit dem amerikanischen Präsidenten Kennedy auf den Bahamas. Hier war vereinbart worden, Großbritannien in die US-Raketensysteme einzubeziehen. Großbritannien gab damit die eigene Raketenentwicklung weitgehend auf. Beide Länder hatten Frankreich angeboten, dieser Vereinbarung beizutreten. Das wurde von de Gaulle abgelehnt. Für ihn war dies ein neuer Beweis dafür, daß Großbritannien ein europäischer Vorposten der USA und damit nicht für eine EG Mitgliedschaft geeignet war. Nach fast eineinhalbjährigen Verhandlungen auch unter französischer Beteiligung war dies eine harte Brüskierung Großbritanniens.

Das Scheitern dieser Beitrittsbemühungen führte zu einem weitgehenden politischen Stillstand der EG. Mehr und mehr traten bilaterale Vereinbarungen zwischen Deutschland und Frankreich oder Deutschland und den USA an die Stelle von Regelungen mit der EG als Partner. Frankreich, das hieß de Gaulle, ging mit seiner Ablehnung der supranationalen EG aber noch weiter. Er wollte das supranationale Element, nämlich die Mehrheitsentscheidung im Rat beseitigen und so die EG zu einer Form der klassischen internationalen Staatenzusammenarbeit degenerieren.

Das Bemühen des damaligen Kommissionspräsidenten Walter Hallstein, der EG mehr finanziellen Spielraum und verbunden damit mehr Selbständigkeit zu verschaffen und ihr auch protokollarisch einen eigenständigen Rang gegenüber den Mitgliedstaaten zu geben, bot de Gaulle die Möglichkeit, Frankreichs Mitarbeit vorübergehend einzustellen. Mit dem Ende des französischen Ratsvorsitzes am 30.Juni 1965 zog sich Frankreich von der Mitarbeit im Rat zurück. Zweierlei wollte Frankreich damit deutlich machen, einmal daß es nicht bereit war, der EG einen gleichwertigen oder gar übergeordneten Rang gegenüber den Mitgliedstaaten zuzugestehen und zum anderen, daß es nicht bereit war, sich Mehrheitsentscheidungen zu unterwerfen, die gegen seine Stimme ergangen waren. Dieser letzte Punkt war 1965 aktuell geworden, da nach den römischen Verträgen vom 1. Januar 1966 an zahlreiche Beschlüsse im Ministerrat mit Mehrheit und nicht mehr einstimmig gefaßt werden konnten. Dies war notwendig, da die Gemeinschaft eigene hoheitliche Rechte wahrzunehmen hatte und daher entscheidungsfähig sein mußte. Mangels Zuständigkeit konnten die Mitgliedstaaten in diesen Fällen nicht mehr entscheiden, wenn die Gemeinschaft zur Entscheidung nicht fähig war. Nationale Interessen sollten daher hinter Gemeinschaftsinteressen zurückstehen. Dies hatte die Konsequenz, daß einzelne Mitgliedstaaten überstimmt werden konnten.

Frankreich boykottierte für mehr als sechs Monate die Arbeit des Ministerrates. Der Stillstand der Arbeit der EG wirkte sich zunehmend zum Nachteil insbesondere der französischen Industrie und Landwirtschaft aus. Der Druck auf die französische Regierung und insbesondere auf de Gaulle nahm zu. Nach seiner Wiederwahl als Präsident der Republik war de Gaulle bereit, Frankreich wieder in den EG-Organen mitarbeiten zu lassen. Im Januar 1966 wurde die Krise in Luxemburg beigelegt. Man einigte sich darauf, daß kein Mitgliedstaat im Ministerrat überstimmt werden dürfe, wenn er erklärt hatte, daß die anstehende Entscheidung "vitale nationale Interessen" berühre. Dieser sogenannte 'Luxemburger Kompromiß' führte in Zukunft dazu, daß zahllose Entscheidungen, die von der Kommission vorgelegt worden waren und zu denen das Parlament Stellung bezogen hatte, im Ministerrat gar nicht erst behandelt wurden, wenn ein Mitgliedstaat erklärt hatte, daß seine vitalen nationalen Interessen berührt würden. Nur sehr selten wurde ein formelles Veto im Ministerrat eingelegt. Diese Praxis war eine schwerwiegende Behinderung der Entscheidungsfähigkeit der Gemeinschaft. Viele für die Entwicklung des gemeinsamen Marktes notwendige Regelungen kamen nicht zustande.

Politisch im Vordergrund stand aber die Erweiterung der Gemeinschaft und hier insbesondere der Beitritt Großbritanniens. Im Frühjahr 1967 machte Großbritannien erneut den Versuch, Mitglied der EG zu werden. Wesentlicher Grund für dieses zweite Beitrittsgesuch war die schlechte Wirtschaftslage des Landes. Die Exporte in die EFTA-Staaten entwickelten sich nicht, wie erwartet, sie gingen sogar zurück. Die Exporte in die EG hingegen nahmen zu. Die Bindung an das Commonwealth verlor zunehmend an Bedeutung und Gewicht für die britische Politik. Großbritannien hatte begonnen, seine weltweite Herrschaftspräsenz abzubauen. Es war wirtschaftlich zu schwach, um die steigenden Wünsche der Commonwealth-Partner, insbesondere nach Wirtschaftshilfe und günstigen Krediten, befriedigen zu können. Eine gewisse Abkehr von den USA und damit eine Abschwächung der Sonderbeziehungen im Gefolge des Vietnamkrieges war der Hauptgrund dafür, daß eine starke Gruppe in der Labourparty bereit war, das Beitrittsgesuch zu unterstützen.

Der am 11. Mai vorgelegte Beitrittsantrag wurde bereits wenige Tage später vom französischen Präsidenten de Gaulle erneut schroff abgelehnt. England sei ein Land, so erklärte er am 16. Mai auf einer Pressekonferenz, das an sein Commonwealth gebunden sei und mit den USA eng verbunden sei. Außerdem sei die Währungsbilanz Englands nicht in Ordnung, daher käme allenfalls eine Assoziierung, nicht aber eine Mitgliedschaft infrage. Wörtlich sagte er: "Bis die britischen Inseln wirklich am Kontinent festmachen können, bedarf es noch eines sehr großen und tiefreichenden Wandels". In Wahrheit wollte de Gaulle die damals dominierende Stellung Frankreichs in der EG durch einen Beitritt Großbritanniens nicht gefährden.

Der Beitritt Großbritanniens

Erst der Rücktritt de Gaulles im Gefolge der Studentenunruhen und Umwälzungen in Frankreich 1968 eröffnete für Großbritannien die Möglichkeit einer Vollmitgliedschaft. Auf dem Haager Gipfel im Juli 1969 gab der neue französische Präsident Pompidou die ablehnende Haltung Frankreichs gegen eine britische Mitgliedschaft auf. Wesentliche Gründe für diesen Meinungswechsel ergaben sich aus der wirtschaftlichen und technischen Entwicklung. Die EG der Sechs war zu eng für die Verwirklichung einer umfassenden Wirtschaftunion. Außerdem spürte man in Frankreich mit zunehmender Deutlichkeit das wachsende Übergewicht der Bundesrepublik Deutschland. Großbritannien konnte hier einen gewissen Ausgleich schaffen. Innerhalb der EG erhofften sich vor allem die kleineren Mitgliedstaaten von einer britischen Mitgliedschaft einen gewissen Ausgleich zur deutsch-französischen Achse. Auch hier konnte und sollte Großbritannien ein Gegengewicht werden. Allgemein erwartete man in der EG durch den Beitritt auch eine Verstärkung der politischen Rolle des 'Wirtschaftsgiganten'Europäische Gemeinschaft in der Welt. Für den Außenhandel und seine Weiterentwicklung versprach man sich schließlich eine Belebung durch die Nutzbarmachung der britischen Welthandelspositionen. So standen die Sechs jetzt der Erweiterung weitgehend positiv gegenüber.

Großbritannien war nach intensiven innenpolitischen Auseinandersetzungen bereit, der EG der römischen Verträge und damit einer supranationalen Gemeinschaft ohne Vorbehalte beizutreten. Dies war in der Tat eine Entscheidung von historischem Rang. Trotz der fortbestehenden Bindungen an das Commonwealth überwand das Vereinigte Königreich seine Vorbehalte gegen eine zu enge Bindung an den europäischen Kontinent. Entscheidend für diesen Stimmungsumschwung zunächst bei den Konservativen und mit Zeitverzug dann auch bei Labour war die Einsicht, daß das Land wirtschaftlich immer stärker in die Isolierung geraten war und weiter geraten würde, wenn es der wachsenden Wirtschaftsmacht der EG allein gegenüberstehen würde. Dies war für ein Industrie- und damit auch Exportland eine tödliche Gefahr.

Für die EG war eine Mitgliedschaft Großbritanniens ein Gewinn. Die Gemeinschaft konnte damit ihre Abgeschlossenheit überwinden und Zugang zu den mit Großbritannien wirtschaftlich eng verbundenen skandinavischen Staaten, insbesondere Dänemark und Norwegen, gewinnen. Eine erweiterte Gemeinschaft würde auch das demokratische Gleichgewicht Europas stärken und damit den Druck auf die faschistischen Diktaturen auf der iberischen Halbinsel verstärken und mittelfristig zu ihrer Beseitigung führen. Auch gegenüber dem kommunistisch beherrschten Ost/Mitteleuropa würde eine um Großbritannien und andere Nord/Westeuropäische Staaten vergrößerte EG ein stärkeres wirtschaftliches und damit mittelfristig auch politisches Gewicht bekommen.

Lange und zuweilen unnötig schwierige Verhandlungen führten 1972 zum Beitritt Großbritanniens zur EG. In den Verhandlungen mußten Wege gefunden werden, um die engen politischen und vor allem wirtschaftlichen Bindungen an das Commonwealth zu berücksichtigen. Großbritannien wollte seine Rolle als Führungsmacht dieses Bundes nicht aufgeben, gleichzeitig aber die Vorteile des gemeinsamen Marktes nutzen. Besondere Probleme bereitete auch die britische Landwirtschaft. Sie spielt in der britischen Wirtschaft eine relativ geringe Rolle. Das Land importiert einen erheblichen Teil seiner Nahrungsmittel aus Commonwealthländern. Dies bedeutete, daß Großbritannien zwar erhebliche Beträge in den EG-Haushalt einbringen mußte, aber nur relativ wenig Geld zurückerhalten würde, da der EG Haushalt überwiegend der Finanzierung der gemeinsamen Agrarpolitik dient.

Großbritannien hatte zudem große psychologische Hürden zu überwinden. Wie Jean Monnet in seinen Erinnerungen zutreffend schreibt, hatten die Engländer "sich noch lange in der Illusion ihrer Macht gewiegt, als die europäischen Nationen bereits begriffen hatten, daß sie den Erfordernissen der modernen Welt nicht mehr entsprachen". Großbritannien hatte immer wieder versucht, von außen in die EG hineinzuwirken und die Mitglieder gegeneinander auszuspielen, ohne sich selbst in die notwendige Solidarität der Gemeinschaft einzuordnen. Das Referendum im Juni 1975 bedeutete ein endgültiges Aufgeben dieser politischen Außenseiterrolle. Dies ist vielen britischen Patrioten - im guten Sinne - nicht leicht gefallen. Die britische Geschichte ist durch die Insellage des Landes geprägt worden und damit auch die Mentalität der Bürger. Nur als große Seemacht konnte England sich gegen die Niederlande und Spanien behaupten. Diese Seemacht wurde in den vergangenen Jahrhunderten Grundlage für die Eroberung und Beherrschung eines weltweiten Kolonialreiches. Die Gefährdung dieser Seemacht, ja schon deren Infragestellung war für alle politischen Gruppierungen der Insel zu allen Zeiten die größte Herausforderung. So führte auch die törichte Flottenpolitik Deutschlands vor dem ersten Weltkrieg zum Ende einer sehr langen Periode guter Partnerschaft zwischen Großbritannien und Deutschland und zum Konflikt zwischen beiden Staaten.

Seit Jahrhunderten ist Großbritannien nicht besiegt und nicht besetzt worden, wenngleich der Verlust der nordamerikanischen Kolonien einer Niederlage gleichkam. Stets war es an der politischen Gestaltung des kontinentalen Europas führend beteiligt. Im Zuge der europäischen Gleichgewichtspolitik nahm das Land in den großen kriegerischen Auseinandersetzungen in aller Regel Partei, wenn möglich durch Subsidien, wenn nötig aber auch durch Soldaten. Großbritannien gehörte immer zur Gruppe der Sieger und damit zu der Seite, die die Früchte des Erfolges ernten und die Möglichkeiten politischer Um- und Neugestaltung nutzen konnte.

Das Land ist stolz auf seine alte demokratische Tradition und verbindet damit eine fast sentimentale Verehrung des Parlamentes in Westminster. Vielleicht ist diese Tradition und die gnädige Behandlung durch die Geschichte Ursache des immer wieder spürbaren demokratischen Hochmuts, den die britische Führungsschicht auszustrahlen vermag. Für die Briten war es daher gewiß nicht leicht, sich mit der neuen Idee "von jenseits des Kanals" vertraut zu machen, die eine Übertragung von Teilen der nationalen Hoheitsgewalt auf gemeinsame europäische Institutionen verlangt. Nur schwer vorstellbar war es auch, daß ein gemeinsames europäisches Parlament neben und sogar an die Stelle des Unterhauses treten soll. Aber zur britischen Mentalität gehört auch ein gesunder Pragmatismus und der führte dazu, daß man einsah, daß die wirtschaftliche und technologische Entwicklung ein abgeschlossenes und zunehmend isoliertes britisches Wirtschaftsgebiet weiter hinter sich zurücklassen würde. Ein langer Prozess der Bewußtseinsänderung hat in Großbritannien begonnen. Die Gegner einer Bindung und Mitgliedschaft in der EG bei den Konservativen und vor allem bei Labour sind in die Defensive geraten und verlieren in ihren Parteien zunehmend an Einfluß. Man hat erkannt, daß Großbritannien als Industrie- und Exportland vom gemeinsamen europäischen Markt erheblich profitieren kann. Allerdings ist auch der zunehmende Druck auf die zum Teil sehr alten und verkrusteten britischen Industriestrukturen beträchtlich und hat zu einem starken Ansteigen der Zahl der Arbeitslosen geführt. Der Anpassungsprozess und die Einordnung in die fortschreitende Arbeitsteilung innerhalb der EG wird mit Sicherheit noch Jahre dauern.

Mit dem 1. Januar 1973 wurde Großbritannien Mitglied der Europäischen Gemeinschaft. Damit waren aber die rund 12 Jahre dauernden Verhandlungen und Probleme noch nicht endgültig beendet. Nach dem Regierungswechsel im Frühjahr 1974, der die Labour-Party an die Macht brachte, sah es zunächst so aus, als ob das Land die EG wieder verlassen würde. Die negativen Folgen des Beitritts waren für alle offensichtlich und bedrückend geworden. Die Wirtschaftslage hatte sich erheblich verschlechtert. Der Handel mit der übrigen EG hatte sich dramatisch zu Lasten Großbritanniens entwickelt. Das Handelsdefizit gegenüber den EG-Partnern war von 150 Mio.Pfund im Jahre 1969 auf 2,2 Mrd. Pfund im Jahre 1973 gestiegen. Steigende Verbraucherpreise, vor allen Dingen auch der Lebensmittel, und eine wachsende Arbeitslosigkeit sorgten dafür, daß die Bevölkerung gegenüber der Mitgliedschaft in der EG zunehmend negativ eingestellt war.

Es kam zu schwierigen Neuverhandlungen über die Bedingungen der britischen Mitgliedschaft, vor allem im Bereich der Finanzleistungen und des Agrarpreissystems. Auch wurde in diesen Verhandlungen die politische Zielsetzung der Gemeinschaft, nämlich die Politische Union, relativiert. Labour, aber auch die Konservativen, blieben Gegner jeglicher Stärkung der EG und vor allem auch des Europäischen Parlaments. Es sollte keine echte parlamentarische Kompetenz erhalten, weil man glaubte, daß damit die "Souveränität" des nationalen Parlaments verringert würde. Ähnlich dachte man darüber auch in Dänemark und Frankreich. Die Supranationalität im Bereich der gemeinsamen Wirtschaft wurde widerwillig hingenommen. Aber eine Ausweitung supranationaler Zusammenarbeit sollte es nicht geben. Die Weiterentwicklung der Europäischen Gemeinschaft sollte in der Form klassischer Regierungskooperation erfolgen.

Erst im März 1975 auf der Gipfelkonferenz in Dublin kam es zu einer endgültigen Einigung zwischen Großbritannien und den übrigen Mitgliedern der Gemeinschaft. Im Juni 1975 gab es ein erneutes Referendum in Großbritannien. 67,2 % der Bevölkerung stimmten für den ausgehandelten Kompromiß und damit für ein Verbleiben in der EG, 32,8 % stimmten dagegen. Damit war Großbritannien endgültig Mitglied der Gemeinschaft geworden.

Mit Frau Thatcher erhielt die britische Europapolitik nach den weitblickenden Premierministern Wilson und Heath wieder ein provinzielleres Gesicht. Die britischen Beiträge zur Diskussion über die Entwicklung der Wirtschafts- und Währungsunion zeigten dies deutlich. Das Vereinigte Königreich vergibt dadurch Chancen, an der politischen Entwicklung in Europa führend beteiligt zu sein. Man träumt vom Vergangenen und verpaßt die Zukunft. Die Völker sind oft aufgeschlossener und spüren die Notwendigkeit eines historischen Wandels deutlicher als die Herrschenden. Sie fürchten um den Verlust ihrer Macht, ihres Einflusses und ihrer Privilegien.

Die Ablösung von Frau Thatcher durch John Major im Jahre 1990 öffnete die britische Politik gegenüber Europa wieder ein wenig. Allerdings ist der Handlungsspielraum des neuen Premierministers durch den Umstand sehr eingeengt, daß er bis zum Mai 1992 Parlamentswahlen ausschreiben muß. Erst nach diesen Wahlen wird der Premierminister wieder mehr Spielraum für eine längerfristige Standortbestimmung der britischen Europapolitik haben.

Die Europäische Gemeinschaft wächst weiter

Der anstehende Beitritt Großbritannien veranlaßte weitere Mitglieder der EFTA und Irland, das dieser Freihandelszone nicht angehörte, nun ebenfalls, einen Antrag auf Vollmitgliedschaft in der EG zu stellen. Die EFTA war im Grunde nur eine Reaktion auf die Gründung der EWG. Durch eine Zollunion und eine enge wirtschaftspolitische Kooperation der Regierungen ihrer Mitgliedstaaten wollte man die wirtschaftliche Zusammenarbeit fördern, ohne jedoch hoheitliche Rechte auf die gemeinsame Organisation übertragen zu müssen. Eine Wirtschaftsunion und damit ein gemeinsamer Markt waren nicht vorgesehen. Entsprechend bescheidener waren die Resultate dieser Zusammenarbeit und entsprechend verlockender die wirtschaftlichen Perspektiven einer Vollmitgliedschaft in der EG. Schon Anfang der sechziger Jahre zeigte sich, daß die Konzeption einer supranationalen Integrationsgemeinschaft und die durch sie ausgelösten Impulse für die wirtschaftliche Entwicklung der Mitgliedsländer der EG sehr positiv waren und dies trotz mannigfacher Hemmnisse insbesondere in den Entscheidungsstrukturen der Gemeinschaft. Zusammen mit Großbritannien stellten daher bereits im Herbst 1961 Dänemark und Irland und im Frühjahr 1962 Norwegen ein Gesuch um Aufnahme in die EG.

Irland

Für Irland bedeutete ein solcher Antrag die Aufgabe einer Politik der Isolierung. Dieses Land hatte jahrhundertelang unter britischer Herrschaft gelebt und gelitten. Ungelöst ist bis heute die politische Zukunft des zum Vereinigten Königreich gehörenden Nord-Irland. Trotz enger wirtschaftlicher Bindung an Großbritannien war die irische Politik stets darauf bedacht eine unabhängige und gegenüber Großbritannien eine deutlich abgesetzte Linie zu verfolgen. Im zweiten Weltkrieg verhielt sich Irland strikt neutral. Nach dem Krieg lehnte Irland die Teilnahme an Militärbündnissen ab und trat auch nicht der NATO bei. Begründet wurde diese Haltung mit der fortbestehenden Teilung der Insel. Allerdings stand Irland der europäischen Zusammenarbeit positiv gegenüber und trat bereits 1949 in den Europarat ein.

Die Mitgliedschaft in der EG forderte aber nun auch die Abgabe hoheitlicher Rechte und die Bereitschaft, zusammen mit den anderen Mitgliedstaaten einen gemeinsamen Markt ohne wirtschaftliche Grenzen zu entwickeln. Dies bedeutete für Irland ein wieder engeres - zunächst auf die Wirtschaft beschränktes - Zusammenwachsen mit Großbritannien. Aber dies war eine neue Form der Gemeinschaft, in der nicht mehr ein Volk ein anderes beherrschte und unterdrückte, sondern in der sich beide Völker und Staaten gleichrangig und solidarisch zusammen mit anderen Völkern und Staaten Europas einfügten. Die Verhandlungen begannen im Sommer 1970 und wurden Ende 1971 abgeschlossen. Mit großer Mehrheit stimmte das irische Volk in einer Volksabstimmung am 10. Mai 1972 dem Beitritt des Landes zur EG zu. Sei dem 1. Januar 1973 gehört Irland der Europäischen Gemeinschaft an.

Dänemark

Sehr viel mühsamer war der Weg Dänemarks nach Europa. Ähnlich wie Großbritannien hatte sich auch Dänemark gegen eine supranationale Form der europäischen Zusammenarbeit gewehrt und mit durchgesetzt, daß der Europarat in der klassischen Form internationaler Zusammenarbeit entwickelt wurde. Dänemark war ebensowenig bereit, der Europäischen Gemeinschaft für Kohle und Stahl und später den römischen Verträgen beizutreten. Man war nicht bereit, hoheitliche Rechte abzugeben und sich gegebenenfalls Mehrheitsentscheidungen zu unterwerfen. Die nationale Souveränität, verstanden als eine unbeschränkte und von keiner anderen Macht beeinflußte Entscheidungshoheit über die eigenen Angelegenheiten, hat einen hohen Stellenwert im dänischen Selbstbewußtsein. Dieses dänische Staatsverständnis beruht im erheblichen Maße auf dem geschichtlichen Weg, den dieses Volk in den vergangenen Jahrhunderten gegangen ist. Im Mittelalter und in der beginnenden Neuzeit war Dänemark eine der führenden und zeitweilig sogar die führende Macht in Nordeuropa. Es beherrschte Südschweden, große Teile des heutigen Norwegen, Teile des Baltikums, sowie der heute deutschen und polnischen Ostseeküste. Durch Personalunion war Schleswig-Holstein eng an Dänemark gebunden. Außerdem beherrschte Dänemark mit Island, Grönland und den Färöer-Inseln weite Teile des Nordatlantik und es hatte mit Dänisch - Westindien einen wertvollen Kolonialbesitz in der Karibik. In zahllosen Kriegen mit all seinen Nachbarn, sowohl in Skandinavien als auch in Nordeuropa, suchte das Land seine Territorien zu erweitern oder jedenfalls zu behaupten, und dies mit immer geringerem Erfolg.

Wirtschaftlich war Dänemark stets an einer guten und engen Zusammenarbeit insbesondere mit den deutschen Staaten interessiert. 1844 forderte Friedrich List und 1850 auch der damalige österreichische Handelsminister Freiherr v. Bruck sogar die Einbeziehung Dänemarks und gegebenenfalls ganz Skandinaviens in den entstehenden deutschen Zollverein und damit die Schaffung einer Zollunion, die ganz Mittel- und Nordeuropa umfassen sollte. In den sechziger Jahren des 19. Jahrhunderts führte aber der wenig glückliche Versuch dänischer Nationalisten, die Bindung Schleswigs an Holstein zu lösen und Schleswig in den dänischen Staatsverband einzugliedern, zum letzten Krieg, den dieses Land in der jüngeren Geschichte geführt hat, und zwar gegen Österreich und Preußen. Im Ergebnis mußte der dänische König auf seine Rechte auf die Herrschaft in Schleswig-Holstein und Lauenburg verzichten. Durch die Teilung Schleswigs nach dem ersten Weltkrieg und die Übertragung des überwiegend dänisch besiedelten Nord-Schleswig an Dänemark umfaßt der heutige dänische Staat das Siedlungsgebiet des dänischen Volkes ziemlich geschlossen. Diese historische Entwicklung hat mit dazu beigetragen, ein Volks- und Nationalbewußtsein zu prägen, das eher von der übrigen Welt abgewandt nach innen auf das eigene Volk orientiert ist. Aber es hat den Dänen auch eine gewisse pragmatische, auf das Notwendige, das Machbare bezogene Orientierung bewahrt.

Wirtschaftlich war Dänemark eng mit Deutschland und mit Großbritannien verbunden. Nach der Gründung der EG und der EFTA folgte das Land der britischen Politik, die auf eine enge wirtschaftliche Kooperation hinzielte, ohne die nationale Souveränität zu berühren. Die politische Wende in Großbritannien, die nunmehr auf eine Vollmitgliedschaft in der EG zusteuerte, zwang Dänemark zu einer Grundsatzentscheidung: Entweder es folgte der britischen Politik und stellte seine Vorbehalte gegen den supranationalen Charakter der EG zurück, oder aber es riskierte den Verlust, mindestens eine starke Beeinträchtigung seiner Handelsbeziehungen nicht nur zu Deutschland sondern nunmehr auch zu Großbritannien. Das Land entschied sich für die Vollmitgliedschaft in der EG und folgte damit dem britischen Weg. Die Beitrittsverhandlungen liefen parallel zu denen mit Großbritannien, Irland und Norwegen und waren auch Ende 1971 abgeschlossen. Anders als in Irland brachte die Volksabstimmung in Dänemark am 21.10.1972 kein so eindeutiges positives Votum für den Beitritt. 63,5 % stimmten für den Beitritt, 35,5 % stimmten dagegen. Mit dem 1. Januar 1973 wurde auch Dänemark Mitglied der Europäischen Gemeinschaft.

Norwegens gescheiterter Versuch

Zusammen mit Dänemark, Großbritannien und Irland hatte auch Norwegen nach langem Zögern den Antrag auf Beitritt zur EG gestellt, und zwar immer wieder, 1962, 1967 und 1970, jeweils unterstützt von einer breiten Mehrheit im norwegischen Parlament. Norwegen fürchtete, in eine wirtschaftliche und auch politische Randlage zu geraten, wenn Großbritannien und auch Dänemark Mitglied der EG werden würden. Ähnlich wie in Dänemark gab es aber auch in Norwegen erhebliche Vorbehalte gegen die supranationale Struktur der EG. Man sträubte sich, Hoheitsrechte an eine Gemeinschaft abzugeben, die unter Umständen mit Mehrheit gegen Norwegen entscheiden konnte.

Anders als Dänemark hatte Norwegen nur eine kurze nationale Geschichte in staatlicher Unabhängigkeit. Es war jahrhundertelang mit seinen Nachbarn verbunden und von diesen abhängig. Seit 1380 gehörte es zu Dänemark. Erst 1814 mußte Dänemark im Kieler Frieden auf Norwegen verzichten. Es war fortan mit Schweden in einer Personalunion verbunden, die erst 1905 gelöst wurde. Seitdem ist Norwegen ein unabhängiger Staat. Zusammen mit Schweden und auch nach Erlangung seiner Selbständigkeit hat sich Norwegen aus allen europäischen Konflikten seit dem Wiener Kongress heraushalten können. Erst im zweiten Weltkrieg wurde Norwegen, wie auch Dänemark und viele andere europäische Mittel- und Kleinstaaten, in den Kampf um die Vorherrschaft zwischen Deutschland und den Westmächten und Deutschland und der Sowjetunion hineingezogen. Norwegen zog hieraus nach dem Kriege die Konsequenz und gab seine Politik nationaler Ungebundenheit auf. Man erkannte, daß das Land in dem immer deutlicher werdenden Ost-West-Gegensatz wegen seiner geografisch-strategischen Lage nicht dem schwedischen Weg der Neutralität folgen konnte, sondern sich um seiner Sicherheit willen binden mußte. Norwegen suchte enge Anlehnung an die USA und Großbritannien und gehörte zu den Gründungsmitgliedern der NATO. Man war in Norwegen gegen ein Europa als dritte Kraft zwischen den beiden damaligen Supermächten. Man war aber auch gegen das supranationale Europa und unterstützte den britischen Weg, der zur Gündung der EFTA führte.

Der britische Beitrittsantrag wirkte in Norwegen desillusionierend. Großbritannien war der Haupthandelspartner Norwegens, sein Beitritt zur EG würde Norwegen isolieren und wirtschaftlich hart treffen. So entschloß man sich, ähnlich wie Dänemark mit erheblichen

Vorbehalten, einen Antrag auf Vollmitgliedschaft zu stellen. Die Verhandlungen wurden, wie diejenigen mit den übrigen Beitrittskandidaten Ende 1971 abgeschlossen. Anders als in Dänemark, Großbritannien und Irland fand der Beitritt zur EG jedoch nicht die Mehrheit der Norweger in der Volksabstimmung am 24/5.September 1972. Nur 46,5% stimmten zu, 53,5% waren dagegen. Norwegen blieb also draußen und weiterhin Mitglied der Rest-EFTA. Die engen Wirtschaftsbeziehungen zwischen der erweiterten EG und der EFTA und die Zollunion zwischen beiden Organisationen milderten die Konsequenzen der Nichtmitgliedschaft Norwegens und die Auswirkungen auf die Handelsbeziehungen zwischen Norwegen und Großbritannien.

Hauptursachen für die Ablehnung der Mitgliedschaft durch die Mehrheit der Norweger waren die Fischerei und die Landwirtschaft. Kurz vor der Volksabstimmung hatte sich die EG endlich auf eine gemeinsame Fischereipolitik geeinigt und entsprechende Beschlüsse verabschiedet, die auf eine weitgehend gemeinsame Nutzung der Fanggründe im EG - Meer hinausliefen. Dadurch war die Angst der norwegischen Fischwirtschaft erheblich gewachsen, mit einer Mitgliedschaft den Einfluß auf die eigenen reichen Fanggebiete einzubüßen. Man wollte Herr im eigenen Hause bleiben. Ebenso groß war auch die Sorge der norwegischen Landwirtschaft, durch die EG-Agrarpolitik stark behindert zu werden. Beiden Wirtschaftszweigen gelang es, im Abstimmungskampf starke Emotionen gegen die Europäische Gemeinschaft zu wecken und schließlich die Abstimmung zu ihren Gunsten zu entscheiden.

Das Nein zur EG war aber kein Nein zu Europa. Norwegen blieb aktives Mitglied der NATO und bemühte sich erfolgreich, die Bindungen zwischen der Rest-EFTA und der EG zu vertiefen. Inzwischen hat sich in Norwegen die Haltung gegenüber der EG gewandelt. Man hat gesehen, daß die Mitgliedschaft den ehemaligen Partnern aus der EFTA sehr viel mehr Nutzen als Nachteile gebracht hat, und daß die Sorgen um die norwegische Fischerei und Landwirtschaft übertrieben waren und eher politischen Emotionen als einer nüchternen Analyse entstammten. Wie die übrigen EFTA-Staaten muß auch Norwegen sich eng an die EG anlehnen und ist weitgehend auf EG-Recht angewiesen und daran gebunden, ohne die erforderlichen Entscheidungsprozesse beeinflussen zu können. Es ist daher wohl nur noch eine Frage der Zeit, daß Norwegen seinen Beitrittsantrag erneuert und dann auch die Zustimmung der Mehrheit seiner Bürger dafür finden wird.

Das zunehmende politische Gewicht der EG in der Welt

Mit Großbritannien, Irland und Dänemark hatte die EG sich nach Westen und nach Norden erweitert und war damit zur beherrschenden Wirtschaftsmacht des Ostatlantik geworden. Das wirtschaftliche und auch das politische Gewicht der Gemeinschaft steigerte sich beträchtlich. Die Gemeinschaft sprach in der Weltpolitik zunehmend mit einer gemeinsamen Stimme und wurde so zu einem politischen Faktor, an dem die Supermächte nicht mehr vorbeisehen konnten. Die Gemeinschaft begann auch eigene politische Ziele zu entwickeln und umzusetzen. So war das Abkommen von Lomé der Beginn einer EG-Weltpolitik mit tiefgreifenden Auswirkungen. Mit diesem Abkommen verband sich die Gemeinschaft mit ursprünglich 46, inzwischen über 60 Staaten vor allem in Afrika, aber auch in der Karibik und im Pazifik zu einer Entwicklungs- und Handelsgemeinschaft. Es waren ehemalige Kolonien der EG-Mitgliedsstaaten, denen mit diesem Abkommen für ihre Exporte ein fast ungehinderter Zugang zum EG-Markt eingeräumt wurde ohne Gegenseitigkeitsverpflichtung. Lediglich die Meistbegünstigungsklausel mußte von den AKP-Staaten eingeräumt werden. Dieses Abkommen trat am 1. April 1976 in Kraft und ist inzwischen mehrfach verlängert worden. Mit beträchtlichen Finanzmitteln fördert und unterstützt die EG die Partnerstaaten des Lomé-Abkommens und stabilisiert deren Exporterlöse aus Rohstoffverkäufen. Die EG ist damit zu einer führenden Macht in der Weltentwicklungspolitik geworden und hat auf diesem Wege eine eigenständige gemeinsame Außenpolitik gestaltet.

Die wachsende Wirtschaftskraft der EG verstärkte auch ihr politisches Gewicht in der Welt. Waren die einzelnen Mitgliedstaaten unmittelbar nach dem Krieg noch mehr oder weniger gewichtige Figuren im west-östlichen Schachspiel um die Macht in der Welt, so begann die EG sich in diesen Jahren schrittweise aus der unmittelbaren Einbindung in das west-östliche Gleichgewicht zu lösen und zu einem immer selbständigeren Partner dieses Systems zu werden. Diese Entwicklung wurde draußen in der Welt viel deutlicher gesehen als in Europa. So hatte sich 1967 die Organisation Südostasiatischer Nationen (ASEAN) in Bangkok gegründet. Die Staaten dieser Region, nämlich Thailand, Singapur, Indonesien, die Philippinen und Malaysia, später auch Brunei, hatten sich zusammengeschlossen, um ihr wirtschaftliches Wachstum, den sozialen Fortschritt und die kulturelle Entwicklung zu fördern. Sie wollten aber auch eine gewisse politische Stabilität in diesem Raum gemeinsam sichern. Der Vietnam-Konflikt hatte die Auseinandersetzung der Weltmächte nach Südostasien getragen. Man wollte sich durch diesen Pakt dagegen wehren, in diesen Konflikt und damit in das west-östliche Machtspiel einbezogen zu werden. Die ASEAN-Staaten suchten darüberhinaus einen Ausgleich für den zunehmenden politischen Einfluß der USA in diesem Teil Asiens und gegen die wachsende wirtschaftliche Dominanz Japans. So kam es am 7. März 1980 in Kuala Lumpur zum Abschluß eines Kooperationsvertrages zwischen den ASEAN-Staaten und der EG. Dieses Abkommen diente der Verbesserung und Vertiefung der Handels- und Wirtschaftsbeziehungen und darüberhinaus der Intensivierung der Zusammenarbeit auf wissenschaftlichem und kulturellem Gebiet.

Für die ASEAN-Staaten war die EG insbesondere nach der Erweiterung und dem Beitritt Großbritanniens ein politischer Faktor in der Welt neben den Großmächten geworden, daher legten sie großen Wert auf eine Verstärkung und gewisse Institutionalisierung der politischen Zusammenarbeit. So wurde vereinbart, daß sich die Außenminister der beteiligten Mitgliedstaaten alle 18 Monate auf einer Ministerkonferenz zu einem politischen Meinungsaustausch treffen. Außerdem gibt es regelmäßige Konferenzen auf parlamentarischer Ebene.

Dieses Beispiel zeigt, daß die EG durch das Zusammenwachsen der Wirtschaft ihrer Mitgliedstaaten und die enger gewordene politische Kooperation zu einem eigenständigen politischen Faktor in der Welt geworden ist. Mit dem Abschluß der ersten Erweiterungsrunde hat sich das seit dem Ende des Krieges bestehende West-Ost-Gleichgewicht zu wandeln begonnen. Aus der Quantität vieler Mitgliedstaaten begann sich eine neue EG-Qualität zu entwickeln. Die EG hörte auf, 'Juniorpartner' zu sein, sie gewann als Gemeinschaft eine eigenständige Position, und das wirkte sich auf ihre europäischen Nachbarn aus. War bis dahin die EG für die Sowjetunion und ihre osteuropäischen Satelliten im Rat für gegenseitige

Wirtschaftshilfe -RgW- eher eine vorübergehende Zeiterscheinung, ein allein den US-amerikanischen Interessen dienendes Wirtschaftsmonopol, so begann die RgW-Führung jetzt ihre Meinung zu ändern. Es kam zu ersten Kontakten, man nahm Kenntnis von der EG.

Noch deutlicher war die Wirkung dieser ersten Erweiterung und vor allem des für viele unerwarteten Beitritts von Großbritannien auf die europäischen Mittelmeerstaaten. Sah man sich dort bisher in der EFTA (Portugal) oder auch nur im Europarat (Griechenland) gut und ausreichend mit der europäischen Entwicklung verbunden, und stand man dort auch jeglicher Übertragung von Hoheitsrechten auf die europäische Integrationsgemeinschaft EG zurückhaltend oder auch ablehnend gegenüber, so begann man jetzt diese Positionen zu überdenken. Die Sorge, von der weiteren europäischen Entwicklung ausgeschlossen zu sein und isoliert zu werden, wuchs in diesen Ländern. Die Bereitschaft über eine Mitgliedschaft in der EG nachzudenken nahm seit der ersten Erweiterung ständig zu.

Die zweite Erweiterungsrunde

Das Ende der Herrschaft des Militärs in Griechenland und das Ende der faschistischen Diktaturen in Portugal und Spanien in den 70er Jahren eröffnete der EG nun auch die Möglichkeit, sich als Mittelmeermacht zu entwickeln. Die Gemeinschaft der Neun war im wesentlichen eine zentral- und westeuropäische Gemeinschaft. Ihre Einbindung in den Wirtschaftsraum rund um das Mittelmeer war begrenzt und konzentrierte sich auf Assoziationsabkommen mit den meisten Anrainerstaaten. Wirtschaftliche und politische Gründe legten es nahe, die Möglichkeiten einer Erweiterung nach Süden zu nutzen. Die EG mußte danach trachten, ihren Einfluß im Mittelmeerraum zu stärken, um diese Region nicht auch wirtschaftlich in starkem Maße den USA zu überlassen, die durch ihre militärische Präsenz bereits die führende Nato-Macht im Mittelmeerraum war. Es galt aber auch zu verhindern, daß die Sowjetunion in den jungen Demokratien Einfluß gewann und zwar nicht nur wirtschaftlich sondern auch politisch und militärisch. In Spanien, vor allem aber in Portugal konnten sich starke kommunistische Parteien entwickeln. Ziel der Kommunisten in Portugal war die politische Alleinherrschaft. Die EG sah sich also der Gefahr gegenüber, an ihrer Südflanke ein kommunistisch beherrschtes Land zu haben, das außerdem auch noch Mitglied der NATO war. Die starken kommunistischen Wählerschichten in Italien und Frankreich konnten durch eine solche Entwicklung motiviert und möglicherweise radikalisiert werden. Es war also nicht nur die EG, sondern das 'westliche System' gefordert. Die Öffnung gegenüber Griechenland, Spanien und Portugal nach dem Ende der Diktaturen lag daher auch im eigenen Interesse der Gemeinschaft, um ihre Südflanke zu stabilisieren und auch, um ihre Beziehungen zu den afrikanischen und vorderasiatischen Mittelmeerländern auf eine stabile Grundlage zu stellen.

Die EG konnte darüberhinaus auch nicht die militante Entwicklung des Islam in einigen vorderasiatischen Ländern übersehen und unbeachtet lassen. Es lag daher auch aus diesem Grund in ihrem Interesse, ihre Beziehungen zu den europäischen Mittelmeerländern zu vertiefen. Neben diesen Gründen würde eine Ausweitung der EG in dieser Region auch Möglichkeiten zur Intensivierung der Kontakte der EG in den arabischen Raum und - dank der engen Beziehungen der iberischen Länder zu Südamerika - zu diesem Kontinent erleichtern.

Griechenland

Griechenland hatte bereits am 9. Juni 1959 einen Antrag auf Assoziierung gestellt. Nach zweijähriger Verhandlung wurde am 9. Juli 1961 der Assoziierungsvertrag zwischen Griechenland und der EG unterschrieben. Ziel dieser Assoziierung war, eine spätere Vollmitgliedschaft vorzubereiten. Zu diesem Zweck sollten schrittweise alle Zölle zwischen Griechenland und der Gemeinschaft abgebaut und nach einer längeren Übergangszeit eine volle Zollunion erreicht werden. Außerdem war eine wirtschaftliche Anpassung und Harmonisierung insbesondere im Agrarbereich Ziel der Assoziierung. Die EG ihrerseits sicherte Griechenland eine beträchtliche Finanzhilfe zu. Die Militärdiktatur von 1967 bis 1974 unterbrach diesen Prozess des Heranwachsens an die EG. Wie so oft, wenn militärische Führungskräfte unter Mißbrauch ihrer Machtmittel und unter maßloser Überschätzung ihrer politischen und wirtschaftlichen Fähigkeiten die Macht an sich reißen, führt dies zu wirtschaftlichen Rückschlägen und oft auch zu Not und Armut in den beherrschten Ländern. Auch Griechenland wurde durch die Obristendiktatur auf seinem Weg zur Europäischen Gemeinschaft erheblich zurückgeworfen. Lediglich der vereinbarte Zollsenkungsprozess lief weiter. Ab 1968 erhob die EG keine Zölle mehr auf Importe aus Griechenland und umgekehrt waren seit dem 1.11.1974 rund 2/3 der Importe Griechenlands aus der EG zollfrei.

Am 12. Juni 1975 stellte Griechenland einen Antrag auf Vollmitgliedschaft in der EG. Die wirtschaftlichen Probleme des Landes waren erheblich und damit auch die auf die Gemeinschaft mit einer Mitgliedschaft zukommenden finanziellen Lasten. Es bestand auch Anlaß zu der Annahme, daß Griechenland ausschließlich aus wirtschaftlichen Gründen der Gemeinschaft beitreten wollte und die politische Entwicklung der Gemeinschaft, sowie den dafür erforderlichen Entscheidungsprozess eher bremsen als fördern würde. Die Erfahrungen aus der ersten Erweiterungsrunde mahnten zur Zurückhaltung. Die damals oppositionelle griechische sozialistische Partei Pasok unter Führung des populären, aber nichtsdestoweniger politisch sehr schillernden Andreas Papandreou war gegen eine Mitgliedschaft und führte ihre Wahlkampagne unter anderem mit dem Ziel, die EG wieder zu verlassen. Als Papandreou dann nach dem Wahlsieg der Pasok 1981 Ministerpräsident wurde, spielte er zwar politisch mit diesem Gedanken, ohne jedoch je ernsthaft einen Wiederaustritt Griechenlands zu betreiben.

Sorge bereitete auch der Zypernkonflikt zwischen Griechenland und der Türkei. Man wollte nicht, daß dieser Streit in die EG hineingezogen würde und das Verhältnis zur Türkei durch die griechisch - türkischen Gegensätze belastet würde. Politisch war eine Mitgliedschaft Griechenlands in der EG sehr erwünscht, nicht nur, um die Demokratie zu stärken und zu stabilisieren, sondern auch um den Einfluß der EG im Mittelmeerraum zu verstärken. Begrüßt wurde der Beitritt auch von all den Kräften, die eine Lockerung der supranationalen Bindungen wünschten und in Griechenland nicht zu Unrecht einen Alliierten in dieser Frage sahen. Die teilweise schwierigen Verhandlungen über den Beitritt Griechenlands wurden mit der Unterzeichnung des Beitrittsvertrages am 28. Mai 1979 abgeschlossen. Seit dem 1.Januar 1981 ist Griechenland das zehnte Mitglied der EG.

Auf Grund seiner geographischen Lage hatte Griechenland traditionell gute Beziehungen zur islamischen Welt und vor allem zu den arabischen Staaten. Diese kamen jetzt der EG zugute und trugen unter anderem mit dazu bei, die damalige zweite Erdölkrise zu entschärfen. Durch seine Lage ist Griechenland ein wichtiger Verkehrsknotenpunkt für den Luft-, vor allem aber auch für den Seeverkehr zwischen Europa und Vorderasien. Mit 55 Millionen BRT war die griechische Handelsflotte damals die größte der Welt. Nach dem Beitritt fuhren 70 % aller zur EG gehörenden Handelsschiffe unter griechischer Flagge. Wirtschaftlich aber stand Griechenland am Anfang eines langen und mühsamen Weges. Trotz erheblicher finanzieller Hilfen von Seiten der EG und einer schrittweisen Befreiung der Handels- und Wirtschaftsbeziehungen mit den Partnern in der Gemeinschaft von allen Hemmnissen ist das Land noch weit entfernt von einer gesunden, stabilen und voll wettbewerbsfähigen Wirtschaft. Auch heute, 1991, noch hat Griechenland einen mühsamen Weg vor sich. Hohe Inflationsraten, eine beachtliche Verschuldung, eine schlechte Wirtschaftslage und vielfach Unfähigkeit und Korruption in der Verwaltung und auch in der politischen Führung haben die Entwicklung des Landes negativ beeinflußt. Viel Geduld und noch mehr Finanzhilfe der EG werden notwendig sein, um dieses Land voll an den europäischen Zug anhängen zu können. Aber die Entscheidung, Griechenland den Weg in die EG zu öffnen war dennoch richtig. Mit diesem Land ist eine der Quellen europäischer Kultur wieder mit der historischen Entwicklung, die dieser Kontinent seit 1957 nimmt, verbunden worden. Die römische und die griechische Kultur und das Christentum sind die drei Fundamente, auf denen auch das Europa von heute ruht und seine Zukunft gründet.

Griechenland gehört in der EG zwar gegenwärtig noch zu den Mitgliedstaaten, die der Entwicklung zur politischen Union sehr zurückhaltend gegenüberstehen. Man tut sich schwer, der Gemeinschaft hoheitliche Rechte zu übertragen und an der Stärkung der EG-Organe, insbesondere auch des Europäischen Parlamentes mitzuwirken. Die kritische Wertung dieser Haltung sollte aber nicht übersehen, daß Griechenland für viele Jahrhunderte unter türkisch-osmanischer Fremdherrschaft leben mußte und erst in der Mitte des 19. Jahrhunderts schrittweise seine nationale Freiheit und Unabhängigkeit wieder erlangen konnte. Erst in diesem Jahrhundert konnte Griechenland mit dem Erwerb der bis dahin zu Italien gehörenden Ägäischen Inseln seine nationale Einheit vollenden. In beide Weltkriege wurde das Land hineingezogen und war bis nach dem zweiten Weltkrieg immer wieder Objekt fremder Machtinteressen sowohl auf östlicher als auch auf westlicher Seite des europäischen Gleichgewichts. Ein solcher Staat und ein solches Volk tut sich schwer, die so mühsam errungene Freiheit und Unabhängigkeit in den europäischen Integrationsprozess einzubringen. Griechenland wird Zeit brauchen, um zu erfahren, daß die europäische Gemeinsamkeit die einzige wirklich wirksame Garantie seiner individuellen Freiheit und Selbstbestimmung in der heutigen Welt ist.

Die Europäische Gemeinschaft soll eine Gemeinschaft aller demokratischen europäischen Staaten und aller der Freiheit und den Menschenrechten verpflichteten Völker in Europa sein. Wenn dieses Ziel auch in Zukunft ernsthaft und unbeirrt weiter verfolgt werden soll, so wird die EG immer wieder auch arme und weit unter ihrem wirtschaftlichen Niveau stehende und lebende Staaten und Völker aufnehmen müssen. Sie wird viel Geld und Kraft brauchen, um diesen Staaten und Völkern bei ihrer wirtschaftlichen Entwicklung zu helfen. Am Ende nützt eine solche Politik allen Beteiligten, die wohlhabenden Industriestaaten gewinnen neue Märkte für ihre Produkte und Leistungen und die neuen Mitgliedstaaten ihrerseits haben einen wachsenden Anteil am Wohlstand des ganzen gemeinsamen Marktes.

Die Iberische Halbinsel

Noch während die Beitrittsverhandlungen der Gemeinschaft mit Griechenland liefen, stellten Portugal und Spanien im März und Juli 1977 ihre Anträge auf Beitritt zur EG. Die Reaktion hierauf in der EG war sehr unterschiedlich. Einerseits hatte man nach Rückkehr zur Demokratie und deren Stabilisierung in diesen Ländern den Beitrittsantrag erwartet und auch gewünscht, andererseits aber gab es zahlreiche Vorbehalte. So fürchtete man in Frankreich die Konkurrenz der spanischen Agrarwirtschaft, in Deutschland sah man mit Sorge - als Folge der Niederlassungsfreiheit - einen anwachsenden Gastarbeiterstrom aus beiden Ländern. In Irland bangte man um eine andere Konkurrenz, nämlich die um die finanziellen Hilfen der EG, denn wirtschaftlich waren beide Länder, ebenso wie Griechenland und Irland, schwach und auf erhebliche Finanzhilfen angewiesen, wenn sie in überschaubarer Zukunft voll in den wirtschaftlichen Integrationsprozess eingegliedert werden sollten. Aber die Entwicklungsfähigkeit vor allem Spaniens war groß, so daß sich die Investitionen der EG in dieses Land relativ schnell positiv auswirken würden.

Es gab aber auch andere Bedenken, insbesondere in den Niederlanden und in Belgien; man fürchtete, daß ohne institutionelle Reformen neue Mitglieder den Entscheidungsprozess immer schwerfälliger gestalten würden. Die Erfahrungen mit Dänemark und Großbritannien waren in dieser Beziehung eher abschreckend. Allerdings zeigte sich auch schon in der Gemeinschaft der Zehn, daß das Gewicht eines einzelnen Mitgliedstaates mit der Zahl der Mitglieder eher sinkt, und daß die Durchsetzung vitaler nationaler Interessen mit zunehmender Mitgliederzahl ebenfalls schwieriger wird. Die nationale Individualität wird relativer, je größer und enger eine - supranationale - Staatengemeinschaft wird.

Die Beitrittsverträge mit Portugal und Spanien wurden am 12. Juni 1985 unterzeichnet. Mit dem 1. Januar 1986 wurde der Beitritt wirksam. Mit diesen beiden neuen Mitgliedern gewann die EG eine neue Qualität. Die Wirtschaftsstrukturen der drei neuen Mittelmeerstaaten waren - und sind noch - anders als die der übrigen neun Mitglieder, Irland eingeschlossen, das lediglich als strukturschwach gilt. Der Industrialisierungsgrad lag in den neuen Mitgliedstaaten erheblich unter dem Niveau der EG der Neun. Der Beschäftigungsanteil in der Landwirtschaft war sehr hoch, was beträchtliche Anpassungsprobleme mit sich brachte und längere Übergangsfristen notwendig machte. Mit dieser Erweiterung wurde die EG daher aus einem Bund industrialisierter Staaten, die sich zur Steigerung ihrer Effektivität und zur Vergrößerung des Marktes zusammengeschlossen hatten, zu einem wirtschaftsgeografischen Bund Mittel- West- und Süd-Europas. Die Aufnahme dieser Staaten war auch und erstmalig ein Schritt mit politischer vor wirtschaftlicher Priorität der europäischen Einigungspolitik.

Man wollte die Demokratie in diesen Staaten - auch im eigenen Interesse - stützen. Mit dem Beitritt Spaniens zur NATO wurde darüberhinaus die Südflanke Westeuropas stabilisiert. Mit Ausnahme Irlands gehörten nun alle EG-Mitgliedstaaten der NATO an und bildeten zunehmend gemeinsam die europäische Säule der nordatlantischen Gemeinschaft. Die EG gewann durch diese Erweiterung verstärkt politisches Gewicht in der Welt.

Spanien

Mit Spanien und Portugal kehrten zwei Staaten nach Europa zurück, in denen jahrhundertelang europäische Geschichte geschrieben worden war. Unter der Herrschaft der Habsburger war Spanien die führende Weltmacht. Im 16. und 17. Jahrhundert erhob Spanien den Führungsanspruch einer Universalmonarchie. Mit dem Verfall des Heiligen Römischen Reiches Deutscher Nation und dem Erstarken Frankreichs auf dem Kontinent, sowie Englands und Hollands als Seemächte, verfiel die Macht Spaniens. Mit dem Pyrenäenfrieden von 1659 gab Spanien sein Streben nach Hegemonie in Europa endgültig auf. Die iberischen Staaten standen fortan am Rande der europäischen Politik. Sie bildeten allenfalls noch Streitobjekte, wenn es um die Thronfolge ging. So stritten sich im spanischen Erbfolgekrieg von 1701 bis 1714 Frankreich und Österreich um das Tronerbe in Spanien. Mit dem Friedensschluß wurde das Gleichgewicht im Westen Europas wieder hergestellt. Frankreichs Versuch, zur herrrschenden Macht Europas aufzusteigen, scheiterte am Widerstand einer Allianz des Reiches mit England, Holland, später auch Preußen und Savoyen. In den Friedensverträgen von Utrecht (1713) und Rastatt (1714) wurde zwar die Tronfolge Philipps V., einem Enkel Ludwig XIV., anerkannt, aber jegliche dynastische Verbindung mit Frankreich ausdrücklich ausgeschlossen. Fortan löste sich Spanien von der mitteleuropäischen Entwicklung und führte ein politisches Eigenleben am Rande Europas, obgleich es sich außenpolitisch im ganzen 18. Jahrhundert stark an Frankreich orientierte. Spanien war damals immer noch eine starke europäische Seemacht, und besaß mit seinem großen Kolonialbesitz, vor allem in Südamerika, ein beachtliches wirtschaftliches Potential. Am Ende des Jahrhunderts wurde Spanien dann allerdings zum Satelliten Napoleons und in dessen Kriege gegen Großbritannien und Portugal hineingezogen. In Spanien begann aber schon 1809 mit dem andauernden Guerillakrieg gegen die französische Besatzung der Freiheitskrieg Europas gegen Frankreich. Dieser Krieg wurde damals in Spanien als Krieg für Europa gegen die Tyrannis verstanden. Aber nach dem Ende dieser Periode des Aufbruchs in Spanien folgte eine Zeit der politischen und auch intellektuellen Isolierung. Bürgerkriege und Militärputsche lähmten die Entwicklung des Landes. Auch blieb Spanien isoliert gegenüber der wirtschaftlichen Entwicklung im übrigen Europa. Unter dem starken Einfluß der katholischen Kirche stagnierte die industrielle, aber auch die soziale Entwicklung in Spanien.

Seit der Napoleonischen Zeit war Spanien nicht mehr in europäische Kriege verwickelt. Früher als die anderen europäischen Kolonialmächte verlor Spanien seine Kolonien. Schon im Laufe des 19. Jahunderts mußte Spanien alle seine südamerikanischen Kolonien und damit eine wesentliche Grundlage seiner politischen Stellung in der Welt aufgeben. Im Krieg mit den USA, 1898, verlor das Land mit Cuba, Puerto Rico und den Philippinen an die USA weitere Teile seines einst großen Weltreiches.

Immer wieder, so insbesondere nach der Niederlage im Krieg gegen die USA 1898, wurde die Forderung laut, Spanien sollte sich stärker nach Europa orientieren und das Land für eine Industrialisierung öffnen. Diesem Trend stand aber eine starke Mystifizierung des Spaniertums entgegen. Man hatte Angst, das "Spanische Wesen" könne in und durch Europa verfremdet oder gar zerstört werden. Mehr als in Europa sah man in Lateinamerika die eigentlichen Partner, ja die Brüder Spaniens.

Es war der Philosoph Ortega y Gasset, der vor dem ersten Weltkrieg eine Europäisierung Spaniens als Weg zur Erneuerung des Landes forderte. Für ihn gab es zwischen Spanien und dem übrigen Europa keine Gegensätze. Im Gegenteil vertrat er schon am Anfang dieses Jahrhunderts die Auffassung, daß die Vereinigten Staaten von Europa die einzige Möglichkeit für ein Überleben Spaniens seien.

Nach dem zweiten Weltkrieg gewann Spanien für das restliche Europa eine strategisch wichtige Position in dem sich entwickelnden Gegensatz zwischen den USA und der Sowjetunion und ihren jeweiligen europäischen Partnern. Während das diktatorisch regierte Portugal Mitglied der NATO wurde, blieb Spanien unter Franco bündnisfrei und setzte damit seine im zweiten Weltkrieg verfolgte Politik fort. Militärabkommen sicherten den USA wichtige Stützpunkte auf spanischem Gebiet und brachten dem Land beträchtliche finanzielle Einnahmen, die die nun einsetzende Industrialisierung nachhaltig förderten. Daneben war es vor allem der sich entwickelnde Massentourismus nach Spanien, der zu einer fortschreitenden Öffnung nach Europa beitrug. Von dieser Hinwendung nach Europa versprach man sich in demokratischen Kreisen Spaniens und auch bei den europäischen Nachbarn eine Veränderung und schließlich eine Beendigung der Diktatur Francos. Der Antrag auf Assoziierung, den Spanien schon 1962 stellte, führte im Ergebnis nach jahrelangen Verhandlungen zu einem präferentiellen Handelsabkommen der EG mit Spanien. Erst nach dem Tode Francos und der Wiederherstellung demokratischer Verhältnisse wurde ernsthaft über eine Vollmitgliedschaft in der EG verhandelt. Ein ganz wesentlicher Punkt bei diesen Verhandlungen war die Regelung des Verhältnisses zu Lateinamerika. Immer noch war der Traum von einem Vereinigten Lateinamerika mit Spanien als dem führenden Mutterland sehr lebendig. Der Panhispanismus ist in seiner Wirkung durchaus mit dem Panslawismus oder dem Panhellenismus vergleichbar und bis heute eine starke Bewegung im Gegensatz zu den Anhängern Kontinental-Europas geblieben.

Der Beitritt Spaniens zur EG wurde durch den wirtschaftlichen Aufschwung als Folge der Industrialisierung seit den fünfziger Jahren erleichtert. Auch half die Eingliederung Spaniens in das nordatlantische Bündnis dem Land, sich in die politische EG zu integrieren. Der Beitritt dieses Landes hatte eine andere Dimension als der von Portugal und Griechenland. Mit Spanien fand einer der europäischen 'Großen' den Weg in die Gemeinschaft. Zugleich aber gewann die EG ihrerseits neue Beziehungen zu Lateinamerika und damit politisches Gewicht über das eigentliche geographische Europa hinaus. Ähnlich wie die Mitgliedschaft Großbritanniens bedeutete der Beitritt Spanien nicht nur eine Vergrößerung des Gebietsstandes und des Marktes der EG, sondern mit diesem Land und mit Griechenland und Portugal gewann die EG auch eine neue politische Qualität als Mittelmeermacht.

Portugal

Auch Portugal veränderte durch seine Mitgliedschaft die politische Qualität der EG. Portugal war einmal Pionier der europäischen Kolonialpolitik gewesen. Aber das Land hat historisch immer im Schatten Spaniens und zeitweilig sogar als Teil Spaniens leben müssen. Auch Portugals Interessen lagen außerhalb Europas und waren geprägt durch sein großes Kolonialreich, das - anders als das spanische - nicht nur im wesentlichen in Südamerika konzentriert war, sondern sich über die ganze Erde verteilte. Nach der Trennung von Brasilien im Jahre 1822, dem Portugal viel Wohlstand und auch eine gewisse Unabhängigkeit zur Zeit der Napoleonischen Herrschaft verdankte, versank das Land wirtschaftlich und auch politisch in ein Chaos. Machtkämpfe und Revolten prägten diese Periode. Die deutsche und die italienische Einigung im 19. Jahrhundert hatten in Portugal eine gewisse Umorientierung zur Folge, man sah wieder auf Europa. Es wurde damals sogar die Idee einer politischen Föderation mit Spanien diskutiert. Der Verlust afrikanischer Kolonialgebiete an Großbritannien unter zum Teil demütigenden Bedingungen in der zweiten Hälfte des 19. Jahunderts förderte aber den portugiesischen Nationalismus und führte schließlich zur vierzigjährigen Diktatur.

Trotz der negativen politischen Erfahrungen blieb Portugal eng an Großbritannien gebunden, um so seine politische Selbständigkeit gegenüber Spanien zu behaupten. Hierdurch wurde Portugal an der Seite der Westmächte in den ersten Weltkrieg mit hineingezogen und erlitt erhebliche Verluste an Menschenleben. Im zweiten Weltkrieg blieb Portugal neutral. Mit Spanien war es seit 1939 durch einen Beistands- und Nichtangriffspakt verbunden. Eng waren auch die Bindungen an Brasilien geblieben. Anders als Spanien suchte Portugal nach dem Krieg seine Isolierung zu überwinden und eine stärkere Bindung an Europa zu entwickeln. Portugal gehörte 1949 zu den Gründungsmitgliedern der NATO und 1959 der EFTA. Ebenso wie Großbritannien wollte auch Portugal keine hoheitlichen Rechte abgeben und war daher damals eher einer europäischen Gemeinschaft in Form einer Regierungskooperation als einer Integration zugeneigt. Der Beitritt Großbritanniens rückte dann aber auch für Portugal die Vollmitgliedschaft in der EG ins politische Blickfeld.

Der Umsturz 1974 und die schrittweise Rückkehr zur Demokratie öffneten für Portugal den Weg zu den europäischen Organisationen. 1976 wurde das Land Mitglied des Europarates. 1977 begannen die Verhandlungen über eine Mitgliedschaft in der EWG. Der Widerstand in Portugal, vor allem der in der Diktaturperiode geprägten Kräfte, war beträchtlich. Für sie war Portugal nicht in erster Linie ein europäischen Land. Vielmehr gehörte den Beziehungen und Bindungen zu Afrika und Südamerika die Zukunft. Eine Konsequenz dieser einflußreichen Haltung waren die grausamen und kräftezehrenden Kolonialkriege. Erst der endgültige Verlust des Kolonialreiches gab den nach Europa hin orientierten Kräften die Oberhand.

Die EG half dem Land vor allem finanziell, stand aber einer Mitgliedschaft damals sehr zurückhaltend gegenüber. Vor allem gab es Bedenken, ob die Verwaltung Portugals überhaupt in der Lage sein würde, das zu übernehmende EG-Recht zu vollziehen. Eine schwere Zeit war für das Land der Rückzug aus seinen afrikanischen und asiatischen Kolonien und die damit verbundene Rückkehr und Eingliederung einer großen Zahl von

Menschen in das Mutterland. Dies bedingte für viele Jahre eine Konzentration auf die Innenpolitik. Anfang der 80er Jahre hatte Portugal aber seine Schwierigkeiten soweit überwunden und auch die Mindestvoraussetzungen für eine Mitgliedschaft geschaffen, so daß Verhandlungen über den Beitritt aufgenommen und 1985 mit der Unterzeichnung des Beitrittsvertrages abgeschlossen werden konnten. Zusammen mit Spanien trat Portugal mit dem 1. Januar 1986 der EG bei.

Die innere Entwicklung der Europäischen Gemeinschaft

Das Gleichgewicht der Institutionen [1]

Vorrangiges politisches Ziel der Mitgliedstaaten der EG war von Anfang an die Schaffung einer europäischen Wirtschaftsgemeinschaft, das heißt eines gemeinsamen Marktes, oder wie es seit dem Inkrafttreten der Einheitlichen Akte am 1. Juli 1987 heißt, des Binnenmarktes. Aus jetzt zwölf nationalen Wirtschaftsgebieten soll ein einheitliches Wirtschaftsgebiet der EG werden, in dem die Menschen sich frei bewegen, sich niederlassen und arbeiten können, wo sie wollen, und in dem Waren, Kapital und Dienstleistungen ungehindert durch nationale Grenzen und Vorschriften bewegt und gehandelt werden können. Dieser Auftrag des EWG-Vertrages wurde aber in den ersten Jahrzehnten der EG nur sehr zögerlich verwirklicht. Die jahrelangen und oft langwierigen und schwierigen Beitrittsverhandlungen mit den neuen Mitgliedstaaten waren einer der Gründe für diese Entwicklung. Die unzulänglichen Entscheidungsstrukturen für die der Gemeinschaft übertragenen Aufgaben und die Weigerung einer Reihe von Mitgliedstaaten, insbesondere Frankreichs unter der Präsidentschaft de Gaulles, der Gemeinschaft die ihr nach den Verträgen zustehenden Kompetenzen zuzubilligen, von dem Mittragen notwendiger Reformen ganz zu schweigen, waren die Hauptgründe für dieses Stagnieren.

Mit der wachsenden Größe der Gemeinschaft und der Zunahme ihrer Aufgaben nahm auch der Entscheidungsbedarf zu. Immer deutlicher wurden die Mängel der Entscheidungsstrukturen der Gemeinschaft und verbunden damit das Demokratiedefizit in der EG.

Die gegenwärtige Gestaltungsform der EG

Die EG ist kein Staat, aber mehr als die klassische Form internationaler Staatenkooperation. Die EG übt staatliche Funktionen in den hoheitlichen Bereichen aus, die die Mitgliedstaaten auf sie übertragen haben. Als supranationale Gemeinschaft ist die EG insoweit Teilstaat mit Teilstaatsgewalt, die aus der originären Staatsgewalt der Mitgliedstaaten abgeleitet und insoweit begrenzt ist. Allerdings hat die Tatsache der Übertragung von Hoheitsgewalt zur Folge, daß sich aus der Quantität übertragener Kompetenzen zunehmend eine neue, eigene EG-Qualität als supranationale Gemeinschaft entwickelt hat. Die EG besitzt volle Legislativgewalt in dem ihr gesetzten vertraglichen Rahmen. Ihre Rechtsakte bedürfen keiner Legitimation durch die nationalen Parlamente. Sie sind bindend, sobald das Rechtssetzungsverfahren in der EG abgeschlossen ist.

---

[1]) Dieses Kapitel ist in erweiterter Fassung als Aufsatz des Verfassers in ER 1990, S. 99 bereits veröffentlicht worden.

Die Entscheidungsstrukturen der EG

Obwohl die EG als supranationale Gemeinschaft ein Teilstaat ist, hielt man sich bei der Gestaltung ihrer Entscheidungsstrukturen an die Organisationsformen klassischer internationaler Gemeinschaften. Eine Ministerkonferenz, der Ministerrat, ist das Legislativ- und auch Regierungsorgan; eine parlamentarische Versammlung, die am Anfang nur aus Delegierten der nationalen Parlamente bestand, übt beratende und Kontrollfunktionen aus; eine Kommission stellt eine Art europäischer Teilstaatsregierung dar und ist damit eine bemerkenswerte Neuschöpfung im interstaatlichen Recht. Ein Gerichtshof schließlich ist das Kontroll- und Streitentscheidungsorgan, es hat jedoch keine Möglichkeiten zur zwangsweisen Exekution seiner Entscheidungen. Der Europäische Gerichtshof hat durch die konsequente Orientierung seiner Rechtssprechung an den Integrationszielen der EG erheblich zur Stabilisierung des Gemeinschaftsrechts und damit zur Entwicklung der EG beigetragen und sich auf diese Weise als wichtiger Integrationsfaktor erwiesen. Auch er stellt, so gesehen, eine Neuschöpfung im interstaatlichen Recht dar. Daneben ist der Wirtschafts- und Sozialrat als beratendes Organ Interessenvertretung verschiedener gesellschaftlicher Gruppierungen. Schließlich ist der erst später geschaffene Rechnungshof als Kontrollorgan eine Konsequenz aus dem eigenen Haushaltsrecht der EG.

Den Widerspruch zwischen der weitgehend internationalen Gestaltungsform der Entscheidungsstrukturen auf der einen Seite und den tatsächlich supranationalen teilstaatlichen Kompetenzen der EG auf der anderen Seite löste man, indem dem Rat nach einer Übergangszeit in vielen Fällen das Recht zugestanden wurde, seine Entscheidungen mit Mehrheit zu treffen, wiederum ein den internationalen Staatengemeinschaften fremder Vorgang. Die Konsequenz hieraus war, daß Mitgliedstaaten überstimmt werden konnten und dennoch an die Entscheidungen des Rates gebunden waren. Dies führte, wie schon im einzelnen dargelegt, in den sechziger Jahren zu einem "Verfassungs"-Konflikt mit Frankreich unter Präsident de Gaulle. Er wollte diese Konsequenz des besonderen supranationalen Entscheidungsverfahrens nicht akzeptieren und setzte den sog. Luxemburger Kompromiß durch. Der bedeutete, daß der Rat nicht gegen die erklärten vitalen Interessen eines Mitgliedstaates entscheiden durfte, jedes Mitglied also ein Vetorecht erhielt. Praktisch war die EG damit zu den internationalen Entscheidungsformen zurückgekehrt. Tatsächlich wurde von diesem Vetorecht nur sehr selten Gebrauch gemacht. Wenn ein Mitgliedstaat Einwendungen unter Berufung auf seine vitalen Interessen geltend machte, unterblieben in aller Regel die Entscheidungen. Viele dieser so unerledigt gebliebenen Entscheidungen konnten aber nun auch nicht mehr ersatzweise auf nationaler Ebene getroffen werden, da die Mitgliedstaaten hierfür keine Kompetenzen mehr besaßen. Diese hatten sie auf die EG übertragen.

In diesem Konflikt lag die Ursache der Dauerkrise der EG in den sechziger und siebziger Jahren. Nach den Gründungsverträgen sollte der Rat als Gemeinschaftsorgan in erster Linie Gemeinschaftsinteressen wahrnehmen und damit Integrationsziele verfolgen. Tatsächlich aber wurde er zunehmend wieder zu einer klassischen Diplomatenkonferenz, in der gegenseitige nationale Interessen aufeinanderstießen und von den Ratsmitgliedern, den nationalen Ministern, in erster Linie nationale Interessen durchgesetzt werden sollten.

Die Tätigkeit des Rates beschränkte sich zunächst im wesentlichen auf die Exekutivgewalt der EG. Die Legislativgewalt für die auf die EG übertragenen Hoheitsbereiche war weitgehend durch die nationalen Gesetzgeber mit den Gründungsverträgen und ihrer Ratifizierung wahrgenommen worden. Die Gründungsverträge enthielten nicht nur die Verfassung der EG, sondern auch in erheblichem Umfang das materielle Recht. Auch insofern ist also die EG eine besondere staats-völkerrechtliche Gestaltungsform. Die Gründungsverträge beschreiten zum Teil völlig neue Wege der Staatenkooperation. So war es im Grunde auch konsequent, daß das parlamentarische Organ zunächst als parlamentarische Delegiertenversammlung gestaltet wurde, der vor allen Dingen politische Kontrollrechte zukamen. Durch die Doppelmitgliedschaft der Abgeordneten im Europaparlament und in ihren nationalen Parlamenten wurde die zur Kontrolle des Rates erforderliche Rückkoppelung zu den nationalen Parlamenten sichergestellt. Auch läßt die Bezeichnung der EG-Rechtsakte als "Verordnungen" erkennen, daß es sich bei ihrem Erlaß im wesentlichen um die Anwendung einer durch die nationalen Legislativen gegebenen gesetzlichen - vertraglichen - Ermächtigung handeln soll. Bei den EG-Richtlinien bleibt, ungeachtet der Verbindlichkeit der Zielsetzung der Richtlinie, den nationalen Gesetzgebern durch die Ausfüllung des gegebenen Rahmens insoweit die Legitimierung vorbehalten. Das besondere Merkmal der EG als supranationaler Gemeinschaft ist also, daß die Mitgliedstaaten der Gemeinschaft Teile ihrer Hoheitsrechte zur ständigen eigenen Wahrnehmung übertragen haben, aber mit der vertraglichen Übertragung gleichzeitig und gemeinsam diese Rechte zunächst, soweit erforderlich, weitgehend selbst durch Gestaltung des materiellen Rechts ausgeübt haben. Daher war der eigene Gestaltungsspielraum der EG am Anfang relativ begrenzt und beschränkte sich auf die aus der Übertragung sich ergebende eigene - originäre - Organisationsgewalt.

Die Aufgaben des Rates und der Hohen Behörde, später der Kommission, waren somit auf die Exekutive des Vertragsrechts konzentriert, die Aufgaben der Beratenden Versammlung, später des Parlamentes, auf die Kontrolle dieser Exekutive und die Aufgaben des Europäischen Gerichtshofes auf die Auslegung der Verträge und die rechtliche Kontrolle der Akte der Exekutive. Je mehr aber der Rat das Vertragsrecht durch Verordnungen und Richtlinien ausgestalten mußte, um den fortschreitenden Integrationsprozess zu fördern, desto stärker wirkten sich die Schwächen der in den Verträgen festgelegten Entscheidungsstrukturen aus. Im gleichen Maße wurde auch das Demokratiedefizit in der Gemeinschaft offenbar.

Die Schwächen dieser Entscheidungsstrukturen

Um trotz der Übertragung von Hoheitsrechten auf die EG den Einfluß auf die Wahrnehmung und Gestaltung dieser Rechte nicht zu verlieren, war in den Gründungsverträgen der Rat als Führungs- und Entscheidungsorgan geschaffen worden. Aufbauend auf den Prinzipien internationaler Fachministerkonferenzen wurde den ressortmäßig zuständigen Ministern der Regierungen der Mitgliedstaaten die Exekutive und zunehmend auch die Legislative der EG übertragen. Diese Doppelfunktion nahm ständig zu. In wachsendem Umfang mußte die EG Aufgaben übernehmen, die nicht oder nur unzulänglich in den Verträgen geregelt waren. Die Verträge hatten dies durchaus vorhergesehen. Die

Notwendigkeit, eigenes materielles Recht zu entwickeln und damit auch die Zuständigkeit der EG zu erweitern, war bei Schaffung der Gemeinschaft gesehen worden. Art. 235 EWG-Vertrag gibt dem Rat das Recht, auf Initiative der Kommission und nach Anhörung des Parlamentes "die geeigneten Vorschriften" zu erlassen und damit praktisch Gesetzgebungsfunktionen auszuüben. Dies ist zwar keine Kompetenz-Kompetenz, da Art 235 beschränkt ist auf die Erreichung der Ziele der Gemeinschaft. Aber in dem von den Verträgen gesetzten Rahmen begründet diese Norm eine weitgehende Zuständigkeit für die Ausgestaltung und Erweiterung von Kompetenzen.

Der Rat wurde so zunehmend Gesetzgeber und damit zum Träger der "Teilstaatsgewalt", ohne jedoch als solcher demokratisch legitimiert zu sein. Seiner legislativen Funktion fehlte zudem die demokratische Transparenz, denn der Rat tagt nicht öffentlich, anders als beispielsweise der Bundesrat, der auch eine besondere Form einer Ministerkonferenz ist und die Interessen der deutschen Bundesländer bei der Legislative vertritt. Das Verfahren des Rates verletzt ein Grundprinzip demokratischer Gesetzgebung, nämlich die Kontrollmöglichkeit durch den "Souverän" in öffentlicher Sitzung.

Der Rat unterliegt zudem als EG-Organ keiner parlamentarischen-politischen Kontrolle, und seine Legislativgewalt wird auch nicht durch die Mitentscheidung eines anderen Organes gehemmt. Die Möglichkeiten des Europäischen Parlamentes beschränken sich gegenüber dem Rat auf das Recht, Anfragen zu stellen und den Rechenschaftsbericht kritisch zu diskutieren. Sanktionsmöglichkeiten gegenüber dem Rat stehen dem Parlament nicht zu. Dies ist auch praktisch nicht vorstellbar gegenüber einem Organ, das sich aus nationalen Ministern zusammensetzt, deren Ernennung durch nationale Verfassungsorgane erfolgt. Die einzelnen Ratsmitglieder unterliegen nach nationalem Verfassungsrecht der Kontrolle ihrer Parlamente. Das dänische Parlament hat sich mit dem sogenannten Marktausschuß sogar ein speziell für diese Kontrolle gedachtes Instrument geschaffen. Anstehende Ratsentscheidungen bedürfen der Billigung durch diesen Marktausschuß. Damit wird zwar die Teilhabe des dänischen Ratsmitgliedes an der gesetzgebenden Gewalt durch das dänische Parlament legitimiert, aber das ersetzt weder eine demokratische Legitimation insgesamt, noch die politische Kontrolle des Rates als EG-Organ. Die Möglichkeit, die die Einheitliche Europäische Akte geschaffen hat, nämlich zunehmend Mehrheitsentscheidungen im Rat zu treffen, relativiert außerdem die Einwirkung des dänischen Gesetzgebers auf die Ratsentscheidungen seiner Regierungsvertreter.

Der Rat ist darüberhinaus auch nicht an die Entscheidungen des Europäischen Parlamentes gebunden, wenngleich er nach Art 149 EWG-Vertrag mit qualifizierter Mehrheit getroffene Parlamentsentscheidungen nur noch einstimmig überstimmen kann, oder die Entscheidung kommt nicht zustande. Ein Zwang zur Entscheidung besteht jedoch für den Rat - anders als für das Parlament - im Rahmen der Kooperation gemäß Art 149 EWG-Vertrag nicht.

Am Anfang der Entwicklung der EG hatte sich der Rat auf die in den Verträgen ihm zugewiesenen Aufgaben konzentriert. Vielfach hat er diese Aufgaben nicht oder nur unzulänglich wahrgenommen. So mußte er durch das Parlament mit Hilfe des Gerichtshofes gezwungen werden, sich beispielsweise mit der Verkehrspolitik zu befassen. Andererseits hat der Rat zunehmend begonnen, teils als "Europäischer Rat" unter Ausnutzung seiner Funktion als EG-Organ, Aufgaben aufzugreifen, die in den EG-Verträgen vor der Novellierung durch die Einheitliche Akte vertraglich nicht geregelt waren, beispielsweise die gemeinsame EG-Außenpolitik in Form der Europäischen Politischen Zusammenarbeit (EPZ) oder die gemeinsame Währungspolitik in Form des Europäischen Währungssystems (EWS) oder andere Politikbereiche wie die Terrorismusbekämpfung und auch gemeinsame Maßnahmen zur Krebsbekämpfung. Durch diese Bündelung nationaler Aufgaben auf EG-Ebene wurde die Beteiligung der nationalen Parlamente zunehmend eingeschränkt, ohne daß an deren Stelle eine Beteiligung des Europäischen Parlamentes trat. Die Tendenz, Handlungsspielräume und Kompetenzen vor allem durch die Konkretisierung des Gemeinsamen Marktes - nach der Einheitlichen Akte des Binnenmarktes - auszudehnen, ist unübersehbar. Dies hat Auswirkungen auch auf die Handlungsfreiheit der Mitgliedstaaten und ihrer Gliederungen, in der Bundesrepublik, der Länder. Zunehmend entsteht auch das, was man als Handlungskonkurrenz bezeichnen muß, beispielsweise bei der Kooperation mit dritten Staaten, beim Umweltschutz oder in der Medienpolitik. Hier berühren und überschneiden sich die Interessen der EG und ihrer Mitgliedstaaten.

Die zunehmende Zusammenfassung von nationalen Politiken ohne vertragliche Regelung auf EG-Ebene bedeutet auch einen Rückfall in die Formen internationaler Regierungskooperation und damit eine Abkehr von den supranationalen Formen. Die Gefahr der Renationalisierung europäischer Politikbereiche ist nicht gering, da der Rat nicht nur als supranationales Organe, sondern auch als internationale Fachkonferenz handelt. Ein Beispiel hierfür bietet die gemeinsame Steuer- und Finanzpolitik; der Konsens tritt an die Stelle von Mehrheitsentscheidungen. Symptomatisch für diese Entwicklung ist der Europäische Rat selbst. Aus einer Mischform eines hochrangigen Ministerrates und einer ebenso hochrangigen Konferenz der Staats- und Regierungschefs wurde - bis zum Inkrafttreten der Einheitlichen Akte ohne vertragliche Grundlage - einerseits ein kollegiales Staatsoberhaupt der EG und andererseits eine internationale Konferenz der Staats- und Regierungschefs, die in vielen Fragen gewissermaßen als letzte Instanz entscheidet, aber dies nicht mehr nach supranationalen Grundsätzen.

Nicht zu bestreiten ist, daß die Fixierung der Vollendung des Binnenmarktes und die auf den Binnenmarkt zugeschnittenen Reformen der Institutionen der EG durch die Einheitliche Akte eine bemerkenswerte Dynamik nicht nur nach außen, sondern auch auf die inneren Entscheidungsabläufe entfaltet haben. Mehr Entscheidungen des Rates können jetzt und werden auch mehrheitlich getroffen. Aber immer noch bleiben viele Entscheidungen unerledigt oder erfordern einen mühsamen Prozess der Kompromißfindung. Die dominierende Rolle des Rates im EG-Entscheidungsprozess erhöhte auch den Einfluß der Ministerialbürokratie und der Interessenvertretungen im europäischen System. Ihre Vor-Entscheidungen sind auch auf nationaler Ebene der parlamentarischen Mitwirkung und Kontrolle entzogen.

Je mehr nationale Interessen und Steuerungsmöglichkeiten durch EG-Entscheidungen betroffen werden, desto mehr Einfluß und Kontrolle auf diese EG-Entscheidungen will die nationale Ministerialbürokratie bewahren. Das wurde besonders deutlich an der Weigerung des Rates, der Kommission verstärkt Exekutivbefugnisse zu übertragen (Art. 145 EWG-Vertrag). Durch die starke Stellung der Verwaltungsausschüsse wird die Mitwirkung nationaler Beamter bei der Ausführung von Ratsentscheidungen gesichert und die Stellung der Kommission geschwächt. Nach Wegfall des Doppelmandates durch die Direktwahl des

Europäischen Parlamentes 1979 ist die Möglichkeit der EP-Abgeordneten, auf zwei Ebenen zu handeln, also ihre Minister auf nationaler parlamentarischer Ebene zu kontrollieren, sehr gering geworden.

Zusammenfassend kann man festhalten, daß der Rat neben einer sich noch verstärkenden Exekutivfunktion zunehmend der Gesetzgeber der EG geworden ist, ohne durch demokratische Wahlen dafür legitimiert zu sein. Die nationalen Parlamente haben auch über die konkreten, in den Gründungsverträgen geregelten Hoheitsbereiche hinaus ständig an Einfluß auf die Gesetzgebung und auch auf die Exekutive verloren, ohne daß auf europäischer Ebene das Europäische Parlament ihre Rolle übernommen hat. Im Prozess der EG-Integration ist das parlamentarisch-demokratische System zunehmend durch ein partielles Rätesystem ersetzt worden, wobei die Ratsmitglieder nur indirekt gewählt werden. Sehr oft werden sie nicht einmal durch die nationalen Parlamente gewählt, sondern von ihrem jeweiligen Regierungschef, der allein vom Vertauen des Parlaments abhängig ist, ernannt.

Die Rolle des Europäischen Parlaments

Während die Mitgliedstaaten und vor allem deren Regierungen ihre Interessen an der Wahrnehmung der auf die EG übertragenen Hoheitsrechte durch die starke Stellung des Rates abgesichert haben, entspricht die Stellung und die Kompetenz des Parlaments keineswegs der notwendigen parallelen Stärkung der Legislative auf EG-Ebene. Mit Recht wird immer wieder darauf hingewiesen, daß die nationalen Parlamente zunehmend ihren Einfluß auf die legislative Gestaltung der übertragenen Hoheitsrechte verloren haben, ohne daß diese vom Europäischen Parlament übernommen werden konnten. Am Anfang konzentrierte sich die Aufgabe des Parlaments, damals noch Parlamentarische Versammlung genannt, auf die politische Kontrolle der Exekutive, soweit diese in der Hand der Hohen Behörde, später der Kommission, lag. Rechtsakte erläßt allein der Rat auf Vorschlag der Kommission. Das Parlament mußte bisher lediglich angehört werden. Eine Bindung an das Votum des Parlaments bestand nicht. Bei der Umgestaltung des EG-Haushaltsrechts und der Schaffung eigener EG-Einnahmen wurde dem Parlament erstmalig ein, wenn auch begrenztes, Mitentscheidungsrecht eingeräumt. Parlament und Rat sind gemeinsam die Haushaltsbehörde. Aber durch die Klassifizierung der Ausgaben als obligatorische und nicht-obligatorische hatte sich der Rat gegen eine allzu weite Einflußnahme des Parlaments auf die Haushaltsgestaltung abgesichert. Gegen den Willen des Rates konnte das Parlament den größeren Teil der Ausgabenseite des Haushaltes nicht verändern (Art. 203 EWG-Vertrag). Allerdings gewann das Parlament durch das Recht, den Haushalt insgesamt ablehnen zu können, ein politisches Machtinstrument, das es im Laufe der achtziger Jahre genutzt hat, um Reformen der Haushalts-, Agrar- und innergemeinschaftlichen Entwicklungspolitik durchzusetzen.

Dies war aber nur ein bescheidener Ansatz. Wohl in der Erkenntnis, daß weitere Reformen notwendig seien, aber außerstande, sich auf solche zu einigen, beschlossen die nationalen Regierungen 1976 den sogenannten Direktwahlakt auch in der Erwartung, daß dadurch die Abgeordneten und die engagierte Öffentlichkeit für eine Weile beschäftigt sein würden. Mit der ersten Direktwahl 1979 erhielt das Parlament eine neue Qualität. Seine Legitimation war nun nicht mehr von den nationalen Parlamenten und damit von den nationalen Wahlen abgeleitet. Damit hatte die EG jetzt ein demokratisch legitimiertes Organ, das die "Staatsgewalt", soweit sie auf die EG übertragen war, ausüben konnte. Tatsächlich veränderte sich die Rolle des Parlaments jedoch so gut wie nicht. Im Gegenteil, die pseudodemokratische Struktur der EG wurde nach dieser Direktwahl nur noch offensichtlicher.

Die Aufgabenbereiche des Parlaments lassen sich in folgende vier Sektoren gliedern:

1. Als Haushaltsbehörde entscheidet das Parlament in begrenztem Umfang, wie bereits dargelegt, über die Ausgaben, und zwar gemeinsam mit dem Rat. Eine Entscheidungsbefugnis über die Einnahmen ist damit nur insofern verbunden, als die feststehenden Einnahmen der EG aus Zöllen, Ausgleichsabgaben auf Agrarprodukte an den innergemeinschaftlichen Grenzen und eigene Steuern durch einen Anteil an der Mehrwertsteuer - bis zu 1,4 Prozentpunkten - bis zur Höhe der von der Haushaltsbehörde beschlossenen Ausgaben aufgestockt werden. Inzwischen ist dieser Höchstsatz erreicht. Fehlende Mittel werden jetzt durch direkte Finanzleistungen der Mitgliedstaaten an die EG im Rahmen eines Anteils am Bruttosozialprodukt ausgeglichen. Das Parlament hat darüber hinaus das Recht, über die Annahme oder Ablehung des Gesamthaushaltes abschließend zu entscheiden.

2. Das Parlament wirkt auf verschiedene Weise an der Rechtsetzung der EG mit. Grundsätzlich wird es angehört, bevor der Rat entscheidet. Weniger als ein Drittel der Vorschläge des Parlamentes in diesen Anhörverfahren sind jedoch bisher nur vom Rat übernommen worden. In den vom EWG-Vertrag in der Fassung der Einheitlichen Akte bestimmten Sachgebieten, die die Vorbereitung des Binnenmarktes betreffen, gibt es jetzt ein besonderes Kooperationsverfahren. Gelingt es dem Parlament, für seine mit qualifizierter Mehrheit beschlossenen Änderungen von Vorlagen der Kommission, die Kommission zu gewinnen, so kann der Rat nur einstimmig seinen Standpunkt beibehalten und durchsetzen. Gelingt es dem Parlament, auch nur eine einzige nationale Regierung von seinem Standpunkt zu überzeugen, so ist der Rat gezwungen, auf die Linie des Parlaments einzuschwenken oder aber auf eine Beschlußfassung zu verzichten. Die Kommission ist zwar nach wie vor nicht an das Votum des Parlaments gebunden, aber die Möglichkeit, die Kommission durch ein Mißtrauensvotum zum Rücktritt zu zwingen, gewinnt im Zusammenhang mit diesem Kooperationsverfahren eine neue Aktualität. Nach der Einheitlichen Akte bedürfen außerdem Beitrittsverträge nach Art. 237 und Assoziationsverträge nach Art. 238 EWG-Vertrag jetzt der Zustimmung des Parlaments. Dadurch sind dem Parlament insbesondere im Hinblick auf die anstehenden weiteren Erweiterungsrunden der EG durchaus effektive Einflußmöglichkeiten zugewachsen.

Die Vereinbarungen über die Politische Union, die auf der Gipfelkonferenz von Maastricht Ende 1991 getroffen wurden, haben für das Europäische Parlament weitere Mitwirkungsmöglichkeiten geschaffen. Neben das Kooperationsverfahren ist jetzt das Mitentscheidungsverfahren getreten. Zusammen mit dem Rat entscheidet das Parlament u.a.über Rechtsakte, die die Freizügigkeit, und die Niederlassungsfreiheit im Rahmen des Binnenmarktes, das europäische Wahlrecht, die Unionszugehörigkeit und Entscheidungen nach Art. 235 EWG-Vertrag betreffen, sowie über Rahmenprogramme für die Forschung, den Umweltschutz, die Bildung und Berufsbildung. Während sich der Rat bei dem Kooperationsverfahren über das negative Votum des Parlaments - wenn auch nur einstimmig

- hinwegsetzen kann, ist ein ablehendes Votum des Parlaments nach dem Scheitern des, ebenfalls neu eingeführten, Vermittlungsverfahrens, in diesem neuen Mitentscheidungsverfahren endgültig.

Es sind zwar durchaus beachtliche Verbesserungen der Mitwirkung des Parlaments an der Rechtssetzung der EG. Von einer vollen demokratischen Legitimation der EG-Rechtssetzung durch das gewählte Parlament kann aber nach wie vor nicht die Rede sein. Internationale Verträge bedürfen jetzt auch der Ratifikation durch das Parlament. Damit ist der unbefriedigende Zustand bereinigt, daß die Mitwirkung des Parlaments beim Abschluß internationaler Verträge der EG mit dritten Staaten und Staatengruppen, von den Fällen der Art.228 und 238 EWG-Vertrag abgesehen, vertraglich bisher nicht geregelt war.

3. Das Parlament übt ein gewisses parlamentarisches Kontrollrecht gegenüber der Exekutive aus. Es hat die Möglichkeit, die Kommission durch ein Mißtrauensvotum zum Rücktritt zu zwingen. Aber die Ernennung einer Kommission erfolgt nach wie vor durch die nationalen Regierungen. In der Praxis wurde der Präsident des Parlaments vor der Ernennung von den Regierungen konsultiert. Es hatte sich außerdem durchgesetzt, daß der designierte Präsident dem Parlament sein Regierungsprogramm vorlegte und darüber nach einer Investiturdebatte eine Vertrauensabstimmung erfolgte. In Zukunft soll nach den Entscheidungen von Maastricht das Parlament der Ernennung der Kommission zustimmen. Die Amtszeit der Kommission ist außerdem auf fünf Jahre verlängert und damit an die Legislaturperiode des Parlaments angepaßt worden.

Das Parlament hat das Recht, an die Kommission, den Rat und die in der EPZ zusammenwirkenden Außenminister Anfragen zu richten, die unter Umständen Grundlagen einer Debatte im Plenum werden können. Auch hat das Parlament die Möglichkeit, die Rechenschaftsberichte der Kommission und des Ratspräsidenten zu diskutieren. Da ihm aber außer dem erwähnten Mißtrauensvotum keinerlei Sanktionsmöglichkeiten zu Gebote stehen, ist dies auch nur eine sehr begrenzte Kontrollmöglichkeit, deren Wirkung in erster Linie in einer Mobilisierung der Medien und damit der Öffentlichkeit bestehen kann.

4. Nicht in den Verträgen geregelt, aber durchaus wirksam geworden, ist die Möglichkeit des Parlaments, als europäisches Meinungsforum zu agieren. Durch die Möglichkeit, Vorkommnisse in aller Welt, insbesondere Menschenrechtsverletzungen, öffentlich zu debattieren und anzuprangern, hat das Parlament schon oft helfen und Unrecht mit Erfolg bekämpfen können. Aber trotz dieser positiven Auswirkungen hat die Möglichkeit, fast alles zu behandeln, auch dazu geführt, daß sich das Parlament mit seinen Themen und Aktivitäten sehr weit in die Welt hinaus bewegt hat. Letztlich ist dies eine Folge der geringen Möglichkeiten einer Mitwirkung an den eigentlichen Aufgaben der EG und der Entwicklung der europäischen Integration. Das Parlament hat auf diese Weise aber auch ein begrenztes, indirektes Initiativrecht erwirken können. Seine Berichte, von zum Teil hoher Sachqualität, haben ihre Wirkung auf Kommission und Rat nicht verfehlt und diese Organe sehr oft zum Handeln bewogen.

Das Parlament hat bisher seine begrenzten Befugnisse extensiv und optimal genutzt. Aber seiner demokratischen Legitimation entsprechen seine tatsächlichen parlamentarischen Rechte auch nach den Beschlüssen von Maastricht noch immer nicht. Rechte und politische Einflußnahme gehören aber zusammen. Ohne eine Ausweitung dieser Rechte ist eine

Verstärkung der Beeinflussung der EG-Politik und damit eine Stärkung der demokratischen Grundlagen der EG nicht möglich.

Reformversuche

Sehr bald nach der Gründung der EG zeigte sich schon, daß auf Dauer die Wirtschaftshoheit nicht isoliert von der politischen Kompetenz "europäisiert" werden konnte. Besonders deutlich wurde dies nach dem Übergang der Zuständigkeit für den Außenhandel im Falle der Beteiligung der EG an Wirtschaftssanktionen. Außenhandelspolitik war nun Sache der EG, Außenpolitik hingegen Sache der Mitgliedstaaten. Sanktionen berühren aber die Außenhandelspolitik ebenso wie die Außenpolitik. Das Ergebnis war die Entwicklung der Europäischen Politischen Zusammenarbeit (EPZ), aber in Form internationaler Regierungskooperation neben den Organen der supranationalen EG.

Die EG braucht ein politisches Dach. Als Anfang der fünfziger Jahre die Europäische Verteidigungsgemeinschaft vorbereitet wurde, war die Notwendigkeit eines solchen politischen Überbaus allen Beteiligten klar und führte, wie oben dargelegt, zur Erarbeitung eines Vertrages zur Gründung der Europäischen Politischen Gemeinschaft. Diese erste Verfassung einer Europäischen Politischen Union scheiterte im Gefolge des EVG-Vertrages durch das ablehnende Votum der französischen Nationalversammlung im Sommer 1954.

Die immer offensichtlicher werdende Entscheidungsschwäche, ja teilweise Entscheidungsunfähigkeit des Rates, insbesondere nach dem sogenannten Luxemburger Kompromiß, und die gleichzeitige Zunahme der Notwendigkeit, neues EG-Recht zu schaffen, machten eine Reform der Entscheidungsstrukturen und damit auch eine rechtsstaatliche Gestaltung der EG-Hoheitsgewalt immer dringender. Es hat in der Folgezeit viele Vorschläge und Berichte gegeben, die sich mit diesen Reformen befaßten und zum Teil sehr konkrete Vorschläge enthielten. Sie alle blieben aber ohne nennenswerte Folgen.

Mit der ersten Direktwahl des Parlaments hatte sich die EG erstmalig ein Organ geschaffen, das durch die Tatsache der Wahl eine demokratische Legitimation der EG begründen konnte. Tatsächlich aber vergaßen die europäischen Staats- und Regierungschefs ihre vielfachen Versprechungen, dem Parlament nach der Direktwahl mehr Rechte zuzuerkennen. Das Parlament blieb im politischen Abseits und wurde, wie seine Vorgänger, von den Exekutivorganen eher als ein Störfaktor, denn als Repräsentant des "EG-Souveräns" behandelt.

Das neugewählte Parlament ging andere Wege als seine Vorgänger. Nicht neue Berichte, Resolutionen und dergleichen, sondern einen fertig ausgearbeiteten Vertrags- (Verfassungs-) Entwurf legte das Parlament nach dreijähriger Vorarbeit im Februar 1984 der Öffentlichkeit vor. Das Parlament war zwar keine verfassungsgebende Versammlung, es hatte keine Kompetenzkompetenz, sondern es war in seiner Funktion auf die der EG übertragenen Hoheitsbereiche beschränkt. Verfassungsgeber sind nach wie vor die nationalen Parlamente. Es war daher ein Konsens der Betroffenen und der Machtträger nötig. Der Vertragsentwurf bedurfte der Initiative der zwölf nationalen Regierungen und der Zustimmung der zwölf nationalen Parlamente. Es war den Beteiligten klar, daß dies nicht auf Anhieb erreichbar war. Es sollte aber endlich die notwendige Diskussion angestoßen werden. Kritiker und Gegner der europäischen Integration, die sich bis dahin so bequem hinter dem Gestrüpp feierlicher Lippenbekenntnisse verstecken konnten, mußten aus ihrer Deckung gelockt werden. Der Widerstand der nationalen Ministerialbürokratien und der politischen Gruppen, die die EG so nicht oder überhaupt nicht wollten, sollte endlich deutlich lokalisierbar werden. Alle Reformversuche, die zur Verstärkung des politisch-parlamentarischen Elementes führen sollten, stießen stets auf starken nationalen Widerstand. Es hieß oft, man wolle keine weiteren Souveränitätsverluste. Tatsächlich aber war die hoheitliche Kompetenz schon längst "verloren", nur ihre Wahrnehmung wurde noch dem mitgliedstaatlichen Machtbereich vorbehalten. Dieses Machtmonopol sollte auch auf EG-Ebene gewahrt bleiben.

Das Parlament erreichte mit dem Vertragsentwurf einen intensiven und langen Diskussionsprozess. Auch die nationalen Regierungen konnten sich nicht mehr, wie sehr oft in der Vergangenheit, mit Resolutionen und feierlichen Erklärungen aus der Affäre ziehen, sie mußten jetzt handeln. Auf ihrer Gipfelkonferenz 1984 in Fontainebleau setzen sie eine nach ihrem Vorsitzenden Dooge genannte Kommission ein, die den Auftrag erhielt, den Vertragsentwurf zu prüfen und den Regierungschefs zu berichten. 1985 wurde während der Sitzung des europäischen Rates in Brüssel und abschließend dann in Mailand über den Bericht der Dooge-Kommission debattiert. Frankreich und Deutschland schlugen damals vor, die politische Union mit einem neuen - vierten - Gründungsvertrag zu schaffen. Aber dieser Vorschlag stieß auf den energischen Widerstand Großbritanniens. Um ein Auseinanderbrechen der EG zu verhindern, wurde in Mailand dann die Einsetzung einer Regierungskonferenz gemäß Art. 236 EWG-Vertrag beschlossen. Während ein separater Vertrag über die Gründung einer politischen Union auch von weniger als zwölf Mitgliedstaaten hätte abgeschlossen werden können, bedurfte ein Vertrag zur Änderung der Gründungsverträge, den die eingesetzte Regierungskonferenz vorbereiten sollte, der Zustimmung aller Mitgliedstaaten. Das Ergebnis dieser damals eingesetzten Regierungskonferenz war die Einheitliche Europäische Akte.

Sie war in ihrem Inhalt weit von den Forderungen des Parlaments entfernt, vor allem, was die institutionellen Reformen und besonders die demokratischen Rechte des Parlaments betraf. Aber sie veränderte die Gründungsverträge in einigen nicht unwesentlichen Punkten. So wurde der Einfluß des Parlaments auf die Rechtsetzung durch den Rat verstärkt. Vor allem aber gewann das Parlament das Recht, Aufnahme- und Assoziierungsverträgen seine Zustimmung geben zu müssen. Damit besaß es neben dem Haushaltsrecht erstmalig ein wirksames politisches Druckmittel.

Eines haben die bisherigen Reformversuche, die Einheitliche Akte eingeschlossen, gezeigt: Die Reformmöglichkeiten sind begrenzt, wenn man den Weg über eine Regierungskonferenz nach Art. 236 EWG-Vertrag gehen will. In diesem Fall liegt die Ausarbeitung der Vorschläge und die Vorbereitung der ministeriellen Entscheidungen allein in der Hand der Ministerialbürokratie, also der Gruppen, die von einer wirklichen institutionellen Machtverschiebung unmittelbar betroffen wären. Eine Reform wie die Einheitliche Akte scheint unter diesem Gesichtspunkt das Äußerste zu sein, was auf diesem Wege durchsetzbar ist. Weitergehende Schritte, insbesondere wirkliche institutionelle Veränderungen, erfordern politische Entscheidungen, an die die Bürokratie dann gebunden ist.

Rechtsstaatliche Grundprinzipien in einer supranationalen Gemeinschaft

Bei den Forderungen nach mehr Demokratien der EG wird oft übersehen, daß die EG eben - noch - nicht einem Staat gleichzusetzen ist. Sollen diese Forderungen präzisiert werden, so muß der Unterschied zwischen einem Staat und einer supranationaler Integrationsgemeinschaft deutlich gemacht werden. Eine supranationale Gemeinschaft ist keine finale Form der Organisation, sondern ein Entwicklungsstadium. Ihr Ziel, die Politische Union, unter Umständen als Bundesstaat, wird nicht schlagartig erreicht, sondern kann das Ergebnis eines längeren Prozesses sein. Dieses Ziel bedeutet auch nicht die Aufhebung der Staatlichkeit der Mitgliedstaaten, sondern nur - vielleicht - ihren Verlust der Eigenschaft eines Völkerrechtssubjektes, so wie die US-Bundesstaaten oder die italienischen und die deutschen Einzelstaaten beim Einigungsprozess im 18. und 19. Jahrhundert aufhörten, Völkerrechtssubjekte zu sein. Offen ist gegenwärtig, ob am Ende des europäischen Integrationsprozesses ein Bundesstaat oder eine neue Form der staatlichen Gemeinschaft stehen wird. Dieses Charakteristikum der supranationalen Gemeinschaft bedeutet jedoch nicht, daß die rechtsstaatlichen Grundsätze der Legitimation der Macht und der Ordnung dieser Macht bis zum Tage X ausgesetzt bleiben müssen, sondern ihre Übernahme, ihre Anwendung muß diesem Entwicklungsprozess angepaßt werden. Der EG fehlen gegenwärtig noch, und vielleicht auch auf Dauer, die Attribute staatlicher Hoheit, z.B. die Gebietshoheit, das Gewaltmonopol oder die Kompetenzkompetenz. Ob aber auf Dauer ein derart qualitativer Wandel von der nationalen zur europäischen Orientierung ausbleiben muß, darf bezweifelt werden. Noch dominiert der nationale Bezug trotz europäischer Symbole und trotz zunehmender europäischer Bezugsgrößen für die Bürger. In vielfacher Hinsicht gibt es schon heute den EG-Bürger. Nach Vollendung des Binnenmarktes werden sich die EG-Bürger in vielen essentiellen Lebensbereichen europäisch orientieren und damit zwangsläufig entnationalisieren müssen. So sind die soziale Sicherung, die Regelung der Arbeits- und Wirtschaftsbedingungen und auch die äußere Sicherheit Bereiche, deren Gestaltung nicht mehr im herkömmlichen nationalen Rahmen, sondern durch die EG erfolgen werden.

Wie auch immer die Gestaltung der EG sich im einzelnen entwickeln wird, ein Merkmal bleibt ihr eigen: Sie übt hoheitliche Gewalt aus und zwar die ihr von den Mitgliedstaaten übertragene und auch eigene, die ihr aus ihrer Supranationalität originär erwachsen ist. Damit aber stellt sich die Frage nach der rechtsstaatlichen Gestaltung der Staatsgewalt in einer supranationalen Gemeinschaft, um diese ihr eigene hoheitliche Gewalt zu begrenzen, die Freiheit zu wahren und die Rechtsstaatlichkeit durch Beschränkung der Kompetenzzuweisung an die Gemeinschaftsorgane und durch Verschränkung des Entscheidungsprozesses zwischen den Organen zu sichern.

Die Legitimation des hoheitlichen Handelns und die Organisation der hoheitlichen Gewalt sowie die Kontrolle und Hemmung der Ausübung dieser hoheitlichen Gewalt, als Grundprinzipien rechtsstaatlicher demokratischer Ordnung, müssen auch in der supranationalen EG dem Maß und dem Umfang ihrer Hoheitsgewalt entsprechen. Die demokratische Legitimation hoheitlichen Handelns findet ihren Ausdruck in der Fordeung, daß alle Staatsgewalt vom Volke ausgeht, d.h. ihre Anwendung durch eine Volksvertretung, ein Parlament legitimiert sein muß. Für die EG heißt dies, daß das Handeln ihrer Exekutivorgane, soweit es sich nicht um den Vollzug des in den Gründungsverträgen bereits gestalteten und durch deren Ratifikation durch die nationalen Parlamente legitimierten Rechts handelt, der Legitimation durch das Europäische Parlament bedarf, wenn es demokratisch sein soll.

Diese Mischform der Legitimation, zum Teil durch die nationalen Parlamente, zum Teil durch das Europäische Parlament, ist eine für die supranationale Gemeinschaft typische Form demokratischer Ordnung. An dieser demokratischen Legitimation fehlt es aber weitgehend in der EG. Dies hat Konsequenzen für die Mitgliedstaaten, denn für sie gilt EG-Recht, das nicht durch ein gewähltes Parlament beschlossen worden ist. Der nationale Gesetzgeber muß EG-Recht bei seiner Gesetzgebung berücksichtigen, das nur durch das Zusammenwirken von Regierungsvertretern zustande gekommen ist. Immer dann, wenn die EG materielles Recht neu gestaltet, bedarf es daher der Mitentscheidung des Europäischen Parlamentes. Insoweit sind die Befugnisse der nationalen Parlamente auf die EG übergegangen, ohne daß sie bisher durch das dafür allein zuständige Organ auf europäischer Ebene ausgeübt werden.

Neben der demokratischen Legitimation erfordert das Prinzip der Gewaltenteilung als Grundsatz der Rechtsstaatlichkeit eine Form der Organisation hoheitlicher Gewalt, die ihren Mißbrauch verhindert und eine gegenseitige Kontrolle und Hemmung ermöglicht. Dies gilt auch für die hoheitliche Gewalt einer supranationalen Gemeinschaft. Die organisatorischen Voraussetzungen der Gewaltenteilung in Legislative, Exekutive und richterliche Gewalt sind in der EG durchaus gegeben, aber die Zuweisung der Gewaltausübung an die Organe entspricht nicht dem Prinzip der Gewaltenteilung. So ist das Parlament an der Legislativgewalt zwar beteiligt, übt sie aber selbst nur sehr begrenzt aus. Das dominierende Legislativorgan ist eine Konferenz der Fachminister, der Rat. Er übt weitgehend allein die legislative Gewalt aus, ist zugleich aber auch Träger der Regierungs-Exekutiv-Gewalt der EG und übt darüber hinaus erheblichen Einfluß auf die Exekution seiner eigenen legislativen Akte aus, indem er über die Verwaltungsausschüsse hieran mitwirkt. Hinzu kommt als Kriterium der supranationalen Gemeinschaft, daß die Ratsmitglieder als nationale Minister auch für die Exekution des EG-Rechts in den Mitgliedstaaten zuständig und verantwortlich sind, das sie selbst im Rat beschlossen haben. Der Rat hat dadurch ein beträchtliches Übergewicht mit der Folge eines institutionellen Ungleichgewichts in der EG.

Die dritte, die richterliche Gewalt obliegt dem Europäischen Gerichtshof. Er entscheidet allein und unabhängig über die Rechts-und Verfassungsmäßigkeit der Rechtsakte und des Handelns der anderen Organe. Der Europäische Gerichtshof hat sich weit über diese Funktion hinaus zu einem Kontrollorgan des Integrationsprozesses entwickelt und durch seine Rechtspechung z.B. die Position des Parlaments im Rahmen der gegebenen Kompetenzen gestärkt. Ernannt werden die Richter aber von den nationalen Regierungen (Art. 167 EWG-Vertrag). Eine Gemeinschaftslegitimation fehlt ihnen daher. Diese würde eine Wahl, mindestens eine Mitbeteiligung an der Wahl durch das Europäische Parlament voraussetzen.

In einer supranationalen Gemeinschaft ist der Wunsch nach Einfluß der Mitgliedstaaten auf die Rechtssetzung legitim. Dies muß aber nicht bedeuten, daß die Mitgliedstaaten allein durch ihre Minister im Rat die Rechtsakte schaffen, die diese dann auch noch selbst exekutieren. Hier fehlt die gegenseitige Hemmung der Gewalten und die gegenseitige Kontrolle der Gewaltausübung. Den Interessen der Mitgliedstaaten an der Gesetzgebung der EG kann dadurch voll entsprochen werden, daß der Rat gemeinsam mit dem Parlament das

Gemeinschaftsrecht beschließt. Wenn kein Organ ohne das andere handeln kann, sie also aufeinander angewiesen sind, würde den Rechtsstaatsgrundsätzen voll Genüge getan. Das Handeln des Rates als Legislativorgan schließt aber seine direkte Mitwirkung an der Exekutive der Gemeinschaft aus. Exekutivorgan muß allein die Kommission sein. Sie hat zwar das Initiativrecht für Rechtsakte, wirkt aber an dem Beschlußverfahren nicht mit. Ihre Hauptaufgabe ist erst wieder die Ausführung der von ihr initiierten Rechtsakte. Auch hierin kommt die gegenseitige Hemmung der Gewalten zum Ausdruck. Da nur die Kommission, nicht aber der Rat, vom Parlament kontrolliert werden kann, wird diesem Grundsatz der Gewaltenteilung, nämlich der gegenseitigen Kontrolle, auch nur dann entsprochen, wenn die Kommission allein für die Exekutive verantwortlich wäre.

Die Kommission wird gegenwärtig von den nationalen Regierungen ernannt und ist daher von ihnen abhängig, ohne daß diese Kontrollmöglichkeiten über die Kommission als Ganzes haben. Den Kontrollmöglichkeiten des Parlaments muß daher auch sein Einfluß auf die Ernennung der Kommission, jedenfalls ihres/r Präsidenten/in, entsprechen, wenn den Grundsätzen der Gewaltenteilung entsprochen werden soll. Der Besonderheit einer supranationalen Gemeinschaft würde das Zusammenwirken von Parlament und nationalen Regierungen entsprechen, dergestalt, daß der/die Kommissionspräsident/in auf Vorschlag des Rates von der Mehrheit des Parlaments gewählt werden muß und dann das Recht hat, die Kommissare im Benehmen mit dem Rat zu berufen. Auf diese Weise würde auch die Kommission ihre gemeinschaftliche Legitimation erhalten und es würde gleichzeitig das Interesse der Mitgliedstaaten an der Zusammensetzung dieses Organes gewahrt bleiben. Ein solches Verfahren hätte auch andere positive Konsequenzen: Die Kommission würde von der Mehrheit des Parlaments politisch getragen und damit im Parlament einen Rückhalt bei dieser Mehrheit finden. Als Exekutive würde die Kommission auf diese Weise auch eine stärkere Stellung gegenüber nationalen Einflüssen aus den Mitgliedstaaten gewinnen.

Schlußfolgerungen für ein besseres Gleichgewicht der Institutionen

Alle Rechtsakte, einschließlich der Ratifikationsgesetze für internationale Verträge, bedürfen der Annahme durch das Parlament. Die Interessen der Mitgliedstaaten werden durch den Rat vertreten, der allen Gesetzen und Verträgen ebenfalls zustimmen muß und damit die Funktion der zweiten Kammer übernimmt. Als Legislativorgan der Gemeinschaft müssen seine Beratungen in Zukunft öffentlich erfolgen. Rechtsakte, die die Gemeinschaft als solche betreffen, wie Beitritts- und Assoziierungsverträge, sowie die Änderung der Gründungsverträge, neue vertragliche Regelungen der Kompetenzen der Gemeinschaft und Entscheidungen nach Art. 235 EWG-Vertrag, bedürfen ebenfalls der Zustimmung durch Rat und Parlament, das in diesen Fällen neben den nationalen Parlamenten entscheidet.

Notwendig ist auch ein Entscheidungszwang für beide Kammern der Legislative. Es geht nicht an, daß - wie bisher - der Rat Rechtsakte, denen das Parlament zugestimmt hat, einfach unerledigt liegen läßt. Innerhalb einer bestimmten Frist, so wie schon jetzt für das Parlament in Art. 149 EWG-Vertrag vorgesehen, müssen beide Organe entscheiden, wobei jedes Organ das Recht hat, eine Vorlage abzulehnen. Sinnvoll ist die Einrichtung eines Vermittlungsverfahrens, um Kompromißmöglichkeiten zwischen beiden Organen auszuhandeln.

Das Initiativrecht der Kommission sollte beibehalten werden, aber der Rat und das Parlament sollten ebenfalls das Recht haben, legislative Initiativen ergreifen zu können. Die Kommission ist das einzige Exekutivorgan der EG. Sie hat die Rechtsakte zu vollziehen und den Vollzug durch die Exekutiven in den Mitgliedstaaten zu überwachen. Der/die Präsident/in der Kommission sollte vom Parlament auf Vorschlag des Rates gewählt werden. Er/sie sollte seiner/ihrerseits das Recht erhalten, die Kommissare im Einvernehmen mit dem Rat zu ernennen. Die Kommission muß dem Parlament politisch verantwortlich sein, sie muß an Beschlüsse des Parlaments gebunden sein. Die Amtszeit der Kommission sollte der Legislaturperiode des Parlaments entsprechen.

Das Parlament und der Rat sollten schließlich auch je die Hälfte der Richter des Europäischen Gerichtshofes wählen. Der Kommission sollte für diese Wahl ein Vorschlagsrecht zustehen.

Auf diese Weise würde die EG eine handlungsfähige Führungsstruktur erhalten. Notwendig dazu sind nicht unbedingt neue Kompetenzen für die EG. Diese verbesserte Führungsstruktur kann sich durchaus auch auf die bestehenden Kompetenzen beziehen. Indem die Kommission gegenüber dem Parlament die politische Verantwortung trägt, würde sie erstmalig demokratisch legitimiert sein und dadurch die Voraussetzung schaffen, sich zu einer europäischen Regierung zu entwickeln, der die Führung der Gemeinschaft zuwachsen würde. So könnte die Gemeinschaft ein von den Mitgliedstaaten unabhängiges und mit politischer Macht ausgestattetes Führungsorgan erhalten. Sie würde so auch einen ihrer Schwachpunkte beseitigen, der darin besteht, daß bisher die Führung der EG denen anvertraut ist, für die Europas Fortschritt und Stärkung Verlust der eigenen Macht und Schwächung der eigenen Position bedeutet.

Mit derartigen Reformen würde die EG zudem auch die Grundforderungen demokratischer Rechtsstaatlichkeit bei sich selbst erfüllen, die sie bei ihren Mitgliedstaaten und insbesondere bei allen Beitrittskandidaten als selbstverständliche Voraussetzung einer Mitgliedschaft fordert.

Wenn es den europäischen Völkern und Staaten ernst ist, den Integrationsprozess zu einer Europäischen Politischen Union weiterzuentwickeln, dann müssen sie auch bereit sein, die demokratisch-rechtsstaatlichen Grundsätze, die sich die Völker Europas in jahrhundertelangem Kampf erstritten haben, auch in der neuen europäischen Dimension ihrer Staatlichkeit in vollem Umfang zur Geltung zu bringen. Dies bedeutet sicherlich sowohl Einschränkung als auch Verzicht auf die allumfassende Machtausübung durch die Mitgliedstaaten. Ohne eine Machtverschiebung aber ist eine europäische politische Einheit, in welcher Form auch immer, nicht zu erreichen.

Erweiterung oder Vertiefung, eine Alternative für die Europäische Gemeinschaft?

Alle Fortschritte nach Gründung der EG 1957 wurden im wesentlichen ohne einen erneuten Verzicht der Mitgliedstaaten auf Hoheitsrechte zugunsten der Gemeinschaft erreicht. Aber der Prozess der Entwicklung des Binnenmarktes wird immer stärker die konzeptionelle

Übertragung von Hoheitsrechten durch die Gründungsverträge konkretisieren und erweitern. Umweltschutz, Sozialpolitik, gemeinsame Außen- und Sicherheitspolitik und auch die stufenweise Entwicklung einer europäischen Innenpolitik sind Bereiche, in denen dies deutlich wird oder aber werden wird.

Die Tatsache, daß die Einheitliche Akte das Ziel der Gemeinschaft, ein einheitliches Wirtschaftsgebiet, den Binnenmarkt, zu schaffen, zum ersten Mal mit einem konkreten Datum, dem 1. Januar 1993, versehen hat, hat eine beachtliche Dynamik ausgelöst. Schon vor dem Inkrafttreten der Einheitlichen Akte hatte die Kommission in einem Weißbuch alle Maßnahmen dargelegt, die zur Vollendung des Binnenmarktes notwendig werden. Diese Maßnahmen umfassen fünf Kategorien:

1.) Aufhebung der innergemeinschaftlichen Grenzkontrollen mit allen Konsequenzen für den Personen- und Warenverkehr;

2.) Beseitigung aller technischen Schranken und nicht- tarifären Hemmnisse;

3.) Abbau aller fiskalischen Schranken;

4.) Liberalisierung des öffentlichen Auftragswesens und

5.) Notwendige Deregulierungen im Finanzsektor.

Insgesamt erfordert der Binnenmarkt nach der Planung der Kommission 300 Maßnahmen - Verordnungen, Richtlinien usw. -. Diese Zahl wurde später durch Konzentration und auch durch Korrekturen auf 279 reduziert.

Nach dem Inkrafttreten der Einheitlichen Akte hatte die Kommission in dem sogenannten Delors-Paket, "Die Einheitliche Akte muß ein Erfolg werden", wichtige Vorschläge zur Konsolidierung des EG-Haushaltspolitik, der EG-Agrapolitik und der EG-Strukturpolitik gemacht. Ohne diese Reformen konnte der Weg zum Binnenmarkt nicht beschritten werden. Lange Verhandlungen waren erforderlich und erst eine Sonder-Gipfelkonferenz im Februar 1988 in Brüssel brachte den Durchbruch und damit die grundlegenden Beschlüsse über die notwendigen Reformen. Damit war der Weg zum Binnenmarkt frei. Es zeigte sich in der Folgezeit immer deutlicher, daß alle Mitgliedstaaten bereit waren, diesen Weg zu gehen. Mehrheitsentscheidungen im Ministerrat wurden häufiger getroffen und auch akzeptiert. Aber es gab auch nationale Interessen, die das Finden akzeptabler Lösungen in den Sachbereichen, die einstimmig entschieden werden müssen, nach wie vor schwierig machten, so z.B. bei den Fragen der Steuerharmonisierung. Aber die Bereitschaft, immer wieder gemeinsam nach neuen Lösungen und Kompromissen zu suchen, ist wesentlich stärker geworden, denn man will das Ziel, den Binnenmarkt, erreichen und man weiß, daß dafür in vielen Fragen gemeinsame Regelungen zwingend notwendig sind.

Diese neue Dynamik der Europäischen Gemeinschaft hat nicht nur innerhalb der Gemeinschaft ein neues Klima geschaffen, sondern immer auch stärker auf die europäischen Nachbarn der EG eingewirkt. Die Erkenntnis, daß eine Europäische Gemeinschaft die gemeinsame Zukunft dieses Kontinents sein wird, blieb nicht ohne Wirkung auf das übrige Europa. Mehrere Staaten, wie Österreich, die Türkei, Malta, Zypern und Schweden haben inzwischen einen Antrag auf Vollmitgliedschaft in der EG gestellt. Andere Staaten, wie Norwegen, Finnland und die Schweiz, diskutieren ernsthaft über eine Mitgliedschaft, was in der Schweiz und Finnland vor wenigen Jahren noch so gut wie undenkbar gewesen wäre. Die Entwicklung in der EG hat aber auch sehr nachdrücklich auf den alten Ostblock, den RgW eingewirkt. Der Demokratisierungsprozess in Mittel- und Osteuropa und die Wirtschaftsreformen von der zentral verwalteten Planwirtschaft hin zur Marktwirtschaft wären ohne die politische Schwerkraft der EG kaum vorstelbar gewesen.

Das Interesse der Staaten, die einen Antrag auf Vollmitgliedschaft gestellt haben, ebenso aber auch das Interesse der ehemaligen mittel- und osteuropäischen RgW-Staaten an einer engeren Bindung an die EG, liegt vor allen Dingen im wirtschaftlichen Bereich. Diese Länder versprechen sich von einer Mitgliedschaft oder einer wie auch immer gestalteten Zusammenarbeit mit der EG wirtschaftlichen Nutzen für ihre Wirtschaft. Daß mit einer Mitgliedschaft in der EG auch der Verzicht auf eigene Hoheitsrechte verbunden ist, und daß die EG über die Wirtschaftsgemeinschaft hinaus eine, wie auch immer gestaltete, politische Union anstrebt, ist diesen Staaten wohl bewußt, wird aber in der Argumentation oft verdrängt.Die Unbestimmtheit dieser politischen Zielsetzung innerhalb der EG-Mitgliedstaaten erleichtert es den außenstehenden Staaten, eine solche Haltung einzunehemen oder sogar zu glauben, man könne diese Fragen bei den Verhandlungen über eine Mitgliedschaft ausklammern und dann als Mitglied Einfluß auf diese politische Zielsetzung unter Wahrung der eigenen politischen Vorstellungen nehmen. Für die mittel- und osteuropäischen Staaten, die sich nach Jahrzehnten kommunistischer Diktatur befreien konnten und jetzt als pluralistische Demokratien Reformen ihrer Wirtschaftssysteme eingeleitet haben, dürfte ein Verzicht auf hoheitliche Rechte im wirtschaftlichen, und mehr noch im politischen Bereich, im Augenblick schwer vorstellbar sein. Aber auch die neutralen Staaten Europas, die die Mitgliedschaft beantragt haben oder über sie diskutieren, werden ihre Neutralitätspolitik mit den Konsequenzen einer Vollmitgliedschaft in Einklang bringen müssen und zwar bevor endgültig über ihren Aufnahmeantrag entschieden wird. Eine Vollmitgliedschaft in einer Wirtschaftsgemeinschaft und erst recht in einer politischen Union dürfte mit einer nicht modifizierten Neutralitätspolitik kaum zu vereinbaren sein.

Die Erfahrungen der EG mit den bisherigen Erweiterungsprozessen zeigt, daß die Vergrößerung der Gemeinschaft fast immer mit einer Verlangsamung, wenn nicht sogar mit einem Stillstand des Intgrationsprozesses verbunden war. Auch wurden die immer notwendiger gewordenen institutionellen Reformen durch die Erweiterungsrunden mehr behindert, denn befördert. Jedes neue Mitglied bedeutet praktisch ein zusätzlich Veto, da Reformen der Gemeinschaft durch Änderung der Verträge gemäß Art. 236 EWG-Vertrag die Zustimmung aller Mitglieder erfordern. So bestimmt das der weiteren Integration und den institutionellen Reformen gegenüber zurückhaltendste oder abgeneigteste Mitglied praktisch die gesamte Entwicklung der EG. Hier wird auch ein Konflikt deutlich zwischen der Grundidee der EG, daß alle europäischen Staaten Mitglied werden können , daß aber andererseits jedes neue Mitglied seine Vorstellungen von Gestalt und Entwicklung der Gemeinschaft einbringen und durch sein Vetorecht andere als seine Vorstellungen boykottieren kann. Am Ende wären alle europäischen Staaten - wie weit Europa reicht, bleibt noch zu untersuchen - Mitglied, aber von der ursprünglichen Idee einer supranationalen Integration der sechs Gründungsmitglieder würde nichts mehr übrig bleiben.Die EG würde auf der Basis des status quo stagnieren und auch dieser würde allmählich wegen der fehlenden Weiterentwicklung erstarren und zu einer Wirtschafts- Handels- und vielleicht nur noch Zoll-Union degenerieren. Darum muß die EG, bevor sie weitere Mitglieder aufnimmt, nicht nur die notwendigen institutionellen Reformen verwirklichen und ihren Demokratisierungsprozess voranbringen, sondern sie muß auch die wirtschaftliche und die politische Zielsetzung des Integrationsprozesses präzise definieren, damit alle an einer Mitgliedschaft interessierten Staaten wissen, was eine Mitgliedschaft für sie bedeutet und was sie akzeptieren müssen.

Diese Position wird auch vom Europäischen Parlament in seiner Entschließung über seine Strategie im Hinblick auf die Schaffung der Europäischen Union, angenommen im Februar 1989, geteilt. In Ziffer 9 dieser Entschließung heißt es:" daß es ohne die institutionellen Reformen, die notwendig sind, um die Gemeinschaft effizienter und demokratischer zu gestalten, und ohne einen entscheidenden Fortschritt auf dem Wege zur Europäischen Union keinen Beitrittsvertrag mit einem neuen Staat billigen könnte." Nach der Einheitlichen Akte bedürfen Verträge, durch die neue Mitglieder in die EG aufgenommen werden sollen, der Zustimmung durch das Europäische Parlament, das heißt, vor einer Vertiefung der EG wird es keine Erweiterung geben. Es geht also im Grunde nicht um eine Alternative: Vertiefung oder Erweiterung. Eine Vertiefung, das heißt die notwendigen institutionellen Reformen der EG ist vielmehr die unverzichtbare Voraussetzung für eine Erweiterung, wenn die EG auch in Zukunft ihren Charakter als supranationale Gemeinschaft behalten und in der Lage bleiben soll, das Ziel einer Europäischen Politischen Union anzustreben.

Die politische Finalität der EG

Als die Europäische Verteidigungsgemeinschaft geplant und vorbereitet wurde, war man sich einig, daß eine gemeinsame Sicherheits- und Verteidigungspolitik und eine gemeinsame Armee nicht für sich als integrierter Politikbereich europäisiert werden konnte, während die allgemeine Politikhoheit bei den Mitgliedstaaten verbleiben würde. Darum wurde, noch bevor der EVG-Vertrag in Kraft getreten war, die Versammlung der Montanunion, erweitert um neun Mitglieder auf die für die EVG-Versammlung vorgesehene Zahl, als "ad hoc Versammlung" beauftragt, einen Vertrag über die Europäische Politische Gemeinschaft zu entwerfen, die den politischen Überbau der gemeinsamen Armee bilden sollte. Dieser Vertrag über die Satzung der Europäischen Politischen Gemeinschaft wurde von der Versammlung am 10. März 1953 angenommen. Zusammen mit dem EVG-Vertrag scheiterte dieser Versuch am Widerstand in der französischen Nationalversammlung im August 1954.

Auch die fortschreitende Entwicklung der Wirtschaftsgemeinschaft erzwang zunehmend eine politische Zusammenarbeit der Mitgliedstaaten. Insbesondere nach dem Übergang der Zuständigkeit für den Außenhandel auf die EG am 1. Januar 1970 und damit auch für die Außenhandelspolitik zeigte sich, daß die Außenpolitik, die in der Kompetenz der Mitgliedstaaten geblieben war, und die Außenhandelspolitik nicht scharf gegeneinander abzugrenzen waren. So war die Entscheidung über die Teilnahme der EG an den Wirtschaftssanktionen gegen das frühere Süd-Rhodesien oder gegen Iran oder gegen die Sowjetunion sowohl eine außenpolitische als auch eine außen h a n d e l s politische Entscheidung. Zuständig waren also sowohl die Mitgliedstaaten als auch die Gemeinschaft. Mit der wirtschaftlichen Stärke der EG wuchs auch ihr politisches Gewicht. Sie mußte mehr und mehr als Gemeinschaft zu

Entwicklungen in der Welt Position beziehen. Die Identität der Interessen ihrer Mitgliedstaaten führte außerdem dazu, daß die Gemeinschaft vor internationalen Gremien und Konferenzen mit einer Stimme sprechen und auf diese Weise ein sehr viel stärkeres Gewicht entfalten konnte.

Schon auf der Konferenz des Europäischen Rates in den Haag im Dezember 1969 wurde beschlossen, die politische Zusammenarbeit der EG-Mitgliedstaaten zu intensivieren. Die Außenminister erhielten den Auftrag, Vorschläge für die Grundsätze und das Verfahren einer solchen politischen Zusammenarbeit zu erarbeiten. Auf der Grundlage dieser Vorschläge beschlossen die Staats- und Regierungschefs im Oktober 1972 in Paris und im September 1973 in Kopenhagen die endgültigen Bestimmungen für die Europäische Politische Zusammenarbeit (EPZ). Seither treffen sich die Außenminister mindestens viermal jährlich. Ein 'Politisches Komitee', bestehend aus den leitenden Beamten der Außenministerien, das ebenfalls mindestens viermal jährlich zusammenkommt, bereitet die Ministerkonferenzen vor, kann durch Arbeitsgruppen und Sachverständige bestimmte Themen vertiefen lassen und koordiniert die diplomatischen Vertretungen der Mitgliedstaaten. Das Sekretariat dieser EPZ wurde zu Beginn immer von dem Land gestellt, aus dem der jeweilige Vorsitzende des Ministerrates kam. Es wechselte also alle sechs Monate.

Erst mit der Einheitlichen Akte wurde die EPZ vertraglich geregelt. Sie blieb aber eine reine Regierungskooperation neben und nicht innerhalb der EG. Obwohl es nahegelegen hätte, die Aufgaben des Sekretariats der EPZ der Kommission zu übertragen, wurde in Brüssel ein eigenes Sekretariat neben der Kommission geschaffen. Nur mit Mühe war es gelungen, zu verhindern, daß dieses Sekretariat in Paris seinen Sitz erhielt.

In den "Vertragsbestimmungen über die Europäische Zusammenarbeit in der Außenpolitik" der Einheitlichen Europäischen Akte wurde die Praxis der EPZ seit Anfang der 70er Jahre festgeschrieben und noch einmal das Ziel formuliert, eine möglichst weitgehende Koordinierung der Außenpolitiken zu erreichen. Seither nimmt an den EPZ-Ministerkonferenzen auch ein Vertreter der Kommission teil. Es wird darüberhinaus ausdrücklich festgehalten, daß die Kommission an den Arbeiten der EPZ "in vollem Umfang beteiligt" wird. Vereinbart wurde auch, daß das Europäische Parlament "eng an der Europäischen Politischen Zusammenarbeit beteiligt wird". Tatsächlich beschränkt sich diese Beteiligung aber auf die regelmäßige Entgegennahme des entsprechenden Berichtes der jeweils amtierenden Präsidentschaft. Der Einfluß des Parlaments erschöpft sich in der Debatte über diesen Bericht und in schriftlichen und mündlichen Anfragen an die in der EPZ zusammenarbeitenden Außenminister.

In der Praxis hat sich mit der EPZ wieder die klassische Form internationaler Regierungskooperation in die supranationale EG eingenistet. Zwar ist mit der vertraglichen Regelung der EPZ die zunehmende Entfernung dieser Aktivitäten von den ursprünglichen Vertragsgrundlagen bereinigt worden. Die partielle Europäisierung der Außenpolitik auf dieser Basis schwächt aber die Position der nationalen Parlamente, ohne gleichzeitig die Stellung des Europäischen Parlaments entsprechend zu stärken. Praktisch bedeutet dies eine weitere Verschiebung des institutionellen Gleichgewichts von den Parlamenten hin zur Exekutive.

Neben der unzulänglichen politischen Einflußnahme auf die Außenpolitik, die zunehmend ein europäisches Gesicht bekommen hat, wird auch die Wirtschaft in noch stärkerem Maße dem Primat der Politik entzogen. Durch die Entwicklung der EG hat die Wirtschaft in erheblichem Umfang europäische Dimensionen erhalten, ihre politische Kontrolle findet aber nach wie vor weitgehend auf nationaler Ebene oder überhaupt nicht statt. Das Gleichgewicht wirtschaftlicher und politischer Macht, eine Grundlage stabiler Staatlichkeit, ist in der EG gestört. Da außerdem mit der Einheitlichen Akte auch die Sicherheitspolitik - jedenfalls im Grundsatz - Gemeinschaftspolitik geworden ist, so zeigt dies ganz deutlich, daß die Gemeinschaft ein politisches Dach, einen politischen Überbau braucht.

Die Konzeption einer Europäischen Politischen Union

Eine Europäische Union war von Anfang an Ziel der europäischen Einigungsbestrebungen. Wegen der besonderen politischen und historischen Bedingungen Europas konnte dieses Ziel aber nicht durch einen konstitutiven Staatsgründungsakt erreicht werden, sondern nur das Ergebnis eines schrittweisen Integrationsprozesses sein. In der berühmten Erklärung von Robert Schuman vom 9.Mai 1950 heißt es bereits, daß die Montanunion als "erster Grundstein einer europäischen Föderation, die zur Bewahrung des Friedens unerläßlich ist" dienen soll. In den folgenden Jahren betonten die Regierungen der Mitgliedstaaten bei allen Gelegenheiten immer wieder mehr oder weniger feierlich, daß sie eine politische Union anstrebten. In der Präambel des EWG-Vertrages heißt es, daß ein "immer engerer Zusammenschluß der europäischen Völker" das Ziel sei. Auf dem Gipfeltreffen 1969 in Den Haag wurden die Außenminister beauftragt, die möglichen Fortschritte zur politischen Einigung zu prüfen. Drei Jahre später in Paris bekräftigten die Staats- und Regierungschefs das Ziel, "die Gesamtheit ihrer Beziehungen vor dem Ende dieses Jahrzehnts in eine europäische Union umzuwandeln". Der Gipfel in Kopenhagen im Dezember 1973 beschloß sogar, die für die Festlegung der Europäischen Union erforderlichen Arbeiten zu beschleunigen. Wieder drei Jahre später kam der Gipfel in Den Haag zu dem Ergebnis, "ein gemeinsames, umfassendes und zusammenhängendes politisches Leitbild zu verwirklichen". Noch einmal wurde auf der Gipfelkonferenz in Stuttgart im Juni 1983 feierlich bekräftigt, daß man eine Europäische Politische Union verwirklichen wolle. Die Präambel der Einheitlichen Akte übernahm diese Erklärung und lautete: "Von dem Willen geleitet, das von den Verträgen zur Gründung der Europäischen Gemeinschaft ausgehende Werk weiterzuführen und die Gesamtheit der Beziehungen zwischen deren Staaten ... in eine Europäische Union umzuwandeln".

Alle diese Erklärungen und Beschlüsse wurden stets von allen Mitgliedstaaten, also beispielsweise auch von Dänemark, Griechenland und Großbritannien, mitgetragen. Aber nur das Europäische Parlament hat diese politische Zielsetzung bisher aufgenommen und in dem Vertragsentwurf zur Gründung der Europäischen Union einen konkreten Weg zu seiner Verwirklichung gewiesen. Einige nationale Parlamente haben dieses Vorhaben mehr oder weniger wohlwollend unterstützt, die nationalen Regierungen und Verwaltungen hingegen haben alle diese politischen Zielvorgaben ignoriert und sich darauf konzentriert, die Nachteile und Risiken einer weiteren Integration für die nationalen - und unausgesprochen natürlich auch ihre eigenen - Interessen aufzuzeigen.

Allen Regierungen fiel es immer wieder leicht, sich für eine Europäische Union auszusprechen, weil derartige Erklärungen und Präambeln unverbindlich sind und bleiben, vor allem aber auch, weil der Begriff 'Union' unpräzise und von verschiedener Bedeutung in den einzelnen Sprachen ist. Die Definition umfaßt ein Europa der - souveränen - Vaterländer (de Gaulle) ebenso, wie einen europäischen Bundesstaat, vergleichbar mit Belgien oder der Bundesrepublik Deutschland. Das Vereinigte Königreich von Großbritannien kann als Union bezeichnet werden, ebenso auch die Nordische Union unter Königin Margarete I. von Dänemark, die als Personalunion einst ganz Skandinavien umfaßte.

Das Ziel, die europäische Einheit als Europäische Union zu schaffen, wurde aus den Motiven heraus definiert, die für die Erreichung eines solchen Zieles sprachen. So war es für die Wirtschaft und ihre Entwicklung vorteilhaft, ja notwendig, einen großen gemeinsamen Markt zu schaffen. Der Fortbestand vieler, mehr oder weniger kleiner und gegeneinander abgeschlossener Märkte, also das Nicht-Europa, kostet die Europäer - laut Cecchini-Bericht - jährlich etwa 200 Milliarden ECU. Auch die Sicherheit, die Verteidigung der Freiheit und Unabhängigkeit der europäischen Staaten und Völker, ist in dieser Welt der Supermächte nur noch gemeinsam effektiv zu gewährleisten. Ebenso ist es um das politische Gewicht der europäischen Staaten in der Welt bestellt. Nur gemeinsam hat die Stimme Europas in der Welt Gewicht und vermag politisch Einfluß auszuüben. Jedes Land für sich, auch die früheren europäischen Großmächte, haben nicht mehr die Kraft, ihrer Politik Geltung zu verschaffen und gestaltend zu wirken. Der Golfkonflikt 1990/91 und der Bürgerkrieg in Jugoslawien 1991/92 haben dies den Europäern in sehr eindrucksvoller Weise vor Augen geführt.

Auch das Europäische Parlament hat in seinem Vertragsentwurf zur Gründung der Europäischen Union diesen Begriff übernommen und im wesentlichen nur die Kompetenzabgrenzung zwischen Union und Mitgliedstaaten sowie die Institutionen und ihre Arbeitsweise behandelt. Nach dem Vertrag übernimmt die Union den Besitzstand der in der EG zusammengefaßten drei Gemeinschaften. Sie schafft und garantiert darüberhinaus Grundrechte der Unionsbürger. Die Aufgaben werden zwischen der Union und den Mitgliedstaaten nach dem Subsidiaritätsprinzip verteilt. Ebenso wird die Form des Handelns aufgegliedert in ein solches der Union, ein gemeinsames und ein solches der Mitgliedstaaten. Die Gesetzgebungszuständigkeit ist den Prinzipien eines Bundesstaates nachempfunden. Danach hat die Union für ihre Aufgaben die ausschließliche oder die konkurrierende Gesetzgebungskompetenz, d.h. solange sie nicht von ihrem Recht Gebrauch macht, können die Mitgliedstaaten die entsprechende Materie individuell regeln. Dafür, daß die Union keine abgeschlossene Form der Gemeinschaft sein soll, sondern weiterhin als Entwicklungsprozess gesehen wird, spricht die neu geschaffene 'potenzielle' Gesetzgebungszuständigkeit der Union. Sie besagt, daß Aufgabenbereiche, die zur Kompetenz der Mitgliedstaaten gehören, später in die Kompetenz der Union übertragen werden können.

Die Organe der Union bleiben die bisherigen der EG. Der Europäische Rat wird erstmalig vertraglich gestaltet und als 'kollegiales' Staatsoberhaupt der Union bestimmt.

Die Finanzverfassung der Union ist wiederum der eines Bundesstaates nachempfunden. Die Union hat nach dem Vertrag die Gesetzgebungskompetenz über ihre Einnahmen. Das Interesse der Mitgliedstaaten wird durch die Mitwirkung des Rates an der Gesetzgebung gewahrt. Darüberhinaus hat die Union die Kompetenz zur gesetzlichen Steuerharmonisierung, d.h. sie setzt auch den Rahmen für die den Mitgliedstaaten zustehenden Steuern fest. Die unterschiedliche Steuerkraft der Mitgliedstaaten wird durch einen Finanzausgleich über die Ausgabeseite des Haushalts ausgeglichen. Betrachtet man die Bestimmungen über die Politikbereiche der Union, so werden hier im wesentlichen die politischen Aufgaben der bisherigen EG übernommen. Eine Erweiterung dieser Aufgabe, insbesondere im Bereich der Außen-und Verteidigungspolitik, wird zwar behandelt, aber im wesentlichen von Beschlüssen des Europäischen Rates, also der Mitgliedstaaten, abhängig gemacht. Auch dadurch wird deutlich, daß der Vertragsentwurf als Union die bisherige EG gestaltet mit der Maßgabe einer Erweiterung ihrer Aufgaben im Bereich von Außen- und Sicherheits/Verteidigungspolitik. Wesentliche Elemente eines Staates, auch eines Bundesstaates, nämlich das Macht- und Gewaltmonopol des Staates und auch die Kompetenzkompetenz bleiben ungeregelt. Damit bleibt der Begriff 'Union' letztlich offen.

Dieser Vertragsentwurf fand in den Parlamenten der Mitgliedstaaten und auch bei den meisten Regierungen durchaus wohlwollende Aufnahme und in einigen nationalen Parlamenten zum Teil sogar nachdrückliche Unterstützung. Aber in den nationalen Machtzentren, dort, wo die Anstöße des Europäischen Parlaments aufgenommen und in wirkliche Reformen umgesetzt hätten werden können, blieben die Stellungnahmen weitgehend unverbindlich. Man beschränkte sich darauf, die Nachteile und Risiken aufzuzeigen, die mit der Entwicklung einer Europäischen Union für die nationalen Interessen verbunden sein würden. Der bereits geschilderte Weg über die Dooge-Kommission und die Ministerkonferenz zur Einheitlichen Akte wurde ein Weg, der von Kompromissen geprägt war, und die Idee und Zielsetzung des Vertragsentwurfes vielfach bis zur leeren Hülse verkommen ließ. Aber mit der Einheitlichen Akte ist das politische Ziel der europäischen Integration, die Europäische Politische Union, erstmalig auch vertraglich festgelegt worden. In der Präambel wird dies unter Hinweis auf die Erklärung von Stuttgart, in der die Europäische Union als politische Einheit definiert worden war, ausdrücklich erklärt. Anders als die zahlreichen Regierungsverlautbarungen ist die Einheitliche Akte und ihre Präambel Gesetz, dem die zwölf nationalen Parlamente ihre Zustimmung gegeben haben.

Tiefere Gründe für die zurückhaltende und teilweise ablehnende Haltung der nationalen Exekutiven werden erkennbar bei Betrachtung der Stellungnahmen zum Entwurf einer Finanzverfassung der Europäischen Union. Die kritische Auseinandersetzung zielte vor allem auf zwei Vorschläge: Einmal das Recht der Union, über ihre Einnahmen selbst zu entscheiden, sei es durch Verfügung über eigene EG-Steuern, ihre Bemessung und ihre Höhe, sei es durch Festlegung - hier sogar im Einvernehmen mit den Mitgliedstaaten - des Anteils der Union an gemeinsamen Steuern, wie z.B. der Mehrwertsteuer. Zum anderen wurde kritisiert, daß die Union das Recht erhalten sollte, investive Ausgaben auch kreditär zu finanzieren, wie es in jedem Mitgliedstaat selbstverständlich ist. Dabei sollte die Höhe eventuell aufzunehmender Kredite ausdrücklich durch das Investitionsvolumen begrenzt werden, was auch dem nationalen Haushaltsrecht - jedenfalls in der Theorie - entspricht.

Auch begrenzte der Vertragsentwurf die Höhe der Gesamteinnahmen durch die Aufgaben der Union, die wiederum nicht ohne Mitwirkung der Mitgliedstaaten verändert werden konnten. Sie selbst haben sogar einen entscheidenden Anteil an der Festlegung der Aufgaben der Union und damit an deren Finanzbedarf. In der Kritik wird angemerkt, daß solche Kompetenzen der Union die ausschließliche Finanzhoheit der Mitgliedstaaten berühren und für sie eine erhebliche Unsicherheit im Hinblick auf die verfügbaren Steuerressourcen bedeuten würde. Ähnlich wurde gegen das Recht der Union, Investitionen durch Kredite zu finanzieren, argumentiert. Auch dies wurde als nicht akzeptable Einschränkung einzelstaatlicher Finanzhoheit gewertet, obwohl durch die Mitentscheidung des Rates über den Haushalt der Union die Mitgliedstaaten Einfluß auf das Investitionsvolumen der Union nehmen können. Ähnliche Motive führten dazu, daß in der Einheitlichen Akte festgelegt wurde, daß über Vorschläge zur Steuerharmonisierung nur einstimmig entschieden werden dürfe (Art. 100a, Abs. 2).

Aus dieser Bewertung der nationalen Stellungnahmen zum Vertragsentwurf muß gefolgert werden, daß viele Mitgliedstaaten die Schaffung einer Europäischen Politischen Union nur befürworten, solange diese die Substanz nationaler Eigenständigkeit unberührt läßt und damit der Union keine irgendwie geartete staatsrechtliche Qualität verleiht. Damit ist aber auch der Kern der Schwierigkeiten offengelegt, dem sich die EG und ihre Mitgliedstaaten bei der Entwicklung der politischen Union gegenübersehen.

Hinzu kommt ein weiteres Faktum: Die nationalen Exekutiven könnten ihre Zurückhaltung gegenüber einer Weiterentwicklung der EG zu einer politischen Union und die Bewahrung ihrer nationalen Kompetenzen nicht so erfolgreich behaupten, wenn nicht auch in breiten Kreisen der Bevölkerungen und der öffentlichen Meinungen die Abneigung gegen eine solche politische Entwicklung in Europa, überwiegend aus Unkenntnis der Zusammenhänge, weit verbreitet wäre. Hier offenbahrt sich so etwas wie ein europäischer Teufelskreis: Eine Folge der immer enger zusammenwachsenden europäischen Gemeinschaft ist die Entfaltung des regionalen Eigenlebens in den Mitgliedstaaten. Diese wiederum führt dazu, daß die regionale Eigenständigkeit im Bewußtsein der Menschen stärker hervortritt und die Bewahrung dieser Eigenständigkeit vorrangig gefördert wird. Eine Konsequenz dieser Entwicklung ist aber eine wachsende Sorge vor einem Verlust dieser regionalen Eigenständigkeit, was dann auch zu einer wachsende Reserve gegen eine weitere Europäisierung führen kann.

In seinem Bericht über die Strategie des Europäischen Parlaments im Hinblick auf die Europäische Union (Dokument A2-0332/88) hat der belgische Abgeordnete Fernand Herman diesen Tatbestand sehr zutreffen wie folgt formuliert:

"Die Verantwortung der politischen Führer ist nicht allein im Spiel. Die meisten haben getan, was sie konnten, aber in ihrem jeweiligen Land konnten trotz der Impulse des Parlaments die Kräfte der europäischen Bewegung und des europäischen Fortschrittes die Trägheit und die kurzfristigen Interessen nicht überwinden. Der Wunsch nach einem Europa kommt nicht oder nicht mehr aus dem Volk. Die Stagnation des europäischen Aufbauwerks, seine wiederholten Mißerfolge haben den Glauben der Bürger an Europa nach und nach so sehr ermatten lassen, daß die letzten europäischen Gipfeltreffen in den Medien kaum Beachtung fanden. Das Ansehen der Institutionen der Gemeinschaft - auch des Parlaments - in der öffentlichen Meinung in den meisten Mitgliedstaaten ist nicht sehr groß. Es wird viel Überzeugungskraft und "Marketing"-Anstrengungen kosten, um die Völker künftig stärker für Europa mobilisieren zu können. Dies ist nicht leicht,

- zunächst, weil es gelingen muß, daß Europa und das, was aus ihm werden könnte, nicht mehr mit dem Bild in Verbindung gebracht wird, das sein derzeitiges Funktionieren bietet, nämlich allzu häufig das Bild eines nicht-existenten oder von den Mitgliedstaaten vereitelten Europa,
- weil wir uns außerdem in einem Teufelskreis befinden. Europa kommt nicht zustande, weil der Bürger, der nicht darüber informiert ist, sich nicht dafür interessiert und es nicht fordert. Im übrigen interessiert er sich nicht dafür, weil es nicht zustande kommt. Zwar sind die meisten Bürger "dafür", wenn man sie fragt, dies ist aber eine eher passive als aktive Haltung,
- schließlich weil Europa weder Stimme noch Gestalt hat. Die Medien sind und bleiben national. Wenn sich Europa in den Fernsehnetzen Gehör verschaffen könnte, wäre alles viel leichter."

In der Tat hat Fernand Herman mit seinem letzten Gedanken eine der schwierigsten Aufgaben angesprochen, die es zu bewältigen gilt, wenn das politische Europa im Bewußtsein der Bürger seinen Platz finden soll. Es gibt gegenwärtig eine lokale, eine regionale und eine nationale Ebene der Medien, eine europäische gibt es - noch - nicht. Informationen, Nachrichten und Meinungen der europäischen politischen Ebene werden von den anderen Medienebenen mit behandelt und damit oft in den nationalen Informationskreis ein- und nicht selten ihm untergeordnet.

Auch fehlen der europäischen Ebene Symbole, die es den Bürgern leichter machen, Europa emotional in ihr Bewußtsein aufzunehmen. Zwar gibt es eine europäische Fahne und auch eine Hymne, die durchaus geeignet sind, die Identifikation mit Europa zu erleichtern. Auch wird eine gemeinsame europäische Währung, die für die Bürger gleiche Münzen und Banknoten in allen Mitgliedstaaten der EG bedeuten würde, das Zusammengehörigkeitsgefühl sicherlich fördern, aber dies allein reicht nicht. Der bisherige Mangel an Identifikationsmöglichkeiten ist bei den Wahlen zum europäischen Parlament immer ganz deutlich zutage getreten und hat sich in einer geringen Wahlbeteiligung niedergeschlagen.

Bei nationalen Wahlen sind es vor allem Persönlichkeiten, also Menschen, die sich den Bürgern stellen. Die politischen Ideen, die Ziele der Parteien, deren Kandidaten diese herausragenden Persönlichkeiten sind, treten dahinter zurück. Gewählt werden die Spitzenkandidaten und erst in zweiter Linie die Parteien und Programme. Bei den europäischen Wahlen gibt es zwar auch Spitzenkandidaten, es sind aber nicht die politischen Spitzen der europäischen Exekutive, sondern auf nationaler Ebene bestimmte Kandidaten, die bei einer erfolgreichen Wahl nicht automatisch an die Spitze einer europäischen Exekutive treten würden. Voraussetzung für die Übernahme staatlicher Herrschaftsformen und damit für eine politische Gestaltung Europas ist die Emotionalisierung der Bürger. Diese setzt eine Gestaltung der Europäischen Politischen Union voraus, die eine solche Emotionalisierung ermöglicht und zwar neben und nicht an Stelle der gefühlsmäßigen Bindung an den eigenen Staat und die eigene Region.

Die Besonderheit einer europäischen Staatlichkeit

Um dieser europäischen politischen Finalität, dieser Politischen Union einen realisierbaren und von den Bürgern annehmbaren Rahmen zu geben, muß zunächst einmal klargestellt werden, warum sie nicht als Kopie bestehender Bundesstaaten entwicklet werden kann, sondern eine eigene Rechtsgestalt suchen muß.

Die Einigung Deutschlands und Italiens im 19. Jahrhundert war die Einigung jeweils eines Volkes, das in vielen Staaten zersplittert lebte und rechtlich voneinander getrennt war. Das Ziel der damaligen Einigungsbestrebungen war, für die beiden Völker jeweils einen Nationalstaat zu schaffen, in dem alle Menschen und Stämme, die sich zu diesem Volk bekannten, zusammenleben konnten. Auch damals schon gab es z.T. erhebliche Widerstände, die manchmal gewaltsam überwunden werden mußten, obwohl es sich um das Streben jeweils eines Volkes nach staatlicher Einheit handelte. Es waren die Machtträger in den Teilstaaten und alle die, die Vorteile und Nutzen aus der vielstaatlichen Zersplitterung zogen, die ihre Positionen, ihre Herrschaft, bewahren wollten.

Italien wurde zu einem weitgehend zentral regierten Einheitsstaat. Deutschland bewahrte zunächst seine bisherige Staatenstruktur und wurde ein Bundesstaat in Form eines Fürstenbundes. Österreich blieb ausgeschlossen, weil es ein Vielvölkerstaat war und man damals keinen Weg sah, die Idee eines Nationalstaates der Deutschen und die Gemeinschaft vieler Völker in einem Staat miteinander zu verbinden. Es dominierte das nationale Element, vorhandene nichtdeutsche Bevölkerungsgruppen - Dänen, Polen und Lothringer wurden einer mehr oder weniger aggressiven Assimilationspolitik unterworfen, wie übrigens nationale Minderheiten bis heute in fast allen europäischen Staaten immer noch. Obwohl Deutschland damals als Bundesstaat gestaltet wurde, behielten einige Bundesländer - Bayern und Württemberg - ihre Posthoheit (bis 1920) und - außerdem auch Preußen - in Friedenszeiten eigene Militäreinheiten.

Auch die Bundesstaaten USA, Kanada oder Australien können kein Beispiel geben für die Gestaltung der Europäischen Politischen Union. Zwar setzen sich die Staatsvölker dieser Länder aus Menschen sehr unterschiedlicher Nationalität und Herkunft zusammen, aber gemeinsam ist ihnen - oder ihren Vorfahren -, daß sie ihre Heimat in Europa und Asien meistens freiwillig verlassen haben, um sich eine gemeinsame neue Heimat zu schaffen. Auch die Afrikaner, deren Vorfahren als Sklaven zwangsweise in die USA gebracht wurden, sehen in diesem Land ihre Heimat. Diese Staaten beruhen auf einer miteinander entwickelten gemeinsamen Nationalität ihrer Bürger und deren Assimilation. Dies unterscheidet sie von Europa. Wie dünn die Bande des Zusammenhaltes trotzdem manchmal sein können, zeigt das Beispiel des kanadischen Bundesstaates Quebec, dessen Bevölkerung überwiegend von französischen Einwanderen abstammt und französisch spricht - und denkt - und trotz der gemeinsamen kanadischen Tradition nach mehr Eigenständigkeit und sogar souveräner Eigenstaatlichkeit strebt.

Die frühere Sowjetunion und das auseinanderfallende Jugoslawien könnten ihrer Struktur nach auch ein Beispiel für die Gestaltung einer Europäischen Union abgeben. Die Sowjetunion war eine Union von Republiken, in denen verschiedene Völker und Stämme lebten, die voneinander kulturell, sprachlich, rassisch und ihrer Geschichte nach sehr viel weiter getrennt waren als die Völker der EG. Aber es dominierte die russische Republik und das russische Volk. Russen besetzten in fast allen Republiken die Machtpositionen, ihre Sprache war die Leitsprache der ganzen Union. Zusammengehalten wurde das Land zur Zarenzeit, als es noch keine Union von Republiken war, sondern ein zentral regiertes Reich, das aus dem europäischen Mutterland und eroberten Kolonialgebieten in Asien bestand, allein durch die Zentralgewalt der Russen. Auch Lenin, Stalin und ihre Nachfolger konnten diese als Union gestaltete föderative Republik nur mit straffer Gewalt und vielfach Terror gegenüber den nicht russischen Völkern als Einheit bewahren. Jetzt, wo man den mühsamen Weg zur Demokratie und politischen Pluralität zu beschreiten begonnen hat, ist die frühere Sowjetunion auseinandergebrochen. Viele Republiken der Union haben sich als souveräne Republiken etabliert. Ob es der GUS gelingen wird, eine neue Union dieser Republiken auf freiwilliger Basis zu entwickeln, ist gegenwärtig noch offen. Die drei baltischen Republiken und Georgien sind inzwischen endgültig aus der Union ausgeschieden und haben ihre völkerrechtliche Unabhängigkeit wieder gewonnen.

Ähnlich ist die Situation in Jugoslawien. Auch hier bestand ein föderativer Bund von Republiken, allerdings einander verwandter Volksgruppen. Aber der Versuch der Serben, zu dominieren und aus Jugoslawien ein Groß-Serbien zu machen, hat sofort das Streben nach Selbständigekit der nicht- serbischen Volksgruppen ausgelöst. Die Folge war ein heftiger und grausamer Bürgerkrieg zwischen den Serben und der von ihnen beherrschten Bundesarmee auf der einen Seite und den Kroaten, Slowenen und Bosniaken auf der anderen Seite. Nach dem Ausscheiden Sloweniens, Kroatiens, Bosnien-Herzegowinas und Mazedoniens aus der jugoslawischen Föderation und ihrer internationalen Anerkennung ist die Wiederherstellung des früheren Bundesstaates Jugoslawien unwahrscheinlich geworden. Ob es den verbliebenen Republiken gelingen wird, eine lockere Föderation weitgehend selbständiger Staaten zu schaffen, ist ebenfalls zunehmend fraglich.

Beide Unionen sind also schlechte Beispiele und Vorbilder für eine Europäische Politische Union. Es bleibt die Schweiz als Beispiel. Hier leben, ihrer Sprache nach, Deutsche, Italiener, Franzosen und Ladiner in einem föderativ gestalteten Staat zusammen. Ursprünglich war das Land eine lockere Konföderation selbständiger Kantone, das sich aber immer stärker zu einem Bundesstaat mit gesamtstaatlicher Souveränität entwickelt hat. Also durchaus ein Vorbild für eine Europäische Union?

Kein Volk, keine Sprache dominiert in der Schweiz, obwohl die Deutsch-Schweizer zahlenmäßig das Übergewicht haben. Eine Besonderheit aber zeichnet dieses Land aus: Trotz verschiedener Sprachen hat sich so etwas wie eine gemeinsame schweizer Nationalität entwickelt als Ergebnis einer gemeinsamen 700jährigen Geschichte, begleitet von vielen kriegerischen Konflikten der Kantone untereinander aus politischen wie religiösen Ursachen. Dieses Zusammengehörigkeitsgefühl hat ganz entscheidend dazu beigetragen, die Schweiz aus den großen europäischen Kriegen der letzten hundert Jahre herauszuhalten. Die Besonderheit dieses Landes wird auch geprägt durch die Natur der hochalpinen Landschaft und, damit verbunden, das Streben der Bewohner nach Eigenständigkeit und Unabhängigkeit gegenüber Einflüssen von außen. Dieses Element der schweizer Nationalität wird aber in dem Maße schwinden, in dem Europa um die Schweiz herum zusammenwächst und die Bedrohung der Schweizer von außen der Vergangenheit angehört. Die einzelnen Volksgruppen können dann zunehmend ihren eigenen Weg gehen und vielleicht stärkere Bindung an diejenigen Nachbarvölker suchen, denen sie kulturell enger verbunden sind als untereinander. Der historisch gewachsene Grund für die Existenz der Alpenföderation Schweiz könnte im Laufe der europäischen Entwicklung seine Bedeutung verlieren.

Die Schlußfolgerung aus diesen Vergleichen mit bestehenden Föderationen und politischen Unionen ist, daß die Europäische Politische Union nicht auf bereits existierende Vorbilder zurückgreifen und diese nachvollziehen kann, sondern ihre Gestalt neu entwickeln muß.

Da die politische Union der Europäischen Gemeinschaft kein Selbstzweck, sondern das notwendige Ziel der europäischen Integration ist, stellt sich die Frage, warum die Politische Union notwendig ist, um die europäische Integration weiter zu entwickeln, und in welchem Umfang Europa eine solches politisches Dach braucht. Der bisherige Einigungsprozess begann mit der Schaffung des gemeinsamen Marktes für Kohle und Stahl, vor allem auch, um den wirtschaftlichen Wiederaufbau der früheren Bundesrepublik Deutschland zu ermöglichen. Der nächste Schritt war die Zusammenführung der gesamten Wirtschaft mit dem Ziel, einen gemeinsamen Markt, einen Binnenmarkt, zu schaffen. Der Binnenmarkt seinerseits soll nun die vier Freiheiten für Menschen, Waren, Kapital und Dienstleistungen in Europa ermöglichen und gemeinsam regeln. Eine solche gemeinsame Regelung umfaßt einen erheblichen Teil der bisher einzelstaatlichen Gesetzgebung. So muß beispielsweise als Voraussetzung für die Niederlassungsfreiheit der EG-Bürger in der gesamten Gemeinschaft das berufliche Niederlassungsrecht, die Anerkennung von Ausbildungsgängen und Diplomen, das Arbeitsrecht, die Soziale Sicherung, das Ausländer- und Asylrecht aber auch die Bekämpfung der Kriminalität und des Drogenhandels gemeinsam geregelt werden.

Die Freiheit für Waren und Dienstleistungen erfordert ein gemeinsames Handels- und Gesellschaftsrecht, die Anpassung und gegenseitige Anerkennung von Normen und Standards, sowie der Gesundheitsvorschriften und des Verbraucherschutzes und den Abbau technischer Hemmnisse und Schranken. Es müssen zum Schutz der Kunden und Sparer die Vorschriften über Banken und Versicherungen vereinheitlicht werden, der Wertpapierhandel muß gemeinschaftsweit ebenso neu geregelt werden, wie etwa die Haftpflichtversicherung der Kraftfahrzeuge. Der Post- und Telefonservice und das Eisenbahnwesen müssen EG-weit angepaßt und mittelfristig vereinheitlicht werden.

Von besonderer Bedeutung ist die Harmonisierung der Steuern, ohne die es keinen fairen Wettbewerb in der Gemeinschaft geben kann. Wie schwer es ist z.B. eine einheitliche Mehrwertsteuer zu schaffen, zeigen die jahrelangen vergeblichen Bemühungen. Gestritten wurde über den Höchstsatz ebenso wie über die Waren und Leistungen, die dem verminderten Satz unterliegen sollen oder die völlig frei von Mehrwertsteuerbelastung sein sollen. Hierbei geht es nicht nur um Prozentsätze, sondern sehr oft um die Grundlagen der Finanzierung der Staatsaufgaben in den Mitgliedsländern. Ein Land wie Dänemark beispielsweise finanziert die Sozialleistungen über die Steuern und hier insbesondere die Mehrwertsteuer. Eine Verminderung der Staatseinnahmen durch eine EG-weite Reduzierung der Höchstsätze macht eine völlige Umstellung der Finanzierung der Sozialausgaben notwendig.

Der Versuch, in der EG eine einheitliche Quellensteuer einzuführen, um Zinserträge zu erfassen und eine Kapitalflucht innerhalb der Gemeinschaft uninteressant werden zu lassen, scheiterte vor allem am Widerstand Luxemburgs, dessen umfangreiches Bankensystem auch davon lebt, daß Kapital und dessen Erträge hier vor der heimischen Steuer verborgen bleiben können. Diese Quelle des Luxemburgischen Wohlstandes rangiert für die dort politisch Verantwortlichen höher als die Schaffung der Voraussetzungen des Binnenmarktes auf diesem Gebiet trotz aller wortreichen gegenteiligen Beteuerungen.

Als sehr schwierig hat sich z.B. auch die Schaffung der Voraussetzungen für eine grenzübergreifende Zusammenarbeit von Unternehmen erwiesen. Es geht hierbei nicht nur um die Entwicklung gemeinsamer Rechtsgrundlagen für die Wirtschaft und ihre Unternehmen, sondern es geht auch um eine gemeinsame Regelung der Betriebsverfassung und hierbei auch der Mitwirkung und Mitbestimmung der Betriebsangehörigen. Die Modelle für die Zusammenarbeit von Unternehmen und ihren Arbeitnehmern sind sehr verschieden und auch die politischen Vorstellungen über das, was auf diesem Gebiet notwendig ist.

Eine besondere Bedeutung für die Entwicklung des Binnenmarktes hat der freie Kapitalverkehr. Wesentliche Voraussetzung dafür ist eine völlige Liberalisierung und Befreiung von allen hemmenden nationalen Vorschriften. Das aber reicht nicht für einen funktionierenden Binnenmarkt. Ein gemeinsames Wirtschaftsgebiet wird durch das Fortbestehen von gegenwärtig elf nationalen Währungen an seiner Entfaltung erheblich gehindert. Darum wurde schon 1978 das Europäische Währungssystem (EWS) als Vorstufe einer gemeinsamen Währung ins Leben gerufen und eine Rechnungseinheit (ECU) geschaffen. In drei Stufen soll sich bis Mitte der 90er Jahre nun hieraus eine gemeinsame europäische Währung entwickeln. Diese setzt eine Anpassung der Währungs-, Budget- und Zinspolitiken der Mitgliedsländer voraus und eine schrittweise Übertragung dieser Kompetenzen auf die EG.

Damit die EG die ihr zugewiesenen Aufgaben wahrnehmen kann, haben ihr die Mitgliedstaaten einen Teil ihrer hoheitlichen Rechte übertragen und damit auch die hiermit verbundene politische Verantwortung, denn man kann nicht die Gestaltung der Wirtschaft gemeinsam europäisch vollziehen wollen, die dazu erforderliche politische Entscheidung aber den einzelnen Mitgliedstaaten national belassen. Die beispielhaft aufgezeigten Aufgaben, die mit der Entwicklung des Binnenmarktes zusammenhängen, erfordern ebenfalls die Übertragung von hoheitlichen Rechten und verbunden damit politischer Verantwortung.

Nun wirken sich viele wirtschaftspolitische Aspekte auch auf andere Politikbereiche aus. So macht die im Binnenmarkt vorgesehene Aufhebung der Grenzkontrollen für Menschen und Waren eine gemeinsame Regelung der Verbrechensbekämpfung notwendig und greift damit in Politikbereiche ein, die primär von der Entwicklung einer Wirtschaftsgemeinschaft nicht betroffen zu sein scheinen.

Ein gemeinsamer Markt macht, um des fairen Wettbewerbs willen, gemeinsame Produktionsbedingungen und Auflagen notwendig, z. B. im Bereich des Umweltschutzes. Er greift damit auch in Politikbereiche ein, die vorrangig Aufgabe der Mitgliedstaaten, ihrer Regionen und Kommunen sind und bleiben sollten. Die Umweltschutzpolitik ist ein Beispiel für einen Politikbereich, der sich infolge der Entwicklung des Binnenmarktes zu einem mehrschichtigen Bereich entwickeln wird. Es wird Umweltschutzpolitik auf EG-Ebene ebenso geben wie auf der Ebene der Mitgliedstaaten, ihrer Regionen und Kommunen. Ähnliche Differenzierungen wird es in der Verkehrs-, der Bildungs- und der Medienpolitik geben. Zu den drei bisherigen

Politikebenen eines Bundesstaates, wie der Bundesrepublik Deutschland, tritt die EG-Ebene als vierte hinzu.

Seit Anfang der 70er Jahre ist die EG zuständig für den Außenhandel der Gemeinschaft. Teil dieser Zuständigkeit ist unter anderem auch die Entscheidung, mit welchem Staat Handelsverträge geschlossen werden sollen und in welchem Umfang Handel getrieben werden soll. Mehr noch, Außenhandel erfordert sichere Handelswege und sichere Bezugsquellen für Rohstoffe und Halbfertigwaren aller Art. Dies ist aber auch eine klassische Aufgabe der Außenpolitik. Ein gemeinsamer Binnenmarkt erfordert beispielsweise eine gemeinsame Sicherung des Energiebedarfes, und damit eine gemeinsame Energiepolitik. Dies heißt aber, daß z.B. die Außenpolitik gegenüber der OPEC nicht mehr individuell in jedem Mitgliedstaat gestaltet werden kann. Außenpolitik hängt fast immer auch mit Wirtschaftspolitik zusammen und gehört daher zwangsläufig insoweit auch zu den Aufgaben der EG.

Ein gemeinsamer Markt, freier Handel mit Waren, Dienstleistungen und Kapital, verbunden mit gemeinsamem Außenhandel ist aber nur möglich, wenn die Gemeinschaft in Frieden und Freiheit leben kann. Dies zu sichern ist daher auch Gemeinschaftsaufgabe und seit dem Inkrafttreten der Einheitlichen Akte Inhalt der Gründungsverträge. Sehr bald nach dem Kriege schon wuchs die Erkenntnis in Mittel- und Westeuropa, daß die europäischen Staaten nur gemeinsam und verbunden mit den USA im Atlantischen Bündnis stark genug sein werden, ihre Unabhängigkeit zu sichern und ihre Lebensgestaltung frei von der Einflußnahme anderer zu gewährleisten. Die Einzelstaaten, Sieger wie Besiegte des zweiten Weltkrieges, waren dazu nicht mehr in der Lage. Auch für die neutralen Staaten Europas gilt diese Erkenntnis. Ihre Neutralität beruht im Grunde allein auf der Gewißheit, im Ernstfall auch unter dem Schild des atlantischen Bündnisses Schutz zu finden.

Da man, wie dargelegt, gemeinsame Wirtschafts- und Handelspolitik der EG nicht von den damit im Zusammenhang stehenden Bereichen der Außen- und Sicherheitspolitik trennen kann, ist die Gemeinschaft auch heute schon eine politische Gemeinschaft oder auch politische Union, soweit die ihr übertragenen hoheitlichen Rechte reichen. Die Ausübung dieser Politiken ist aber bis heute nicht klar geregelt und geordnet. Die Wirtschafts- und Handelspolitik und immer stärker auch die Verkehrs-, Energie-, Umweltschutz- und Sozialpolitik wird weitgehend von der EG und ihren Organen wahrgenommen. Unzureichend ist jedoch, wie bereits dargelegt, die politische Kontrolle dieser Politiken. Sie findet nur begrenzt durch das gewählte Europäische Parlament statt. Der Primat der Politik gegenüber der Wirtschaft im EG-Raum ist daher nur unvollkommen gewährleistet.

Ganz anders steht es mit der europäischen Außen- und Sicherheitspolitik. Keine Regierung der EG-Mitgliedstaaten kann sich mehr der Erkenntnis verschließen, daß diese Politiken längst Elemente der Gemeinschaft geworden sind. Spätestens seit dem erfolgreich eingeleiteten Helsinkiprozess, der ohne gemeinsames politisches Handeln der EG so nicht zustandegekommen wäre, weiß man, daß eine effektive Friedenspolitik nur als gemeinsame europäische Außenpolitik gestaltet werden kann. Europa ist heute ohne imperiale Zielsetzungen. Es hat keine Interessen an politischen Einflußsphären im klassischen Sinne mehr. Anders steht es mit den nationalen Großmächten. Die frühere Sowjetunion ist immer noch die letzte Kolonialmacht der Welt, ihr - wenn auch wegen der wachsenden inneren wirtschaftlichen und politischen Probleme - rückläufiges Interesse an Einflußbereichen in der Welt besteht fort.

Auch die USA haben nach wie vor massive Machtinteressen vor allem in Mittel- und Südamerika und in Asien. Die Weiterentwicklung der EG wird in immer stärkerem Maße das Beziehen gemeinsamer außen- und sicherheitspolitischer Positionen erfordern. Eine gemeinsame Erklärung zum Nahostkonflikt, wie sie die Gipfelkonferenz in Venedig im Juni 1980 hervorgebracht hat, wird nicht mehr genügen. Der fortdauernde de-facto-Kriegszustand zwischen Israel und seinen arabischen Nachbarn und der ständig schwelende Unfriede der arabischen Staaten untereinander, gefährden auch Europas Frieden und erfordern eine aktive Friedenspolitik in Nah-Ost ebenso wie in anderen Teilen der Welt.

Bis heute wird die EG-Außen- und Sicherheitspolitik als gemeinsame Aufgabe der Mitgliedstaaten verstanden und im wesentlichen im Wege von Regierungskooperation gestaltet. Die Einwirkungsmöglichkeiten der anderen EG-Organe sind begrenzt. Ein solches Nebeneinander von Regierungskooperation und gemeinschaftlichem hoheitlichen Handeln unter - eingeschränkter - Wahrung des Primats der Politik, ist auf Dauer keine Basis für die Weiterentwicklung der EG. Eine Europäische Politische Union muß diesen Konflikt, um nicht zu sagen, Widerspruch lösen, indem sie die Grundlagen dafür schafft, daß alle außen- und sicherheitspolitischen Aufgaben der EG durch die EG und ihre Organe wahrgenommen werden können, und deren politisch-demokratische Kontrolle sichergestellt wird.

Die EG als souveräne Gemeinschaft souveräner Staaten

Eine andere Frage der politischen Finalität der EG ist ihre rechtliche Gestalt. Man hat sich daran gewöhnt, die EG als 'supranational' zu bezeichnen, das heißt als eine Gemeinschaft, die Teile der staatlichen Hoheitsrechte, die ihr übertragen worden sind, als eigene gemeinschaftliche Hoheitsrechte wahrnimmt. Die Besonderheit einer Europäischen Politischen Union wird sein, das Nebeneinander von fortbestehenden souveränen Staaten und einer Gemeinschaft, die ebenfalls eigene souveräne Rechte hat, zu gestalten und damit auch ein Machtgleichgewicht zwischen der Gemeinschaft und den Mitgliedstaaten zu entwickeln. Die Europäische Politische Gemeinschaft muß also zwei Bedingungen erfüllen: Sie muß die Individualität der Völker der Gemeinschaft und ihrer Staaten bewahren, und sie muß der Gemeinschaft die zur Erfüllung ihrer Aufgaben notwendige starke Stellung neben und nicht über oder an Stelle der Mitgliedstaaten schaffen. Grundlage hierfür ist eine sachgerechte Aufgaben- und Machtverteilung und damit eine klare Abgrenzung der Kompetenzen der Union. Nach den Grundsätzen der Subsidiarität sollte die Union alle Aufgaben wahrnehmen, die gemeinschaftlich effektiver als einzelstaatlich individuell gestaltet werden können. Eine Veränderung der Aufgabenzuweisung sollte möglich sein, aber die Zustimmung der EG und ihrer Mitgliedstaaten erfordern. Aufgaben, die nicht klar abgrenzbar sind oder deren Wahrnehmung sowohl auf der Ebene der Gemeinschaft als auch der der Mitgliedstaaten und ihrer Regionen notwendig ist, sollten mit dem Instrument des Rahmenrechts gestaltet werden. Notwendige gemeinsame Grundsätze und unterschiedliche Ausgestaltung sind auf diese Weise möglich und verhindern, daß in einzelstaatliche Bereiche mehr als notwendig eingegriffen wird.

Die Menschen, die in der Gemeinschaft leben, sind Staatsbürger der Union. Diese Staatsbürgerschaft sollte aber ausschließlich durch die Staatsbürgerschaft in einem

Mitgliedstaat vermittelt werden. Eine eigene, von den Mitgliedstaaten unabhängige Staatsbürgerschaft der Union sollte es nicht geben, um dadurch auch den besonderen Rechtscharakter der Union als souveräne Gemeinschaft souveräner Staaten zu unterstreichen. Vorrangige Aufgabe der Union muß die Sicherung der Grund- und Menschenrechte ihrer Bürger auf der Grundlage eines Grundrechtskatalogs und der Europäischen Konvention der Menschenrechte sein. Die Abgrenzung der europäischen Staaten gegeneinander wird aber nicht immer zu einer sauberen Trennung der Wohn- und Lebensgebiete der einzelnen Völker und Volksgruppen führen können. Historisch bedingt leben viele europäische Völker untereinander vermischt und dies oft schon seit langer Zeit und weitgehend in Frieden. Neben der Menschenrechtskonvention erfordert die europäische Staatenwelt daher eine klare und eindeutige Umschreibung der Rechte und Pflichten nationaler Minderheiten in einer Minderheitenschutzkonvention.

Nach außen vertritt die Union ihre Interessen politisch und diplomatisch. Daneben haben die Mitgliedstaaten das Recht, eigene diplomatische Vertretungen zu unterhalten. Untereinander sollten die Mitgliedstaaten ihre Interessen durch Ständige Vertretungen oder Hohe Kommissare wahrnehmen lassen, um den besonderen Charakter der Union zu betonen.

Diesem besonderen Charakter der Union muß auch ihre Finanzverfassung Rechnung tragen. Das bisherige System der eigenen Einnahmen, kombiniert mit dem Recht auf die Mehrwertsteuereinnahmen der Mitgliedstaaten bis zu einer bestimmten Höhe, abhängig von den Haushaltsausgaben, zurückgreifen zu können und zusätzlich Finanzzuweisungen - wenn die eigenen Einnahmen und der Mehrwertsteueranteil nicht ausreichen - aus den nationalen Haushalten fordern zu können, befriedigt nicht. Jede ausgabenrelevante Entscheidung der EG-Organe hat auf diese Weise direkte Auswirkungen auf die nationalen Haushalte und zwingt die nationalen Exekutiven geradezu, ständig Einfluß auf den EG-Entscheidungsprozess zu nehmen und dieses Recht sich auch zu bewahren. Das finanzielle Gleichgewicht zwischen den Mitgliedstaaten und der Gemeinschaft erfordert daher eine klare Trennung und die Zuweisung eigener Steuern und die Vermeidung von gemeinsamer Nutzung bestehender Steuern wie z.B. der Mehrwertsteuer.

Eine so gestaltete Politische Union gibt den Mitgliedstaaten und ihren Regionen bei den ihnen verbleibenden Aufgaben volle Gestaltungsfreiheit. Eine Regierungskooperation in denjenigen Politikbereichen, die nicht zur Unionszuständigkeit gehören, zwischen einigen oder allen Mitgliedstaaten, steht in freier Entscheidung der Mitgliedstaaten.

Eine solche klare Aufgabentrennung erfordert aber auch Selbstbeschränkung und Disziplin. So sind beispielsweise Programme zur Förderung der akademischen Ausbildung oder die soziale Betreuung von Gastarbeitern in den Mitgliedstaaten nicht zwingend Aufgaben der EG. Im Interesse der Wahrung ihrer Eigenständigkeit müssen die Mitgliedstaaten und ihre Regionen auf den Zugriff auf EG-Finanzmittel zur Finanzierung von Aufgaben, die nach dem Subsidiaritätsprinzip nicht zu den Kompetenzen der Union gehören, verzichten. Dies wird, wie die Erfahrung der Bundesrepublik zeigt, nicht immer leicht sein, denn die Möglichkeit, Projekte aus fremder Kasse finanzieren zu können, läßt leicht Grundsätze und Prinzipien in Vergessenheit geraten. Auch wird es zuweilen schwierig sein, bei der Vergabe von Mitteln aus den EG-Förderfonds klar zu trennen zwischen Aufgaben der Union und solchen der Mitgliedstaaten. Im Zweifel sollte von der Zuständigkeit der Mitgliedstaaten ausgegangen werden.

Die Wahrung und Weiterentwicklung der Eigenständigkeit der Mitgliedstaaten muß auch Aufgabe der Union sein. Unter dem sichernden politischen Dach einer solchen Europäischen Union haben die Mitgliedstaaten und ihre Gliederungen - Länder, Provinzen, Departements, Regionen - viel weitergehende Möglichkeiten und Chancen zur individuellen Entwicklung als zur Zeit nationalstaatlicher Eigenständigkeit, als die regionalen Interessen sehr oft dem zu sichernden gesamtstaatlichen Interesse untergeordnet werden mußten. Soweit die Mitgliedstaaten der Union am Entscheidungsprozess der Unions-Organe teilhaben, z.B. im Ministerrat, ist dies ein Recht des Gesamtstaates. Eine Mitwirkung der Untergliederungen, z.B. der Länder der Bundesrepublik Deutschland oder Belgiens, kann nur auf innerstaatlicher Ebene erfolgen. Das bedeutet, es bleibt den Mitgliedstaaten überlassen, ihre Untergliederungen an der Meinungsbildung ihrer Vertreter im Unionsorgan zu beteiligen. Eine direkte Mitwirkung dieser Untergliederungen an Unionsentscheidungen ist schon deswegen nicht möglich, weil nicht alle Mitgliedstaaten föderativ strukturiert sind.

Die Europäische Gemeinschaft als Politische Union kann auf diese Weise Aufgaben und damit Macht sachgerecht verteilen und ihren Mitgliedstaaten die notwendige nationale Identifikation bewahren. Allmählich erst wird die EG neben den Nationalstaaten die politische Orientierung der Bürger auf sich ziehen und an sich binden und Europa neben und vielleicht einmal an die Stelle der eigenen Nation treten. Die Geschichte der Schweiz lehrt, daß dies ein langer Prozess sein kann.

Möglichkeiten und Grenzen eines Europas der zwei Geschwindigkeiten

Im vorangehenden Kapitel wurde dargelegt, daß man die der EG übertragenen Hoheitsbereiche als Einheit sehen muß, das heißt, daß alle damit verbundenen politischen Aufgaben zur Kompetenz der EG gehören. Es ist daher nicht möglich, der EG z.B. die Zuständigkeit für den Außenhandel oder die Energiewirtschaft zu übertragen, die außenpolitischen Beziehungen gegenüber den OPEC-Staaten oder die Sicherung der Handelswege aber der individuellen Entscheidung der einzelnen Mitgliedstaaten zu überlassen. Daraus folgt, daß die EG als Wirtschaftsgemeinschaft auch schon eine partielle politische Gemeinschaft oder Union ist. Neben der notwendigen Demokratisierung der EG und ihrer Entscheidungsstrukturen muß der Reformprozess auch dieser Tatsache Rechnung tragen und die außen- und sicherheitspolitischen Entscheidungen in die EG-Entscheidungssysteme integrieren. Konkret bedeutet dies, daß neben dem Rat auch die Kommission und das Parlament an diesen Entscheidungen beteiligt werden müssen.

Es gibt Mitgliedstaaten, die mehr oder weniger starke Vorbehalte gegen einen solchen Demokratisierungsprozess der EG haben, und die auch nicht bereit sind, der EG die Zuständigkeit für die Außen- und Sicherheitspolitik zu übertragen und den Organen der Gemeinschaft, insbesondere dem Parlament, mehr demokratische Rechte zuzubilligen. Um diesen Staaten die Möglichkeit zu bewahren, in der EG zu bleiben, auch wenn sie solche Entwicklungen nicht - oder noch nicht - mittragen wollen, die anderen Staaten aber, die keine

Vorbehalte gegen eine solche Weiterentwicklung der Gemeinschaft haben, an einer solchen Weiterentwicklung der Gemeinschaft nicht zu hindern, hat man den Begriff eines "Europa der zwei Geschwindigkeiten" entwickelt. Um diesen Begriff und seine praktische Anwendbarkeit klarzustellen, muß man zwei Bereiche voneinander trennen: Einmal die Gestaltung der bestehenden EG mit ihren Kompetenzen und zum anderen die Weiterentwicklung dieser Gemeinschaft und die Erweiterung ihrer Kompetenzen. Die bestehende EG bindet ihre Mitgliedstaaten durch die vereinbarten Verträge. Es ist daher nicht denkbar, daß nur einige Mitgliedstaaten Reformen der bestehenden Institutionen und die Entwicklung rechtsstaatlicher demokratischer Strukturen mittragen und andere nicht. Ebensowenig ist es möglich, zwar Mitglied einer souveränen europäischen Wirtschaftsgemeinschaft zu sein, aber die damit verbundenen Politiken nur teilweise dieser Gemeinschaft zu überlassen. Insoweit kann es in der EG keine Mitgliedstaaten unterschiedlicher Qualität geben.

Etwas anderes gilt, wenn Mitgliedstaaten diese Gemeinschaft weiterentwickeln wollen, ihr beispielsweise den ganzen Bereich der Außen-, Sicherheits- und Verteidigungspolitik übertragen wollen. Dies hieße, der EG Kompetenzen zu übertragen, die mit ihren bisherigen wirtschaftspolitischen Aufgaben nicht verbunden waren. Ein solcher Schritt würde zu einer Politischen Gemeinschaft neuer Qualität führen, und wesentliche Elemente der einzelstaatlichen Souveränität in die EG integrieren. Zwar muß die Zuständigkeit der EG für die gesamte Außen- und Sicherheitspolitik nicht unbedingt auch die Schaffung einer gemeinsamen europäischen Armee bedeuten, aber sie bedeutet jedenfalls einen gemeinsamen EG--Oberbefehl und eine gemeinsame militärische Führungsstruktur, möglicherweise innerhalb der NATO oder einer gesamteuropäischen Sicherheitsorganisation. Die politische Verantwortung für die gemeinsame Verteidigungs- und Sicherheitspolitik liegt dann jedenfalls nicht mehr - allein - bei den nationalen Regierungen der Mitgliedstaaten, sondern bei der EG.

Ein solcher Schritt würde die EG als politische Gemeinschaft rechtlich in die Nähe eines Bundesstaates führen, der das volle staatliche Machtmonopol besitzt. Die Besonderheit der EG ist, daß sie als eine souveräne Gemeinschaft souveräner Staaten ein Machtgleichgewicht zwischen der Gemeinschaft einerseits und den Mitgliedstaaten andererseits geschaffen hat und ständig stabilisieren muß. Dieses Machtgleichgewicht würde zugunsten der Gemeinschaft verschoben und am Ende aufgehoben werden, wenn die Union die volle Kompetenzkompetenz, d.h. das Recht, ihre Aufgaben selbst zu bestimmen und gegenüber ihren Mitgliedstaaten abzugrenzen, bekäme.

Ein solcher Europäischer Bundesstaat kann durchaus das politische Ziel, die politische Finalität der EG sein. Er würde den Rahmen einer supranationalen Gemeinschaft souveräner Staaten, so wie sich die Europäische Gemeinschaft auch als Politische Union darstellt, hinter sich lassen und auf den klassischen staatsrechtlichen Formen beruhen. Aber es ist wenig wahrscheinlich, daß alle gegenwärtigen Mitgliedstaaten der EG bereit sind, diesen Schritt in absehbarer Zukunft zu tun. Eine Verpflichtung hierzu ergibt sich auch nicht aus den Gründungsverträgen der EG in der Fassung der Einheitlichen Akte. Der europäische Vereinigungsprozess kann sich hier durchaus in unterschiedlicher Geschwindigkeit vollziehen. Die Staaten, die eine volle außen- und sicherheitspolitische Union wünschen, können dies miteinander vertraglich vereinbaren. Sie werden allerdings auch eine eigene Entscheidungsstruktur hierfür schaffen müssen, da die Organe der EG aus Repräsentanten aller Mitgliedstaaten bestehen, also auch derjenigen Mitgliedstaaten, die sich an einer so gestalteten politischen Union nicht beteiligen wollen.

Schließen sich einige Mitgliedstaaten der EG zu einer außen-und sicherheitspolitischen Gemeinschaft, oder sogar zu einem europäischen Bundesstaat zusammen, so schränken diese Mitglieder ihre völkerrechtliche Selbständigkeit mehr oder weniger ein. An ihre Stelle tritt dann der neue europäische Bundesstaat. Er und nicht mehr seine Mitgliedsländer würde dann Mitgliedstaat der EG mit allen Rechten und Pflichten sein. Ein solches Europa der zwei Geschwindigkeiten ist durchaus denkbar und möglich. Insbesondere scheint ein solcher Weg eine Lösung für die zu schaffende europäische Währungsunion zu sein. Für das Funktionieren des Binnenmarktes ist eine gemeinsame und in allen Mitgliedstaaten gleichermaßen als Zahlungsmittel geltende Währung durchaus wünschenswert. Zwingend aber ist dies nicht. Denkbar ist daher durchaus, daß sich nur einige EG-Mitgliedstaaten zu einer Währungsunion zusammenschließen, und die übrigen ihre nationale Währungen - noch - behalten. Auch dies wäre ein Europa der zwei Geschwindigkeiten.

Eine ähnliche Entwicklung hat es bereits einmal Anfang der 50er Jahre gegeben, als sich nur sechs Mitgliedstaaten des Europarates zur Europäischen Gemeinschaft für Kohle und Stahl und später zur Europäischen Gemeinschaft zusammenschlossen. Sechs weitere Mitgliedstaaten, die am Anfang nicht bereit waren, - oder dem Europarat noch nicht angehörten -, Teile ihrer Hoheitsrechte auf diese EG zu übertragen, kamen im Laufe der Jahre dazu. Ein anderers Beispiel ist das 1978 geschaffene Europäische Währungssystem. Bis heute nehmen nicht alle zwölf Mitgliedstaaten am Wechselkursmechanismus des EWS teil, dennoch funktioniert das System.

Wenn sich im Zuge der weiteren Entwicklung einige Mitgliedstaaten der EG zu einer vollen außen- und sicherheitspolitischen Union und am Ende zu einem Bundesstaat zusammenschließen wollen, so kann dies die europäische Entwicklung durchaus fördern, denn das Zusammenwachsen der europäischen Staaten braucht auch in Zukunft immer wieder beispielhafte Initiativen. Der Weg nach Europa ist nicht für alle Staaten und Völker gleich. Die Mentalität und vor allem die Geschichte der Völker ist zu unterschiedlich, um mit dem gleichen Maßstab gemessen zu werden. Die politische Finalität Europas wird also auf unterschiedlichen Wegen mit unterschiedlicher Geschwindigkeit angestrebt werden müssen. Die Etappen, die die einzelnen Völker und Staaten dabei zu durchlaufen haben, werden ganz sicher politisch wie auch rechtlich sehr verschieden sein.

Es ist sehr wahrscheinlich, daß die EG noch für lange Zeit eine souveräne Gemeinschaft souveräner Staaten bleiben wird, wobei die Gemeinschaft ihre Kompetenzen schrittweise und der Erkenntnis der politischen Notwendigkeit auf Seiten ihrer Mitgliedstaaten folgend erweitern und vertiefen wird. Treten weitere europäische Staaten der EG bei, so müssen sie diesen Entwicklungsstand akzeptieren. Entwickelt sich die EG in unterschiedlichen Geschwindigkeiten, so haben neue Mitglieder die Wahl, welcher "Geschwindigkeit" sie folgen wollen, ob sie beispielsweise die gemeinsame Währung übernehmen, oder ihre eigene vorerst beibehalten wollen, oder ob sie sich einem bundesstaatsähnlichen Kerneuropa eingliedern wollen oder nicht. Für welchen Weg sie sich auch entscheiden, den, welchen sie wählen, müssen sie mit allen Konsequenzen mitgehen.

Der Weg der einzelnen Völker nach Europa wird auch von der Schnelligkeit einer europäischen Bewußtseinsbildung abhängen. Europa ist mehr als die Summe seiner Nationalitäten. Völker mit einer langen und kontinuierlichen nationalen Identität und Geschichte werden mehr Zeit brauchen, sich an eine gemeinsame europäische Identität zu gewöhnen; Völker hingegen, deren Staatlichkeit nur eine kurze Geschichte hat und oft auch nur das Ergebnis besonderer historischer Bedingungen ist, werden diesen Weg leichter und schneller gehen können. Wie stark das Element der nationalen Bindung selbst nach jahrzehntelanger Verdrängung und Unterdrückung immer noch sein kann, zeigt die Entwicklung in Teilen der früheren Sowjetunion und in Jugoslawien und auch - weniger dramatisch - in der Tschechoslowakei. Die Entkrampfung der nationalen Identität als Resultat einer wachsenden Europäisierung des Bewußtseins kann aber auch zur Stärkung der regionalen Eigenständigkeit führen. Ein Streben nach mehr Selbstbestimmung der Regionen widerspricht durchaus nicht der zunehmenden europäischen Gemeinsamkeit, sondern ist vielmehr ihr Symptom.

Wie lang und mühsam dieser Prozess der Europäisierung des Bewußtseins ist und sein wird, zeigt auch die tagtäglich überall aufbrechende Fremdenfeindlichkeit. In der Geschichte Europas hat es immer wieder Unterdrückung, Verfolgung und Flucht von Minderheiten und Fremden gegeben. Juden und Protestanten aus Spanien und den Niederlanden fanden Aufnahme in den Hansestädten, Hugenotten aus Frankreich suchten in der Schweiz und in Brandenburg/Preußen eine neue Heimat und Glaubensfreiheit. Juden und politisch Verfolgte aus dem Deutschland der Hitlerdiktatur fanden in vielen europäischen und amerikanischen Ländern Zuflucht. Immer wieder aber auch war diese Wanderung und Integration von Fremden am Ende eine Bereicherung für die aufnehmenden Staaten und Völker. Es war ein Stück europäischen Bewußtseins, das sich bildete und oft geblieben ist. Nicht auf die Wege und Geschwindigkeiten wird es in der Zukunft Europas ankommen, sondern auf das erstrebte Ziel, auf den Willen, dieses Ziel zu erreichen und damit auf die innere Überzeugung, auf das Bewußtseins von der Richtigkeit dieses Weges zur europäischen Einheit der Staaten und Völker.

Die Bedeutung einer Europäischen Politischen Union für die Europäische Gemeinschaft und ihre Mitgliedstaaten

Das Ziel, Europa zu einen, war von Anfang an, besonders aber nach den beiden Weltkriegen , vor allem von der Idee getragen, Kriege in Europa unmöglich zu machen und die Grundlage für einen dauerhaften Frieden zu schaffen. Das Engagement der Jugend und insbesondere der Studenten nach dem zweiten Weltkrieg, war geprägt von dem Wunsch nach Versöhnung der europäischen Völker. Der Wahnsinn der europäischen Bruderkriege sollte endlich ein Ende finden. Man wollte das politisch einige Europa, hatte aber in den Mittel- und Westeuropäischen Staaten keinerlei konkrete Vorstellungen, wie dieses vereinte Europa rechtlich und politisch gestaltet sein sollte. Die Vorstellungen schwankten zwischen einer Neuauflage eines auf Europa bezogenen Völkerbundes, also einer lockeren internationalen Gemeinschaft selbständiger souveräner Staaten, bis zu einem vereinten europäischen Bundesstaat. Wirtschaftliche Fragen spielten nur am Rande eine Rolle. Die Montanunion diente dem wirtschaftlichen Wiederaufbau Westeuropas, vor allem aber war sie ein erster Schritt zur deutsch-französischen Versöhnung und schuf damit eine entscheidende Grundlage für die weitere europäische Entwicklung. Die Europäische Wirtschaftsgemeinschaft, eine Konsequenz aus der Unzulänglichkeit der Montanunion, wurde auch als ein Wegbereiter für die erstrebte Europäische Politische Union gesehen. Man hatte erkannt, daß eine Zollunion und ein etappenweises Zusammenwachsen der nationalen Wirtschaftsräume für alle Beteiligten die Chancen für den Wiederaufbau und die Vermehrung des Wohlstandes der Menschen erheblich verbessern würde. Hauptziel war und blieb damals die Vertiefung der politischen Zusammenarbeit und damit eine Überwindung der nationalstaatlichen Enge und Isolierung.

Viele dieser großen Ziele für Europas gemeinsame Zukunft blieben damals in den Ansätzen stecken. Man schloß sich zum Europarat zusammen und wählte damit die klassische Form eines internationalen Staatenbundes. Aber auch diese Form der Europäischen Einheit hat große und dauerhafte Erfolge erreicht. So ist die rechtsstaatliche Demokratie heute in fast allen Mitgliedstaaten des Europarates unumstrittene Staatsform. Dem geschlossenen und nachdrücklichen Bemühen des Europarates ist es vor allem zu verdanken, daß Griechenland, Portugal und Spanien nach jahrelanger, in Spanien und Portugal jahrzehntelanger Diktatur, wieder zur freiheitlichen Demokratie zurückfanden.

Mit der Europäischen Konvention der Menschenrechte hat der Europarat den Bürgern seiner Mitgliedstaaten ein sicheres und stabiles Fundament ihrer Freiheit und Menschenwürde geschaffen. Auch hat sich der Europarat als Forum für den Meinungsaustausch der Parlamentarier und der Regierungsmitglieder bewährt.

Das Ziel einer politischen Einheit Europas beschränkte sich jedoch bis in unsere Tage einseitig auf den Bereich der Wirtschaft und auf nur zwölf der inzwischen sechsundzwanzig Mitgliedstaaten des Europarates. Dennoch ist bis heute die Sicherung des Friedens in Europa das große Ziel der Europabewegung geblieben. Europa ist eine Sicherheits- und Friedensgemeinschaft geworden. Seit 1945 hat es keinen Krieg mehr zwischen den Völkern dieses Kontinents gegeben, sieht man vom Bürgerkrieg in Jugoslawien ab. Man muß sehr weit in der europäischen geschichtlichen Vergangenheit zurückgehen, um eine ähnlich lange Friedensperiode zu entdecken.

Aber es gibt immer noch Konflikte zwischen den Völkern Europas: So streiten sich Griechenland und die assoziierte Türkei um Zypern und finden keine gerechte friedliche Lösung; so ist ein friedliches Ende des Konfliktes zwischen Irland und dem Vereinigten Königreich um Nordirland nicht abzusehen. Gibraltar ist ein weiterer Streitpunkt zwischen dem Vereinigten Königreich und Spanien. Das Europäische Parlament hat sich - oft gegen den erbitterten Widerstand der betroffenen Staaten - wiederholt mit diesen Streitigkeiten befaßt und versucht, durch Mehrheitsbeschlüsse Lösungsmöglichkeiten und Kompromisse aufzuzeigen, bis heute leider vergeblich.

Die revolutionären Veränderungen in Mittel- und Osteuropa haben den Völkern ihre Freiheit wiedergegeben und sie in die Lage versetzt, ihre Staaten rechtsstaatlich demokratisch zu gestalten. Aber mit dem Ende der kommunistischen Diktaturen und der sowjetrussischen Unterdrückung tauchen auch in diesem Teil Europas wieder alte Konflikte und ungelöste Streitigkeiten aus der historischen Versenkung auf. Dieses Erbe wird mit in den Europarat und auch in die EG eingebracht, wenn die mittel- und osteuropäischen Staaten eines nicht mehr allzu fernen Tages Mitglieder werden. Will Europa seine Aufgabe, eine Sicherheits- und Friedensgemeinschaft zu sein, auf Dauer wahrnehmen, so braucht es mehr und vor allem auch sicherheitspolitische Kompetenzen.

Wie dargelegt, beschränkt sich die politische Einheit der Europäischen Gemeinschaft bis heute auf den Bereich der Wirtschaftspolitik. Der Beitrag der EG zur Weltpolitik und zur Friedenssicherung in der Welt ist seit Jahrzehnten weitgehend passiv. Spätestens seit ihrem gemeinsamen Suez-Abenteuer 1956 haben auch Frankreich und Großbritannien begriffen, daß für sie das Zeitalter imperialistischer Großmachtpolitik vorbei ist. Unter dem Sicherheitsschirm der NATO überlies man den USA die politische Führung des Westens und widmete sich dem Kommerz oder träumte von alten ruhmreichen Zeiten.

Eine über die wirtschaftliche Integration hinausführende politische Vereinigung der EG-Mitgliedstaaten beschränkt sich bis heute auf die Regierungskooperation in den Bereichen der Außen-und Sicherheitspolitik, die EPZ. Aber diese Zusammenarbeit hat gute Erfolge aufzuweisen: So wäre ohne ein geschlossenes Auftreten der EG-Mitgliedstaaten die Schlußakte der Konferenz über Sicherheit und Zusammenarbeit in Helsinki vermutlich so nicht zustandegekommen. Abrüstungsinitiativen wie SALT, MBFR oder START sind durch die EPZ nachdrücklich gefördert worden. Auch draußen in der Welt spricht die EG zunehmend mit einer Stimme und verstärkt auf diese Weise das Gewicht Europas in internationalen Organisationen, wie beispielsweise in der UNO oder dem GATT. Regelmäßige Außenministertagungen im Rahmen der EPZ ermöglichen der EG, außenpolitische Schritte miteinander abzustimmen und gemeinsam zu gehen.

Das wachsende wirtschaftliche Gewicht der Gemeinschaft verschafft ihr einen zunehmenden politischen Einfluß im übrigen Europa und in der ganzen Welt. Staaten und Staatengruppen suchen in Form von Kooperationsverträgen Anlehnung an die EG, um auf diese Weise den Einfluß anderer Großmächte auszugleichen. Die Verträge der EG mit den ASEAN- und den Andenpakt-Staaten sind Beispiele hierfür. Mit dem Handelsvertrag mit Rumänien 1980 wollte und konnte die EG die auf Eigenständigkeit und mehr Unabhängigkeit gegenüber der Sowjetunion abzielende Politik dieses Landes unterstützen. Daß sie damit auch die Politik eines brutalen Diktators stützte, steht auf einem anderen Blatt. Ein ähnliches

Beispiel bietet der Handels- und Kooperationsvertrag, den die Gemeinschaft unmittelbar nach dem Tode Titos 1980 mit Jugoslawien schloß. Durch diesen Vertragsschluß wollte die Gemeinschaft zwar die Wirtschaftsbeziehungen mit Jugoslawien verbessern und auf eine vertragliche Grundlage stellen, zugleich aber wollte sie dazu beitragen, daß das Machtvakuum nach dem Tode Titos ohne verstärkten Einfluß der Sowjetunion durch die eigenen Kräfte des Landes wieder ausgefüllt wurde.

Besonders erwähnt werden muß auch die Entwicklungspolitik der Gemeinschaft. Mit den Lomé-Abkommen zwischen der EG und den ehemaligen Kolonien einiger Mitgliedstaaten der Gemeinschaft vor allem in Afrika, aber auch in Asien und im Karibischen Raum hat die Gemeinschaft ein gutes Beispiel für zukunftsweisende Entwicklungspolitik der Industrieländer geschaffen und im Rahmen des ihr Möglichen zur Stabilisierung vieler junger Staaten in der Dritten Welt beigetragen. Die EG hat sich durch diese Verträge aber auch ihren politischen Einfluß gesichert und verhindert, daß die Sowjetunion und ihre früheren Ostblockpartner auf breiter Ebene mit ihrer kommunistischen Ideologie in der Dritten Welt Fuß fassen konnte. Die EPZ kann also eine durchaus positive Bilanz vorweisen. Was auf dem Wege einer Regierungskooperation an gemeinsamer Außen- und Sicherheitspolitik möglich war und ist, hat sie verwirklicht.

Die Nahostkrise 1990, ausgelöst durch die Annexion Kuwaits durch den Irak, hat die begrenzten Möglichkeiten einer gemeinsamen Außen- und Sicherheitspolitik der EG im Wege der Regierungskooperation deutlich gemacht. Man kann zwar gemeinsame Schritte verabreden und eine miteinander abgestimmte Position beziehen, aber zur Entwicklung eigener weltpolitischer Aktivitäten fehlt der EPZ die Kraft und wohl auch die Voraussetzung. Solange Europa in zwei Zonen des weltweiten Mächtegleichgewichts der Großmächte USA und Sowjetunion geteilt war, und die außen- und vor allem sicherheitspolitischen Aktivitäten durch dieses Gleichgewicht bestimmt, und durch die Dominanz der Führungsmächte auch begrenzt waren, mochte die EPZ als Rahmen einer eigenen politischen Konzeption der EG genügen. Die Veränderungen in Mittel- und Osteuropa und der eingeleitete schrittweise Rückzug der Sowjetuion aus den von ihr besetzten Ländern wird in absehbarer Zukunft auch zu einem Rückzug Amerikas aus Mittel- und Westeuropa führen und damit Europa als ganzes aus seiner Bindung in dieses Gleichgewichtssystem entlassen. Ein Europa, das aber nicht mehr im politischen Schatten der beiden Großmächte steht, muß eigene außen- und sicherheitspolitische Konzeptionen entwickeln und damit eine zunehmende politische Verantwortung in der Welt übernehmen. Diese Konzeptionen können sich nicht länger auf die Unterstützung der amerikanischen oder russischen Weltpolitik beschränken. Europa wird seine wiedergewonnene Unabhängigkeit nur behaupten können, wenn es in der Lage ist, als Einheit zu handeln. Selbst die großen Staaten Europas haben, jeder für sich, nicht die Kraft, diese gesamteuropäische Aufgabe zu übernehmen. Europa muß seine Sicherheit und Unabhängigkeit in der fortbestehenden Welt der Supermächte aus eigener Kraft bewahren. Es muß aber auch sehr viel nachdrücklicher als bisher zum Beispiel eine wirkungsvolle Lateinamerikapolitik entwickeln, um der Demokratie in diesem Teil der Welt zum dauerhaften Erfolg zu verhelfen und damit die Voraussetzung für den Sieg über Armut und Ungerechtigkeit zu schaffen. Die USA waren hierzu bisher wegen ihrer dominierend wirtschaftlichen Interessen nicht in der Lage. Auch in Afrika ist Europa gefordert. Wenn dieser reiche Kontinent nicht im Chaos von Hunger, Korruption und Gewalt untergehen soll, so muß Europa helfen, die nachkoloniale Epoche endlich zu beenden. Entwicklungshilfe darf sich nicht länger in erster Linie an den Interessen europäischer Industrien orientieren müssen. Grundlage muß die Förderung vorhandener wirtschaftlicher Strukturen sein. Aufbauend auf die Stabilisierung der Landwirtschaft und des Gewerbes gilt es vor allem, die überkommenen sozialen Strukturen zu sichern und weiter zu entwickeln. Für die staatliche Gestaltung Afrikas sollten auch die alten kolonialen Grenzen kein Tabu mehr sein.

Vor allem aber wird Europa endlich eine wirksame Nahostpolitik gestalten müssen. Der Konflikt zwischen Israel und seinen arabischen Nachbarn gefährdet ebenso die Sicherheit und den Frieden Europas, wie der zunehmende soziale Gegensatz zwischen den autokratisch monarchisch beherrschten Staaten und den oft diktatorisch regierten arabischen Republiken. Europa kann die Nahost-Konflikte nicht länger den USA und der Sowjetunion allein überlassen. Dieser Brandherd vor Europas Tür fordert europäische Aktivitäten.

Auch in Asien wird sich Europa stärker für die Sicherung des Friedens und die Lösung aktueller Probleme einsetzen müssen. So hat das 'Vietnam-Trauma' die USA lange Zeit daran gehindert, mit Nachdruck das Kambodja-Problem zu lösen und Vietnam selbst bei der Entwicklung zu einer friedlichen Zukunft zu helfen.

Eine EG-Sicherheits- und Außenpolitik, die die Summe von zwölf nationalen Politiken ist, genügt für diese auf Europa zukommende weltpolitische Verantwortung nicht mehr. Der frühere amerikanische Präsident Kennedy hat einmal von der "Partnerschaft von Gleichen" im nordatlantischen Bündnis gesprochen. Nicht mehr die Einzelstaaten, die Mitglieder dieses Bündnisses sind, sondern die Gemeinschaft als solche, sollte der Partner der USA in Europa sein. Unter den neuen weltpolitischen Bedingungen muß dies das Ziel der Europäischen Einigungspolitik sein. Die zu entwickelnde Europäische Politische Gemeinschaft muß als solche und nicht länger durch Kooperation ihrer Einzelstaatsregierungen handlungsfähig werden.

Dieser Prozess einer politischen Integration umfaßt zwingende und fakultative Optionen:

Zum ersten muß die bestehende EG als supranationale wirtschaftliche Integrationsgemeinschaft auf dem Wege zum gemeinsamen Binnenmarkt auch als partielle politische Gemeinschaft verstanden werden. Die Demokratisierung ihrer Institutionen und die Reform ihrer Entscheidungsstrukturen sind zwingend, um der Gemeinschaft die volle demokratisch-politische Gestaltungshoheit über die ihr übertragenen hoheitlichen Aufgaben zu ermöglichen. Die außen- und sicherheitspolitischen Aspekte der Wirtschaftsgemeinschaft müssen in die Entscheidungsstrukturen der EG integriert werden. Die bisher im Rahmen der EPZ wahrgenommenen Aufgaben müssen insoweit dem Aufgabenbereich aller EG-Organe zugeordnet werden. Dieser Übergang von einer Regierungskooperation zu einer gemeinsamen EG-Politik in der bestehenden Wirtschaftsgemeinschaft bedeutet bereits den Verlust einzelstaatlicher Macht zugunsten gemeinschaftlicher politischer Macht.

Zum zweiten sollten die bisher nationalen Bereiche der Außen-, Sicherheits- und Verteidigungspolitik in den politischen Integrationsprozess einbezogen werden. Damit würde die Weiterentwicklung der bisherigen, vorrangig als Wirtschaftsgemeinschaft strukturierten EG zur umfassenden politischen Gemeinschaft eingeleitet. Eine solche Europäische Politische

Gemeinschaft erfordert aber weitere Veränderungen bestehender Machtstrukturen durch die Übertragung von Hoheitsrechten auf die Gemeinschaft. Die EG als solche würde damit zu einer eigenständigen politischen Kraft über den bisherigen Rahmen hinaus. Sie würde politisch in vielen Bereichen im Konzert der Mächte an die Stelle ihrer Mitgliedstaaten treten und damit zu einer Neuorientierung des weltweiten Mächtegleichgewichts führen. Rechtlich würde eine solche Europäische Politische Gemeinschaft aber immer noch zwischen einem Bundesstaat und einer Konföderation souveräner Staaten einzuordnen sein. Sie wäre aber bereits eine Föderation mit stark bundesstaatlichen Elementen.

Zum dritten käme dann die Umwandlung einer solchen souveränen Gemeinschaft souveräner Mitgliedstaaten in einen Bundesstaat infrage. Die Mitgliedstaaten würden dann Länder dieses Europäischen Bundesstaates ohne völkerrechtliche Rechtspersönlichkeit sein.

Nachfolgend soll untersucht werden, ob die zwölf Mitgliedstaaten der EG bereit sind, einen oder mehrere dieser Schritte zu tun und damit erstmalig in der Geschichte Europas Macht ohne Krieg und Gewalt zu verschieben.

Die Haltung der Mitgliedstaaten zur Europäischen Politischen Union

Die Iberischen Staaten, Portugal und Spanien

Nach dem Beitritt Portugals zur EG begann in diesem Land eine tiefgreifende wirtschaftliche Umwandlung. Erhebliche Finanzmittel der EG haben dazu beigetragen, die Wirtschaftsstrukturen zu verändern und an die der Gemeinschaft anzupassen. Ob das Land das wirtschaftliche Entwicklungstempo auf Dauer mithalten, und den für die volle Integration in den kommenden Binnenmarkt notwendigen Anpassungsprozess bewältigen kann, bereitet den politischen Führungskräften zunehmend Sorge.

Die großen politischen Parteien unterstützen die Fortsetzung der europäischen Integration. Sie sind der Auffassung, daß es im Interesse des Landes liegt, wenn die EG in der Weltpolitik mit einer Stimme spricht und befürworten die Übertragung weiterer Kompetenzen auf die Gemeinschaft und die zur Verbesserung der Handlungsfähigkeit notwendigen institutionellen Reformen. Aber es gibt auch Äußerungen, die erkennen lassen, daß Portugal in einer europäischen politischen Union seine nationale Eigenständigkeit zu bewahren sucht. Die Partido Social-Democrata (PSD), die gegenwärtig die stärkste politische Kraft im Lande ist, sieht die nationale Unabhängigkeit durch die politische Zusammenarbeit besser gewahrt und gestärkt als durch nationalen Isolationismus.

Die Partido Socialista (PS) unterstützt vor allem die institutionellen Reformen und kritisiert die Einheitliche Akte, weil sie die Demokratisierung der EG nur halbherzig betrieben habe. Eine ähnliche Haltung nimmt auch die Partido Renovador Democratico (PRD) ein. Auch sie befürwortet die europäische Integration, sieht aber nicht ohne Sorge die Auswirkungen des Binnenmarktes auf die portugiesische Volkswirtschaft. Mit Nachdruck für eine Verwirklichung der Europäischen Politischen Union setzt sich die Partido do Centro Democrático Social (CDS) ein. Sie wünscht sich eine Gemeinschaft mit effektiver politischer

Macht auch auf den Gebieten der Außen- und Verteidigungspolitik.Gegen eine verstärkte Einbindung Portugals in die EG und gegen eine Weiterentwicklung der EG zur politischen Union sind die kommunistischen Parteien des Landes.

Zusammenfassend kann man feststellen, daß Portugals führende politische Kräfte eine Europäische Politische Union unterstützen werden und auch bereit sind, weitere politische Aufgaben auf die Gemeinschaft zu übertragen. Portugal wird aber seine souveräne Staatlichkeit zu bewahren suchen und gegenwärtig keine Entwicklung fördern, die zu einem europäischen Bundesstaat und damit zum Verlust der völkerrechtlichen Eigenständigkeit führt. Insbesondere ist die führende PSD allen derartigen Bestrebungen gegenüber außerordentlich zurückhaltend.

Auch S p a n i e n erlebte nach dem Beitritt zur EG einen gewaltigen wirtschaftlichen Aufschwung und Umbruch. In diesem Land vollzieht sich mit erheblichen Finanzhilfen der EG eine umfassende Strukturanpassung als Vorbereitung Spaniens auf den Binnenmarkt. Ähnlich wie in Portugal unterstützen auch die führenden Kräfte Spaniens die Weiterentwicklung der europäischen Integration und die Schaffung einer Europäischen Politischen Union. Die Partido Socialista Obrero Espanol (PSOE) ist der Auffassung, daß die Organe der EG effizienter arbeiten müssen und daß deswegen institutionelle Reformen vordringlich sind. Für die PSOE muß die westliche Sicherheit eine klare europäische Dimension haben. Die weltweite 'Bipolarität' muß schrittweise durch eine 'Multipolarität' ersetzt werden. Darum sollte die EPZ so verstärkt werden, daß sie auf eine echte gemeinsame Außen-. und Sicherheitspolitik hinausläuft, was aus spanischer Sicht naturgemäß auch die Entwicklung einer europäischen Mittelmeer-, Nahost- und Lateinamerikapolitik bedeutet. Die PSOE fördert die Entwicklung des europäischen Binnenmarktes und hält die Stärkung des gemeinsamen Währungssystems für unerläßlich.

Eine ähnliche Haltung vertreten die in der Coalición Popular (CP) zusammenarbeitenden konservativen Parteien. Auch sie halten eine umfassende institutionelle Reform für unbedingt erforderlich und treten für weitere Kompetenzübertragungen an die EG ein. Bemerkenswert aber ist eine Forderung der zur CP gehörenden Alianza Popular (AP), daß nämlich die Mehrheitsentscheidungen des Rates der EG auf keinen Fall auf Fragen, die Gibraltar betreffen, angewendet werden dürfen, "weil sie eine grundsätzliche Frage der nationalen Souveränität direkt berühren würden."

Die spanischen Kommunisten stehen der EG und ihrer Weiterentwicklung kritisch gegenüber, aber sie unterstützen die Bemühungen um mehr Demokratie, Reformen und auch mehr Kompetenzen für die EG. Die regionalen Parteien Spaniens im Baskenland und in Katalanien stehen sowohl den Reformbemühungen als auch der Entwicklung einer Europäischen Politischen Union durchaus positiv gegenüber. Sie fordern eine verstärkte Rolle der Regionen in einem einigen Europa. Die Eusko Alkartasuna, eine der baskischen Parteien, fordert, "daß die Gemeinschaft alle traditionell mit der Souveränität verbundenen....Befugnisse ausüben muß, um tatsächlich als eine wirkliche politische Einheit hervorzutreten."

Nach jahrzehntelanger Diktatur und über ein Jahrhundert der Trennung und Isolierung vom übrigen Europa hat Spanien in wenigen Jahren nicht nur zurückgefunden in die Gemeinschaft der europäischen Völker, sondern gehört zu den Mitgliedstaaten, die nachdrücklich institutionelle Reformen und damit eine Demokratisierung der EG fordern und unterstützen. Die politischen Führungskräfte Spaniens unterstützen auch nachdrücklich die Weiterentwicklung der Wirtschaftsgemeinschaft zu einer außen- und sicherheitspolitischen Gemeinschaft. Durch die engen Beziehungen Spaniens zu Lateinamerika, Nordafrika und zum Nahen Osten hat dieses Land viel früher als andere EG-Mitgliedstaaten erfahren, daß die politische Kraft eines einzelnen europäischen Staates nicht mehr reicht, um effektive Außenpolitik zu gestalten. Aus dieser Erfahrung heraus wird Spanien zu den Mitgliedstaaten gehören, die mit Nachdruck den Weg zur Europäischen Politischen Gemeinschaft fördern werden und auch bereit sein werden, hoheitliche Rechte auf diese Gemeinschaft zu übertragen. Weniger ausgeprägt als in Portugal, wird es aber auch in Spanien Kräfte geben, die die Souveränität des Landes in einer europäischen Gemeinschaft bewahren wollen. Der Weg in einen europäischen Bundesstaat unter Aufgabe der eigenen Völkerrechtspersönlichkeit wird auch für Spanien ein langer Weg sein. Beide Staaten gehören der NATO an und sind seit dem 27.März 1990 Mitglieder der WEU.

Griechenland

Anders als die iberischen Staaten hat Griechenlands Politik eine lange europäische Tradition. Schon in den 20er Jahren unterstützte der damalige Ministerpräsident Venizelos den Briand-Plan eines vereinigten Europas. Seit der Befreiung von der türkischen Fremdherrschaft und der Wiedergewinnung der eigenen Staatlichkeit im 19. Jahrhundert mit tatkräftiger Unterstützung der europäischen Mächte hat sich Griechenland immer als Teil Europas gesehen.

Die konservativen politischen Gruppen traten daher auch nach dem zweiten Weltkrieg für Griechenlands Mitgliedschaft in der EG und für die politische Einigung Europas ein. Aber dies ist auch in Griechenland verbal leichter getan als tatsächlich durch Verzicht auf souveräne Rechte vollzogen. Das historisch bedingte, ausgeprägte griechische Nationalbewußtsein ist die Ursache einer tiefen Entfremdungsangst auf wirtschaftlicher und sozialer Ebene. Am liebsten wäre es den meisten Griechen, von der EG viel Geld zu erhalten, einen für griechische Exporte offenen EG-Markt voll nutzen zu können und im übrigen aber die Griechen in Griechenland ungestört zu lassen.

Der Beitritt Griechenlands zur EG war vor allem ein Werk des damaligen Ministerpräsidenten Karamanlis und der Nea Demokratia (ND). Wirtschaftlich hat Griechenland nach wie vor mit großen Problemen zu kämpfen. Die Inflationsraten sind hoch, die Verschuldung nach außen und im Innern astronomisch. Die griechische Drachme ist noch weit davon entfernt, voll in das EWS integriert werden zu können. Griechenland wird trotz erheblicher Finanzhilfen der EG aus den Agrar- und Regionalfonds noch viele Jahre brauchen, um das wirtschaftliche Gefälle zur übrigen EG deutlich abzubauen.

Die griechische sozialistische Partei, die Panhellinio Socialistiko Kinima (PASOK) war gegen den Beitritt und auch gegen Griechenlands Mitgliedschaft in der NATO. Nach dem Machtwechsel 1981 sah der neue Ministerpräsident Papandreou aber sehr schnell ein, daß es für sein Land leichter ist, durch Ausnutzung aller Möglichkeiten innerhalb der EG-Institutionen Vorteile zu erreichen, als mit der Forderung nach einer Neuverhandlung der

Beitrittsbedingungen bei gleichzeitiger Androhung eines Austritts. Das Schwergewicht der Europapolitik der PASOK seit 1981 zielte daher auf eine Verbesserung der wirtschaftlichen Lage des Landes ab. Die Annahme eines Mittelmeerprogramms durch die EG und die Verstärkung der Finanzhilfen für die Mittelmeerländer zum Abbau des Ungleichgewichts zwischen Nord und Süd in der Gemeinschaft half der PASOK, ihre Haltung gegenüber der EG im positiven Sinne zu ändern und der Einheitlichen Akte zuzustimmen.

Die PASOK stand lange Zeit der vollen Integration Griechenlands in eine Europäische Politische Gemeinschaft kritisch, wenn nicht sogar ablehnend gegenüber. Sie wollte vor allem die griechischen Interessen in der EG wahren und war daher zum Beispiel gegen institutionelle Reformen, die Mehrheitsentscheidungen im Ministerrat zum Regelfall machen würden. 1989, noch während ihrer Regierungszeit, hat die PASOK ihre Position jedoch schrittweise verändert. Sie befürwortet seither die Politische Union und akzeptiert auch die Supranationalität der europäischen Integration. Die PASOK hat auch ihre Vorbehalte gegen eine institutionelle Reform, insbesondere gegen eine Stärkung der Stellung des Europaparlaments aufgegeben.

Die griechischen Kommunisten sind seit 1968 gespalten. Der Moskau-orientierte Flügel lehnt die griechische Mitgliedschaft in der EG und der NATO strikt ab und plädierte für eine Annäherung des Landes an den Rat für gegenseitige Wirtschaftshilfe (RgW). Der eurokommunistische Flügel hingegen akzeptiert die EG-Mitgliedschaft und tritt für die Schaffung eines 'Europas der Völker'ein, das sich als dritte Kraft in der Weltpolitik erweisen kann; auch befürwortet er institutionelle Reformen, insbesondere die Stärkung der Funktionen des Europaparlamentes.

Die gegenwärtig wieder regierende Nea Demokratia fördert die politische Integration der EG und die institutionellen Reformen. Man will auch die EPZ schrittweise verstärken und in europäischen Sicherheitsfragen zum Entstehen eines europäischen "Pfeilers" in der NATO beitragen. Trotz dieser positiven Einstellung der ND zur Europäischen Politischen Union dürfte ihr politischer Handlungsspielraum sehr begrenzt sein. Die sehr schlechte Wirtschaftslage des Landes, die sie von der PASOK übernommen hat, wird dem Lande große Probleme bereiten, sich zeitgerecht auf den Binnenmarkt vorzubereiten. Viele griechische Bürger und kleinere Unternehmer haben zu Recht Sorge, im Binnenmarkt nicht konkurrenzfähig zu sein. Griechenland wird daher zunächst noch einen langen Weg der wirtschaftlichen Anpassung und Entwicklung vor sich haben, ehe sich eine tragfähige Mehrheit für eine verstärkte politische Integration finden wird.

Uneingeschränkt positiv ist das eindeutige Eintreten der Regierung Mitsotakis für die Politische Union zu werten. Für Griechenland hat das Ende der Ost-West-Konfrontation unmittelbare politische Konsequenzen. Während das Land bisher im Norden an die Staaten des Warschauer Paktes und an die bündnisfreien, aber kommunistischen Staaten Albanien und Jugoslawien grenzte, hat der Rückzug der Sowjetunion und die Auflösung des Warschauer Paktes auf dem Balkan ein Machtvakuum hinterlassen. Die Konflikte der einzelnen Volksgruppen und insbesondere der Bürgerkrieg in Jugoslawien haben darüberhinaus zu einer erheblichen Instabilität dieser Region geführt. Die EG gewinnt daher für Griechenland immer stärker die Rolle eines gesamteuropäischen Stabilitätsfaktors. Diese Entwicklung hat mit zu dem pro-europäischen Haltungswechsel sowohl der PASOK, als auch der Allianz der Linken und des Fortschritts unter Einschluß der Kommunisten geführt, so daß gegen eine proeuropäisch orientierte griechische Politik innenpolitisch wenig Widerstand zu erwarten ist.

Griechenland und die Türkei sind Mitglieder der NATO und bemühen sich, der WEU beizutreten. Entsprechende Anträge liegen seit 1988 vor. Wegen der immer noch bestehenden politischen Animositäten zwischen diesen beiden Staaten wurden diese Anträge bisher nicht abschließend behandelt. Auf dem Maastrichter Gipfel 1991 haben die Staats- und Regierungschefs inzwischen beschlossen, die Westeuropäische Union (WEU) als Sicherheits- und Verteidigungsgemeinschaft in die EG zu integrieren. Griechenland, als EG-Mitglied, wird auch Mitglied der WEU. Die NATO-Mitgliedstaaten Island, Norwegen und die Türkei, die nicht zur EG gehören, werden assoziierte Mitglieder der WEU.

Dänemark

Dänemark ist weniger aus eigenem Antrieb, denn aus wirtschaftlicher und politischer Notwendigkeit Mitglied der EG geworden. Eine Gemeinschaft, der das Vereinigte Königreich, nicht aber Dänemark angehört, hätte dem Land erhebliche wirtschaftliche Probleme bereitet. Nach wie vor ist die Haltung großer Bevölkerungsgruppen der EG und ihren Zielsetzungen gegenüber sehr reserviert. Man weiß zwar, daß das Land jährlich große Transferzahlungen, insbesondere aus dem EG-Agrarhaushalt, erhält. Dänemark ist der größte "Nettokassierer" der Gemeinschaft überhaupt, obwohl Dänemark nur 2 % der EG Bevölkerung stellt. Man weiß auch, daß der ungehinderte Zugang zum EG-Markt, insbesondere für die dänischen Agrarprodukte, lebenswichtig für die Landwirtschaft ist, denn auf dem Weltmarkt sind nur sehr viel niedrigere Preise zu erzielen. Auch ist die dänische Fischereiwirtschaft, ein bedeutender Wirtschaftszweig des Landes, in hohem Maße vom ungehinderten Absatz ihrer Produkte auf dem EG-Markt abhängig. Aber man bleibt dennoch zurückhaltend und in vielen politischen Gruppen auch ablehnend gegenüber jeglicher Erweiterung und Vertiefung der Europäischen Gemeinschaft. An die geschlossenen Verträge fühlt sich das Land zwar voll gebunden, aber vor allem die Mitte-Links - Parteien wollen keinen Schritt weitergehen. Sie sind für eine Koordinierung der Außen- und Sicherheitspolitik, aber nicht für eine Übertragung dieser Politiken auf eine Europäische Politische Union.

Die dänische Europapolitik ist geprägt von drei Elementen:
Man will verhindern, daß das Land in der Gemeinschaft von den großen Mitgliedstaaten dominiert wird und hält deswegen an der uneingeschränkten dänischen Souveränität fest.
Man will die eigene skandinavische Identität bewahren und die engen Bindungen an die übrigen skandinavischen Länder nicht aufgeben. Eine gewisse Distanz des evangelisch geprägten Landes besteht auch gegenüber dem katholisch geprägten Mittel- und Südeuropa.
Man will schließlich vor allem an der wirtschaftlichen Dimension Europas teilnehmen, weil dies insbesondere für die dänische Landwirtschaft und auch für den dänischen Außenhandel von großer Bedeutung ist. Im industriellen und gewerblichen Bereich erwartet man hingegen durch den Binnenmarkt eher Einbußen durch eine stärkere Auslandskonkurrenz.

Die dänischen Sozialdemokraten halten eine enge Zusammenarbeit zwischen allen europäischen Staaten für erforderlich, um die wirtschaftlichen, technologischen, umweltpolitischen und allgemeinen politischen Herausforderungen erfolgreich bestehen zu können. Für sie bedeutet Europäische Zusammenarbeit bisher aber in erster Linie eine enge Kooperation der Regierungen. Die Aufrechterhaltung der nationalen Souveränität der Mitgliedstaaten hat für sie Priorität. Darum waren sie bisher auch gegen institutionelle Reformen, durch die die Stellung des Europaparlaments gestärkt oder die Möglichkeit eines Vetos im Rat eingeschränkt oder beseitigt würde. Sie waren auch gegen eine für die Mitgliedstaaten verbindliche Harmonisierung der Sicherheits- und Außenpoltik; die EPZ sollte auf freiwilliger Basis weiterentwickelt werden. Eine Europäische Politische Union, die diesen Rahmen verläßt, stößt immer noch bei vielen dänischen Sozialdemokraten auf entschiedene Ablehnung. Aber es gibt in der Sozialdemokratie Dänemarks auch zunehmend Kräfte, die der europäischen Entwicklung positiv gegenüber stehen und erkannt haben, daß Dänemark auf Dauer immer stärker in die Isolierung geraten würde, wenn es seine Politik der uneingeschränkten Bewahrung nationaler Souveränität wie bisher fortsetzt. Die Sozialdemokraten sind also gespalten in ihrer Haltung gegenüber der EG. Sie haben sich bisher schwer getan, eine klare europapolitische Linie zu entwickeln und die Verträge oft sehr eng ausgelegt. So weigerte sich 1978 der damalige dänische Erziehungsminister, an einer Ratssitzung teilzunehmen, weil Erziehungsfragen in den römischen Verträgen nicht auf die EG übertragen worden seien. Dabei ging es in der Sitzung um eine Verbesserung des Fremdsprachenunterrichts, um bessere Bedingungen für Studenten, die in anderen Ländern studieren wollen und um die Behandlung von EG-Themen im Schulunterricht. Dies waren zwar alles Fragen, die nicht zur Kompetenz der EG gehörten, aber doch Bereiche notwendiger Kooperation.

Eine noch sehr viel ablehnendere Haltung nehmen die Socialistisk Folkeparti (SF), Det Radikale Venstre (RV) und die Folkebevaegelsen (FB) ein. Die bürgerlich konservativen und liberalen Parteien hingegen stehen der europäischen Entwicklung positiver gegenüber. Die dänische konservative Partei hat sich grundsätzliche für eine immer enger werdende europäische Integration ausgesprochen. Sie sieht darin die einzige Möglichkeit für die europäischen Staaten, wirtschaftlich stark zu bleiben und ihre Sicherheit und Freiheit zu bewahren. Aber auch sie sind für die Beibehaltung eines Vetorechts im Ministerrat und sie sind wahrscheinlich noch immer nicht bereit, einer bundesstaatsähnlichen politischen Union zuzustimmen. Die dänischen Liberalen (Venstre), die Fortschrittspartei (Fremskridtpartiet) und noch eindeutiger die Zentrums-Demokraten befürworten die Schaffung einer Europäischen Politischen Union. Nach Auffassung der Liberalen sollte nicht nur die Außen- und Verteidigungspolitik, sondern auch z.B. die Steuerpolitik und Teile der Bildungspolitik auf die Gemeinschaft übertragen werden.

Dänemark wird sich in naher Zukunft schwer tun, institutionelle Reformen der EG zu unterstützen, wenn diese zu einer Stärkung der Position der EG-Organe gegenüber den Mitgliedstaaten führen können. Dänemark wird auch nur zögerlich weitere Kompetenzübertragungen von den Mitgliedstaaten auf die Gemeinschaft unterstützen und stets der Regierungskooperation den Vorrang vor einer direkten Zuständigkeit der Gemeinschaft einräumen. Eine Europäische Politische Union, die für die Außen- und Sicherheitspolitik der Mitgliedstaaten zuständig wäre und zu einer weiteren Einschränkung der Souveränität der Mitgliedstaaten führen würde, dürfte gegenwärtig von Dänemark nicht mitgetragen werden.

Nicht ohne Einfluß auf die Haltung der dänischen politischen Gruppen dürfte aber die Entwicklung in Europa und insbesondere in Deutschland bleiben. Bisher grenzte das Land im Süden an ein Deutschland, das geteilt und in vieler Hinsicht an der vollen Entfaltung seiner wirtschaftlichen und politischen Macht gehindert war. Diese Situation hat sich durch die Wiedervereinigung grundlegend verändert. Das vereinigte Deutschland gehört zwar zur EG und bleibt in die - sich sicherlich allmählich verändernde - NATO eingebunden, wird aber in Europa eine ganz andere und sehr viel einflußreichere Rolle spielen, als die beiden Teilstaaten dies bisher vermochten. Es liegt daher im politischen Interesse Dänemarks, dieses vereinigte Deutschland auch in Zukunft fest in eine Europäische Gemeinschaft eingebunden zu wissen, und zwar nicht nur wirtschaftlich, sondern auch politisch. Diese Erkenntnis wird mit Sicherheit dazu beitragen, den Widerstand der führenden politischen Parteien gegen eine Europäische Politische Union und den damit verbundenen weiteren Verzicht auf Souveränitätsrechte allmählich abzubauen.
Von großer Bedeutung für die zukünftige Entwicklung der dänischen Europapolitik dürfte die Haltung Großbritanniens gegenüber der EG und ihrer Weiterentwicklung sein.

Großbritannien

Großbritannien hat sich, ebenso wie Dänemark schwer getan, die Bedingungen der Mitgliedschaft in der Europäischen Gemeinschaft zu akzeptieren. Es hat immer wieder die Bemühungen, die EG - Institutionen zu reformieren und mit verstärkten Kompetenzen zu versehen, sowie die EG zur politischen Gemeinschaft weiter zu entwickeln, gebremst und oft mit Erfolg zur Unverbindlichkeit abgeschwächt. Sehr viele britische Politiker und weite Kreise der britischen Bevölkerung können sich bis heute nicht vorstellen, über den zwar abgegrenzten, aber dennoch sehr umfassenden Bereich der Wirtschaftsgemeinschaft hinaus, der EG politische Kompetenzen im Bereich der Außen- und Sicherheitspolitik zu übertragen. Der Gedanke, daß auch britische Außenpolitik von Brüssel aus gestaltet würde, ist für viele Briten kaum nachzuvollziehen. Das erste Jahrzehnt der britischen Mitgliedschaft in der EG war daher vor allem geprägt von dem Gegensatz zwischen intergouvernementaler Kooperation und supranationaler Integration. Auch die Einheitliche Akte, der das Land zugestimmt hat, hat diesen Konflikt nicht beenden können, obwohl die Europäische Politische Union als vertragliches Ziel festgelegt worden ist. Geblieben ist der Streit, was denn "Union" bedeutet. Für die einen ist es ein föderativer europäischer Staat, für die anderen nur ein Entwicklungsprozess. Für Großbritannien ist der Verlust von nationaler Souveränität bis heute ein politisches Trauma. Man ist vielfach nicht bereit, zur Kenntnis zu nehmen, daß schon mit dem Beitritt zu den Römischen Verträgen Hoheitsrechte, und damit Teile der eigenen Souveränität, auf die EG übergegangen sind. Für die frühere britische Premierministerin Frau Thatcher ist die Europäische Union als staatsrechtliche Vereinigung der Mitgliedstaaten ein politisches Luftschloß. Schon als Oppositionsführerin hatte sie erklärt: "Zu meinen Lebzeiten wird es nach meiner Auffassung keine zentrale europäische Regierung geben, die einem zentralen europäischen Parlament gegenüber verantwortlich ist, und den Nationalstaaten die Herrschaftsgewalt nur noch in dem Umfang zugesteht, wie sie die Bundesstaaten in den USA haben." (Margaret Thatcher, England und die EG, in: Gerhard

Mayer-Vorfelder/Hubertus Huber (Hrsg.), Welches Europa?, Stuttgart 1977, S. 178.) Frau Thatcher konnte allerdings die Einheitliche Europäische Akte mit unterschreiben, weil auch für sie der Begriff 'Union' nichts anderes als einen Entwicklungsprozess bedeutet. Das geeinte Europa ist für sie - ähnlich wie einst für den französischen Präsidenten de Gaulle - ein Bund souveräner Staaten. Wenn ihr andere Argumente fehlten, so erklärte sie oft mit entwaffnender Naivität, daß jede andere Entwicklung der EG zu einer Bedrohung des Fortbestandes der britischen Monarchie führen würde.

In jahrhundertelanger Entwicklung hat sich in England das bis heute ungeschriebene Verfassungsprinzip von der Souveränität des Parlamentes entwickelt. Das englisch/britische Parlament kann mit einfacher Mehrheit alle Arten von Gesetzen erlassen, auch solche, die ihrerseits Verfassungscharakter haben. Strittig ist zudem bis heute, ob das souveräne Parlament Teile seiner souveränen Rechte abgeben kann, obwohl dies durch die Ratifizierungsgesetze der Beitrittsverträge zur EG tatsächlich geschehen ist. Auch wenn die Souveränität des Unterhauses längst durch die beinahe uneingeschränkte und unkontrollierte Macht der britischen Regierung insbesondere des Premierministers eingeschränkt worden ist, so prägt sie dennoch sehr stark die Haltung der Briten gegenüber einer fortschreitenden Vertiefung der europäischen Integration. Eine europäische Föderation, in der wesentliche Teile der Staatsaufgaben und der Politik gemeinsam durch die Organe einer Europäischen Union wahrgenommen würden, ist für viele Briten, vor allem für viele Engländer nach wie vor schwer vorstellbar.

Aber die britische Politik hat inzwischen begriffen, daß nur eine aktive Mitwirkung in den EG-Organen auch einen Einfluß auf die weitere Entwicklung sichern kann. So beteiligte sich das Land von Anfang an an der Arbeit der Regierungskonferenz, die die Einheitliche Europäische Akte ausgearbeitet hat und verhinderte so, daß die Politische Union in mehr als nur unverbindlichen Formeln Gestalt erhielt. Großbritannien erreichte auch die Beibehaltung des Vetorechts im Rat aus "vitalen nationalen Interessen" und verhinderte zusammen mit der Bundesrepublik Deutschland die Festlegung auf einen stärkeren Ausbau des EWS. Im Bund mit Dänemark und auch Frankreich blockierte Großbritannien bisher alle Versuche, die Kompetenzen des Europaparlaments zu erweitern. Großbritannien hatte viele Jahre lang große Mühe, sich in die Gemeinschaft einzuordnen und sich damit vertraut zu machen, daß die EG beispielsweise auf internationalen Konferenzen gemeinsam aufzutreten pflegt. Der britische Labour-Politiker Roy Jankins wurde als Kommissionspräsident lange Zeit in Kreisen seiner Partei als Verräter an den Interessen Großbritanniens angesehen.

Die erste Direktwahl für das Europaparlament war ursprünglich schon im Jahr 1978 vorgesehen, mußte aber um ein Jahr verschoben werden, da der Widerstand gegen direkte Wahlen in Großbritannien das Zustandekommen des britischen Wahlgesetzes erheblich verzögerte.

Die große Mehrheit der Labour-Party war noch Anfang der 80er Jahre gegen eine britische Mitgliedschaft in der EG. Im Unterhaus-Wahlkampf 1983 erklärte die Partei, im Falle eines Wahlsieges wieder aus der EG austreten zu wollen. Allerdings wollte man wirtschaftlich mit der EG eng verbunden bleiben. Man sah nämlich die steigenden Exportziffern nach dem Kontinent. Die Rosinen wollte man, den Kuchen nicht. Die strikte Anti-Haltung der Partei führte schließlich auch mit zur Abspaltung der Pro-Europäer und zur

Gründung der Socialdemocratic-Party (SDP), die ebenso wie die britischen Liberalen für eine britische Mitgliedschaft und für die Vertiefung der Integration eintraten. Mitte der 80er Jahre begann sich die Haltung der Labour-Party langsam zu ändern. Man gab die Forderung nach Wiederaustritt auf und entwickelte eine mehr pragmatische EG-Politik. Die Anti-Marketiers verloren zunehmend an Einfluß in der Partei und auch bei den Europawahlen 1984. Man unterstützte jetzt die Entwicklung des Binnenmarktes und die damit verbundene Liberalisierung des Handels. Aber man war und ist nach wie vor gegen eine Politische Union, die mit einem Souveränitätsverlust verbunden wäre. Man hatte auch erkannt, daß die EG gemeinsam politisches Gewicht entwickeln, und daß Großbritannien nur als Teil der EG seine Positionen in der Weltpolitik behaupten und durchsetzen konnte. So unterstützte man die Pläne Gentschers und Colombos zur Weiterentwicklung einer gemeinsamen Außen- und Sicherheitspolitik im Rahmen der EPZ. Die feste Haltung der Gemeinschaft und die demonstrierte Solidarität mit Großbritannien im Falkland-Konflikt stärkte das Gefühl für positive Konsequenzen einer gemeinsamen Politik. Die Briten sind realistisch und pragmatisch genug, um zu sehen, daß viele politische Aufgaben von der EG als Ganzes besser und wirkungsvoller durchgeführt werden können als von jedem einzelnen Land. Man sieht, daß es von Nutzen ist, z.B. vor der UNO mit einer Stimme zu sprechen, Aber das Wie dieses gemeinsamen Handelns ist bis heute der Streitpunkt. Konservative und Labour wollen Kooperation und nicht Integration. Sehr oft wird dabei Integration zu Unrecht mit Zentralismus gleichgesetzt.

Festhalten kann man, daß die beiden großen politischen Parteien heute in ihrer Mehrheit für den Verbleib des Landes in der EG sind und die Gemeinschaft weiterentwickeln wollen. Die Mehrheit ist aber ebenso für eine Gemeinschaft der Regierungskooperation und gegen ein föderative, staatsrechtlich gestaltete Union. Aber schon der frühere Labour-Premierminister Harold Wilson hatte bereits 1969 im Unterhaus erklärt: "Many of us feel that there is a case for developing institutions towards political unity in Europe". Noch weiter ging Harold Macmillan ein Jahr später, als er sagte: "Europe should have a united foreign policy, a united defence policy, a united monetary policy, and treat itself as really one nation to resist the danger with which it is threatened".

Es wird sicherlich noch lange dauern, bis die Mehrheit der politischen Führungsgruppen in Großbritannien erkennt, daß eine europäische politische Einheit nicht den Verlust von Souveränität, sondern die Zusammenfügung von Souveränitäten bedeutet. Eine gemeinsame europäische Souveränität erwächst am Ende aus diesem, von allen mitgestalteten Prozess. Weit verbreitet ist auch die Angst, über britische Politik würde kein britisches Parlament mehr als letzte Instanz entscheiden. Aber schon heute werden viele Entscheidungen, die Großbritannien betreffen, in Brüssel getroffen. Eine britische Handels- oder Agrarpolitik gibt es schon jetzt nicht mehr. Umgekehrt kann man auch fragen, warum denn nicht ein schottisches Parlament allein und unbeeinflußt über die für Schottland relevante Politik entscheiden kann. Diese Frage zeigt, wie rückwärts gerichtet die meisten Menschen ihre Gegenwart beurteilen.

Die Befürworter einer europäischen Integration und Weiterentwicklung zur politischen Gemeinschaft, haben erkannt, daß ein zunehmend isoliertes Land sehr schnell wirtschaftlich, wie politisch an Gewicht verlieren würde. Das Hauptproblem der britischen Wirtschaft ist die vielfach geringere Produktivität der Betriebe und damit die sinkende Wettbewerbsfähigkeit. Im gemeinsamen Markt wirkt sich das zunehmend aus und hat zur Verarmung vieler Regionen geführt, in denen nicht rechtzeitig Strukturanpassungsmaßnahmen ergriffen worden sind. Die zerstrittenen Gewerkschaften haben zudem für die Arbeitnehmer weniger erreicht, als ihre Kollegen auf dem Kontinent. Es fehlt dem Land dadurch eine breit gestreute Kaufkraft als Motor für die wirtschaftliche Entwicklung. Eine Lösung Großbritanniens aus der EG hätte zwar die britische Industriestruktur durch Zölle und Einfuhrhemmnisse "schützen" können, nicht aber das Hauptproblem und damit die Ursache der verbreiteten Armut beseitigt. Der kommende Binnenmarkt wird durch seinen Anpassungsdruck wahrscheinlich schneller und radikaler die britische Industriestruktur verändern und sich mittelfristig zum wirtschaftlichen Vorteil der Masse der Bevölkerung auswirken, als viele gegenwärtig erwarten.

Aber es bleiben die großen Vorbehalte gegen eine Vertiefung des Integrationsprozesses und auch gegen institutionelle Reformen. Nur die SDP und die Liberalen sind gegenwärtig bereit, in dieser Richtung politisch voranzugehen. Das britische Wahlsystem gibt ihnen aber wenig Chancen. Das Land wird auch in Zukunft nur sehr zögerlich den Weg zur politischen Einheit mitgehen und eher versuchen, diesen Prozess zu behindern und abzuschwächen. Aber es gibt auch in den großen politischen Gruppen Persönlichkeiten, die erkannt haben, daß die Periode souveräner Nationalstaatlichkeit dem Ende entgegen geht. Je zögerlicher sich das Land verhält, je mehr es abseits steht bei dem politischen Integrationsprozess, desto geringer sind auch die Chancen, diesen Prozess mitzugestalten. Schon einmal mußte Großbritannien auf den fahrenden Zug der Wirtschaftsgemeinschaft aufspringen und akzeptieren, was andere gestaltet hatten. Gegenwärtig ist das Land erneut in Gefahr, z.B.die Entwicklung einer europäischen Währungsunion den anderen zu überlassen, weil es glaubt, auf eine eigene Geld- und Budgetpolitik nicht verzichten zu können.

Politisch hat Großbritannien drei Optionen:

-Es kann sich der Illusion hingeben, weiterhin Weltmacht zu sein und von seiner großen Geschichte zu träumen. Das Falkland-Unternehmen erweckte bei vielen sicherlich den Anschein, als sei eine solche Politik und Position noch möglich. Aber die rasante Entwicklung der Deutschlandpolitik 1990 vollzog sich schon weitgehend an Großbritannien - und auch Frankreich - vorbei, trotz ihrer besonderen Rechte aus der Nachkriegszeit und zeigte ihr gegenwärtiges Gewicht als Nationalstaaten und damit die Bedeutung der so sehr gehüteten Souveränität.

-Es kann die Rolle als Juniorpartner der USA weiterentwickeln. Sehr viel eigenen politischen Spielraum bietet diese Option jedoch nicht, sondern nur die Möglichkeit die US-Politik mehr oder weniger deutlich zu unterstützen. Der Golfkonflikt um Irak und Kuwait zeigte die dominierende Rolle der USA und dies, obwohl die Golfregion vor noch nicht langer Zeit unbestritten und fast ausschließlich britisches Einflußgebiet war.

-Es kann in einer politisch geeinten EG eine führende Rolle entwickeln und hier seine nach wie vor bestehende Weltgeltung einbringen. Aber dies geht nur, wenn man Abschied nimmt von der Idee, Kontinentaleuropa von außen zu beeinflussen und durch Gleichgewichtspolitik dafür zu sorgen, daß der Kontinent niemals britische Positionen infrage stellt. Jetzt schwindet sogar das seit 1945 als Folge der europäischen Teilung bestehende Ost-West-

Gleichgewicht. Die Vision eines zusammenwachsenden Gesamteuropas bedeutet für die britische Politik nur noch die Alternative, entweder dieses politische Europa von innen mitzugestalten oder zur historischen Bedeutungslosigkeit zu verfallen. Ähnlich wie in Dänemark wird auch in Großbritannien die veränderte Rolle eines wiedervereinigten Deutschland nicht ohne Einfluß auf die Haltung der großen politischen Gruppen gegenüber der Entwicklung eines politischen Europas sein. Aus historischer Erfahrung weiß man, daß ein wirtschaftlich und politisch erstarktes Deutschland in seinem eigenen und in Europas Interesse nicht isoliert bleiben darf, sondern fest in ein wirtschaftlich und politisch integriertes Europa eingebunden sein muß. Nur eine Europäische Gemeinschaft, in die Großbritannien voll integriert ist, kann auf Dauer das erforderliche innere Gleichgewicht und damit die politische Stabilität entfalten, die für eine dauerhafte friedliche Zukunft Europas unverzichtbar ist. Mittelfristig wird sich auch in Großbritannien diese Erkenntnis durchsetzen.

Die EG wird sich aber in naher Zukunft wahrscheinlich zunächst ohne Großbritannien zu einer eigenständigen politischen Größe weiterentwickeln. Der notwendige Anpassungsprozess des politischen Bewußtseins in Großbritannien wird wohl noch einige Zeit erfordern, ehe sich bei der Mehrheit der politisch führenden Gruppen die Erkenntnis einstellt, daß das Land nur mit und in der EG eine wirkliche Zukunftsperspektive hat. Es reicht nicht aus, die wirtschaftlichen Vorteile der EG-Mitgliedschaft, die auch auf der Insel heute weitgehend unumstritten sind, zu sichern und alle weitergehenden Forderungen nach politischer Integration von sich zu weisen. Auf Dauer kann das wirtschaftliche Europa ohne einen politischen Überbau nicht fortexistieren und sich weiterentwickeln. Großbritannien muß endlich seine psychologische Barriere gegenüber dem kontinentalen Europa überwinden, die immer noch von einer Sonderrolle im Verhältnis zu den USA und einer durch das Commonwealth geprägten Eigenständigkeit ausgeht. Das Vereinigte Königreich steht jetzt am Scheidewege seiner modernen Geschichte!

Irland

Irland ist der EG vor allem im Interesse seiner Landwirtschaft beigetreten und hat seither erhebliche, insbesondere finanzielle Vorteile aus der Mitgliedschaft ziehen können. Auch politisch hat die Mitgliedschaft für Irland eine nicht gering einzuschätzende Bedeutung gewonnen. Nachdem das Land Anfang der 20er Jahre sich aus der britischen Herrschaft befreien und seine staatliche Selbständigkeit wieder gewinnen konnte, blieb es politisch noch lange Jahre im Schatten des großen Nachbarn. Erst als EG-Mitglied kann es nun als völlig gleichberechtigter Partner Großbritanniens auftreten und handeln. Aus diesem Grunde unterstützt Irland auch die Stärkung der politischen EG, da das Land nur auf diesem Wege Einfluß auf das politische Geschehen in Europa nehmen kann. Irland unterstützt auch institutionelle Reformen, insbesondere eine Stärkung der Stellung der Kommission, um die Dominanz der drei 'Großen' auf diese Weise zu kompensieren.

Irland verfolgt eine Politik der Neutralität. Diese irische Neutralität hat ihren Ursprung in der erzwungenen Teilnahme an den britischen Kriegen, vor allem am ersten Weltkrieg und im Unabhängigkeitskampf nach dem ersten Weltkrieg. Man wollte die errungene Freiheit und

Selbständigkeit schützen und nicht wieder in europäische Auseinandersetzungen hineingezogen werden. So entwickelte sich in den dreißiger Jahren eine mehr und mehr neutrale irische Außenpolitik. Die Neutralität wurde zum Symbol irischer Souveränität. Eine große Rolle für die irische Weigerung, sich Bündnissen, insbesondere der NATO anzuschließen, spielte die Teilung des Landes. Irland will nicht mit Großbritannien verbündet sein, solange dies seine nordöstlichen Bezirke als Teil des Vereinigten Königreiches verwaltet.

Bei der Entscheidung über den Beitritt zur EG stand Irland vor der Frage, entweder mit Großbritannien zusammen beizutreten, oder aber isoliert außerhalb der Gemeinschaft und damit getrennt von seinen wichtigsten Handelspartnern zu bleiben. Den führenden politischen Gruppen Irlands wurde auch klar, daß die Gemeinschaft auf Dauer nicht nur eine Wirtschafts- und Handelsgemeinschaft bleiben, sondern fortschreitend auch die Außen- und Sicherheitspolitik einbeziehen würde. Die bisherige Ablehnung einer Mitgliedschaft in der NATO bedeutet nicht, daß damit zugleich jegliche Teilnahme an einer gemeinsamen europäischen Sicherheits- und Verteidigungspolitik abgelehnt wird. Irland betont zwar stets seine neutrale politische Position, aber es läßt auch erkennen, daß es entschlossen ist, sich an der Fortentwicklung der EG zu beteiligen. So hat sich Irland trotz gewisser Bedenken und Vorbehalte von Anfang an an der EPZ beteiligt, ohne durch seine Neutralität gehindert oder eingeschränkt zu sein. Anders als im Falle der Schweiz oder Österreichs beruht die irische Neutralitätspolitik nicht auf einer völkerrechtlichen Bindung, sondern allein auf der eigenen Entscheidung von Parlament und Regierung.

Die großen politischen Parteien bejahen die Mitgliedschaft Irlands in der EG mit unterschiedlicher Intensität. Irland hatte wegen seiner Neutralität allerdings große Schwierigkeiten, der Einheitlichen Akte zuzustimmen, da diese auch die Sicherheitspolitik in die politische Zusammenarbeit einbezog. Nachdem aber durch eine Volksabstimmung die irische Verfassung der durch die Einheitliche Akte geschaffenen Rechtslage angepaßt worden war, beteiligt sich das Land ohne Schwierigkeiten an der erweiterten EPZ. Die Veränderungen in Europa und der Abbau des Ost-Westgegensatzes hatten dazu geführt, daß die konservativ-bürgerlichen Parteien inzwischen einer stärker pragmatischen Haltung zur Frage der irischen Neutralität zuneigen, während die Mitte/Linksgruppierungen nach wie vor eine uneingeschränkte Neutralität des Landes befürworten.

Es gibt jedoch in allen politischen Lagern nach wie vor Vorbehalte gegen eine fortschreitende politische Integration der EG und verbunden damit, eine weitere Übertragung von Hoheitsrechten auf die Gemeinschaft. Insofern ist die Haltung der führenden politischen Gruppen derjenigen in Großbritannien durchaus vergleichbar. So gibt es gegenwärtig irische Vorbehalte gegen viele für die Schaffung des Binnenmarktes notwendige Entscheidungen. Man sträubt sich beispielsweise gegen die vorgeschlagene Harmonisierung der Mehrwertsteuer ebenso wie gegen die Aufhebung der innergemeinschaftlichen Grenzkontrollen. Die Bewahrung der eigenen Außenpolitik und die Erhaltung eines souveränen Staates ist politische Maxime aller Parteien.

Vergleichbar mit Griechenland braucht Irland vermutlich noch eine lange Zeit, um sich mit der veränderten Lage in Europa bewußtseinsmäßig vertraut zu machen und die zunehmende Relativität staatlicher Souveränität zu erkennen. Das Land hat, ähnlich wie Griechenland, erst in jüngster Geschichte seine Unabhängigkeit wiedererlangt und tut sich schwer, diese in eine Europäische Gemeinschaft einzubringen. Der historisch bedingte Gegensatz zu Großbritannien wird aber andererseits das Land veranlassen, stets eng mit dem kontinentalen Europa verbunden zu sein. Wenn es gelingt, Irland und den führenden politischen Gruppen dieses Landes deutlich zu machen, daß eine verstärkte politische Integration und damit eine volle Einbindung Irlands in eine Europäische Politische Union nicht zu einem Verlust der staatlichen Eigenständigkeit, sondern eher zu einer Stärkung dieser Eigenständigkeit und damit zur Sicherung der Unabhängigkeit im Rahmen der Gemeinschaft führen wird, so wird Irland vielleicht eher bereit sein als Griechenland, Dänemark oder auch Großbritannien, voll an diesem Prozess der europäischen Einigung mitzuarbeiten.

Die Beneluxstaaten, Belgien, Luxemburg und die Niederlande

Die Benelux-Staaten gehören zu den Mitbegründern der EG. Anders als Dänemark, Großbritannien und Irland, waren sie von Anfang an bereit, auf Teile ihrer Hoheitsrechte zugunsten der Gemeinschaft zu verzichten. Die politisch führenden Kräfte in diesen Ländern unterstützen die Weiterentwicklung der EG zur politischen Gemeinschaft und zwar im Sinne einer föderativen Union uneingeschränkt. Die Notwendigkeit, ein wiedervereinigtes Deutschland, ebenso wie die bisherige Bundesrepublik, an den Westen zu binden und die deutsche Außen- und Sicherheitspolitik in einen gemeinsamen europäischen Rahmen mitzugestalten, verstärkt diese politische Haltung in den Benelux-Staaten eher noch.

In B e l g i e n sind alle politischen Parteien für die Schaffung einer Europäischen Politischen Union in Form einer Föderation, die auch für Außen- und Sicherheitspolitik zuständig ist. Belgien würde darüberhinaus die Entwicklung eines europäischen Bundesstaates als Endstadium der europäischen Integration unterstützen. Europa ist in Belgien eigentlich kein politisches Thema mehr. Die Rivalität zwischen Flamen und Wallonen und die Besorgnis erregende Lage der belgischen Wirtschaft sind die dominierenden Themen in der öffentlichen Meinung. Man erwartet vom europäischen Binnenmarkt und von einer Europäischen Union die Lösung der eigenen Wirtschaftsprobleme und auch eine Entspannung der regionalen Konflikte zwischen den beiden großen Volksgruppen, dergestalt, daß dadurch die regionale Eigenständigkeit verstärkt werden kann. Außerdem geht man davon aus, daß nur eine gemeinsame europäische Außen- und Sicherheitspolitik Europa zum 'gleichgewichtigen Pfeiler' im nordatlantischen Bündnis entwickeln kann und die europäischen Interessen im Dialog mit den Großmächten wirksamer zur Geltung bringen kann. Bei der weiteren politischen Entwicklung kann davon ausgegangen werden, daß Belgien - wie bisher - den Fortgang der Integration, die notwendigen institutionellen Reformen und die Entwicklung einer europäischen föderativen Union tatkräftig unterstützen wird.

Die Haltung der politischen Führung in L u x e m b u r g ist ebenfalls uneingeschränkt positiv gegenüber der Weiterentwicklung der EG zu einer politischen Gemeinschaft und gegenüber weiteren institutionellen Reformen. Die Christliche Soziale Volkspartei (CSV) betrachtet die "politische Einheit Europas...(als)...die historische Aufgabe der jetzigen Generation". Unpräzise bleibt aber, wie so oft in politischen Erklärungen und Programmen, was denn unter einer politischen Union zu verstehen ist. Durch alle feierlichen Erklärungen scheint auch hier der Konflikt hindurch, der uns fast überall in der Gemeinschaft begegnet: Auf der einen Seite weiß man, daß nur die immer enger werdende politische Gemeinschaft das Selbstbestimmungsrecht der Europäer auf Dauer bewahren, und insbesondere die Existenz der kleineren Staaten längerfristig sichern kann. Auf der anderen Seite aber hat man Angst vor einem Verlust der eigenen Souveränität und damit der eigenen Staatlichkeit und - was die kleineren Staaten betrifft - man sorgt sich, daß man mehr und mehr unter ein Patronat der größeren Mitgliedstaaten der Gemeinschaft gerät.

Unverbindlich bleibt auch die Forderung der CSV nach der "Schaffung einer Zone der Währungsstabilität". Diese Forderung ist viel weniger, als die nach der Vollendung der Europäischen Währungs- und Wirtschaftsunion. Aber Luxemburg muß natürlich fürchten, in einer solchen Wirtschafts- und Währungsunion längerfristig seine besonderen steuerlichen Vorzüge zu verlieren und damit die Attraktivität für Kapitalanleger.

Die Luxemburgische Sozialistische Arbeiterpartei (LSAP) nimmt dagegen eine sehr viel deutlichere und klarere Haltung gegenüber der wirtschaftlichen und politischen Einigung Europas ein. Sie bekennt sich eindeutig zum Subsidiaritätsprinzip, daß sich die europäische Zusammenarbeit auf alle Bereiche beziehen muß, in denen "die einzelnen Mitgliedstaaten allein nichts oder nur wenig vermögen". Ebenso eindeutig ist auch die Haltung der Demokratischen Partei (DP). Sie fordert eine eigenständige europäische Verteidigungspolitik und geht damit noch über die Ziele der beiden anderen Parteien des Landes hinaus.
Die Luxemburger Kommunisten hingegen treten, wie fast alle kommunistischen Parteien in Mittel- und Westeuropa, für die Beibehaltung des status quo, also für die Weiterentwicklung der Wirtschaftsgemeinschaft, aber nicht für eine weitere politische Integration ein. Sie sind für die Beibehaltung der Einstimmigkeit im Rat gegen eine europäische Verteidigungsgemeinschaft und für die Bewahrung der nationalen Souveränität.

Luxemburg wird, ebenso wie Belgien, zu den Staaten gehören, die die weitere politische Integration fördern werden und für institutionelle Reformen eintreten werden. Luxemburg wird aber mit Bedacht seine Staatlichkeit in einer Europäischen Politischen Union zu bewahren und zu sichern suchen und somit insbesondere ausgeprägte föderale Strukturen der Gemeinschaft fördern.

Ähnlich wie die beiden anderen Benelux-Staaten wird auch in den N i e d e r l a n d e n die europäische Integration und die Weiterentwicklung der EG zur politischen Gemeinschaft voll bejaht. Die Niederlande unterstützen auch die zur Demokratisierung der Gemeinschaft notwendigen institutionellen Reformen. Auch in den Niederlanden weiß man, daß die Sicherheit und die Eigenständigkeit des Landes ganz entscheidend von den deutsch-französischen Beziehungen geprägt werden. Gute Beziehungen dieser beiden großen Nachbarländer zueinander sind für die Niederlande ein wichtiges Sicherheitselement. Aber man sieht auch die Nachteile, die sich aus einer deutsch-französischen Dominanz in der EG ergeben können. Gerade auf außenpolitischem Gebiet haben die Niederlande eine traditionell eigenständige Linie entwickelt, die sich teilweise erheblich von der Außenpolitik anderer Mitgliedstaaten unterscheidet. Darum haben sich die Niederlande in der EPZ stets darum bemüht, zusammen mit den anderen Mittel-Staaten ein Gegengewicht gegen deutsch-französische Alleingänge aufzubauen. Die Christen-Democratisch Appel (CDA), die Partij van de Arbeid (PvdA), die Volkspartij voor Vrijheid en Democratie (VVD) und Democratie 66 (D 66) sind uneingeschränkt für die Entwicklung einer Europäischen Politischen Union und für die notwendigen institutionellen Reformen. Eine politische EG ist für die führenden politischen Kräfte in den Niederlanden auch der geeignete Weg, um das mehr und mehr erstarkende Deutschland fest in die westliche Staatengemeinschaft einzubinden.

Auch in den Niederlanden gibt es kleinere politische Gruppen, die gegen eine zunehmende politische Einheit Europas sind. So fordert die Staatkundig Gereformeerde Partij (SGP), daß sich die wirtschaftliche Gemeinschaft nicht zu einem politischen Europa ausweiten dürfe, da dies die nationale und kulturelle Identität das Landes gefährde. Das Land müsse an seiner nationalen Unabhängigkeit unbedingt festhalten. Eine ähnliche Haltung nehmen die anderen kleinen und im politischen Leben des Landes bedeutungslosen Parteien ein.

Die Niederlande werden die weitere wirtschaftliche und politische Integration der EG voll unterstützen. Sie werden die notwendigen institutionellen Reformen mittragen und - wie die anderen Benelux-Staaten - auch eine Entwicklung der EG zu einer föderativen bundesstaatlichen Einheit voll unterstützen. Für die Niederlande ist dies der politisch sichere Weg, die Selbstbestimmung der europäischen Völker im Kreise der Weltmächte zu gewährleisten und gleichzeitig die Individualität der einzelnen Völker in einer politischen Einheit Europas zu sichern.

Italien

Für Italien ist die Zugehörigkeit zur EG vom Anbeginn an eine politische Selbstverständlichkeit. Italien, die Benelux-Staaten und die Bundesrepublik waren auch immer Befürworter einer Fortentwicklung der wirtschaftlichen Union zu einer politischen Gemeinschaft. Diese Staaten haben eine vergleichbare historische Entwicklung genommen, sie sind in ihrer heutigen Staatlichkeit erst im 19. Jahrhundert entstanden und sie gehörten alle für viele Jahrhunderte zum Heiligen Römischen Reich Deutscher Nation. Für sie ist also europäische Gemeinsamkeit auch so etwas wie eine historische Erfahrung, wenngleich natürlich in anderer Gestalt. Es ist fast Tradition, daß sich die italienischen Regierungen von niemandem in ihrem Engagement für Europa übertreffen lassen. Diese positive Einstellung zur Europäischen Gemeinschaft, auch in der Bevölkerung, beruht vor allem auf den Erfahrungen mit dem faschistischen Regime und dem zweiten Weltkrieg, daß Italien seine wirtschaftlichen und politischen Probleme nur im europäischen Rahmen lösen kann. Diese Überzeugung wird von allen großen politischen Gruppierungen, einschließlich der Partito Communista Italiano (PCI), die sich heute 'Partei der Demokratischen Linken' (PDS) nennt, voll unterstützt. Trotz der innenpolitischen Instabilität war die italienische Europapolitik immer von einer klaren Kontinuität bestimmt, auch wenn das Land mit der Umsetzung dieser Politik, z.B. der EG-Richtlinien in innerstaatliches Recht, oft erhebliche Schwierigkeiten hat.

Italien hat die Vorschläge des Europaparlaments zur institutionellen Reform und zur Schaffung einer politischen Union stets voll unterstützt. Italien hat auch zielstrebig am EWS teilgenommen, obwohl dies erhebliche Opfer und Einschränkungen der bisherigen Währungspolitik forderte. Aber Italien hat auch von dieser gemeinsamen Währungspolitik der EG profitiert, seine Währung ist heute stabiler denn je, auch sind die Inflationsraten in Italien noch nie so niedrig gewesen, wie gegenwärtig.
Die Haltung aller bedeutenden politischen Gruppierungen zielt auf eine politische Einigung Europas, damit Europa seine notwendige Vermittlerrolle zwischen den Supermächten mit Erfolg ausüben kann und verstärkt auch eine wirksame Entwicklungs- und Friedenspolitik gegenüber den Ländern der Dritten Welt entwickeln und durchsetzen kann. Nur ein Europa, das als Einheit selbständig handeln kann, kann wirklich und effektiv Einfluß nehmen. Auch möchte Italien die Gestaltung der politischen Entwicklung in der EG nicht allein Deutschland und Frankreich überlassen und befürwortet deswegen die Abkehr von der Regierungskooperation in der EPZ und die Schaffung integrierter Gemeinschaftsinstanzen für die Außen- und Sicherheitspolitik. Starke politische Kräfte in Italien befürworten außerdem, daß der politische Integrationsprozess von d e n Mitgliedstaaten weiterentwickelt wird, die dazu bereit sind. Man will sich nicht länger von den anderen Mitgliedstaaten, die gegenwärtig noch Vorbehalte gegen eine föderative politische Gemeinschaft haben, an dieser Weiterentwicklung hindern lassen.

Italien wird zu den Mitgliedstaaten der Gemeinschaft gehören, die die Weiterentwicklung der gegenwärtigen Wirtschaftsgemeinschaft zu einer außen- und sicherheitspolitischen Union nachdrücklich fördern werden und dies auch dann, wenn gegenwärtig noch nicht alle Mitgliedstaaten der EG zu einem solchen Schritt bereit sind.

Frankreich

Frankreich gehört zu den Gründungsmitgliedern der Europäischen Gemeinschaft. Die ursprüngliche Initiative, eine Europäische Gemeinschaft für Kohle und Stahl ins Leben zu rufen, und dieser Teile der nationalen Hoheitsrechte zu übertragen, ist in Frankreich entwickelt worden. Dieser Weg einer schrittweisen Zusammenführung und Europäisierung vieler Bereiche der nationalen Politik hat sich bewährt und entscheidend dazu beigetragen, den deutsch-französischen Gegensatz nicht nur zu überwinden, sondern durch eine immer enger gewordene Partnerschaft zu ersetzen.

Die Haltung Frankreichs zur Idee einer supranationalen Gemeinsamkeit ist aber bis heute ambivalent geblieben. Im Grunde will man in Frankreich zwei politische Ziele miteinander verbinden, die miteinander nicht zu vereinbaren sind: Frankreich will seine nationale, souveräne Herrschaftsrolle in Europa und der Welt bewahren, gleichzeitig aber die EG auf dem Fundament der deutsch-französischen Partnerschaft zur politischen Union weiterentwickeln. Für den früheren Präsidenten de Gaulle war das erste Ziel vorherrschend, wie bereits dargelegt wurde. Er strebte ein Europa der Vaterländer an, in dem die Staaten ihre uneingeschränkte Souveränität bewahren konnten. Seither hat sich diese starre französische Haltung etwas gelockert, man bemüht sich um eine gewisse Parallelität beider Ziele in der französischen Politik und strebt eine weitgehende französische Eigenständigkeit in einer politischen Union an. So wurde beispielsweise auf der EG-Gipfelkonferenz im Dezember 1974 auf Vorschlag des damaligen französischen Präsidenten Giscard d'Estaing der Europäische Rat geschaffen. Dies war nicht nur ein neuer Name für die Konferenz der Staats- und Regierungschefs, mit diesem Europäischen Rat sollte ein Gegengewicht zum Europaparlament geschaffen werden, und es sollte ein Schritt in Richtung einer Staatenkonföderation getan werden, so wie Frankreich sie anstrebte. Nicht ein Parlament sollte endgültig und mit Mehrheit entscheiden, sondern die Staats- und Regierungschefs und zwar einstimmig. Aber mit der Schaffung des Europäischen Rates war - vielleicht ungewollt - auch ein positiver Anstoß verbunden, denn nun trugen die Staats- und Regierungschefs selbst die Verantwortung für die Europapolitik und für die europäische Entwicklung.

Aber es gibt nach wie vor erhebliche Vorbehalte gegen die supranationale Entwicklung und insbesondere gegen den staatsrechtlichen Charakter der zukünftigen EG. Die Artikulierung dieser Einwände überläßt man aber gegenwärtig getrost der britischen Politik.

Auch Frankreich hat die Weiterentwicklung der Wirtschaftsgemeinschaft zum Binnenmarkt tatkräftig gefördert, aber die institutionellen Reformen eher gebremst. Frankreich hat auch die gemeinsame Sicherheitspolitik auf der Grundlage einer Regierungskooperation stets unterstützt, auch um die Gemeinschaft im atlantischen Bündnis gegenüber den USA zu stärken.Die französische Sicherheitspolitik ist national und europäisch zugleich, wohl auch in der klaren Erkenntnis, daß nur ein gemeinsames europäisches Sicherheitssystem fähig ist, Europas Unabhängigkeit und Eigenständigkeit zu behaupten. Eine enge Kooperation mit den ehemaligen Kolonien in Afrika, als die geographische Ergänzung der Force de frappe, unterstreicht die französische Politik des eigenen Weges innerhalb der EG. Die Lomé--Abkommen der EG mit den ehemaligen Kolonien, vor allem Frankreichs und Großbritanniens, bedeuten auch die Mobilisierung der Entwicklungshilfe und Finanzkraft der Gemeinschaft zur Stärkung des französischen Rückhaltes in Afrika. Auch hat Frankreich seine Sonderrolle in der NATO außerhalb der militärischen Integration stets darauf stützen können, daß die Bundesrepublik eine vorgeschobene Sicherheitszone mit starker amerikanischer Militärpräsenz war. Die Bundesrepublik war in die NATO eingebunden, sie genoß vertragliche Sicherheitsgarantien und war im Laufe der Jahre zum Hauptverbündeten der USA in Europa geworden. Diese für Frankreich günstigen politischen Bedingungen, insbesondere das ausbalanzierte Ost-Westverhältnis in Europa, haben sich mit dem Rückzug der Sowjetunion aus ihrem europäischen Vorfeld und infolgedessen mit der Verringerung der US-Militärpräsenz in Deutschland entscheidend verändert. Deutschland hat nach seiner Wiedervereinigung zwar keinen Zweifel am Fortbestand seiner Integration in die EG und an seiner Bindung an die NATO aufkommen lassen, aber die Veränderungen auf dem Balkan und in der Sowjetunion selbst werden Frankreich auf Dauer keine Sonderrolle in der westlichen Allianz mehr gestatten. Der Golf-Konflikt hat dies bereits klar gezeigt. Frankreich hat nur kurzfristig versucht, eine eigene Vermittlerrolle zu spielen, sich dann aber voll in die UNO-Aktion integriert.

Ein aus dem west-östlichen Patronat entlassenes Europa erfordert die volle Integration Frankreichs auch in der Außen- und Sicherheitspolitik, nicht zuletzt auch, um die neue Rolle, die Deutschland in Ost- und Südosteuropa zuwachsen wird, als gemeinsame europäische Aufgabe zu erfüllen. Die Begrenzung der Bundeswehr und die Reduzierung vor allem der amerikanischen Streitkräfte in Deutschland werden darüberhinaus ein Umdenken Frankreichs notwendig machen, denn die bisher stabile Glacis-Funktion West-Deutschlands besteht in dieser Form nicht mehr. Allerdings werden Mitte der neunziger Jahre die sowjetischen Streitkräfte aus Deuschland und Mittel/Osteuropa abgezogen sein. Es darf aber in diesem Raum kein sicherheitspolitisches Vakuum entstehen. Nur Deutschland und Frankreich gemeinsam werden dies wirksam verhindern können, indem sie schrittweise die Integration der europäischen Sicherheitspolitik in die EG betreiben und die Gemeinschaft zu einer Sicherheits- und Verteidigungsgemeinschaft ausbauen.

Da Deutschland verbindlich auf die Herstellung und den Besitz atomarer Waffen verzichtet hat, und auch die ehemaligen europäischen Mitglieder des Warschauer Paktes keine atomaren Waffen besitzen werden, muß auch der atomare Schutz Deutschlands und Mitel/Osteuropas gewährleistet bleiben, wenn die Stabilität und das Gleichgewicht auch insoweit bewahrt werden sollen. Diese Aufgabe kommt auf Frankreich und Großbritannien innerhalb der EG zu. Ihre Erfüllung wird ein wichtiger Faktor der Entwicklung der Europäischen Politischen Union werden. Der Fortbestand der NATO bedeutet darüberhinaus auch den Fortbestand einer Nukleargarantie für die europäischen NATO-Mitgliedstaaten durch die USA. Im Hinblick auf die unsichere Zukunft der Sowjetunion und damit der Kontrolle über das Nuklearwaffenpotential dieses Landes, ist dieses Element des nordatlantischen Bündnisses besonders wichtig. Insoweit ergänzen sich auch die Ziele der NATO und diejenigen Deutschlands und Frankreichs im Bezug auf die Weiterentwicklung der Europäischen Gemeinschaft.

Frankreich hat zusammen mit Deutschland eine Schlüsselposition bei der politischen Weiterentwicklung der EG. Nur beide gemeinsam können die Gemeinschaft auf diesem Wege voranbringen. Nachdem Deutschland wieder ein Staat geworden ist und seine volle Handlungsfreiheit zurückgewonnen hat, hat die volle politische Integration des vereinigten Deutschland in die EG für Frankreich einen hohen Stellenwert erhalten. Da man in Frankreich weiß, daß nur mit Deutschland zusammen die EG zu einer politischen Föderation weiterentwickelt werden kann, werden die französischen Vorbehalte gegen eine weitere Übertragung von Hoheitsrechten, insbesondere auf dem Gebiet der Außen- und Sicherheitspolitik, hinter die politische Notwendigkeit einer Einbindung Deutschlands zurücktreten. Nur eine feste Einbindung Deutschlands in ein wirtschaftlich und politisch geeintes Europa wird verhindern, daß die wirtschaftliche und politische Stärke Deutschlands nicht wieder zum Alptraum seiner Nachbarn wird. Dies aber ist nur um den Preis einer föderativen Europäischen Politischen Union zu haben, das heißt, auch Frankreich muß auf wohlgehütete Souveränitätsrechte verzichten. Frankreich wird eine Stärkung seiner Positionen innerhalb der Institutionen der EG anstreben, um auf diese Weise seine politischen Vorstellungen und Zielsetzungen zur Geltung zu bringen. Am liebsten wäre Frankreich eine Europäische Politische Gemeinschaft, in die Deutschland voll integriert wäre, die es aber Frankreich ermöglichen würde, seine souveränen Positionen zu bewahren. Besonders deutlich wurde diese Haltung in einer Rede des früheren Präsidenten Giscard d'Estaing am 27. Januar 1981 im damaligen Wahlkampf. Er nannte drei Prioritäten für Frankreich: Verteidigung der Interessen Frankreichs, Erhaltung von Frieden, Sicherheit und Würde und Mitwirkung bei der Organisation der Weltangelegenheiten. Von Europa war nicht die Rede, obwohl Giscard d'Estaing in seiner Amtszeit viel für die europäische Entwicklung getan hat. So hat er zusammen mit dem damaligen deutschen Bundeskanzler Helmut Schmidt gegen erheblichen Widerstand der "Fachleute" das EWS geschaffen; er hat das französische Veto gegen Direktwahlen zum europäischen Parlament zurückgezogen und den Weg frei gemacht für die Süderweiterung der Gemeinschaft.

In Frankreich finden sich die Gegner der EG und ihrer politischen Vertiefung vor allem in der Parti Communiste Francais (PCF) und in der Rassemblement pour la République (RPR). In diesen Parteien wird die Integration als eine Beeinträchtigung der uneingeschränkten französischen Souveränität gesehen. Viele Gaullisten sind zwar bereit, den Gemeinsamen Markt als ein Faktum zu akzeptieren, aber nicht eine darüber hinaus gehende politischen Union. Alle politischen Gruppen halten an den Grundsätzen der gemeinsamen Agrarpolitik der EG fest, weil die französischen Landwirtschaft davon erheblich profitiert, aber sie sind schnell bereit, im industriellen und gewerblichen Sektor die Grundlagen des gemeinsamen Marktes in Frage zu stellen, wenn die eigene Industrie in Schwierigkeiten gerät.

Der wirtschaftliche Nutzen der EG für das Land wird in Frankreich kaum infrage gestellt. Viele führende Politiker wissen auch, daß auf Dauer eine Wirtschaftsgemeinschaft ohne ein politisches Dach in Gefahr ist, sich zu einer Freihandelszone zurückzuentwickeln. Aber auch in Bezug auf eine europäische Wirtschafts- und Währungsunion ist die französische Haltung gespalten. So hat beispielsweise die enge Bindung der Währungen aneinander im EWS auch den französischen Franc hart und stabil werden lassen, aber die dafür notwendigen Entscheidungen wurden weitgehend von der deutschen Bundesbank in Frankfurt getroffen. Um diese deutsche Dominanz mindestens zu verringern, drängt vor allem Frankreich auf die schnelle Weiterentwicklung der europäischen Währungsunion und die Schaffung einer gemeinsamen europäischen Währung, obwohl dies die Übertragung von hoheitlichen Rechten auf die EG voraussetzt.

Die Befürworter der EG und ihrer Weiterentwicklung sind vor allem bei der Parti Socialiste (PS) und der Union pour la Démocratie Francaise (UDF) zu finden, obwohl auch diese Gruppen auf die verbreitete Skepsis Rücksicht nehmen müssen. Mit Rücksicht auf die innenpolitische Situation ist auch bei diesen Parteien die Bereitschaft, nationale Interessen zugunsten europäischer Lösungen zurückzustellen, nur begrenzt vorhanden. Die Integration wird nur insoweit akzeptiert und gefördert, als dies Vorteile für das eigene Land verspricht, und die Entwicklungsfreiheit Frankreichs gewahrt bleibt. Am ehesten ist noch die UDF und die Parti Radical-Socialiste (PRS) für eine vorbehaltslose Schaffung eines supranationalen Europa. Der Meinungsgegensatz zwischen den Gaullisten (RPR) auf der einen Seite und den Liberalen (UDF) auf der anderen Seite hat sich auch nicht geändert, nachdem sich diese beiden politischen Gruppen im Juni 1990 zur Union pour la France (UPF) zusammengeschlossen haben. Nach wie vor lehnt die RPR eine europäische Föderation ab, getreu der Linie ihres Vorbildes de Gaulle, befürwortet aber die Osterweiterung der EG, um dadurch eine weitere Vertiefung der Integration der Zwölf jedenfalls auf Zeit zu blockieren. Die UDF hingegen befürwortet die Schaffung einer politischen Union und eine weitere Vertiefung der EG.

Konsequent ablehnend gegenüber der EG und ihrer Weiterentwicklung ist die PCF, aber in dieser radikalen Position steht sie allein in der politischen Landschaft Frankreichs. Die regionalen Autonomiebewegungen befürworten - wie überall in den Mitgliedstaaten der EG - die europäische Integration, weil sie sich davon mehr Eigenständigkeit versprechen.

Frankreichs Haltung gegenüber einer Weiterentwicklung der EG zu einer politischen Union ist also doppelgleisig. Einerseits befürwortet man den Demokratisierungsprozess und den Ausbau und die Fortsetzung der Integration, andererseits will man die nationale Handlungsfreiheit bewahren und möglichst ungehindert eigene politische, wirtschaftliche und soziale Ziele verfolgen. Man will den ungeschmälerten Nationalstaat bewahren und gleichzeitig eine erfolgreiche europäische Integration betreiben. Die Gründe für diese Ambivalenz sind vielschichtig. Nach der Niederlage Frankreichs 1940 war das Land zunächst zu einer Mittelmacht herabgestuft, aber die Politik de Gaulles und die angloamerikanischen Konzessionen änderten diese Situation nach dem Kriege sehr schnell. Frankreich wurde am Konzert der führenden Siegermächte beteiligt und erhielt je eine Besatzungszone in Deutschland und Österreich. Außerdem erhielt Frankreich einen der fünf ständigen Sitze im Weltsicherheitsrat der UNO. So entstand in der französischen Öffentlichkeit sehr schnell wieder das Gefühl, eine Großmacht zu sein. Die unter erheblichen finanziellen Opfern erkaufte Teilnahme des Landes am Klub der Atommächte tat ein übriges.

Der Versuch, durch Aufspaltung Deutschlands in kleine selbständige Staaten, diese Position auch außenpolitisch in Europa abzusichern, mißlang. Die Bundesrepublik stieg zu einem zunächst wirtschaftlich gleich starken Partner auf. Durch die Politik einer engen freundschaftlichen Partnerschaft mit der Bundesrepublik erreichte Frankreich deren volle Einbindung in die Europäische Gemeinschaft. Dies war aber auf Dauer nicht möglich auf der Grundlage nationaler Regierungskooperation. Durch die schrittweise Übertragung von Hoheitsrechten auf die EG konnte Frankreich seine eigene politische Position wahren und sogar festigen, denn diese beruhte zunehmend auf der Mitgliedschaft in der EG. Frankreich nutzte die EG von Zeit zu Zeit auch als Instrument, um sich gegen das Übergewicht der USA und der Sowjetunion zu behaupten.

Auf lange Sicht kann Frankreich seine Position und auch seine Rolle in der Weltpolitik nur behaupten und weiterentwickeln als integriertes Mitglied einer starken europäischen Politischen Gemeinschaft. Daher wird Frankreich auch die politische Union fördern, wenn diese und zwar nur diese die Grundlage für das Fortbestehen einer französischen Identität bietet. Ein Europa der Vaterländer reicht dazu nicht mehr, es muß schon ein Vaterland Europa und für die Franzosen eben ein französisches Vaterland Europa sein. Seit den Tagen de Gaulles weiß man, daß eine solche Entwicklung nur auf dem Fundament einer deutsch-französischen Partnerschaft aufbauen kann. Auch für die Deutschen im noch unvollendeten Nationalstaat Bundesrepublik gab es zu einer solchen Politik keine Alternative. Die Stärke der deutschen Position beruhte auf der Stabilität der deutsch-französischen Partnerschaft und auf der Verläßlichkeit des nordatlantischen Bündnisses. Für die Deutschen wird es leichter sein, aus einer deutschen allmählich zu einer gemeinsamen europäischen Außen- und Sicherheitspolitik zu kommen und in diese eingebunden zu sein. Sie hatten nach 1949 keine Möglichkeit zu außen- und sicherheitspolitischen Alleingängen, sie mußten stets in Abstimmung und Partnerschaft handeln. Für Frankreich wird dieser Prozess sehr viel schwieriger sein, da eine in vieler Hinsicht unabhängige Außen- und Sicherheitspolitik aufgegeben werden muß und hinfort nur im Rahmen der Gemeinschaft der EG gestaltet werden kann. Aber man wird die Chance, eine gemeinsame EG-Außen- und Sicherheitspolitik mitzugestalten, oder jedenfalls beeinflussen zu können, sehen und gewiß auch nutzen.

Die Wiedervereinigung Deutschlands hat für die französische Europapolitik neue Akzente gesetzt. Bisher beruhte sie auf der Partnerschaft mit einer Bundesrepublik, deren Handlungsfähigkeit durch die Teilung des Landes und durch die besondere Lage Berlins eingeschränkt war, und auf der Gewißheit, daß der andere Teil Deutschlands, die DDR, fest in das sowjetische Sicherheitssystem eingebunden war. Dies hat sich jetzt geändert. Das vereinigte Deutschland hat seine volle Handlungsfähigkeit zurückgewonnen und wird nach Überwindung der mit der Vereinigung zusammenhängenden, vor allem wirtschaftlichen Schwierigkeiten zur wirtschaftlich und politisch stärksten Macht in Europa werden. Die Bereitschaft, die bisherige Politik einer engen Partnerschaft mit Frankreich fortzusetzen, wird uneingeschränkt weiterbestehen, aber es wird nicht mehr die Partnerschaft mit einem in seiner Handlungsfähigkeit und seiner Souveränität beschränkten Deutschland sein. Es wird die Partnerschaft zweier völlig gleichrangiger Staaten sein. Im französischen Interesse wird es in Zukunft noch stärker als bisher liegen, dieses neue vereinigte Deutschland in die europäische Gemeinschaft fest einzubinden und mit ihm gemeinsam den Integrationsprozess weiterzuführen. Dies aber wird langfristig nur im Rahmen einer föderativ gestalteten Europäischen Politischen Union denkbar sein. Darum wird Frankreich im eigenen, aber auch im europäischen Interesse den Prozess der Weiterentwicklung der EG zur politischen Union mitgestalten und dieser Union auch weitere hoheitliche Rechte übertragen.

Deutschland

Für die Bundesrepublik Deutschland bedeutete die Integration in die Europäischen Gemeinschaften die Beendigung der Isolierung der Nachkriegszeit und die Schaffung der Grundlage für eine dauerhafte Versöhnung mit den ehemaligen Kriegsgegnern zunächst im Westen und später auch im Osten. Die Ostpolitik der Bundesrepublik, durch die der Wandlungsprozess in Europa eingeleitet und nachhaltig gefördert wurde, war vor allem auch deshalb erfolgreich, weil sie durch tatkräftige Rückendeckung und Unterstützung durch die NATO-Verbündeten und die EG ein besonderes Gewicht erhielt. Diese Politik wurde der Grundstein der Überwindung der Teilung Deutschlands und Europas. Ebenso ermöglichte die Berücksichtigung der besonderen Situation des geteilten Deutschlands im Protokoll über den deutsch - deutschen Handel im Anhang zum EWG-Vertrag die Aufrechterhaltung und den Ausbau der innerdeutschen Wirtschafts- und Handelsbeziehungen. Auch verdankte die Bundesrepublik ihrer Mitgliedschaft in der EG nicht nur ihre wirtschaftliche Stärke sondern auch ein zunehmendes außenpolitisches Gewicht, und dies trotz der Begrenzung ihrer Handlungsfreiheit durch die Teilung, durch den besonderen Status von Berlin und durch die Beschränkung ihrer Souveränität. Unbestritten ist, daß die Bundesrepublik aus ihrer Zugehörigkeit zur EG als Industriestaat erheblichen Nutzen zieht. Mehr als ein Drittel ihres Bruttosozialproduktes erwirtschaftet sie im Außenhandel. Mehr als 50% des Außenhandels wickelt sie inzwischen mit den anderen Mitgliedstaaten der EG ab und erzielt hierbei hohe Handelsüberschüsse, die ihre Nettofinanzleistungen an die EG mehr als ausgleichen.

Es überrascht daher nicht, daß die Einbeziehung Deutschlands in den europäischen Integrationsprozess sowohl in der Bevölkerung als auch bei den politischen Führungsgruppen überwiegend positiv gewertet und unterstützt wurde. Allerdings war die Haltung gegenüber der Idee einer supranationalen Staatengemeinschaft vor allem in der ersten Nachkriegsperiode nicht frei von Konflikten.

Sie war belastet mit der Hypothek der Teilung des Landes. Vor allem für die Sozialdemokraten bedeutete am Anfang die Integration des westlichen Deutschland, der Bundesrepublik, in die Europäische Gemeinschaft eine fortschreitende Vertiefung der Spaltung des Landes und eine zunehmende Entfremdung der Menschen in beiden Teilen des Landes. Dies war das Hauptmotiv für die Ablehnung eines Beitritts der Bundesrepublik zum Europarat und zur Montanunion durch die Sozialdemokraten.

Für die von Adenauer geführte Mitte/Rechtskoalition war die Westintegration der Bundesrepublik und damit die Westbindung der drei westlichen Besatzungszonen vorrangiges politisches Ziel, um schrittweise Souveränität und damit das Recht zur Selbstbestimmung wiederzugewinnen. Die Übertragung hoheitlicher Rechte an die EG war der Preis, der schon deswegen nicht allzu schwer wog, weil mit der Niederlage 1945 und mit der Zerstörung des Deutschen Reiches die Souveränität ohnehin viel von ihrem Wert und ihrem Nymbus verloren hatte. Das Schicksal der damaligen sowjetischen Zone und späteren DDR und der dort lebenden Menschen trat gegenüber diesen Zielen zurück, zumal man damals ohnehin nicht erwarten konnte, eine politische Lösung durchsetzen zu können, die ganz Deutschland in den Integrationsprozess einbinden würde. Wichtig war für Adenauer und seine Politik zu verhindern, daß der neue westdeutsche Staat in Europa isoliert und bindungslos bleiben und damit wieder zum Spielball west-östlicher Machtinteressen würde. Später, als sich die DDR mehr und mehr konsolidierte und in das östliche Staatensystem unter sowjetischer Führung integriert wurde, und als damit die beiden Teile Europas und Deutschlands zu relativ stabilen Faktoren des Mächtegleichgewichts geworden waren, änderte die SPD ihre Position und unterstützte zunehmend die Westintegration der Bundesrepublik. Getragen war diese Politik von der Erwartung, daß ein geeintes Westeuropa auch eines Tages die osteuropäischen Staaten und damit die DDR einbeziehen würde und somit Europa schrittweise aus dem west-östlichen Machtgegensatz herauslösen könnte.

Die in den fünfziger und sechziger Jahren entwickelte Europapolitik der Bundesrepublik bedeutete eine grundsätzliche Änderung der politischen Zielsetzungen gegenüber der Vorkriegszeit und auch gegenüber der Zeit vor dem ersten Weltkrieg. Deutschland handelte nicht mehr als Führungsmacht in Europas Mitte und suchte seine Interessen auch nicht mehr zwischen Ost und West, sondern war jetzt eingebunden in den politischen Westen, bzw. was die DDR betrifft, in den politischen Osten Europas. Allerdings war diese Politik belastet mit der Hypothek der Teilung Deutschlands und vor allem der besonderen Situation Berlins und der Bindung West-Berlins an die Bundesrepublik. Obwohl die DDR - anders als die Bundesrepublik - zunehmend die Wiederherstellung eines vereinten Deutschland als politisches Ziel aufgab und ihre souveräne und ungebundene Staatlichkeit immer wieder betonte, war auch sie in vielfacher Weise durch die Teilung Deutschlands und durch die

Situation Berlins gebunden. Man wußte in Deutschland, wie auch in Europa, daß eine Wiedervereinigung Deutschlands die Position dieses Landes zwischen West und Ost erneut infrage und zur Disposition stellen würde. Aber man hielt dies jahrzehntelang für ein rein theoretisches Gedankenspiel. Daß der friedlich-revolutionäre Vereinigungsprozess zeitgleich mit dem wirtschaftlichen Reformprozess und der Demokratisierung in Mittel- und Osteuropa ablaufen und ganz Europa aus der west-östlichen Konfrontation herauslösen würde, dies war in den Jahrzehnten der Nachkriegszeit kaum vorhersehbar gewesen. Für Deutschland kann man diese Entwicklung als ein historisches Glück ansehen, das es dem Land erlaubt, nicht erneut als Europas Mitte isoliert seine Politik zwischen Ost und West gestalten zu müssen und auch nicht zwischen Ost und West wählen zu müssen, sondern sich voll in ein sich einigendes Europa integrieren zu können.

Die politischen Gruppierungen in der Bundesrepublik, auch die Gewerkschaften und Wirtschaftsverbände, stehen dem Ziel einer europäischen Integration positiv gegenüber. Wirtschaftlich ist der sich entwickelnde Binnenmarkt für den Industriestaat Bundesrepublik von existenzsichernder Bedeutung. Darüberhinaus wird aber auch die politische Integration von einer breiten Mehrheit der Führungsschichten unterstützt. Man sieht Deutschlands politische Zukunft allein im Rahmen einer europäischen Föderation gesichert. Die historischen Erfahrungen dieses Jahrhunderts haben dazu beigetragen, die Bedeutung der nationalen Souveränität zu relativieren. Man sieht auch, daß Deutschlands wirtschaftliche und nun auch wieder zunehmend politische Stärke nur im Verband einer Europäischen Gemeinschaft für Europa erträglich bleibt und das Land vor einer erneuten politischen Isolierung in Europas Mitte bewahrt. Somit ist letztendlich auch Deutschlands Sicherheit gegenüber seinen Nachbarn in einer Europäischen Föderation am besten gewährleistet.

Alle führenden politischen Parteien unterstützen die institutionellen Reformen der EG und die Entwicklung einer politischen Union unter Einbeziehung der Außen- und Sicherheitspolitik. Allerdings gibt es vor allem in den Ministerialbürokratien auch Widerstände gegen eine solche Entwicklung. Dies hat sich bei den Verhandlungen der sogenannten Dooge-Kommission und der Regierungskonferenz, die die Einheitliche Akte ausgearbeitet hat, deutlich gezeigt. Damals gab es auch auf deutscher Seite beträchtliche Widerstände gegen eine Stärkung der Position des Europaparlaments. Auch wirkten die deutschen Teilnehmer an diesen Verhandlungen z.B. bei den Bemühungen, die Weiterentwicklung des EWS zu fördern, eher bremsend. Vielleicht ist es eine Überforderung, von den leitenden Beamten in den nationalen Delegationen zu erwarten, daß sie ihre eigene Position zugunsten einer Machtverstärkung europäischer Einrichtungen aufgeben oder auch nur infrage stellen. Solche politischen Schritte können nicht den Bürokratien überlassen bleiben. Wie die Erfahrungen bei der Schaffung der Montanunion oder des EWS zeigen, sind für derartige historische Schritte klare politische Vorgaben unerläßlich.

Die Sozialdemokraten sehen in der institutionellen Reform der EG und in der Weiterentwicklung zu einer politischen Union auch die Möglichkeit, Fehlentwicklungen der bestehenden EG zu beseitigen, so z.B. die Agrarpolitik neu zu gestalten und auch die EG in die Lage zu versetzen, verstärkt die Arbeitslosigkeit zu bekämpfen. Sie erwarten von einer gestärkten EG eine effektivere gemeinsame Energie- und Rohstoffpolitik, notwendige Schritte auf dem Gebiet der Umweltschutz-, der Struktur- und Regionalpolitik und auch einen Abbau des Gefälles zwischen Nord und Süd in Europa. Mit einer institutionellen Reform sollen auch europäische Grundrechte und damit ein Europa der Bürger geschaffen werden. Nur so kann das Europaparlament als die Repräsentation der europäischen Bürger allmählich auch einen Platz im Bewußtsein der Europäer erringen.

Die Industrie, der Handel und die Wirtschaft sehen die EG wegen der Erweiterung der Märkte und ihrer guten Wettbewerbsposition und auch wegen des Agrar-Interventionssystems mit seinen hohen Garantiepreisen durchweg positiv. Wichtig ist dabei die marktwirtschaftliche Ausrichtung der Gemeinschaft, deren strikte Einhaltung und Anwendung auch in Krisensituationen und zur Überwindung von Beitrittsproblemen gefordert wird. Von dieser ordnungspolitischen Dogmatik aus werden alle "dirigistischen" Eingriffe und Lenkungsmaßnahmen, z.B. in der Regionalpolitik, der Energiepolitik und auch zu langfristige und detaillierte Übergangsmaßnahmen beim Beitritt neuer Mitgliedstaaten abgelehnt. Andererseits wird aber auch nach nationalen Stützungsmaßnahmen gerufen, wenn in anderen Mitgliedstaaten der Wettbewerb - oft nur vermeintlich - verzerrt wird.

Die Haltung der Bundesrepublik Deutschland gegenüber einer institutionellen Reform der EG mit dem Ziel einer Stärkung der Organe der EG und einer stärkeren Demokratisierung der Gemeinschaft ist also ebenso uneingeschränkt positiv wie gegenüber der Fortentwicklung der Gemeinschaft zu einer föderativen politischen Union, obwohl auch in Deutschland eine gewisse Ernüchterung nicht zu übersehen ist. Positive Auswirkungen der Europäischen Gemeinschaft werden vielfach als selbstverständlich hingenommen. Ebenso selbstverständlich bereitet man sich auf die Vorteile des Binnenmarktes vor, kritisiert aber gleichzeitig die notwendigen und unvermeidlichen gemeinsamen europäischen Regelungen auf vielen Gebieten, ohne die es keinen Binnenmarkt geben kann.

Auch die Wiedervereinigung der beiden deutschen Staaten dürfte diese Haltung grundsätzlich nicht infrage stellen, obwohl natürlich der Vereinigungsprozess für viele Jahre insbesondere das wirtschaftliche Engagement binden und auf das Gebiet der früheren DDR konzentrieren dürfte. Verkannt werden darf in diesem Zusammenhang auch nicht, daß Deutschland durch die Vereinigung in eine europapolitische Rolle hineinwachsen wird, die weit über seine wirtschaftliche Stellung in der EG hinausdeutet. Allerdings bringt der gegenwärtige Prozess der deutschen Vereinigung gewisse Entwicklungen mit sich, die die Haltung Deutschlands gegenüber der Europäischen Integration beeinflussen könnten. Die Wiedervereinigung ist nicht als Konsequenz einer gesamt- europäischen Vereinigung erfolgt, wie es seit Jahrzehnten die Hoffnung und Erwartung vieler deutscher "Europäer" war. Die Wiedervereinigung ist weitgehend das Ergebnis einer friedlichen innerdeutschen Revolution und eines zunehmenden Zusammenbruches der kommunistischen zentralen Lenkungswirtschaft in ganz Mittel- und Osteuropa. Ein sich vereinigendes Europa ist nicht mehr die Voraussetzung für die Wiedergewinnung der Einheit Deutschlands. Nach einem halben Jahrhundert unter politischer Vormundschaft hat Deutschland jetzt seine volle Souveränität zurückgewonnen und damit auch die alleinige Entscheidungsbefugnis über seine Poltitk. Ähnlich wie in manchen osteuropäischen Staaten kann aus dieser Entwicklung ein neuer deutscher Nationalismus entstehen. Vor allem die Deutschen aus der früheren DDR können eine solche Reaktion auf 40 Jahre kommunistischer und in gewisser Weise auch nationalistischer Diktatur fördern. Ihnen fehlt die internationale Erfahrung, die die meisten Deutschen aus der früheren Bundesrepublik mehr und mehr geprägt und von der engen, national eingegrenzten Sicht der Dinge befreit hat. Hier ist die Verantwortung der politisch führenden Kräfte in Deutschland gefordert. Die gegenseitige Abhängigkeit von Freiheit und Selbstbestimmung einerseits und die fortschreitende Vertiefung der Europäischen Gemeinschaft andererseits bedingen einander. Dies muß den Menschen in der früheren DDR deutlich vor Augen geführt werden. Ihnen, vor allem der jungen Generation, muß die Chance, internationale Erfahrungen zu sammeln, nachhaltig gewährt werden. Das vereinigte Deutschland kann zunehmend in die Rolle des Motors eines schrittweise ganz Europa umfassenden Einigungsprozesses hineinwachsen. Die bisherige Bundesrepublik hat insofern nicht nur eine große Verantwortung gegenüber der bisherigen DDR, sondern das vereinigte Deutschland hat eine ebenso große Verantwortung gegenüber den osteuropäischen Staaten.

Zusammenfassung und Schlußfolgerungen

Man kann die Mitgliedstaaten der EG in zwei Gruppen einteilen, einmal in die, die in erster Linie eine Wirtschaftsgemeinschaft und einen Binnenmarkt anstreben, dabei aber die eigene Souveränität und die volle politische Handlungsfähigkeit uneingeschränkt bewahren wollen. Zur zweiten Gruppe aber gehören die Mitgliedstaaten, die über die Wirtschaftsgemeinschaft hinaus eine außen- und sicherheitspolitische Gemeinschaft anstreben und die bereit sind, auf diese politische Gemeinschaft wesentliche Hoheitsrechte zu übertragen und in letzter Konsequenz diese politische Gemeinschaft zu einem europäischen Bundesstaat entwickeln wollen. Zur ersten Gruppe lassen sich gegenwärtig Dänemark und Großbritannien rechnen, während zur zweiten Gruppe die Benelux-Staaten, Deutschland, Italien und Spanien zählen. Frankreich, Griechenland, Irland und Portugal nehmen hingegen eine Haltung ein, die man als offen ansehen kann, wobei Frankreich aus den dargestellten Überlegungen, die sich aus seiner engen Bindung an Deutschland ergeben, wohl letztendlich zur zweiten Gruppe tendieren dürfte.

Bei den großen politischen Gruppen kann man nach wie vor bei den Mitte-Links-Parteien einen gewissen Vorbehalt gegenüber einer auf mehr oder weniger 'kapitalistischen Prinzipien' basierenden Wirtschaftsgemeinschaft feststellen. Dagegen stehen die Gruppierungen, die eine kapitalistische Ordnung bejahen, der EG positiv gegenüber, soweit sie sich auf den wirtschaftlichen Bereich beschränkt. In allen politischen Gruppierungen und Richtungen gibt es Vorbehalte gegenüber einem Verlust der nationalen Identität und Souveränität und damit Widerstände gegen Mehrheitsentscheidungen im Rat. Man will sich nicht von außen eine Entwicklung aufzwingen lassen, für die es im eigenen Land keine Mehrheit gibt, oder die mit nationalen Traditionen nicht vereinbar ist. Sehr oft ist diese Haltung auch abhängig von den jeweils herrschenden Mehrheitsverhältnissen in den Organen der EG. Man ist nur solange "überzeugter Europäer", solange die Mehrheiten der eigenen politischen Gruppierung angehören. Vielfach sind es auch sehr unterschiedliche Traditionen bei der Organisation und Gestaltung der Volkswirtschaften, die den Anpassungsprozess erschweren. Die Schwierigkeiten, eine gemeinsame Wirtschaftspolitik in der EG zu entwickeln, legt dafür ein beredtes

Zeugnis ab. Dennoch dürften die wirtschaftlichen Erfolge der EG erheblich dazu beigetragen haben, die Vorbehalte allmählich abzubauen.

Der Fortbestand der Wirtschaftsgemeinschaft und die Weiterentwicklung zum gemeinsamen Binnenmarkt dürfte in allen Mitgliedstaaten bei allen führenden politischen Gruppierungen weitgehend unumstritten sein. Dies gilt jedoch nicht für die Notwendigkeit, die Wirtschaftsgemeinschaft zu einer politischen Gemeinschaft weiter zu entwickeln. Zwar haben alle Mitgliedstaaten die zahlreichen feierlichen Erklärungen mitgetragen, die die Schaffung einer Europäischen Politischen Union als gemeinsames Ziel herausstreichen. Auch haben alle Mitgliedstaaten der Einberufung der Regierungskonferenzen im Jahr 1991 zugestimmt, die entsprechende Vertragsbestimmungen als Grundlage einer Wirtschafts- und Währungsunion und einer politischen Union ausgearbeitet haben. Aber obwohl z.B. in Großbritannien und Dänemark die Zahl derer zunimmt, für die die Bewahrung der nationalen Souveränität nicht mehr im Vordergrund der Europapolitik steht und auch kein politisches Dogma an sich ist, kann gegenwärtig nicht davon ausgegangen werden, daß diese beiden Länder die Entwicklung der EG zu einer föderativen politischen Gemeinschaft mitvollziehen. Man weiß in diesen Ländern natürlich, daß nur eine Mitwirkung an solchen Regierungskonferenzen die eigene Einflußnahme sichert und daß die Ergebnisse gemäß Art. 236 EWGV nur in Kraft treten können, wenn alle Mitgliedstaaten zugestimmt haben. So können diese Mitgliedstaaten am ehesten verhindern, daß sich innerhalb der EG eine Gruppe von Staaten zusammenschließt, die ein föderativ gestaltete Europa anstrebt. Aber für die Mitgliedstaaten, die dieses Ziel haben, gibt es auch eine Grenze der politischen Belastbarkeit. Auf Dauer können und werden sie nicht hinnehmen, daß andere Mitgliedstaaten ihre Rechte als Mitglieder der EG nutzen, um der Gemeinschaft ihren vergangenheitsorientierten Stempel aufzudrücken und sie zu hindern, sich zu einer politischen Föderation weiter zu entwickeln. Bis zur Vollendung des Binnenmarktes muß die Entscheidung über die zukünftige politische Union getroffen werden, denn ohne einen politischen Überbau wird der Binnenmarkt zu einem Risiko für das demokratische Prinzip vom Primat der Politik gegenüber der Wirtschaft werden können. In einer Gemeinschaft, wie es die EG ist, muß jeder Staat und jedes Volk erwarten können, daß seine politische Willensbildung und auch seine historische Grundlage respektiert wird. Dies bedeutet, daß kein Mitgliedstaat dazu gedrängt werden sollte, einer - noch - nicht gewollten politischen Föderation beizutreten. Umgekehrt aber bedeutet dies auch, daß kein Staat daran gehindert werden sollte, sich mit anderen Staaten zu einer politischen Union auf föderativer Grundlage zusammenzuschließen. Wenn sich kein Weg findet, auf den sich alle Mitgliedstaaten verständigen können, dann müssen sie sich wenigstens darauf einigen, daß innerhalb der EG einige Mitgliedstaaten enger zusammenwachsen und als politische Union gegenüber der Staatengemeinschaft und auch gegenüber der EG auftreten und handeln.

Die Chance der europäischen Staaten, sich aus der nationalen Vergangenheit zu befreien und zu einer neuen Form der Gemeinsamkeit zusammenzuwachsen, wird von der Geschichte nicht zeitlich unbegrenzt geboten. Dies gilt auch für die jetzt immer deutlicher sichtbare Möglichkeit, diesen Prozess über die Grenzen der EG auf andere Staaten und Völker Europas auszudehnen. Wer nicht will, daß Europa wieder Objekt der Eroberung und Herrschaft machthungriger politischer Phantasten und Abenteurer wie Napoleon und Hitler wird, oder wieder aufgeteilt wird in Einflußzonen außereuropäischer Mächte, wobei die Europäischen Staaten das politische Gewicht früherer sachsen/thüringischer Monarchien haben würden, der muß jetzt Europa nicht nur wirtschaftlich, sondern auch politisch einen! Die Opfer der Kriege dieses Jahrhunderts waren zu groß, als daß man sie in die historische Ablage legen dürfte. Sie verpflichten alle, diesen Kontinent in eine neue gemeinsame Zukunft zu führen.

Die Europäische Freihandelszone - EFTA - und ihre Beziehungen zur Europäischen Gemeinschaft

Zwei politische Elemente trennten in den 50er Jahren die europäischen Staaten im nicht sowjetischen Machtbereich voneinander: Die Bereitschaft, hoheitliche Rechte zugunsten einer supranationalen Gemeinschaft aufzugeben und die Neutralität. Zu Beginn des europäischen Einigungsprozesses war die Bereitschaft, hoheitliche Rechte zugunsten einer supranationalen Gemeinschaft aufzugeben, nur bei den sechs Gründungsmitgliedern der Gemeinschaft für Kohle und Stahl vorhanden. Dänemark, Großbritannien, Norwegen und Portugal verfolgten hingegen eine Europapolitik auf der Grundlage klassischer internationaler Regierungskooperation. Für Irland, Schweden und die Schweiz kam die Bewahrung der eigenen Neutralität hinzu. Österreich war zwar im Grundsatz bereit, Hoheitsrechte zu übertragen, sah sich aber durch die eingegangene Verpflichtung zur Neutralität daran gehindert, den Integrationsgemeinschaften beizutreten.

Als sich 1951 die sechs Gründungsmitglieder der EG aus dem Europarat heraus zur Montanunion und später zur EG zusammenschlossen, bemühten sich Großbritannien, Österreich, die Schweiz und die skandinavischen Staaten eine wirtschaftliche Spaltung Europas zu verhindern. Sie strebten eine große Freihandelszone mit der EG an, die möglichst den ganzen OEEC-Bereich umfassen sollte. Die Sechs aber hatten Sorge, daß dadurch der neue Weg ihrer Zusammenarbeit gestört werden könnte. Sie wollten um keinen Preis die supranationale Integration, zu der sie sich entschlossen hatten, beeinträchtigen lassen. Die Verhandlungen scheiterten schließlich an der Frage des Fortbestandes der britischen Bindungen an das Commonwealth, an den schwierigen Problemen der Agrarwirtschaft und an der Uneinigkeit über die Entwicklung eines gemeinsamen Außenzolltarifs. So entschieden sich Dänemark, Großbritannien, Norwegen, Österreich, Portugal, Schweden und die Schweiz, eine kleine Freihandelszone - European Free Trade Association, EFTA - zu gründen. Der in Stockholm ausgehandelte und am 4. Januar 1960 unterzeichnete Vertrag trat am 3. Mai 1960 in Kraft. Finnland trat der EFTA 1961 als assoziiertes Mitglied bei. Seither wird das Assoziierungsabkommen auch auf Liechtenstein und seit 1968 auch auf die dänischen Färöer-Inseln angewendet. Island trat der EFTA 1970 bei. Die EFTA-Staaten wollten durch dieses Freihandelsabkommen ein gewisses Gegengewicht zur Europäischen Gemeinschaft bilden. Ziel der EFTA war es, Zölle und andere nicht tarifäre Handelshemmnisse schrittweise abzubauen, um so den Handel untereinander zu erleichtern und zu beleben und die wirtschaftliche Zusammenarbeit zu fördern. Ein gemeinsamer Außenzolltarif war hingegen nicht vorgesehen. Die EFTA strebte keine Wirtschaftsgemeinschaft mit einem gemeinsamen Markt an, wie die EG. Sie wollte eine Wirtschaftsunion souveräner Staaten bilden.

Die wirtschaftliche Schwerkraft der sich im Rahmen der EG entwickelnden Europäischen Wirtschaftsgemeinschaft war aber stärker als der Wunsch, die eigene Souveränität uneingeschränkt zu bewahren. Der Freihandel innerhalb der EFTA war nicht in der Lage, die wirtschaftlichen und zunehmend auch die politischen Nachteile zu kompensieren, die sich aus der Nichtmitgliedschaft in der EG ergaben. Schon sehr bald nach Gründung der EFTA begannen sich das Vereinigte Königreich und mit ihm Dänemark und Norwegen um die

Mitgliedschaft in der EG zu bemühen. Wegen des französischen Widerstandes gegen eine britische Mitgliedschaft verging aber mehr als ein Jahrzehnt, ehe Großbritannien und mit ihm Dänemark und Irland am 1. Januar 1973 Mitglieder der EG wurden. In Norwegen, das ebenfalls einen Beitrittsantrag gestellt hatte, scheiterte die Ratifikation an einem ablehnenden Votum der Volksabstimmung über den Beitritt des Landes.

Am gleichen Tage trat ein präferentielles Handelsabkommen zwischen der erweiterten EG und den verbleibenden restlichen Mitgliedstaaten der EFTA in Kraft. Durch dieses Abkommen wurde eine europäische Freihandelszone zwischen der EG und den EFTA-Staaten geschaffen. Ausgenommen hiervon war nur der Bereich der Agrarwirtschaft, wobei Island, das diesem Freihandelsabkommen am 1. April 1973 beitrat, Sonderzugeständnisse auf dem Gebiet der Fischwirtschaft erhielt. Finnland trat dieser europäischen Freihandelszone am 1. Januar 1974 bei, seither bildet das gesamte Wirtschaftsgebiet von EG und EFTA eine gemeinsame große Freihandelszone.

Diese Freihandelsabkommen führten zu einer kontinuierlichen Ausweitung der Handels- und Wirtschaftsbeziehungen zwischen den beiden Organisationen. Darüberhinaus schufen die Abkommen einen institutionellen Rahmen für die Beziehungen von EG und EFTA. Gemischte Ausschüsse, die zweimal jährlich zusammentreten, wurden eingerichtet. Die EFTA-Staaten bemühten sich Ende der 70er Jahre um eine weitere Vertiefung der Beziehungen. Für sie war immer deutlicher geworden, daß ihre Abhängigkeit von der EG und ihren Entscheidungen zunehmen würde, ohne daß sie Einfluß auf den EG-Entscheidungsprozess nehmen konnten. Am 9. April 1984 trafen sich die Außenminister aller Mitgliedstaaten von EG und EFTA in Luxemburg und vereinbarten in der "Luxemburger Erklärung" eine verstärkte politische Zusammenarbeit. Darüberhinaus wurden Konsultationen und ein regelmäßiger Meinungsaustausch über gemeinsame Umweltfragen verabredet. Diese Zusammenarbeit wurde in den kommenden Jahren ausgebaut und vertieft.

Die wirtschaftliche Entwicklung des nicht-kommunistischen Europas wurde und wird seit der Erweiterung der Gemeinschaft durch Spanien und Portugal und seit dem Inkrafttreten der Einheitlichen Akte mit ihren präzisen Aussagen über den Binnenmarkt immer stärker durch die Europäische Gemeinschaft geprägt und beherrscht. Insbesondere die Zielvorgabe, den Binnenmarkt am 1.Januar 1993 zu vollenden, hat zu einer bis dahin nicht gekannten Dynamik in der Entwicklung der EG geführt, die sich zunehmend auch auf die Wirtschaftsbeziehungen mit den EFTA-Staaten auswirkte. Die EG ist der wichtigste Handels-und Wirtschaftspartner der EFTA-Staaten. Diese sind daher in zunehmendem Maße abhängig von der Wirtschaftspolitik der EG. Wirtschaftspolitische Entscheidungen der EG-Organe beeinflussen, ja bestimmen die Wirtschaftsbeziehungen zwischen EG und EFTA-Staaten und die Wirtschaftspolitik in diesen Staaten, ohne daß diese Staaten an deren Zustandekommen mitwirken können. Wiederholte Bemühungen der Regierungen der EFTA-Staaten, in diesen Entscheidungsprozess der EG eingebunden zu werden, jedenfalls beratend beteiligt zu werden, sind von der EG stets und eindeutig zurückgewiesen worden. Nur die Organe der EG in ihrer vertragsgemäßen Zusammensetzung haben das alleinige Recht zur Entscheidung. Das schließt zwar eine gegenseitige Information nicht aus, wohl aber jegliche Form einer Beteiligung von Nicht-Mitgliedstaaten am Entscheidungsprozess. Tatsächlich hat diese Entwicklung dazu geführt, daß die EFTA-Staaten in immer stärkerem Umfang Regelungen und Vorschriften der EG übernehmen müssen, deren Zustandekommen sie nicht, oder allenfalls nur in geringem Maße beeinflussen konnten, um nicht wirtschaftlich Nachteile zu erleiden.

Für die EFTA-Staaten ergeben sich gegenwärtig drei wichtige Aspekte für die weitere Gestaltung ihrer Beziehungen zur EG:

1. Der sich entwickelnde Binnenmarkt mit der Konsequenz, in absehbarer Zukunft einem einheitlichen großen und wirtschaftlich starken Handels- und Wirtschaftspartner gegenüberzustehen;

2. Die unausweichliche Notwendigkeit, die Zusammenarbeit auf dem Gebiet der Forschung und der Technologie auszubauen und zu vertiefen; und

3. Die Folgerung aus einer enger werdenden außenpolitischen Zusammenarbeit der EG-Staaten mit dem erklärten Ziel einer gemeinsamen Sicherheits- und Außenpolitik in einer Europäischen Union zu ziehen.

Man hat bei der EFTA erkannt, daß der Prozess der Integration nach vielen Jahren der Stagnation jetzt wieder erheblich an Intensität gewonnen hat, nicht zuletzt auch durch die wachsende Einflußnahme des direkt gewählten Europäischen Parlaments.
Die stärkere politische Rolle der EG in Europa und der Welt, insbesondere nach Abbau der europäischen Konfrontation und der deutschen Wiedervereinigung hat zu einer intensiveren gemeinsamen Außenpolitik geführt. Diese Entwicklung wird sich verstärken und auch Einfluß auf die EFTA-Staaten haben.

Aus der auf der schon erwähnten Luxemburger Konferenz 1984 vereinbarten engeren wirtschaftlichen Zusammenarbeit ergab sich die Zielsetzung eines gemeinsamen Europäischen Wirtschaftsraumes. Angestrebt wird im Rahmen des Europäischen Wirtschaftsraumes -EWR - eine enge Verbindung der beiden Wirtschaftsräume, eine Zusammenarbeit in der Wirtschafts- und Finanzpolitik, der Sozial-, Verkehrs- und Umweltschutzpolitik, sowie in Bereichen wie Bildung, Kultur, Forschung und Technologie. Man strebt eine gegenseitige Frühinformation bei der Rechtssetzung und eine gegenseitige Anerkennung von Normen an. Auch ein institutioneller Rahmen für den EWR hält man für möglich. Praktisch bedeutet dieser angestrebte Europäische Wirtschaftsraum die Übernahme der Rechtsordnung der EG, das heißt von etwa 1400 Rechtsakten in die Rechtsordnung der EFTA-Staaten und damit eine Ausdehnung der vier Freiheiten des Binnenmarktes der EG, für Menschen, Waren, Kapital und Dienstleistungen auf die Mitgliedstaaten der EFTA, ohne daß diese jedoch die Rechte und insbesondere die Pflichten der Mitgliedschaft übernehmen müssen. Auf diese Weise würde der Binnenmarkt praktisch beide Wirtschaftsgebiete umfassen und ein einheitliches Wirtschaftsgebiet von Nordfinnland bis Gibraltar entstehen. Aber es würde auch bedeuten, daß die EFTA-Staaten noch stärker als bisher an Entscheidungen der EG-Organe gebunden wären, an deren Zustandekommen sie so gut wie nicht beteiligt wären. Hinzu kommt, daß die EFTA praktisch über keine eigenen Entscheidungsorgane verfügt, sondern nur ein Sekretariat in Genf unterhält.

Im Zuge der Gespräche stellten sich sehr schnell weitere Detailprobleme ein. So ist die Schweiz nicht bereit, allen EG- und EFTA-Bürgern volle Niederlassungsfreiheit zu gewähren. Man hat dort Sorge, zu einem Einwanderungsland zu werden und den Anteil von Nicht-Schweizern an der Gesamtbevölkerung weiter zu erhöhen. Schweden sieht bei Übernahme der EG-Umweltbestimmungen eine Gefahr für seinen bereits erreichten hohen

Umweltstandard. Norwegen und Finnland haben Probleme, ihre Naturschätze in ein gemeinsames Wirtschaftsgebiet einzubringen, ohne Einfluß auf die Regelungen zu haben, die die EG zu ihrer Nutzung erläßt.
Andererseits sind die Wirtschaftsbeziehungen der EFTA mit der EG in den letzten Jahren erheblich ausgebaut worden. Die EFTA-Staaten wickeln heute einen sehr großen Teil ihres Außenhandels mit der EG ab, und umgekehrt ist die EFTA ein bedeutender Handelspartner der EG. Die Entwicklung zum Binnenmarkt und erst recht der vollendete Binnenmarkt wird daher die Wirtschaft der EFTA-Staaten und ihren Außenhandel in noch stärkerem Maße als bisher beeinflussen. Darum haben die EFTA-Staaten ein fundamentales Interesse daran, in vollem Umfang an der weiteren Entwicklung des Binnenmarktes teilnehmen zu können. Sie müssen sich allerdings auch bewußt sein, daß sie eine Reihe von Maßnahmen ergreifen müssen, damit der Unterschied zwischen ihnen und der EG sich nicht vergrößert. So setzt die Verwirklichung des EWR eine enge Zusammenarbeit der Sozialpartner voraus. Auch muß im Bereich von Forschung und technologischer Entwicklung die Zusammenarbeit verstärkt werden, um zur Erhaltung der Wettbewerbsfähigkeit der europäischen Industrie auf dem Weltmarkt beizutragen. Sehr wichtig ist auch, daß die EFTA-Staaten engen Anschluß an die europäische Währungspolitik halten und sich voll an der Liberalisierung des Kapitalmarktes beteiligen.

Das Bestreben, die EFTA-Staaten im Rahmen des EWR so eng wie möglich an die EG zu binden, zielt praktisch darauf hinaus, ihnen die Stellung von Mitgliedern der Gemeinschaft einzuräumen, jedoch ohne die damit verbundenen rechtlichen Bindungen und damit ohne Mitwirkung an den Entscheidungsprozessen auch in den Bereichen, die praktisch mit voller Konsequenz auch die EFTA-Staaten betreffen. Daher kann der EWR nur eine Übergangsphase von unterschiedlicher Dauer bis zur Vollmitgliedschaft in der EG für die einzelnen EFTA-Staaten sein.

Nach langen und mühsamen Verhandlungen haben sich EG und EFTA im Sommer 1991 schließlich über alle Einzelheiten des EWR einigen können. Aber Ende 1991 war durchaus noch offen, ob der ausgehandelte Vertrag von allen EFTA Parlamenten ratifiziert werden wird und die in der Schweiz notwendige Mehrheit einer Volksabstimmung erhalten wird. Die Entscheidung des EuGH vom 13. Dezember 1991, daß der Vertrag die Rechtssicherheit in der EG gefährde, weil er einen eigenen Gerichtshof zur Auslegung der EG-Wettbewerbsregeln vorsehe und daher nicht mit den EG-Gründungsverträgen zu vereinbaren sei, dürfte schwierige Nachverhandlungen erforderlich machen und möglicherweise das gesamte Vertragswerk scheitern lassen. Nicht nur in Schweden und Österreich, sondern zunehmend auch in der Schweiz und Finnland hält man einen Beitritt und damit die volle Mitgliedschaft in der EG aus diesen Gründen mehr und mehr für sinnvoller.

Die beiden wesentlichen Gründe für die EFTA-Staaten, bisher nicht Mitglied in der EG geworden zu sein, die Neutralität einiger EFTA-Staaten und der Wunsch, die nationale Souveränität uneingeschränkt bewahren zu wollen, haben durch die Veränderungen in Europa seit 1989 nicht nur ihre politische Relevanz verloren, oder diese mindestens erheblich verringert, sie haben auch durch das Ende der deutschen Zweistaatlichkeit einen anderen politischen Stellenwert bekommen. Waren bisher die EFTA-Staaten zum großen Teil politisch einerseits außerhalb des west/östlichen Gleichgewichts, andererseits aber auch ein Element der Stabilisierung dieses Gleichgewichts, so stehen sie jetzt einem Europa gegenüber, das sich schnell aus der Rolle, Teil des west/östlichen Gleichgewichts zu sein, gelöst hat und auf vielen Ebenen zusammenzuwachsen begonnen hat. Wenn auch die Ausdehnung der EG bis an die Westgrenzen der früheren Sowjetunion noch viele Jahre auf sich warten lassen wird, so ist doch die Entschlossenheit von Ländern, wie Polen, Ungarn und der Tschechoslowakei und wohl auch Jugoslawiens oder seiner Einzelrepubliken, die Vollmitgliedschaft in der EG anzustreben, unübersehbar. Die EFTA-Staaten sehen also eine Entwicklung vor sich, an deren Ende sie nur noch eine Randgruppe einer EG sein würden, die sich bis zur weißrussischen und ukrainischen Westgrenze erstreckt, wenn sie ihre bisherige Politik gegenüber der EG fortsetzen.

Österreich hat den Anfang gemacht mit seinem Antrag auf Vollmitgliedschaft in der EG. Schweden ist inzwischen diesem Beispiel gefolgt. In Norwegen, ja sogar in Finnland und der Schweiz, wird diese Möglichkeit in den politischen Führungsgremien und besonders natürlich auch in den Medien intensiv diskutiert. Ein wesentlicher Faktor, der die meisten EFTA-Staaten bisher davon abgehalten hat, um die Mitgliedschaft in der EG nachzusuchen oder besondere Bedingungen für die Mitgliedschaft zu fordern, nämlich die Neutralität,sieht sich jetzt einer grundlegend veränderten politischen Situation in Europa gegenüber.

Bedeutung und politisch-historische Grundlagen der Neutralität in Europa

Seit dem Wiener Kongress bestand in Europa ein Gleichgewicht der Mächte unter Einbeziehung der deutschen Einzelstaaten. Mit der Einigung Deutschlands unter Preußens Führung hatte sich die Struktur dieses Gleichgewichts grundlegend verändert. Jetzt stand Europas Mitte, Deutschland, Österreich-Ungarn und Italien, dem Westen Europas, Frankreich und dem Vereinigten Königreich gegenüber. Rußland wurde zunehmend mit der Politisierung des Panslawismus vor allem auf dem Balkan in dieses System hineingezogen, wenn auch zunächst noch durch enge vertragliche Bindungen an Preußen-Deutschland in den Auswirkungen auf das Mächtegleichgewicht neutralisiert. Erst Anfang des 20. Jahrhunderts, bedingt vor allem durch die veränderte deutsche Politik, näherte sich Rußland immer stärker den europäischen Westmächten und veränderte so das Gleichgewicht immer stärker zu Lasten der Mittelmächte.Die kleineren europäischen Staaten lehnten sich entweder an eine der Mächtegruppen an, oder versuchten eine neutrale Politik zwischen diesen Blöcken zu entwickeln. So wurde Serbien Rußlands Partner auf dem Balkan, während sich Rumänien und Bulgarien an die Mittelmächte anlehnten. Griechenland, Norwegen und Portugal waren aus Tradition eng mit Großbritannien verbunden. Belgien, Schweden und die Schweiz verfolgten eine Politik der Neutralität, die sich für Belgien und die Schweiz auf eine internationale völkerrechtliche Anerkennung stützen konnte.

Im 1. Weltkrieg konnten Schweden und die Schweiz ihre Neutralität behaupten, Belgien jedoch nicht. Es wurde Kriegsschauplatz zwischen Deutschland einerseits und Frankreich-Großbritannien andererseits. Zu Beginn des Weltkrieges hatte sich das Gleichgewicht weiter zu Lasten der Mittelmächte verschoben. Italien und Rumänien traten nicht auf Seiten der Mittelmächte in den Krieg ein, sondern wechselten die Seite und ließen sich durch großzügige Versprechungen zu Lasten ihrer früheren Bundesgenossen zum Kriegseintritt gegen die Mittelmächte bewegen.

Nach dem Krieg änderte sich die Machtkonstellation in Europa beträchtlich. An die Stelle von Österreich-Ungarn traten eine Reihe mittlerer Staaten, die sich z.T. an Deutschland, z.T. an die Westmächte anlehnten. Rußland schied bis zum zweiten Weltkrieg aus dem europäischen Gleichgewichtssystem aus. Das durch die Niederlage und erhebliche Gebietsverluste geschwächte Deutschland stand allein den Westmächten gegenüber. Die Rolle Rußlands im europäischen Gleichgewichtssystem gegenüber Deutschland übernahmen zunächst Polen, die Tschechoslowakei und Rumänien. In den 30er Jahren schwächte sich diese Konstellation ab. Italien, das nach dem Krieg zunächst auf Seiten der Westmächte seine Kriegsbeute sichern wollte, kehrte unter der faschistischen Diktatur Mussolinis zu Europas Mitte zurück. Bulgarien, Finnland, Rumänien und Ungarn suchten mehr und mehr Bindung an das wieder erstarkende Deutschland, während sich Jugoslawien enger an Frankreich anlehnte. Zu Beginn des zweiten Weltkrieges standen sich Deutschland, und an seiner Seite Italien, die Nachfolgestaaten Österreich-Ungarns, Bulgarien, Rumänien und Finnland und die Westmächte, verbunden mit Jugoslawien, Griechenland und Polen gegenüber. Erst der Eintritt der Sowjetunion in den zweiten Weltkrieg im Sommer 1941 stellte die alte Mächtekonstellation des ersten Weltkrieges in ihren Grundzügen wieder her. Der durch die Pariser-Vorort-Friedensverträge nur unterbrochene Konflikt zwischen Europas Mitte einerseits und dem Westen sowie Rußland/Sowjetunion andererseits bewirkte, daß die Neutralität für die skandinavischen Staaten, insbesondere aber für die Schweiz, eine große, ja existenzsichernde Bedeutung gewann.

Für die Schweiz, und seit 1955 Österreich, sowie für Schweden bedeutete der Fortbestand der Neutralität nach dem 2. Weltkrieg, daß sie politisch Positionen der Mitte zwischen Westeuropa und den USA einerseits und Mittel/Osteuropa und der Sowjetunion andererseits entwickeln mußten, obwohl sie ideologisch uneingeschränkt zum Westen gehörten. Militärisch mußten sie erhebliche Anstrengungen machen, um ihre Neutralität im Konfliktfall behaupten zu können. Stärker noch als das militärische Instrumentarium halfen ihnen, vor allem Österreich und der Schweiz, die geographischen Bedingungen der Alpenregion, obwohl letztendlich doch fraglich blieb, ob diese Staaten bei einer großen Ost-West-Auseinandersetzung ihre Neutralität würden sichern und behaupten können und somit nicht das Schicksal Belgiens im ersten Weltkrieg teilen würden.

Politisch hatten die drei neutralen Staaten keine Bedenken, sich dem Europarat anzuschließen, der ausschließlich Staaten als Mitglieder hat, die ideologisch dem Westen zuzurechnen sind. Obwohl der Europarat keinerlei militärische und sicherheitspolitische Aufgaben hat, versteht er sich doch als Ausgangsform einer europäischen Einigung auf der Basis gleichberechtigter Regierungskooperation. Die Mitgliedschaft eines neutralen Landes im Europarat modifiziert die Neutralität insofern, als sie auf Sicherheits- und Verteidigungsfragen beschränkt wird, politisch aber zugunsten einer europäischen Zusammenarbeit aufgegeben, mindestens erheblich eingeschränkt wird.

Da die drei in der EG zusammengefaßten Gemeinschaften bis heute vor allem Wirtschaftsgemeinschaften sind, wäre eine Mitgliedschaft der neutralen Staaten durchaus möglich gewesen, ohne die so umgrenzte Neutralität zu beeinträchtigen, insbesondere nachdem der Rat als Folge des 'Luxemburger Kompromisses' praktisch nur noch einstimmig entscheiden konnte. Irland hat als neutraler Staat diese Konsequenz gezogen und ist 1973 Mitglied der EG geworden. Erst mit der Änderung der römischen Verträge durch die Einheitliche Akte und mit der Rückkehr zu Mehrheitsentscheidungen im Rat, jedenfalls in allen die Entwicklung des Binnenmarktes betreffenden Entscheidungen, hätte sich erneut die Frage gestellt, ob eine Mitgliedschaft in der EG mit der Neutralität zu vereinbaren ist. In Irland war dies durch das oberste Gericht verneint worden, und es mußte durch einen Volksentscheid die Abweichung von der Verfassung sanktioniert werden. Denkbar wäre zum Beispiel, daß bei Verhängung von Wirtschaftssanktionen der Rat mit Mehrheit gegen die neutralen Mitglieder entscheidet und diese dann Maßnahmen mittragen müßten, die möglicherweise ihren neutralen Status bei Konflikten berührt hätten. Auch die Einbeziehung der Sicherheitspolitik durch die Einheitliche Akte in die Zuständigkeit der EG und damit die Ausdehnung der EPZ hätte möglicherweise zu Konflikten mit der Neutralität führen können, obwohl auch eine außen- und sicherheitspolitische Meinungsbildung nicht einer Mehrheitsentscheidung unterworfen ist, sondern eher im Wege eines Meinungsaustausches und einer gegenseitigen Abstimmung der politischen Haltung zu erfolgen pflegt.

Trotz dieser Bedenken wird seit Jahren in den drei neutralen Staaten über engere Beziehungen mit der EG und auch über eine Vollmitgliedschaft debattiert. Die Dynamik der Entwicklung zum Binnenmarkt und die zunehmende wirtschaftliche und auch politische Schwerkraft der EG wirkten immer stärker auf die Wirtschaft der neutralen Staaten ein, so daß eine Entscheidung zwischen dem Fortbestand der Neutralität und einer Mitgliedschaft mit einer eingeschränkten, und bei Weiterentwicklung der EG zur politischen Union, schließlich aufzugebenden Neutralität notwendig geworden wäre.

Österreich und Schweden haben sich inzwischen für die Vollmitgliedschaft entschieden, wohl auch in der Erwartung oder mindestens in der Hoffnung, im Wege der Verhandlungen gewisse Sonderrechte wegen ihrer Ost wie West verpflichtenden Neutralität zu erreichen, die ihnen die Aufrechterhaltung einer militärischen und sicherheitspolitischen Neutralität erlauben würde. Anders als Österreich sind Schweden und die Schweiz in der Ausgestaltung ihrer Neutralität ungebundener. Ihre Neutralität ist nicht eine Voraussetzung für ihre Unabhängigkeit gewesen. Aber trotz des auch in diesen Ländern stärker werdenden Druckes des sich entwickelnden Binnenmarktes, hat nur Schweden bisher die Vollmitgliedschaft beantragt. Die Schweiz hat diesen Schritt vor allem wohl auch deswegen noch nicht getan, weil für sie, anders als für Österreich, die Aufgabe eines Teiles ihrer Souveränität und deren Übertragung auf die EG ein sehr schwer zu überwindendes Hindernis darstellt.

Mit der Auflösung des Warschauer Paktes und dem Zerfall des Ostblocks unter sowjetrussischer Führung hat sich aber die politische Lage auch für die neutralen Staaten Europas umfassend verändert. Die EG wird mehr und mehr aus dem politischen Schatten der USA heraustreten und eine eigene politische Verantwortung entwickeln und übernehmen müssen. Die Vereinigung Deutschlands und die Einbeziehung ganz Deutschlands in die EG und die NATO wird zu einer schnellen Anlehnung der mittel- und osteuropäischen Staaten an die EG führen. Der West-Ost-Gegensatz in Europa ist praktisch zusammengefallen. Die EG, und zunehmend auch das übrige Europa, sind nicht mehr in ihren Teilen eingebunden in ein west-östliches Gleichgewicht, dominiert von den USA und der Sowjetunion. Sie entwickeln sich vielmehr zu einem eigenständigen Faktor zwischen diesen beiden, bisher das Mächtesystem beherrschenden Großmächten. Erstmalig in der neueren Geschichte gibt es in Europa kein politisch/militärisches Mächtesystem der Staaten mehr, das gegeneinander gerichtet ist und sich gegenseitig ausgleicht.

Auch sicherheitspolitisch wird Europa zunehmend zu einer Einheit werden. Die NATO als eine Allianz West-Europas und Nordamerikas gegen Mittel-Osteuropa und die Sowjetunion wird durch den Zerfall ihres östlichen Gegenüber ihre Grundlage verlieren und durch ein gesamteuropäisches Sicherheitssystem, möglicherweise unter Einbeziehung des KSZE-Prozesses, ersetzt werden müssen. Den weiterbestehenden Sicherheitsinteressen der USA und auch der möglichen Nachfolgestaaten der Sowjetunion gegenüber Europa könnte durch gegenseitige Garantie- oder Rückversicherungsabkommen mit einer gesamteuropäischen Gemeinschaft entsprochen werden. Die Macht der beiden "Supermächte" würde durch ein solches Garantieabkommen mit Europa ausgeglichen werden, wenn der jeweilige 'Aggressor' weiß, daß er ganz Europa zum Gegner haben wird.

Das wirtschaftliche und politische Gewicht der einzelnen europäischen Staaten wird allein innerhalb der EG gebunden und ausgeglichen werden. Dies gilt insbesondere für das vereinigte Deutschland, das nicht wieder in die politische Isolation einer 'europäischen Mitte' zurückfällt, sondern in ein Gesamteuropa eingebunden bleibt. So können die Nachbarn die wirtschaftliche Kraft und die daraus resultierende politische Stärke Deutschlands ertragen; so kann aber auch Deutschland auf Dauer die territorialen Verluste der Weltkriege hinnehmen, und so findet schließlich auch Deutschland seinerseits in Zukunft Sicherheit gegenüber weiteren territorialen Expansionswünschen seiner Nachbarn.

Die europäischen Einzelstaaten werden zunehmend ihre Rolle als selbständige Faktoren im politischen, wirtschaftlichen und militärischen Konzert der Mächte verlieren. Am Ende dieses eingeleiteten und wohl nicht mehr aufzuhaltenden, höchstens noch zu verlangsamenden Prozesses wird es die EG sein, die an Stelle ihrer Mitgliedstaaten als Machtfaktor ihre Rolle in der Welt übernehmen und spielen muß. Damit aber verliert die Neutralität europäischer Einzelstaaten ihre historisch-politische Grundlage. Neutralität in Europa setzt begrifflich voraus, daß es Konfliktmöglichkeiten zwischen den Staaten Europas oder den Machtblöcken, denen die europäischen Staaten zugeordnet sind, geben kann. Ohne derartige Gegensätze und ohne ein Konfliktpotential kann es begrifflich auch keine Neutralität europäischer Einzelstaaten mehr geben. Bezeichnend für diese Entwicklung ist das Verhalten der Schweiz in der Golfkrise Anfang der 90er Jahre nach der Okkupation Kuwaits durch den Irak. Ohne Zögern hat sich das Land den von der UNO verhängten Wirtschaftssanktionen angeschlossen und nicht - wie früher stets üblich - nur versichert, daß man über den Rahmen der normalen Handelsbeziehungen mit dem Irak hinaus die Geschäftsbeziehungen nicht ausweiten würde, dann aber in der Praxis die wirtschaftliche Situation oft kräftig zum eigenen Vorteil ausgenutzt.

Neutralität bedeutet jetzt und in Zukunft immer stärker nur noch ein Abseitsstehen und eine Nichtteilnahme an der europäischen wirtschaftlichen und politischen Entwicklung letztlich vor allem zum Schaden der eigenen Interessen der neutralen Staaten.

Die einzelnen EFTA-Staaten und ihre Haltung gegenüber der EG

Die Schweiz

Historiker gehen davon aus, daß die Neutralität der Schweiz schon mit der Niederlage in der Schlacht bei Marignano am 13. und 14. September 1515 eingeleitet wurde. Man entschied nach dieser Schlacht, die kriegerische Auseinandersetzung um Norditalien in Zukunft den damaligen Großmächten allein zu überlassen. Zwar beteiligten sich die Schweizer auch weiterhin im Solde Frankreichs an den italienischen Kriegen. Erst die Niederlagen bei Bicocca im Jahre 1522 und Pavia 1525 beendeten endgültig die Periode der Kriege als gekaufte Vasallen europäischer Großmächte. Im Innern des Landes jedoch gab es bis ins 19. Jahrhundert immer wieder Konflikte und auch Kriege einzelner Kantone gegeneinander. Unter Napoleon wurde das Land in die Auseinandersetzungen zwischen Frankreich und dem übrigen Europa voll mit hineingezogen und zeitweilig von den Franzosen erobert. Frankreich annektierte Teile der Schweiz und gestaltete die Konföderation der Kantone in eine Helvetische Republik um.

Erst mit dem Wiener Kongress 1814/15, und zwar in einem Abkommen der damaligen fünf Großmächte Großbritannien, Frankreich, Österreich, Preußen und Rußland vom 20. November 1815, wurde die Neutralität der Schweiz völkerrechtlich verankert, international anerkannt und ihre Grenzen garantiert. Seither hat sich das Land aus den europäischen Konflikten konsequent herausgehalten. Durch den Aufbau und die Unterhaltung einer starken Armee und wirksamer Festungsbauten, aber auch unterstützt durch die Gegebenheiten der alpinen Landschaft hat die Schweiz ihre Nachbarn davon abgehalten, die Stabilität der Neutralität auch nur zu testen, geschweige denn zu verletzen.

Diese neutrale Position in der Mitte zwischen den Mächten Europas hat die Schweiz vor den Schrecknissen der Kriege des 20. Jahrhunderts bewahrt und beträchtlich zum Wohlstand des Landes beigetragen. Vor allem konnte das Land die Rolle einer 'Fluchtburg' für das internationale Kapital sehr wirksam spielen und auch dadurch den Wohlstand der Bürger mehren.

An die Stelle des innereuropäischen Gegensatzes, insbesondere zwischen Deutschland und Frankreich, trat nach dem zweiten Weltkrieg der weltweite West-Ostkonflikt, in den die beiden Hälften Europas wirtschaftlich, politisch und militärisch eingebunden waren. Diese Lage hat sich mit der Entwicklung der EG zu verändern begonnen. Die großen Nachbarn der Schweiz sind nicht mehr Gegner sondern Partner in einer wachsenden Gemeinschaft. Wirtschaftlich verlor die Schweiz zunehmend ihre Sonderrolle, gewann aber an Bedeutung als Transferland für den Nord-Südhandel der EG, insbesondere mit Italien.

Ähnlich wie Österreich ist die Schweiz in den letzten Jahren in wachsendem Maße von der Entwicklung des europäischen Binnenmarktes betroffen. Trotz der vielfältigen und engen Bindungen an die EG im Rahmen der Beziehungen zwischen der EG und der EFTA, verfolgt man in der Schweiz die Bemühungen Österreichs, Vollmitglied in der EG zu werden, nicht ohne Sorge. Die Schweiz würde nach einem Beitritt Österreichs eine wirtschaftliche und politische Insel, umgeben vom EG-Binnenmarkt und einer sich immer stärker auch zu einer politischen Union zusammenschließenden Gemeinschaft werden. Das Interesse der Schweizer

Wirtschaft und des Handels, aber auch der Schweiz als internationaler Finanzmarkt, wird in immer stärkerem Maße den Erwerb der Vollmitgliedschaft in der EG gebieten.

Anders als in der 700jährigen Geschichte des Landes ist die Eigenständigkeit und die Eigenstaatlichkeit der Schweiz heute nicht mehr die Voraussetzung für die Bewahrung der Individualität der Schweizer. Die freie Entfaltung und Zukunftsgestaltung ist im Gegenteil heute in einer offenen, föderativ gestalteten EG eher und leichter möglich, als in einer isolierten, abgeschlossenen und uneingeschränkten Eigenstaatlichkeit des Landes. Aber der Prozess der Annäherung der Schweiz an die EG wird sicherlich wirtschaftlich und auch politisch leichter zu vollziehen sein, als im Bewußtsein der Menschen in dieser Alpenföderation.

Haupthindernis ist nach wie vor - jedenfalls subjektiv - die Neutralität des Landes, die, anders als im Falle Österreich, nicht das Ergebnis des zweiten Weltkrieges und damit des West-Ost-Gegensatzes und Gleichgewichts in Europa ist. Die Schweizer Neutralität ist in einem langen Entwicklungsprozess gewachsen und tief im Bewußtsein der Bürger verankert. Es war zum großen Nutzen des Landes, sich aus den europäischen Konflikten herauszuhalten. Abgesehen von der französischen Invasion unter Napoleon, konnte diese Politik über mehrere Jahrhunderte erfolgreich durchgesetzt und behauptet werden. Je stärker aber die früher miteinander rivalisierenden europäischen Mächte in eine europäische Union integriert werden, desto geringer ist die Gefahr von kriegerischen Konflikten zwischen ihnen. Damit aber hat sich die Grundlage, auf der die Schweizer Neutralität ruhte, entscheidend verändert. Es eröffnet sich für die Schweiz nun die Möglichkeit, zum eigenen Nutzen in die Europäische Gemeinschaft hineinzuwachsen und damit die Identität der Schweiz und ihrer Bürger und deren wirtschaftliche Vorteile in Zukunft besser zu sichern als in einer fortbestehenden neutralen Isolierung des Landes.

Österreich

Die Bundesrepublik Österreich ist der Rest der alten österreichischen Reichshälfte der Doppelmonarchie Österreich-Ungarn. Nach dem ersten Weltkrieg erlebte der Nationalismus der einzelnen Völker in Österreich-Ungarn einen historischen Höhepunkt. Das Land zerfiel, seine Teile verselbständigten sich oder schlossen sich an bereits bestehende oder neu geschaffene Staaten an, oder aber wurden auch gegen den Willen der betroffenen Bevölkerung an bestehende oder neu geschaffene Staaten übertragen. Die damals führenden Politiker der Siegermächte sahen diese Entwicklung gern und förderten sie, weil auf diese Weise ein potentieller Machtfaktor in der Mitte Europas von der geschichtlichen Bühne verschwand. Sie sahen darin vor allem auch eine Schwächung der Position Deutschlands und übersahen, daß mit Österreich-Ungarn ein Gegengewicht gegen Rußland/Sowjetunion verloren ging. Dies schien den damals mehr in den Kategorien der Tages- und allenfalls Wochenpolitik denkenden und handelnden Politikern ohne Bedeutung zu sein, da die Sowjetunion durch die revolutionären Umwälzungen auf längere Frist so geschwächt zu sein schien, daß sie im europäischen Gleichgewicht für lange Zeit ohne Bedeutung war. Wenige Jahre später schon sollte sich diese kurzsichtige Politik rächen, denn sie schuf für Deutschland unter der Diktatur Hitlers eine der Voraussetzungen für den kaum behinderten, außenpolitischen Wiederaufstieg und Machtzuwachs. Die Menschen in den ehemals österreich-ungarischen Ländern sollten für ihre nationalistische Blindheit teuer bezahlen.

Die verbleibende Republik Österreich wollte kein unabhängiger Staat bleiben. Mit der Verselbständigung aller nicht deutsch besiedelten Gebiete der einstigen Doppelmonarchie war zudem einer der Gründe weggefallen, der die Deutschen in Österreich daran gehindert hatte, sich am deutschen Einigungsprozess zu beteiligen und der zur ersten deutschen Teilung 1867 geführt hatte. So beschloß die österreichische Nationalversammlung 1919 mit einer Mehrheit von 209 gegen 1 Stimme den Anschluß an das Deutsche Reich. Was 1867 nicht möglich war, sollte jetzt verwirklicht werden. Die USA und ihre Mitsieger lehnten diesen Anschluß jedoch ab. Sie verboten dem kleinen Rest-Österreich sogar den Namen D e u t s c h-Österreich. So mußte Österreich gegen seinen Willen ein souveräner und für lange Zeit kaum lebensfähiger Staat bleiben. Wirtschaftlich hatte das Land mit großen Problemen zu kämpfen. Die Zerschlagung des einstigen großen Wirtschaftsraumes Österreich-Ungarn zerstörte Industrie- und Handelsverbindungen. Nur mühsam konnten sich neue Industrie- und Handelsstrukturen auf der verkleinerten nationalen Ebene entwickeln. Die Inflation und die damit verbundene Wirtschaftskrise am Anfang der 20er Jahre erschwerten diesen Prozess erheblich. Österreich blieb im wesentlichen ein Agrarstaat. Erst die Entwicklung der Industrie in der Periode von 1938 bis 1945 und die Entscheidung, die zerstörten Betriebe nach dem Krieg wieder aufzubauen und zudem wichtige Industriezweige zu verstaatlichen, öffneten dem Land den Weg vom Agrar- zum Industriestaat und damit zu einer stabilen Grundlage der Wirtschaft. Noch 1951 waren 35 % der Beschäftigten in der Land- und Forstwirtschaft tätig. 1971 war dieser Anteil auf 8,5 % gesunken.

Auch politisch war Österreich in einer fast ausweglosen Situation. Der Vertrag von St. Germain belastete Österreich ebenso wie der Vertrag von Trianon Rest-Ungarn allein mit der Bürde der Niederlage. Die anderen Nachfolgestaaten, Polen, das Königreich SHS, (später Jugoslawien) Rumänien und die Tschechoslowakei wurden wie Mit-Siegermächte behandelt. Hinzu kam, daß Österreich alle deutsch besiedelten Gebieten der ehemaligen Doppelmonarchie als Territorium in Anspruch genommen hatte, aber durch die Macht der Siegermächte tiefe Einschnitte in sein Volksgebiet durch seine Nachbarn hinnehmen mußte. Italien annektierte das deutsch besiedelte Süd-Tirol und das Kanaltal, die Tschechoslowakei verleibte sich die deutsch besiedelten Randgebiete Böhmens und Mährens ein und erreichte so, daß 28 % seiner Bevölkerung deutscher Volkszugehörigkeit waren. Die Tschechoslowakei annektierte außerdem schmale Gebietsteile von Ober- und Niederösterreich. Das neue Königreich der Serben, Kroaten und Slowenen, SHS, besetzte Teile Kärntens und der Steiermark mit Gewalt. Erst eine Volksabstimmung klärte hier die Zugehörigkeit des größeren Teiles dieses okkupierten Gebiets zu Österreich. Mit Ungarn stritt man über das Burgenland und seine Abgrenzung. Eine Volksabstimmung in der Stadt Ödenburg und Umgebung ergab eine Mehrheit für den Verbleib bei Ungarn. Die politische Anlehnung an Deutschland blieb dem kleinen Land versagt, sie hätte ja zu einem Machtzuwachs des besiegten Deutschland führen können, der damals den Politikern der Siegermächte unerwünscht war. Der Gedanke, daß auf diese Weise Deutschland sich seinerseits mit den Gebietsverlusten des Versailler Vertrages eher hätte abfinden können und damit Hitler später keinen so fruchtbaren Nährboden für seine Politik geboten hätte war den politisch Verantwortlichen der damaligen Zeit völlig fremd.

Es überrascht nicht, daß die Idee einer Einigung Europas in Österreich schon sehr bald nach dem ersten Weltkrieg eine große Resonanz fand. In einer europäischen Föderation und nicht in dem unbefriedigenden System neuer Nationalstaaten sah man die Zukunft des Landes. In Österreich entstand die erste Sektion der Paneuropa-Union Coudenhove-Kalergis. Auch das Memorandum Briands über die Schaffung einer Europäischen Union fand die uneingeschränkte Zustimmung Österreichs. Aber Österreich mußte, wie fast ganz Europa, das tiefe Tal des in furchtbare Höhen getriebenen europäischen Nationalismus im zweiten Weltkrieg durchleben und durchleiden, ehe auch dort der Weg zu einer friedlichen europäischen Gemeinsamkeit beschritten werden konnte. Der Anschluß an Deutschland 1938 wurde von einer übergroßen Mehrheit der Bevölkerung begrüßt, weil in ihm die Erfüllung des schon nach 1918 bekundeten Volkswillens gesehen wurde. Viele hatten sich die Verwirklichung der Vereinigung mit Deutschland allerdings anders vorgestellt. Die totale Auflösung Österreichs in NS-Gaue war nur für eine kleine Minderheit das Ziel ihrer politischen Wünsche. So entsprach die Wiederherstellung Österreichs am 27.April 1945 dem Wunsch der Mehrheit der Bevölkerung und nicht nur der Zielsetzung der damaligen Alliierten. Man hoffte natürlich auch, auf diese Weise von vielen Konsequenzen der deutschen Niederlage verschont zu bleiben. Aber zunächst wurde auch Österreich durch die vier Mächte besetzt und Wien - wie Berlin eine Insel innerhalb der sowjetischen Zone - in vier Sektoren aufgeteilt.

Lange Bemühungen, eine staatliche Teilung des Landes und die Einbeziehung von Teilstaaten in die beiden europäischen Blöcke zu verhindern und die militärische Besetzung zu beenden, hatten erst 1955 Erfolg. Da keine der beiden Seiten Österreich als ganzes in das jeweils andere Lager abgeben wollte, war seine Neutralisierung im West-Ostkonflikt die einzig mögliche Lösung, jedenfalls 1955.

Die Idee einer Neutralisierung Österreichs analog derjenigen von Schweden und der Schweiz war schon in der Zwischenkriegszeit vielfach diskutiert worden. Praktisch hatte die erste Republik eine neutrale politische Position eingenommen und sich nicht an den internationalen Gruppierungen und Konflikten beteiligt. Auch nach dem zweiten Weltkrieg, noch vor Abschluß des Staatsvertrages, bemühte sich Österreich, jeden Anschein einer Parteinahme für eine der beiden Seiten zu vermeiden. So wurde z.B. im Sommer 1946 die Gründung einer österreichischen Sektion der Europa-Union verboten wegen ihres "rechtswidrigen und staatsgefährdenden" Charakters. Die Europäische Einigung als Ziel der Europa-Union war mit der Verpflichtung Österreichs, die nationale Staatlichkeit uneingeschränkt zu bewahren, nicht vereinbar, so glaubte man in Wien damals. Erst 1949 wurde der österreichische Rat der Europäischen Bewegung gegründet.

Die besondere Rolle zwischen Ost und West, die Österreich vor 1918 gespielt hatte, wurde von der zweiten Republik nach 1945 wieder aufgenommen, indem die alten Verbindungen zu den nun kommunistischen Balkanstaaten neu gestaltet und zum Teil vertieft wurden. Man suchte aber auch die wirtschaftliche Zusammenarbeit mit den Staaten Mittel- und Westeuropas. Hierin sah man keine Verletzung der eigenen Neutralität. So gehörte Österreich zu den Gründerstaaten der OEEC und erhielt Mittel aus dem Marshall-Plan für den Wiederaufbau. Damit hatte das Land schon sehr früh deutlich gemacht, daß politische Neutralität und Westorientierung nicht im Widerspruch zueinander standen. Nach Abschluß des Staatsvertrages schloß sich Österreich dem Europarat an und wurde Mitglied der UNO. Seither verfolgte es eine aktive Europapolitik. Europapolitik wurde aber stets als eine Regierungskooperation souveräner Staaten gesehen.

Die Gründung der Montanunion und später der EG als supranationale Gemeinschaft mit eigener Hoheitsgewalt brachte die österreichische Europapolitik in eine schwierige Lage. Enge wirtschaftliche Bindungen an Italien, vor allem aber an die Bundesrepublik Deutschland, drohten durch die Entwicklung der Wirtschaftsgemeinschaft mit gemeinsamen Außengrenzen auch gegenüber Österreich gefährdet zu werden. Bemühungen Österreichs und anderer europäischer Staaten, mit der EG der Sechs eine große Freihandelszone zu schaffen, scheiterten vor allem an Fragen der Agrarwirtschaft, der Zollanpassung und der Bindung Großbritanniens an das Commonwealth. So blieb Österreich Mitglied der sich dann entwickelnden kleinen Freihandelszone, der EFTA. Eine Mitgliedschaft in der EG erschien damals mit der eigenen Neutralität unvereinbar, eine enge Assoziierung aber nicht nur erstrebenswert, sondern lebenswichtig. So stellte das Land schon 1957 erstmalig und vergeblich einen Antrag auf Assoziierung an die EG. Als 1961 Dänemark, Großbritannien und Norwegen die Aufnahme in die EG als Vollmitglied beantragten, bemühte sich Österreich zusammen mit Schweden und der Schweiz erneut um eine Assoziierung an die vergrößerte EG, weil der Fortbestand der Freihandelszone ohne diese Länder wenig sinnvoll erschien. Das Scheitern des britischen Beitritts am Veto de Gaulles beendete auch die Aufnahmeverhandlungen mit den übrigen EFTA-Staaten und die Assoziierungsverhandlungen mit den drei neutralen Staaten.

Die Entwicklung der EG machte Österreich immer deutlicher, daß die EFTA auf Dauer keine Alternative für eine Mitgliedschaft in der EG sein konnte. Anders als die skandinavischen EFTA-Staaten war und ist Österreich sehr viel enger mit den EG-Staaten verbunden und von deren Entwicklung abhängig. Darum strebte Österreich eine Zollunion mit der EG an und war auch bereit, das EG-Agrarkonzept weitgehend zu übernehmen. Die EG wollte Österreich keine derartige Sonderrolle zuzugestehen und damit ein Präjudiz schaffen. Man hatte in Brüssel Sorge, daß die Gewährung wesentlicher Vorteile, die normalerweise nur den Mitgliedstaaten zukommen, ohne Übernahme und Bindung an die vielfältigen supranationalen Verpflichtungen zur Aushöhlung der Gemeinschaft führen könnte. Die Verhandlungen über eine Assoziierung in den Jahren 1965 bis 1967 scheiterten schließlich an der italienischen Haltung. Italien verlangte eine befriedigende Lösung der Süd-Tirol-Frage als Vorbedingung für den Abschluß eines Assoziierungsabkommens.

Erst als der Beitritt Dänemarks, Großbritanniens, Irlands und Norwegens nach der Haager Gipfelkonferenz 1968 möglich wurde, weil Frankreich seinen Widerstand aufgab, eröffnete sich auch ein Weg für ein Abkommen mit Österreich und den restlichen EFTA-Staaten. Mit diesem Abkommen erreichte Österreich sein Ziel einer de facto-Freihandelszone mit der EG für gewerbliche Produkte.

Neben dem Ziel, wirtschaftlich so eng wie möglich mit der Entwicklung der EG verbunden zu sein, verfolgte Österreich außenpolitisch eine klare und eindeutig neutrale Linie. Man hatte nicht vergessen, daß die Räumung des Landes und die Wiedergewinnung der uneingeschränkten Souveränität nach 1955 nur möglich geworden war, weil Österreich keinem der beiden Blöcke zufiel. Die Politik der Schweiz, bei konsequenter politischer Neutralität, sich wirtschaftlich eindeutig zum Westen zu orientieren, war lange Jahre Vorbild für Österreich. Alle Bemühungen, sich wirtschaftlich in die europäische Gemeinschaft zu integrieren, fanden ihre Grenze dort, wo völkerrechtliche und staatspolitische Verpflichtungen berührt wurden. Die politische Finalität der EG würde zwar Mitgliedstaaten als 'neutrale Zonen', nicht aber einen Verzicht auf eine gemeinsame Außen- und Sicherheitspolitik erlauben. Daraus folgte für die österreichische Politik für viele Jahre, daß eine enge wirtschaftliche Verflechtung mit der EG möglich und erstrebenswert war, eine Vollmitgliedschaft aber nicht in Betracht kam.

Die wirtschaftliche und politische Entwicklung der nunmehr aus zwölf Mitgliedstaaten bestehenden EG und ihre Ausstrahlung, insbesondere nach der zielstrebigen Inangriffnahme des Binnenmarktes, verstärkten die Sorge, nicht nur der Wirtschaft in Österreich, von der europäischen Entwicklung, insbesondere in Deutschland, immer stärker abgekoppelt zu werden, und veranlaßte das Land im Sommer 1989 schließlich doch, unter Zurückstellung seiner neutralitätspolitischen Bedenken, einen Antrag auf Vollmitgliedschaft zu stellen. Österreich ging dabei davon aus, daß es auch als Vollmitglied im Stande sein würde und müsse, seine Verpflichtungen aus der Neutralität zu erfüllen.

Damit war noch vor den politischen Veränderungen in Mittel- und Osteuropa einer der neutralen Staaten aus seiner 'neutralen' Position gegenüber der EG ausgebrochen und hatte sich nicht nur zum wirtschaftlichen, sondern auch zum politischen Einigungsprozess bekannt. Zugleich aber war damit auch deutlich gemacht worden, daß man - jedenfalls in Österreich - die Vollmitgliedschaft in der EG und die eigene Neutralität für miteinander vereinbar ansah. Dies war das Ergebnis eines langen Prozesses der inneren Entwicklung seit den Jahren nach dem Kriege. Wesentliche Motive waren die wirtschaftliche Notwendigkeit für das Land, aber auch die zunehmende Erkenntnis der wachsenden Relativität einer ungebundenen Souveränität auch eines neutralen Staates. Noch im Herbst 1988, anläßlich des Besuches des damaligen österreichischen Bundeskanzlers Vranitzky in Moskau, hatte die sowjetische Führung erhebliche Vorbehalte gegenüber einer Vollmitgliedschaft in der EG geltend gemacht. Weniger die wirtschaftliche Qualität der EG als vielmehr deren zunehmende politische Dimension mißfiel der Sowjetunion. Ein Mitglied Österreich in einer föderativen europäischen Union war für die Sowjetunion unvereinbar mit der Neutralität. Diese Haltung der Sowjetunion erklärte sich vor allem daraus, daß die EG für sie immer noch das politische Standbein der USA in Europa war, und sie deswegen - auch bei vertraglicher Absicherung der Neutralität - in einer österreichischen Mitgliedschaft eine Verschiebung der Gewichte in Europa zugunsten der westlichen Seite sah.

Die Mitgliedschaft hat für Österreich aber auch noch eine andere Bedeutung. Anders als bei den übrigen neutralen Staaten Europas ist für Österreich nicht allein die wirtschaftliche Konsequenz einer Mitgliedschaft ein entscheidendes Motiv für den Beitrittsantrag, sondern es spielt auch die Möglichkeit der politischen Mitgestaltung des werdenden Europas eine durchaus beachtenswerte Rolle. Die einstige Großmacht Österreich-Ungarn ist von vielen Österreichern nicht vergessen. Die Europäische Gemeinschaft bietet dem Land die Möglichkeit, ohne wieder Großmacht zu sein, die Europa- und Weltpolitik mitzugestalten.

Die alten Bindungen nach Südosteuropa und der politische Einfluß Österreichs in dieser Region würden auch der EG und ihrer Herausforderung durch die politischen Veränderungen erheblichen Nutzen bringen. Dennoch, die Neutralität war der Preis für die Wiedergewinnung der Unabhängigkeit und Souveränität. Diese Tatsache setzte der oft beschworenen Selbstinterpretation der Neutralität durch Österreich eine klare Grenze. Eine Mitgliedschaft Österreichs - und anderer neutraler Staaten in der EG - wäre daher nur möglich gewesen, wenn die Neutralität innerhalb der EG vertraglich und für beide Seiten des Ost-West--Gleichgewichts zufriedenstellend abgesichert worden wäre, oder aber - soweit dies völkerrechtlich möglich war - aufgegeben worden wäre

Mit dem Umbruch in Mittel- und Osteuropa und dem Rückzug der Sowjetunion aus diesen zum früheren Warschauer Pakt gehörenden Staaten, und mit der Vereinigung Deutschlands unter Einbeziehung der ehemaligen DDR in die NATO, hat sich die Lage Österreichs und die politische Bedeutung seiner Neutralität schlagartig verändert. Österreich liegt jetzt nicht mehr zwischen den Blöcken des weltweiten Gleichgewichtssystems, sondern am Rande oder auch in der Mitte einer EG, die sich schrittweise nach Osten und Südosten auszudehnen anschickt. Der neutrale Status Österreichs in einer eines Tages auch Polen, die Tschechoslowakei und Ungarn umfassenden Europäischen Gemeinschaft wird ohne jeden politischen Sinngehalt sein und dies nicht nur für Österreich, sondern auch für die GUS. Die Verhandlungen mit Österreich über die Bedingungen seiner Mitgliedschaft in der EG werden daher anders - und leichter - verlaufen als noch vor wenigen Jahren. Dennoch setzt eine Vollmitgliedschaft Österreichs die Bereitschaft voraus, nicht nur die wirtschaftliche, sondern auch die politische Integration und Finalität in vollem Umfang und ohne Einschränkungen zu akzeptieren und mitzuvollziehen. Eine eingeschränkte Mitgliedschaft oder eine Sonderbehandlung würde die EG in ihrer Entwicklung behindern und die Gefahr eines Auflösungsprozesses, an dessen Ende wieder eine mehr internationale, denn supranationale Staaten- und Regierungskooperation klassischer Form stehen würde, mit sich bringen.

Die skandinavischen Staaten

Finnland

Finnland war für lange Zeit mehr Objekt, denn Subjekt der Geschichte. Im 18. Jahrhundert war das zu Schweden gehörende Land zwischen Schweden und Rußland umstritten. Endgültig wurde es 1809 von Rußland erobert und annektiert. Finnland erhielt im russischen Reich einen autonomen Status, der aber durch russische Maßnahmen immer wieder verletzt wurde. Im ersten Weltkrieg konnte Finland seine nationale Unabhängigkeit erringen und mit Deutschlands Hilfe behaupten. Finnlands Politik ist seither geprägt von der Tatsache, in unmittelbarer Nachbarschaft einer im Laufe der dreißiger Jahre wieder erstarkenden Sowjetunion leben zu müssen. Diese Politik mußte daher beinah zwangsläufig eine neutrale und von den beiden damaligen Großmächten Europas, Deutschland und der Sowjetunion, unabhängige Position zum Ziel haben. Finnland bemühte sich jedoch vergeblich, einen baltisch-skandinavischen Block zu schaffen, der die Neutralität dieser Länder in dem voraussehbaren Konflikt Deutschlands mit seinen Nachbarn sichern würde.

In dem geheimen Zusatzprotokoll zum Deutsch-Sowjetischen Nichtangriffspakt vom 23. August 1939 gab Deutschland auch Finnland dem sowjetrussischen Einfluß preis. Schon wenige Monate später, im Herbst 1939, versuchte die Sowjetunion, Finnland zur Überlassung von militärischen Stützpunkten zu veranlassen. Dies sollte der erste Schritt zur Wiedereingliederung Finnlands in die Sowjetunion sein. Nach dem Scheitern der Verhandlungen begann die Sowjetunion ihre Ziele mit militärischer Gewalt durchzusetzen. Im sogenannten Winterkrieg 1939/40 konnte Finnland aber, anders als wenige Monate später die drei baltischen Republiken, seine Unabhängigkeit behaupten, mußte aber umfangreiche Gebiete an die Sowjetunion abtreten.

An der Seite Deutschlands versuchte Finnland im Krieg gegen die Sowjetunion von 1941 bis 1944 seine Gebietsverluste wieder rückgängig zu machen, mußte aber im Frieden von Paris 1947 nicht nur die Verluste des Winterkrieges anerkennen, sondern noch weitere Gebiete an die Sowjetunion abtreten. Am 6. April 1948 mußte Finnland darüberhinaus mit der Sowjetunion einen lediglich vordergründig gegen Deutschland gerichteten Freundschafts- und Beistandspakt abschließen. Tatsächlich diente dieser Vertrag dazu, das Land eng an die Sowjetunion zu binden und zu einer strikt neutralen Politik zwischen den Machtblöcken zu veranlassen. Dieser Vertrag wurde 1955 und erneut 1970 auf je 20 Jahre verlängert und 1971 durch einen Vertrag über die wirtschaftliche, technische und industrielle Zusammenarbeit ergänzt.

Finnland konnte sich aus diesen Gründen zunächst nicht an den politischen Bemühungen um die Einheit Europas beteiligen, aber es konnte seine Unabhängigkeit bewahren und alle Versuche abwehren, in den Kreis der sowjetischen Satellitenstaaten hineingezogen zu werden. Finnland blieb eine pluralistische Demokratie mit einer freien Marktwirtschaft. Politisch jedoch war Finnland eng an die Sowjetunion gebunden, ohne aber in das östliche Sicherheitssystem des Warschauer Paktes und in den Rat für gegenseitige Wirtschaftshilfe, RgW, eingebunden zu sein. Dies bedeutete jedoch keinen Stillstand für die finnische Politik. Finnland suchte vielmehr eine enge Bindung an die übrigen skandinavischen Staaten zu entwickeln. So beteiligte es sich 1951 an den Vorarbeiten zur Gründung des Nordischen Rates. Der Nordische Rat ist ein Organ für die Zusammenarbeit der Parlamente der skandinavischen Staaten. Seine Gründung war sehr stark beeinflußt von der Entwicklung in Zentral- und Westeuropa und der sich dort abzeichnenden Integration der Wirtschafts-, aber auch der Verteidigungspolitik. Man wollte über den Rahmen von Regierungskooperationen hinaus so eng wie möglich auf parlamentarischer Ebene zusammenarbeiten und strebte eine Vereinheitlichung der Rechts-, Sozial- und Wirtschaftsordnung in Skandinavien an. Das Statut des Nordischen Rates wurde 1952 von den Parlamenten Dänemarks, Islands, Norwegens und Schwedens angenommen.Das finnische Parlament konnte sich jedoch, wegen der besonderen politischen Lage des Landes, erst 1955 zur Annahme und damit zum Beitritt entschließen.

Durch diese schrittweise Annäherung an die übrigen skandinavischen Staaten wollte Finnland seine einseitige Bindung und Abhängigkeit von der Sowjetunion schrittweise überwinden. Die neutrale Haltung Schwedens und auch Islands erleichterte diese Politik, während die Zugehörigkeit Dänemarks und Norwegens zur NATO sie eher erschwerte. Vorsichtig versuchte Finnland sich auch der über Skandinavien hinausgehenden Zusammenarbeit im Europarat zu nähern. Mitglied wurde Finnland aber erst am 5. Mai 1989.

Lange Zeit war der Europarat für die Sowjetunion nichts anderes als eine Organisation der Einflußsphäre der USA in Europa. Keiner der im Warschauer Pakt und im RgW zusammengefaßten Staaten konnte auch nur den Versuch machen, sich dem Europarat zu nähern. Diese Haltung lockerte sich erst im Zuge der Stabilisierung des west-östlichen Gleichgewichtes in Europa.

Wirtschaftlich ist Finnland eng mit der EG verbunden. Es wickelt einen hohen Anteil seines Außenhandels mit der EG ab. Eine Mitgliedschaft in der EG kam aber - ähnlich wie für andere skandinavische Staaten - bisher nicht in Betracht, sowohl wegen der besonderen, zur politischen Neutralität verpflichtenden Lage Finnlands, als auch deswegen nicht, weil damit die Übertragung von Souveränitätsrechten verbunden gewesen wäre. Finnland hat sich darüberhinaus auch nicht der EFTA sofort bei deren Gründung angeschlossen, die - wie dargelegt - eine Reaktion auf die Gründung der EG gewesen war. Dies geschah vor allem mit Rücksicht auf die finnische Neutralitätspolitik. Aber schon 1961, also ein Jahr nach ihrer Gründung wurde Finnland assoziiertes Mitglied der EFTA. Seit dem 1. Januar 1986 ist Finnland Vollmitglied der Freihandelszone.

Ebenso wie die nach dem Beitritt Großbritanniens, Dänemarks und Irlands übrig gebliebenen EFTA-Staaten, bemühte sich auch Finnland um ein Freihandelsabkommen mit der EG. Dieses wurde am 5. Oktober 1973 unterzeichnet. Seither ist die gesamte EFTA mit der EG durch eine Freihandelszone verbunden. Im gleichen Jahr hat Finnland auch mit dem RgW ein Abkommen zur multinationalen Zusammenarbeit auf dem Gebiet der Wirtschaft, Wissenschaft und Technik abgeschlossen, um in seinen Außenwirtschaftsbeziehungen das Gleichgewicht zu bewahren.

Die fortschreitende Integration der zwölf EG-Staaten im wirtschaftlichen und zunehmend auch im politischen Raum und die immer offenere Diskussion über die Entwicklung der Beziehungen zwischen EG und EFTA in Form eines Europäischen Wirtschaftsraumes und auch über eine Vollmitgliedschaft, besonders in Schweden, haben auch in Finnland zu lebhaften Auseinandersetzungen geführt. Auf der einen Seite gibt es Befürworter einer finnischen Mitgliedschaft in der EG, insbesondere dann, wenn Schweden und Norwegen Mitglied werden sollten. Auf der anderen Seite gibt es aber auch entschiedene Gegner jeglicher Annäherung an die EG. So gab es z.B. erheblichen Widerstand gegen das Freihandelsabkommen Finnlands mit der EG. Eine engere Bindung Finnlands an die EG im EWR oder gar eine Mitgliedschaft dürfte immer noch auf große Vorbehalte stoßen, auch deshalb, weil damit die Übertragung von Souveränitätsrechten verbunden wäre. Aber die gewaltigen Veränderungen in den Ost-West-Beziehungen werden nicht ohne Einfluß auf die finnische Europapolitik bleiben. Der Verfall des Ostblocks und des RgW auf der einen Seite und die immer stärkere wirtschaftliche und politische Schwerkraft des sich entwickelnden Binnenmarktes werden Finnland Politik verändern müssen. Die neutrale, um das Gleichgewicht zwischen den Blöcken ständig bemühte Politik hat mit diesen politischen Veränderungen in Europa ihre Grundlage verloren.

Anders als die mittel- und osteuropäischen Staaten des früheren RgW braucht Finnland weder sein politisches, noch sein wirtschaftliches System neu zu entwickeln. Finnland ist ein Rechtsstaat mit freier Marktwirtschaft. Die Entscheidung Finnlands gegenüber der EG wird ganz entscheidend von der Haltung Norwegens und Schwedens abhängen. Wenn diese beiden

Staaten sich für einen Antrag auf Vollmitgliedschaft in der EG entscheiden, wird Finnland folgen - müssen -. Eine besondere Rolle wird Finnland im Kreise der skandinavischen EFTA-Staaten und auch eines Tages in einer erweiterten EG spielen können und vielleicht sogar spielen müssen und zwar im Bezug auf die baltischen Republiken. Die baltischen Republiken werden trotz fortbestehender und auch notwendiger enger Bindung an die Wirtschaftsstruktur der Nachfolgestaaten der Sowjetunion wirtschaftlich zunehmend selbständig handeln und ihre Wirtschaftsbeziehungen zur EG und zur EFTA neu entwickeln müssen. Aus geographischen Gründen und wegen der engen ethnischen Beziehungen zwischen Finnland und Estland wird Finnland eine wichtige Mittlerfunktion zwischen der EG und der EFTA auf der einen Seite - solange diese noch besteht -, und den baltischen Republiken auf der anderen Seite zufallen. Für deren Ausgestaltung können die besonderen Beziehungen Finnlands zur russischen Republik für beide Seite von Nutzen sein.

Schweden

Ebenso wie die Schweiz hat sich Schweden mit Erfolg seit der Napoleonischen Zeit aus europäischen Konflikten herausgehalten und seine Neutralität behauptet. Auch für Schweden galt es, dem Land zu ersparen, in die Rivalität der europäischen Mächte hineingezogen zu werden und statt dessen Wirtschaft und Wohlstand der Bürger zu fördern. Anders als im Falle der Schweiz oder Österreichs beruht die Neutralität Schwedens nicht auf vertraglicher Grundlage und auf einer Garantie anderer europäischer Mächte. Es war und ist die alleinige politische Entscheidung der Könige und Regierungen des Landes. 1809 hatte Schweden Finnland an Rußland verloren, aber 1815 Norwegen von Dänemark erworben. Bis 1905 bildeten diese beiden skandinavischen Länder eine Personalunion.

Im 19. Jahrhundert schwankte Schwedens Politik zwischen einer stärkeren Annäherung an Rußland oder an die Westmächte. Am Ende des 19. Jahrhunderts wurden die Beziehungen Schwedens zu Deutschland enger, nachdem sich Schweden bereits 1850 an der Lösung des Konflikts um Schleswig-Holstein beteiligt hatte und damals mit dazu beigetragen hatte, daß Schleswig-Holstein unter dänischer Hoheit verblieb.In den beiden Weltkriegen war Schweden strikt neutral. Es half den Finnen weder 1918/20 bei der Behauptung ihrer gewonnenen Unabhängigkeit, noch 1939/40 im Winterkrieg gegen den sowjetischen Angriff. Anders als die Schweiz konnte Schweden die Verteidigung seiner Neutralität nicht auf günstige geographische Bedingungen stützen, sondern mußte diese allein durch intensive und umfassende Rüstungsmaßnahmen sichern. Trotz der militärischen Besetzung Norwegens durch Deutschland im zweiten Weltkrieg konnte Schweden, nicht zuletzt auch wegen seiner militärischen Stärke, seine Neutralität behaupten. Nach dem Kriege scheiterten die Bemühungen Schwedens, einen skandinavischen Beistandspakt zu erreichen, um auf diese Weise ganz Skandinavien aus dem sich abzeichnenden Ost-Westkonflikt herauszuhalten. Dänemarkt und Norwegen entschieden sich für ein Bündnis mit den USA und für den Beitritt zur NATO.

Die Neutralität hinderte Schweden jedoch nicht daran, von Anfang an aktiv an den Bemühungen um eine Intensivierung der Zusammenarbeit der europäischen Staaten teilzunehmen. Schweden war 1949 Gründungsmitglied des Europarates. Das Land war aber nicht bereit, sich 1951 der Europäischen Gemeinschaft für Kohle und Stahl anzuschließen, einmal, um seine Neutralität nicht infrage zu stellen, zum anderen auch, weil es die nationale Souveränität uneingeschränkt bewahren wollte. Wie die anderen neutralen Staaten Europas suchte auch Schweden enge wirtschaftliche Bindungen an die EG und förderte diese als Gründungsmitglied der EFTA. Seit 1972 ist Schweden mit der EG in einer Freihandelszone verbunden.

Vor allem die schwedische Wirtschaft und die Industrie waren schon frühzeitig und immer wieder für eine Vollmitgliedschaft des Landes in der EG eingetreten. Schweden ist in hohem Maße auf den EG-Markt für seine Exporte, insbesondere von Stahl und Papier, angewiesen. Man hatte Sorge, daß die EG sich in wirtschaftlichen Krisenzeiten gegen Importe aus Schweden verschließen würde. Dies würde für die schwedische Wirtschaft katastrophale Folgen haben. Nach der Erweiterung der EG auf zwölf Mitgliedstaaten und nach dem Inkrafttreten der Einheitlichen Akte mit dem Ziel, den Binnenmarkt bis 1993 zu vollenden, nahm die Befürwortung und sogar das intensive Streben nach einer Vollmitgliedschaft in Schwedens Wirtschaft und Industrie erheblich zu. Im EWR sieht man in Schweden keinen Ersatz für eine Vollmitgliedschaft. Man fürchtet vielmehr, daß Schweden immer stärker vom EG-Binnenmarkt abhängig werden wird, ohne Einfluß auf die auch für das Land relevanten Entscheidungen nehmen zu können. Es muß sich mit der Rolle eines Beobachters begnügen, wenn es die Chancen für die eigene Wirtschaft nutzen will. Schweden ist zwar durch eine Reihe von Abkommen mit der EG verbunden, aber diese betreffen alle nur mehr oder weniger begrenzte Sektoren der gegenseitigen Wirtschaftsbeziehungen.

In der Vergangenheit war Schwedens Neutralitätspolitik der wesentliche Grund dafür, daß die Vollmitgliedschaft in der EG abgelehnt wurde. Außerdem wollte man nicht auf Teile der eigenen Souveränität verzichten und auch nicht in eine politische Zusammenarbeit eingebunden werden. Nach den Vertragsänderungen durch die Einheitliche Akte sind die EPZ und die Sicherheitspolitik jetzt vertraglich verankert und auch die politische Union als Ziel der Integrationsbestrebungen festgelegt. Dies würde noch weniger mit der bisherigen schwedischen Neutralitätspolitik zu vereinbaren sein, es sei denn, durch besondere vertragliche Regelungen mit der EG würde ein Sonderstatus für neutrale Mitgliedstaaten geschaffen. Die Bereitschaft der Europäischen Gemeinschaft dazu war und ist gering.

Die Veränderungen in Europa, die Auflösung des West - Ost- Gegensatzes und das Ende der Einbindung Europäischer Staaten in ein von den USA und der Sowjetunion gestaltetes, weltweites Gleichgewicht haben auch für Schweden die Voraussetzungen und die Grundlage der Neutralitätspolitik grundlegend verändert. Es gibt in zunehmendem Maße kein Konfliktpotential der europäischen Mächte gegeneinander mehr, und es schwindet auch der West - Ost - Gegensatz immer mehr aus der europäischen Gegenwart. Damit aber verliert auch Schwedens Neutralität ihren Bezugspunkt. Da Schwedens Neutralität weder auf völkerrechtlichen Verträgen - wie die der Schweiz, - noch auf Verfassungsgesetzen - wie die von Irland und Österreich, - beruht, ist es allein eine Entscheidung der politischen Führung Schwedens, ob eine Neutralitätspolitik fortgesetzt werden soll, die praktisch nur noch außerhalb Europas Anknüpfungspunkte hätte.

Bisher hat die schwedische Neutralitäts- und Sicherheitspolitik dazu beigetragen, eine recht stabile Sicherheitslage in Skandinavien zu erhalten und deren internationale Anerkennung durch die Großmächte durchzusetzen. Schweden hat dadurch auch in beachtlichem Maße zur West-Ost-Entspannung beigetragen und den KSZE-Prozess aktiv gefördert. Die neue Rolle, in die Europa hineinwachsen wird, und die der EG und den übrigen europäischen Staaten zunehmend Verantwortung für weltpolitische Fragen, insbesondere für den Frieden und für die Entwicklung in der dritten Welt, zuweisen wird, fordert auch von den bisher neutralen Staaten eine politische Neuorientierung. Die Ziele der bisherigen Neutralitätspolitik, nämlich die Sicherung des Friedens, die Lösung von Konflikten, die Abrüstung und auch die friedliche Entwicklung in der dritten Welt, werden gemeinsame gesamteuropäische Ziele werden müssen, oder ihre Erfolglosigkeit ist vorprogrammiert. Damit ist auch Schwedens Weg in die Europäische Gemeinschaft als Vollmitglied vorgezeichnet. Die jüngsten politischen Diskussionen und Meinungsbildungen in Schwedens führenden Gruppierungen zeigen, daß man diese veränderte Lage des Landes erkannt hat und bereit ist, die notwendigen Konsequenzen daraus zu ziehen. Im Sommer 1991 hat Schweden offiziell die Mitgliedschaft in der EG beantragt.

Norwegen

Norwegen war von 1387 bis 1814 mit Dänemark verbunden, von 1814 bis 1905 gehörte es in Personalunion zu Schweden. Gemeinsam mit Schweden entwickelte das Land im 19. Jahrhundert zunehmend neutrale Positionen zwischen Rußland einerseits, und Frankreich und Großbritannien andererseits. Später bemühte sich auch Norwegen um eine Annäherung an Deutschland. 1905 löste sich das Land nach einer Volksabstimmung von Schweden und war fortan unabhängig in der Gestaltung seiner Innen- und Außenpolitik. Deutschland, Frankreich, Großbritannien und Rußland übernahmen im Vertrag von Christiania (2. November 1907) die Garantie für Norwegens Integrität.

Im Konflikt Deutschlands mit Frankreich, Großbritannien und Rußland im ersten Weltkrieg konnte sich Norwegen, ebenso wie Schweden, neutral verhalten. Großbritannien führte damals den Seekrieg gegen Deutschland defensiv und zwar vor allem durch eine Seeblockade zwischen den Shettland-Inseln und Norwegen, ohne daß Norwegen in diese Auseinandersetzungen mit hineingezogen wurde. Allerdings leistete Norwegen mit seiner großen Handelsflotte der Entente erhebliche Transporthilfen und stellte dadurch sehr oft seine selbst gewählte Neutralität infrage. Durch deutsche U-Boote mußte die norwegische Handelsflotte daher auch erhebliche Verluste hinnehmen.

Im zweiten Weltkrieg wollte Norwegen wiederum neutral bleiben und nicht in den Konflikt Deutschlands mit Frankreich und Großbritannien hineingezogen werden. Wegen der gegenüber dem ersten Weltkrieg völlig veränderten Kriegsführungstechnik, vor allem wegen der Rolle, die die Luftwaffen und in der Marine die U-Boote spielten, gewann Norwegen für die beiden kriegführenden Parteien eine geographisch-strategisch außerordentlich wichtige Rolle. Im Herbst 1939 überließ Norwegen Großbritannien durch ein Schiffahrtsabkommen etwa die Hälfte der eigenen Handelsflotte und schränkte auf diese Weise seine Neutralität selbst ein. Beide kriegführenden Seiten planten 1940 eine militärische Besetzung des Landes. Deutschland kam der britisch-französischen Besetzung um Stunden zuvor und besetzte das ganze Land, um es als Stützpunkt für den Luft- und Seekrieg zu nutzen, aber auch, um seine Erzversorgung aus dem Norden Schwedens zu sichern.

Nach dem zweiten Weltkrieg schloß sich Norwegen eng an den Westen, insbesondere an Großbritannien, an und trat der NATO bei. Zusammen mit Dänemark folgte Norwegen in den 60er Jahren der britischen EG- und insbesondere der britischen Beitrittspolitik. Norwegen gehörte zu den Gründungsmitgliedern der EFTA, bemühte sich aber gleichzeitig, mit Großbritannien, Dänemark und Irland Vollmitglied der EG zu werden. Die zweimalige Blockade des britischen Beitritts durch den damaligen französischen Präsidenten de Gaulle verzögerte auch die Beitrittsverhandlungen der EG mit Norwegen. Der Beitrittsvertrag wurde schließlich am 22. Januar 1972 unterzeichnet. Norwegens Beitritt scheiterte aber am negativen Votum einer Volksabstimmung vom 25. September 1972. Norwegen blieb in der EFTA und verbannte die Möglichkeit einer Wiederholung des Beitritts zunächst für viele Jahre aus dem politischen Bewußtsein.Mit der EG schloß das Land, ähnlich wie die anderen EFTA-Staaten, ein Freihandelsabkommen, das am 1. Juli 1973 in Kraft trat.

Die Entwicklung in der EG in den achtziger Jahren und der wirtschaftlichen Beziehungen zur EG führten zu einer immer stärkeren Bindung der norwegischen Wirtschaft an die EG und ließen den Gedanken an einen Beitritt wieder stärker ins öffentliche Bewußtsein treten. Neben der Wirtschaft standen auch die führenden politischen Gruppen einem Beitritt jetzt positiver gegenüber. Die Gegner eines Beitritts kommen hauptsächlich aus der Landwirtschaft und der Fischereiwirtschaft. Sie dürften heute in Norwegen in der Minderheit sei.

Norwegen wickelt einen hohen Anteil seines Außenhandels mit der EG ab. Öl- und Gasexporte gehen hauptsächlich in die Gemeinschaft. Norwegen ist daher in starkem Maße von der EG-Energiepolitik und der damit zusammenhängenden Außenpolitik abhängig. Auch dies ist ein wichtiger Faktor für die Neuorientierung der norwegischen EG-Politik. Nachdem sich Schweden für einen Beitritt entscheiden hat, und diese Frage auch in Finnland offensichtlich positiver bewertet wird, dürfte Norwegen auf Dauer keine Alternative mehr haben und in absehbarer Zukunft ebenfalls erneut seinen Beitritt beantragen. Anders als Schweden und Finnland, aber auch als Österreich und die Schweiz, wird Norwegen keine Probleme mit einer Eingliederung in eine gemeinsame EG-Sicherheits- und Außenpolitik haben. Als NATO-Mitglied ist Norwegen seit langem in die Westeuropäische Sicherheits- und Verteidigungspolitik integriert und hat auch niemals Zweifel daran aufkommen lassen, daß es politisch zum westlichen Lager gehört. Darüber hinaus hat Norwegen zu keiner Zeit im west/östlichen Gegensatz neutrale Positionen entwickelt.

Norwegens Sicherheitspolitik beruht auf einer Kombination von Abschreckung und Entspannung. Die Abschreckung wird durch die Verteidigungsbereitschaft gemeinsam mit den NATO-Verbündeten begründet. Die Entspannungsbemühungen erfolgen durch aktive Teilnahme an Maßnahmen der Abrüstung und Rüstungskontrolle, durch Verzicht auf Atomwaffen auf seinem Territorium und durch Beschränkungen der militärischen Aktivitäten seiner Verbündeten im Lande, insbesondere im Grenzgebiet zur früheren Sowjetunion.

Norwegens Handels- und Wirtschaftsbeziehungen zur EG haben sich auf der Basis des Handelsabkommens von 1973 gut entwickelt, aber damit auch Norwegens Bindung an die EG verstärkt. Außerdem beteiligt sich Norwegen an verschiedenen technologischen und Forschungsprojekten im Rahmen von EUREKA. Die politische und insbesondere die sicherheitspolitische Zusammenarbeit mit der EG, die für Norwegen als nicht neutralen Staat keine Probleme aufwirft, ist hingegen begrenzt, da für Norwegen als Nichtmitglied keine Möglichkeit besteht, in die EPZ einbezogen zu werden. Norwegen, das traditionell eng mit den USA verbunden ist, wird mehr und mehr erkennen, daß amerikanische und europäische politische Zielsetzungen nicht mehr immer identisch sind. Europa hat unter Führung der EG begonnen, eigene Positionen im Konzert der Weltmächte zu entwickeln. Für Norwegen wird sich entscheiden müssen, ob es sich in Zukunft als Teil Europas oder als amerikanischer Brückenkopf in Europa verstehen will.

Island

Was für die Position Norwegens zwischen Europa und Nordamerika gilt, das gilt in noch viel stärkerem Maße für Island. Islands Rolle in Europa und seine Beziehungen zu den europäischen Staaten ist vor allem durch seine geographische Lage zwischen den beiden Kontinenten bestimmt. Viele Jahrhunderte lang hat Island das Schicksal Norwegens, zu dem es zusammen mit Grönland und den Faröer-Inseln gehörte, geteilt. Nach der Abtretung Norwegens an Schweden 1814 blieb Island unter dänischer Herrschaft. Erst 1918 konnte das Land seine Selbständigkeit erringen, blieb aber in Personalunion mit Dänemark verbunden. Im zweiten Weltkrieg wurde Island zunächst von britischen, später dann von amerikanischen Truppen besetzt und diente den Alliierten als Stützpunkt im Seekrieg gegen Deutschland und für den Nachschub der USA an ihre Verbündeten. Im Sommer 1944 erklärte sich Island nach einer Volksbefragung für unabhängig von Dänemark. Die amerikanischen Truppen verließen das Land aber erst im Frühjahr 1947. Island ist Mitglied der NATO und seit 1951 mit den USA durch einen Verteidigungspakt verbunden.

Das Land handelt als ein fest mit dem Westen verbundener Staat und beteiligte sich von Anfang an an der beginnenden europäischen Staatenkooperation. Seit 1950 gehört Island dem Europarat an. Ebenso wie die übrigen skandinavischen Staaten lehnte Island aber eine Mitwirkung an der supranationalen Integration einiger Mitgliedstaaten des Europarates in der Europäischen Gemeinschaft für Kohle und Stahl und später in der EG ab. Auch in Island war und ist man nicht bereit, Hoheitsrechte abzugeben und so die gerade erst errungene nationale Unabhängigkeit wieder einzuschränken. Man fürchtet insbesondere, - ähnlich wie auch Norwegen - daß der eigene Fischreichtum rund um die Insel bei einer EG-Mitgliedschaft dem Lande verloren gehen würde. Eine ähnliche Sorge hat Grönland nach dem Ende seiner kolonialen Bindung an Dänemark Anfang der 80er Jahre bewogen, seine Mitarbeit in der EG aufzugeben und die Gemeinschaft zu verlassen.

Der EFTA trat Island am 1. April 1973 bei. Mit der EG ist es durch Freihandelsabkommen von 1972 und 1973 verbunden, und es hat rege und wachsende Handels- und Wirtschaftsbeziehungen zur Gemeinschaft entwickeln können. Besonders wichtig ist der europäische Markt für Islands Export von Fischereierzeugnissen.

Sicherheitspolitisch und damit auch außenpolitisch ist Island eng mit den USA verbunden. Seine Abhängigkeit von der europäischen Entwicklung, insbesondere auch von der Entwicklung des Binnenmarktes ist daher weniger ausgeprägt, als bei den übrigen skandinavischen Staaten. Dies gilt entsprechend auch für die außenpolitische Kooperation und die Entwicklung zur politischen Union in der EG.

Die Überwindung der europäischen Teilung und die beginnende Entwicklung einer ganz Europa umfassenden Gemeinschaft wird aber nicht ohne Einfluß auf die amerikanische Außen-und Sicherheitspolitik im nordatlantischen Raum bleiben. Mittelfristig wird die NATO durch einen gesamteuropäischen Sicherheitspakt unter Einbeziehung der USA und wohl der meisten Mitgliedstaaten der GUS ersetzt werden. Islands strategische Bedeutung für ein solches gesamteuropäisches Sicherheitssystem wird geringer sein als die Bedeutung für die NATO als einem Bündnis gegen die Warschauer Paktstaaten. Damit wird sich auch die politische Bedeutung des Landes für die USA relativieren. Mittelfristig wird sich Island entscheiden müssen zwischen einer engeren Bindung an die EG oder einem mehr oder weniger isolierten Dasein zwischen Nordamerika und Europa. Der Binnenmarkt als wichtigstes Absatzgebiet für isländische Exporte wird dabei eine bedeutende Rolle spielen und wohl den Ausschlag für eine spätere Mitgliedschaft auch Islands in der Europäischen Gemeinschaft geben.

Zusammenfassend kann man festhalten, daß alle EFTA-Staaten zunehmend von der Entwicklung der EG und vor allem des Binnenmarktes abhängig sind. Ihre engen Wirtschafts- und Handelsbeziehungen zur Europäischen Gemeinschaft binden sie an die wirtschaftspolitischen Entscheidungen der EG, ohne daß sie an deren Zustandekommen beteiligt werden. Dies ist eine unbefriedigende Situation für die EFTA-Staaten. Die Verhandlungen über einen gemeinsamen europäischen Wirtschaftsraum haben darüber hinaus offenbart, daß eine Ausweitung der vier Freiheiten des Binnenmarktes auf das Gebiet der EFTA-Staaten erstrebenswert sein kann. Dies würde voraussetzen, daß alle für einen gemeinsamen Binnenmarkt notwendigen Rechtsvorschriften auch von den EFTA-Staaten übernommen werden müßten, ohne daß sie jedoch an dem damit verbundenen Entscheidungsprozess beteiligt würden. Die EFTA-Staaten würden auf diese Weise wesentliche Pflichten der Mitgliedschaft übernehmen, ohne jedoch an den damit verbundenen Rechten beteiligt zu sein. Bedenkt man außerdem, daß die EFTA-Staaten infolge ihrer wirtschaftlichen Einbindung in die EG auch währungspolitisch von den Entscheidungen der EG-Organe sehr stark abhängig sind und nach Vollendung der Währungsunion noch stärker abhängig sein werden, so stellt sich die Frage, ob die EFTA-Staaten durch ihre bisherige Politik wirklich ihre Souveränität bewahren konnten. Diese Frage muß wohl verneint werden. Man kann im Gegenteil sogar sagen, daß die Nichtbeteiligung an Entscheidungen, die auch für die EFTA-Staaten bindend sind, ihre Souveränität noch stärker einschränkt, als diejenige der EG-Mitgliedstaaten. Diese Tatsache hat in vielen EFTA-Staaten zu einem Meinungswechsel beigetragen. Eine Vollmitgliedschaft in der EG wird jetzt weitgehend für denkbar und auch für akzeptabel gehalten. Die relativer werdende Bedeutung absoluter nationaler Souveränität läßt auch den Widerstand gegen eine Übertragung von hoheitlichen Rechten auf die EG langsam schwinden.

Soweit die EFTA-Staaten neutral sind oder eine neutrale Politik verfolgen, haben die Veränderungen in Osteuropa und die Überwindung der Teilung Europas in zwei antagonistische Machtblöcke, die mit der Neutralität begründeten Bedenken gegen eine Mitgliedschaft stark abgeschwächt. Praktisch ist heute für eine neutrale Position innerhalb Europas keine politische und insbesondere sicherheitspolitische Grundlage mehr gegeben, so daß auch eine Mitwirkung an einer gemeinsamen Außen- und Sicherheitspolitik im Rahmen einer Europäischen Politischen Union für diese Staaten durchaus denkbar wäre.

Die wirtschaftlichen Voraussetzungen für eine Mitgliedschaft der EFTA-Staaten sind gegeben. Wirtschaftskraft und Wirtschaftsstruktur in diesen Staaten entsprechen dem Status und dem Niveau der EG. Anders als beim Beitritt der Mittelmeerstaaten Griechenland, Portugal und Spanien und auch beim Beitritt Irlands, würde der Beitritt der skandinavischen Staaten und der beiden Alpenländer keine finanzielle Strukturanpassungshilfe in Milliardenhöhe erfordern und auch keine langen Übergangsfristen notwendig machen.

Die Vollmitgliedschaft der EFTA-Staaten würde die Leistungskraft der Europäischen Gemeinschaft erheblich stärken. Sie liegt daher auch im Interesse der EG. Durch die Erweiterung im Mittelmeerraum ist die Europäische Gemeinschaft zudem stark südlastig geworden. Die Mitgliedschaft der skandinavischen Staaten könnte hier ausgleichend wirken. Die Erweiterung der EG um die EFTA-Staaten würde die Gemeinschaft darüber hinaus in die Lage versetzen, ihre Wirtschaftshilfe im Mittelmeerraum zu intensivieren und gleichzeitig die jetzt notwendig gewordene Hilfe in Mittel- und Osteuropa zu verstärken. Die neue politische Lage in Europa wird die EG in einer heute noch kaum vorstellbaren Weise herausfordern. Sie wird in großem Umfang Wirtschaftshilfe leisten müssen, um den ehemaligen kommunistischen Staaten den Weg in die Marktwirtschaft zu erleichtern und um damit auch den Demokratisierungsprozess zu stabilisieren. Es liegt im Interesse ganz Europas und insbesondere der EG, so schnell wie möglich das Wirtschafts- und Wohlstandsgefälle zwischen Ost und West zu verringern, nicht zuletzt auch, um eine Bevölkerungswanderung von Ost nach West in einem sehr großen Umfang zu vermeiden. Diese Aufgabe wird die Leistungsfähigkeit der jetzigen EG der Zwölf überfordern. Nur zusammen mit den EFTA-Staaten kann eine dann wesentlich vergrößerte EG diese gewaltige Aufgabe in Europa bewältigen. Die EG ist also aufgerufen, alsbald nach Abschluß des Binnenmarktes und des institutionellen Reformprozesses, ihrerseits den beitrittswilligen EFTA-Staaten den Weg in die Gemeinschaft zu öffnen und damit die Voraussetzung für das Zusammenwachsen ganz Europas zu schaffen.

Durch die geplante Schaffung des Europäischen Wirtschaftsraumes (EWR), der die EG und die EFTA in einem gemeinsamen Binnenmarkt zusammenführen soll, wird ein wesentlicher Schritt in Richtung auf eine spätere Vollmitgliedschaft aller EFTA-Staaten in der EG getan. Praktisch werden damit die EFTA-Staaten wirtschaftlich schon so behandelt, als ob sie bereits Mitglieder seien, ohne daß der Beitrittsakt de facto vollzogen ist. Den noch nicht beitrittswilligen EFTA-Staaten wird damit auch die Chance einer längeren, vor allem polit-psychologischen Anpassungsphase, geboten, ohne daß ihnen wirtschaftlich große Nachteile erwachsen. Die EG ihrerseits kann den Binnenmarkt vollenden und die notwendigen institutionellen Reformen in die Wege leiten, ohne auf eine enge wirtschaftliche Bindung an die EFTA-Staaten in dieser Entwicklungsphase verzichten zu müssen.

Vom west-östlichen Gleichgewicht antagonistischer Machtblöcke zu Gesamt-Europa

Die Entstehung des Ostblocks in Europa

Vor dem ersten Weltkrieg waren Polen und Finnland Teile des russischen Kaiserreiches. Rumänien und Bulgarien waren eng mit dem Deutschen Reich und Österreich-Ungarn verbunden. Serbien hingegen suchte Anlehnung an Rußland. Die dominierenden Mächte in Mittel- und Osteuropa waren neben dem Deutschen Reich, Österreich-Ungarn und Rußland, das mit der seit 1848 wachsenden politischen Bedeutung des Panslawismus mehr und mehr die Schutzmacht der Slawen in Europa wurde. Dies führte zu einem zunehmenden Gegensatz zu Österreich-Ungarn; vor allem die Tschechen in Böhmen und Mähren sahen in Rußland ihre Schutzmacht. Im ersten Weltkrieg kämpften ganze Regimenter, die aus tschechischen Gefangenen und Überläufern gebildet worden waren, gegen Österreich-Ungarn.
Mit Preußen war Rußland aus Tradition eng und freundschaftlich verbunden. Diese Bindung wurde nach 1871 auch auf das Deutsche Reich übertragen, sie lockerte sich aber vor allem als Folge der deutschen Schutzzollpolitik gegen Getreideimporte aus Rußland. Dennoch vermochte das Deutsche Reich den Gegensatz zwischen Rußland und Österreich-Ungarn bis zum Beginn des ersten Weltkrieges immer wieder auszugleichen und so zur Stabilisierung der Machtverhältnisse in Mittel- und Osteuropa beizutragen.

Diese Lage veränderte sich nach dem ersten Weltkrieg vollkommen. Rußland wurde territorial weit zurückgedrängt. Es verlor Finnland, Polen und die baltischen Provinzen in die Unabhängigkeit und mußte, neben Bessarabien an Rumänien, große Teile Weißrußlands und der Ukraine an Polen abtreten. Österreich-Ungarn zerfiel in drei Einzelstaaten, (Deutsch)-Österreich, Ungarn und die Tschechoslowakei und verlor große Gebiete an Polen, Jugoslawien, Rumänien und Italien. Die damaligen Siegermächte in Westeuropa bemühten sich, diese neuen mittel- und osteuropäischen Staaten durch ein miteinander verwobenes Bündnissystem zu einem 'Cordon Sanitaire' zwischen dem nun kommunistischen Rußland und dem Deutschen Reich zu gestalten. So wurden Bündnisse u.a.zwischen der Tschechoslowakei und Jugoslawien (14.8.1920), Polen und Frankreich (19.2.1921), Polen und Rumänien (3.3.1921) und Frankreich und der Tschechoslowakei (25.1.1924) geschlossen. Polen, Lettland, Estland und Finnland vereinbarten die sog. Baltische Entente gegen Rußland (17.3.1922).In allen diesen Ländern fürchtete man ein Wiedererstarken vor allem Rußlands, aber auch Deutschlands und die dann zu erwartenden Forderungen nach Revision des territorialen Besitzstandes.

Das so geschaffene Gleichgewicht in der Mitte und im Osten Europas war jedoch nur wenige Jahre stabil. Anfang der 30er Jahre, und verstärkt nach der Machtübernahme Hitlers, gewann Deutschland zunehmend Einfluß auf den Balkan und hier vor allem auf Ungarn, Rumänien und Bulgarien. Deutschland erkannte, daß der Zerfall Österreich-Ungarns und die fortdauernde außenpolitische Schwäche und Enthaltsamkeit Sowjet-Rußlands, seit 1922 der Sowjetunion, ihm einen dominierenden Einfluß auf die Balkanstaaten verschafft hatte und nutzte diese Möglichkeit in den Jahren vor dem zweiten Weltkrieg. Mit dem Anschluß Österreichs und des sog. Sudetenlandes und mit der Annexion der Rest-Tschechei in Form eines Protektorats und der Verselbständigung der Slowakei, zerfiel der einstige 'Cordon Sanitaire' endgültig. Nur Polen lebte noch in der Illusion, ein Machtgegengewicht zum Deutschen Reich darstellen zu können und wurde hierin durch die Garantieerklärungen und Bündnisse mit Frankreich und Großbritannien eher noch bestärkt. Die Sowjetunion bemühte sich, der Tschechoslowakei zur Hilfe zu kommen, sah sich aber durch die polnische Verweigerung eines Durchmarschrechtes daran gehindert. Diese negativen Erfahrungen mit der Stabilität und Solidarität der westlichen Bündnissysteme gegenüber Hitler- Deutschland werden wahrscheinlich die sowjetische Politik gegenüber Hitler erheblich beeinflußt und die Bereitschaft gefördert haben, sich mit Hitler zu arrangieren.

Hitler erkaufte sich seinerseits die für den Beginn des Krieges unverzichtbare sowjetische Neutralität durch eine weitgehende Anerkennung der russischen Interessenssphäre in Osteuropa. Der sowjetrussischen Führung unter Stalin und seinem Außenminister Molotow wird mit Sicherheit bewußt gewesen sein, daß der Nichtangriffspakt mit Deutschland den Krieg mit Polen auslösen würde und, bedingt durch die Beistandsverpflichtungen, auch sehr bald Frankreich und Großbritannien in diesen Krieg einbeziehen würde. Mit Sicherheit erhoffte die sowjetische Führung dadurch eine möglichst starke Schwächung sowohl Deutschlands als auch seiner Gegner. Dies hätte dann der Sowjetunion eine dominierende Stellung nicht nur in Osteuropa, sondern in ganz Europa verschafft, und die Ausdehnung des Kommunismus auf den ganzen Kontinent ermöglicht.

Zunächst aber blieb die Sowjetunion gegenüber Deutschland wohlwollend neutral. Sie beteiligte sich am Krieg gegen Polen und nahm die weißrussischen und ukrainischen Gebiete zurück, die sie 1920 im Frieden von Riga an Polen hatte abtreten müssen. Der nächste Versuch der Sowjetunion, ihren alten Gebietsstand im Westen wieder herzustellen, scheiterte jedoch weitgehend. Finnland war nicht bereit, sich zu unterwerfen und auch nur Gebiete an die Sowjetunion abzutreten. Der finnisch-russische Winterkrieg 1939/40 zeigte, daß die rote Armee - jedenfalls im ersten Anlauf - nicht in der Lage war, die Gebietsansprüche mit Gewalt durchzusetzen. Die Sowjetunion begnügte sich mit der Abtretung Kareliens und einiger Gebietsteile in Mittel-Finnland. Nach dem unerwartet schnellen und für Deutschland siegreichen Feldzug gegen Frankreich begann man in der sowjetischen Führung zu erkennen, daß der erwartete langjährige Zermürbungskrieg zwischen den "kapitalistischen" Staaten Europas wohl ausbleiben und man sich in naher Zukunft einem ganz Europa beherrschenden Deutschland gegenüber sehen würde. So beeilte man sich jetzt, den von Hitler zugestandenen territorialen Gewinn zu verwirklichen. Im Sommer 1940 wurden die drei baltischen Republiken annektiert und in die Sowjetunion eingegliedert. Gleichzeitig wurde Rumänien gezwungen, das nach dem ersten Weltkrieg annektierte Bessarabien wieder an die Sowjetunion zurückzugeben und darüber hinaus den nördlichen Teil der 1919 aus der österreich-ungarischen Erbmasse erworbenen Bukowina abzutreten.

Mit Ausnahme der selbständig gebliebenen Staaten Finnland und Polen hatte die Sowjetunion im Sommer 1940 wieder den alten Gebietsstand Rußlands von 1914 erreicht und mit der Nord-Bukowina und Galizien sogar überschritten. Wahrscheinlich sah man in dieser territorialen Ausdehnung nach Westen auch die Möglichkeit, sich gegenüber Deutschland ein 'Vorfeld' zu schaffen. Aber es blieb bei der wohlwollenden Neutralität gegenüber Deutschland. Hitlers ideologische Zielsetzung, nämlich ein "Großgermanisches Reich

Deutscher Nation" auf polnischem und russischem Territorium zu schaffen, wurde von der sowjetischen Führung nicht begriffen - obwohl diese Ziele in Hitlers Buch 'Mein Kampf' nachzulesen waren - oder nicht ernst genommen. Für Hitler diente der Krieg gegen Frankreich und Großbritannien nur dazu, sich den Rücken frei zu machen und seine Machtbasis in Europa zu vergrößern. 1941 begann der von vielen erwartete Krieg zwischen der Sowjetunion und dem Deutschland Hitlers. Trotz der Eroberung großer Gebiete gelang es Hitler nicht, die Sowjetunion zu besiegen und die eroberten Gebiete auf Dauer in den deutschen Herrschaftsbereich einzubeziehen. Die militärische und rüstungswirtschaftliche Leistungsfähigkeit der Sowjetunion erwies sich wesentlich stärker als von Deutschland, jedenfalls von Hitler, erwartet. Außerdem ermöglichte die erhebliche Rüstungshilfe der USA und die Neutralität Japans der Sowjetunion, alle ihre Kräfte gegen Deutschland zu konzentrieren.

Die Besetzung ganz Europas und Kriegsschauplätze in Nord-Afrika, später in Italien und Frankreich gegen die USA und Großbritannien überforderten die wirtschaftliche und militärische Kraft Deutschlands bei weitem. Die uneingeschränkte Vorherrschaft Deutschlands in Europa verwandelte sich am Ende des Krieges immer stärker in ein Machtvakuum in der Mitte Europas, das von der Sowjetunion und den USA und ihren Verbündeten mit ihren Armeen schrittweise ausgefüllt wurde.

Am Ende des Krieges wurde Europa von den beiden durch ihren Sieg über Deutschland und Japan zu Weltmächten aufgestiegenen Staaten Sowjetunion und USA beherrscht. Großbritannien war durch den Krieg so stark geschwächt worden, daß es eine enge Anlehnung an die USA suchen mußte und seine politische und militärische Rolle in Europa nur in enger Partnerschaft mit den USA spielen konnte. Frankreich wurde an den politischen Entsheidungen über Deutschland und Europa zunächst gar nicht beteiligt. Später erhielt es zu Lasten der britischen und amerikanischen Besatzungszonen eine eigene militärische Besatzungszone im Westen Deutschlands und Österreichs und wurde auf Seiten der Westmächte in die politische Gestaltung Europas einbezogen. Frankreichs Versuche, eigene politische Positionen zu entwickeln, haben keinen Einfluß auf das Geschehen in den Ost-Westbeziehungen gewinnen können.

Der Versuch, gemeinsam eine Neuordnung in Europa zu schaffen, eine gemeinsame Deutschlandpolitik der vier Alliierten zu entwickeln, und ein Kondominium über das besiegte Deutschland zu errichten, scheiterte sehr schnell, nicht zuletzt an den völlig entgegengesetzten politischen und ideologischen Zielsetzungen dieser Mächte. So war die Sowjetunion nicht bereit, die ihr von Hitler preisgegebenen osteuropäischen Gebiete wieder herzugeben und den territorialen Besitzstand der Vorkriegszeit wieder herzustellen. Es wurden lediglich geringe Grenzberichtigungen gegenüber Polen vorgenommen, so daß die sowjetisch-polnische Grenze in etwa der nach dem ersten Weltkrieg von Lord Curzon vorgeschlagenen ethnischen Trennlinie entsprach. Dafür aber annektierte die Sowjetunion den östlichen Teil der Tschechoslowakei, die sog. Karpatho-Ukraine und das nördliche Ostpreußen, dehnte also ihr Gebiet noch über die mit Hitler-Deutschland vereinbarte Einflußzone hinaus aus.

Die Sowjetunion verhinderte in den von ihr beherrschten mittel- und osteuropäischen Staaten das Entstehen pluralistischer demokratischer Staatssysteme. Sie förderte die Machtübernahme durch die kommunistischen Parteien und unterstützte deren Alleinherrschaftsanspruch. Dort wo sich nach dem Ende des Krieges Exilregierungen um die Wiederaufnahme der Regierungsgeschäfte bemühten, wurden diese, oft mit Gewalt, daran gehindert. Dort, wo am Ende des Krieges monarchische Staatsformen bestanden, wie in Bulgarien und Rumänien, wurden die Herrscher zum Rücktritt und zum Verlassen des Landes gezwungen. In der Tschechoslowakei konnten sich zunächst wieder demokratische Regierungsstrukturen entwickeln. Allerdings gelang es den Kommunisten 1946 bei den Wahlen zur verfassunggebenden Nationalversammlung, die stärkste Partei zu werden. Bis 1948 regierten Kommunisten und nichtkommunistische Parteien in einer Koalitionsregierung. Dann konnten die Kommunisten die Vertreter anderer Parteien nach und nach aus den staatlichen Funktionen verdrängen und die alleinige Macht übernehmen. Nach dem Tod des Staatspräsidenten Benesch, im September 1949, wurde der Chef der tschechoslowakischen KP Clemens Gottwald Staatspräsident und damit Alleinherrscher in diesem Land.

Drei Jahre nach dem Ende des Krieges herrschten in allen von der Sowjetunion okkupierten Staaten in Mittel- und Osteuropa die kommunistischen Parteien und die von ihnen getragenen Diktatoren. Damit war Europa in zwei Machtblöcke geteilt, die einander zunehmend feindlich gegenüber standen.

Die westeuropäischen Staaten hatten nach ihrer Befreiung wieder pluralistische demokratische Herrschaftssysteme eingeführt. Sie waren miteinander aber - am Anfang jedenfalls - nur sehr locker verbunden. So hatten sich Großbritannien, Frankreich und die Beneluxstaaten am 17. März 1948 im sog. Brüsseler Vertrag miteinander verbündet. Dieses Bündnis war in erster Linie gegen Deutschland gerichtet. Durch den Pariser Vertrag vom 23. Oktober 1954 - als unmittelbare Folge des Scheiterns der EVG in der französischen Nationalversammlung - schlossen sich die fünf Signatarmächte des Brüsseler Vertrages, die Bunderepublik Deutschland und Italien zur Westeuropäischen Union (WEU) zusammen.

Während die Sowjetunion in den von ihr besetzten Staaten erhebliche Truppenkontingente unterhielt, hatten die USA nach dem Kriege ihre Truppen schnell reduziert. In Europa hatten sie als Besatzungsmacht Truppen in Deutschland und Österreich stationiert. Die in anderen westeuropäischen Staaten stationierten US-Einheiten hatten vor allem die Versorgung der Besatzungstruppen in Deutschland und Österreich sicherzustellen.

Die wachsende Spannung zwischen den USA und der Sowjetunion fand ihren Niederschlag in einem fortschreitenden Ausbau der Bündnissysteme in beiden Teilen Europas. So wurde am 4. April 1949 zwischen Dänemark, Frankreich, Großbritannien, Island, Italien, Kanada, Norwegen, Portugal und den USA der Nordatlantikpakt als Verteidigungsbündnis geschlossen. 1952 wurden Griechenland und die Türkei einbezogen; 1955 trat die Bundesrepublik Deutschland und 1982 Spanien dem Bündnis bei. Frankreich zog sich 1966, und Griechenland 1974 aus der militärischen Integration zurück. Beide Staaten blieben aber Mitglied des Bündnisses.

Die Bündnisstruktur des von der Sowjetunion beherrschten Mittel- und Osteuropas wurde zunächst durch Einzelbündnisverträge mit Bulgarien, Jugoslawien, Polen, Rumänien, der Tschechoslowakei und Ungarn gestaltet. Am 14. Mai 1955 wurden diese bilateralen Bündnisse durch den Vertrag über Freundschaft, Zusammenarbeit und gegenseitigen Beistand, den Warschauer Vertrag, ersetzt und zusammengefaßt. Vertragspartner waren

Albanien, Bulgarien, die DDR, Polen, Rumänien, die Sowjetunion, die Tschechoslowakei und Ungarn. Albanien ist 1968 wieder ausgetreten, während die Mongolei, Norkorea und Vietnam einen Beobachterstatus hatten.

Europa war also in zwei militärisch organisierte Staatengruppierungen geteilt. Gegenüber der Vorkriegszeit hatte sich das Gleichgewichtssystem in Europa völlig verändert. An die Stelle von Staatengruppierungen, die von europäischen Mächten beherrscht wurden, war nun ein Gleichgewichtssystem primär nicht-europäischer Großmächte, der Sowjetunion und der USA, getreten. Jede Seite bezog den von ihr beherrschten Teil Europas in dieses System ein. Die europäischen Staaten waren somit mehr oder weniger abhängige Satelliten außereuropäischer Mächte geworden. Beim Abschluß des Warschauer Pakts war dies deutlich zum Ausdruck gekommen. Die Verbündeten der USA wurden als das "imperialistische Lager um die USA" bezeichnet und die Verbündeten der Sowjetunion als das "antiimperialistische Lager um die Sowjetunion". Die Sowjetunion war zudem konsequent darauf bedacht, die Selbständigkeit der europäischen Einzelstaaten und damit die staatliche Zergliederung Europas und natürlich vor allem ihres Machtbereiches zu bewahren. So verhinderte sie den Versuch Jugoslawiens unter Tito und Bulgariens unter Dimitroff, eine Balkanföderation beider Staaten zu schaffen. Aus diesem Grund hat sie später dann auch alle Bemühungen in Mittel- und Westeuropa, die eine engere Staatenverbindung zum Ziel hatten, nachdrücklich bekämpft.

Auch wirtschaftlich wurden die beiden Machtblöcke in Europa entsprechend der jeweils herrschenden Auffassung von Staat, Gesellschaft und Wirtschaft aufgebaut und ausgestaltet. Im Westen war es die freie Wettbewerbswirtschaft; in der Bundesrepublik Deutschland war sie als soziale Marktwirtschaft gestaltet, d.h.der Gebrauch von wirtschaftlicher Macht wurde durch eine Eingrenzung des Wettbewerbs durch ein System sozialer Sicherungen und der Gleichwertigkeit von Kapital und Arbeit bestimmt und auch kontrolliert. Dieses System schließt Eingriffe der staatlichen Wirtschaftspolitik nicht aus. Insbesondere mit Hilfe der Steuerpolitik, aber auch mit Subventionen aus Steuermitteln ist eine Einflußnahme des Staates auf die Wirtschaftgestaltung möglich und wird praktiziert. Die Stahlproduktion, der Schiffbau und die Energieversorgung sind Beispiele für derartige, oft massive Eingriffe des Staates in die Marktwirtschaft. Allerdings haben diese Subventionen eher die Wettbewerbsfähigkeit dieser Wirtschaftszweige geschwächt, da der oft notwendige und heilsame Anpassungsdruck von ihnen genommen wurde. Am deutlichsten treten jedoch planwirtschaftliche Elemente im westlichen Wirtschaftssystem im Bereich der Landwirtschaft zutage. Hier werden, wie früher in der östlichen Planwirtschaft, die Preise administrativ festgesetzt und entsprechend subventioniert. Außerdem wird den Erzeugern eine weitgehende Abnahmegarantie für ihre Produkte gewährt, was bei Überversorgung des Binnenmarktes dazu führt, Überschüsse - ebenfalls hoch subventioniert - zu exportieren mit erheblichen, negativen Folgen für den Welthandel, für die dritte Welt und letzlich für den Arbeitsmarkt im westlichen Wirtschaftsbereich.

Im Osten herrschte die Philosophie einer zentralen Steuerung und Planung, d.h. einer Lenkung der Wirtschaft nach vorgegebenen, in der Regel politisch bestimmten Zielsetzungen, Fünfjahresplänen. Entscheidend für dieses Wirtschaftssystem war die Erfüllung quantitativer Produktionsmengen und nicht die Wirtschaftlichkeit, der Wettbewerb und die Erzielung von

Gewinnen. Preise wurden daher auch nicht auf der Grundlage der anfallenden Kosten und der Bedingungen des Marktes, sondern auf der Basis politisch- administrativer Entscheidungen festgesetzt. Die Verbraucherpreise für Grundbedürfnisse, wie Mieten, Verkehrstarife, Grundnahrungsmittel usw. wurden daher vielfach unterhalb der Herstellungs- und Bereitstellungskosten festgesetzt und hoch subventioniert. Sogenannte Luxusgüter hingegen wurden zu weit überteuerten Preisen angeboten und auf diese Weise bestehende Kaufkraft abgeschöpft.

Europa war also nicht nur in zwei militärisch gegeneinander orientierte Blöcke gespalten, sondern auch in zwei antagonistische Wirtschafts-, Gesellschafts- und Staatssysteme getrennt. Beide Blöcke waren sicherheitspolitisch eng an die beiden damals dominierenden Großmächte gebunden und standen wirtschaftspolitisch ebenfalls unter dem Patronat dieser Großmächte. Die ungebundenen Staaten Europas waren zwar sicherheitspolitisch selbständig - soweit dies in einer Welt der Supermächte überhaupt noch möglich war - wirtschaftspolitisch hingegen ebenfalls eng mit dem westlichen Block verbunden.

Die besondere Entwicklung in Deutschland und Österreich

- Die Teilung Deutschlands -

Während die Zuordnung der meisten europäischen Staten zu den beiden Blöcken oder zur Gruppe der blockfreien, neutralen Staaten sehr bald deutlich erkennbar war, blieb das politische Schicksal Deutschlands und Österreichs für viele Jahre offen. Anders als in Österreich gelang es in Deutschland nach dem Kriege nicht, zentrale deutsche Verwaltungsstellen für das ganze Land einzurichten und erst recht nicht, eine Regierung einzusetzen und mit den notwendigen Vollmachten auszustatten. Die vier Besatzungsmächte hatten im Bezug auf die Zukunft Deutschlands sehr unterschiedliche Vorstellungen. Großbritannien und die USA waren bemüht, ihre Zonen so schnell wie möglich wirtschaftlich auf eigene Füße zu stellen, um die Belastungen, die sich aus der Versorgung der Menschen mit den notwendigsten Nahrungsmitteln ergaben, zu mildern und schließlich ganz zu beseitigen. Sie waren auch bereit, deutsche politische Instanzen, insbesondere zenrale Leitungsorgane für die Wirtschaft zu akzeptieren. Frankreich wünschte hingegen keinerlei deutsche Zentralinstanzen. In der französischen Zone durfte nicht einmal der Name 'Deutschland' gebraucht werden. Am liebsten hätte Frankreich das Auseinanderfallen Deutschlands in viele schwache Einzelstaaten, wie vor 1871 gesehen.

Die Sowjetunion hatte ganz Mittel- und Ostdeutschland als Besatzungszone zugeteilt erhalten und damit am Anfang die größten Chancen, maßgeblichen Einfluß auf die zukünftige Entwicklung des Landes zu gewinnen. Mit der sächsisch-thüringischen Industriezone gehörte der Teil Deutschlands zur russischen Zone, in dem vor dem Krieg das höchste Bruttosozialprodukt pro Kopf der Bevölkerung erwirtschaftet worden war. Daneben war das oberschlesische Industrierevier weniger stark zerstört, als das Ruhrgebiet. Außerdem wohnten etwa 40 % der deutschen Bevölkerung im russischen Machtbereich. Die Sowjetunion gliederte aber gleich nach dem Kriege die deutschen Gebiete östlich von Oder und Neiße aus ihrem Besatzungsgebiet aus und übertrug sie der polnischen Verwaltung. Nordostpreußen annektierte sie selbst und gliederte es in die RSFSR ein. Fast 10 Millionen Menschen wurden aus diesen Gebieten vertrieben und zum größeren Teil in den westlichen Besatzungszonen angesiedelt. Mittelfristig wurde hierdurch die Wirtschaftskraft der westlichen Besatzungszonen erheblich gestärkt und die der eigenen Zone geschwächt. Politisch strebte die Sowjetunion danach, möglichst viel Einfluß auch auf die Entwicklung der Westzonen zu gewinnen, auch um dadurch die Grundlage für einen - erhofften - kommunistischen Umsturz als Folge der katastrophalen wirtschaftlichen und sozialen Lage zu schaffen. Alle Pläne, Deutschland in Einzelstaaten aufzuteilen, wurden von den sowjetischen Machtträgern nach dem Kriege sehr schnell aufgegeben. Die sowjetischen Vorschläge, in Berlin zentrale deutsche Wirtschsaftsinstanzen einzurichten, scheiterten aber am französischen Widerstand.

Einig waren sich alle vier Besatzungsmächte darin, daß Deutschland als Ganzes nicht in den Machtbereich des jeweils anderen Blockes überwechseln durfte. Darum scheiterten letztlich auch alle Versuche, die wirtschaftliche und vor allem die politische Einheit Deutschlands zu bewahren. Die Konsequenz hieraus war, daß die Westmächte und die Sowjetunion schon wenige Jahre nach dem Krieg ihre Besatzungsgebiete zunächst wirtschaftlich und dann auch politisch als eigenständige Staaten organisierten. Den Anfang machten die Westmächte, nachdem Frankreich seinen Widerstand gegen einen neuen deutschen Staat aufgegeben hatte. Ausgangspunkt war die Notwendigkeit, die Grundlagen für die wirtschaftliche Erholung zu schaffen; dies geschah durch die Einführung der Deutschen Mark in den westlichen Zonen und in West-Berlin. Dabei hatte man ganz bewußt das Gebiet der russischen Zone ausgespart und dadurch die sowjetische Besatzungsmacht gezwungen, eine eigene Währung in ihrer Zone einzuführen. Der Etablierung zweier getrennter Wirtschaftsgebiete folgte 1949 die Gründung zweier getrennter deutscher Staaten, der Bundesrepublik Deutschland und der Deutschen Demokratischen Republik.

Die Sowjetunion gab aber ihre Bemühungen nicht auf, Einfluß auch im westlichen Teil Deutschlands zu gewinnen. Zunächst versuchte sie durch die Blockade der drei westlichen Sektoren Berlins, die Westmächte zur Aufgabe ihrer Besatzungsrechte in dieser Stadt zu zwingen, um ihr eigenes Besatzungsgebiet von diesem "westlichen Pfahl im Fleische" zu befreien und auch, um die Westmächte zu Zugeständnissen in den Verhandlungen über die Zukunft Deutschlands zu veranlassen. Später, als die beiden deutschen Staaten bereits konsolidiert waren, versuchte die Sowjetunion mit allen Mitteln zu erreichen, daß das westliche Deutschland, die Bundesrepublik, nicht im vollen Umfang mit seinem wirtschaftlichen und militärischen Potential in den westlichen Block eingegliedert wurde. 1952 schlug sie den Westmächten und der Bundesrepublik vor, auf ihre Besatzungszone, die DDR, zu verzichten und eine Wiedervereinigung durch frei Wahlen zuzulassen. Die einzige politische Bedingung war eine Bündnisfreiheit des zukünftigen Gesamtdeutschland. Deutschland wäre aus dem West-Ost-Gegensatz ausgegrenzt und ein neutraler Staat zwischen den Blöcken geworden. Dieser Plan scheiterte am Widerstand der Bundesregierung, vor allem aber auch daran, daß der damalige Bundeskanzler Adenauer um keinen Preis die Bindung der westdeutschen Bundesrepublik an den Westen und die USA aufgeben wollte.

Anders entwickelte sich Österreich; das Land war ebenfalls in vier Besatzungszonen aufgeteilt und seine Hauptstadt Wien war, wie Berlin, in vier Sektoren eingeteilt. Aber Österreich hatte eine eigene Regierung und war nicht, wie Deutschland, in zwei Staaten und zwei antagonistische, ideologische Blöcke geteilt. Dennoch dauerte es nach dem Ende des Krieges volle zehn Jahre, ehe sich die vier Besatzungsmächte über die Zukunft Österreichs geeinigt hatten. Auch im Falle Österreich war man sich darüber einig, daß das Land nicht einem der beiden Machtblöcke zufallen und auch nicht wieder mit Deutschland vereinigt werden durfte. Seine strategisch wichtige Position zwischen Mittel- und Südeuropa machte Österreich für beide Patronatsmächte interessant. Österreich erreichte schließlich den Abzug der vier Besatzungsmächte durch die Verpflichtung, strikte Neutralität zwischen den beiden Blöcken in Europa zu wahren.

Die Phase des stabilisierten Gleichgewichts in Europa
- Der Kalte Krieg -

In der Mitte der fünfziger Jahre hatte sich das Mächtegleichgewicht in Europa konsolidiert und bestimmte für die nächsten Jahrzehnte die Geschicke des alten Kontinents. Aus heutiger Sicht war die Entwicklung der Atomwaffen von historischer Bedeutung für dieses Mächtegleichgewicht, nicht nur in Europa, gewesen. Mit der ersten Bombe 1945 war eine neue historische Epoche eingeleitet worden, die durchaus mit der Reformation am Ende des Mittelalters verglichen werden kann. Sieht man einmal von den grauenhaften Wirkungen der beiden über Japan abgeworfenen Bomben ab, so hat die Existenz von Atomwaffen seither den Frieden eher gesichert als gefährdet. Aus der Erkenntnis, daß Atom-Kriege nicht mehr, wie früher stets, eine Aussicht auf eine gewaltsame Lösung politischer Streitfragen boten, erwuchs zunehmend ein Zwang zum Frieden. Mit der Zahl der gegeneinander gerichteten Atomwaffen nahm das Risiko der Totalvernichtung des Angegriffenen, wie des Angreifers und auch aller unbeteiligten Neutralen rapide zu. Die Existenz der Atomwaffen sicherte in Europa und der Welt mehr und mehr den Frieden.

Die Überwindung alter Gegensätze und die Erkenntnis, daß Europas Probleme nicht mehr mit den Mitteln von Krieg und Gewalt gelöst werden konnten, schuf in den pluralistischen Demokratien die Voraussetzung für eine Gemeinschaftsbildung und die supranationale Integration in der EG. Zunehmend standen fortan in Mittel- und Westeuropa nicht mehr nationale Einzelstaaten, sondern die EG als Gemeinschaft der Sowjetunion und ihrem europäischen Vorfeld gegenüber und prägten die Entwicklung der europäischen Verhältnisse.

Für viele Jahre bewegten sich die beiden Machblöcke in Europa am Rande bewaffneter Auseinandersetzung. Die Sowjetunion versuchte wiederholt, ihren Machtbereich auszudehnen oder zumindest zu Lasten des westlichen Blocks zu stärken. Ansatzpunkt war vor allem West-Berlin, das inmitten des sowjetischen Machtbereichs lag und daher in seinen Verbindungen zur Bundesrepublik mehr oder weniger auf das Wohlwollen der Sowjets und der Deutschen in der DDR angewiesen war. Je stärker sich die wirtschaftliche Lage in beiden deutschen Staaten auseinanderentwickelte, desto problematischer wurde West-Berlin als Schaufenster der freiheitlichen Demokratie und des westlichen Wohlstands für die Sowjetunion und ihre deutschen Verbündeten. Da alle Pressionen die Westmächte nicht zur Aufgabe ihrer Besatzungsrechte in Berlin zwingen konnten, war schließlich der Bau der Mauer und damit die totale physische Trennung West-Berlins vom östlichen Teil der Stadt und von der DDR die bittere Konsequenz für die Regierung der DDR. Es war im Grunde eine Bankrotterklärung der kommunistischen Ideologie und wurde so auch von den Menschen begriffen.

Umgekehrt war auch die Regierung der Bundesrepublik lange Jahre nicht bereit, die reale Machtsituation in Europa zu begreifen und hinzunehmen. Alle vielleicht damals möglich gewesenen Kontakte mit den Machthabern in der DDR wurden ausgeschlagen, und damit Möglichkeiten vergeben, das Miteinanderleben der Menschen in Deutschland zu erleichtern. Die Tatsache, daß beide Teile Deutschlands ihren Platz in den beiden Machtblöcken gefunden hatten und aus eigener Kraft nicht verändern konnten, wurde nicht anerkannt. Mit der sog. Hallstein-Doktrin wurde jahrelang versucht, die Staatengemeinschaft der Welt zu zwingen, die DDR als Staat nicht zur Kenntnis zu nehmen. Die relativ starke wirtschaftliche Kraft der Bundesrepublik erlaubte ihr, wirtschaftliche Sanktionen für ein Nicht-Wohlverhalten in ihrem Sinne anzudrohen und zu verhängen.

Erfolglos blieben die Versuche der Sowjetunion, in Griechenland und in Finnland kommunistische Regierungen an die Macht zu bringen und somit ihren Machtbereich in Europa auszuweiten. Andererseits aber büßte die Sowjetunion durch das Ausscheiden Jugoslawiens aus dem östlichen Bündnissystem einen wichtigen Partner ein. Jugoslawien schloß sich aber nicht dem westlichen Block an, sondern wurde der erste und lange Zeit einzige blockfreie kommunistische Staat in Europa. Erst später übernahm auch Albanien eine ähnliche Rolle.

Diese Periode des kalten Krieges war gekennzeichnet durch die strikte gegenseitige Respektierung der Macht- und Einflußzonen. So reagierten die Westmächte zwar verbal sehr lautstark auf die verschiedenen Aufstände der Menschen gegen die kommunistischen Machthaber, sie überschritten aber die festgelegten Grenzlinien um keinen Millimeter. So taten die drei westlichen Besatzungsmächte im Juni 1953 nichts, um etwa die Aufständischen in Ost-Berlin und in der DDR aktiv zu unterstützen, von einer politischen Ausnutzung dieser Situation ganz zu schweigen. Ebenso verhielten sich die Westmäche und die NATO bei den Volksaufständen in Ungarn 1956 und in der Tschechoslowakei 1968 und bei den verschiedenen Unruhen in Polen. Die Situation in Europa war gekennzeichnet durch eine Erstarrung der Fronten und eine Unbeweglichkeit, ja wohl auch Unfähigkeit der Politik, Veränderungen auf den Weg zu bringen. Versuche hat es immer wieder gegeben. Alle diese Versuche, unter denen der sog. Rapacki-Plan aus dem Jahre 1957, genannt nach dem damaligen polnischen Außenminister, der bekannteste wurde, zielten darauf ab, in der Mitte Europas zwischen den beiden Herrschaftsbereichen der Supermächte eine teilweise oder auch völlig ungebundene Zone zu schaffen, in welcher z.B. keine Atomwaffen stationiert sein, oder andere Rüstungsbeschränkungen gelten sollten. Alle diese Bemühungen scheiterten letztendlich daran, daß sie eine Herauslösung der Bundesrepublik aus ihrer Westbindung, und sei es auch nur in politischen Teilbereichen, notwendig gemacht hätten. Eine solche Politik stieß stets auf den erbitterten Widerstand der Regierungen der Bundesrepublik und der Westmächte, insbesondere der USA.

Erfolglos blieben auch die Versuche der USA und ihrer Verbündeten, durch eine Politik der Stärke den Einflußbereich der Sowjetunion einzuschränken oder sogar zurückzudrängen. Nachdem die Sowjetunion ihre eigenen Atomwaffen entwickelt hatte und auf dem Gebiet der

Waffen- und Weltraumtechnologie mit dem Westen gleichgezogen hatte, bildete sich in Europa eine Zone gleichgewichtiger, politisch erstarrter Machtblöcke, die einander hochgerüstet gegenüberstanden, ohne irgendetwas verändern zu können. Der Wettbewerb der Ideologien und sehr oft sogenannte Stellvertreterkriege fanden außerhalb Europas, vor allem in Asien und Afrika statt. In Korea konnten die USA in einem langjährigen Krieg mit Hilfe der Vereinten Nationen den status quo ante bewahren. In Vietnam und auch in Kambodscha siegten die kommunistischen Machthaber, ebenso in China, Kuba und mehreren afrikanischen Staaten. Allerdings dürfte die Empfänglichkeit der Afrikaner für die kommunistischen Staats-, Gesellschafts- und Wirtschaftslehren begrenzt sein und sich im wesentlichen auf die tatsächliche materielle Hilfe konzentriert haben. Dort, wo sich die USA durchsetzen konnten, war das Ergebnis sehr oft eine Diktatur der Militärs oder rechtsorientierter Machtgruppen, wie etwa in Chile oder in einigen mittelamerikanischen Staaten oder auch in Indonesien.

Die Entstehung der Wirtschaftsblöcke

- Die Europäische Gemeinschaft und der Rat für gegenseitige Wirtschaftshilfe -

Ebenso wie die militärische und ideologische Bindung der beiden Teile Europas an die beiden Supermächte, gestaltete sich auch die wirtschaftliche Entwicklung. Europa sah sich am Ende des zweiten Weltkrieges mit gewaltigen Zerstörungen konfrontiert. Es fehlten Wohnungen und Folgeeinrichtignen für die Menschen. Das Verkehrs- und Nachrichtenwesen war kaum noch leistungsfähig. Vor allem war die Infrastruktur der Wirtschaft und der Industrie entweder zerstört oder hoffnungslos überaltert. Dort, wo noch nutzbare Anlagen den Krieg überdauert hatten, wurden diese in Deutschland demontiert. Die Aufbaulast überforderte die europäische Wirtschaft auf beiden Seiten erheblich. Die Aufteilung Deutschlands in wirtschaftlich und politisch eigenständige Zonen und der Abbau von noch funktionsfähigen Industrieanlagen als Reparationen, behinderten den Wiederaufbau und die wirtschaftliche Gesundung Deutschlands sehr. Diese aber war - wie die Fachleute sehr schnell erkannten - eine wesentliche Voraussetzung für die wirtschaftliche Erholung der Nachbarn Deutschlands.

Auf der anderen Seite des Nordatlantiks hatte die Wirtschaft der USA mit einem anderen Problem fertig zu werden. Sie war zwar von Kriegszerstörungen verschont geblieben, hatte aber eine gewaltige Rüstungsindustrie aufgebaut, die sich jetzt auf Friedensproduktion umstellen mußte. Dies führte zu beträchtlichen Ertragseinbußen vieler Unternehmen, weil die lukrativen staatlichen Rüstungsaufträge wegfielen und der Exportmarkt, vor allem in Europa, wegen der mangelnden Zahlungsfähigkeit der alten Handelspartner sich nicht recht entwickeln wollte. So half das vom damaligen US-Außenminister George Marshall am 5. Juni 1947 den Europäern angebotene Wirtschaftshilfsprogramm beiden Seiten. Dieses Milliardenprogramm des Marshall-Plans - insgesamt stellten die USA im Laufe der Jahre etwa 13 Milliarden US-Dollar zur Verfügung - gab den europäischen Wirtschaften die notwendige Aufbauhilfe, indem sie den Import von dringend benötigten Investitionsgütern aus den USA ermöglichte, und auf der anderen Seite erleichterte sie der amerikanischen Industrie die Umstellung von der Rüstungs- auf die Friedensgüterproduktion, indem sie ihr den europäischen Markt wieder erschloß. Gleichzeitig mit dieser Kapitalhilfe wurde am 16. April 1948 in Paris die Organisation für Europäische Wirtschaftliche Zusammenarbeit (OEEC) gegründet, die die Marshallplan-Mittel verteilen und ein Wirtschaftsprogramm für Europa erarbeiten sollte. Damit wurde der Grundstein gelegt, der zur wirtschaftlichen Integration West-Europas führen sollte.

Das Angebot Marshalls richtete sich auch an die Sowjetunion und die zum Ostblock gehörenden europäischen Staaten. Die Sowjetunion unterband aber die Teilnahme der Staaten ihres Machtbereiches am Marshall-Plan, nicht zuletzt auch deshalb, weil sie in der Schaffung der OEEC ein Instrument zur Erweiterung und Stärkung des Einflusses der USA in Europa sah.

Die Antwort der Sowjetunion auf diese Initiative der Amerikaner war die Schaffung des Rates für gegenseitige Wirtschaftshilfe (RgW) im Januar 1949. Gründungsmitglieder waren außer der Sowjetunion Bulgarien, Polen, Rumänien, Ungarn und die Tschechoslowakei. Albanien trat im Februar 1949 bei, ließ aber seine Mitgliedschaft seit 1962 praktisch ruhen. Die DDR wurde im September 1950 Mitglied. 1962 trat mit der Mongolei zum ersten Mal ein nicht- europäischer Staat dem RgW bei, gefolgt 1972 von Kuba und 1978 von Nord-Vietnam. Die Volksrepublik China und Nord-Korea hatten zeitweilig einen Beobachterstatus, während Jugoslawien sich seit 1964 an bestimmten Aktivitäten des RgW beteiligte, also als teilassoziiert bezeichnet werden konnte. Kooperationsverträge schloß der RgW mit Finnland und Mexiko. Eine enge wirtschaftliche Zusammenarbeit wurde auch mit Angola, Äthiopien, Nord-Korea, Mozambique, Nicaragua und dem früheren Süd-Jemen vertraglich vereinbart.

Der RgW sollte dazu dienen, die Wirtschaftskraft Osteuropas kontrolliert und koordiniert zu nutzen, und damit letzendlich vor allem der Sowjetunion nutzbar zu machen. Die Effektivität dieser Organisation war im ersten Jahrzehnt sehr gering. Die Aufstände in der DDR, Polen und Ungarn stellten sogar den sowjetischen Vormachtanspruch deutlich infrage. Erst zehn Jahre nach der Gründung schuf sich der RgW erstmalig eine Satzung und formulierte in Artikel 1 seine Ziele: "Der Rat für gegenseitige Wirtschaftshilfe hat zum Ziel, durch Vereinigung und Koordinierung der Bemühungen der Mitgliedsländer des Rates zur weiteren Vertiefung und Vervollkommnung der Zusammenarbeit und Entwicklung der sozialistischen ökonomischen Integration, zur planmäßigen Entwicklung der Volkswirtschaft, zur Beschleunigung des wirtschaftlichen und technischen Fortschritts in diesen Ländern, zur Hebung des Standes der Industrialisierung in den Ländern mit einer weniger entwickelten Industrie, zur ununterbrochenen Steigerung der Arbeitsproduktivität und allmählichen Annäherung und Angleichung des ökonomischen Entwicklungsniveaus und ständigen Hebung des Wohlstandes der Völker der Mitgliedsländer des Rates beizutragen."

Ende der fünfziger Jahre belebte sich der RgW. Die Handels- und Wirtschaftsbeziehungen der Mitgliedsländer zueinander wurden stärker koordiniert und in den Dienst der Erfüllung der zunehmend abgestimmten Fünfjahrespläne gestellt. Die Sowjetunion lieferte an ihre Partnerstaaten Energie und Rohstoffe und erhielt im Gegenzug Industrieprodukte. Dies führte im Laufe der Jahre dazu, daß die Industrie der osteuropäischen Mitgliedsländer sich immer stärker anhand der Nachfrage ihrer Partnerstaaten, insbesondere der Sowjetunion, orientierte und den Kontakt zum Weltmarkt und damit auch ihre Wettbewerbsfähigkeit verlor. Allerdings konnten die Mitgliedsstaaten des RgW ihre außenhandelspolitische Souveränität bewahren. Der Versuch der Sowjetunion, eine gemeinsame überstaatliche Wirtschaftsplanung einzuführen, scheiterte insbesondere am Widerspruch Rumäniens.

Einer der Gründe für diesen Versuch, den RgW zu einem stärker integrierten Wirtschaftsraum zu entwickeln war die Gründung der EG 1957. Sie war für die Sowjetunion eine große Herausforderung und traf die sowjetische Politik an einer empfindlichen Stelle, denn sie zeigte den Gegensatz auf, der darin bestand, daß im Vielvölkerstaat Sowjetunion eine russisch dominierte Politik - diktatorisch - durchgesetzt wurde, während nach außen die sowjetische Politik auf eine Erhaltung selbständiger europäischer Einzelstaaten ausgerichtet war. Zwischen den beiden europäischen Wirtschaftsorganisationen gab es zudem zwei entscheidende Unterschiede: Die EG ist eine supranationale Integrationsgemeinschaft mit dem Ziel, einen gemeinsamen Markt und darüberhinaus eine Wirtschaftsunion mit eigenen, ihr von den Mitgliedstaaten übertragenen Hoheitsrechten zu bilden. Der RgW hingegen beruhte auf dem Fortbestand der nationalen Märkte und Wirtschaftsgebiete der Mitgliedstaaten und damit der vollen Souveränität der Mitgliedstaaten. Zum anderen ist die EG eine von der westlichen Supermacht USA unabhängige, ja mit ihr konkurrierende Wirtschaftsmacht, während die Sowjetunion nicht nur dominierendes Mitglied des RgW war, sondern die Wirtschaft und den Handel der Mitgliedstaaten ganz eindeutig auf die von ihr bestimmten Ziele ausgerichtet hatte.

Im Laufe der Zeit konnte die EG mehr und mehr politisches Eigenleben entwickeln, und ihre Mitgliedstaaten konnten ihre politische Handlungsfähigkeit in stärkerem Maße zurückgewinnen als die osteuropäischen RgW-Mitgliedstaaten. Der politische Einfluß der europäischen Staaten auf die Weltpolitik war aber bis zum Ende der 80er Jahre von geringer Bedeutung. Das erst allmählich wieder zunehmende politische Gewicht Europas beruhte in dieser Zeit fast ausschließlich auf seiner wirtschaftlichen Leistungskraft, die durch die Entwicklung der EG erheblich gefördert wurde. Die RgW-Mitgliedstaaten hingegen konnten sich erst in den letzten Jahren vor dem revolutionären Umschwung mehr Spielraum für ihre eigene Politik, insbesondere ihre eigene Wirtschafts- und Handelspolitik schaffen. Hierzu beigetragen hat vor allem auch der zunehmende Kontakt zur EG.

Die Beziehungen zwischen der EG und dem RgW waren eingebettet in die Beziehungen zwischen den USA und der UdSSR. Der Spielraum für europäische Kontakte der Mitgliedstaaten beider Organisationen war abhängig vom Stand der Spannung oder Entspannung zwischen den beiden Großmächten. Der Grund hierfür lag vor allem in der Sicherheitsabhängigkeit der beiden Teile Europas von den Großmächten. Erst mit der Überwindung der Teilung Europas und Deutschlands und der Einbeziehung des vereinigten Deutschlands in die NATO hat sich dies geändert, und haben sich für die Beziehungen der EG zu den früheren Mitgliedstaaten des RgW völlig neue Perspektiven ergeben.

Anfänglich hatte die Sowjetunion keinerlei Interesse an einem Kontakt oder gar an offiziellen Beziehungen zur EG. Für sie war die EG eine temporäre Erscheinung, ein Ableger der amerikanischen Wirtschaft in Europa und damit ein politischer Gegner. 1957 wurden 17 Thesen formuliert, die die ideologische Grundlage für die Negierung der EG wurden. Aber schon fünf Jahre später, 1962, wurde in den "32 Thesen zur imperialistischen Integration in Westeuropa" die Zielsetzung der Gemeinschaft zwar noch scharf kritisiert, aber die Möglichkeit einer Zusammenarbeit trotzdem nicht mehr ausgeschlossen.

Die Entwicklung der Beziehungen der beiden Organisationen in West-und Osteuropa in den Folgejahren war in erster Linie geprägt von der Ausgestaltung des status quo. Der Handel war für Westeuropa von relativ geringer Bedeutung. Dank der besonderen Regelung des innerdeutschen Handels im Anhang des EWG-Vertrags, durch die der deutsch-deutsche Handel als Binnenhandel eines EG-Mitgliedstaates angesehen wurde, entwickelten sich die Wirtschaftsbeziehungen zwischen den beiden Teilen Deutschlands sehr viel intensiver. Man bemühte sich auch, die Teilung erträglicher zu machen und Konflikte zu entschärfen.

Die Veränderung der Beziehungen der beiden Organisationen zueinander und die allmähliche Annäherung vollzog sich in drei Phasen: Bis Anfang der 70er Jahre wurde die EG und die fortschreitende Integration ihrer Mitgliedstaaten zunächst, wie oben dargelegt, völlig abgelehnt und als nur vorübergehende Erscheinung angesehen. Sie widersprach auch der politischen Zielsetzung der Sowjetunion, stets die Selbständigkeit der europäischen Einzelstaaten zu fördern und damit die staatliche Zersplitterung Europas zu unterstützen. Für die Sowjetunion war daher die westeuropäische Integration ein Akt imperialistischer Politik. Sehr spät wurde begriffen, daß hier dialektisch ein 'objektiver Prozess' ablief, und eine neue politische und völkerrechtliche Realität im Entstehen war.

Die erste Modifikation dieser strikt negativen Haltung deutete sich bereits in den erwähnten 32 Thesen im Jahre 1962 an. Aber erst Anfang der 70er Jahre begann man von den neuen europäischen Realitäten zu sprechen und zeigte Interesse an Gesprächen mit der EG. Die ersten Kontakte zwischen EG und RgW machten die sehr unterschiedliche Zielsetzungen für die Regelung der Beziehungen zueinander deutlich. Der RgW strebte ein Abkommen an, durch das die Rahmenbedingungen für den Handel festgelegt werden sollten. Er wollte damit zugleich seine Mitgliedstaaten auf gemeinsame Regelungen für den Außenhandel festlegen und auf diese Weise einen Einfluß auf deren bis dahin eigenständige Außenhandelspolitik gewinnen. Die EG war jedoch nur bereit, 'Arbeitsbeziehungen' zwischen den beiden Organisationen zu entwickeln und in einem solchen Rahmen Fragen wie den Informationsaustausch über Wirtschaftsprognosen, Produktion und Verbrauch, oder die Anpassung von Statistiken, Normen und Standards, oder Fragen des Umweltschutzes zu erörtern. Handelsabkommen wollte die EG nur mit den einzelnen Mitgliedstaaten des RgW abschließen. Über einen Meinungsaustausch kamen diese Kontakte damals nicht hinaus. Anfang 1981 schliefen die Gespräche dann auch zunächst wieder ein.

Die dritte Phase der Kontakte wurde 1984 durch den neuen Generalsekretär der KPdSU, Michail Gorbatshow eingeleitet. In der Schlußerklärung der Ratssitzung des RgW vom 12. bis 14. Juni 1984 in Moskau wurde ausdrücklich der wirtschaftliche Kontakt des RgW zu anderen Organisationen erwähnt und die Herstellung von Beziehungen zwischen dem RgW und "ökonomischen Organisationen entwickelter kapitalistischer Länder" gewünscht. Im Oktober 1984 schlug der Sekretär des RgW vor, die 1981 abgebrochenen Gespräche wieder aufzunehmen. Als Ziel der neuen Kontakte wurde der Abschluß eines Abkommens oder die Vereinbarung einer Erklärung oder irgendeines Dokuments über die gegenseitigen Beziehungen erwähnt. Man war also in der Spitze des RgW sehr viel flexibler geworden und nicht mehr ausschließlich auf ein Rahmenabkommen für den Handel orientiert. Die Sowjetunion hatte inzwischen begriffen, daß die EG den Rahmen klassischer Staatenkooperation längst gesprengt hatte und auf dem Wege zu einer neuen politischen Qualität war. Sie hatte aber auch erkannt, daß die EG und die USA keineswegs wirtschaftlich identische Interessen verfolgten, sondern daß, bei aller politischer Partnerschaft, wirtschaftliche Konflikte durchaus möglich waren. Vielleicht glaubten führende Kräfte in der Sowjetunion sogar, die Kontakte zur EG nutzen zu können, um die EG von den USA zu trennen.

Die Verhandlungen zwischen den beiden Organisationen waren langwierig und mühsam. Der RgW versuchte erneut, wie schon in der erwähnten zweiten Phase, Rahmenbedingungen für den Handel der EG mit den RgW-Mitgliedstaaten in das angestrebte Abkommen aufzunehmen. Man wollte auch andere Einzelfragen, die nach Meinung der EG erst Gegenstand späterer Abkommen sein sollten, in die Verhandlungen einbeziehen. Die EG war aber nur bereit, eine gemeinsame Erklärung zu vereinbaren, durch die beide Organisationen sich gegenseitig anerkennen und offizielle Beziehungen zueinander aufnehmen. Alle weiteren Einzelfragen sollten zukünftigen Vereinbarungen vorbehalten bleiben.

Als sehr schwierig erwies sich auch die Berlin-Frage. Nach dem Viermächteabkommen über Berlin aus dem Jahre 1971 war West-Berlin wirtschaftlich mit der Bundesrepublik verbunden und somit Teil der EG. Für die Vertreter des RgW war es überraschend zu erfahren, daß West-Berlin enger in die EG integriert war, als mit der Bundesrepublik rechtlich verbunden. So bedurften damals Bundesgesetze, um in West-Berlin Geltung zu erlangen, der ausdrücklichen Zustimmung durch das Berliner Abgeordnetenhaus; Recht der EG hingegen galt auch in West-Berlin, sobald es von den EG-Organen verabschiedet war, ohne daß es hierfür eines Votums des Abgeordnetenhauses bedurfte. Schließlich einigte man sich auf eine gemeinsame Erklärung, die auch das Gebiet von West-Berlin mit umfaßte. Diese gemeinsame Erklärung wurde am 25. Juni 1988 in Luxemburg unterschrieben. In einer einseitigen Erklärung des RgW wurde festgestellt, daß das Viermächteabkommen über Berlin durch diese gemeinsame Erklärung nicht berührt würde.

Parallel zu den Verhandlungen zwischen EG und RgW in den 80er Jahren entwickelten sich intensive bilaterale Kontakte zwischen der EG und den einzelnen damaligen RgW-Mitgliedstaaten, vor allem zu Ungarn, Rumänien und der Tschechoslowakei. Diese Staaten strebten weitgehende Handels- und Kooperationsabkommen mit der EG an und wünschten keine Handelsrahmenbedingen, die allein zwischen den beiden Organisationen ausgehandelt waren.

Bis 1970 gab es zwischen allen EG-Mitgliedstaaten und den RgW-Mitgliedstaaten Abkommen über wirtschaftliche, wissenschaftliche und technologische Zusammenarbeit. Es waren Rahmenabkommen für die Kooperation zwischen westlichen Unternehmen und östlichen Außenhandelsorganisationen und für die Zusammenarbeit wissenschaftlicher Einrichtungen. Mit dem Übergang der Außenhandelskompetenz auf die EG 1970 trat die EG an die Stelle der Einzelstaaten. Bilaterale Abkommen der EG mit den einzelnen RgW-Mitgliedstaaten wurden nunmehr notwendig. Dies aber scheiterte jahrelang daran, daß die EG von der kommunistischen Hälfte Europas nicht zur Kenntnis genommen wurde. Dennoch gab es vielfältige Kontakte mit den RgW-Mitgliedstaaten. Es wurden zahlreiche bilaterale Vereinbarungen über wirtschaftliche, industrielle, wissenschaftliche und technologische Zusammenarbeit getroffen. Es gab auch inoffizielle Kontakte zur EG-Kommission. Einzelfragen wurden durch Briefwechsel geregelt, und es wurden Vereinbarungen über den Textil- und Stahlhandel getroffen. Vor allem erzwang die Erweiterung der EG und ihre zunehmende wirtschaftspolitische Bedeutung derartige bilaterale Vereinbarungen. Es war eine Periode der pragmatischen Partnerschaft. Offizielle Handelsverträge der EG mit den RgW-Mitgliedsstaaten scheiterten aber stets an der Weigerung des RgW, die EG offiziell anzuerkennen. Nur Rumänien durchbrach diese politische Linie und schloß schon 1980 ein Handelsabkommen mit der Gemeinschaft, durch das der Warenaustausch zwischen den beiden Wirtschaftsgebieten gerelt wurde.

Trotz der schwierigen und zögerlichen Verhandlungen zwischen der EG und dem RgW über die gemeinsame Erklärung, deren positives Resultat für lange Zeit keineswegs sicher war, waren auch die anderen RgW-Mitgliedstaaten in der Mitte der achtziger Jahre zunehmend bereit, Einzelabkommen mit der EG und den EG-Mitgliedstaaten zu treffen. Die revolutionäre Entwicklung auf vielen Feldern der Wissenschaft, vor allem im Bereich der Datentechnologie, machte eine solche europäische Zusammenarbeit immer notwendiger. Auch wirkte sich die politische Entkrampfung und die Lockerung des Drucks von Staat und kommunistischer Partei auf die Gesellschaft und die Wirtschaft in den RgW-Staaten zunehmend aus. Die politischen und gesellschaftlichen Veränderungen im europäischen Osten kündigten sich an und wirkten auf die Außenpolitik der RgW-Mitgliedstaaten ein.

Nach der Unterzeichnung der Gemeinsamen Erklärung wurde die EG sehr bald von allen RgW-Mitgliedstaaten offiziell anerkannt, und es wurden diplomatische Beziehungen aufgenommen. Gleichzeitig begannen Verhandlungen über den Abschluß von Handels- und Kooperationsabkommen dieser Länder mit der EG. Zwischen 1988 und 1990 hat die EG mit allen europäischen RgW-Ländern Handels- und Kooperationsabkommen abgeschlossen. Durch diese Abkommen wurden bestehende Handelshindernisse entweder sofort oder nach einer Übergangsfrist abgebaut und der freiere Zugang zum EG-Markt eröffnet. Es wurde den Partnern die Meistbegünstigung gewährt. Außerdem wurde die Zusammenarbeit auf allen Gebieten der Wirtschaft und der Wissenschaft und Forschung erleichtert und die Möglichkeit zur gemeinsamen Aktivität etwa bei der Erschließung von Energie- und Rohstoffvorkommen geschaffen.

Mit diesen offiziellen diplomatischen und vertraglichen Beziehungen zwischen West- und Osteuropa begannen die Europäer, eine vierzigjährige Periode der weitgehend absoluten Trennung zu überwinden. In diesen 40 Jahren hatten sich in den beiden Teilen Europas völlig unterschiedliche Wirtschaftssysteme entwickelt, alte Handels- und Wirtschaftsverbindungen waren verkümmert oder ganz verschwunden. Die sich langam wieder belebenden Kontakte zeigten sehr schnell, wie mühsam es sein würde, die bestehenden Unterschiede abzubauen und das Wirtschaftsgeschehen in ganz Europa wieder kompatibel zu gestalten. Es zeigte sich auch, daß es sehr viel länger dauern würde, als viele in der ersten Euphorie gehofft hatten, die Handels- und Wirtschaftsbeziehungen wieder zu beleben und auf ein Niveau zu heben, das den Handels- und Wirtschaftsbeziehungen der EG zum Beispiel mit den EFTA-Staaten gleichkommen würde. Es gab und gibt zwar eine Fülle von Aufgaben, deren gemeinsame Regelung alsbald möglich und auch notwendig ist. Hierzu gehören die Bereiche, die bereits bei den ersten Verhandlungen Gegenstand der Gespräche waren, wie z.B. die gemeinsame Erarbeitung von Wirtschaftsprognosen, die Entwicklung gemeinsamer Normen und Standards, der Austausch von Informationen und die Vereinbarung gemeinsamer Grundlagen von Statistiken. Sehr dringend für ganz Europa ist auch die Erarbeitung gemeinsamer Grundlagen und Programme für den Umweltschutz. Ebenso braucht ganz Europa gemeinsame Konzeptionen für den Bau von Schnellbahntrassen und Autobahnen und für ein den heutigen Anforderungen entsprechendes Luftverkehrsnetz.

Ebenso wichtig ist die Zusammenarbeit auf dem Gebiet von Wissenschaft und Forschung. Europas Zukunft als Industriezentrum wird entscheidend von der Lösung der Energiefrage abhängen. Die Energieforschung, die Reduzierung des Verbrauchs und die Verringerung der Abhängigkeit von Energie-, vor allem Ölimporten aber auch die Sicherheit der Energiegewinnung, insbesondere der Kernenergie, ist eine gesamteuropäische Herausforderung. Auf allen diesen Gebieten wird sich sehr schnell eine gesamteuropäische Zusammenarbeit entwickeln und die bisherige Trennung überwunden werden können.

In diese Phase einer ersten Bilanz der Folgen der jahrzehntelangen Trennung der beiden Hälften Europas und des vorsichtigen Suchens nach Wegen, die Zusammenarbeit und den Handel wieder zu beleben, fiel der schnelle und völlige Zusammenbruch der kommunistischen Staats-, Gesellschafts- und Wirtschaftsstrukturen. Mit unterschiedlichem Tempo und unterschiedlicher Intensität haben sich die früheren RgW-Staaten auf den Weg zur Marktwirtschaft und zur pluralistischen Demokratie gemacht. Schneller als erwartet hat sich der RgW aufgelöst und wurde 1991 offiziel beendet.

Der politische Umbruch in Mittel- und Osteuropa

In Europa hatte sich, wie dargelegt, in den fünfziger Jahren allmählich ein stabiles Gleichgewicht der Staatenblöcke in Ost und West unter dem jeweiligen Patronat der USA und der Sowjetunion entwickelt. Dieses Gleichgewicht hielt auch allen Krisen im Herrschaftsbereich der Sowjetunion stand. Die einmal gezogene Grenzlinie zwischen Ost und West wurde vorbehaltslos und konsequent respektiert. Auch in Berlin, das formell von allen vier Besatzungsmächten gemeinsam verwaltet wurde, überschritten die Westmächte niemals bei Unruhen und anderen, auch ihre Sektoren berührenden Ereignisse, die gezogenen Sektorengrenzen. Aber sie wehrten konsequent alle sowjetischen Versuche ab, die Westsektoren Berlins aus dem westlichen Wirtschaftsbereich herauszulösen und damit der DDR einen empfindlich störenden und schmerzenden Pfahl aus dem ideologischen Fleisch zu ziehen. Der Westen war aber auch niemals bereit, nur einen kleinen Schritt in Richtung auf eine Veränderung des Status von West-Berlin zu tun und die Stadt enger an die Bundesrepublik zu binden. Als die DDR zum Beispiel ihre Volkskammerabgeordneten auch in Ost-Berlin direkt wählen ließ, hätte der Westen entsprechend reagieren können und die Bundestags-und Europaabgeordneten West-Berlins hinfort nicht mehr indirekt durch das Abgeordnetenhaus, sondern direkt durch die Bürger wählen lassen können. Es geschah nicht.

In diesen Jahren war deutlich geworden, daß beide Seiten in Europa, was ihre militärische Stärke betraf, einander ebenbürtig waren. Beiden Seiten wurde aber zunehmend die schreckliche, selbstvernichtende Konsequenz eines Atomkrieges deulich und bewußt, so daß das beiderseitige gewaltige Arsenal derartiger Waffen in Kurz-, Mittel- und Langstreckenvarianten die stabilste Sicherung des status quo in Europa und damit des Friedens wurde. Keine Seite riskierte einen Krieg, nicht einmal mit konventionellen Waffen, obwohl es nach den

Maßstäben früherer Zeiten oft Anlässe dafür gegeben hätte. Man wußte, daß die Begrenzung eines solchen 'konventionellen' Krieges nicht sicherzustellen gewesen wäre. Politische Drohung mit Gewalt wurde auf diese Weise in der West- Ost-Auseinandersetzung zunehmend ein ungeeignetes Mittel.

Der politische Spielraum der Europäer auf beiden Seiten war jahrzehntelang sehr eng. Eine europäische Politik durfte Positionen und Ansprüche der USA und der Sowjetunion nicht infragestellen, ja nicht einmal berühren. Die Stabilität beruhte auf der Konfrontation der beiden Patronatsmächte und dem Gleichgewicht ihrer Rüstung, insbesondere ihrer atomaren Schlagfähigkeit. Der Rüstungswettlauf, insbesondere unter der Reagan-Administration, hat diese Basis der europäischen Stabilität letztlich mehr und mehr infrage gestellt. Die zum wirtschaftlichen Wahnsinn gewordene Rüstungspolitik hatte die USA zur am höchsten verschuldeten Nation der Erde gemacht mit unabsehbaren Konsequenzen für Wirtschaft und Handel. Auch die Sowjetunion ist durch ihre Rüstungsanstrengungen an den Rand des wirtschaftlichen Kollaps gebracht worden, von den Entbehrungen und Nöten der Menschen in beiden Staaten ganz zu schweigen.

Eine Veränderung in Europa, die Überwindung der Spaltung des Kontinents und der Weg zur pluralistischen Demokratie, konnte durch die klassischen Mittel der militärischen Gewalt nicht erreicht werden. Veränderungen und Reformen mußten daher von innen kommen und sich entwickeln, zumal das politische und militärische System ohnehin zur Stabilisierung des gegebenen status quo neigte.

Den Anfang einer neuen Politik machte in den siebziger Jahren der damalige deutsche Bundeskanzler Willy Brandt. Seine Ostpolitik folgte nicht irgendwelchen politischen Träumen und nicht- realisierbaren Wünschen, sondern ging von dem tatsächlich existierenden status quo in Europa und vor allem in der Mitte Europas aus. Dieser status quo war die Teilung Deutschlands in zwei Staaten, und die Teilung Berlins in zwei Städte, die zu den beiden antagonistischen Machtblöcken gehörten. Er war aber auch die deutsch-polnische Grenze an Oder und Neiße und die Tatsache, daß östlich dieser beiden Flüsse nur noch verhältnismäßig wenige Deutsche lebten, dafür aber inzwischen Millionen Polen dort geboren waren und Heimatrecht erworben hatten. Während die offizielle deutsche Politik jahrzehntelang diese Tatsachen einfach nicht zur Kenntnis nehmen wollte und die DDR zum Nicht-Staat erklärte, dessen Anerkennung diplomatisch und wirtschaftspolitisch bestraft wurde, und auch die von Polen und der Sowjetunion annektierten deutschen Ostprovinzen immer als fremdverwaltetes deutsches Gebiet ansah, begann die neue Ostpolitik diese Traumwelt zu verlassen. Da man mit eigener Kraft den status quo in Deutschland und Europa nicht verändern konnte, wollte man - gewissermaßen als einen ersten Schritt - ihn so erträglich wie möglich für die betroffenen Menschen machen.

Die erste Andeutung dieses neuen politischen Weges durch Willy Brandt löste nicht nur bei den oppositionellen Konservativen in Deutschland, sondern auch bei den drei westlichen Besatzungsmächten erhebliche Überraschung und auch Widerstand aus. Diplomatische Beziehungen der Bundesrepublik zu den osteuropäischen Staaten, das mochte noch angehen, aber offizielle Beziehungen zur DDR und eine verbindliche Hinnahme der Oder-Neiße-Grenze, das war für die Chistdemokraten zuviel und für die Westmächte eine sehr harte Nuß. "Wandel durch Annäherung" war die neue politische Formel. Politischer Ballast sollte abgeworfen werden, und man wollte mit dem anderen deutschen Staat eine erträgliche Nachbarschaft gestalten. Zugleich aber sollte auch das Feindbild einer 'revanchistischen' Bundesrepublik im Osten entzerrt werden und somit auch Einfluß auf die innere politische Struktur des Ostblocks gewonnen werden. Einen Staat, mit dem man in friedlich vertraglich geregelter Nachbarschaft lebte, konnte man nicht mehr länger als friedensstörendes Element angreifen und dies propagandistisch nutzen.

Die Serie der sogenannten Ostverträge begann mit dem Moskauer Vertrag zwischen der Bundesrepublik Deutschland und der Sowjetunion am 12. August 1970, gefolgt vom Vertrag mit Polen, dem Warschauer Vertrag am 7. Dezember 1970. Auch die Westmächte zogen mit, nicht nur, weil sie sich im Pariser Vertrag vom 23. Oktober 1954, der das Ende der militärischen Besatzung brachte, verpflichtet hatten, ein vereinigtes, in die EG integriertes Deutschland anzustreben, sondern auch, weil sie erkannten, daß eine Verständigung der beiden deutschen Staaten die Verhältnisse in Europa stabilisieren würde. Am 3. September 1971 schlossen sie mit der Sowjetunion das Viermächteabkommen über Berlin, das den Zugang zu den Westsektoren sicherte und das Miteinander der beiden Teile der Stadt auf eine erträgliche Basis stellte. Den Abschluß bildete der sogenannte Grundlagenvertrag zwischen der Bundesrepublik Deutschland und der DDR vom 21. Dezember 1972, mit dem beide deutsche Staaten ihr Verhältnis zueinander, den Umständen entsprechend, regelten, ohne daß jedoch die Bundesrepublik die DDR in vollem Umfang als eigenständiges Völkerrechtssubjekt anerkannte. Für die Bundesrepublik blieb es bei einer gemeinsamen deutschen Staatsangehörigkeit, mit der Konsequenz, daß die Bewohner der DDR als Flüchtlinge oder auch in dritten Ländern Fürsorge und Schutz der Bundesrepublik beanspruchen konnten. Sie machte damit klar, daß sie zwar den status quo in Deutschland für die beiden Staaten und für die Menschen so erträglich wie möglich gestalten, aber zugleich auch die Deutsche Frage offen halten wollte.

Die DDR bemühte sich nachdrücklich, ihre souveräne Eigenständigkeit in manchmal fast peinlicher Weise zu unterstreichen, aber sie handelte vielfach anders, als sie redete: Auch sie akzeptierte die besonderen Beziehungen zur Bundesrepublik, insbesondere in Wirtschafts- und Handelsfragen; beim Handel mit der Bundesrepublik beispielsweise hielt sie sich strikt an die für sie sehr vorteilhaften Regelungen für den innerdeutschen Handel.

Auch erfolgte bei westdeutschen Bürgern, wenn sie in die DDR übersiedelten, was zwar selten vorkam, keine besondere Einbürgerung, wie bei Ausländern aus dritten Staaten. Das Verhältnis zwischen den beiden deutschen Staaten blieb aber durch die Jahrzehnte hindurch immer ein besonderes, trotz der strikten Einbindung jedes einzelnen in die beiden unterschiedlichen Machtblöcke, Bündnisse und Wirtschaftssysteme.

Durch die sogenannten Ostverträge wurde eine Periode der Entspannung und Entkrampfung in Europa und vor allem in Deutschland eingeleitet. Ihre Ratifikation durch den Deutschen Bundestag stieß zwar auf erheblichen Widerstand der damals in der Opposition stehenden Unionsparteien. Sie bemühten sogar - wenn auch vergeblich - das Bundesverfassungsgericht, da ihrer Meinung nach diese Verträge das Wiedervereinigungsgebot des Grundgesetzes verletzten. Heute weiß man, daß durch die Ostpolitik eine politische Entwicklung eingeleitet wurde, die zur Überwindung der deutschen und der europäischen Teilung geführt hat. Damals ermöglichte die neue politische Lage die Lösung vieler

Probleme, insbesondere zwischen der Bundesrepublik und der DDR. So wurde die innerdeutsche Grenze, mit Ausnahme des die Elbe berührenden Abschnitts, einvernehmlich festgelegt; der Zugang nach Berlin und die damit verbundenen Kostenfragen wurden geregelt; es wurden Vereinbarungen über Familienzusammenführung, Besuchsverkehr und vieles andere getroffen, was für alle Beteiligten die Teilung des Landes erträglicher machte. Man konnte Bahn- und Straßenverbindungen verbessern oder - wie die Autobahn von Hamburg nach Berlin - gemeinsam neu schaffen.

Auch mit Polen und der Tschechoslowakei konnten nun viele Fragen geklärt und geregelt werden, die lange Zeit offen geblieben waren. Vor allem wurde die Ausreise der in diesen Ländern noch lebenden Deutschen erleichtert.

Entscheidend war, daß durch die Ostverträge das politische Klima zwischen den beiden Blöcken und nicht nur zwischen den beiden deutschen Staaten wesentlich verbessert werden konnte. Hierdurch wurden die Voraussetzungen für eine gesamteuropäische Regelung der Fragen der Sicherheit und Zusammenarbeit geschaffen. Die Sowjetunion und die mit ihr im Warschauer Pakt verbündeten Staaten strebten schon seit den fünfziger Jahren eine europäische Sicherheitskonferenz, später dann eine Konferenz über Sicherheit und Zusammenarbeit an. Die USA zeigten hingegen zunächst wenig Neigung zu einer solchen Konferenz. Es war vor allem die Geschlossenheit der in der EPZ zusammenarbeitenden europäischen Regierungen, die schließlich 1973 den Beginn der Verhandlungen ermöglichte, nachdem ihre Bedingung, der erfolgreiche Abschluß des Viermächteabkommens über Berlin, erfüllt worden war. Vorgespräche hatten schon im Herbst 1972 begonnen, die eigentlichen Beratungen fanden in Helsinki und Genf statt und dauerten - mit Unterbrechungen - bis zum Sommer 1975.

Aus der Sicht der USA war dies ein mehr oder weniger politischer Nebenprozess ohne besondere Bedeutung für das Ost- West- Verhältnis. Für die Sowjetunion und ihre Verbündeten hatte diese Konferenz jedoch eine große Bedeutung. Man sah in der angestrebten Schlußakte die Chance, den territorialen und ideologischen Besitzstand, so wie er seit 1945 bestand, gesichert und europaweit anerkannt zu bekommen. Der Preis, den die westliche Seite forderte, nämlich die Gewährung von Grundfreiheiten und die Garantie von Menschenrechten, schien nicht allzu hoch zu sein, zumal dies sehr oft auch Interpretationsfragen waren. Die tatsächliche Bedeutung dieser Probleme für die weitere Entwicklung wurde unterschätzt. Neben der Garantie des status quo war die Sowjetunion vor allem auch an Rüstungsfragen interessiert. Sie brauchte eine wirtschaftliche Entlastung für ihre Volkswirtschaft, die wegen der hohen Belastung durch die Rüstungsausgaben mit der Entwicklung kaum noch Schritt halten konnte. Gegenseitige Abrüstung und Rüstungsbegrenzung standen daher währen der Verhandlungen sehr oft im Vordergrund.

Erstmalig nahm auch die EG -EPZ- als Partei an einer solchen internationalen Konferenz teil. Neben den USA und der Sowjetunion trat somit Europa mit eigener Stimme auf. Dies war mehr als nur symbolisch, denn mit dem Abkommen von Helsinki über Sicherheit und Zusammenarbeit in Europa wurde ein Prozess eingeleitet, der am Ende zur Überwindung der Teilung Europas in zwei Machtblöcke führen, und Europa damit aus diesem Mächtegleichgewicht allmählich herauslösen sollte. Es bedurfte während der Verhandlungen mehrfach einer klaren Position der Gemeinschaft, die mit dem ganzen Gewicht aller Mitgliedstaaten und mit einer Stimme eingebracht werden mußte, um am Ende den Erfolg zu sichern. Am 1. August 1975 wurde das Abkommen von Helsinki von allen europäischen Staaten mit Ausnahme Albaniens, das erst 1991 dem Abkommen beigetreten ist, von der EG, von den USA und Kanada, sowie der Sowjetunion unterzeichnet. In mehreren sogenannten Körben regelte die Schlußakte Fragen der Sicherheit, der Zusammenarbeit auf den Gebieten der Wissenschaft und Technik, der Wirtschaft und des Umweltschutzes und Fragen der Menschenrechte. Die europäischen Staaten verzichteten u.a. darauf, ihre Grenzen mit anderen als friedlichen Mitteln zu verändern. Man verabredete, die Rüstungsbegrenzung und Abrüstung zu fördern. Den Menschen in Europa wurde das Recht der freien Meinungsäußerung und der Information, sowie die Reisefreiheit zugestanden. Die Sowjetunion verzichtete auf ihr Recht, in den Mitgliedstaaten des Warschauer Paktes allein die Staatsideologie zu bestimmen und gab die sogenannte Breschnew-Doktrin auf.

Aus der Konfrontation der europäischen Staaten war nun ein abwartendes Nebeneinander geworden. Eine wirkliche Stabilität der Verhältnisse oder gar ein vertrauensvolles Miteinander war noch lange nicht erreicht. Die in Helsinki verabredeten Folgekonferenzen sollten vor allem dazu dienen, die Ergebnisse der vereinbarten Schlußakte zu prüfen. Schwerpunkt der Beratungen auf den Folgekonferenzen in Belgrad vom 4. Oktober 1977 bis zum 9.März 1978, in Madrid vom 11.November 1980 bis zum 9. September 1983 und in Wien vom 4.November 1986 bis zum 15. Januar 1989 waren vor allem Themen der Rüstungsbegrenzung und der Abrüstung, aber auch die Wahrung der Menschenrechte im sowjetischen Einflußbereich. So wurde in Wien 1989 unter anderem der Schutz ethnischer Minderheiten, die Freizügigkeit und das Recht auf Ausreise und die Glaubens-, Religions- und Überzeugungsfreiheit behandelt und bekräftigt. Festgelegt wurde auch, daß die Störung des Rundfunk- und Fernsehempfangs aus anderen Ländern unzulässig sei. Mehrfach drohte der ganze KSZE-Prozess zu scheitern, weil jede Seite der anderen unzureichende Befolgung der vereinbarten Maßnahmen vorwarf.

Zu einer ernsten Krise in den Ost-Westbeziehungen kam es am Ende der siebziger Jahre. Die USA hatten während der Präsidentschaft Carters ihre Rüstungsbemühungen stark reduziert, während die Sowjetunion gleichzeitig unvermindert weiter gerüstet hatte und auf diese Weise in vielen Bereichen Überlegenheit errungen hatte. Außerdem hatte die Sowjetunion in Afghanistan militärisch interveniert und dadurch alle Entspannungsbemühungen empfindlich gestört. Die Reaktion der USA unter dem neuen Präsidenten Ronald Reagan waren gewaltige Rüstungsanstrengungen, die nicht ohne Auswirkungen auf das Gleichgewicht in Europa blieben. Der Vollzug des sogenannten NATO-Doppelbeschlusses, d.h.einerseits der Bereitschaft, über die Begrenzung der Stationierung von atomaren Mittelstreckenwaffen mit dem Warschauer Pakt zu verhandeln, andererseits aber durch Nachrüstung auf diesem Gebiet das Gleichgewicht wieder herzustellen, führte zu einer Verstärkung der Atomrüstung in West-Europa und der Bundesrepublik.

Die EG und ihre Mitgliedstaaten folgten dieser harten Konfrontationspolitik der USA nur sehr zögernd. Man war nur in Grenzen bereit, sich an den Wirtschaftssanktionen gegen die UdSSR zu beteiligen. So lieferte beispielsweise die EG vermehrt Getreide in die Sowjetunion, nachdem die Lieferungen aus den USA ausgeblieben waren. Die EG wollte den eingeleiteten Entspannungsprozess nicht völlig aufgeben und sah die großen Gefahren, die sich aus einer zunehmenden atomaren Rüstung in Europa ergeben würden. Auch die beiden deutschen Staaten bemühten sich, mäßigend auf die beiden Supermächte einzuwirken und den Entspannungsprozess so bald wie möglich wieder zu beleben. Beiden Regierungen war sehr deutlich geworden, daß sie von der atomaren Aufrüstung und Stationierung auf ihren Gebieten besonders betroffen waren. Im Konfliktfall wäre Deutschland das erste Schlachtfeld gewesen. Bemerkenswert war diese Haltung besonders für die DDR, die bis dahin stets kompromißlos der Sowjetunion gefolgt war. Hier wurden erste Zeichen einer gewissen Verselbständigung, und man kann vielleicht auch sagen, Nationalisierung der Sicherheits- und Außenpolitik der DDR erkennbar.

Die Einigung über atomare Mittelstreckenwaffen und über deren Abzug aus Europa und die erfolgreiche Beendigung anderer Abrüstungsverhandlungen deuteten eine erneute Entspannung der Beziehungen der beiden Militärbündnisse zueinander an. Sie signalisierten aber auch zunehmende wirtschaftliche Probleme im ganzen Ostblock, vor allem auch in der Sowjetunion. Der neue Generalsekretär der KPdSU, Michail Gorbatschow, hatte sehr schnell erkannt, daß die Leistungsfähigkeit des zentral gelenkten kommunistischen Wirtschaftssystems ihre Grenzen erreicht hatte. Nur noch in der Weltraum- und in der Rüstungstechnologie konnte die Sowjetunion mit dem Westen mithalten. Im übrigen klaffte ein immer größer werdender Unterschied in der Produktivität und vor allem auch in der Umsetzung technologischer Entwicklungen in marktfähige Produkte zwischen den beiden Wirtschaftssystemen. Die Rüstungsanstrengungen überforderten mehr und mehr die zurückfallende Leistungsfähigkeit der kommunistischen Wirtschaft.

Noch konnte der Ausbruch nationaler Interessen in den RgW-Staaten und insbesondere auch in der Sowjetunion selbst unterbunden werden. Als sich am Anfang der achtziger Jahre in Polen die freie Gewerkschaft 'Solidarnoc' bildete und das ganze System der Einparteienherrschaft ins Wanken geriet, konnte die militärische Intervention der Sowjetunion nur durch die Verhängung des Kriegsrechts vermieden werden. Aber der Druck nahm zu. In der Sowjetunion selbst begannen sich die Unionsrepubliken zu rühren, sie waren nicht länger bereit, der Zentrale in Moskau bedingungslos zu folgen. Die Reformprinzipien 'Glasnost' und 'Perestroika' zeigten Wirkung. So begehrten insbesondere die drei baltischen Republiken, die 1940 von der Sowjetunion unter Bruch des Völkerrechts annektiert worden waren, gegen die russische Herrschaft auf und forderten immer deutlich die Rückgabe ihrer Souveränität und sogar die volle Unabhängigkeit. Es wurde jetzt klar erkennbar, wie sehr die Schlußakte von Helsinki, besonders die Menschenrechtsgrundsätze im Korb III, die Einparteiendiktaturen in den Ostblockstaaten zu erschüttern in der Lage waren.

Es waren zahlreiche Faktoren, die den sozialen und wirtschaftlichen Reformdruck im Laufe der Zeit aufbauten und schließlich zum erfolgreichen Umbruch der Systeme führten. So waren die Menschen in Europa mündiger und vielleicht auch durch die Erfahrungen der Kriege reifer geworden. Vor allem die nachwachsenden Generationen, die nur die vom Kommunismus beherrschte Welt kennengelernt hatten und unter seinem Dach und nach seinen Lehren erzogen worden waren, begannen Theorie und Wirklichkeit miteinander zu vergleichen. Anders als die Religionen, die eine bessere Welt erst für die Zeit nach dem Tode versprechen, müssen die gesellschaftlichen und wirtschaftlichen Ideologien schon im Diesseits ihre Richtigkeit und ihren Erfolg unter Beweis stellen.

Die führende Klasse in den kommunistisch beherrschten Staaten hatte sich immer mehr isoliert und damit von der Wirklichkeit entfernt. Sie kannte keine Wohnungs- und Versorgungsprobleme, für sie wurde in jeder Beziehung gut gesorgt. So glaubten sie mit zunehmendem Alter, daß ihre persönliche Situation auch derjenigen des jeweiligen Volkes entsprach. Ihre eigenen Ideale aus der Kriegs- und Nachkriegszeit wurden für die allgemeine Wirklichkeit gehalten. Sie sahen einfach nicht die erbärmliche und sich ständig verschlimmernde Wirklichkeit in ihren Ländern, und entsprechend weltfremd und realitätsfern wurden ihre Entscheidungen.

Auch war die nationale Abgrenzung der Staaten und Völker lockerer geworden. Die Informationsmöglichkeiten über Rundfunk und Fernsehen, über alle Grenzen hinweg, hatten gewaltig zugenommen. Es wirkte sich auch die wirtschaftliche Entwicklung in Westeuropa massiv auf die Menschen und ihre Einstellung zu ihren Staaten aus. Die fortschreitende Integration der EG mit all ihren wirtschaftlichen Auswirkungen, vor allem aber mit der darin deutlich werdenden Überwindung der nationalen Isolierung und des souveränen Egoismus, blieb nicht ohne Wirkung auf die Mentalität der Bürger in Europas kommunistischer Hälfte. Es gab so etwas wie eine europaweite 'opinio communis', die in den Prinzipien der Menschenrechte, in der Erkenntnis der Notwendigkeit von mehr Umweltschutz und vor allem dann in der Schlußakte von Helsinki ihren Ausdruck fand. Die Bürger überall in Europa begannen zu erkennen, daß dies alles keine 'innerstaatlichen Angelegenheiten' mehr waren. Die nationale Souveränität hatte von ihrer Absolutheit eingebüßt.

Schließlich war auch für die Menschen in den kommunistisch gelenkten Volkswirtschaften der wachsende wirtschaftliche Rückstand gegenüber dem so geschmähten marktwirtschaftlich strukturierten Westen immer größer geworden. Die Umsetzung technischer Entwicklungen und Forschungsergebnisse in praktische Produktion zum Nutzen der Menschen gelang der zentralen Planwirtschaft immer weniger. Die Anwendung moderner Datentechnologie war eben nur begrenzt planbar und ohne ein breites Spektrum individueller Aktivität kaum durchzusetzen.

Die in Helsinki verabredete Veröffentlichung der Schlußakte, auch in den RgW-Staaten, leitete schneller als erwartet im politischen Osten Europas eine bemerkenswerte, und wie man heute weiß, sehr entscheidende Entwicklung ein. Die Menschen begannen ihre Grundrechte einzufordern, sie wollten Meinungs- und Bewegungsfreiheit. Die Bürger wurden selbstbewußter, sie strebten auch in den kommunistisch regierten Staaten nach politischer Pluralität, freien Wahlen und demokratischer Machtkontrolle. Die herrschende Klasse geriet schnell in die Defensive. Der Hinweis auf die Schlußakte von Helsinki beschränkte ihre Machtmittel gegen ihre Bürger. Auf der Folgekonferenz im Frühjahr 1990 in Bonn, die insbesondere die wirtschaftliche Zusammenarbeit in Europa zum Gegenstand hatte, konnte bereits die neue Entwicklung in Mittel- und Osteuropa zur Grundlage der Vereinbarungen gemacht werden. Alle 35 Mitgliedstaaten legten sich nunmehr auf die Grundelemente der Staats- und Gesellschaftsordnung des politischen Pluralismus, der Rechtsstsaatlichkeit und der Marktwirtschaft fest und bekräftigten somit den vollzogenen Umbruch. So entwickelte der KSZE-Prozess einen bisher in dieser Tiefe in Europa nicht denkbar gewesenen Konsens über Staat, Gesellschaft und Wirtschaft.

In der Sowjetunion begannen sich darüberhinaus die Fesseln der vielen in ihr zusammengehaltenen Völker zu lockern. Erstmalig nach Jahrzehnten des blutigen Terrors forderten die Völker wieder die Respektierung ihrer kulturellen Eigenständigkeit und mehr Autonomie. Sehr bald aber wurde die Forderung nach Selbstbestimmung besonders in den baltischen Republiken und bei den Völkern des Kaukasus laut und lauter. Viele dieser Republiken waren nach dem ersten Weltkrieg für Jahre, im Baltikum sogar für zwei Jahrzehnte, selbständige souveräne Staaten gewesen und hatten nicht vergessen, daß sie mit Gewalt und unter Verletzung des Völkerrechts in die Sowjetunion eingegliedert worden waren.

Die Sowjetunion war bis in unsere Tage das letzte große Kolonialreich der Erde. Als im 18. und 19. Jahrhundert die europäischen Mächte ihre Imperien in aller Welt eroberten, tat dies auch das zaristische Rußland. Während die Kolonien der europäischen Mächte von diesen durch die Meere getrennt waren, konnte Rußland seine neuen Besitztümer unmittelbar mit dem Mutterland verbinden und so ein gewaltiges Reich in Europa und Asien errichten. Aber dieses Reich konnte nur durch Macht und Gewalt zusammengehalten werden. Das war unter den Zaren nicht anders als unter Lenin, Stalin und seinen Nachfolgern bis hin zu Gorbatschow. Nach dem zweiten Weltkrieg zerfielen die Kolonialreiche. Auch der Versuch Frankreichs, Algerien als Teil des Mutterlandes, nur durch das Mittelmeer getrennt, zu behaupten, scheiterte. Nur Rußland konnte sein großes Reich zusammenhalten, weil den Diktatoren Mittel der Gewalt zur Verfügung standen und sie nicht den Menschenrechten verpflichtet waren. Das hat sich jetzt geändert. Gorbatschow hat durch seine Politik den Menschen Freiheit und Würde zurückgegeben, zugleich aber auch das Sowjetreich erhalten und reformieren wollen. Um dies zu erreichen, mußte er die Fesseln lockern, die das Sowjetreich - wie vorher schon das Zarenreich - zusammengehalten hatten. Eine kommunistische Einparteienherrschaft, die den Menschen ihres Landes Freiheit und Recht garantiert, hat sich als undurchführbar erwiesen. Dies war für den letzten Präsidenten der Sowjetunion und Generalsekretär der KPdSU das Dilemma, ja die Tragik, daß er, indem er den Menschen Recht und Freiheit zurückgab, zugleich seiner Partei und der Sowjetunion den Todesstoß versetzt hat, ja versetzen mußte.

Der Wunsch nach Autonomie, nach mehr Selbstbestimmung und nach völliger Trennung von der russischen Union ist lauter geworden. Die Baltenrepubliken sind inzwischen wieder international anerkannte selbständige Staaten geworden und aus der Sowjetunion ausgeschieden. Wirtschaftlich sind und bleiben sie aber noch für lange Zeit mit den übrigen Republiken der ehemaligen Sowjetunion eng verbunden. Ihre Chance zu überleben und einen gesicherten Platz in der europäischen Staatengemeinschaft einzunehmen, werden sie nur nutzen können, wenn sie diese Beziehungen nutzen und zielstrebig ausbauen und gleichzeitig wirtschaftliche Beziehungen zur EG, zu Skandinavien und zur übrigen Welt entwickeln. Auf diese Weise können die Baltenrepubliken zum wirtschaftlichen Bindeglied zwischen diesen Regionen werden. Sie sind aber, jede für sich, zu klein und machtlos, um eine solche Aufgabe zu bewältigen. Nur als wirtschaftliche - und damit auch als währungspolitische - Einheit werden sie dieser Aufgabe gewachsen sein. Für die Menschen und ihre Zukunft im Baltikum ist daher dringend zu hoffen, daß die politisch Verantwortlichen dies erkennen und sich nicht von den Träumen an vergangene, in Europa längst überholte, absolute, souveräne Selbständigkeit leiten, und damit irreleiten lassen.

Auch andere Republiken, wie Weißrußland, die Ukraine, Georgien, Armenien und Aserbaidschan haben inzwischen ihre Unabhängigkeit erklärt und suchen nach Wegen einer geregelten Zusammenarbeit mit den übrigen Republiken. Die zwischen Rußland, Weißrußland, der Ukraine und Kasachstan vereinbarte Union läßt hoffen, daß sich aus der ehemaligen Sowjetunion eine Föderation freier Republiken entwickeln wird, die auf außen- sicherheits- und wirtschaftspolitischem Gebiet eng zusammenarbeiten und die Einheit bewahren wird. Zu hoffen ist auch, daß sich die islamischen Republiken dieser Union anschließen, da auch sie sich nur mit sehr großen Schwierigkeiten und erst nach einer langen Übergangsphase wirtschaftlich verselbständigen und damit die Grundlage für ihre Existenz schaffen könnten. Ein völliger Zerfall der bisherigen Sowjetunion in politisch und wirtschaftlich selbständige Staaten würde für viele Jahre Hunger und Elend und auch politische Anarchie zur Folge haben. Für Europa würde dies eine schwere Belastung durch unzählige Flüchtlinge, aber auch ein kaum kalkulierbares Risiko durch die nicht mehr kontrollierte Herrschaft über die Atomwaffen der ehemaligen Sowjetunion bedeuten. Es liegt also auch im Interesse der EG und des übrigen Europa, daß eine solche Entwicklung auf dem Gebiet der ehemaligen Sowjetunion vermieden wird.

In Deutschland konnte das Aufbrechen der Menschen zu mehr Freiheit und Selbstbestimmung lange Jahre hindurch nur mit Gewalt verhindert werden und zwar fast immer mit Hilfe der sowjetischen Besatzungsmacht. Noch im Sommer 1989 schoß das chinesische Militär auf dem Tienanmen-Platz in Peking die für mehr Freiheit und Demokratie streitenden jungen Menschen zusammen und verhinderte so in diesem Land die Entmachtung der kommunistischen Diktatoren. Aber im Herbst des gleichen Jahres gelang in Leipzig die gewaltsame Unterdrückung mit militärischer Gewalt nicht mehr. Dort demonstierten nicht nur überwiegend Studenten, wie in Peking, sondern Menschen aus allen Bevölkerungsgruppen. Es waren aber vor allem Jugendliche, derer sich die herrschende Klasse so sicher glaubte.

Ende der achtziger Jahre brach schließlich der Damm der Gewalt und Unterdrückung, mit dem die kommunistischen Parteien ihre Alleinherrschaft in den mittel- und osteuropäischen Ländern über vierzig Jahre lang behaupten konnten und dies unter Mißbrauch des Begriffes "sozialistisch". Dabei ist Sozialismus ohne Freiheit für die Menschen und ohne Gerechtigkeit von Staat und Gesellschaft undenkbar. Aber in ihrer Naivität und Unkenntnis der historischen Entwicklung des Sozialismus und des Kommunismus folgten die konservativen und liberalen Politiker und Jurnalisten im Westen der gezielten Begriffsverwirrung durch die kommunistischen Machthaber im Osten und sprachen gedankenlos von den 'sozialistischen' oder auch von den 'real-sozialistischen' Ländern in Europa. Sogar Sozialdemokraten und wirkliche Sozialisten im Westen übernahmen dies ohne Scheu.

Gestützt auf die Katholische Kirche in Polen, dem einzigen wirklichen nicht-kommunistischen Machtfaktor im Ostblock, gelang es der freien Gewerkschaftsbewegung in Polen, sich aus den Fesseln des Kriegsrechts zu befreien und halbwegs freie Wahlen des polnischen Parlaments, des Sejm, durchzusetzen. Allerdings konnte sich die kommunistische Führung eine sichere Mehrheit im Parlament bewahren, indem sie von vornherein durchsetzte, daß rund zwei Drittel der Sitze - ohne Rücksicht auf die Stimmenzahl - der kommunistischen Partei und ihren Koalitionspartnern vorbehalten blieben. In der neu geschaffenen zweiten Kammer, dem Senat, bestimmten jedoch ausschließlich die Bürger, wie er zusammengesetzt sein würde. Tatsächlich gewannen die nichtkommunistischen Parteien und Gruppen fast alle Sitze im Senat. Eine zweite Sicherung der Macht der Kommunisten war in der neuen Verfassung, die im April 1989 verabschiedet worden war, die sehr gestärkte Stellung des Staatspräsidenten.

Die Entwicklung in Polen hatte Auswirkungen auf Ungarn und die Tschechoslowakei. In beiden Ländern konnten sich nicht-kommunistische Parteien bilden und mit Hilfe der Menschen, die zu hunderttausenden auf die Straßen zogen und für Freiheit, Demokratie und Menschenrechte demonstrierten, gelang der Umschwung von der Einparteiendiktatur zur pluralistischen Demokratie. Entscheidend war in diesen Ländern, daß die Armee sich nicht mißbrauchen ließ, um die Macht der kommunistischen Herrscher gegen die Völker zu schützen. Besonders offensichtlich wurde dies beim Umbruch in der DDR. Anders als für die Bürger der übrigen Ostblockstaaten, gab es für die Menschen in der DDR stets eine nationale Alternative, die Bundesrepublik. Um die völlige Ausblutung des Landes durch Abwanderung in den Westen zu verhindern, hatten die Machthaber in der DDR ab 1961 die Mauer in und um West-Berlin gebaut und die Grenze zur Bundesrepublik fast unüberwindbar gestaltet. Für Auslandsreisen blieben den Bürgern der DDR nur die zum RgW gehörenden Mittel- und Osteuropäischen Staaten. Mit dem Umbruch in Polen, Ungarn und der Tschechoslowakei und mit der Öffnung der Grenzen dieser Staaten zum Westen ergab sich für die DDR-Regierung ein schwieriges Dilemma: Entweder, sie ließ ihre Bürger weiterhin in diese Länder reisen und nahm das Risiko auf sich, wachsende Zahlen ihrer Bürger zu verlieren, oder sie schloß auch ihre Grenzen zu diesen Ländern mit der Folge, daß Auslandsreisen für DDR-Bürger kaum noch möglich sein würden. Die DDR-Regierung ging einen dritten Weg, sie öffnete die Grenzen zu West-Berlin und zur Bundesrepublik, da eine völlig 'Ummauerung' der ganzen Republik unmöglich war. Mit dieser Grenzöffnung wurde aber die Machtbasis der Kommunisten in der DDR schlagartig vernichtet und der Umbruch zur pluralistischen Demokratie eingeleitet.

Anders als bei den zahlreichen Versuchen in früheren Jahren und Jahrzehnten, in den mittel- und osteueropäischen Ländern die Herrschaft der kommunistischen Parteien durch Volksaufstände abzuschütteln, griffen diesmal die sowjetischen Armeeinheiten nicht ein. Die Sowjetunion sah sich durch die KSZE-Schlußakte und die inzwischen aufgegebene Breschnew-Doktrin daran gehindert, ihren Verbündeten ihre Staats- und Gesellschaftsdoktrin aufzuzwingen, bzw. zu bewahren. Sicherlich aber war die sowjetische Führung auch entschlossen und durch ihre immer schlechter werdende Wirtschaftslage gezwungen, ihren Herrschaftsbereich in Osteuropa abzubauen. Auf alle Zeiten konnte sie nicht hunderttausende von Soldaten in diesen Ländern stationieren und diese Länder in vielfacher Weise auch subventionieren. Schließlich hatte Michail Gorbatschow in der Sowjetunion selbst einen Reformkurs eingeschlagen, der zu mehr Liberalität und auch zu mehr Marktwirtschaft führen sollte. Diese Ziele konnte er den osteuropäischen Staaten nicht verwehren.

Zögerlicher vollzog sich bisher der Umbruch in Rumänien und Bulgarien. Nach dem Sturz der Diktatoren konnten die kommunistischen Parteien und die bis dahin herrschende Klasse in beiden Ländern unter anderem Namen ihre Machtpositionen zunächst weitgehend sichern. Nur langsam gelingt es demokratischen oppositionellen Kräften, wirkliche Reformen durchzusetzen. Die völlig heruntergekommene Wirtschaft in diesen Ländern erschwert den Reformern darüberhinaus, die Versorgung der Menschen mit dem Notwendigsten sicherzustellen und macht fühlbare Verbesserungen fast unmöglich. Dadurch ist es sehr schwierig geworden, die breite Bevölkerung für Reformen zu gewinnen. Ohne eine Unterstützung durch die Bevölkerungsmehrheit sind Veränderungen in Richtung auf demokratische Pluralität und Marktwirtschaft kaum durchzusetzen. Will der Westen, und insbesondere die EG, auf Dauer ein demokratisches Osteuropa, in dem Freiheit und Marktwirtschaft herrschen, so wird er nicht umhin kommen, massive wirtschaftliche Hilfen zu leisten.

Auch das letzte stalinistisch beherrschte und unterdrückte Land Europas, Albanien, hat begonnen, aus seiner Versteinerung aufzuwachen. Demonstrationen von Menschenmassen, insbesondere auch Jugendlichen, für mehr Freiheit und Demokratie können von den Machthabern nicht mehr unterdrückt werden und haben zu ersten Reformen geführt. Aber es wird auch für Albanien ein langer Weg zu Freiheit, Demokratie und wirtschaftlichen Reformen werden.

Noch viel schwieriger ist die Entwicklung in dem ebenfalls nicht zum RgW und Warschauer Pakt gehörenden, aber dennoch stark kommunistisch beherrschten Jugoslawien. Auch hier hat sich demokratische Pluralität langsam durchzusetzen begonnen. Aber mit dem allmählichen Wegfall der starken zentralen Herrschaft der kommunistischen Führung in Belgrad, hat sich auch der Zusammenhalt dieses Vielvölkerstaates zu lockern begonnen. Die wirtschaftlich besser dastehenden nördlichen Bundesstaaten sind nicht länger bereit, dem ärmeren Süden des Landes zu helfen. Sie haben sich ohnehin nie recht heimisch gefühlt in diesem Bundesstaat, der nach dem Zerfall Österreich-Ungarns 1918 unter serbischer Führung geschaffen worden war. Wahlen und Volksbefragungen haben eindeutige Mehrheiten für die Loslösung Sloweniens, Kroatiens und auch Mazedoniens aus Jugoslawien ergeben. Kroatien und Slowenien haben diesen Schritt inzwischen vollzogen und sind von vielen Staaten bereits völkerrechtlich anerkannt worden. Die serbisch beherrschte Zentralregierung in Belgrad versuchte jedoch lange Zeit, mit Gewalt diese Entwicklung aufzuhalten. Man wußte, daß ein unabhängiger Staat Serbien, auch zusammen mit Montenegro, vor allem wirtschaftlich schwach sein würde. Vor allem die jugoslawische Bundesarmee muß um ihre Existenz fürchten, wenn die jugoslawische Föderation weiter und dann endgültig zerbricht. Aber statt zu versuchen, durch Konzessionen und Kompromisse eine neue Form einer Union zu schaffen und auf diese Weise Jugoslawien, wenn auch verändert, zu erhalten, setzten die Serben auf Gewalt. Im Bürgerkrieg 1991/92 entglitten die Bundesarmee und erst recht die mit ihr zusammen agierenden Freischärler offensichtlich jeglicher politischer Kontrolle und stellten so ihre politische und auch menschliche Unfähigkeit zu vernünftiger Neugestaltung unter Beweis.

Jugoslawien ist Vergangenheit. An seine Stelle sind Einzelstaaten getreten, deren friedliche Zukunft im Innern und nach Außen entscheidend von der Einhaltung umfassender Minderheitenschutzbestimmungen abhängen wird. Nur so kann ein Gebiet mit derart stark vermischter Bevölkerungsstruktur überhaupt staatlich organisiert und befriedet werden. Für die EG muß ein solcher Minderheitenschutz neben einer pluralistisch demokratischen

Verfassung und praktizierter Marktwirtschaft absolut unverzichtbare Voraussetzung für jedwede zukünftige vertragliche Regelung mit allen jugoslawischen Nachfolgestaaten sein.

Wann die EG mit den jugoslawischen Nachfolgestaaten vertragliche Bindungen eingehen wird, und erst recht, wann diese Staaten Mitglied der EG werden können, kann gegenwärtig schwer vorausgesagt werden. Der Zerfall des jugoslawischen Bundesstaates hat das wirtschaftliche Gewicht und die politische Gestaltungskraft dieser Region nachhaltig geschwächt. Es wird lange dauern und viel Hilfe erfordern, diese Gebiete wieder aufzubauen und wirtschaftlich so zu stärken, daß sie auch nur mit der EG assoziiert werden können. Für Europas Zukunft ist der Zerfall Jugoslawiens ein Rückschlag, denn das innere Gleichgewicht der Gemeinschaft ist eine der notwendigen Voraussetzungen für eine stabile Zukunft einer europäischen Union. Je unterschiedlicher die Mitgliedstaaten in ihrer Größe und ihrer wirtschaftlichen Leistungsfähigkeit sind, desto schwieriger wird es sein, ein solches Gleichgewicht herzustellen.

Das veränderte Gleichgewicht in Europa

Mit dem Zusammenbruch des kommunistischen Systems in Mittel- und Osteuropa begann eine völlig neue Phase im Verhältnis der Staaten zueinander. Jetzt stehen nicht mehr zwei Machblöcke einander gegenüber, sondern ein Block zerfällt und seine Mitgliedstaaten suchen so schnell wie möglich eine An- und Einbindung in den anderen Block, in die EG. Zugleich hat die EG aufgehört, ein Machtfaktor Mittel- und Westeuropas zu sein. Sie ist auf dem Wege, die politische Basis für die Einheit ganz Europas zu werden. Dabei geht es nicht nur um die Veränderung der Wirtschaftssysteme von der zentralen Planwirtschaft zur freien Marktwirtschaft und von der diktatorischen Herrschaft einer Partei zur pluralistischen Demokratie mit kontrollierter Machtausübung. Auch die geistige, kulturelle, wie soziale Denkweise muß sich ändern. Dieser Prozess wird aber Jahrzehnte erfordern, denn der einzelne Mensch ist gewohnt, daß der Staat - die Partei - ihm sagt, was er zu tun oder zu unterlassen hat und ihm seine Lebensbedürfnisse, seine Wohnung und seine Arbeit verschafft und sichert. Freiheit ist nicht nur ein Zustand des Fehlens von Zwang und Behinderung, sondern auch eine besondere Form des Denkens und des Bewußtseins.

Mit Glasnost und Perestroika ist ein Anfang gemacht worden. Der Weg zur Freiheit wird lang und dornenreich sein. Die bisherige herrschende Klasse in der Bürokratie, der Wirtschaft und beim Militär wird ihre Herrschaft und ihre Privilegien mit allen Mitteln zu erhalten suchen. Aber das Streben der Menschen nach Freiheit und Selbstbestimmung wird den Druck auf die Herrschenden wachsen lassen. Nur eine durchgreifende und dauerhafte Verbesserung der wirtschaftlichen Lage wird am Ende die Menschen überzeugen. Hierzu aber ist das kommunistische zentrale Planungssystem auf Dauer unfähig. Hieraus erwächst daher immer stärker der Zwang zu Reformen und damit zur endgültigen Überwindung der kommunistischen Diktatur in Staat und Wirtschaft. Ein Problem der wirtschaftlichen Reformen ist vor allem, daß zwar die Marktwirtschaft planwirtschaftliche Eingriffe in großer Vielfalt verkraften kann, ohne ihre Effektivität und ihre Funktionen einzubüßen. Umgekehrt kann man in die zentrale Planwirtschaft jedoch nicht marktwirtschaftliche Sektoren integrieren, ohne zugleich geistige Freiheit und privates Eigentum zu gewähren. Dies aber ist wiederum mit einer zentralen Planwirtschaft nicht zu vereinbaren.

Der politische Umbruch in Osteuropa und auch in der Sowjetunion hat nicht nur das Gleichgewichtssystem in Europa verändert, sondern auch radikale Abrüstungs- und Rüstungsbegrenzungsmöglichkeiten eröffnet. Europas Stabilität beruht nicht mehr länger auf dem Gleichgewicht der gegenseitigen Abschreckung, sondern auf der Festigkeit des Einigungsprozesses und damit auf der Fähigkeit, eigene, von den USA und der UdSSR unabhängige polische Positionen und Ansprüche zu formulieren und auch durchzusetzen. Bisher standen sich in Europa die USA und ihre NATO-Verbündeten auf der einen Seite und die Sowjetunion und ihre im Warschauer Pakt zusammengeschlossenen Verbündeten auf der anderen Seite gegenüber. Diese Mächtebalance hat sich verändert. Die mittel- und osteuropäischen Partnerstaaten der Sowjetunion im Warschauer Pakt sind heute praktisch ohne effektive Bündnisbindung. Die frühere DDR ist durch ihre Vereinigung mit der früheren Bundesrepublik in die NATO einbezogen worden. Aber die starke Militärmacht der ehemaligen Sowjetunion besteht immer noch. Nach wie vor hält die NATO das Gleichgewicht im sicherheitspolitischen Umfeld. Beide Seiten haben eine Reduzierung ihres Rüstungspotentials vertraglich vereinbart. Das Gleichgewicht wird aber in Zukunft nur gewahrt und damit friedenssichernd bleiben, wenn die Abrüstung unter ständiger Wahrung dieser Balance erfolgt. Auch wird Europa auf Dauer nicht erwarten können, daß die USA die Garantie seiner Sicherheit alleine oder auch nur überwiegend gewährt. Die USA werden zwar auch in Zukunft ihre eigene Sicherheit auch in Europa wahren müssen, aber die sicherheitspolitische Verantwortung für Europa werden die Europäer selbst und allein tragen müssen.

Entsprechend sind die Sicherheitsaspekte für die Nachfolgestaaten der Sowjetunion auch eine Frage der ausbalancierten Machtstrukturen zwischen ganz Europa und ihnen. Es wird sich also ein neues Gleichgewichtssystem herausbilden, das auf der einen Seite nicht nur die jetzige NATO, sondern zunehmend auch die ehemaligen Partner der Sowjetunion im Warschauer Pakt und die ehemaligen Neutralen umfassen wird. Europa als ganzes wird ein sicherheitspolitischer Faktor werden, der stark genug sein muß, um beiden Großmächten ein Gegengewicht, aber zugleich auch eine Garantie ihrer eigenen Sicherheit bieten zu können. Eine solche Garantie wird stabiler und langfristiger wirken, als das Nachkriegsgleichgewichtssystem auf der Grundlage eines geteilten Europas und geteilten Deutschlands, das dadurch im wesentlichen auf instabilen Elementen beruhte.

Noch ist aber der Reformprozess in der ehemaligen Sowjetunion nicht wirklich unumkehrbar geworden, und selbst wenn dies eines Tages der Fall sein wird, wird das Land noch viele und schwere Krisen auf dem Wege zur pluralistischen Demokratie und zu freier Marktwirtschaft durchlaufen. Die Gefahr einer Rückkehr zur autoritären, diktatorischen Herrschaft wird noch für längere Zeit bestehen, und die sowjetische Militärmacht bleibt ein Instrument für riskante, ja gefährliche Experimente und Mannöver zur Ablenkung der Bevölkerung von den innerstaatlichen Problemen. Dies wird das zusammenwachsende Europa berücksichtigen müssen, wenn es seine gemeinsame Sicherheits- und Verteidigungspolitik entwickelt und seine militärische Rüstung quantifiziert. Für eine blinde Sicherheitseuphorie ist - trotz aller Sehnsucht nach dauerhaftem Frieden - vorerst kein Platz in der europäischen

Gegenwart. So wie in der Vergangenheit die sorgfältige Balance der militärischen Möglichkeiten und Fähigkeiten Europas Frieden gesichert hat, so muß auch in Zukunft dieses Gleichgewicht auf einer nun veränderten Grundlage weiterhin mit Sorgfalt und Augenmaß gewahrt bleiben. Das warnt neugierige und abenteuerlustige Politiker und Militärs und sichert den Menschen den Frieden.

Von den beiden bisherigen Bündnissystemen in Europa hat der Warschauer Pakt aufgehört zu existieren. Damit ist der NATO in gewisser Weise ihr Gegenüber verloren gegangen. An die Stelle eines angriffsfähigen Bündnisses in der Mitte Europas ist jetzt ein Staatensystem auf dem Gebiet der ehemaligen Sowjetunion an der Ostgrenze Polens getreten, dessen Politik begonnen hat, eine neue Qualität zu gewinnen. Wenn die NATO als Bündnissystem Zukunft haben soll, so muß sie sich verändern. Aus dem Bündnis zwischen Nordamerika und Mittel-Westeuropa muß ein gesamteuropäisches Sicherheitssystem unter Einschluß der bisherigen mittel-ost- europäischen Mitgliedstaaten des früheren Warschauer Paktes werden. Wenn die USA und Kanada NATO-Mitglieder bleiben, könnten auch Nachfolgestaaten und Staatenunionen der ehemaligen Sowjetunion in dieses System einbezogen werden, um die gegenseitige Sicherheitsgarantie zu stabilisieren.

Denkbar ist auch eine Weiterentwicklung des KSZE-Vertrages zu einem gesamteuropäischen Sicherheits- und Verteidigungspakt mit eigenen Institutionen. Diese Lösung wird von einigen osteuropäischen Staaten angestrebt. Hierdurch könnte aber die angestrebte Europäische Politische Union, durch die auch die Sicherheits- und Außenpolitik der Mitgliedstaaten der EG auf die Gemeinschaft übertragen werden soll, gefährdet und sogar unmöglich gemacht werden. Der KSZE-Rahmen für eine europäische Sicherheitsgemeinschaft wäre als internationale Form der Regierungskooperation auch für viele EG-Mitgliedstaaten durchaus interessant und würde einen gewissen Vorzug genießen, da er - anders als die Politische Union - keine Abgabe staatlicher Hoheitsrechte an die Gemeinschaft erfordern würde. KSZE-Institutionen könnten aber auch das gemeinsame "Sicherheitsdach" der bisherigen EG, der bisherigen Warschauer Pakt-Staaten, Skandinaviens, der Alpenländer, Nordamerikas und der Nachfolgestaaten der Sowjetunion werden. Dies würde die Möglichkeiten von Veränderungen unterhalb dieses euro-amerikanischen Daches, etwa durch Beitritt weiterer europäischer Staaten zur EG oder durch eine qualitative Veränderung etwa durch die Entwicklung zur Politischen Union, durchaus erlauben.

Schon am 19. November 1990 haben die beiden damaligen Blöcke, NATO und Warschauer Pakt in einer gemeinsamen Erklärung, die am 21. November durch eine von allen europäischen Staats- und Regierungschefs unterzeichnete 'Pariser Charta für ein neues Europa' ergänzt wurde, die bisherige KSZE-Konferenz beendet. An die Stelle der auf der Konfrontation beider Blöcke beruhenden KSZE-Konferenzen soll in Zukunft eine neue Form der gesamteuropäischen Kooperation treten. Regelmäßig sollen sich die Außenminister und die Staats- und Regierungschefs treffen. In Prag wurde außerdem ein Sekretariat der KSZE eingerichtet. Auch wurde ein Konfliktverhütungszentrum geschaffen, das den Rat der Außenminister unterstützen soll. Seine erste Aktivität konnte diese Einrichtung bereits, wenn auch bisher ohne Erfolg, in Jugoslawien entfalten, als es darum ging, den dortigen Bürgerkrieg zu beenden. Weitere Institutionen sind vorgesehen, unter anderem auch eine Parlamentarierversammlung.

Der KSZE-Prozess bestand bisher aus einer Reihe von Konferenzen - Helsinki, Belgrad, Madrid und Wien - auf denen es vor allem um eine Kontrolle der Einhaltung der Vereinbarungen in der Schlußakte ging. Es war eine Ebene der Kontakte der beiden Machtblöcke. Der Wegfall der bisherigen Gleichgewichtsstrukturen in Europa macht nun neue Überlegungen erforderlich, wie in Zukunft eine Kontrolle der Einhaltung der Schlußakte unter den veränderten Umständen sichergestellt werden kann. Ob wirklich die Schaffung eigener Institutionen der KSZE, etwa eines Sekretariats, einer Parlamentarischen Konferenz oder auch eines Ministerrats, also eine Vermehrung derartiger Einrichtungen in Europa der geeignete Weg ist, bleibt zweifelhaft. Eine klarere Lösung wäre die Weiterentwicklung der EG zur Europäischen Politischen Union, die für ihre Mitgliedstaaten auch die sicherheitspolitischen Interessen, eingeschlossen deren Verpflichtungen aus der KSZE-Schlußakte, vertritt. Je mehr europäische Staaten Mitglied der EG werden, desto eindeutiger wird der KSZE-Prozess dann eine Angelegenheit der USA und Kanada, der Nachfolgestaaten der Sowjetunion und der EG und damit die Grundlage eines nicht mehr bipolaren sondern multipolaren Gleichgewichts in diesem Teil der Welt.

Besonders wichtig wird es auch sein, das erwähnte System der Konfliktschlichtung und --verhinderung innerhalb Europas und der EG weiterzuentwickeln. Abrüstung und Sicherheitsabkommen beseitigen nicht automatisch alle Streitigkeiten zwischen den Staaten und Völkern und verhindern nicht, daß es auch in Zukunft Konflikte geben kann. So wie einst im Mittelalter das Faust- und Fehderecht und die nackte Gewalt der Menschen untereinander zur Durchsetzung wirklicher und oft nur vermeintlicher Rechte und Ansprüche diente, bis es durch den allgemeinen Landfrieden abgelöst wurde, der den Menschen die Möglichkeit bot, durch Gerichte und mit Hilfe der Staatsgewalt zu ihrem Recht zu kommen, so muß auch das nach wie vor existierende 'Faustrecht' der Staaten untereinander abgelöst werden. Neutrale gerichtliche Instanzen müssen auch über Ansprüche und Rechte der Staaten und Völker, und zwar verbindlich entscheiden können. Die Gemeinschaft der Staaten und ihre Machtmittel wären dann gegebenenfalls das Instrument zur Durchsetzung solcher streitschlichtenden Entscheidungen. Ein weiterentwickeltes KSZE-System, an dem Nordamerika, Europa und die Nachfolgestaten der Sowjetunion beteiligt wären, könnte auch dafür die Basis bilden und damit zu einem den Weltfrieden und das Recht der Staaten und Völker untereinander sichernden Instrument werden.

Gerade Europa braucht ein solches System, um die wieder aufbrechenden nationalen Konflikte zu bewältigen. Die erste Aktivität der neuen Konfliktschlichtungszentrale in Jugoslawien hat schon gezeigt, daß deren Möglichkeiten nicht ausreichen, um wirklich durchgreifende Resultate zu erzielen. Freundliche Ermahnungen unter Wahrung der nationalen Souveränität genügen nicht, auch nicht die verfügbaren wirtschaftlichen Druckmittel. Notwendig ist, das Recht der Staaten und Völker, insbesondere auch der nationalen Minderheiten und der eigenständigen Volksgruppen in Europa zu kodifizieren und der Gemeinschaft dann auch Machtmittel zur Durchsetzung dieses gemeinsamen Rechtes zu geben. Die Europäische Menschenrechtskonvention von 1950 und die Institutionen zu ihrer Durchsetzung - Menschenrechtskommission und -Gerichtshof - können Vorbild für weiteres gemeinsames Recht der Völker und Staaten in Europa sein.

Die Zukunft der Beziehungen zwischen der Europäischen Gemeinschaft und den früheren RgW-Mitgliedstaaten

Die Gründung des RgW im Jahre 1949 war eine Reaktion auf das amerikanische Hilfsangebot - des Marshallplanes - an Europa, einschließlich des sowjetisch beherrschten Teiles. Zweck dieser Wirtschaftskooperation des RgW sollte in erster Linie sein, die Wirtschaftskraft der beteiligten Staaten zusammenzufassen zugunsten der gemeinsamen Entwicklung, vor allem aber orientiert an den wirtschaftlichen Zielen der Sowjetunion. Außenhandelsbeziehungen mit dritten Ländern spielten in dieser Zielsetzung keine besondere Rolle, zumal die Zuständigkeit hierfür bei den einzelnen Mitgliedstaaten lag und auch verbleiben sollte.

In den sechziger Jahren begann man, koordinierte Wirtschaftspläne zu entwickeln, die als Steuerungselemente der kommunistischen Planwirtschaft dienten. Investitionen und Produktionskapazitäten unterlagen in immer stärkerem Maße dem sowjetischen Einfluß. Damit wurde das Satelitendasein der mittel- und osteuropäischen Staaten weiter verstärkt. Eine Konsequenz aus dieser Entwicklung war, daß die Handelsbeziehungen und -Wege dieser Staaten, die vor dem Kriege überwiegend nach Mittel- und Westeuropa orientiert waren, jetzt völlig umgekehrt und vor allem auf die Bedürfnisse der sowjetischen Wirtschaft ausgerichtet wurden. Daneben entwickelte sich der Handel der RgW-Staaten untereinander bei zunehmender Arbeitsteilung. Die Struktur dieses Binnenhandels unterschied sich grundlegend von der des Handels innerhalb der EG. In der EG wird der Handel der Mitgliedstaaten untereinander weder durch Zölle noch durch Kontingente oder andere nicht-tarifäre Handelshemmnisse beeinflußt. Der Warenaustauch ist völlig frei, wenn man von der relativ selten gebrauchten Möglichkeit der Schutzklausel des Artikels 115 EWG-Vertrag absieht, die es einzelnen Mitgliedstaaten erlaubt, mit Zustimmung der Kommission auf Zeit ihr Wirtschaftsgebiet für die Einfuhr bestimmter Produkte zu sperren oder deren Menge zu begrenzen. Mit dem Binnenmarkt wird der Handel der Mitgliedstaaten untereinander, der gegenwärtig etwa 50% ihres Außenhandels ausmacht, zum gemeinsamen Binnenhandel.

Die RgW-Mitgliedstaaten wickelten sogar etwa 60 % ihres Außenhandels untereinander ab. Dieser Handel erfolgte aber ausschließlich auf Grundlage bilateraler Vereinbarungen. Er unterlag einer strengen Kontingentierung und zwar für volkswirtschaftlich wichtige Güter nach der Menge und für andere Produkte nach deren Wert. Die Preise wurden von den beteiligten Regierungen ausgehandelt und festgesetzt. Abgerechnet wurde bilateral mit Hilfe einer künstlichen Recheneinheit, dem Transferrubel. Guthaben aus Überschüssen konnten aber nicht für Käufe in anderen RgW-Staaten, oder zur Abdeckung von Handelsdefiziten benutzt werden. Sie waren ausschließlich im bilateralen Handelsverkehr einsetzbar und daher nicht dem ECU der EG vergleichbar.

Während in der EG die Währungen voll konvertibel sind, galt dies bisher für die Währungen der RgW-Staaten nicht. Diese Währungen hatten einen administrativ festgesetzten Wechselkurs. Erst nach dem Umbruch haben einzelne der früheren RgW-Staaten damit begonnen, ihre Währungen - teilweise - konvertibel zu gestalten und deren Kurse freizugeben. Aus diesen Gründen kam es zwischen den einzelnen Wirtschaftsgebieten der RgW-Mitgliedstaaten auch nie zu einem gemeinsamen Markt. Wohl aber führte diese Form der

Arbeitsteilung zu einer starken technologischen Abhängigkeit der Volkswirtschaften voneinander.

Zieht man eine Bilanz am Ende dieser vierzigjährigen Periode kommunistischer Wirtschaft, so sieht diese sehr negativ aus. Das einzige Ziel der wirtschaftlichen Aktivitäten war die Erfüllung von Planvorgaben, ohne Rücksicht auf die Kosten, die aufzuwendende Arbeitskraft und die notwendigen Ressourcen. So wurde die Natur und die Umwelt oft schamlos ausgebeutet und vielfach zerstört. Gelebt und gewirtschaftet wurde auf Kosten der früher geschaffenen Substanz. Produktionsanlagen, Infrastrukturen aber auch Wohnungen und andere zum Leben nötige Einrichtungen verwahrlosten in kaum vorstellbarer Weise. Der geschaffene soziale Status war oft mehr Schein als Wirklichkeit. Billige Mieten, Grundnahrungsmittel, Verkehrstarife und soziale Leistungen wurde mit Hilfe einer Kaufkraftabschöpfung durch Überteuerung sogenanter Luxusgüter, wie Autos, Fernsehgeräte, Haushaltsmaschinen und dergleichen finanziert. Scheinbare Vollbeschäftigung ging zu Lasten der Produktivität und führte zu einem fortlaufenden Sinken des Wohlstands der Bevölkerung, sowohl absolut, als auch im Vergleich zu den marktwirtschaftlich strukturierten Volkswirtschaften in Europa.

Besonders negativ wirkte sich die Unfähigkeit der zentral verwalteten Planwirtschft zur schnellen Umsetzung technischer Neuerungen in marktgerechte Produkte aus. Dabei war das wissenschaftliche Potential der RgW-Staaten beachtlich. Etwa 1/3 des wissenschaftlichen Potentials der Welt war vor dem Umbruch in den RgW-Staaten beschäftigt, aber ihr Anteil am Handel mit Lizenzen, dem Kriterium für die Umsetzung von wissenschaftlichen Neuerungen, betrug nur etwa 5 %! Die RgW-Staaten haben aber nicht nur die Natur ausgebeutet und Arbeitskräfte und Rohstoffe verschwendet, sondern auch fremdes Kapital, das - wie im Falle Polens - in großem Umfang noch in den siebziger Jahren in das Land geflossen war, vertan. Statt dieses Geld in wirtschaftlich vernünftige Projekte zu investieren, wurde es für Prestigeprojekte und in hohem Maße auch für Konsumausgaben verwandt, um so der Bevölkerung gar nicht vorhandene Erfolge vorzuspielen. Die Folge sind gewaltige Auslandsschulden, die die wirtschaftliche Entwicklung gegenwärtig und noch für lange Zeit erheblich beeinträchtigen. Ähnliches geschah auch in Rumänien, wo der kommunistische Diktator Ceausescu Milliardenkredite für den Bau von unwirtschaftlichen Industrieanlagen, von Kanalprojekten und gewaltigen Prestigebauten in Bukarest verschwendete und dann mit wirtschaftlichen Gewaltmethoden die Kredite zurückzahlte, was zu einer kaum vorstellbaren Verelendung der Bevölkerung des Landes führte.

Die Vereinigung der DDR und der Bundesrepublik zu einem Wirtschafts- und Währungsgebiet hat die Mitgliedschaft der DDR im RgW beendet. Sie ist jetzt mit dem vereinigten Deutschland ein Teil der EG. Die Einführung marktwirtschaftlicher Strukturen vor allem in Polen, der Tschechoslowakei und Ungarn machen die Fortsetzung des bisherigen Wirtschaftsplanungsverbundes nach dem alten kommununistischen Muster unmöglich. Dennoch kann die bestehende Bindung der einzelnen Volkswirtschaften aneinander und die Abhängigkeit voneinander nicht abrupt beendet werden. Die Bewahrung und Entwicklung der bestehenden Wirtschaftsbeziehungen ist für diese Staaten unverzichtbar. Diese Märkte können auch nicht - jedenfalls nicht kurzfristig - durch neue Märkte in der EG oder der EFTA-Staaten ersetzt werden.

Polen hatte daher auf dem RgW-Gipfel in Sofia, im Sommer 1990 einen Vorschlag unterbreitet, der darauf hinauslief, den RgW in eine 'Konsultationsgemeinschaft' umzuwandeln mit dem Ziel, den Handel untereinander zu fördern und die allmähliche Integration in die EG zu erleichtern. Ein Schritt in diese Richtung ist die jetzt praktizierte Abwicklung des Handels untereinander und mit der Sowjetunion auf der Grundlage von Weltmarktpreisen und der Ausgleich der bilateralen Defizite in konvertibler Währung. Hierdurch wird der bisher strikt bilaterale Handel allmählich multilateral werden. Die Entwicklung einer osteuropäischen Zahlungsunion nach dem Beispiel der EZU, die im Rahmen der OEEC den Zahlungsverkehr zwischen den Mitgliedstaaten nach einem multilateralen Verrechnungssystem bis zur Herstellung der vollen Konvertierbarkeit der Währungen ermöglichte, würde den Handel zwischen den RgW-Staaten weiter erleichtern und damit fördern.

Die Sowjetunion als Lieferant von Rohstoffen und Energie genießt hierbei allerdings erhebliche Vorteile, da ihre Produkte - überwiegend Energie und Rohstoffe - auf dem Weltmarkt konkurrenzfähig sind. Die Industrieprodukte der übrigen ehemaligen RgW-Staaten sind es hingegen sehr oft nicht, da ihre Technologie veraltet ist. So zwingt auch dieser Weg die neustrukturierten Volkswirtschaften in Mittel- und Osteuropa zu einer zügigen Anpassung an das Weltmarktniveau und damit zu einer umfassenden Modernisierung ihrer Industrie. Sie werden westliche Technologie importieren müssen und brauchen dazu westliches Kapital. Ihr Wettbewerbsvorteil wird für längere Zeit in günstigeren Arbeits- und Rohstoffkosten liegen. Das wird auch der bisherigen 'Osttechnologie' für eine Übergangsperiode einen gewissen Markt bewahren.

Diese fundamentale Veränderung der Wirtschaft und des Handels hat aber dem bisherigen Rat für gegenseitige Wirtschaftshilfe die Grundlagen entzogen. Seine Auflösung im Juni 1991 war daher nur noch eine Frage der Zeit. Die Folge dieser Auflösung war eine erhebliche Reduzierung des Handelsvolumens zwischen den ehemaligen RgW-Staaten. Vor allem hemmte die Abwicklung des Warenaustausches in harter Valuta den Handel sehr. Dennoch gelang es beispielsweise Polen und Ungarn, ihre Exporte in OECD-Staaten beträchtlich zu erhöhen. Die günstigen Preise und eine zunehmende Wettbewerbsfähigkeit der Exportwaren, sowie der Abbau bürokratischer Handelshemmnisse dürften der Grund für diese Entwicklung sein.

Das Tempo der Anpassung der mittel- und osteuropäischen Volkswirtschaften an das Weltmarktniveau wird ganz entscheidend von zwei Faktoren abhängen, einmal, wie schnell es diesen Staaten gelingt, westliche Investoren für ein Engagement zu gewinnen und zugleich attraktive Bedingungen für ausländisches Kapital zu schaffen und zum anderen, wie schnell es gelingt, die Währungen zu stabilisieren und konvertibel zu machen. Weil diese Volkswirtschaften westliche Technologie brauchen, weil sie hohe Schuldendienstleitungen erbringen müssen und auch, weil sie ihren Bürgern in naher Zukunft vor Augen führen müssen, daß die Marktwirtschaft der zentralen Planwirtschaft überlegen ist, müssen sie ihren Handel mit den westlichen Volkswirtschaften schnell und nachdrücklich entwickeln. Bis heute hat dieser Handel keine große Bedeutung gewinnen können. Nur etwa 8,5 % der EG-Ausfuhr ging in die RgW-Staaten und etwa 9,5 % der EG-Einfuhr kam aus den RgW-Staaten, ausgenommen hiervon der innerdeutsche Handel. Der Anteil des Ost-West-Handels am Welthandel lag nur bei etwa 3 %. Die Voraussetzungen für eine wesentliche Ausweitung dieser Handelsbeziehungen sind durchaus gut. In den mittel- und osteuropäischen Staaten besteht ein großer Bedarf an Investitions- und Konsumgütern. Die Transportwege sind kurz, die klimatischen und anderen Lebensbedingungen sind ähnlich, die Konsumstruktur ist mit der in Mittel- und Westeuropa vergleichbar. Es gibt darüberhinaus historisch gewachsene und nur durch die Nachkriegsentwicklung ge- und zerstörte Wirtschaftsverbindungen. Aber der Handel ist ein zweigleisiger Prozess. Lieferungen und Leistungen bedingen Gegenlieferungen und -Leistungen. Diese aber setzten voraus, daß die mittel- und osteuropäischen Staaten im Westen wettbewerbsfähige Investitions-und Konsumgüter anbieten können. Das ist ihnen in der Vergangenheit nur sehr eingeschränkt gelungen. Ein krasses Beispiel hierfür war die frühere Sowjetunion: Sie war ein Riesenreich mit beinah 300 Millionen Menschen und großen Reserven an Energie und Rohstoffen, einer großen landwirtschaftlichen Nutzfläche und einer durchaus entwickelten Industrie. Dennoch erwirtschaftete sie vor dem Umbruch nur etwa 9 % des Weltbruttosozialproduktes, die USA im Vergleich dazu etwa 30 %. Das Bruttosozialprodukt pro Kopf der Bevölkerung betrug in der Sowjetunion 1988 etwa 7500 US-$, in den USA dagegen 16700 US-$, in der alten Bundesrepublik 14200 US-$. Die Sowjetunion war in erschreckend zunehmendem Maße nicht einmal in der Lage, ihre Bevölkerung ausreichend mit Nahrungs- und Konsumgütern zu versorgen. Mehr als 70 Jahre nach der Oktoberrevolution war das kommunistische System nicht fähig, seinen Bürgern einen angemessenen Lebensstandard zu schaffen. Die Struktur des Außenhandels der früheren Sowjetunion glich weitgehend derjenigen eines Entwicklungslandes, das mit dem Export von Rohstoffen seine Importe finanzieren muß.

Ein anderes Beispiel ist Polen. Dieses Land hat nach dem Kriege gewaltige Aufbauleistungen vollbracht. Die Restaurierung kulturell wertvoller alter Stadtkerne ist bewundernswert. Aber Polens Wirtschaft war in einem sehr schlechten Zustand. Obwohl das Land nach dem Kriege die ostdeutschen Provinzen annektieren konnte, die einst die Kornkammern Deutschlands waren, war die ausreichende Versorgung der Bevölkerung immer ein Problem. Auch konnte Polen mit Oberschlesien ein wenig zerstörtes Industriezentrum übernehmen und mit Schlesien reiche Rohstoffvorkommen erwerben, dennoch war das Land nicht fähig, genügend Investitions- und Konsumgüter für den Binnenmarkt und für den Export herzustellen. In den siebziger Jahren hat Polen darüberhinaus fast 30 Milliarden US-$ an Krediten erhalten, ohne dieses Geld zur Modernisierung und Umstrukturierung seiner Wirtschaft zu nutzen. Heute ist das Land nicht in der Lage, seinen Schuldendienst zu erwirtschaften.

Die Entwicklung der Wirtschafts- und Handelsbeziehungen mit Mittel- und Osteuropa liegt aber durchaus auch im Interesse der EG. Die Gemeinschaft erwirtschaftet etwa ein Drittel ihres Bruttosozialproduktes durch den Export von Waren und Dienstleitungen. Die gewaltige Verschuldung vieler Länder der sogenannten Dritten Welt aber, insbesondere auch der USA, hat die Aussichten auf eine Ausweitung und Weiterentwicklung des Außenhandels mit den amerikanischen Kontinenten, aber auch mit Afrika und Süd-Asien beträchtlich eingeschränkt. Es gibt daher eigentlich nur zwei Regionen der Erde, deren wirtschaftliche Situation und Leistungsfähigkeit eine gute Weiterentwicklung des Handels mit der EG erwarten läßt. Dies sind einmal die Staaten des West-Pazifik von Japan und Korea im Norden bis zu den ASEAN-Staaten im Süden, sowie Australien und Neuseeland und die mittel-osteuropäischen, die ehemaligen RgW-Staaten. Die wirtschaftliche Lage dieser füheren RgW-Staaten ist zwar gegenwärtig nicht sehr ermutigend, aber die Möglichkeiten, diese mittelfristig im positiven Sinne zu verändern und wesentlich zu verbessern, sind groß.

Der erste Schritt, den die EG tun mußte, war der Abschluß von Handels- und Kooperationsverträgen mit diesen Staaten und damit die weitgehende Befreiung des Handels von allen tarifären und nicht-tarifären Handelshemmnissen. Sehr bald nach der Unterzeichnung der Luxemburger Erklärung im Juni 1988 wurde diese Phase eingeleitet. Mit Ungarn wurde schon am 2. September 1988 eine Handels- und Kooperationsabkommen unterzeichnet. Zurückhaltender entwickelten sich die Beziehungen zur Tschechoslowakei. Mit diesem Land wurde am 3. Dezember 1988 zunächst nur ein Handelsvertrag abgeschlossen. Am 5. Sepzember 1989 folgte Polen und am 9. Dezember 1989 die frühere Sowjetunion mit dem Abschluß eines Handels und Kooperationsvertrages. Am 11. Mai 1990 schließlich wurde mit Bulgarien und auch noch mit der früheren DDR ein Handelsabkommen geschlossen. Gleichzeitig wurde der Handelsvertrag mit der Tschechoslowakei zu einem Handels- und Kooperationsabkommen ausgeweitet.

Mit diesen Verträgen wurde eine vielschichtige Zusammenarbeit zwischen West- und Osteuropa eingeleitet, deren vorläufiger Abschluß die im Dezember 1991 unterzeichneten Assoziierungsverträge, die sogenannten Europaverträge, mit Polen, der Tschechoslowakei und Ungarn bilden. Wichtig für die weitere Entwicklung der Wirtschaftsbeziehungen zwischen der EG und Mittel- und Osteuropa wird es vor allem sein, den innereuropäischen Agrarhandel von den Fesseln der bisherigen Agrarpolitik zu befreien, da viele mittel- und osteuropäische Staaten vor allem mit ihren Agrarprodukten Zugang zum EG-Markt suchen werden. Die EG-Agrarpolitik hat sich in der Vergangenheit jedoch zu einem der Haupthindernisse des gesamten Welthandels entwickelt. Die als Folge der Produktmengensubvention immer stärker angewachsenen Überschüsse haben nicht nur gewaltige europäische Steuerbeträge, die für andere Aufgaben dringend benötigt würden, blockiert, sondern die klassischen Agrarexporteure auf dem Weltmarkt in große Schwierigkeiten gebracht. Diese Länder müssen mit Agrarexporten in die Industriestaaten Devisen verdienen, um damit Industriegüter kaufen und vor allem auch ihre Schuldendienstverpflichtungen erfüllen zu können. Der hochsubventionierte Export von Überschüssen aus der EG drückt nicht nur das Weltmarktpreisniveau, sondern behindert auch in wachsendem Maße den Export von Industriegütern. Auf diese Weise ist die EG-Agrarpolitik auch eine der Ursachen für die nach wie vor hohe Arbeitslosigkeit in der EG.

Der Ausbau des Dienstleitungsangebots in den mittel- und osteuropäischen Staaten, insbesondere die Entwicklung des Tourismus ist ein weiterer wichtiger Schritt für die Verbesserung der Wirtschaftsbeziehungen mit EG und EFTA. Die Einführung des visumfreien Reiseverkehrs, die Abschaffung des Passzwangs, die Verbesserung der notwendigen Infrastruktur, vor allem aber auch die Erleichterung des Geld- und Kapitalverkehrs sind Schritte in diese Richtung.

Die Verbesserung des Kapitalverkehrs ist außerdem eine wichtige Voraussetzung für die Gewährung dringend benötigter Kredite durch westliche Geldgeber an die Volkswirtschaften der mittel- und osteuropäischen Staaten. Der Kreditbedarf in diesen Ländern wird in den kommenden Jahren sehr groß sein, dennoch darf man dieses Problem nicht isoliert sehen. Eine Art europäischer Marshall-Plan allein würde keine wirksame Hilfe darstellen, denn

West-Kredite standen den früheren RgW-Staaten auch in der Vergangenheit in ausreichendem Maße zur Verfügung, wie die Schuldensalden in konvertiblen Währungen deutlich ausweisen. Entscheidend kommt es darauf an, Voraussetzungen für einen effektiveren Einsatz derartiger Kapitalhilfen zu schaffen. Notwendig dafür ist es, die bisherige Wirtschafts-Nomenklatura weiter zu entmachten und privates Eigentum an Grund und Boden und auch an Produktionsmitteln zuzulassen und zu fördern, wobei auch der Staat 'privater' Eigentümer sein kann. Es kommt entscheidend darauf an, die Führung der Unternehmen nach den Grundsätzen der Marktwirtschaft neu zu ordnen. Die Preise müssen sich nach Angebot und Nachfrage richten und die tatsächlichen Kosten sowie einen angemessenen und notwendigen Gewinn einbeziehen. Subventionen aus Steuermitteln müssen abgebaut und so schnell wie möglich eingestellt werden. Betriebe, die nicht mehr wettbewerbsfähig sind, müssen aus dem Markt ausscheiden, da sie sonst die Wettbewerbsfähigkeit und die Arbeitsplätze anderer Betriebe stören würden. Ohne diese grundlegenden Strukturänderungen würde westliche Kapitalhilfe, wie in der Vergangenheit sehr häufig, in unwirtschaftliche Investitionen, in Prestigeobjekte und auch - zur Beruhigung der Bevölkerung - in Konsumausgaben fließen. Dadurch würde nur das Problem der Schuldenlast verstärkt werden, ohne daß die Wirtschaft wesentlichen Nutzen hätte. Westliche Kredite helfen erst dann, wenn sie dazu beitragen, markt- und wettbewerbsfähige Betriebe zu erhalten und zu fördern, und dadurch vor allem die Wettbewerbsfähigkeit auf den westlichen Märkten stärken und zum Schuldenabbau und zur Finanzierung notwendiger Importe beitragen. In dieser ersten Phase einer wirtschaftlichen Annäherung zwischen West und Ost in Europa ist die Hilfe beim Management der notwendigen Reformen fast noch wichtiger als die Kapitalhilfe.

Eine weitere unverzichtbare Voraussetzung für die Verbesserung der Wirtschaftsbeziehungen ist eine Regulierung der Schuldenverpflichtungen. Gegenwärtig übersteigen die Schuldendienstverpflichtungen vieler mittel- und osteuropäischer Staaten ihre wirtschaftliche Leistungsfähigkeit bei weitem. Hier werden unkonventionelle Lösungen gesucht werden müssen, die auf der einen Seite die Entwicklung der Volkswirtschaften nicht behindern, auf der anderen Seite aber auch die Gläubiger zufriedenstellen. Ein Teil der Schulden muß erlassen werden, wobei zu berücksichtigen ist, daß die Gläubiger-Banken vielfach ihre Forderungen an Schuldner im Kreise der früheren RgW-Mitgliedstaaten zu Lasten ihrer Gewinne und damit ihrer Steuerzahlungsverpflichtungen an den Fiskus bereits wertberichtigt haben, also durch den Erlaß derartiger Forderungen keinen neuen Verlust erleiden würden. In jedem Fall muß der Schuldendienst auf einen bestimmten Prozentsatz der Exporterlöse begrenzt werden. Alle auf diese Weise nicht in harter Währung bedienten Forderungen sollten aber nicht einfach abgeschrieben werden, sondern zum Beispiel in einen Entwicklungsfonds fließen, über den die Gläubiger in der jeweiligen Binnenwährung frei verfügen können. Wenn auf diese Weise die Wirtschaftskraft und die Exportfähigkeit allmählich verbessert wird, so steigt auch der Anteil an den Exporterlösen, der für den Schuldendienst zur Verfügung steht, so daß die Gläubiger am Ende ihr Kapital, jedenfalls zum größeren Teil zurückerhalten und ihre Forderungen nicht in vollem Umfang abschreiben müssen.

Sehr wichtig wird für die weitere Entwicklung Mittel- und Osteuropas die Bereitstellung notwendiger neuer Kredite sein. In einem Hilfsprogramm, das den Namen PHARE (Pologne et Hongrie: Assistance à la Restructuration Economique) trägt, sind die finanziellen Hilfeleistungen der EG zusammengefaßt worden. Anfang 1991 betrug die gewährte Finanzhilfe 27,5 Mrd. Ecu an Zuschüssen und Krediten. 2/3 dieser Mittel stellt die EG zur Verfügung, 1/3 die EFTA-Staaten, die USA, Kanada und Japan.

In einer zweiten Phase wird es darum gehen, die Volkswirtschaften dieser Staaten verstärkt an die EG und den dann vollendeten Binnenmarkt zu binden, um auf diese Weise die Voraussetzungen für eine spätere Mitgliedschaft zu schaffen. Mit den Assoziierungs-(Europa)-verträgen ist dieser Annäherungsprozess zwischen der EG einerseits und Polen, der Tschechoslowakei und Ungarn andererseits inzwischen eingeleitet worde. Ziel muß es sein, die vier Freiheiten des Binnenmarktes schrittweise auch auf die beitrittswilligen Staaten auszudehnen. Die Freiheit für den Verkehr mit Waren und Dienstleitungen wird jedoch abhängig sein von der Umstrukturierung der einzelnen Volkswirtschaften und damit von ihrer Wettbewerbsfähigkeit auf dem Weltmarkt. Ein zu schneller wirtschaftlicher Anschluß an den Binnenmarkt würde zu einer Überflutung mit Produkten aus der EG führen und die Entwicklung eigener wettbewerbsfähiger Produkte behindern. Der Zusammenbruch der Wirtschaft in der ehemaligen DDR nach der Wirtschafts- und Währungsunion muß ein warnendes Beispiel sein. Es waren im Sommer 1990 die Gesetzte des Marktes, die dazu führten, daß die westdeutschen und westeuropäischen Anbieter ihre Produkte in der ehemaligen DDR auf den Markt brachten und - wo erforderlich - ihre Produktion entsprechend steigerten, um die Nachfrage zu befriedigen. Solange die Kapazität ausreichte, bestand kein Anlaß, in der ehemaligen DDR zu investieren und zu produzieren. Hinzu kam, daß die Produkte, die in der damaligen DDR erzeugt wurden, zu teuer waren und dem Wettbewerbsdruck der Produkte aus dem Westen nicht standhalten konnten. Eine schnell steigende Zahl von Betriebsstillegungen und von Arbeitslosen war die Folge. Die Menschen wanderten dorthin, wo sie Arbeit zu finden hofften, nach Westen, dorthin also wo die Produktion auch für ihre Heimat ständig gesteigert wurde und damit Nachfrage nach zusätzlichen Arbeitskräften entstand.

Der schrittweise Anpassungsprozess in den mittel- und osteuropäischen Ländern muß daher mit Schutzmaßnahmen gegen eine solche Entwicklung, wie sie in der ehemaligen DDR nach der wirtschaftlichen Vereinigung einsetzte, einhergehen. Wichtig ist vor allem auch die schrittweise Herstellung der Konvertibilität der Währungen und ihre Bindung an die EG-Währungen und den ECU. Eine Anpassung der Wechselkurse kann von Zeit zu Zeit die wirtschaftliche Entwicklung berücksichten und vor allem Im- und Exporte verteuern oder verbilligen. Auf diese Weise könnten diese Länder ihre geringeren Arbeits-, und sehr oft auch Rohstoffkosten zu Verbesserung ihrer Wettbewerbsfähigkeit und als Anreiz für Investitionen aus EG-Ländern nutzen. In dieser zweiten Phase muß auch der Abbau der Zölle und die Schaffung einer Freihandelszone der mittel- und osteuropäischen Länder untereinander und mit der EG und den EFTA-Staaten angestrebt werden. Wo immer möglich, sollten diese Staaten von sich aus schon das EG-Recht übernehmen, um dadurch die spätere Integration zu erleichtern. Am Ende einer solchen Entwicklung würde dann eine gesamteuropäische Zollunion zwischen EG und EFTA einerseits und - nacheinander - der mittel- und osteuropäischen Staaten andererseits entstehen. In den erwähnten Assoziierungsverträgen wird die schrittweise Einbeziehung in den europäischen Integrationsprozess geregelt. In zwei Stufen von je fünf Jahren soll der freie Warenverkehr ermöglicht werden. Ziel dieser Phase ist die Schaffung einer Freihandelszone zwischen der EG und den mittel-und osteuropäischen Vertragspartnern. Daneben soll in Etappen auch die Freizügigkeit für Arbeitnehmer angestrebt werden, ohne daß hierfür bereits bindende Zusagen vereinbart worden sind.

Politisch ist die Überwindung der europäischen Teilung auf der Ebene internationaler Zusammenarbeit im Europarat eingeleitet worden. Voraussetzung für eine Mitgliedschaft im Europarat sind rechtsstaatliche, demokratische Strukturen und eine uneingeschränkte Wahrung der Menschenrechte. Als Mitglied des Europarates können die mittel- und osteuropäischen Staaten an der vielfältigen gesamteuropäischen Arbeit dieser Organisation teilhaben und insbesondere die gemeinsame europäische Bildungs- und Kulturpolitik fördern und mithelfen, die menschenrechtlichen Grundlagen des staatlichen und gesellschaftlichen Zusammenlebens zu sichern und weiter zu entwickeln. Ungarn hat als erstes ehemaliges RgW-Land diesen Schritt vollzogen und ist am 6. November 1990 Mitglied des Europarates geworden. Die Tschechoslowakei und Polen folgten 1991. Jugoslawien und die Sowjetunion haben gegenwärtig noch einen Beobachterstatus im Europarat, der es ihnen ermöglicht, die Beratungen zu verfolgen.

In dieser zweiten Phase ist aber auch schon eine schrittweise Annäherung an die gemeinsame EG-Sicherheits- und Außenpolitik denkbar und wünschenswert, um diese Länder nach der Auflösung des Warschauer Vertrags nicht völlig bindungslos und isoliert zu lassen. Der in den Assoziierungsverträgen vorgesehene Assoziierungsrat wird die Aufgabe haben, neben der kulturellen Zusammenarbeit auch die außenpolitischen Positionen der EG-Mitgliedstaaten und der mittel- und osteuropäischen Vertragspartner miteinander abzustimmen. Regelmäßige Konsultationen und ein Informationsaustausch sollen die Vertragspartner schrittweise an die EPZ heranführen, um so an der gesamteuropäischen Politik immer intensiver beteiligt zu werden. Auf dem Gebiet der Sicherheitspolitik wird diese Zusammenarbeit durch den NATO-Kooperationsrat ergänzt. In ihm arbeiten die Mitgliedstaaten der NATO und des ehemaligen Warschauer Pakts, einschließlich der drei Baltenrepubliken und der Nachfolgerepubliken der Sowjetunion zusammen und beraten gesamteuropäische Sicherheitsfragen. Eine Erweiterung der NATO nach Mittel- und Osteuropa ist gegenwärtig jedoch noch nicht beabsichtigt. Auf diesem Wege können die mittel- und osteuropäischen Staaten aber aktiv an der Entwicklung eines gesamteuropäischen Sicherheitssystems auf der Basis einer weiterentwickelten NATO oder auch im Rahmen des KSZE-Prozesses gemeinsam mit der EG mitwirken.

Freundschaftsverträge, wie beispielsweise zwischen Italien und Rumänien oder Frankreich und Rumänien, oder Deutschland und den ehemaligen RgW-Staaten, fördern die Annäherung dieser Staaten an die EG. Vor allem aber dient die auf Anregung Italiens 1989 gegründete sogenannte 'Pentagonale' zwischen Italien, Jugoslawien, Österreich, der Tschechoslowakei und Ungarn, die durch den Beitritt Polens inzwischen zur 'Hexagonale' geworden ist, dieser Vertiefung der Ost-West-Beziehungen. Politische Kooperation und gemeinsames Handeln und Auftreten im Rahmen des KSZE-Prozesses sind Ziele dieser Bindung.

Ein besonderes Problem wird sich aus der 'Freiheit für die Menschen' im europäischen Binnenmarkt bei einer Einbeziehung der mittel- und osteuropäischen Staaten ergeben. Die meisten Staaten des bisherigen Ostblocks streben als politisches Ziel die Vollmitgliedschaft in der EG an, weil sie sich dadurch eine schnellere Lösung ihrer wirtschaftlichen Probleme versprechen und auf massive Hilfe der EG hoffen. Daß eine Vollmitgliedschaft den Verzicht auf nationale Hoheitsrechte zugunsten der EG bedeutet, und die uneingeschränkte Souveränität aufgegeben werden muß, ist vielen Regierungen und politisch Verantwortlichen in diesen Ländern nicht oder nur eingeschränkt bewußt. Eine Vollmitgliedschaft bedeutet aber auch, daß sich die Menschen aus der ganzen Gemeinschaft in ihr uneingeschränkt bewegen und sich niederlassen und ihre Berufe ausüben dürfen. Konkret heißt dies, daß sich zum Beispiel Polen, Tschechen, Slowaken und Ungarn in den bisherigen EG-Mitgliedstaaten niederlassen und arbeiten dürfen, ohne dazu irgendeine Genehmigung zu brauchen. Solange die wirtschaftlichen Verhältnisse noch so unterschiedlich sind wie gegenwärtig, würde dies zu einer Massenwanderung von Ost nach West führen. Auch hierfür bietet die Westwanderung aus der ehemaligen DDR in die frühere Bundesrepublik nach der Vereinigung ein warnendes Beispiel. Um eine solche Wanderungsbewegung auf ein für ein einheitliches Wirtschaftsgebiet normales Maß zu begrenzen, wird eine lange Anpassungsphase unverzichtbar sein.

Mit der Niederlassungsfreiheit wird sich aber auch die Geschichte wieder einfinden und die Menschen und Völker an vergangenes Unrecht erinnern. In einer Europäischen Gemeinschaft, die Polen, die Tschechoslowakei, Ungarn, und eines Tages vielleicht auch Albanien, Rumänien, Bulgarien und die Nachfolgestaaten Jugoslawiens umfaßt, werden die früher einmal aus ihrer Heimat vertriebenen oder weggezogenen Menschen oder ihre Nachfahren in ihre frühere Heimat zurückkehren können, um dort zu leben und zu arbeiten. Dies wird nicht nur rechtliche, sondern in vielfältiger Weise auch menschliche Probleme mit sich bringen. Wahrscheinlich ist, daß sich eine solche Rückwanderung zahlenmäßig in Grenzen hält, was die Lösung der damit zusammenhängenden Fragen erleichtert, aber die Probleme nicht aus der Welt schafft.

Die dritte Phase der Annäherung zwischen den ehemaligen RgW-Staaten und der EG wäre dann der Erwerb der Vollmitgliedschaft. Eine solche Vollmitgliedschaft setzt - wie dargelegt - die Erfüllung vieler wirtschaftlicher und politischer Bedingungen voraus und sie wird, wie die Beispiele der jüngsten Mitglieder Griechenland, Portugal und Spanien zeigen, mit unterschiedlich langen Übergangsfristen für die volle Einbeziehung in den gemeinsamen Markt verbunden sein müssen. Gegenwärtig liegen bereits Aufnahmeanträge der Türkei, Österreichs, Schwedens, Maltas und Zyperns auf dem Tisch der Gemeinschaft. Mit großer Wahrscheinlichkeit sind in kürze Aufnahmeanträge Finnlands und Norwegens zu erwarten. Ungarn, die Tschechoslowakei und Polen werden wohl in absehbarer Zukunft folgen. Für die EG bedeutet dies, daß sie sich sehr bald und immer nachdrücklicher die Frage stellen muß, wieviele neue Mitglieder sie in absehbarer Zukunft aufnehmen will und kann und wo sie ihre endgültige Grenze sieht.

Wie weit reicht Europa?

Das 'Gemeinsame Haus Europa', ein neues Modell?

Schon vor den revolutionären Veränderungen in Mittel- und Osteuropa gab es im Zuge der zunehmenden Entspannung und Annäherung von Ost und West in Europa Überlegungen über die Zukunft Gesamteuropas. Der Präsident der Sowjetunion, Michael Gorbatschow, prägte den Begriff vom 'Gemeinsamen Haus Europa' und nahm damit eine Vision des früheren französischen Präsidenten de Gaulle wieder auf, der auch immer von einem Europa der Vaterländer vom Atlantik bis zum Ural gesprochen hatte. Allerdings waren für den kommunistischen Herrschaftsbereich die historisch gewachsenen Realitäten die Grundlage für eine Diskussion über die Zukunft Europas. Eine Veränderung der ideologischen Grundlagen, der wirtschaftlichen Systeme oder gar der territorialen Besitzstände stand nicht zur Debatte. Dies bedeutete, daß weder eine gesamteuropäische Wirtschaftsgemeinschaft noch eine Politische Union zum Begriff des gemeinsamen Hauses Europa passen würde. Aber es wurden nicht nur die geographisch zu Europa gehörenden Staaten sondern auch die USA und Kanada "als de facto zu Mitbewohnern des gemeinsamen Hauses Europa geworden", einbezogen. Die sowjetische Führung hatte erkannt, daß ein Hinausdrängen Nordamerikas aus Europa als Ziel einer derartigen Politik chancenlos gewesen wäre. So wurde Europa also praktisch als die nördliche Hälfte der Erde von Wladiwostok bis San Francisco verstanden. Mit dem alten Kontinent und den wirtschaftlichen und politischen Zielsetzungen der Europäischen Gemeinschaft hatte Gorbatschow's gemeinsames Haus Europa kaum noch etwas zu tun. Seine Idee zielte offenbar viel mehr darauf hin, die wirtschaftlich und politisch in ihren Auswirkungen immer bedeutsamer werdende west- und mitteleuropäische Gemeinschaft in ein System internationaler Staatenkooperation, das weit über Europa hinausragen würde, einzubinden, zu beeinflussen und letztlich zu neutralisieren. Begrenzt man die Idee vom Gemeinsamen Haus Europa auf den Europäischen Kontinent, also bis zum Ural, so enthält dieser Gedanke durchaus Aspekte, die bei den Überlegungen über ein Zusammenwachsen von West und Ost und dritten europäischen Staaten hilfreich sein können.

Europa ist geographisch eine Einheit, das heißt, alle in Europa lebenden Völker und Staaten sind durch die biologischen und ökologischen Lebensbedingungen aneinander gebunden. Die Verschmutzung der Luft und der Gewässer, macht nicht an den staatlichen Grenzen halt. Es gibt auch kein kommunistisches Kohlendioxyd oder eine kapitalistische Radioaktivität. Die Schädigung der Lebensbedingungen oder gar Klimaveränderungen treffen den ganzen Kontinent. Auch Luft- und Landverkehr haben heute kontinentale Strukturen. Sie können zwar einzelne Staaten umgehen und aussperren, dies aber oft mit höheren Kosten und zum Nachteil der Bürger. Auch die modernen elektronischen Medien kennen keine politischen Grenzen, sie wirken über den ganzen Kontinent. Schließlich sind auch die modernen Techniken der Menschentötung und der Vernichtung von Kulturen, Siedlungen und der Natur in ihren apokalyptischen Auswirkungen durch staatliche Grenzen - auch derjenigen neutraler Staaten - nicht mehr zu hindern.

Europa ruht kulturell weitgehend auf einer gemeinsamen Grundlage. In West- und Südeuropa sind es die römischen, in Ost- und Südosteuropa die griechisch-byzantinischen

Kulturen, in Mittel- und Nordeuropa die germanischen und slawischen Kulturen, die den Kontinent gestaltet und geprägt haben. Alle diese Kulturbereiche sind in mannigfacher Weise verzahnt und überlagert, vor allem durch das Christentum in seiner evangelischen, römisch-katholischen und griechisch/russisch-orthodoxen Gestalt. Dieses vielfältige europäische Fundament kann auch in Zukunft durchaus tragfähig sein für den Bau eines Gemeinsamen Europäischen Hauses, insbesondere nachdem sich die früher kommunistisch beherrschten Staaten Europas wieder zu dieser Gemeinsamkeit bekennen.

Das Gemeinsame Haus Europa kann also in vielfältiger Weise die Zukunft dieses Kontinentes prägen und neben der Europäischen Gemeinschaft so etwas wie ein Sinnbild der europäischen Gemeinsamkeit sein. Der Europarat als Gemeinschaft vieler europäischer Staaten entspricht in seiner Idee und seinen Zielen dem Gemeinsamen Haus Europa und kann durchaus die Grundlage für eine vielfältige Zusammenarbeit aller europäiischen Staaten, die Nachfolgestaaten der Sowjetunion und die Türkei eingeschlossen, sein. Ersetzen kann aber weder der Europarat noch das Gemeinsame Haus Europa die Europäische Gemeinschaft und ihre wirtschaftliche und politische Finalität. Ihre Idee, ihr Ziel ist nicht nur die Zusammenarbeit von Staaten und Völkern sondern deren schrittweise Integration in eine neue Einheit. Um das Bild des Gemeinsamen Hauses Europa zu benutzen, in der EG haben die Bewohner mehrerer Wohnungen begonnen, die trennenden Wände zu durchbrechen und die einzelnen Wohnungen durch Türen miteinander zu verbinden und zu einer gemeinsamen großen Wohnung zu machen, während die übrigen Bewohner zwar mehr und mehr gemeinsam handeln, aber nach wie vor in voneinander getrennten 'souveränen' Wohnungen leben und nur über das internationale Treppenhaus miteinander verkehren.
Allerdings sind das Fundament des Hauses, das gemeinsame Dach, die Stabilität der Außenwände, das Funktionieren der Versorgung mit Licht und Wasser und vieles andere in jedem Fall für alle Bewohner gleichermaßen wichtig.

Die Gemeinsamkeit der Europäer und ihre Partnerschaft mit den Nachbarn in Nordamerika und Asien wird durch ein Gemeinsames Europäisches Haus sehr einprägsam dargestellt. Die Bemühungen, zu einer Gemeinschaft zusammenzuwachsen, also aus einem Mietshaus mit großen und kleinen 'souveränen' Wohnungen schrittweise ein Einfamilienhaus mit vielen individuellen, aber nicht mehr souveränen Zimmern zu gestalten, werden aber bisher noch lange nicht von allen Bewohnern mit gleichem Nachdruck unterstützt.

Grundlage einer solchen gesamteuropäischen Gemeinsamkeit muß die Gewährleistung der Sicherheit der Völker und Staaten und damit des Friedens in Europa sein. Die Europäische Gemeinschaft hat für ihre Mitgliedstaaten dieses Ziel erreicht. Seit 1945 hat es in Europa keinen Krieg mehr gegeben. Man muß in der europäischen Geschichte sehr lange zurückgehen, um eine ähnlich lange Friedensperiode auszumachen. Das Gleichgewicht zwischen den beiden Blöcken in Europa vor dem politischen Umbruch hatte sich darüberhinaus als stabil und auch als wirksames friedenssicherndes Element erwiesen. Seit den politischen und ideologischen Veränderungen in Mittel- und Osteuropa hat sich dieses Gleichgewicht verändert. Es ist in vielfacher Hinsicht ein politisches Vakuum entstanden. An die Stelle des einstigen politischen Ostblocks sind die Einzelstaaten getreten, die jetzt Anschluß an die EG suchen, auch um ihre Sicherheit neu zu gestalten und wieder zu festigen. Mit dem Wegfall der kompromißlosen Einbindung der mittel- und osteuropäischen Staaten in den von der

Sowjetunion geführten und beherrschten Ostblock sind aber auch viele lange Zeit nur unterdrückte aber nicht etwa endgültig gelöste Konflikte vor allem auf dem Balkan wieder aufgebrochen. So fordern die Slowaken Gleichbehandlung in der Tschechoslowakischen Föderation mit der Drohung, sonst die Föderation zu verlassen. Die etwa zwei Millionen Ungarn in Rumänien, ein Relikt der Unfähigkeit der friedenschaffenden Politiker der Pariser Vorortkonferenzen 1919, fordern ihr Recht auf sprachliche und kulturelle Selbstverwirklichung. Rumänien möchte hingegen in nationalstaatlicher Manier des 19. und frühen 20. Jahrhunderts Rumänen aus ihnen machen. In Jugoslawien beginnt immer stärker auseinanderzubrechen, was nur durch Druck und Macht zusammengehalten worden ist, seitdem sich dieser Staat 1918 aus Serbien, Montenegro und den südslawischen Gebieten Österreichs und Ungarns gebildet hatte. Bulgarien schließlich leugnet die Zugehörigkeit vieler seiner Bürger zum türkischen Kulturraum. Ein reiches und gefährliches Konfliktpotential zeigt sich in Südosteuropa, nachdem dort mit der Demokratie Meinungsfreiheit und politischer Pluralismus wieder Raum gewonnen haben.

Mehr freie Entfaltung der Nationalitäten und Regionen in Südosteuropa und in den Nachfolgestaaten der früheren Sowjetunion ist eine wesentliche Voraussetzung für einen Neuanfang eines Föderierungsprozesses. 50 Jahre und mehr nationale Unterdrückung können nicht einfach zu den geschichtlichen Akten gelegt werden. Die Forderung von Selbstbestimmung durch die Völker und Volksgruppen ist die natürliche Reaktion der Menschen auf den befreienden Umbruch. Sie kann nicht ernst genug genommen werden und sollte im Interesse einer zukünftigen Integration Südosteuropas in die EG von dieser gefördert und damit in politisch und wirtschaftlich vernünftige Bahnen gelenkt werden.

Auch in Westeuropa hat das europäische Zusammenwachsen und damit das Verschwinden des politischen Zwanges, die nationale Einheit zu entwickeln und beinah um jeden Preis zu behaupten, zu einer stärkeren Regionalisierung geführt. Diese Entwicklung muß nicht negativ bewertet werden. Im Gegenteil, mehr regionale Eigenständigkeit und Entfaltungsmöglichkeit kann durchaus zur Stärkung der jeweiligen Mitgliedstaaten führen, wie das Beispiel Deutschland zeigt. Die Unterdrückung regionaler Selbstentfaltung kann erhebliche Kräfte binden, wodurch die nationale Entwicklung und damit die Position innerhalb der Europäischen Gemeinschaft geschwächt wird.

Die Bedingungen einer EG-Mitgliedschaft und das innergemeinschaftliche Gleichgewicht

Artikel 237 des EWG-Vertrages sagt, daß "jeder e u r o p ä i s c h e Staat" beantragen kann, Mitglied der Europäischen Gemeinschaft zu werden. Nimmt man diesen Begriff "europäischer Staat" geographisch oder kulturell oder auch historisch, so reicht Europa bis zum Ural im Osten, bis zum Mittelmeer im Süden und wird im Norden und Westen vom Atlantischen Ozean begrenzt. Das heißt, ein Teil der bisherigen Sowjetunion und der Türkei gehören zu Europa, der größere Teil dieser beiden Staaten jedoch nicht. Versucht man aber den Begriff "Europa" politisch zu definieren, so ist Europa ein Kontinent, der im Begriff ist, ein eigenständiger wirtschaftlicher und politischer Faktor zu werden. Eine solche Definition würde die ehemalige Sowjetunion nicht zu diesem Europa gehören lassen, wohl aber die Mitgliedschaft der Türkei möglich und vielleicht eines Tages erstrebenswert und notwendig machen. Darum soll die Frage einer Mitgliedschaft dieser beiden Staaten gesondert untersucht werden. Eine andere Frage, die mit der Erweiterung der Gemeinschaft zusammenhängt, ist die nach dem Zeitpunkt und den wirtschaftlichen und politischen Voraussetzungen.

Unabdingbare Voraussetzung für eine Zugehörigkeit zur EG ist eine rechtsstaatliche, demokratische Verfassung und die uneingeschränkte Respektierung der Menschenrechte. Dies hat die Gemeinschaft in der Vergangenheit immer wieder gefordert und auch in der politischen Praxis demonstriert. Griechenland, Portugal und Spanien konnten zum Beispiel erst über ihre Mitgliedschaft verhandeln, nachdem in diesen Ländern die autoritären, menschenrechtsverachtenden diktatorischen Herrschaftssysteme durch rechtsstaatliche demokratische Verfassungen abgelöst worden waren. Für alle zukünftigen Beitrittskandidaten ist dies ebenso eindeutig eine Voraussetzung für die Verhandlung über ihren Antrag.

Die Gemeinschaft ist bis heute in erster Linie eine Wirtschaftsgemeinschaft. Sie wird 1993 einen gemeinsamen Binnenmarkt haben, der auf den Prinzipien der freien Marktwirtschaft beruht. Mitglied in einer solchen Gemeinschaft kann daher nur ein Land werden, in dem ebenfalls die Grundsätze der freien Marktwirtschaft das wirtschaftliche Geschehen bestimmen. Dies ist eine weitere unverzichtbare Voraussetzung für den Beitritt zur Europäischen Gemeinschaft. Der angestrebte gemeinsame Binnenmarkt setzt voraus, daß die Wirtschaftskraft der Regionen nicht über ein bestimmtes Maß hinaus voneinander abweicht. Andernfalls würde sich ein für eine gesunde wirtschaftliche Entwicklung sehr schädliches Gefälle zwischen reichen und armen Regionen entwickeln und der wirtschaftlichen und auch politischen Integration entgegenwirken. Darum muß die EG erhebliche Mittel aufwenden, um die wirtschaftliche Entwicklung ihrer Regionen zu fördern und deren Wirtschaftskraft schrittweise aneinander anzugleichen. In einer föderativ gegliederten Gemeinschaft würde sich als Instrument zur Abschwächung und Überwindung eines solchen wirtschaftlichen Ungleichgewichts ein horizontaler Finanzausgleich anbieten. So wird in der Bundesrepublik Deutschland die Steuerkraft je Kopf der Bevölkerung durch Umverteilung eines Teils der Mehrwertsteuer und durch den Ausgleich über- und unterdurchschnittlicher Steuereinnahmen der Länder aneinander angeglichen. Dies geht in der EG nicht, da die Voraussetzungen, ein vergleichbares Steuersystem und vor allem eine gleich hohe Steuerbelastung der Einkommen und wirtschaftlichen Erträge fehlt. Darum wendet die EG erhebliche Haushaltsmittel auf, um über Struktur- und Entwicklungsfonds auf der Ausgabenseite des Haushalts ähnliche Ergebnisse wie durch einen horizontalen Finanzausgleich zu erzielen. Im Blick auf den angestrebten Binnenmarkt hat die EG diese Mittel schrittweise auf mehr als 25 Milliarden DM jährlich erhöht.

Die Wirtschaftskraft der Gemeinschaft und damit ihr Vermögen, die Wirtschaftsentwicklung neuer Mitgliedstaaten zu fördern, ist aber nicht unbegrenzt. Insbesondere wird die Wirtschaftskraft Deutschlands, das beträchtlich zum Aufkommen des EG-Haushalts beiträgt, für viele Jahre durch die sehr hohen Kosten der Wirtschaftsentwicklung der ehemaligen DDR belastet bleiben. Wenn die Erweiterung der EG durch Aufnahme neuer Mitgliedstaaten nicht zu einer Schwächung der wirtschaftlichen Leistungsfähigkeit der Gemeinschaft und damit zu einer Nivellierung nach unten führen soll, so muß sich die Aufnahme von neuen Mitgliedstaaten, die für ihre Entwicklung und Anpassung an das EG - Niveau einer längerfristigen und umfangreicheren Finanzhilfe bedürfen, auch nach der Leistungsfähigkeit der Gemeinschaft richten. Dies heißt, die Aufnahme beitrittswilliger Staaten kann und darf nur in entsprechenden zeitlichen Intervallen erfolgen und muß die wirtschaftliche Leistungskraft der Gemeinschaft berücksichtigen.

Die Erweiterung der EG um die zur EFTA gehörenden Staaten dürfte aus wirtschaftlichen Gesichtspunkten keine besonderen Fragen aufwerfen und Schwierigkeiten bereiten. Alle diese Staaten sind Teil Europas, haben rechtsstaatlich strukturierte Verfassungen, schützen die Menschenrechte und haben eine freie Marktwirtschaft. Sie haben außerdem eine dem Durchschnitt der EG-Mitgliedstaaten entsprechende wirtschaftliche Leistungsfähigkeit. Als Mitglieder der EG würden sie daher deren Kraft und Fähigkeit verstärken, unterentwickelte Regionen zu fördern und andere europäische Staaten, die einer solchen Förderung bedürfen, als Mitglieder aufzunehmen.

Aber, wie bereits ausgeführt, stehen viele der EFTA-Mitgliedstaaten den supranationalen Grundsätzen der Gemeinschaft noch ablehnend oder mindestens zurückhaltend gegenüber. Für sie ist die Einschränkung und Aufgabe hoheitlicher Rechte und deren Übertragung auf die Europäische Gemeinschaft und damit eine Einschränkung der eigenen Souveränität ein Haupthindernis für den Beitritt zur EG. Auch der Entwicklung einer europäischen politischen Union stehen sie zurückhaltend gegenüber. Neue Mitglieder in der EG, die deren supranationalen Charakter nicht akzeptieren und deren politische Finalität nicht mitzutragen bereit sind, würden aber die Gemeinschaft eher stören oder gar zerstören, als in ihrer Entwicklung fördern und sie bereichern. Die Erfahrung mit dem Beitritt von Dänemark, Großbritannien und Irland 1973 hat daher das Europäische Parlament veranlaßt, klare Bedingungen an die Zustimmung zum Beitritt neuer Mitgliedstaaten zu knüpfen. Erst wenn die notwendigen institutionellen Reformen beschlossen worden sind, und damit dem Parlament volle parlamentarische Rechte, das heißt Mitentscheidung bei der Gesetzgebung, volles Haushaltsrecht, wirksame politische Kontrolle der Exekutive und Mitbestimmung bei der Nominierung des Präsidenten der Kommission, gebracht haben, wird das Parlament Beitrittsverträge mit neuen Mitgliedstaaten ratifizieren und damit die Erweiterung der Gemeinschaft ermöglichen.

Mit dem Beitritt übernehmen die neuen Mitgliedstaaten auch das EG-Recht und damit die supranationale Grundkonzeption der Gemeinschaft und deren politische Finalität. Ohne Vorbehalte müssen die neuen Mitgliedstaaten den weiteren Integrationsprozess und die Entwicklung einer politischen Union mitzutragen bereit sein. Nur wenn diese Voraussetzungen gegeben sind, kann vermieden werden, daß neue Mitglieder alsbald politische Bremserfunktionen in der EG übernehmen und die Weiterentwicklung der Gemeinschaft behindern und am Ende sogar verhindern. Die freimütige Bereitschaft der früheren britischen Premierministerin Margrit Thatcher bei ihrem Besuch in der Tschechoslowakei 1990, einen schnellen Beitritt dieses Landes zur EG zu unterstützen, machte sehr deutlich, daß sie mit neuen Mitgliedstaaten aus Mittel- und Osteuropa Verbündete ihrer integrationsfeindlichen Haltung zu gewinnen hoffte. Allerdings dürften die Tschechen und Slowaken, die Ungarn und vielleicht auch viele Völker des bisherigen Jugoslawien, als Teile des ehemaligen Österreich-Ungarn der Idee einer supranationalen Integrationsgemeinschaft aus der Erfahrung ihrer Geschichte eher positiv gegenüber stehen, als etwa Staaten, wie Rumänien oder Bulgarien, die in der jüngeren Geschichte keiner Vielvölkergemeinschaft angehört haben und auch keine historischen Erfahrungen mit den negativen Folgen des Zerbrechens einer solchen Gemeinschaft haben sammeln können.

Die Aufnahme neuer Mitgliedstaaten und damit die Erweiterung der EG auf das ganze politische Europa muß sich auch in Zukunft in Etappen vollziehen. Dabei wird es ebenfalls - wie bisher - auch darauf ankommen, eine gewisse Ausgewogenheit zwischen den Mitgliedstaaten, ein innergemeinschaftliches Gleichgewicht zu bewahren. In der ursprünglichen Gemeinschaft der Sechs bildeten Deutschland und Frankreich als Führungsmächte eine ausgewogene Partnerschaft. Die drei Beneluxstaaten und Italien waren als dritte Säule zugleich auch ausgleichende Kraft dieses deutsch-französischen Dualismus. Als Deutschland wirtschaftlich immer stärker wurde, begann Frankreich seine Vorbehalte gegen einen Beitritt Großbritanniens schrittweise abzubauen und in Großbritannien einen gewissen Ausgleich, ein wirtschaftliches Gegengewicht zu Deutschland zu sehen.

Mit dem Beitritt Griechenlands, Portugals und Spaniens wurde die Gemeinschaft südlastig. Die Probleme des Mittelmeeraumes dominierten zunehmend und in vielfältiger Weise die Politik und die Entwicklung der EG. Der Beitritt skandinavischer Staaten und auch der Alpenländer würde hier einen notwendigen Ausgleich schaffen.

Nach wie vor ruht der europäische Einigungsprozess auf der deutsch-französischen Partnerschaft und auf der Entschlossenheit dieser beiden Gründungsmitglieder, die Integration mit dem Ziel einer politischen Union weiterzuführen. Die Vereinigung der beiden deutschen Staaten hat diese Partnerschaft nicht zu beeinträchtigen vermocht, obwohl sie längerfristig zu einer Stärkung Deutschlands führen wird. In den kommenden Jahren wird die deutsche wirtschaftliche Kraft allerdings stark gebunden und deren politische Auswirkung beschränkt bleiben. Hierdurch erhält Frankreich die Möglichkeit, einen politischen Ausgleich für das veränderte Gewicht Deutschlands in der EG zu entwickeln, um so die Partnerschaft beider Staaten auf dieser veränderten Grundlage zu festigen. Der Beitritt mittel- und osteuropäischer Staaten zur Gemeinschaft gewinnt unter diesen Gesichtspunkten einen besonderen politischen Aspekt und könnte das innergemeinschaftliche Gleichgewicht stabilisieren.

Die deutsche Vereinigung hat zwar das wirtschaftliche und politische Gewicht Deutschlands längerfristig gestärkt, die außen- und europapolitische Grundkonzeption jedoch nicht verändert, da die ehemalige DDR voll in die Bundesrepublik integriert worden ist. Der Beitritt der Alpenländer und weiterer mittel- und osteuropäischer Staaten würde den deutsch-französischen Bund stabilisieren und einen Ausgleich für die Kräfteverschiebung bewirken können und somit den deutsch-französischen Kern der EG letztendlich sogar stärken.

Nicht nur aus wirtschaftlichen Gründen, sondern auch wegen der inneren Stabilität der Gemeinschaft würde eine Erweiterung um beitrittswillige EFTA-Staaten einer Erweiterung um beitrittswillige ehemaligen RgW-Staaten zeitlich vorzuziehen sein. Die wirtschaftliche Entwicklung der mittel- und osteuropäischen Staaten dürfte ohnehin erst frühestens am Ende der neunziger Jahre einen Beitritt zur EG möglich machen. Mit Sicherheit werden auch nicht alle Staaten in diesem Teil Europas gleichzeitig die Voraussetzungen für einen Beitritt erfüllen und dazu bereit sein. Ungarn, die Tschechoslowakei und Polen werden diesen Schritt früher tun können als Rumänien und Bulgarien. Der Beitritt Jugoslawiens oder seiner

Nachfolgestaaten zur EG wird nicht nur von der wirtschaftlichen, sondern auch von der politischen Entwicklung dieser Region abhängen. Ein Auseinanderfallen dieses Landes in selbständige Republiken wird eine völlig neue Beurteilung der Beitrittsmöglichkeiten der einzelnen Republiken notwendig machen.

Die Mitgliedschaft der mittel- und osteuropäischen Staaten in der Europäischen Gemeinschaft

Ein Zusammenwachsen der Staaten Mittel- und Osteuropas mit der Europäischen Gemeinschaft und ihre endgültige Zugehörigkeit zur EG setzt voraus, daß die Grund- und Menschenrechte ohne jede Einschränkung Geltung haben. Kein Volk in Europa ist berufen und hat das Recht, über andere Völker zu herrschen oder seine Sprache und Kultur anderen aufzuzwingen. Mit dieser Einsicht muß der Weg der Staaten und Völker Mittel- und Osteuropas in die EG beginnen. Auf der anderen Seite ist aber ganz Europa um seines Friedens willen herausgefordert, bei einer gerechten Lösung der wieder aufgebrochenen Konflikte mitzuhelfen. Die europäische Geschichte dieses Jahrhunderts hat die Menschen gelehrt, daß Kriege und Gewalt das untauglichste Mittel zur Lösung derartiger Streitigkeiten sind. Die Völker der in der EG zusammengeschlossenen Staaten haben aber auch erfahren können, daß ihre nationalen Probleme und Konflikte wesentlich an Bedeutung und Dimension eingebüßt haben, seitdem sie in der Europäischen Gemeinschaft zusammenwachsen. Diese Erfahrung läßt hoffen, daß eine schrittweise Annäherung der mittel- und osteuropäischen Staaten an die EG und die Einleitung ihrer vollen Integration in die Gemeinschaft mit zur Entschärfung der überkommenen nationalen Probleme und Streitfragen beitragen werden. Auf jeden Fall wird ein solcher Prozess vernünftige und allseits akzeptierbare Lösungen erleichtern.

Die EG hat erwiesen, daß die europäischen Staaten gemeinsam ein beachtliches Wirtschaftspotential darstellen können, das mehr ist als nur die Addition der einzelnen nationalen wirtschaftlichen Faktoren. Gesamteuropa als Wirtschaftseinheit könnte die Wirtschaftskraft der jetzigen EG beträchtlich stärken. Als außen- und sicherheitspolitische Gemeinschaft könnte eine erweiterte EG darüberhinaus die politische Wirkung ihrer wirtschaftlichen Kraft noch deutlicher zur Geltung bringen als die bisherige EG und erst recht, als es die bisherige EPZ vermocht hat. Europa könnte endlich mit seiner ganzen Kraft in der Welt aktiv werden und zur Sicherung des Friedens, zur Schlichtung von Streitigkeiten und bei der Herstellung gerechter Verhältnisse der Völker untereinander helfen und auf diese Weise wieder gutmachen, was es selbst durch seine nationale nur auf das eigene Interesse seiner Einzelstaaten ausgerichtete Politik in der Vergangenheit an Unheil und Schaden in der ganzen Welt angerichtet und hinterlassen hat.

Die gegenwärtige Lage der ehemaligen RgW-Staaten in Mittel- und Osteuropa ist gekennzeichnet durch einen unterschiedlich schnellen und intensiven Übergang von einer Einparteienherrschaft zu pluralistisch-demokratischen Strukturen. Viel mühsamer und immer von Rückschlägen begleitet ist der wirtschaftliche Wandel von der zentral gelenkten Planwirtschaft zur freien Marktwirtschaft. Dabei ist es besonders wichtig, aber auch schwierig, ein richtiges und ausgewogenes Verhältnis zwischen politischer Herrschaft und einem funktionierenden Wirtschaftssystem zu finden, wobei der Primat der Politik gewahrt, die Handlungs- und Gestaltungsfreiheit der Wirtschaft aber nicht behindert wird. Überall hat sich die Erkenntnis durchgesetzt, daß die Weltwirtschaft den Regeln des freien Austausches von Waren, Dienstleistungen und Kapital folgt und daß die kapitalistische Marktwirtschaft ein durchaus stabiles ökonomisches System darstellt, das die wirtschaftliche Entwicklung und den Wohlstand zu sichern in der Lage ist und - bei entsprechender politischer Vorgabe - auch ein stabiles soziales Sicherungssystem tragen kann.

Die Erfahrung, die die ehemaligen RgW-Staaten mit dem System der zentral gelenkten Planwirtschaft machen mußten, war, daß sie immer weiter hinter den Leistungen und Ergebnissen der freien - sozialen - Marktwirtschaft zurückfielen. Besonders offenbar ist dies in den letzten Jahren in Bezug auf die dritte industrielle, die High- Technology- Revolution geworden und zwar vor allem als Folge der starren Planung, die jede persönliche Initiative der Wissenschaft und der Wirtschaft unterdrückte. Je mehr Informationstechnologie, je mehr computergesteuerte Produktionsabläufe und je mehr Verlagerung von Industrieproduktionen auf automatische Verfahren, desto größer wurde der Widerspruch zur kommunistischen Planungsideologie. Auf Dauer war dieser Widerspruch nur durch eine Demokratisierung der kommunistisch beherrschten Gesellschaften lösbar, oder aber er würde zu einer immer größeren Kluft zwischen den Gesellschaftssystemen und ihrer Leistungsfähigkeit geführt haben. Am Ende bedeutete dies eine wachsende Ausbeutung der Arbeitskraft der Bevölkerung und deren relative Verelendung mit der Folge eines ständig wachsenden Veränderungsdruckes, der - wenn er nicht gewaltsam unterdrückt wird - schließlich zu revolutionären Umwälzungen führten mußte, wie die Entwicklung in Mittel- und Osteuropa deutlich gezeigt hat.

Nachfolgend sollen nun die Möglichkeiten und die Voraussetzungen des EG-Beitritts der einzelnen ehemaligen RgW-Staaten untersucht und gleichzeitig aufgezeigt werden, welche Konsequenzen ein solcher Beitritt für die Gemeinschaft einerseits und für die einzelnen früheren RgW-Staaten andererseits haben würde.

Polen, die Tschechoslowakei und Ungarn

In diesen Staaten sind die kommunistischen Diktaturen in den Jahren 1989 bis 1991 schrittweise durch demokratisch legitimierte Regierungen abgelöst worden. Politische Pluralität und zunehmende Rechtsstaatlichkeit kennzeichnen die eingeleiteten Entwicklungen. Wirtschaftlich ist die zentral gelenkte Planwirtschaft durch mehr und mehr freie marktwirtschaftliche Strukturen ersetzt worden. Aber dieser Umwandlungsprozess hat für diese Länder große wirtschaftliche Probleme mit sich gebracht. Über 50 Jahre Kriegs- und Planwirtschaft haben die früheren Marktstrukturen mehr oder weniger beseitigt. Ihre Wiederbelebung erfordert Zeit und Kapital und einen sicherlich nicht kurzfristig zu bewältigenden Informations- und Lernprozess. Die Auflösung der zentralen Planungs- und Steuerungsinstanzen wird daher zwangsläufig zunächst zu erheblichen wirtschaftlichen Einbrüchen führen. Versorgungsengpässe und Arbeitslosigkeit sind die Folge dieser Umwandlung. Da diese Staaten bisher kein auf eine solche Entwicklung vorbereitetes soziales Sicherungssystem besaßen, sondern erst aufbauen müssen, verschlechtert sich die wirtschaftliche Lage der Bevölkerung, vor allem der von Arbeitslosigkeit betroffenen zunächst nicht unerheblich.

Zu diesen inneren Problemen treten Schwierigkeiten in den Außenwirtschaftsbeziehungen hinzu. Die alten planwirtschaftlichen Handelsbeziehungen des RgW sind von den wirtschaftlichen Veränderungen stark betroffen. Die Exporte in diese Länder sind zurückgegangen, vor allem auch, weil seit Anfang 1991 nicht mehr bilateral in Transferrubel, sondern in konvertibler Valuta abgerechnet werden muß. Dadurch verteuern sich die notwendigen Rohstoff- und Energieimporte. Der Mangel an Devisen erschwert die wirtschaftliche Entwicklung in diesen Ländern beträchtlich. Polen und Ungarn sind zudem überproportional im Ausland verschuldet, müssen also erhebliche Teile ihrer Exporterlöse zur Finanzierung der Schuldendienste benutzen.

Reform und Hilfe ist also auf fast allen Gebieten gleichzeitig notwendig. Neue Markt- und Unternehmenssysteme und Institutionen der Wirtschaftssteuerung müssen entwickelt und eingeführt werden. Hierzu zählen ein unabhängiges und handlungsfähiges Bankensystem, eine funktionierende Steuerverwaltung, eine handlungsfähige Gerichtsbarkeit und Einrichtungen der wirtschaftlichen Selbstverwaltung. Große Nachholbedarfe bestehen auf den Gebieten der Verkehrs- und Kommunikationsinfrastrukturen. Ein tragfähiges Netz für die soziale Sicherung muß geschaffen und finanziert werden. Die katastrophale Umweltzerstörung muß gestoppt und durch entsprechende Investitionen verringert werden.

Als wichtigster Schritt muß in diesen Ländern die Geld- und Haushaltspolitik mit dem Ziel verbessert werden, Budgetdefizite abzubauen und die zum Teil hohe Inflation erfolgreich zu bekämpfen, um auf diese Weise schrittweise die Konvertibilität der Währungen zu erreichen. Eine solche Politik wird die Wettbewerbsfähigkeit der Unternehmen stärken, die dann nicht mehr gegen öffentliche Subventionen konkurrieren müssen, aber sie bedeutet auch das Ende für zahlreiche unwirtschaftlich arbeitenden Betriebe und damit für viele Arbeitsplätze. Parallel zu diesen Umstrukturierungen muß viel Kapital mobilisiert werden. Vorhandenes und zu förderndes Sparkapital aber auch ausländisches Geld kann durch die Privatisierung staatlicher Unternehmen verstärkt gewonnen werden. Ausländisches Kapital wird vor allem angezogen, wenn die Produktionskosten konkurrenzfähig sind und Waren und Kapital frei transferiert werden können.

In allen drei Ländern zeigen sich erste positive Resultate der Reformen. Die hohen Inflationsraten konnten gebremst werden, die Versorgung der Märkte mit landwirtschaftlichen Produkten ist erheblich verbessert worden. Polen und Ungarn haben bereits längere Erfahrungen mit der Umgestaltung ihrer Wirtschaft. Die Tschechoslowakei hat damit gerade erst begonnen. Aber sie war schon vor dem zweiten Weltkrieg im Gegensatz zu Ungarn und Polen ein industrialisiertes Land. Sie wird daher weniger Zeit brauchen, um auch international wieder wettbewerbsfähig zu werden. Alle drei Ländern haben ihre Absicht bekundet, so bald wie möglich Mitglieder der Europäischen Gemeinschaft zu werden. Alle haben außerdem schon bald nach Beginn des Demokratisierungsprozesses einen Beobachterstatus im Europarat erhalten, der ihnen die Teilnahme an der Arbeit des Europarates als Gast ermöglichte. Inzwischen sind diese drei Staaten Vollmitglieder des Europarates geworden.

Das Streben nach Vollmitgliedschaft in der Europäischen Gemeinschaft hat aber für beide Seiten auch erhebliche politische Konsequenzen. Die EG wird mit der Aufnahme von ehemals zum politischen Ostblock gehörenden Staaten aufhören, ein Teil des politischen Westens zu sein. Sie muß ihre politische Rolle dann gesamteuropäisch neu definieren. Es werden sich mit der Mitgliedschaft ehemaliger RgW-Staaten auch die Verhältnisse der Staaten zueinander verändern. Der Ost-West-Gegensatz in Europa hat sich schon in den Jahren 1989 und 1990 sehr schnell aufgelöst, aber eine Erweiterung der EG in den vormals politischen Osten wird zu einer neuen politischen und wirtschaftlichen Gewichtsverteilung in der Gemeinschaft führen. Um diese bewerten zu können, ist ein Blick auf die politische und auch wirtschaftliche Rolle erforderlich, die diese Staaten bisher entwickelt und gespielt haben.

Polen

Polens politische Rolle in Europa ist geprägt durch seine geographische Lage zwischen Deutschland - vor den polnischen Teilungen im 18. Jahrhundert, Österreich und Preußen - einerseits und Rußland andererseits. In der Geschichte hat Polen immer dann stärkeren Einfluß auf die europäische Politik genommen, wenn seine beiden Nachbarn politisch schwach und machtlos waren. Dies galt vor allem für das litauisch-polnische Reich im 16. und 17. Jahrhundert und in eingeschränkter Weise auch für Polen in den ersten Jahren nach dem ersten Weltkrieg. Mit dem Aufstieg Rußlands unter Peter dem Großen zur europäischen Großmacht und mit Preußens wachsender Machtstellung im Kreise der deutschen Staaten verlor Polen im 18. Jahrhundert sehr schnell seine politische Bedeutung im Osten Europas. Unheilvoll wirkte sich auch die verfassungsrechtliche Stellung des zahlenmäßig starken polnischen Adels auf die Geschicke des Landes aus. Seit den sog. 'Articuli Heinriciani' aus dem Jahre 1572 war Polen als Adelsrepublik ein Wahlreich. Entscheidungen des Sejm konnten nur einstimmig gefaßt werden. Im 18. Jahrhundert war Polen auch dadurch zum politischen Spielball seiner Nachbarn geworden und verlor seine staatliche Existenz mit den drei Teilungen zwischen Preußen, Österreich und Rußland.

Unter Napoleon gewann Polen eine gewisse Eigenstaatlichkeit zurück, verlor sie aber mit dem Wiener Frieden fast völlig wieder. Seither blieb Polen bis 1918 als 'Kongresspolen' in Personalunion mit dem russischen Zarenreich verbunden. Allerdings umfaßte dieses Polen nur die polnischen Gebiete, die Preußen 1807 wieder verloren hatte, ausgenommen das Gebiet um die Stadt Bialystok, die damals an Rußland abgetreten wurde und bis 1920 russisch blieb.

Der Niederlage aller drei Teilungsmächte, Preußen/Deutschland, Österreich und Rußland verdankte es Polen, nach dem ersten Weltkrieg seine staatliche Unabhängigkeit wieder erlangen zu können. Schon 1916 hatten der deutsche und der österreichische Kaiser gemeinsam einen neuen polnischen Staat proklamiert, in der Hoffnung, diesen Staat als Alliierten gegen Rußland gewinnen zu können. Der neue polnische Staat entstand zwischen drei durch die Niederlage stark geschwächten Staaten. Polen nutzte diese Gelegenheit, um sein Staatsgebiet weit über die ethnischen Grenzen des polnischen Volkes hinaus auszudehnen. Im Westen wurde das deutsche Staatsgebiet durch den sogenannten Korridor gespalten und Ostpreußen vom übrigen Deutschland getrennt. Die Grenzen gegenüber Deutschland verliefen zum Teil durch rein deutsches Siedlungsgebiet. In Oberschlesien wurde der östliche Teil trotz einer Volksabstimmung, die mehrheitlich zugunsten Deutschlands ausgegangen war, von Polen annektiert. Im Osten hatten die Westmächte die ethnische Grenze zwischen Polen, Weißrussen und Ukrainern, die sogenannte Curzon-Linie als polnisch-russische Grenze bestimmt. Die Polen nutzten aber die Schwäche der jungen Sowjetunion und zwangen das Land im Frieden von Riga 1921, der den polnisch-russischen Krieg beendete, weißrussische Gebiete und Teile Ostgaliziens und der Ukraine an Polen abzutreten. Polen erreichte so fast überall die alte Grenze Polen-Litauens vor der zweiten polnischen Teilung wieder.

Zwischen dem wieder erstandenen Litauen und Polen war das Gebiet um Wilna umstritten, das etwa zur Hälfte von Polen und von Litauern besiedelt war. Polen besetzte dieses Gebiet im Oktober 1920 und annektierte es endgültig im April 1923 nach einer kurzen Phase der autonomen Verwaltung unter dem Namen Mittel-Litauen.

Das neue Polen hatte sich durch seine Expansionspolitik alle seine Nachbarn, mit Ausnahme Rumäniens, zu politischen Gegnern gemacht. Es sollte sich sehr bald zeigen, daß dies eine kurzsichtige und für das Land unheilvolle Politik war. Polens Politik zwischen den beiden Weltkriegen war vor allem darauf ausgerichtet, seinen Besitzstand gegen sowjetische, litauische und deutsche Revisionsforderungen zu sichern. Durch Bündnisse mit Rumänien und der Tschechoslowakei wurde Polen an die Kleine Entente gebunden und Teil des cordon sanitaire zwischen der Sowjetunion und Deutschland. Ein Bündnis mit Frankreich im Jahre 1921 schloß Polen in das französische Sicherheitssystem gegen Deutschland ein. Freundschaftsverträge mit Lettland, Estland und Finnland dienten schließlich der gegenseitigen Sicherung dieser Länder gegen sowjetische Revisionsforderungen.

Ähnlich wie im Falle der Tschechoslowakei verlor auch das polnische Bündnissystem mit der Rückkehr Deutschlands in das europäische Mächtekonzert und mit der zunehmenden Konsolidierung der Sowjetunion an Bedeutung. Aber ebenfalls, ähnlich wie die Tschechoslowakei, überschätzte Polen seine politische Rolle im Zwischenkriegseuropa und seine militärische Stärke ganz erheblich und versäumte es, rechtzeitig Kompromisse mit seinen beiden Nachbarn zu suchen. Ob dadurch allerdings Hitlers Träume von der Landnahme im Osten hätten beeinflußt werden können, bleibt offen. Polens Politiker der Zwischenkriegszeit müssen sich aber vorwerfen lassen, durch den Nichtangriffspakt mit Hitler im Jahre 1934 mit zu dessen internationaler Anerkennung beigetragen zu haben. Schließlich überschätzte die polnische Führung auch die Effektivität der britisch-französischen Garantieerklärung. So fand sich Polen zu Beginn des zweiten Weltkriegs Deutschland und der Sowjetunion allein gegenüber und wurde in wenigen Wochen erneut von der Landkarte gestrichen. Polen wurde wieder zwischen Rußland -Sowjetunion - und Deutschland geteilt. Litauen erhielt das Gebiet um Wilna zurück, wurde aber selbst 1940 von der Sowjetunion annektiert.

Ebenso wie in Ungarn gelang es auch in Polen nicht, eine wirklich demokratische Verfassung und damit freiheitlich rechtsstaatliche Verhältnisse zu schaffen. Schon 1926 übernahm der polnische Marschall Josef Pilsudski die Macht und begründete eine Militärdiktatur. 1935 wurde das parlamentarisch-demokratische System durch eine neue Verfassung auch de jure aufgehoben.

Polen mußte während des zweiten Weltkrieges unter der deutschen und der sowjetischen Besatzung unsagbar leiden, insbesondere auch durch die Kriegshandlungen, die vielfach über das Land hinwegzogen. Die Wiederherstellung eines unabhängigen polnischen Staates war eines der Kriegsziele der Westmächte. Nach dem Eintritt der Sowjetunion in das Bündnis gegen Deutschland wurde zwischen der polnischen Exilregierung und der Sowjetunion ein Militärabkommen geschlossen. Polnische Verbände nahmen auf sowjetischer Seite am Krieg gegen Deutschland teil. Die Sowjetunion widerrief ihrerseits die deutsch-sowjetischen Vereinbarungen über die Teilung Polens. 1943 kam es aber zu ernsthaften Differenzen zwischen beiden Seiten. Ursache war die Aufdeckung der Massenmorde an polnischen Offizieren bei Katyn und Streitigkeiten über die zukünftige polnisch-sowjetische Grenze. Die Sowjetunion brach ihre Beziehungen zur polnischen Exilregierung ab.

Man kann davon ausgehen, daß die sowjetische Führung zu keinem Zeitpunkt die ernsthafte Absicht hatte, das früher polnische Gebiet östlich der Curzon-Linie an Polen zurückzugeben. Auf der Konferenz von Teheran, im Herbst 1943 stimmten Roosevelt und Churchill einer polnischen Ostgrenze, die in etwa der Curzon-Linie folgen sollte, ausdrücklich zu. Mit der Forderung, den Polen dafür die deutschen Gebiete östlich von Oder und Neiße als Entschädigung zu geben, wurde die Stellung Polens im Nachkriegseuropa nachhaltig beeinflußt. Während Polen vor dem Kriege stets eine Position zwischen seinen Nachbarn wahren mußte, wurde es durch diese Gebietsverschiebung eng an die Sowjetunion gebunden. Die sowjetische Führung hat zudem stets den Standpunkt vertreten, daß Polen auf die alten Ostgebiete kein Anrecht habe und daher auch nicht entschädigt werden müsse, sondern daß die deutschen Ostgebiete altes slawisches Land seien und deswegen an Polen übertragen werden sollten. Mit dieser Politik glaubte Stalin, auf alle Zeiten einen unüberwindbar tiefen Graben zwischen Deutschland und Polen geschaffen zu haben. Polnische Exilpolitiker, wie der letzte Chef der polnischen Exilregierung in London, Arciszewski, die diese Politik durchschauten, wollten daher weder Stettin noch Breslau für Polen haben.

Am Ende des Krieges war ganz Polen in seinen Vorkriegsgrenzen und auch der Osten Deutschlands von russischen Truppen besetzt. Der polnische Versuch, in Warschau eine nichtkommunistische Regierung einzusetzen, bevor die Stadt von den Sowjets erobert wurde, scheiterte. Die sowjetischen Truppen warteten am Ostufer der Weichsel solange ab, bis die Deutschen den Aufstand niedergeworfen hatten, dann besetzten sie Warschau, und mit ihnen kam die bereits im Juli 1944 in Lublin eingesetzte kommunistische polnische Regierung und übernahm die Macht. Demokratische Kräfte hatten keinerlei Chance, im Nachkriegs-Polen irgendeinen Einfluß zu gewinnen. Polen war eng an die Sowjetunion gebunden, militärisch durch den Warschauer Pakt, wirtschaftlich durch die Zugehörigkeit zum RgW und politisch durch einen schon am 21. April 1945 auf dreißig Jahre geschlossenen Freundschafts- und Hilfsleistungspakt. Eine politische Alternative hatte Polen nicht. Das Danaer-Geschenk der deutschen Ostgebiete sorgte dafür, daß das Verhältnis zu Deutschland auf lange Zeit gespannt blieb. Der notwendige Wiederaufbau auch der ehemals deutschen Gebiete und deren völlige Neubesiedlung bedeuteten für die polnische Wirtschaft für viele Jahre eine große Belastung. Bis in die Gegenwart hat Polen Probleme mit der Infrastruktur des Landes insbesondere auf dem Gebiet des Verkehrswesens und der Kommunikation.

Außenpolitisch bemühte sich Polen die für das Land günstige Entwicklung zweier deutscher Staaten zu bewahren und das Wiedererstehen eines einigen Deutschland zu verhindern. Eine solche Außenpolitik konnte Polen aber nur zusammen mit der Sowjetunion entwickeln. Alle Versuche, in der Außenpolitik eine gewisse Selbständigkeit zu gewinnen, so zum Beispiel das Bemühen, des früheren Außenministers Rapacki 1957 in Europa eine atomwaffenfreie Zone zwischen West und Ost unter Einschluß beider deutscher Staaten und Polens zu schaffen, scheiterte auch am Desinteresse der Sowjetunion an einer solchen verstärkten Selbständigkeit der Satellitenstaaten. Obwohl Polen also nur wenig Spielraum für eine eigenständige Politik hatte und auf die enge Bindung an die Sowjetunion angewiesen war, blieb dennoch ein starkes, historisch begründetes Mißtrauen gegen die sowjetische Politik bestehen. Man wußte, daß die Sowjetunion die Karte der deutschen Einheit in der Hand hatte und jederzeit ausspielen konnte, und man wußte auch, daß der Besitz der ehemals deutschen Ostgebiete auf lange Zeit vom Wohlwollen des östlichen Nachbarn abhängig war.

Die Anerkennung der Oder/Neiße-Linie durch die DDR im Görlitzer Vertrag 1950 hatte für Polen nur eine begrenzte Bedeutung, solange die Bundesrepublik Deutschland diesen Schritt nicht auch vollzog. Der Deutsch-Polnische (Warschauer) Vertrag von 1970, der im Rahmen der Ostpolitik der Bundesrepublik mehr außenpolitische Handlungsfreiheit verschaffen sollte, bedeutete auch für Polen einen wichtigen Schritt zur politischen Selbständigkeit. Mit der Ostpolitik wurde, wie bereits eingehend dargelegt, ein wichtiger Schritt zur Entspannung des Ost-Westverhältnisses getan. In Polen hatte es immer wieder Proteste, Demonstrationen und auch Rebellionen gegen die kommunistische Diktatur gegeben. Es war vor allem die Arbeiterschaft, die sich auflehnte. Aber bis Anfang der achtziger Jahre konnten alle diese Proteste unterdrückt und niedergeschlagen werden. Erst die Streiks der Werftarbeiter in Danzig und die Gründung der Gewerkschaftsbewegung Solidarnosc leiteten den endgültigen Umbruch ein. In den achtziger Jahren wurden die Rechte des Parlaments schrittweise erweitert und verbessert. 1985 wurde ein Verfassungstribunal geschaffen, das zur Verbesserung der Rechtsstaatlichkeit und zur Erhöhung der Rechtssicherheit wesentlich beitrug. Zwar konnte die Verhängung des Kriegsrechtes die Entwicklung für Jahre behindern, aber wohl auch eine Intervention sowjetischer Truppen vermeiden. Aufhalten konnten diese Maßnahmen den Umschwung jedoch nicht mehr.

Der lange Weg zur Demokratie in Polen trat mit der Vereinbarung von grundlegenden Verfassungsänderungen zwischen Regierung und Opposition am Runden Tisch, am 5. April 1989 in das entscheidende Stadium. Politischer Pluralismus, Vereinigungs- und Meinungsfreiheit und eine unabhängige Justiz waren wichtige Elemente dieser Reform. Eine Gewaltenteilung zwischen Legislative und Exekutive wurde wieder hergestellt. Aber es mußte auch eine Mandatsaufteilung im Sejm akzeptiert werden, die der von den Kommunisten geführten Koalition eine Mehrheit von 60 % der Sitze bei den Wahlen sicherte. Allerdings forderten die Kommunisten hiervon nur 38 % für sich, 35 % der Sitze waren für parteilose und unabhängige Kandidaten und 5 % für christliche Gruppen vorgesehen. Die Opposition akzeptierte diese Vorausaufteilung nur für die erste Neuwahl, spätere Wahlen sollten dann völlig frei und demokratisch erfolgen.

Neu war die Wiedereinführung einer zweiten Kammer, des Senats als Vertretung der Wojwodschaften. In jeder sollten zwei Senatoren, in Warschau und Kattowitz drei Senatoren frei und ohne jegliche Vorausaufteilung gewählt werden. Der Senat erhielt das Recht, Gesetze anzufechten, der Sejm konnte ein solches Veto nur mit Zweidrittelmehrheit überstimmen. Dazu brauchte er also auch Stimmen aus der Opposition. Weitgehende Rechte behielt der Präsident, er hatte den Oberbefehl über die Armee und konnte gegen Gesetze sein Veto einlegen, das der Sejm ebenfalls mit Zweidrittelmehrheit überstimmen mußte.

Bei den ersten halbwegs freien Wahlen errang die Opposition einen großen Erfolg. Fast alle Sitze, die der Opposition im Sejm zugestanden waren, und - mit einer Ausnahme - alle Sitze im Senat fielen an sie und vor allem an die Kandidaten der Solidarnosc. Inzwischen ist auch der Staatspräsident neu gewählt worden. Der Repräsentant der Kommunisten, Jaruzelski, ist durch den Führer der Solidarnosc, Lech Walesa, ersetzt worden. Eine völlig freie Wahl des polnischen Parlaments erfolgte im Herbst 1991 und brachte Polen volle freiheitlich demokratische Verhältnisse. Damit ist Polen erstmalig wieder seit Beginn der Militärdiktatur Pilsudskis 1925 ein freier demokratischer Rechtsstaat.

Wirtschaftlich ist Polen nach wie vor in einer schwierigen Lage. Der frühere Regierungschef Eduard Gierek hatte in den siebziger Jahren die damals reichlich verfügbaren Kredite - eine Folge der Petrodollarschwemme durch die gewaltig gestiegenen Ölpreise - genutzt, um Investitionen zu finanzieren, deren Wirtschaftlichkeit nicht gegeben war. Vielfach waren es auch nur reine Prestigeobjekte, die damals in Polen mit Krediten finanziert wurden. Auch wurden Kredite zur Bezahlung von Konsumgüterimporten verwandt, um die Bevölkerung ruhig zu halten. Die westliche Bankenwelt und auch die damalige Bundesregierung haben diese leichtfertige Verschuldung mit gefördert. Heute trägt Polen an einer hohen Schuldenlast, die seine wirtschaftliche Erholung sehr stark behindert. In den ersten Jahrzehnten nach dem Kriege hatte Polen vor allem seine Schwerindustrie gefördert. Im Rahmen der Planungsvorgaben des RgW hatte das Land den Bergbau, die Stahlindustrie und den Schiffbau ausgebaut, andere Wirtschaftsbereiche aber vernachlässigt. Dadurch ist es zu einer verzerrten Wirtschaftsstruktur in Polen gekommen. Wirtschaftlich ertragreiche und auch wettbewerbsfähige Betriebe mußten überproportional hohe Gewinne erwirtschaften, um die übrigen Betriebe mit durchzuziehen. In einer international konkurrierenden Wirtschaft ist das aber nicht mehr durchzuhalten.

Man erkannte in Polen, daß diese Probleme nicht in erster Linie mit Geld sondern vor allem durch Strukturveränderungen gelöst werden mußten. Anfang der achtziger Jahre bereits wurden in der polnischen Wirtschaft weitreichende Reformen eingeleitet, die das Ziel hatten, die Selbstverwaltung, Selbstfinanzierung und Selbständigkeit der Unternehmen einzuführen, aber unter Beibehaltung einer marktkonformen und makroökonomischen Planung und Lenkung. Praktisch beschränkten sich diese ersten Reformschritte auf die Preisgestaltung. Es entwickelte sich so etwas wie eine 'sozialistische Marktwirtschaft'. Die teilweise erheblichen Preissteigerungen dämpften auf Zeit die vorher starke Nachfrage. Zu Beginn der nächsten Reformphase 1987/88 hatte die polnische Wirtschaft ein Stadium erreicht, in dem es keine einheitliche staatliche Planung mehr gab, aber auch noch keine voll entwickelte freie Marktwirtschaft. Ziel der neuen Reformkonzeption war es, das Marktgleichgewicht von Angebot und Nachfrage herzustellen, das Warenangebot zu verbessern, die noch bestehende makroökonomische Planung und Lenkung weiter abzubauen, staatliche und private Betriebe gleichzustellen und die polnische Währung zu stabilisieren. Es wurde ein zweistufiges Bankensystem geschaffen. Neben der Zentralbank entwickelten sich Geschäftsbanken, die miteinander konkurrierten. In einem Referendum am 29. November 1987 lehnte die Bevölkerung die Reformvorschläge der Regierung ab, vor allem weil man eine weitere und erhebliche Teuerungswelle befürchtete. So mußte die Regierung ihre Reformpolitik langfristiger auslegen und sehr viel vorsichtiger gestalten.

Anders als Ungarn und ähnlich wie die Tschechoslowakei besitzt Polen reiche Energie und Rohstoffvorkommen und hat eine bedeutende Industrieinfrastruktur. Aber trotz des leistungsfähigen oberschlesischen Industriegebietes, das heute ganz zu Polen gehört, hat das Land bisher den Anschluß an den Weltmarkt nur unzureichend gefunden. Es hat vielmehr, wie auch die anderen ehemals kommunistischen Staaten, jahrzehntelang von der Substanz gelebt.Die schrittweise Freigabe der Preise Anfang der achtziger Jahre hat sehr hohe Inflationsraten zur Folge gehabt, da Lohn- und Subventionssteigerungen widerstandslos durchgesetzt werden konnten. Seit Anfang der neunziger Jahre sind fast alle Preise freigegeben, der Zloty ist mehrfach abgewertet worden und der Devisenschwarzmarkt durch einen einheitlichen vom Markt geprägten Wechselkurs so gut wie beseitigt worden. Der Staat ist mehr und mehr aus dem Wirtschaftsgeschehen ausgeschieden und im Begriff, die in seinem Eigentum stehenden Produktionsmittel schrittweise zu privatisieren. 1991 wurde nach 51 Jahren erstmalig in Polen auch wieder eine Wertpapierbörse eröffnet. Da die Betriebe finanziell selbständig wirtschaften müssen und daher Lohnforderungen nur noch im Rahmen ihrer Produktivitäts- und Kostenentwicklung erfüllen können, und der Staat seine hemmungslose Subventionspolitik abgebaut hat, um die hohen Haushaltsdefizite zu reduzieren, sind inzwischen Preissteigerungs- und Inflationsraten erheblich zurückgegangen. Die Versorgung der Bevölkerung ist viel besser geworden, und die Exporte haben zugenommen. Damit steigen die Aussichten, auch die Außenwirtschaftsprobleme mittelfristig lösen zu können, insbesondere wenn es gelingt, das Schuldenproblem vernünftig in den Griff zu bekommen.

Die Wiedervereinigung Deutschlands hat für Polen nicht nur die Deutschlandpolitik, sondern auch die Europapolitik völlig verändert. Polen grenzt jetzt direkt an die Europäische Gemeinschaft. Am Ende der neunziger Jahre wird die ehemalige DDR auch wirtschaftlich das Niveau der alten Bundesrepublik erreicht haben. Wirtschaftspolitisch muß daher ein schnelles Ansteigen des Lebensstandards in Polen angestrebt werden, um die EG-Grenze nicht zu einem tiefen Wohlstandsgraben werden zu lassen mit unvorhersehbaren Konsequenzen für das soziale Verhalten und auch für die Mobilität der Bevölkerung. Dies gilt im übrigen in ähnlicher Weise für die Tschechoslowakei und auch für Ungarn, insbesondere, wenn Österreich Mitglied der EG sein wird.

Die definitive Anerkennung der Oder/Neiße-Linie als deutsch-polnische Grenze hat Polen außen- und europapolitischen Spielraum zurückgegeben. Polen wird sein Verhältnis zum neuen deutschen Gesamtstaat jetzt neu gestalten können. Der Abzug der sowjetischen Besatzungstruppen aus Ungarn, der Tschechoslowakei und der ehemaligen DDR und damit am Ende auch aus Polen wird es dem Lande ermöglichen, seine einseitige Bindung an die Sowjetunion durch eine offene Politik nach beiden Seiten zu ersetzen.

Nach Auflösung des Warschauer Pakts und damit der einseitigen Bindung, bemüht sich Polen, politisch in beide Richtungen für das Land nützliche Beziehungen zu entwickeln. Verträge über Zusammenarbeit und gute Nachbarschaft stabilisieren das Verhältnis zu den ehemaligen Partnern im Warschauer Pakt, vor allem zu den Nachfolgestaaten der Sowjetunion, zur Tschechoslowakei und Ungarn.

Mit Deutschland hat Polen am 14. November 1990 einen Grenzvertrag geschlossen, durch den das vereinigte Deutschland den Grenzverlauf an der Oder und Neiße endgültig anerkennt. Am 17. Juni 1991 haben beide Staaten einen weiteren Vertrag über gute Nachbarschaft und Zusammenarbeit geschlossen und damit in umfassender Weise alle gegenseitigen Fragen und Probleme geregelt. Ein Vertrag vom 19. April 1991 mit Frankreich über Freundschaft und Solidarität knüpft an die alten und engen Beziehungen beider Länder vor dem zweiten Weltkrieg an, ohne jedoch das Bündnissystem jener Zeit wieder aufleben zu lassen. Weitere vertragliche Bindungen sind mit Italien, Jugoslawien, Österreich, der Tschechoslowakei und Ungarn - der sogenannten Hexagonale - geschlossen worden, bzw. sind beabsichtigt und werden Polen enger in die europäische Staatengemeinschaft einbinden.

Was die Sicherheitspolitik betrifft, so weiß man in Polen, daß eine Bindung an, oder gar eine Mitgliedschaft in der NATO gegenwärtig nicht möglich ist. Die NATO ist entsprechenden Tentenzen entgegengetreten. Trotz des Rückzugs der Roten Armee aus Mittel- und Osteuropa haben die Staaten des ehemaligen Warschauer Paktes, insbesondere Polen und die Tschechoslowakei, für die Nachfolgestaaten der Sowjetunion nach wie vor eine große sicherheitspolitische Bedeutung. Die Ausdehnung der NATO bis an die Westgrenzen von Weißrußland und der Ukraine würde diese sicherheitspolitischen Interessen beeinträchtigen und den Stabilisierungsprozess der neuen Staatengemeinschaft gefährden. Ob die NATO in absehbarer Zukunft ihre Aufgaben erfüllt haben und aufgelöst werden wird oder in eine, die ganze nördliche Halbkugel der Erde umfassende Sicherheitsgemeinschaft weiterentwickelt werden wird, hängt ganz wesentlich von der Entwicklung der Nachfolgestaaten der ehemaligen Sowjetunion ab. Mit der Schaffung des NATO-Kooperationsrates, in dem die ehemaligen Mitgliedstaaten des Warschauer Paktes mitarbeiten bzw. zur Mitarbeit eingeladen sind, hat die NATO ihre aktive aber dennoch abwartende Haltung dokumentiert. Für die drei mittel- und osteuropäischen Staaten Polen, die Tschechoslowakei und Ungarn bedeutet diese Politik, daß sie für absehbare Zeit bündnisfrei bleiben müssen, was jedoch nicht mit Schutzlosigkeit gleichzusetzen ist. Der jetzt erreichte status quo bedeutet auch für den Westen und damit für die NATO eine neue sicherheitspolitische Qualität. Sie ist eine wesentliche Voraussetzung für die Reduzierung der Rüstung und der Truppenstärke in Europa.

Polens Ziel ist die Vollmitgliedschaft in der EG, nicht nur aus wirtschaftlichen, sondern auch aus politischen Gründen. Eine enge Einbindung in die Europäische Gemeinschaft wird es Polen erlauben, innerhalb der Gemeinschaft der europäischen Ostpolitik einen besonderen Akzent zu geben. Innerhalb der Europäischen Gemeinschaft kann auch das deutsch-polnische Verhältnis völlig von seinen historischen Belastungen gelöst und auf ganz neue Grundlagen gestellt werden. Eine enge Kooperation beider Völker auf allen Gebieten der Wirtschaft, der Kultur, der Wissenschaft und Forschung und auch der Politik würde viel dazu beitragen, die beiderseitigen historischen Wunden nicht nur zu heilen, sondern allmählich in Vergessenheit geraten zu lassen. Polen muß daher ein fundamentales Interesse an einer engen und dauerhaften wirtschaftlichen und politischen Integration Deutschlands in die EG haben. Und auch Deutschland sollte bemüht sein, Polen den Weg in die EG bald zu ermöglichen. Allerdings werden vor allem die wirtschaftlichen Bedingungen wohl kaum vor dem Ende der neunziger Jahre eine Vollmitgliedschaft erlauben. Nach Ungarn und der Tschechoslowakei dürfte Polen das dritte ehemalige RgW-Land sein, das den Weg in die EG finden wird.

Tschechoslowakei

Die Tschechoslowakei ist ein Resultat des Auseinanderfallens Österreich-Ungarns nach dem ersten Weltkrieg. Noch Mitte 1918 wurde in den Kreisen tschechischer Politiker, die in London und Paris Einfluß auf die Gestaltung der Nachkriegszeit zu nehmen suchten, die Möglichkeit einer Umgestaltung Österreich-Ungarns in eine Föderation und auch eine Union der tschechischen und slowakischen Siedlungsgebiete mit Polen als denkbare Lösung erwogen. Der schnelle Zerfall der Doppelmonarchie am Ende des Krieges führte dann aber zur Gründung eines unabhängigen tschechischen Staates, dem sich die zu Ungarn gehörenden slowakischen und ruthenischen Siedlungsgebiete anschlossen. Da tschechische Truppen, gebildet aus Überläufern und Kriegsgefangenen, auf Seiten der Westmächte im Krieg gekämpft hatten, konnte der neue Staat für sich die Rolle einer kriegführenden Partei in Anspruch nehmen und aktiv an den Friedensverhandlungen auf Seiten der Westmächte teilnehmen. So konnten die tschechoslowakischen Abgesandten durchsetzen, daß das gesamte deutsche Siedlungsgebiet in Böhmen und Mähren und sogar Grenzstreifen Niederösterreichs, ebenso weite rein ungarisch besiedelte Gebiete nördlich der Donau und auch der größere Teil des polnisch besiedelten Teschener Schlesiens dem neuen Staat zugeschlagen wurden. Die Proteste der betroffenen Bevölkerung wurden nicht beachtet, die Gebiete wurden zum Teil mit militärischer Gewalt dem tschechoslowakischen Staat einverleibt. Um das Teschener Gebiet gab es sogar einen kurzen Krieg mit Polen, den die Polen abbrechen mußten, da sie gleichzeitig im Krieg mit der jungen Sowjetunion standen. Das Teschener Gebiet wurde zwischen beiden Staaten geteilt. Der neue Staat wurde so ein Vielvölkerstaat, in dem Deutsche, Ungarn, Polen und Ukrainer etwa ein Drittel der Gesamtbevölkerung ausmachten. Die Folge dieser imperialistischen Staatsgründung war ein gespanntes Verhältnis zu allen Nachbarstaaten mit Ausnahme Rumäniens. Hinzu kam, daß auch im Innern an Stelle einer Politik des Ausgleichs und der Gleichbehandlung nach Schweizer Vorbild, die Staatsgründer eine tschechische Nationalisierungspolitk begannen, die sehr schnell zu erheblichen Konflikten führte.

Zusammen mit Jugoslawien und Rumänien hatte die Tschechoslowakei die sogenannte Kleine Entente ins Leben gerufen, deren politisches Ziel es war, jegliches Wiedererstarken Ungarns zu verhindern. In dieser Kleinen Entente hatte die Tschechoslowakei bis etwa 1935 eine gewisse Führungsrolle inne. Bestimmt wurde die Außenpolitik des Landes fast ausschließlich von Eduard Benesch, dem Außenminister, der für die Tschechoslowakei in den Pariser Friedensverträgen fast alles erreicht hatte und im Laufe der Zeit immer mehr dazu neigte, die Rolle und Bedeutung der Tschechoslowakei im europäischen Mächtesystem zu überschätzen. Er hielt den status quo seines Landes als im Interesse ganz Europas gelegen und bekämpfte daher jegliche Revision. Zu spät begriff man, daß sich mit dem Wiederaufstieg Deutschlands die Machtverhältnisse wieder verändert hatten und die Bedeutung der Kleinen Entente geschwunden war. Eine Einbindung Polens in diesen Bund kam nie zustande, vor allem wegen des Streites um das überwiegend polnisch besiedelte Teschener Gebiet. Polen und die Kleine Entente hatten in den Augen der Westmächte aber die Funktion eines cordon sanitaire zwischen Deutschland und dem kommunistischen Rußland. Diese Rolle endete aber schon mit dem französisch - sowjetischen Nichtangriffspakt vom 29. November

1932. Frankreich zog mit diesem Vertrag die Konsequenz aus der Schwäche der neuen mittel-osteuropäischen Staatengesellschaft.
Die Tschechoslowakei verhielt sich gegenüber der Sowjetunion lange Zeit sehr reserviert. Erst 1934 wurde die Sowjetunion de jure anerkannt. Am 16. Mai 1935 erfolgte dann aber bereits der Abschluß eines Beistandspaktes zwischen beiden Staaten.

Zur tschechoslowakischen Politik der Erhaltung des status quo, und damit gegen jede Änderung der Nachkriegsordnung, gehörte auch die Verhinderung einer engeren Bindung Österreichs an Deutschland. Neben Italien wurde die Tschechoslowakei somit zur ungebetenen Schutzmacht Österreichs. Die Anfang der dreißiger Jahre beabsichtigte Zollunion zwischen Deutschland und Österreich wurde beispielsweise von Jugoslawien und Rumänien durchaus befürwortet, von der Tschechoslowakei, Italien und auch Frankreich hingegen aus politischen Gründen bekämpft. Die kleine Entente verfolgte also durchaus nicht immer eine einheitliche Außenpolitik.

Nach dem Verlust aller nicht tschechoslowakisch besiedelten Gebiete an Deutschland, Polen und Ungarn im Herbst 1938 änderte das Land seine Außenpolitik und machte den Versuch, sich aus dem französisch dominierten Lager der Gegner Deutschlands zu lösen und sich stärker an Deutschland anzulehnen. Diese neue außenpolitische Linie konnte aber die Selbständigkeit des Landes nicht mehr bewahren. Schon im Herbst 1938 bemühten sich die Slowaken und die Ukrainer in der Karpatho-Ukraine um mehr Autonomie. Im November 1938 wurde das Land daher in eine tschechisch- slowakisch- ukrainische Föderation umgestaltet. Das endgültige Auseinanderfallen des Staates konnte aber dadurch auch nicht mehr aufgehalten werden.

Der relativ geringe Widerstand in Europa gegen die Auflösung der Tschechoslowakei und die Angliederung Böhmen und Mährens als Protektorat an Deutschland hatte vor allem seine Ursache darin, daß man 1938 der Auffassung war, dieser Vielvölkerstaat habe sich als nicht lebensfähig erwiesen. Im zweiten Weltkrieg gelang es Eduard Benesch, in London eine Exilregierung zu bilden. Erst jetzt unter den veränderten Bedingungen des Krieges gewann die Tschechoslowakeit für den Westen eine wachsende Rolle in der Auseinandersetzung um den Einfluß im Nachkriegseuropa. Aber erst im August 1942 wurde das Münchner Abkommen durch Großbritannien widerrufen und die Wiederherstellung des tschechoslowakischen Staates in den Grenzen von 1938 gefordert. Damals allerdings strebte man noch eine polnisch-tschechoslowakische Konföderation an und bekräftigte dieses Ziel durch zwei Abkommen der beiden Exilregierungen. Die Vertreibung der Deutschen und Ungarn aus ihren Siedlungsgebieten in der Vorkriegs-Tschechoslowakei, also etwa eines Drittels der Gesamtbevölkerung, wurde aber erst 1943 durch die Sowjetunion und die USA gebilligt. Aus heutiger Sicht war diese Verteibung ein massiver politischer Fehler, geboren aus blindmachender Rache. Sie hat zu einem Aderlaß der wirtschaftlichen und auch kulturellen Leistungsfähigkeit des Landes geführt, dessen Folgen bis heute nicht überwunden sind.

Nach 1943 bemühte sich die tschechoslowakische Exilregierung auch um engere Beziehungen zur Sowjetunion. Im Dezember des Jahres schlossen beide Regierungen einen Bündnisvertrag. Die Idee einer Konföderation mit Polen wurde zu dieser Zeit aufgegeben. Sie widersprach der klassischen Europapolitik der Sowjetunion.

Am Ende des Krieges besetzten sowjetische Truppen den größten Teil des Landes und föderten die Teilnahme der Kommunisten an der Regierung. Anders als in anderen zum Besatzungsbereich der Sowjetunion gehörenden Staaten hatte die Tschechoslowakei bereits vor dem Kriege eine relativ starke kommunistische Partei, die in freien Wahlen etwa 10 % der Stimmen erringen konnte. Bis 1948 hatten die Kommunisten schrittweise die Macht übernommen und regierten das Land bis zum Umschwung 1989/90. Der Versuch, 1968 die kommunistische Diktatur durch eine liberalere Regierungsform zu ersetzen, scheiterte an der Breschnew-Doktrin, die den Satelliten der Sowjetunion keine ideologische Freiheit zugestand. Aber man behielt nach 1968 zum Beispiel in der Landwirtschaft einige der Reformen aus der Zeit des 'Prager Frühlings' bei, so die betriebliche Entscheidungsautonomie und die damit verbundenen Produktionsanreize. Darum konnte die Versorgung mit Agrarprodukten relativ zufriedenstellend gesichert werden. Auch im Bereich von Industrie und Dienstleistungen blieben einige marktwirtschaftliche Ansätze zunächst erhalten. Erst die Auswirkungen der starken Ölpreissteigerungen in den siebziger Jahren führten die Wirtschaft zurück zum straffen System der zentralen Lenkung. Bis zum Ende der achtziger Jahre hielt das kommunistische Regime an diesem System der zentral gelenkten Planwirtschaft fest. Erst sehr spät, verglichen mit Polen und Ungarn, begann man sehr zögernd mit Reformen. Erst mit der politischen und ökonomischen Öffnung in der Sowjetunion und mit dem Wegfall der Souveränitätsbeschränkung der Breschnew-Doktrin wurden auch in der Tschechoslowakei immer deutlicher Forderungen nach ökonomischen und politischen Reformen laut, die dann 1989/90 zur Wiedereinführung pluralistisch-demokratischer Strukturen und einer freien Marktwirtschaft führten.

Mit der EG bestanden zunächst nur Regelungen über Textil- und Stahlhandel. Nach den Veränderungen im RgW-Bereich und nach offizieller Anerkennung und Herstellung diplomatischer Beziehungen zwischen der Tschechoslowakei und der EG strebte das Land zunächst nur sehr zögerlich weitere vertragliche Bindungen an. Anders als mit Polen und Ungarn wurde daher mit der Tschechoslowakei nur ein Handelsabkommen geschlossen. Erst nach der Wende zur pluralistischen Demokratie und zur freien Marktwirtschaft wurde auch mit der Tschechoslowakei ein Kooperationasabkommen geschlossen. Seither bemüht sich das Land um engere Bindungen an die EG. Im Februar 1991 wurde die Tschechoslowakei in den Europarat aufgenommen und damit nach Ungarn das zweite ehemalige Ostblockland, das in diese Gemeinschaft der europäischen Staaten eintrat.

Wirtschaftlich war die Tschechoslowakei als eines der am stärksten industrialisierten Länder des Ostblocks sehr stark in den RgW eingebunden. Seine Industrieproduktion war fast ausschließlich am Bedarf der anderen RgW-Staaten, insbesondere der Sowjetunion orientiert. Die Wirtschaftsreformen sind relativ langsam angelaufen. Die Umwandlung der zentralen Planungswirtschaft bereitet erhebliche Schwierigkeiten. Hohe Inflations- und Arbeitslosenraten, sowie der Rückgang der Produktion, sind deutliche Kriterien für den Stand der Wirtschaft. Die Wiederherstellung der alten Wirtschafts- und Handelsbeziehungen zu den gegenwärtigen EG-Mitgliedstaaten wird aber ganz entscheidend von der Rückgewinnung der Wettbewerbsfähigkeit auf dem freien Weltmarkt abhängen. Dazu muß das Land erhebliche Mittel investieren, um die Produktivität zu steigern, die Qualität seiner Produkte zu verbessern und vor allem auch die Qualität der Produktion an die westlichen Standards anzupassen.

Die Umweltsituation vor allem in Böhmen und tschechisch Schlesien ist katastrophal. Erleichtert wird die Beschaffung des notwendigen Kapitals sicherlich dadurch, daß das Land relativ gering in westlicher Valuta verschuldet ist.

Politisch werden sich viele der Vorkriegsprobleme durch eine Integration der Tschechoslowakei in die EG relativieren. Auch dürfte die umstrittene Grenzziehung des Landes nach dem ersten Weltkrieg durch eine Vollmitgliedschaft in der EG vieles von ihrer einstigen Brisanz verlieren. Die Existenz dieses Staates ist heute in der europäischen Völkerfamilie unumstritten. Die föderative Gestaltung im Innern und der Verzicht des tschechischen Volksteils auf seine frühere Nationalisierungspolitik können auch das Zusammenleben der Tschechen und Slowaken und der Reste der einstigen deutschen, polnischen und ungarischen Bevölkerungsgruppen erleichtern und entkrampfen. Hierzu wird ganz wesentlich die uneingeschränkte Respektierung der Menschenrechte und der Schlußakte von Helsinki beitragen. Inzwischen hat die Tschechoslowakei alle Voraussetzungen dafür geschaffen, der europäischen Menschenrechtskonvention beizutreten und deren Forderungen in die nationale Gesetzgebung einzubeziehen. Verbleibende Konfliktpunkte aus der Vorkriegszeit sind innerhalb einer europäischen Gemeinschaft sicherlich leichter lösbar. Voraussetzung ist die uneingeschränkte Bereitschaft zu notwendigen Kompromissen. Ohne eine solche Bereitschaft ist eine Vollmitgliedschaft ohnehin nicht denkbar, zumal sie die Abgabe hoheitlicher Rechte und damit die Einschränkung der Souveränität erfordert.

Die Tschechoslowakei hat relativ spät begonnen, demokratisch-rechtsstaatliche Strukturen zu schaffen, diese dann aber durch freie Wahlen der Parlamente und durch die Einführung von Koalitions- und Pressefreiheit zügig vollendet. Die inneren Konflikte zwischen den Tschechen und den Slowaken haben bisher die Verabschiedung einer neuen Verfassung verhindert. Gegenwärtig ist auch noch nicht endgültig entschieden, ob das Land als Föderation fortbesteht, oder in selbständige Republiken auseinanderfällt.

Die Tschechoslowakei, wenn sie als Staat Bestand behält, dürfte also in absehbarer Zeit, aber wohl kaum vor dem Ende der neunziger Jahre die Voraussetzungen für eine Mitgliedschaft in der Europäischen Gemeinschaft erfüllen.

Ungarn

Ungarns neuere Geschichte beginnt mit der Eroberung des größeren Teiles des Landes durch die Türken in den Jahren bis 1529. Für etwa 160 Jahre wurde das Land von den Türken beherrscht und dann nach und nach von den Heeren des Heiligen Römischen Reiches Deutscher Nation wieder befreit. Seit 1867 bildet es zusammen mit Österreich den Kern der habsburgischen Doppelmonarchie. Zusammen mit den Deutschen spielten die Ungarn eine dominierende Rolle in Südosteuropa und nahmen zunehmenden Einfluß insbesondere auf die Balkanpolitik Österreich-Ungarns. Mit dem Zerfall dieses Staates nach dem ersten Weltkrieg verlor Ungarn seine beherrschende Position und mußte Dreiviertel seines Staatsgebiets abgeben, darunter auch rein ungarisch besiedelte Gebiete an die Tschechoslowakei, Rumänien und Jugoslawien. In Rest-Ungarn konnte sich nach dem Zusammenbruch der feudalistisch-monarchischen Herrschafts- und Gesellschaftsstrukturen keine stabile demokratische

Verfassung durchsetzen. Ungarn blieb eine Monarchie ohne König unter Führung des ehemaligen Admirals Nikolaus von Horthy als Reichsverweser.

Das Land war durch den Frieden von Trianon tief gedemütigt worden und suchte enge Anlehnung an das faschistische Italien und später auch an Deutschland. Sein politisches Ziel war eine Revision der territorialen Friedensbedingungen. 1938/39 konnte Ungarn frühere ungarische Gebiete der Slowakei zurückgewinnen und die Karpatho-Ukraine erwerben. 1940 erhielt das Land durch den sogenannten Wiener Schiedsspruch den nördlichen Teil Siebenbürgens von Rumänien zurück. Ungarn wurde aber 1941 an der Seite Deutschlands in den Krieg gegen die Sowjetunion und damit auch in die Niederlage 1945 mit hineingezogen und 1947 durch den Pariser Friedensvertrag auf seinen territorialen Bestand von 1920 zurückgeworfen.

Seit 1944/45 ist Ungarn von sowjetischen Truppen besetzt. Dennoch gelang es den Kommunisten zunächst nicht, bei den Parlamentswahlen eine beherrschende politische Rolle zu gewinnen. Obwohl die Partei der kleinen Landwirte im Parlament die absolute Mehrheit hatte, nahm sie auch die Kommunisten mit in die Regierungskoalition auf und schuf so deren Basis zur schrittweisen Eroberung der Macht und der Einführung einer Einparteiendiktatur im Jahre 1949. Ungarn führte seither ein eng an die Sowjetunion gebundenes Satellitendasein. Aber schon 1956 signalisierte der Volksaufstand gegen die herrschende kommunistische Klasse und die sowjetische Besatzungsmacht zum ersten Mal sehr deutlich den Willen der Mehrheit der Ungarn, sich aus dem Zwang der sowjetischen Oberhoheit und der kommunistischen Diktatur zu lösen. Aber Erfolg war diesem Streben auch erst, wie in den anderen RgW-Staaten, im Zuge des Verfalls des Ostblocks 1989/90 beschieden.

Ungarns Wirtschaft bewegt sich gegenwärtig von einer mit vielfachen Marktelementen durchsetzten Planwirtschaft zur freien Marktwirtschaft. In der Politik ist die kommunistische Einparteienherrschaft durch politische Pluralität ersetzt worden. Eine neue Verfassung hat die Grundlage für demokratische Strukturen des Staates und der Gesellschaft geschaffen. Während die kommunistische Diktatur die Verfassung eines Landes nur als eine der Politik untergeordnete Deklaration betrachtet hatte, die sich den Machtansprüchen der Herrschenden anzupassen hatte, ist die Verfassung eines demokratischen Rechtsstaats oberstes Grundgesetz für die Macht-Ausübenden. Hierin liegt der Kern der Reformen in den ehemals kommunistischen RgW-Staaten.

Nach der Niederwerfung des Volksaufstandes 1956 begannen in den sechziger Jahren erste vorsichtige Reformen in der Wirtschaft. So konnten landwirtschaftliche Genossenschaften und andere Unternehmen selbständig und gewinnbringend wirtschaften. Die staatliche Kontrolle wurde gelockert, das zentrale Preissystem wurde beweglicher gestaltet, die Planung wurde durch indirekte Regulatorien, wie Steuern, Löhne und Basispreise ersetzt. Auf diese Weise wurde in Ungarn schon sehr früh eine relativ sichere Versorgung der Bevölkerung erreicht.

Als 1968 in Prag der Aufbau einer menschlicheren Form des Kommunismus scheiterte, und der Volksaufstand mit Hilfe der Truppen des Warschauer Paktes niedergeworfen wurde, geriet Ungarn mit seiner Reformpolitik in die Isolation und brach sie ab. Ende der siebziger Jahre wurde erneut eine vorsichtige Reformpolitik eingeleitet, weil damals die wirtschaftlichen Probleme des Landes derartige Maßnahmen notwendig machten. Die private Schattenwirtschaft wurde legalisiert. Staatliche und genossenschaftliche Kleinunternehmen wurden verpachtet. Private Kleinbetriebe durften jetzt legal arbeiten. Mit dem "Neuen Ökonomischen Mechanişmus" (NEM) wurde die gesamte Wirtschaft dezentralisiert, und es wurden verstärkt marktwirtschaftliche Elemente eingeführt. Das Ergebnis dieser erneuten Reformen war eine wieder ständig sich verbessernde Versorgungslage. Anfang der achtziger Jahre wurden in Ungarn etwa 20 % des Bruttosozialprodukts von privaten Unternehmen erwirtschaftet. Die Produktion konnte gesteigert und die Qualität der Produkte verbessert werden und damit auch die Wettbewerbsfähigkeit auf dem Weltmarkt. Seither hat sich diese Entwicklung kontinuierlich fortgesetzt. Ungarn hat als erstes RgW-Land die Mehrwertsteuer und eine Einkommensteuer eingeführt, sowie seine Währung teilweise von Beschränkungen im Kapitalverkehr befreit und begrenzt konvertibel gestaltet. Aber die außerordentlich hohe Verschuldung in harter Valuta belastet das Land und seine Außenwirtschaft sehr stark.

Schon früh suchte das Land Kontakte zur EG, um die Wirtschaftsbeziehungen von ihrer einseitigen Orientierung zu lösen und schrittweise alte Handelsbeziehungen wiederzubeleben. Trotz der Krise in den Ost-West-Beziehungen und massiven Drucks der Sowjetunion hat Ungarn in den achtziger Jahren konsequent diese Beziehungen zu verbessern gesucht. Vor allem konnte der Handel mit den EFTA-Staaten, hier vor allem mit Österreich, erleichtert durch die traditionellen Bindungen, ausgebaut werden. Ungarn ist stark abhängig vom Außenhandel, nicht nur, weil es ein klassisches Agrarland ist, sondern auch wegen der Notwendigkeit, den Schuldendienst erwirtschaften zu müssen.

In der Mitte der achtziger Jahre gewann Ungarn auch außenpolitisch mehr Handlungsspielraum. Ungarn förderte damals die beginnenden Kontakte zwischen dem RgW und der EG nach Kräften. Der Durchbruch zur demokratischen Umwandlung und damit auch zur freien Marktwirtschaft war aber erst nach dem Sturz Kadars möglich. Er war mit seinen Reformen am Ende seines Weges als Kommunist angekommen. Die Alleinherrschaft der kommunistischen Partei hat er nie infrage gestellt. Die nun eingeleiteten wirtschaftlichen Veränderungen und die fortschreitende Privatisierung waren aber mit den kommunistischen Doktrinen nicht mehr vereinbar.

Ungarn bemüht sich seither nach Kräften um den Aufbau einer freien Marktwirtschaft in einer rechtsstaatlich demokratischen Staatsordnung. Anders als die Tschechoslowakei hat das Land aber nur geringe demokratische Traditionen, die es wiederbeleben könnte. Wirtschaftlich gab es vor dem Krieg große Gegensätze von Arm und Reich, so daß die freie Marktwirtschaft mit einer sozialen Komponente und die Demokratie nicht wiederhergestellt werden können, sondern erstmalig neu entwickelt werden müssen.

Ähnlich wie in der Tschechoslowakei ist der Demokratisierungsprozess in Ungarn inzwischen weit vorangekommen. Die Menschenrechte werden gewahrt. Die Schaffung marktwirtschaftlicher Strukturen dürfte erheblich weiter fortgeschritten sein als im Nachbarland Tschechoslowakei, das erst sehr spät mit der Veränderung seiner Wirtschaft begonnen hatte. Ungarn dürfte also von allen ehemaligen RgW-Staaten zuallererst die Voraussetzungen für eine Mitgliedschaft in der EG erfüllen. Ähnlich wie mit den anderen mittel- und osteuropäischen Staaten hat die EG auch mit Ungarn ein umfassendes Handels- und Kooperationsabkommen geschlossen, das dem Land den EG-Markt weitgehend öffnet und eine Zusammenarbeit auf allen Gebieten der Wirtschaft, der Wissenschaft und der Kultur erleichtert. Ungarn ist inzwischen Mitglied des Europarats und hat damit einen weiteren wichtigen Schritt hin zur Europäischen Gemeinschaft vollzogen. Ungarn wird beträchtliche wirtschaftliche Hilfe benötigen, um das wirtschaftliche Niveau der EG zu erreichen. Insbesondere wird eine Lösung des Schuldenproblems notwendig sein, bevor eine Vollmitgliedschaft denkbar wird. Aber ähnlich wie für die Tschechoslowakei dürften am Ende der neunziger Jahre auch für Ungarn die Voraussetzungen für eine Mitgliedschaft in der EG erfüllt sein. Der inzwischen auch mit Ungarn abgeschlossene Assoziierungsvertrag wird dazu beitragen, diesen Schritt vorzubereiten und zu erleichtern.

Auch für Ungarn wird es nicht leicht sein, sich mit dem Gedanken vertraut zu machen, Hoheitsrechte auf die Gemeinschaft zu übertragen und damit die gerade erst wieder errungene volle Souveränität einzuschränken. Eine Mitgliedschaft in der EG wird es aber auch Ungarn in der Zukunft leichter machen, sich mit dem Verlust ungarischer Gebiete an seine Nachbarn nach den beiden Weltkriegen abzufinden und eine Lösung der dadurch hervorgerufenen Probleme in europäischer Partnerschaft zu suchen. Für die ganze Gemeinschaft wird es wichtig sein, sich damit vertraut zu machen, daß eine Mitgliedschaft der mittel- und osteuropäischen Staaten die Gemeinschaft mit vielen historisch gewachsenen Problemen belasten wird. Die Integration dieser Staaten in die supranationale EG wird sicherlich Kompromißlösungen für die eine oder andere Frage leichter möglich machen. Sie wird es aber vor allem diesen Staaten erleichtern, sich mit dem status quo, den ihnen dieses grausame und törichte Jahrhundert hinterlassen hat, abzufinden und damit zu leben.

Polen, die Tschechoslowakei und Ungarn werden also im Laufe der neunziger Jahre politisch und wirtschaftlich die Voraussetzungen für eine Mitgliedschaft in der EG schaffen können. Eine zügige Verbesserung ihrer wirtschaftlichen Lage und - davon entscheidend abhängig - eine Stabilisierung der staatlichen und gesellschaftlichen Reformen liegt aber auch im Interesse der Europäischen Gemeinschaft und hier vor allem Deutschlands als unmittelbarem Nachbarn. Ein dauerndes und noch zunehmendes Wirtschafts- und Wohlstandgefälle von West nach Ost würde eine wachsende Westwanderung zur Folge haben, die der EG nicht nur erhebliche Probleme, sondern ebensolche Kosten bescheren würde, es sei denn, die Gemeinschaft würde ihre Ostgrenzen zu einer Zeit weitgehend schließen, zu der ihre östlichen Nachbarn auf dem Wege zu Freiheit, Demokratie und Marktwirtschaft sind. Abgesehen hiervon wäre insbesondere Deutschland auch überfordert. Nach dem Kriege mußte Deutschland etwa 12 Millionen Deutsche aus den heute zu Polen gehörenden Ostgebieten und aus dem Sudetenland aufnehmen und eingliedern. Es kann jetzt nicht erneut Millionen Polen und Tschechen aufnehmen. Insbesondere im Westen hat Deutschland auch aus ökologischen Gründen die Grenzen der Besiedlungsdichte erreicht.

Anzustreben ist daher eine zügige Verbesserung der Beziehungen zwischen der EG und diesen Ländern, insbesondere durch die Möglichkeiten, die die am 16.Dezember 1991 unterzeichneten Assoziierungsverträge den Beteiligten eröffnen. Diese vertragliche Bindung an die Gemeinschaft wird eine spätere Mitgliedschaft vorbereiten, vor allem aber auch eine effektive Hilfe erleichtern. Wichtig ist eine umfangreiche Kapitalhilfe. Diese wird aber nur dann wirksam sein, wenn zuvor die wirtschaftlichen Strukturen so angepaßt und reformiert sind, daß mit dem Kapital die Wirtschaft und die Wettbewerbsfähigkeit nachhaltig verbessert werden. Das bedeutet, daß die Kapitalhilfe gezielt an Unternehmen gegeben wird, und von einer Managementhilfe begleitet werden sollte. Neben der öffentlichen und privaten Kapitalhilfe muß die Schuldenlast erträglicher gestaltet werden und zwar durch den Erlaß eines Teils der Schulden und - wie bereits dargelegt - durch eine Begrenzung des Schuldendienstes auf einen bestimmten Prozentsatz der Exporterlöse.

Die Assoziierungsverträge werden die schrittweise Entwicklung einer Freihandelszone zwischen der EG und den drei östlichen Nachbarländern einleiten und auch den Zugang zum EG-Markt für die Exportprodukte - auch für Agrarprodukte - nach und nach von allen Hemmnissen befreien.

Für eine kontinuierliche Aufwärtsentwicklung in diesen Ländern ist es sehr wichtig, nicht die kapitalen Fehler der deutschen wirtschaftlichen Wiedervereinigung zu wiederholen. Das bedeutet, daß die Umwandlung der zentral geplanten und gesteuerten Wirtschaftsaktivität in eine freie, den Gesetzen des Marktes allein unterworfene Wirtschaft und die Erhaltung von wettbewerbsfähigen Arbeitsplätzen und ihre Neuschaffung für eine längere Übergansphase Vorrang vor dem freien Zugang westlicher Exporteure zu diesen Märkten haben muß.
Eine enge Zusammenarbeit dieser drei Länder auf allen Gebieten der Politik und der Wirtschaft, mit dem Ziel schrittweise untereinander eine Zoll- und Freihandelszone zu entwickeln, kann die Annäherung an die EG sehr wirksam fördern.

Neben dieser Vorbereitung auf den freien Waren-, Kapital- und Dienstleistungsverkehr muß durch die Assoziierungsabkommen auch die weitere Freiheit für die Menschen schrittweise vorbereitet werden. Visumfreie Reisemöglichkeiten sind dazu der erste Schritt. Aber - wie bereits dargelegt - kann niemand in Europa ein Interesse an einer starken Ost-West-Wanderung haben. Solange die wirtschaftlichen Verhältnisse in diesen Ländern Gründe für eine Westwanderung bieten, solange wird es für die Übersiedlung insbesondere von Polen und Tschechen in die EG Grenzen und Schranken geben müssen. Das Ziel ist es aber, mit einer vollen Mitgliedschaft dieser Länder in der EG auch für die Menschen dieser Länder die volle Niederlassungsfreiheit zu verwirklichen. Umgekehrt bedeutet die Freiheit für die Menschen in der EG, daß mit einer vollen Mitgliedschaft dieser Staaten auch die Deutschen und die Ungarn eine Niederlassungsfreiheit in diesen Ländern beanspruchen können. Sehr wahrscheinlich werden nicht viele Vertriebene oder ihre Nachkommen dieses Recht nutzen, um in die alte Heimat zurückzukehren. Aber es wird dennoch eine umfassende, rechtsstaatliche Klärung aller damit verbundenen Fragen, vor allem auch der Eigentumsfragen, unverzichtbar sein.

In dieser Phase der Assoziierung werden sich diese Staaten auch mit der Veränderung ihrer nationalen Souveränität durch einen Beitritt zur EG vertraut machen müssen. In der Europäischen Gemeinschaft haben die vielen Jahrzehnte der Zusammengehörigkeit den alten Nationalismus stark reduziert und europäisiert. Nationale Probleme werden heute anders gesehen und bewertet als in früherer Zeit. Nationale Konflikte haben viel von ihrem zwischenstaatlichen Gefahrenpotential verloren, obwohl es sie durchaus nocht gibt, wie etwa die Streitobjekte Nordirland oder Gibraltar zeigen. In vielen Staaten Mittel- und Osteuropas ist der Nationalismus unter sowjetischer Herrschaft nur unterdrückt gewesen und nach Rückgewinnung der Selbständigkeit zum Teil wieder stark aufgelebt. Ein übersteigerter Nationalismus und damit verbunden eine nationale Selbstüberschätzung bestimmen wieder manche politische Entscheidung. Auch hier muß die Assoziierungsphase dazu beitragen, den beitrittswilligen Staaten und Völkern die Erfahrungen der EG mit der Überwindung dieses Nationalismus zu vermitteln und ihnen helfen, ihre Konflikte und Probleme mit ihren Nachbarn und im Innern friedlich und dauerhaft zu lösen.

Jugoslawien

Jugoslawien entstand nach dem ersten Weltkrieg aus dem Königreich Serbien, dem Fürstentum Montenegro und den südslawischen Gebieten Österreich-Ungarns. Es bestand schon damals ein starkes wirtschaftliches Gefälle von Nord nach Süd in dem neugegründeten Staat. Hinzu kamen kulturelle Spannungen zwischen dem katholischen Norden, dem orthodoxen Serbien und dem überwiegend islamischen Bosnien und Montenegro. Vielfältig war auch die Bevölkerungsstruktur: Slowenen und Kroaten im Norden, Bosniaken und Serben in der Mitte und Mazedonier im Süden, dazu viele Minderheiten, wie Albaner in Kosovo, Ungarn und Rumänen in der Wojwodina und Deutsche in Slowenien und Kroatien. Zusammengehalten wurde dieser Vielvölkerstaat durch die starke Zentralgewalt und das nun gemeinsame, bis dahin serbische Königshaus. Mit dem Ende der Monarchie nach dem Kriege fiel der kommunistischen Partei diese Rolle zu. Neben ihr war und ist bis in die Gegenwart die Bundesarmee das Bindeglied zwischen den Völkern und Volksgruppen Jugoslawiens gewesen. Allerdings dominierten sowohl in der Partei als auch in der Armee die Serben. Ihre Bemühungen, Jugoslawien vor dem Auseinanderfallen zu bewahren, war daher in erster Linie auch der Versuch, die groß-serbische Staatsidee zu erhalten und für Serbien die relative Wirtschaftskraft der nördlichen Republiken weiterhin zu nutzen.

Außenpolitisch verbündete sich Jugoslawien nach dem ersten Weltkrieg mit der Tschechoslowakei in der Kleinen Entente, um sich gegen Revisionswünsche seiner Nachbarn, vor allem Ungarns, zu sichern. Konflikte gab es aber auch mit Italien wegen der Zugehörigkeit Fiumes (Rijekas), mit Österreich um Teile Kärntens und mit Rumänien um die Grenzziehung im Banat. Aber auch im Innern hatte der neue Staat mit erheblichen Problemen zu kämpfen. So strebte eine starke Opposition in Kroatien nach Selbständigkeit und bekämpfte den mit der Verfassung vom Juni 1921 geschaffenen zentralistischen Einheitsstaat.

1920 schloß sich Rumänien der Kleinen Entente an. 1926 schloß Jugoslawien mit Polen einen Freundschaftsvertrag und ein Jahr später, am 11.November 1927, einen Bündnisvertrag mit Frankreich. Damit war auch dieses Land in das von Frankreich geführte europäische Bündnissystem gegen Deutschland und gegen eine Ausbreitung des sowjetrussischen Kommunismus voll eingebunden. Im Februar 1934 wurde dieses Netz von Verträgen durch den Balkanpakt erweitert, in dem sich Jugoslawien, Griechenland, Rumänien und die Türkei zusammenschlossen. Der Balkanpakt war ein Beistandspakt und eine Vereinbarung, die Außenpolitik miteinander zu koordinieren. Mit dem Wiederaufstieg Deutschlands im europäischen Mächtekonzert änderte sich auch die jugoslawische Außenpolitik. Ab 1935 bemühte man sich um eine engere Anlehnung an Deutschland und an die mit Deutschland verbündeten Staaten. So gelang es, Anfang 1937 die Streitigkeiten mit Bulgarien beizulegen und einen Freundschaftsvertrag abzuschließen. Im gleichen Jahr kam es zum Ausgleich mit Italien und zum Abschluß eines Nichtangriffspakts. Schließlich wurde noch im Dezember

1940 ein Freundschaftsvertrag mit Ungarn geschlossen. Damit hatte Jugoslawien seine Position in Südosteuropa durch ein vielfältiges Netz von Verträgen gesichert. Es gelang Jugoslawien aber nicht, sich aus dem zweiten Weltkrieg herauszuhalten. Dem Beitritt zum Dreimächtepakt folgte unmittelbar der Sturz der Regierung und am 3. April 1941 der Abschluß eines Freundschafts- und Nichtangriffspakts mit der Sowjetunion. Für Hitler war dies der Anlaß, Jugoslawien anzugreifen und zusammen mit Italien, Ungarn und Bulgarien - trotz der zwischen diesen Staaten und Jugoslawien bestehenden Freundschafts- und Nichtangriffsverträge - militärisch zu besetzen.

Jugoslawien fiel als Folge dieses Krieges wieder auseinander. Kroatien wurde unter Einschluß Bosniens zu einem selbständigen Staat unter der diktatorischen Regierung des Führers der Ustascha-Bewegung, Ante Pavelic. Serbien wurde ebenfalls wieder selbständig, aber unter deutscher Militärverwaltung. Im übrigen annektierten Deutschland, Ungarn, Bulgarien und vor allem Italien umfangreiche jugoslawische Gebiete.

Jugoslawien ist das einzige osteuropäische Land, in dem nach dem Kriege die Kommunisten ohne Hilfe der sowjetischen Armee die Macht an sich reißen konnten. Unter der Herrschaft Titos wurde Jugoslawien zu einem Bundesstaat umgestaltet. Außenpolitisch lehnte sich das Land zunächst eng an die Sowjetunion an und schloß schon im April 1945 einen Bündnispakt. Aber Tito war in den folgenden Jahren nicht bereit, sich bedingungslos der Sowjetischen Oberhoheit unterzuordnen. 1948 kam es zum Bruch mit dem sowjetischen Diktator Stalin. Tito, und mit ihm Jugoslawien, konnte sich behaupten und eine neutrale Position zwischen den beiden Blöcken in Europa entwickeln. 1951 erklärten die Westmächte, daß jeder Angriff auf Jugoslawien für sie einen Akt der Aggression darstellen würde. Damit genoß das Land in seiner neutralen Position den Schutz des Westens und hörte endgültig auf, Teil des Ostblocks zu sein. 1954 schloß Jugoslawien mit den NATO-Mitgliedern Griechenland und der Türkei einen Beistandspakt, den sogenannten Balkanpakt, und modifizierte auf diese Weise seine bis dahin eingenommene neutrale Stellung. Darüberhinaus konnte Jugoslawien eine führende Rolle im Kreise der blockfreien Staaten der Welt entwickeln.

Politisch und ideologisch blieb das Land kommunistisch. Wirtschaftlich bemühte es sich, stärkere Bindungen zum Westen aufzubauen. Im Innern wurde durch die Schaffung von Arbeiter- und Verwaltungsräten eine gewisse betriebliche Selbstverwaltung eingeführt. Der Reiseverkehr, insbesondere der Tourismus, entwickelte sich sehr schnell zu einer wichtigen Devisenquelle für das Land. Eine begrenzte Konvertibilität der jugoslawischen Währung erleichterte den Ausbau der Handels- und Wirtschaftsbeziehungen. Jugoslawien hatte keine zentrale Planwirtschaft wie die übrigen kommunistisch geprägten Staaten, aber es kannte auch keine freie Marktwirtschaft, sondern eher eine Kombination von beiden Wirtschaftsformen. Zu den Ländern des RgW bestanden enge Außenhandelsbeziehungen auf bilateraler Basis.

Die wirtschaftliche Entwicklung des Landes ist seit Jahren gekennzeichnet durch hohe Inflationsraten, eine zunehmende Arbeitslosigkeit und ein ständig sinkendes Bruttosozialprodukt. Eine hohe Auslandsverschuldung erschwert die wirtschaftliche Konsolidierung. Eine besondere Bedeutung hat für Jugoslawiens Wirtschaft der Devisentransfer einer großen Zahl im westlichen Ausland tätiger Gastarbeiter. Etwa 20 bis 25 % der jährlichen Deviseneinnahmen kommen von ihnen. Im Außenhandel, ebenso wie in der inneren wirtschaftlichen

Entwicklung, sind die nördlichen Republiken erfolgreicher als die südlichen. Ihr Überschuß muß seit vielen Jahren das Defizit der südlichen Republiken ausgleichen.

Wirtschaftsreformen sind in den letzten Jahren nur zögerlich durchgeführt worden. Vor allem im Bereich der Kleinbetriebe und der Dienstleistungen gibt es heute mehr Gestaltungsfreiheit. Ziel der Reformbemühungen ist mehr Marktwirtschaft. Angestrebt wird eine Gleichberechtigung der verschiedenen Eigentumsformen, Tariffreiheit, Preisgestaltungsfreiheit und Gewerbe- und Unternehmensfreiheit. Es sollen auch selbständige Geschäftsbanken zugelassen werden und der Nationalbank mehr Unabhängigkeit in der Geldpolitik eingeräumt werden. Die Arbeiterselbstverwaltung in den Betrieben soll beibehalten werden, bei gleichzeitiger Beschränkung der Rechte von Selbstverwaltungskollektiven zur Sicherung der Wirtschaftlichkeit.

Nach dem Tode Titos dominierten in Jugoslawien sehr schnell die einzelnen Republiken. Die Verfassung gab ihnen eine starke Stellung in der Gesetzgebung. In den letzten Jahren haben sich in den Republiken Reformen und Demokratisierung mit unterschiedlicher Intensität durchgesetzt, im Norden stärker als im Süden des Landes. Noch kann aber nicht von einer rechtsstaatlichen, demokratischen Struktur in Jugoslawien und in allen Republiken gesprochen werden. Es hat sich aber seit dem Ende der achtziger Jahre eine Entwicklung verstärkt, die sich auf eine Auflösung der jugoslawischen Föderation hinbewegt. Auch die kommunistische Partei hat ihre alte zentralistische Struktur zugunsten einer föderalen aufgegeben. Wesentliches Motiv für diese Entwicklung ist die unterschiedliche Wirtschaftskraft der einzelnen Republiken. Der Norden, Slowenien und Kroatien, sind nicht länger bereit, eine Wirtschaftspolitik mitzutragen, die vornehmlich an den Interessen der ärmeren südlichen Republiken orientiert ist.

In jüngster Zeit streben die einzelnen Republiken eine individuelle Mitgliedschaft im Europarat und später in der EG an. Jugoslawien als ganzes hat inzwischen den Status eines Beobachters als Gast im Europarat erhalten. Diskutiert wird auch über einen Beitritt zur EFTA, um auf diesem Umweg später Mitglied in der EG zu werden. Man hat Sorge, in Europa isoliert zu werden, vor allem wenn Österreich und später auch Ungarn der EG beitreten. Gegen diesen Versuch, mittelfristig Mitglied der EG zu werden, gibt es eine stärker werdende Gegenströmung vor allem von muslimischer Seite.

Die Europäische Gemeinschaft hat sich seit vielen Jahren um die Förderung der Handels- und Wirtschaftsbeziehungen mit Jugolawien bemüht, ohne dabei zu übersehen, daß Jugoslawien trotz seiner Blockfreiheit ein kommunistisches Land geblieben war. Das Streben nach vertraglicher Regelung der Handels- und Wirtschaftsbeziehungen führte erst nach dem Tode Titos zum Erfolg. Auch unter dem Druck der Sorge, in Jugoslawien könne es zu einem Umsturz und zur Wiederangliederung des Landes an den damaligen Ostblock kommen, machte die EG im Handels- und Kooperationsvertrag vom 2. April 1980 weitreichende Zugeständnisse, der dadurch fast den Charakter eines Freihandelsabkommens gewann. Ergänzt wurde dieses Abkommen durch mehrere Finanzprotokolle, die dem Land die dringend benötigten Kredite und Finanzzuschüsse verschafften. Die von Jugoslawien darüberhinaus gewünschte Assoziierung an die EG würde deutliche Schritte in Richtung auf demokratisch-rechtsstaatliche Strukturen vorausgesetzt haben. Infolge des Bürgerkriegs in Jugoslawien und als wirtschaftliches Druckmittel, vor allem auf Serbien, hat die EG Ende

1991 den Handels- und Kooperationsvertrag von 1980 supendiert und alle Finanzhilfen eingestellt.

Außenpolitisch hat Jugoslawien nach dem Tode Titos seine herausragende Position im Kreise der Blockfreien sehr schnell verloren. Es hat aber noch am Ende der achtziger Jahre mit Erfolg eine gewisse Mittlerstellung zwischen Südosteuropa und den sich der EG annähernden mittel- und osteuropäischen Staaten Polen, der Tschechoslowakei und Ungarn entwickelt. So förderte Jugoslawien auf der Balkankonferenz im Februar 1988, an der Albanien, Bulgarien, Griechenland, Jugoslawien, Rumänien und die Türkei teilnahmen, die politische Kooperation dieser Staaten in dem sich damals abzeichnenden Wandel in Europa. Als Mitglied der auf Italiens Initiative ins Leben gerufenen Pentagonale - jetzt Hexagonale -, an der sich außer Jugoslawien Italien, Österreich, Polen, die Tschechoslowakei und Ungarn beteiligen, hatte Jugoslawien eine Art Brückenfunktion zwischen Nord und Süd auf dem Balkan entwickelt.

Gegenwärtig kann man weder feststellen, daß Jugoslawien und alle seine Einzelstaaten ihre Wirtschaftsstruktur in vollem Umfang nach den Prinzipien der Marktwirtschaft reformiert haben, noch haben das Land und einige seiner Republiken bisher eine rechtsstaatlich demokratische Ordnung entwickeln können. Dabei muß man berücksichtigen, daß Jugoslawien, ähnlich wie Ungarn und Polen, auch vor dem Kriege kaum eine freiheitlich demokratische Ordnung gekannt hat. Seit dem Staatsstreich des jugoslawischen Königs Peter im Januar 1929 herrschte im Lande eine Militärdiktatur. Auch fehlt es an der vollen Gewährleistung der Menschenrechte. Insbesondere kann der Schutz der Minderheiten, so der Albaner in der serbischen Provinz Kosowo und auch der Serben in Kroatien, unter Berücksichtigung der Unabhängigkeitsbestrebungen keinesfalls als völlig gesichert gelten.

Gegen Ende des Jahres 1991 wurde es immer unwahrscheinlicher, daß der jugoslawische Bundesstaat, in welcher Form auch immer, den Bürgerkrieg überdauern würde. An seine Stelle begannen eine Mehrzahl souveräner Kleinstaaten zu treten und das europäische Parkett zu bereichern. Im Dezember 1991 anerkannte Deutschland als erster Staat die völkerrechtliche Unabhängigkeit Sloweniens und Kroatiens. Für die EG traten damit neue Staaten als Partner an die Stelle Jugoslawiens. Der politischen Rolle Jugoslawiens setzt dieser Zerfall des Staates ein endgültiges Ende. Welcher Staat dieses Vakuum ausfüllen wird, ist gegenwärtig offen. Die zunehmend aktive Balkanpolitik der Türkei scheint darauf hinzudeuten, daß dieses Land sich um eine stärkere Position auf dem Balkan bemüht, vielleicht, um eines Tages in die ausgleichende Position Jugoslawiens hineinzuwachsen.

Die Haltung der EG gegenüber dem Streben der einzelnen jugoslawischen Republiken nach Unabhängigkeit war am Anfang gespalten. Einerseits wollte man alles tun, um das Auseinanderfallen dieses Bundesstaates zu verhindern, da wirtschaftlich wenig lebensfähige Kleinstaaten kein gutes Fundament für die Weiterentwicklung der Gemeinschaft sind. Andererseits aber mußte die Gemeinschaft die Prinzipien des Selbstbestimmungsrechts der Völker achten und schützen und damit das von der Mehrheit der Bürger getragene Streben nach Unabhängigkeit respektieren. Die Gemeinschaft muß vor allem aber ihre eigenen Interessen wahren. Solange die EG mehr eine supranationale Konföderation, denn eine Föderation ist, liegt es in ihrem Interesse, politisch leistungs- und handlungsfähige Staaten als Mitglieder zu haben. Da gegenwärtig jeder Mitgliedstaat bei den noch einstimmig zu fassenden Entscheidungen praktisch ein Vetorecht hat, schwächt eine größere Zahl kleinerer Mitgliedstaaten die Handlungsfähigkeit der Gemeinschaft. Dies kann sich in Zukunft ändern, wenn sich etwa im Zuge der Reformen die Stimmenzahl der Mitgliedstaaten in den Organen der EG stärker an der Bevölkerungszahl orientiert und damit differenzierter wird, und wenn grundsätzlich Mehrheitsentscheidungen zu treffen sind. Eine weitere Voraussetzung für die Aufnahme kleinerer Staaten wird auch sein, daß nicht mehr jeder Mitgliedstaat mindestens ein Mitglied der Kommission stellt.

Die Zukunft der Beziehungen Jugoslawiens, und nunmehr seiner Nachfolgestaaten, zur EG ist gegenwärtig offen. Ob sich die einzelnen Republiken nach ihrer Verselbständigung in irgendeiner Form zu einer Union oder nur Konföderation oder überhaupt nicht zusammenschließen werden, wird sicherlich auch von der Politik der EG-Mitgliedstaaten abhängen. Je länger aber der Bürgerkrieg andauert, desto unwahrscheinlicher wird jegliche Form einer neuen Gemeinschaft der jugoslawischen Einzelstaaten, so sinnvoll sie wirtschaftlich wie politisch auch wäre.

Zu erwarten ist, daß nach dem Ende des Bürgerkriegs und der Konsolidierung der Nachfolgestaaten Jugoslawiens schrittweise der Übergang zur vollen Marktwirtschaft und zu rechtsstaatlich demokratische Strukturen vollzogen werden wird. Dann können Assoziierungsverträge mit den einzelnen Republiken geschlossen werden, um ihnen eine engere Bindung an die EG - wenn sie es wünschen - zu ermöglichen. Verhandlungen über einen Beitritt zur EG werden kaum vor Beginn des neuen Jahrhunderts möglich sein. Wahrscheinlich werden die einzelnen Republiken nach den Zerstörungen des Bürgerkrieges und dem wirtschaftlichen Verfall jedoch sehr viel mehr Zeit benötigen, um sich auf eine EG-Mitgliedschaft vorzubereiten. Die Frage einer Mitgliedschaft in der EG wird auf jeden Fall für jeden dieser einzelnen neuen Staaten individuell entschieden und ausgehandelt werden müssen. Die Frage, ob und inwieweit die einzelnen Republiken eine engere wirtschaftliche und auch politische Bindung an ihre Nachbarstaaten suchen und aufbauen, wird für die Beziehungen zur Europäischen Gemeinschaft von großer Bedeutung sein.

Wie immer sich die Zukunft dieses Landes entwickelt, ein völliger wirtschaftlicher Zusammenbruch oder auch nur eine starke Zunahme des Wirtschaftsgefälles liegt weder im Interesse dieses Landes noch der EG.

Albanien

Fast 2000 Jahre waren dieses Land und seine Menschen Objekt fremder Herrschaft. Römer, Griechen, Venetianer, Serben, Türken und Italiener waren die wechselnden Herren dieses kleinen Volkes, das 1913 zum ersten Mal und dann wieder 1945 seine Unabhängigkeit erreichen konnte. Die Unabhängigkeit Albaniens vom Osmanischen Reich 1913 entsprang jedoch vor allem den Bemühungen Italiens und Österreich-Ungarns, Serbien vom Zugang zum Mittelmeer fernzuhalten, als dem Streben, den Albanern zu helfen, einen eigenen Staat zu gründen. Immer wieder war das Land Ziel landhungriger Nachbarn und fremder Mächte. Italien, Serbien, Montenegro, Griechenland und auch Frankreich stritten um Gebiete und Einflußzonen in Albanien. Politisch lavierte Albanien zwischen Jugoslawien, Griechenland und Italien bis Italien 1939 das Land besetzte, annektierte und bis 1943 regierte.

Die kommunistischen Partisanen konnten 1945, wie in Jugoslawien, die Macht an sich reißen und beherrschten es bis zum Umschwung 1990/91. Politisch suchte Albanien zunächst enge Bindungen an Jugoslawien. Der Bruch der Sowjetunion mit Jugoslawien 1948 rettete die staatliche Unabhängigkeit Albaniens, das andernfalls wahrscheinlich als Bundesstaat in Jugoslawien eingegliedert worden wäre. Nach dem Bruch Stalins mit Tito wurde Albanien enger Partner der Sowjetunion und eine Art 'Speerspitze' gegen das abtrünnige Jugoslawien. Erst die Aussöhnung beider Länder führte dazu, daß diese Bindung wieder gelockert wurde. Die Sorge um die Behauptung der eigenen Selbständigkeit führte das Land nun an die Seite der Volksrepublik China, wobei Albanien geschickt die wachsenden Spannungen zwischen der Sowjetunion und China für sich zu nutzen verstand. Albanien machte ab 1962 von seiner Mitgliedschaft im RgW praktisch keinen Gebrauch mehr und trat 1968 aus dem Warschauer Pakt ganz aus. Als einziger europäischer Staat beteiligte sich Albanien auch nicht an den KSZE-Konferenzen in Helsinki und unterzeichnete 1975 nicht die KSZE-Schlußakte.

Nach dem Tod Mao Tse Tungs und den folgenden Veränderungen in China kam es zum ideologischen Bruch zwischen zwischen Albanien und der Volksrepublik China. Seit 1978 leistet China keinerlei Wirtschaftshilfe mehr an Albanien. Albanien blieb die letzte stalinistische Diktatur in der Welt und war zunehmend völlig isoliert. Erst nach dem Tod des kommunistischen Diktators Enver Hoxha 1985 begann sich das Land vorsichtig ideologisch und wirtschaftlich zu öffnen, jedoch ständig darum besorgt, seine Unabhängigkeit zu sichern und frei von fremden Einflüssen und fremdem Kapital zu bleiben.

Politisch gehört Albanien zu den neutralen Staaten Europas. Beide Blöcke in Europa waren bisher an der Blockfreiheit dieses strategisch wichtigen Mittelmeerlandes interessiert. Die grundlegenden Veränderungen in Europa, vor allem das Ende des harten politischen und militärischen Gegensatzes der beiden Blöcke, entzog Albanien die Grundlage seiner Politik und Position. Der Konflikt mit Jugoslawien um die mehrheitlich albanisch besiedelte Provinz Kosovo konnte und kann nun nicht mehr im Vertrauen auf das gleichgewichtige Interesse der USA und der Sowjetunion an der Unabhängigkeit Albaniens weitergeführt werden. Albanien muß und wird sich zunehmend nach Europa und der EG orientieren. Der Ausbau des Handels mit der Gemeinschaft wäre der Anfang einer solchen Annäherung. Alle weiteren Kontakte und eventuelle vertragliche Regelungen hängen aber entscheidend davon ab, welchen Weg das Land im Innern beschreiten wird. Lange Zeit hat die EG auf die Bemühungen Albaniens, diplomatische Beziehungen anzuknüpfen, sehr zurückhaltend reagiert und erst im Juni 1991 diesen Schritt vollzogen. Die meisten Mitgliedstaaten der Gemeinschaft sind inzwischen ebenfalls durch Botschafter in Tirana vertreten. Am 19. Juni 1991 wurde Albanien als 35. und letzter europäischer Staat Mitglied der KSZE. In jüngster Zeit hat sich in Albanien ein gewisser politischer Pluralismus durchsetzen können. Aber der Kampf um Demokratie und Reformen ist noch keineswegs abgeschlossen.

Nur eine pluralistisch demokratisch gestaltete Staatlichkeit und eine freie, marktwirtschaftlich organisierte Wirtschaft können eines wohl noch fernen Tages die Voraussetzungen für engere Beziehungen zur Europäischen Gemeinschaft und auch einer Mitgliedschaft Albaniens in der EG schaffen. Die enge geographische Nähe des Landes zu Griechenland und Italien und die vielfältigen historisch gewachsenen wirtschaftlichen, kulturellen und menschlichen Beziehungen dieser EG-Mitgliedstaaten zu Albanien und seinen Bewohnern, geben der Gemeinschaft eine große Chance, die Entwicklung in diesem Lande zu beeinflussen und dort starke Akzente für eine demokratische Zukunft zu setzen, und vor allem auch, den Menschen zu helfen. Diese Möglichkeit darf die EG nicht verspielen. Erste Kontakte albanischer Parlamentarier zu Mitgliedern der Beratenden Versammlung des Europarats und auch des Europäischen Parlaments sind gute Signale.

Aber Europa und die EG dürfen nicht unbeachtet lassen, daß Albanien eine überwiegend islamische Bevölkerung hat. Die Reaktion auf die atheistische Diktatur der Kommunisten wird eine Belebung der Religiösität sein. Für die islamische Bewegung im vorderen Orient kann Albanien eine wichtige Rolle als 'Vorposten' in Europa gewinnen. Politisch so entgegengesetzt orientierte Staaten, wie Iran und Saudi Arabien, bemühen sich bereits intensiv um mehr Einfluß in Albanien. Was dieses Land dringend braucht, nämlich Kapital für seine wirtschaftliche Gesundung, haben beide Mächte reichlich zur Verfügung.

Bulgarien und Rumänien

Bulgaren und Rumänen konnten sich, wie die meisten anderen Balkanstaaten, erst im Laufe des 19. Jahrhundert von der türkischen Fremdherrschaft befreien. Beide Staaten standen bis zum ersten Weltkrieg im Machtdreieck von Rußland, Österreich-Ungarn und dem Türkisch-Osmanischen Reich. Beide Staaten wurden immer wieder in die Auseinandersetzungen dieser drei Reiche hineingezogen und schwankten, je nach der politischen Situation, zwischen einer engeren Anlehnung an Rußland oder an Österreich-Ungarn und nach dem ersten Weltkrieg an Deutschland. Beide Staaten haben gegeneinander mehrere Kriege um das Erbe des Osmanischen Reiches geführt und wurden ihrerseits auch immer wieder Objekt der kriegerischen Auseinandersetzung Rußlands mit dem Osmanischen Reich und mit den Westmächten, die einen zu starken Machtzuwachs Rußlands infolge des Niedergangs des osmanischen Reiches verhindern wollten.

Das heutige B u l g a r i e n entstand 1878 im Frieden von S.Stefano durch eine Vereinigung Bulgariens mit Ostrumelien und Mazedonien, blieb aber dem Osmanischen Reich tributpflichtig. Auf dem Berliner Kongreß im Juni/Juli 1878 wurde das ursprünglich vorgesehene Staatsgebiet erheblich verkleinert und im wesentlichen auf das heutige Gebiet beschränkt. Mazedonien blieb zunächst osmanisch und wurde später ein Teil Serbiens. Die Vereinigung Bulgariens mit Ostrumelien wurde ebenfalls wieder rückgängig gemacht und erst 1885 endgültig vollzogen. In den beiden Balkankriegen 1912/13 stritten sich Rumänien, Bulgarien, Serbien und Griechenland zunächst mit dem Osmanischen Reich um dessen europäischen Besitz und dann untereinander um die Aufteilung dieser Gebiete.

Obwohl Bulgarien sich eng an Rußland anlehnte, nahm es am ersten Weltkrieg auf Seiten der Mittelmächte teil. Grund hierfür war vor allem der Gegensatz zu Serbien, Griechenland und Rumänien, die alle am Ende des zweiten Balkankrieges bulgarisches Gebiet annektiert hatten, bzw. Bulgarien den erstrebten Besitz Mazedoniens verweigerten. Im Friedensvertrag von Neuilly mußte Bulgarien Gebiete an Serbien/Jugoslawien und Griechenland abtreten und erhielt seine heutige territoriale Gestalt mit Ausnahme der Süddobrudscha, die Rumänien mit dem Wiener Schiedsspruch 1940 an Bulgarien zurückgegeben hatte, und die als einzige territoriale Veränderung unter deutschem Einfluß im zweiten Weltkrieg auf dem Balkan nicht wieder rückgängig gemacht worden ist.

Zwischen den Kriegen bemühte sich Bulgarien durch eine behutsame Außenpolitik, sich aus den Konflikten in Europa herauszuhalten. Nach 1930 suchte das Land engere Bindungen an Italien und auch an Jugoslawien, mit dem es 1937 einen Freundschaftsvertrag schloß. Erst im zweiten Weltkrieg, im März 1941, trat Bulgarien dem Dreimächtepakt zwischen Deutschland, Italien und Japan bei, als Dank für die Rückgabe der Süddobrudscha mit deutscher Hilfe. Bulgarien beteiligte sich 1941 am Feldzug gegen Jugoslawien - trotz des bestehenden Freundschaftsvertrags - und gegen Griechenland. Mazedonien wurde von Bulgarien militärisch besetzt und seiner Verwaltung unterstellt. Das im Frieden von Neuilly 1919 an Griechenland abgetretene thrazische Gebiet wurde wieder Bulgarien eingegliedert. 1941 wurde Bulgarien auch in den Krieg gegen Großbritannien und die USA hineingezogen, konnte sich aber bis 1944 im Krieg gegen die Sowjetunion neutral verhalten. Erst im September 1944 erklärte die Sowjetunion ihrerseits Bulgarien den Krieg und besetzte das Land kampflos. Im Frieden von Paris 1947 behielt Bulgarien seinen Gebietsbestand von 1941.

Eine starke kommunistische Partei erleichterte nach dem Kriege die schnelle Machtübernahme und die Umwandlung des Landes in eine kommunistische Diktatur unter Führung Georgi Dimitroffs. Außenpolitisch suchte das Land eine enge Bindung an die Sowjetunion und an Jugoslawien. Es gab konkrete Pläne, zwischen beiden Staaten eine Balkanföderation zu bilden. Aber der Bruch Titos mit Stalin im Juni 1948 beendete derartige Überlegungen. Bulgarien blieb fest in das sowjetische Satellitensystem eingebunden.

Anders als in Polen, der Tschechoslowakei und Ungarn gab es in Bulgarien - und auch in Rumänien - nie größere Revolten oder gar Aufstände gegen die kommunistische Herrschaft. Beide Staaten waren aber auch, anders als die genannten RgW-Mitglieder, nicht von sowjetischen Truppen besetzt. Bulgarien war am Ende der achtziger Jahre, im Gegensatz zu Rumänien, schnell bereit, sich der Reformpolitik der neuen sowjetischen Führung anzuschließen. Auch in Bulgarien kam es 1989/90 zu Umwälzungen und einer schrittweisen Entmachtung der kommunistischen Partei und zu einem Übergang zu pluralistischer Demokratie.

Eingeleitet wurde auch die Umwandlung der Wirtschaft zu einer freien Marktwirtschaft. Die ersten Veränderungen erfolgten bereits Ende 1986 mit dem "Regulativ der Wirtschaftstätigkeit". Mehr Selbst- und Eigenverantwortung der Unternehmen, Dialog statt einseitiger Planung, Orientierung der Preise am Niveau des Weltmarktes, Subventionsabbau und Selbstfinanzierung der Unternehmen, leistungsabhängige Löhne, Steuer- und Bankenreform und Außenhandelsrechte für die Unternehmen, das waren die wichtigsten Veränderungen dieser Reformen. Es war hier, wie überall in den ehemals kommunistischen RgW-Staaten, ein mühsamer und von vielen Rückschlägen begleiteter Prozeß, der zu einem erheblichen Rückgang der Produktion und des Einkommens führte und schwere Versorgungsmängel zur Folge hatte.

Erstmalig gab es Ende 1990 in Bulgarien wieder eine demokratisch gewählte Koalitionsregierung unter dem parteilosen ehemaligen Richter Popow. Das Parlament war wieder der Ort für politische Auseinandersetzungen geworden. Noch im Sommer 1990 hatte die Nachfolgepartei der Kommunisten, die Bulgarische Sozialistische Partei, bei den Wahlen die absolute Mehrheit erringen können. Dies war vor allem auf die noch weiterbestehenden alten Strukturen auf dem Lande zurückzuführen. Trotz dieser absoluten Mehrheit war die BSP auf eine Mitwirkung der nichtkommunistischen Opposition angewiesen, da die Wahl des Staatspräsidenten eine Zweidrittelmehrheit erforderte, also ohne die Mitwirkung der Opposition nicht möglich war. Erster demokratischer Staatspräsident wurde der Regimegegner und Philosoph Schelju Schelew.

Die wesentlichen Ziele der angelaufenen Wirtschaftsreform sind die Privatisierung und die freie Marktwirtschaft. Enteigneter Grundbesitz soll wieder zurückgegeben werden. Jede Form von zentraler Planung und Preiskontrolle soll aufgehoben werden. Die damit einhergehende Preissteigerung nimmt man in Kauf und sieht in höheren Preisen auch einen Anreiz für private Initiativen in Wirtschaft, Gewerbe, Handel und Dienstleistungen. Die Wirtschaftslage des Landes ist aber Ende 1991 katastrophal, besonders seitdem Öl- und Rohstoffimporte mit Devisen bezahlt werden müssen und der Irak seine Handelsschulden gegenüber Bulgarien nicht mehr, wie vereinbart, mit Öllieferungen abdeckt. Auch Bulgarien gehört mit über 10 Miliarden US $ (Ende 1990) Auslandsschulden zu den am höchsten verschuldeten Staaten Europas. Der Weg zur freien Marktwirtschaft wird auch in Bulgarien viel Zeit und Kapital erfordern. Noch immer sind viele Strukturen der kommunistischen Planwirtschaft intakt. Selbständige Unternehmen dürfen bisher z.B. nur bis zu zehn Personen als Arbeitnehmer beschäftigen. Sie können aber über Produktion und Geschäftspolitik selbständig entscheiden.

Das Land bemüht sich um engere Handels- und Wirtschaftsbeziehungen zur EG. Ein Kooperationsvertrag regelt diese Fragen und ermöglicht Bulgarien einen verbesserten Zugang zum EG-Markt. Bulgarien hat zwar im Rahmen der Arbeitsteilung des RgW eine durchaus erweiterungs- und modernisierungsfähige Industriestruktur aufbauen können, ist aber dennoch überwiegend ein Agrarland geblieben. Es wird viel Kapital und Zeit erforderlich sein, um in diesem Land die Voraussetzungen für einen Beitritt in die EG zu schaffen. Auch politisch ist zu befürchten, daß nach der Entmachtung der Kommunisten der Block der Oppositionsparteien wieder auseinanderfällt und die einzelnen Parteien getrennt bei den nächsten Parlamentswahlen kandidieren. Bulgarien wird sich auch darüber klar sein müssen, daß die Wahrung der Menschenrechte zu den Voraussetzungen für eine Mitgliedschaft in der EG gehört, das heißt, den Minderheiten im Lande, insbesondere den muslemischen Türken, muß ihr Lebensrecht gewährt werden. Die Unterdrückung der Minderheiten und ihre 'Bulgarisierung' ist eine der vielen Überreste des unheilvollen Nationalismus und der Überschätzung des eigenen Volkes in diesem Lande. Die neue demokratische Regierung hat mit den diskriminierenden Praktiken gegenüber der türkischen Minderheit inzwischen gebrochen und durch ein Antidiskriminierungsgesetz die volle Gleichbehandlung sichergestellt. So können die Türken in Bulgarien zum Beispiel wieder ihre muslimischen Namen tragen und auch in der Öffentlichkeit türkisch sprechen.

Obwohl dieser Prozeß der Annäherung an die Europäische Gemeinschaft viel länger dauern wird, als im Falle Polens oder der Tschechoslowakei und Ungarns, handelt die EG auch im eigenen Interesse, wenn sie Bulgarien die Möglichkeit eröffnet, durch einen Assoziierungsvertrag diesen Prozeß zu fördern. Bulgarien hat als ein europäischer Staat eines Tages das Recht, um eine Mitgliedschaft in der EG nachzusuchen. Politisch hat Bulgarien eine Funktion als Brücke zum Nahen Osten, aber auch als Barriere gegenüber einer heute noch nicht voll erkennbaren Entwicklung des islamischen Fundamentalismus.

Eine schwierige innenpolitische Frage war für Bulgarien für lange Zeit die Stellung der nationalen Minderheiten, insbesondere der Türken im Lande. Nach den immer noch vielfach praktizierten Methoden des engstirnigen Nationalismus früherer Zeiten, verfolgten die kommunistischen Regierungen Bulgariens das Ziel, alle Bürger ohne Rücksicht auf ihre Herkunft zu Bulgaren zu machen. Die zahlreiche türkische Minderheit wurde zeitweilig sogar gezwungen, ihre Familiennamen zu 'bulgarisieren' und auf jegliche kulturelle Verbindung zur Türkei zu verzichten. Eine große Auswanderungswelle war die Folge dieser Politik. Inzwischen ist aber wieder Vernunft in die Regierungsgebäude eingekehrt. Die oft brutale Unterdrückung der türkischen Minderheit hat aufgehört, ihr wurden weitgehende kulturelle und politische Schutzrechte eingeräumt.Bei den bulgarischen Parlamentswahlen im Oktober 1991 konnten die bulgarischen Türken erhebliche Stimmen gewinnen und bilden seither im Parlament das Zünglein an der Waage.

Die Beziehungen zwischen Bulgarien und der Türkei haben sich zudem in jüngster Zeit erheblich verbessert. Beide Regierungen arbeiten auf vielen Gebieten gut zusammen. Wirtschaftlich macht die Türkei den Griechen in Bulgarien zunehmend Konkurrenz. Auch politisch scheint die diplomatische Offensive der Türkei auf dem Balkan in Bulgarien Erfolg zu haben. Das Land sieht sich immer mehr in der Lage eines lachenden Dritten in dem nach wie vor schwelenden Konflikt zwischen Griechenland und der Türkei und zieht seinen Nutzen daraus.

Ähnlich wie Bulgarien hat auch R u m ä n i e n eine weitgehend passive Rolle in der europäischen Politik spielen müssen. Für eine führende Position war das Land zu arm und zu schwach. Für eine neutrale Haltung und damit für eine Politik, die das Land aus den Konflikten der Großmächte herausgehalten hätte, war die geographische Lage zwischen Rußland/der Sowjetunion einerseits und dem Osmanischen Reich/der Türkei, Österreich-Ungarn und den Westmächten andererseits denkbar ungünstig. So wurde Rumänien in fast alle kriegerischen Auseinandersetzungen in Europa seit seiner Unabhängigkeit von der osmanischen Fremdherrschaft im 19. Jahrhundert mit hineingezogen. Hervorgegangen ist der rumänische Staat 1858 aus der Vereinigung der beiden Donaufürstentümer Moldau und Walachei. Diese beiden Fürstentümer verdankten ihre Selbständigkeit vom Osmanischen Reich vor allem den kriegerischen Erfolgen Rußlands und standen daher im 19. Jahrhundert unter starkem russischen Einfluß. Erst mit dem Berliner Vertrag von 1878 wurde die völlige Unabhängigkeit Rumäniens international anerkannt. Der neue Staat schloß sich 1883 mit einem Verteidigungsbündnis eng an Österreich-Ungarn und Deutschland an, erklärte sich aber zu Beginn der ersten Weltkrieges 1914 zunächst für neutral. 1916 kam es zum politischen Seitenwechsel. Rumänien erwartete einen Sieg der Westmächte und wollte an der Beute teilhaben und vor allem eine Niederlage Österreich-Ungarns nutzen, um Siebenbürgen mit seiner starken rumänischen Volksgruppe zu erwerben. Zunächst aber waren die Mittelmächte, neben Deutschland und Österreich-Ungarn die Bulgaren und Türken erfolgreich, so daß Rumänien besetzte ungarische Gebiete wieder räumen mußte und mit dem Frieden von Bukarest am 7. Mai 1918 aus dem Kriege zunächst ausschied. Am 8. November 1918, wenige Tage vor dem Ende des Krieges, trat das Land erneut in den Krieg ein und verdoppelte 1919/20, mit den Friedensverträgen von St.Germain und Trianon, sein Territorium durch den Erwerb von Siebenbürgen, Teilen des Banat und Bessarabiens, sowie der Bukowina.

Außenpolitisch verband sich Rumänien mit der Tschechoslowakei und Jugoslawien in der Kleinen Entente, um ein Wiedererstarken Ungarns zu verhindern. Mit Polen war Rumänien durch ein Bündnis verbunden und gehörte somit zum cordon sanitaire zwischen der Sowjetunion und Deutschland. 1926 schloß Rumänien Bündnisverträge mit Frankreich und Italien und wurde damit voll in das französisch geführte europäische Sicherheitssystem nach dem ersten Weltkrieg eingebunden. 1934 wurden Griechenland und die Türkei durch den Balkanpakt in dieses Vertragssystem einbezogen. Mit der Sowjetunion wurde schon 1933 ein Nichtangriffspakt geschlossen und damit das Bessarabienproblem zunächst entschärft. Das Erstarken Deutschlands führte Ende der dreißiger Jahre zu einem erneuten Seitenwechsel Rumäniens. 1939 schloß sich das Land wirtschaftlich enger an Deutschland an. Zu Beginn des zweiten Weltkrieges erklärte sich Rumänien, trotz seiner Bündnisverträge mit Polen und Frankreich, zunächst wieder für neutral. Nach den deutschen Erfolgen am Anfang des Krieges suchte Rumänien immer stärker Anschluß an die Achsenmächte, nicht zuletzt auch, um seinen territorialen Besitzstand zu bewahren. Auf sowjetischen Druck hin mußte Rumänien das 1918 annektierte Bessarabien und die von Österreich erworbene Nord-Bukowina 1940 an die Sowjetunion abtreten. Im 2. Wiener Schiedsspruch verlor Rumänien 1940 ebenfalls den nördlichen Teil Siebenbürgens und mußte ihn an Ungarn zurückgeben. Erst nach diesen Korrekturen der Gebietserweiterungen durch die Friedensverträge nach dem ersten Weltkrieg wurde das Staatsgebiet von Deutschland garantiert. Im November 1940 trat Rumänien zusammen mit Ungarn und der Slowakei dem Dreimächtepakt bei und beteiligte sich an der Seite Deutschlands am Krieg gegen die Sowjetunion. Als 1944 die Niederlage Deutschlands offenkundig wurde, schied Rumänien aus dem Bündnis mit Deutschland aus und wechselte die Seiten, um nunmehr als Verbündeter der Sowjetunion möglichst günstige Friedensbedingungen zu erlangen. Im Pariser Frieden 1947 mußte das Land den Verlust Bessarabiens an die Sowjetunion und der Süddobrudscha an Bulgarien akzeptieren, konnte im übrigen aber seine Vorkriegsgrenzen behaupten.

Schon Ende 1944 gelang es den Kommunisten, die vor dem Kriege keine politische Bedeutung in dem Agrarland Rumänien hatten, mit massiver sowjetischer Hilfe eine einflußreiche Postition in der neuen Regierung der Nationaldemokratischen Front zu erringen. Mit dem Thronverzicht des letzten Königs und der Ausrufung der Volksrepublik im Jahre 1947 wurde die kommunistische Diktatur endgültig gefestigt. Außenpolitisch war das Land seit 1948 eng mit der Sowjetunion verbunden und Teil des militärischen und wirtschaftlichen Ostblocks. Anders als die übrigen mittel- und osteuropäischen Staaten konnte sich Rumänien in der Außenpolitik immer einen etwas größeren Freiraum bewahren, ohne - wie Jugoslawien - aus dem Warschauer Pakt und dem RgW auszuscheiden. So beteiligte sich das Land beispielsweise nicht an der allgemeinen Vertreibung der Deutschen und Ungarn, nicht zuletzt auch in der Erkenntnis, daß diese Bürger eine sehr nützliche Hilfe beim Aufbau und der Weiterentwicklung des Landes sein würden. Vor allem die Ungarn waren es dann auch, die das wirtschaftliche Funktionieren des ganzen Landes einigermaßen gewährleisteten und so oft das Schlimmste verhüteten. Rumänien blieb aber bis zuletzt ein orthodox kommunistisch beherrschtes Land.

Seine relative Eigenständigkeit in der Außen- und Außenhandelspolitik verschaffte dem Land einen gewissen Spielraum auch gegenüber der EG. Schon 1974 wurde Rumänien durch die EG ein präferentieller Status im Handel - ähnlich wie den Entwicklungsländern - eingeräumt. 1976 schloß die Gemeinschaft mit Rumänien im Rahmen des Multifaserabkommens ein Textilabkommen und 1980, lange bevor die übrigen RgW-Länder bereit waren, die EG überhaupt zur Kenntnis zu nehmen, wurde mit Rumänien das erste Handelsabkommen mit einem Ostblockland abgeschlossen. Ceausescu wurde überall im Westen mit allen Ehren als Staatsoberhaupt empfangen und als mutiger Mann gefeiert. Er fand Unterstützung und Hilfe. Mit seiner Hilfe hoffte der Westen, in das starre Ostblocksystem einbrechen zu können. Vor den tatsächlichen Verhältnissen in Rumänien verschloß man die Augen.

Diese schizophrene Haltung der EG und auch der USA gegenüber Rumänien und damit die politische Sonderrolle des Landes verblaßte aber in dem Maße, in dem sich während der achtziger Jahre die Beziehungen zum RgW normalisierten. Nun plötzlich nahm man im Westen wahr, wie steinzeitlich die monarchisch kommunistische Diktatur Ceausescus tatsächlich war und immer gewesen ist. Nun wandte sich die EG von Rumänien ab, Ceausescu wurde zum politischen Bösewicht, und das Land geriet zunehmend in die Isolierung. Jetzt plötzlich regte sich die Politik und die öffentliche Meinung über die Zustände in Rumänien auf, obwohl sich eigentlich nichts in diesem Lande geändert hatte.

Für eine Reformpolitik gab es in Rumänien keinerlei Ansatz. Ceausescu negierte die Entwicklungen in den kommunistischen Partnerstaaten und war auch für alle Bemühungen des sowjetischen Präsidenten Gorbatschow, ihn zu einer Form rumänischer Perestroika und Glasnostpolitik zu bewegen, absolut unzugänglich. Erst mit der Hinrichtung Ceausescus und seiner Frau und mit der Entmachtung seines Familienclans begannen auch in Rumänien zögernd Reformen, obwohl die alte kommunistische Partei unter neuem Namen ihre Machtpositionen weitgehend behaupten konnte. Die Bevölkerung war noch nicht in der Lage, die politische Situation wirklich kritisch zu beurteilen und legitimierte viele der alten-neuen Machthaber in 'freien' Wahlen. Es gibt seit dem Umbruch auch in Rumänien eine gewisse politische Pluralität, aber die Herrschaft der alten Kader besteht weiter.

Wie die meisten Staaten des Balkan, kannte auch Rumänien vor dem Krieg keine wirklich freie demokratische Ordnung, an die man jetzt wieder anknüpfen könnte. Das Land wird also, wie die meisten seiner Nachbarn, eine lange Periode der demokratischen Bewußtseinsbildung brauchen, um allmählich in den Kreis der freien postnationalen Demokratien Europas hineinzuwachsen.

Eine in ihrer Wichtigkeit hierfür kaum zu unterschätzende Rolle wird die wirtschaftliche Entwicklung spielen. Schon Ceausescu hatte Ende der siebziger Jahre gewisse wirtschaftliche Reformen eingeleitet. Mit dem 'Neuen Ökonomisch-Finanziellen Mechanismus' wurde 1978 ein neuer Kurs eingeschlagen. Die Unternehmen mußten sich selbst finanzieren, das Lohnsystem wurde an die Leistungen gebunden. Aber die Wirtschaft blieb insgesamt straff zentralstaatlich gelenkt. Für irgendwelche private Aktivitäten gab es nach wie vor keinerlei Raum.

Die Industrialisierung des Agrarlandes Rumänien und die Investitionen in große Prestigeprojekte, die für das Land mit seinen 23 Millionen Einwohnern weit überdimensioniert waren und vor allem dem Ruhme des Diktators dienten, führten sehr schnell zu einer wachsenden Auslandsverschuldung. Hinzu kam, daß Rumänien, das seinen Importbedarf an Energie und Rohstoffen weitgehend auf dem Weltmarkt deckte, daher voll von der Ölpreisexplosion in den siebziger Jahren getroffen wurde. Das Ziel Rumäniens, diese Schulden schnell und ohne Rücksicht auf die Leistungskraft des Landes wieder abzubauen, um das Land damit weitgehend autark zu machen, führte zu einer drastischen Reduzierung der Versorgung der eigenen Bevölkerung mit Nahrungsmitteln und Energie und somit zu einer kaum vorstellbaren Verelendung des Landes. Zwischen 1983 und 1988 konnte Rumänien auf diese Weise einen erheblichen Teil seiner Westwährungsschulden abbauen und ist heute wohl das am geringsten verschuldete Land des ehemaligen RgW.

Auch gegenüber dem RgW verfolgte Rumänien eine zunehmend distanzierte Politik. Man wollte sich so wenig wie möglich an den Kooperationsvorhaben und an der Produktionsarbeitsteilung beteiligen, Dafür nahm man z.B. höhere Weltmarktpreise für Ölimporte in Kauf. Der Anteil des Handels mit den RgW-Partnern am gesamten Außenhandel war der geringste unter allen RgW-Mitgliedstaaten. Rumänien hat allen Bemühungen um eine stärkere Zusammenarbeit im RgW stets Widerstand entgegengesetzt.

Ende 1990 begannen sich in der rumänischen Wirtschaft langsam Veränderungen durchzusetzen. Immer mehr private - in der Regel kleinere -Firmen wurden gegründet. Bisher staatliche Geschäfte und Kleinbetriebe wurden privatisiert. Eine Reihe von Staatsunternehmen schlossen sich zu selbständig wirtschaftenden Großunternehmen zusammen. Mit dem Aufbau eines zweistufigen Geschäftsbankensystems hat man begonnen. Man strebt die volle Konvertibilität der rumänischen Währung an. Ebenso sind die ersten Ansätze für eine marktwirtschaftliche Steuergesetzgebung erkennbar, das Lohn- und Preissystem wird zunehmend liberalisiert und die öffentlichen Subventionen abgebaut. So werden die ersten Schritte auf dem Weg zur Marktwirtschaft deutlich. Aber nach wie vor stehen die meisten großen Staatsbetriebe unter straffer zentraler Leitung. Das Warenangebot entspricht noch nicht den Bedürfnissen des Marktes, viele lebenswichtige Produkte sind knapp oder fehlen völlig, andere sind überreichlich vorhanden und nicht absetzbar. Auch begreift man nur sehr schwer, daß um ausländisches Kapital mit günstigeren Steuerregelungen und anderen Vorteilen geworben werden muß. Auch sonst tut sich die Regierung sehr schwer, die notwendigen gesetzlichen Schritte zur Befreiung der Wirtschaft von den vergangenen ideologischen Fesseln einzuleiten. Nach wie vor ist die Produktion in Industrie und Landwirtschaft rückläufig. Auch der Außenhandel geht ständig zurück, seit alle Importe mit Devisen bezahlt werden müssen, und die eigenen Exportprodukte wegen ihrer Qualität keinen Absatz auf dem Weltmarkt und auch nicht mehr bei den Nachbarn des früheren RgW finden.

Gegenüber der europäischen Integration war Rumänien zurückhaltender als die meisten anderen südosteuropäischen Staaten. Anders als die meisten mittel- und osteuropäischen Staaten hat es bisher kein besonderes Interesse an einer über das Wirtschaftliche hinausgehenden Zusammenarbeit mit der EG erkennen lassen. Die Idee, sich eines Tages unter Aufgabe eigener hoheitlicher Rechte in eine supranationale europäische Föderation zu integrieren, wird sicherlich noch einen lange dauernden Bewußtseinswandel in diesem Lande voraussetzen. Ein erster wichtiger Schritt für Rumänien in Richtung auf die Europäische Gemeinschaft ist aber die Zuerkennung des Gaststatus im Europarat, der dem Land erlaubt, mit beratender Stimme an der Arbeit dieser Völkergemeinschaft teilzunehmen.

1991 wurde der Handelsvertrag von 1980 mit der EG durch einen Handels- und Kooperationsvertrag erweitert und damit die Möglichkeit eröffnet, auf allen Gebieten der Wirtschaft, der Wissenschaft und Forschung und auch der Kultur engere Beziehungen zu entwickeln. Bis 1995 sollen alle mengenmäßigen Beschränkungen für den Zugang rumänischer Exporte zum EG-Markt abgebaut werden, so daß der Handel sich schrittweise ausbauen und weiterentwickeln kann. Ausgenommen von dieser völligen Liberalisierung sind lediglich landwirtschaftliche Produkte und Erzeugnisse der Eisen- und Stahlindustrie.

Ein besonderes Problem stellt auch in Rumänien die Respektierung der Menschenrechte dar. Gegenüber den nationalen Minderheiten wurde unter der kommunistischen Diktatur, stets und an Intensität zunehmend, eine unterdrückende Nationalisierungspolitik getrieben. Man wollte aus den Ungarn und den Deutschen allmählich Rumänen machen und begriff nicht, daß diese Auswüchse des Nationalismus aus dem 19. und frühen 20. Jahrhundert zu Beginn des 21. Jahrhunderts in Europa keinen Platz mehr einnehmen dürfen. Nach dem politischen Umschwung hat sich die Lage der Minderheiten schrittweise verbessert. So stellt die madjarische Front, eine ungarische Partei, nach den Wahlen im Frühjahr 1990 jetzt mit 42 Abgeordneten die zweitstärkste Gruppe im rumänischen Parlament. Die deutsche Minderheit hingegen hat durch Auswanderung nach Deutschland etwa die Hälfte ihrer Mitglieder verloren und dürfte in absehbarer Zeit wohl der Vergangenheit angehören. Es ist zu hoffen, daß mit der schrittweisen Demokratisierung des Landes auch die uneingeschränkte Respektierung aller Menschenrechte zur alltäglichen Selbstverständlichkeit in Rumänien wird. In relativ kurzer Zeit hat das rumänische Parlament in den Jahren 1990 und 1991 ein umfangreiches Gestzgebungswerk verabschiedet und die Forderungen der europäischen Menschenrechtskonvention in die rumänische Gesetzgebung einbezogen.

Politisch bemüht sich Rumänien, aus der Isolierung auf dem Balkan herauszukommen. Im Osten sucht es enge Kontakte zur Republik Moldawien, die den größeren Teil des bis 1940 rumänischen Bessarabien umfaßt und mehrheitlich von Rumänen bewohnt wird. Moldawien ist im Dezember 1991 der neuen euro-asiatischen Gemeinschaft Unabhängiger Staaten beigetreten, wohl auch, weil gegenwärtig wegen der noch ungeklärten Zukunft der Nachfolgestaaten der Sowjetunion eine zu enge Anlehnung oder gar ein Anschluß an Rumänien politisch nicht opportun wäre.

Die Beziehungen zu Ungarn sind nach wie vor durch die Grenzziehungen nach dem ersten Weltkrieg belastet. Die Annexion des einst ungarischen Siebenbürgen mit einer zahlenstarken ungarischen Minderheit verhindert bis heute die Entwicklung engerer Beziehungen zum nördlichen Nachbarn.

Die Annäherung zwischen Bulgarien und der Türkei machte aber, gewissermaßen als Gegengewicht, die Ausgestaltung engerer Beziehungen zu Griechenland, und damit zu einem EG-Mitgliedstaat, möglich. Anfang Dezember 1991 schlossen beide Staaten einen auf zwanzig Jahre laufenden Freundschaftsvertrag und mehrere Abkommen über wirtschaftliche und militärische Zusammenarbeit.

Ganz sicher wird das Land noch eine lange Zeit brauchen, um wirtschaftlich und politisch, aber auch im Bewußtsein der Menschen bereit und in der Lage zu sein, Mitglied der europäischen Völkergemeinschaft in der EG zu werden. Die EG ihrerseits muß - wie im Falle Bulgariens - auch aus eigenem Interesse Rumänien und den Rumänen helfen, diesen Weg zu gehen. Rumänien und Polen liegen geographisch an der Schwelle zwischen Europa und den Nachfolgestaaten der Sowjetunion. In beiden Ländern ist der freie demokratische Westen ganz besonders gefordert, um zu demonstrieren, daß die pluralistische Demokratie in Freiheit und die Marktwirtschaft auf Dauer dem zentral planenden und steuernden und die Freiheit der Menschen beschränkenden Kommunismus weit überlegen ist. Nicht nur Kapital ist dazu erforderlich, sondern auch vielfältige Hilfe zum Erlernen demokratischer Formen und Regeln. Die EG hat gegenüber Rumänien auch eine gewisse Schuld abzutragen, hat sie doch jahrelang dazu beigetragen, daß der Diktator Ceausescu eine international anerkannte Persönlichkeit war, den die Weltöffentlichkeit keineswegs an seiner menschenverachtenden Politik im eigenen Lande gegenüber seinen eigenen Bürgern gehindert hat.

Europas Kleinstaaten und die EG

In Europa ist das Kräftespiel der Mächte stets von wenigen Großmächten betrieben worden. Die Mittelstaaten hatten nur die Wahl, ihren Vorteil oder ihre Sicherheit durch Anlehnung an einzelne Führungsmächte oder Koalitionen zu suchen oder aber sich durch eine Politik der strikten Neutralität aus der Rivalität der Großmächte herauszuhalten. Eine solche Politik setzte aber entweder eine günstige geographische Lage und eine entsprechende Verteidigungsbereitschaft und -fähigkeit voraus, oder aber sie erforderte die Garantie und damit das Interesse einer oder mehrerer Großmächte an dieser Neutralität und damit deren Bereitschaft, die Neutralität notfalls mit militärischen Mitteln zu sichern.

Europas Kleinstaaten haben in diesem Spiel der Macht kaum je eine anmerkenswerte Rolle spielen können. Ihr Potential reichte nicht, um für die Großmächte, und auch nicht für die Mittelmächte, interessant zu sein. Sie konnten aber in aller Regel unbehelligt von den europäischen Konflikten ihr Dasein gestalten und zuweilen auch von diesen Konflikten profitieren.

Ihre Existenz verdanken diese Kleinstaaten sehr oft historischen Launen und Zufällen, manchmal auch ihrer geographischen Lage und der Unfähigkeit ihrer größeren Nachbarn, sich über die Zugehörigkeit dieser Gebiete zu einigen.

Eine besondere Rolle spielte der Kirchenstaat, heute die Vatikanstadt in Rom im Kreise der Kleinstaaten. Jahrhundertelang war der Kirchenstaat im Herzen Italiens mit Rom als Hauptstadt die weltliche Machbasis der katholischen Kirche. Keine andere Kirche oder Glaubensgemeinschaft der Welt hat neben ihrer religiösen Aufgabe zugleich auch weltliche Macht in einem weltlichen Staat ausgeübt. Sehr oft hat die katholische Kirche ihre kirchliche Aufgabe zum Nutzen ihrer weltlichen Macht mißbraucht und auch umgekehrt, ihre weltliche Macht genutzt, um ihren kirchlichen Interessen zu dienen. Durch diese Vermengung kirchlicher und weltlicher Macht, und durch die Doppelfunktion des Papstes als weltlicher

Fürst und oberster Bischof reichte die Bedeutung des Kirchenstaates in früherer Zeit oft weit über seine wirtschaftliche Kraft und seine politische Macht hinaus.

Entstanden war das staatliche Herrschaftsgebiet der katholischen Kirche durch die sogenannte Pippinsche Schenkung im Jahre 754 aus dem byzantinischen Besitz in Italien. Später wurde das Gebiet durch die fränkisch-deutschen Kaiser noch erweitert und garantiert. Erbschaften und militärische Eroberungen vergrößerten das Gebiet im späteren Mittelalter, so daß es schließlich ganz Mittel-Italien umfaßte. Viele Päpste herrschten mehr als weltliche Fürsten denn als Bischöfe ihrer Kirche. Mit Napoleon begann das Ende des Kirchenstaates. Er gliederte 1809 einen Teil des Kirchenstaates in das neu geschaffene Königreich Italien ein, einen Teil annektierte Frankreich. Der Wiener Kongress restaurierte den alten Kirchenstaat noch einmal in seiner alten Größe. Aber im Zuge der italienischen Einigung ging auch dieser Staat zunächst ohne die Stadt Rom im Königreich Italien auf. Nach Abzug der französischen Schutzmacht aus Rom im Jahre 1870 wurde diese Stadt, trotz aller Proteste des Papstes und der katholischen Kirche, Hauptstadt des neuen Italien. Die katholische Kirche war damit ihrer staatlichen Komponente beraubt und nur noch Kirche, wie die übrigen Kirchen und Religionen der Welt. Aber sie hat sich nie mit dieser Entwicklung abfinden können und die Eingliederung des Kirchenstaates in das vereinigte Italien auch niemals anerkannt.

Durch die Lateranverträge 1929 wurde der jahrzehntelange Streit zwischen dem Heiligen Stuhl und Italien schließlich beigelegt. In Rom wurde die Vatikanstadt als neuer Kirchenstaat gegründet. Damit gewann die katholische Kirche ihre weltliche Staatsmacht, wenn auch territorial in sehr kleinem Umfang, wieder zurück. Der Papst erkannte im Gegenzug das Königreich Italien mit der Hauptstadt Rom an. Hintergrund dieses Ausgleichs mit der katholischen Kirche war das damals beginnende Streben Italiens unter der faschistischen Herrschaft Mussolinis, eine europäische Großmacht mit imperialistischen Zielen in Europa, Albanien, und Afrika, Abbessinien, zu werden. Dazu war ein Ausgleich im Innern mit der katholischen Kirche notwendig.

Die Macht der Vatikanstadt beruht vor allem auf den religiös-kirchlichen Einflußmöglichkeiten des Papstes und der Kirche. Die Völkerrechtssubjektivität des Vatikan, die das Recht umfaßt, diplomatische Beziehungen zu den Staaten der Welt zu unterhalten, und die Exterritorialität geben der kirchlich-geistigen Macht eine weltliche Grundlage.Die Vatikanstadt ist mit Italien in einer Wirtschafts- und Währungsunion verbunden. Wirtschaftlich gehört die Vatikanstadt daher zum EG-Gebiet, ohne jedoch als Staat Mitglied zu sein. Politisch verfolgt der Vatikan eine neutrale Linie. Im zweiten Weltkrieg hat er sich entsprechend verhalten und sich aus den Kriegshandlungen weitgehend heraushalten können.

Ebenfalls einen kirchlichen Hintergrund hat der zweite Kleinstaat in Italien, San Marino. Entstanden ist dieser Staat durch die Verbindung des gleichnamigen Klosters mit den umliegenden Ansiedlungen. Mehr durch eine Laune der Geschichte konnte dieses Gemeinwesen im 13. Jahrundert seine Unabhängigkeit erlangen und durch die Jahrhunderte vor allem gegen die Päpste und den umgebenden Kirchenstaat behaupten. Auch die französische Revolution und in ihrem Gefolge die Gründung Italiens ließen San Marino unbehelligt. Unter dem Schutz der Päpste konnte schließlich die moderne Zeit Einzug halten. In den italienischen Einigungskriegen blieb das Land neutral und wurde auch nicht in den Einigungsprozeß, wie alle anderen italienischen Staaten, einbezogen. Dies verdankte San Marino vor allem seiner Unterstützung der Truppen Garibaldis und einer geschickten Ausnutzung der politischen Situation während der italienischen Einigungskämpfe.

Im zweiten Weltkrieg wurde San Marino vorübergehend von deutschen Truppen besetzt, blieb aber bis zum September 1944 neutral und erklärte dann Deutschland den Krieg, um auf diese Weise wieder von den alliierten Truppen, die das Land ebenfalls besetzt hatten, geräumt zu werden.

San Marino ist, wie die Vatikanstadt, mit Italien durch eine Wirtschafts-, Währungs- und Zollunion verbunden. So gehört es auch zum Wirtschaftsgebiet der EG, ohne jedoch politisch Mitglied der Gemeinschaft zu sein. San Martino ist Mitglied des Europarates und hat 1983 offizielle Beziehungen zur Europäischen Gemeinschaft aufgenommen. Fragen der wirtschaftlichen und sozialen Zusammenarbeit waren Gegenstand von Verhandlungen zwischen der EG und San Marino und wurden 1986 in Form eines Protokolls geregelt.

Ebenfalls einer historischen Laune verdankt M o n a c o seine fortdauernde staatliche Existenz an der Grenze zwischen Italien und Frankreich. Anders als San Marino stand das Fürstentum Monaco abwechselnd unter französischer, spanischer und sardischer Oberhoheit. Während der französischen Revolution wurde es 1793 von Frankreich annektiert, gewann aber 1815 seine begrenzte Selbständigkeit zurück. Nach der Abtretung von Nizza durch Italien an Frankreich 1860 wurde auch Monaco verkleinert und auf sein heutiges Gebiet begrenzt. Seit 1865 besteht eine Zollunion und seit 1925 eine Währungsunion mit Frankreich. Durch diese wirtschaftliche Bindung an Frankreich ist Monaco auch Teil des EG-Wirtschaftsraumes, ohne jedoch politisch Mitglied der Gemeinschaft zu sein. EG-Recht gilt in erheblichem Umfang auch in Monaco, aber seine Bürger genießen nicht die Rechte der EG-Bürger. Das Land hat mehrere Abkommen mit der EG geschlossen, so z.B. 1976 eine Reihe von Umweltschutzabkommen.

Ein weiterer Kleinstaat im Süden Europas ist M a l t a. Bis 1964 war Malta britische Kronkolonie, seither ist es ein unabhängiger souveräner Staat und Mitglied des britischen Commonwealth. Um den Besitz Maltas hat es in der Geschichte immer wieder Kämpfe gegeben, da die Inselgruppe für die Beherrschung des Mittelmeeres eine große strategische Bedeutung besitzt. Von 1530 bis 1798 war Malta Sitz des souveränen Johanniter-Ordens, des späteren Malteser-Ordens. Nach kurzer französischer Herrschaft kam Malta 1815 unter britische Hoheit. Malta ist seit 1965 Mitglied des Europarats. Mit der EG ist Malta seit dem 1. April 1971 durch ein Assoziierungsabkommen verbunden und erhält erhebliche Finanzhilfen. 1989 hat Malta den Antrag gestellt, Vollmitglied der Europäischen Gemeinschaft zu werden.

Politisch ist Malta nach seiner Verfassung zu Blockfreiheit und Neutralität verpflichtet. Daher hat das Land stets versucht, sich an die blockfreien Staaten, insbesondere Jugoslawien, anzulehnen. Jahrelang hat das Land seine strategisch wichtige Lage zu einer Schaukelpolitik zwischen Großbritannien, der Gruppe der blockfreien Staaten, Italien und den nordafrikanischen Staaten ausgenutzt, um damit vor allem wirtschaftliche und finanzielle Vorteile zu erlangen. Als aber Libyen Anspruch auf vermutete Erdölvorkommen im Festlandssockel zwischen seiner Küste und Malta geltend machte, mußte Malta Italiens Hilfe in Anspruch nehmen. Italien hat 1980 die Neutralität Maltas ausdrücklich garantiert, um das Land vor libyschen Ansprüchen zu schützen und sich selbst das nordafrikanische Land auf Distanz zu halten.

Zu den europäischen Kleinstaaten gehört auch L i e c h t e n s t e i n, im Grenzraum zwischen Österreich und der Schweiz gelegen. Liechtenstein entstand 1719 durch eine Zusammenfassung zweier Herrschaften durch den Kaiser zum Fürstentum des Hauses Liechtenstein. Liechtenstein gehörte als Reichsfürstentum zum Heiligen Römischen Reich Deutscher Nation und bis 1866 zum Deutschen Bund. Da nach der Trennung Österreichs von den übrigen deutschen Staaten 1867 keine unmittelbare territoriale Verbindung zu den deutschen Bundesstaaten mehr bestand, blieb Liechtenstein nach Gründung des Deutschen Reiches 1871 als selbständiger Staat zurück. Das Land bildete aber mit Österreich-Ungarn bis 1918 eine Zoll-, Währungs- und Steuerunion. Seit 1924 besteht eine Zoll-, Wirtschafts- und Währungsuniuon mit der Schweiz. Ebenso wie die Schweiz ist auch Liechtenstein seit 1978 Mitglied des Europarats. Das 1972 zwischen der EG und der Schweiz geschlossene Handels- und Wirtschaftsabkommen gilt auch für Liechtenstein.

Ein Relikt aus dem Mittelalter ist A n d o r r a. Es ist eine Art französisch-spanisches Kondominium, hervorgegangen aus einer Aufteilung der Herrschaft über dieses Gebiet zwischen dem - französischen - Grafen von Foix und dem - spanischen - Bischof von Urgel. Heute teilen sich der französische Präsident und der Bischof von Urgel die Souveränität als feudale Fürsten. Rechtsstaatliche Strukturen und wirklich freie demokratische Wahlen einer Volksvertretung durch die Bürger gibt es bisher nicht. Parteien sind in Andorra verboten. Praktisch haben der französische Präsident und der Bischof absolute Gewalt, die sie durch ihre Repräsentanten ausüben lassen. Es gibt in Andorra keine wirkliche Glaubensfreiheit und z.B. keine Zivilehe. Das kanonische Recht bestimmt weitgehend das Leben der Andorraner. Es gibt auch nur eine Gerichtsinstanz ohne die Möglichkeit einer Berufung oder Revision. Die europäische Konvention der Menschenrechte gilt bis heute nicht in Andorra. Andorra strebt jedoch eine engere Bindung an die EG an. Um dies zu ermöglichen, haben die Vorbereitungen für die Schaffung einer rechtsstaatlich-demokratischen Verfassung begonnen. Die Souveränität soll auf das Volk von Andorra übergehen. Es soll das Recht erhalten, ein Parlament zu wählen, das dann eine demokratisch legitimierte Regierung berufen und diese politisch kontrollieren kann.

Wirtschaftlich lebt das Land von den Touristen und - jedenfalls bis zur völligen Einbindung Spaniens in die europäische Zollunion - vom Schmuggel. Steuern werden kaum erhoben. Zollabkommen mit Frankreich und Spanien ermöglichen es Andorra, seinen Bürgern und Besuchern Zollfreiheit zu gewähren. Zum EG-Zollgebiet gehört Andorra bisher nicht.

Nach dem Beitritt Spaniens zur Europäischen Gemeinschaft war vorgesehen, binnen zwei Jahren die bis dahin bilateral geregelten Handelsbeziehungen Andorras mit den EG-Staaten durch eine gemeinschaftliche Regelung zu ersetzen. Vorgesehen ist, die Beziehungen Andorras zur EG in Form eines Briefwechsels zu regeln und eine Zollunion zu schaffen, die der besonderen Lage Andorras Rechnung trägt. Ziel dieser Bemühungen ist es, Andorra wirtschaftlich an die EG zu binden, ohne gegenwärtig eine Mitgliedschaft zu begründen.

Besondere Fragen wirft der Status Gibraltars als europäisches Gebiet auf. Gibraltar ist eine britische Kronkolonie und daher kein europäischer Staat, der die Voraussetzungen für eine Mitgliedschaft in der EG erfüllt. Über das Mitglied Großbritannien hat zwar auch Gibraltar Zugang zur EG. Dennoch bleibt es unbefriedigend, daß in Europa eine Kolonie fortbesteht, die Großbritannien 1704 im spanischen Erbfolgekrieg durch einen militärischen Handstreich erobert hat. Seit 1714 - durch den Frieden von Utrecht - ist die britische Herrschaft legitimiert. Gibraltar hatte, ähnlich wie Malta, für die britische Herrschaft im Mittelmeerraum eine große strategische Bedeutung zur Sicherung des Seeweges zum Suez-Kanal.

Eine Rückgabe an Spanien, die seit langem gefordert wird, wurde durch eine Volksabstimmung am 10. September 1967 mit sehr großer Mehrheit abgelehnt. Die Bevölkerung sprach sich für einen Verbleib unter britischer Herrschaft aus. Als endgültige Lösungen in der Zukunft sind eigentlich nur drei Möglichkeiten denkbar: Entweder Gibraltar wird ein souveräner Kleinstaat und erwirbt als solcher eines Tages auch die Mitgliedschaft in der EG; oder das Land wird integrierter Teil Großbritanniens und gehört zusammen mit Großbritannien zur EG; oder aber Gibraltar kehrt bei voller innerer Autonomie unter die spanische Souveränität zurück und erhält einen mit Hongkong vergleichbaren Status und gehört dann zusammen mit Spanien zur EG.

Die Darstellung der Entstehung und der inneren Strukturen der europäischen Kleinstaaten zeigt, daß ihre Beziehungen zur Europäischen Gemeinschaft unterschiedlich beurteilt werden müssen. Gegenwärtig gehört, trotz bestehender vielschichtiger vertraglicher Regelungen, keiner dieser Staaten zur EG. Ihre Bürger genießen nicht die Rechte und Vorteile von EG-Bürgern in der Gemeinschaft. Als 'Europäischen Staaten' steht den meisten dieser Kleinstaaten aber durchaus das Recht zu, die Mitgliedschaft in der EG zu beantragen. Malta hat einen solchen Aufnahmeantrag bereits gestellt. Voraussetzung für ein solches Aufnahmeersuchen ist allerdings auch für die Kleinstaaten eine rechtsstaatlich-demokratische Staatsstruktur und die uneingeschränkte Wahrung der Menschenrechte. Von Seiten der Gemeinschaft dürften keine prinzipiellen Vorbehalte gegen die Aufnahme bestehen. Allerdings erfordert eine Erweiterung um diese Kleinstaaten wesentliche institutionelle Änderungen der Gemeinschaftsverfassung über die seit langem geforderte stärkere Demokratisierung hinaus. Die gegenwärtige Regelung, daß jeder Mitgliedstaat mindestens ein Mitglied der Kommission benennt und auch einstimmig zu treffende Entscheidungen des Rates praktisch blockieren kann, würde den Kleinstaaten einen überproportionalen Einfluß auf die Gemeinschaftspolitik einräumen und auch durch die Zunahme der Zahl der Kommissare den Entscheidungsprozess unnötig erschweren. Notwendige Voraussetzung für eine solche Erweiterung sind daher Reformen dergestalt, daß die Kommissionsmitglieder nicht mehr national gebunden sind und auch, daß der Rat grundsätzlich mit Mehrheit entscheidet, wobei die Stimmenzahl der Mitglieder in etwa der Bevölkerungszahl entsprechen sollte.

Auch erfordert eine Erweiterung der EG um Kleinstaaten eine Änderung der Zusammensetzung des Europäischen Parlaments. Würden den Kleinstaaten auch mindestens je 6 Abgeordnete zuerkannt, ohne daß bei den größeren Mitgliedstaaten die bisherige Zahl der Abgeordneten geändert würde, so würden die Bürger der Kleinstaaten unverhältnismäßig stärker im Parlament repräsentiert sein, als ihnen nach dem demokratischen Prinzip der Gleichheit des Stimmengewichts zukäme. Für den einzigen der EG bereits angehörenden Kleinstaat, nämlich Luxemburg, gilt die Regelung, daß in diesem Land, obwohl es nur etwa 350 000 Einwohner hat, 6 Abgeordnete für das Europäische Parlament gewählt werden dürfen. Dies kann man als Sonderregelung für ein Gründungsmitglied der Europäischen Gemeinschaft ansehen, die in Zukunft nur dann Bestand behalten kann, wenn für alle Mitgliedstaaten beispielsweise die Regelung eingeführt würde, daß für die ersten 600 000 Einwohner ein Abgeordneter auf je 60 000 Einwohner gewählt wird, dann aber nur ein Abgeordneter auf etwa je 800 000 Einwohner.

Besondere Probleme für eine Mitgliedschaft stellen sich für solche Kleinstaaten, deren Zoll- und Steuersituation innerhalb der Gemeinschaft zu Verzerrungen führen würde. Denkbar sind allerdings vertragliche Regelungen, die das Gebiet eines solchen Mitgliedstaates als zollfreie Zone, ähnlich anderer zollfreier Zonen in der Gemeinschaft, behandelt. Das würde aber die Aufrechterhaltung einer Zollgrenze und entsprechender Kontrollen zur Folge haben. Unvereinbar mit der Zielsetzung der Gemeinschaft, allen Bürgern volle Niederlassungsfreiheit im Gemeinschaftsgebiet zu gewähren, dürfte aber eine fortbestehende Steuergesetzgebung sein, die zur Steuerflucht und zur Steuerentziehung verleitet.

Eine Mitgliedschaft Maltas und San Marinos und auch Liechtensteins dürfte keine grundsätzlichen Probleme aufwerfen, wobei die enge Bindung Liechtensteins an die Schweiz für eine gemeinsame Entscheidung über eine Mitgliedschaft spricht. Monaco und Andorra müßten als Voraussetzung für eine Mitgliedschaft rechtsstaatlich- demokratische Strukturen schaffen bzw. vertiefen. Auch müßten die Menschenrechte in Andorra volle Geltung erhalten, ehe über eine Mitgliedschaft dieses Landes verhandelt werden könnte. Gibraltar fehlt die Staatsqualität, es kann daher nicht Mitglied der EG werden.

Ein besonderes Problem würde auch eine Mitgliedschaft der Vatikanstadt aufwerfen. Dieser Staat ist eine Wahlmonarchie, kennt aber keine rechtsstaatlich-demokratischen Strukturen. Mit der Glaubensbindung an die katholische Konfession ist auch das Menschenrecht der Glaubensfreiheit nicht zu vereinbaren. Die theokratische Struktur der Vatikanstadt würde auch einer vollen Mitwirkung in den EG-Organen entgegenstehen. Die unverzichtbare religiöse Neutralität der Europäischen Gemeinschaft würde umgestoßen, wenn allein die katholische Kirche staatliche Vertreter in den Rat, in die Kommision und in das Europäische Parlament entsenden könnte, ganz abgesehen von der Frage, wer denn eigentlich in der Vatikanstadt die Abgeordneten wählen sollte und wer wählbar wäre. Die Vatikanstadt ist im Sinne des Artikels 237 EWGV kein Staat, da sie nicht die staatliche Organisation eines Volkes auf einem bestimmten Staatsgebiet ist, sondern ausschließlich die Ausstattung einer Kirche mit der Völkerrechtspersönlichkeit, der Exterritorialität und dem aktiven, wie passiven Gesandtschaftsrecht darstellt. Die Voraussetzungen für eine Mitgliedschaft der Vatikanstadt in der Europäischen Gemeinschaft sind daher nicht gegeben und können auch nicht geschaffen werden.

Die EG und die halb-europäischen Staaten

Die ehemalige Sowjetunion, jetzt Rußland, sowie die Türkei sind Staaten, deren Territorien nur teilweise auf dem geographischen Gebiet Europas liegen. Zypern gehört geographisch nicht zu Europa, wird aber mehrheitlich von Griechen, also Europäern, bewohnt und ist gegenwärtig geteilt in ein griechisches Gebiet im Süden und ein türkisch bewohntes und von der Türkei besetztes Gebiet im Norden der Insel. Die Beziehungen dieser Länder zu Europa und zur EG, insbesondere auch die Frage einer möglichen Mitgliedschaft in der Gemeinschaft, ist aus diesen Gründen nicht ohne weiteres mit dem Hinweis auf Artikel 237 EWGV zu beantworten. Abgesehen davon, daß in diesen Ländern weder eine in jeder Beziehung pluralistisch demokratische Struktur Grundlage des staatlichen Handelns ist, noch die Grundsätze der Menschenrechte uneingeschränkt zur Geltung kommen, so stellt sich für die EG vor allem die Frage, ob sie überhaupt bereit ist und sein sollte, ihr Gebiet über die geographischen Grenzen Europas hinaus auszudehnen.

Der Europarat als internationale Gemeinschaft und Regierungskooperation hat kaum Probleme, auch halb-europäische Staaten in seine Arbeit einzubeziehen. Seine Arbeit und seine Ziele sind es, den Schutz und die Förderung der Ideale und Grundsätze, die das gemeinsame Erbe der Mitgliedstaaten und Völker bilden, herzustellen und ihren wirtschaftlichen und sozialen Fortschritt zu fördern (Art 1 der Satzung des Europarats). Diese Aufgaben beziehen sich auf Europa, aber die einzelnen Beschlüsse und Empfehlungen des Europarats bedürfen der Ratifizierung und damit der Umwandlung in nationales Recht, um in den Mitgliedstaaten zu gelten. Es ist also allein die Entscheidung der Mitgliedstaaten, ob derartige Beschlüsse und Empfehlungen des Europarats auch in denjenigen Landesteilen gelten sollen, die nicht zu Europa gehören. Die Türkei und Zypern konnten daher ohne Probleme Mitglieder des Europarates werden und der ehemaligen Sowjetunion konnte als Gast ein Beobachterstatus gewährt werden. Die EG hat hingegen als supranationale Gemeinschaft die Kompetenz, im Rahmen ihrer Zuständigkeiten unmittelbar geltendes Recht zu schaffen. Sie würde also ihren Handlungs- und Einflußbereich über die Grenzen Europas hinaus ausweiten und damit die politische Zielsetzung, nämlich die wirtschaftliche und politische Einigung Europas, verändern und letztlich aufgeben. Insbesondere würde eine volle Einbeziehung Rußlands bis hin zur Beringstraße das Ende der Idee vom Vereinigten Europa bedeuten.

Offen bleibt die Frage, ob die halb-europäischen Staaten mit den europäischen Teilen ihrer Gebiete zur EG gehören können. Im 19. Jahrhundert gab es viele Beispiele für eine teilweise Zugehörigkeit von Staatsgebieten zu Staatenunionen. So gehörten zum Beispiel nur Teile Österreichs und Preußens zum Deutschen Bund. Andererseits gehörten europäische Staaten, wie Dänemark oder die Niederlande, mit den von ihnen beherrschten deutschen Gebieten, wie Holstein oder Luxemburg und Limburg zum Deutschen Bund. Die wirtschaftlichen Grenzen des Deutschen Zollvereins waren aber, ohne Rücksicht auf die Zugehörigkeit zum Deutschen Bund, in der Regel identisch mit den politischen Grenzen der Mitgliedstaaten. So gehörten zum Beispiel auch diejenigen Teile Preußens, die nicht zum Deutschen Bund gehörten, zum Deutschen Zollverein. Andererseits gehörten die Bundesterritorien Österreichs nicht zum Zollverein. Überträgt man diese Gedanken auf die EG, so könnte Rußland mit seinem europäischen Teil westlich des Urals oder die Türkei mit

Ostthrazien politisch zur EG gehören. Diese Überlegungen haben, ohne daß man sie in ihren Konsequenzen vertieft hat, in der Formel eines "Europa vom Atlantik bis zum Ural" ihren Ausdruck gefunden. Sie berücksichtigen aber nicht die Tatsache, daß die EG gegenwärtig eine Wirtschaftsgemeinschaft und Zollunion ist und eines Tages eine Währungsunion und politische Gemeinschaft sein wird. Eine teilweise Mitgliedschaft eines halb-europäischen Staates würde eine Zoll- und Wirtschaftsgrenze mitten durch das Land zur Folge haben. Eine Lösung, die weder für diese Staaten, noch für die EG zumutbar und praktikabel wäre. Eine Mitgliedschaft der halb-europäischen Staaten in der EG kann daher nur ungeteilt oder gar nicht erworben werden. Letztendlich werden es vor allem politische Motive und Umstände sein, die im Einzelfall bei der Frage einer Mitgliedschaft den Ausschlag geben werden. Dies gilt vor allem für die Türkei und Zypern. Eine besondere Situation stellt die ehemalige Sowjetunion dar. Die meisten der früheren Unionsrepubliken haben sich zur Gemeinschaft Unabhängiger Staaten (GUS) zusammengeschlossen. Entwickelt sich diese GUS zu einer Wirtschafts- und auch politischen Gemeinschaft, so wird ihr Verhältnis zur EG als Einheit zu werten sein, wobei bedacht werden muß, daß sie eine Gemeinschaft europäischer, halb-europäischer und nicht-europäischer Republiken ist. Entwickeln sich die Mitgliedstaaten der GUS jedoch politisch und vor allem wirtschaftlich als selbständige Einheiten, so müssen die Beziehungen jedes einzelnen Staates zur EG gesondert beurteilt werden, wobei Rußland als halb-europäischer Staat dann wiederum eine besondere Position einnimmt. Diese Tatsachen und ihre Auswirkungen auf die Verbindungen zur und mit der EG sollen nachfolgend näher behandelt werden.

Die Türkei

Dort, wo heute die Türkei in Europa und Klein-Asien liegt, lag einst das oströmische - griechisch-byzantinische - Reich, eine der kulturellen Wiegen des modernen Europa. Zahllose Völker und Stämme haben im Laufe der Jahrhunderte dieses Gebiet erobert, durchzogen oder dort gesiedelt und sich mit den dort lebenden Menschen vermischt. Der Eroberungszug des Islam verdrängte im Mittelalter das Christentum und schuf die Grundlage der heutigen Kultur der Türkei als Brücke zwischen Europa und der arabisch-islamischen Welt. Mit der Eroberung des Balkan und fast ganz Ungarns im 16. und 17. Jahrhundert wurde das Osmanisch/Türkische Reich zur beherrschenden Macht Südosteuropas. Im Bündnis mit Frankreich bedrängten und schwächten die Türken das Deutsche Reich und die bis dahin dominierende kaiserliche Macht und hatten damit einen entscheidenden Anteil an der Veränderung des europäischen Gleichgewichts. Noch im 16. Jahrhundert war das Deutsche Reich unter den Habsburger Kaisern die beherrschende Macht in Europa. Frankreich war in drei Kriegen vor allem aus Italien verdrängt worden. Aber die Reformation und damit die innere Zerstrittenheit und Schwächung des Reiches und der Ansturm der Türken und des Islam boten Frankreich die Möglichkeit, für die nächsten zwei Jahrhunderte zur dominierenden Macht in Europa aufzusteigen.

Die Macht des Osmanischen Reiches der Türken erreichte ihren Gipfel 1683 mit dem letzten Versuch, Wien zu erobern und damit den Zugang zu Mitteleuropa zu gewinnen. Die danach einsetzende schrittweise Zurückdrängung der Türken aus Südosteuropa dauerte bis zum Beginn des 20. Jahrhunderts. Erst die Balkankriege 1912/13 begrenzten das türkische Gebiet in Europa auf Ostthrazien in seinen heutigen Grenzen. Der Kampf des Reiches gegen die Türken begründete den Aufstieg Österreichs zur europäischen Großmacht und das Hinauswachsen aus dem Deutschen Reich zum Vielvölkerstaat in Südosteuropa.

Jahrhundertelang hat das Osmanische Reich der Türken das europäische Gleichgewicht maßgeblich beeinflußt und verändert. Immer wieder zwang die Bedrohung durch die Türken einander feindlich gegenüberstehende Mächte zum gemeinsamen Handeln und damit zur Partnerschaft. Das Osmanische Reich war eine Großmacht von morgenländischer, muselmanischer Prägung. Zahlreiche Herrscher dieses Reiches waren Europäer aus Albanien, Griechenland und den slawischen Balkanregionen, aber geprägt durch den Islam. Ein großer Teil der führenden Staatsdiener war hervorgegangen aus den auf den Kriegszügen gefangenen christlichen Knaben, die dann zum Islam übertreten mußten und in dieser Kultur erzogen wurden. Die Religionen, Christentum und Islam, trennten das Osmanische Reich von Europa und seiner Kultur, obwohl die Eroberungszüge der Türken keine Missionszüge waren. Wer Christ war, konnte es bleiben, mußte nur geringere Rechte hinnehmen. So lebten im Osmanischen Reich zahlreiche Christen neben den konvertierten Mohamedanern und den Siedlern aus Anatolien.

Trotz dieser beherrschenden Rolle in Südosteuropa wurde das Osmanische Reich nicht am Wiener Kongress 1815 beteiligt. Das Osmanische Reich war Großmacht in Europa, aber eben nicht europäische Großmacht. Das sich nach der französischen Revolution verstärkende Nationalbewußtsein der Völker auf dem Balkan führte im 19. Jahrhundert zur schrittweisen Befreiung von der türkischen Herrschaft und zur Gründung selbständiger Staaten, die in Anlehnung an die europäischen Großmächte, insbesondere an Österreich-Ungarn und Rußland, aber auch an Frankreich und Großbritannien, das durch den türkischen Machtverfall entstandene Vakuum ausfüllten und ein neues Mächtegleichgewicht entstehen ließen. Zu Beginn des 20. Jahrhunderts hatte das Osmanische Reich seinen Einfluß in Südosteuropa völlig verloren. An seine Stelle trat mehr und mehr die Rivalität Österreich-Ungarns und Rußlands, die 1914 eine der den ersten Weltkrieg auslösenden Ursachen war.

Im ganzen 19. Jahrhundert gab es immer wieder Versuche, die Türkei in einen Rechtsstaat europäischer Prägung umzuwandeln. Aber die Widerstände im Lande waren zu groß. So wurde zum Beispiel die 1876 proklamierte Verfassung bereits 1878 wieder suspendiert. Als Reaktion auf diese Reformbestrebungen entwickelte sich die panislamische Idee, die jede geistige Freiheit bekämpfte und einen Staat allein auf der Grundlage des Koran anstrebte. Die Entmachtung der alten Herrschaftsstrukturen, insbesondere der Janitscharen, und die Reformen des Heeres zeigten aber erst am Anfang des 20.Jahrhunderts erste sichtbare Resultate. Die Türkei begann sich politisch und militärisch zu europäisieren. Schon im sogenannten Krimkrieg (1853-56) gelang es der türkischen Politik, maßgebenden Einfluß auf den Machtkampf um die beherrschende Rolle in Europa zu gewinnen. Frankreich, Großbritannien und Sardinien traten an der Seite der Türkei in den Krieg gegen Rußland ein, um zu verhindern, daß Rußland durch die Eroberung weiterer türkischer Gebiete eine zu mächtige Position in Ost- und Südosteuropa und im Nahen Osten erlangte. Außerdem war Rußland auf dem besten Wege, die Kontrolle über den Bosperus und die

Dardanellen zu gewinnen und damit freien Zugang zum Mittelmeer für seine Schwarzmeerflotte. Dies vor allem wollten Großbritannien und Frankreich verhindern.

Mit dem Krimkrieg endete in Europa das auf dem Wiener Kongress geschaffene Gleichgewichtssystem, das von Rußland, Österreich, Preußen und Großbritannien und später auch von Frankreich geprägt wurde. Im Pariser Frieden 1856 mußte Rußland seine Rolle als Schutzherr der Christen in der Türkei aufgeben. Diese Rolle übernahmen jetzt die europäischen Großmächte gemeinsam. Die Meerengen wurden für alle nicht-türkischen Kriegsschiffe gesperrt und damit Rußland der freie Zugang für seine Kriegsflotte zum Mittelmeer verwehrt.

Das 1871 entstandene neue Deutsche Reich wurde mehr und mehr zur Schutzmacht der politisch und wirtschaftlich immer schwächer werdenden Türkei. Die Bestrebungen der Großmächte Frankreich, Großbritannien und Rußland, am Ende des 19. Jahrhunderts die Türkei aufzuteilen, wurden vor allem von Deutschland verhindert. Neben dem innerlich instabilen und politisch, wie militärisch schwachen Österreich-Ungarn, war der "kranke Mann am Bosperus" die zweite Macht, deren Stützung sich das Deutsche Reich aufbürdete und damit seine eigene Position im europäischen Mächtekonzert nachhaltig schwächte.

Im ersten Weltkrieg kämpfte die Türkei an der Seite der Mittelmächte und verlor am Ende alle ihre arabischen Gebiete. Aber schon vor dem Krieg hatte die Reformbewegung der Jungtürken die Voraussetzungen für eine völlige Um- und Neugestaltung der Türkei geschaffen. Diese Reformen waren aber auch begleitet von einer radikalen Nationalisierung des Landes und einer zunehmenden Unterdrückung der nichttürkischen Volksgruppen. Unter der Führung von Mustafa Kemal Pascha, dem späteren Kamal Atatürk, wurde die Türkei zu einer westlich orientierten Republik. Der neue Staat konnte die im Friedensvertrag von Sèvres 1920 vorgesehene völlige Aufteilung des Landes unter seine Nachbarn und die Beschränkung des türkischen Territoriums auf Teile Anatoliens, sowie die internationale Kontrolle der Meerengen verhindern. Das neue türkische Parlament verweigerte die Ratifizierung dieses Vertrages. Eine nationale Erhebung führte zur Einparteienherrschaft Kamals, dem es gelang, die Griechen aus den ihnen zugesprochenen Gebieten Kleinasiens (Smyrna) wieder zu vertreiben. Im nunmehr geschlossenen neuen Friedensvertrag von Lausanne 1923 konnte sich die Türkei den Besitz Ostthraziens, dem europäischen Teil der Türkei, Westarmeniens und die Oberhoheit über die Meerengen sichern. Ein umfangreicher Bevölkerungsaustausch zwischen Griechen und Türken wurde beschlossen und durchgeführt. Etwa 1,5 Millionen Griechen mußten das Gebiet der heutigen Türkei verlassen und in Griechenland eine neue Heimat finden. Umgekehrt wurden etwa 350000 Türken aus griechisch Thrazien und Mazedonien in die Türkei umgesiedelt.

Kamal Atatürk schaffte mit der heutigen Türkei einen westlich geprägten Staat und drängte den islamischen Einfluß stark zurück. Unter seiner Führung orientierte sich das Land nach Europa und löste sich völlig von seiner theokratisch - islamischen Staatsgestaltung. Politisch verhielt sich die Türkei zurückhaltend, ohne jedoch neutral zu sein. Das Land war - seit 1934 im Westen durch den Balkanpakt mit Griechenland, Jugoslawien, Rumänien und - seit 1938 - auch Bulgarien und seit 1937 im Osten durch den Ostpakt mit Afghanistan, dem Iran und Irak verbunden. Im zweiten Weltkrieg blieb die Türkei zunächst neutral und bewahrte so ihre Unabhängigkeit, obwohl sie 1939 mit Frankreich und Großbritannien ein Bündnis geschlossen hatte. 1941 näherte sich die Türkei den damals erfolgreichen Achsenmächten an und schloß mit Deutschland einen Freundschaftsvertrag, erklärte aber trotzdem, nachdem sich das Kriegsbild gewandelt hatte, Deutschland 1945 den Krieg.

Nach dem zweiten Weltkrieg bemühte sich die Türkei um enge Bindungen an den Westen, insbesondere nachdem die Sowjetunion 1945 den 1925 mit der Türkei geschlossenen Nichtangriffspakt gekündigt hatte. Der Versuch, 1950 Mitglied der Nato zu werden, scheiterte, da die Türkei nicht als atlantischer Staat angesehen wurde. Während des Koreakrieges aber, in dem die Türkei neben den USA das stärkste Militärkontingent stellte, wurde sie 1951 dann doch in die Nato aufgenommen. 1954 verstärkte die Türkei ihre Westbindung noch durch eine Militärallianz mit Griechenland und Jugoslawien. Im November 1955 erweiterte die Türkei ihr militärisches Engagement und wurde Partner des Nahostpaktes, den in Bagdad Großbritannien, Irak, Iran, Pakistan und die Türkei schlossen. Durch die gleichzeitige Mitgliedschaft in der Nato, dem Balkanpakt und dem Bagdadpakt wurde die Türkei der Mittelpunkt der gegen die Sowjetunion gerichteten Bündnissysteme im südosteuropäischen und vorderasiatischen Raum und gewann damit eine gewisse Schlüsselfunktion.

Die Türkei bemühte sich auch von Anfang an um eine enge Bindung an die europäischen Einigungsbemühungen. 1949 wurde sie in den Europarat aufgenommen. Durch einen umfangreichen Assoziierungsvertrag vom 12. September 1963 wurde die schrittweise Annäherung an die EG eingeleitet. Diese Assoziierung hat auf der einen Seite die West-Europa-Orientierung der Türkei stabilisiert, auf der anderen Seite aber auch bestehende Konflikte deutlicher werden lassen. So ist in der Türkei einerseits die Erwartung verstärkt worden, die Assoziierung würde mehr oder weniger zwangsläufig zur Vollmitgliedschaft führen. Andererseits hat die Sorge zugenommen, die Türkei würde durch die Annäherung an die EG ihre religiös-kulturellen Grundlagen einbüßen. Heute ist die Türkei weder ein integraler Bestandteil der islamischen Welt, noch ein uneingeschränkt europäischer Staat. Hierin ruht ein nicht geringes Konfliktpotential, vor allem auch innenpolitisch. Die Befürworter einer Vollmitgliedschaft in der Türkei wollen die seit mehr als 100 Jahren laufenden Bemühungen, das Land in den Westen zu integrieren und voll zu europäisieren, zu einem endgültigen Abschluß bringen. Für sie geht es um mehr als nur wirtschaftliche Fragen, es geht um die endgültige Anerkennung einer westlichen Identität der Türkei.

Entschieden abgelehnt wird eine EG-Mitgliedschaft von den islamischen Fundamentalisten, die allerdings bisher keine größere Resonanz in der türkischen Bevölkerung gefunden haben. Man kann also davon ausgehen, daß die Bemühungen der Türkei um eine volle Mitgliedschaft von der großen Mehrheit der Bevölkerung voll unterstützt werden. Dies gilt auch für die Sozialdemokraten, die noch in den siebziger Jahren Gegner einer Vollmitgliedschaft waren. Sie erhoffen sich jetzt nicht nur positive Aspekte für die wirtschaftliche Entwicklung des Landes, sondern auch eine Stabilisierung der türkischen Demokratie.

Seit dem 14. April 1987 liegt ein Antrag der Türkei vor, Vollmitglied der EG zu werden. Ebenfalls seit 1987 bemühen sich die Türken darum, der Westeuropäischen Union (WEU) beizutreten, um sich an der engeren militärischen Zusammenarbeit der Europäer zu beteiligen. Parallel zu diesen Bemühungen um eine Mitgliedschaft in der EG, hat die Türkei ihre Balkan- und Schwarzmeerpolitik in den letzten Jahren verstärkt. So hat sie 1990 das Projekt einer Wirtschaftskooperation der Anlieger des Schwarzen Meeres ins Leben gerufen, um die wirtschaftliche Aktivität in diesem Raum zu verbessern. Eine Konferenz aller Schwarzmeer-

Anliegerstaaten in Istanbul, auch der damaligen Sowjetrepubliken Moldawien, Georgien, Armenien und Aserbaidschan, hat sich mit der Vorbereitung eines Abkommens über die Intensivierung der wirtschaftlichen Zusammenarbeit befaßt.

Der fortbestehende Konflikt mit Griechenland bestimmt auch die in jüngster Zeit aktivierte türkische Balkanpolitik. Die im Vergleich zu Griechenland relativ stärkere Wirtschaftskraft der Türkei verschafft den türkischen Bemühungen das notwendige Gewicht. So umwerben die Türken Albanien mit attraktiven Wirtschaftsangeboten. Mit Erfolg haben sie auch ihre Beziehungen zu Bulgarien verbessert und damit zu einer gewissen Abkühlung der griechisch-bulgarischen Beziehungen beigetragen. Geholfen hat hierbei die plötzlich gestärkte politische Rolle der türkischen Minderheit, die im bulgarischen Parlament das Zünglein an der Waage geworden ist. Für die Türkei ist diese politische Offensive auf dem jetzt wieder politisch freieren Balkan in erster Linie gegen Griechenland gerichtet. Sie soll sicherlich auch ein Ausgleich für die griechische Bindung an die EG sein. Hierbei sollte man in Ankara aber berücksichtigen, daß eine positive Entscheidung über den türkischen Aufnahmeantrag eines Tage auch das griechische Ja erfordert. Das Auseinanderbrechen Jugoslawiens und damit der Wegfall der bisher führenden Macht auf dem Balkan gibt der neuen türkischen Balkanpolitik aber auch einen ganz anderen Aspekt. Es gilt, das entstandene Machtvakuum auszufüllen. Die Türkei hat infolge der veränderten Situation auf dem Balkan mittelfristig durchaus die Chance, in die bisherige Rolle Jugoslawiens als dominierender Macht auf dem Balkan hineinzuwachsen und damit auch wieder eine europäische Macht zu werden.

Der Antrag auf Vollmitgliedschaft in der EG hat die Gemeinschaft in eine gewisse Verlegenheit gebracht, obwohl es in Artikel 28 des Assoziierungsabkommens heißt: "Sobald das Funktionieren des Abkommens es in Aussicht zu nehmen gestattet, daß die Türkei die Verpflichtungen aus dem Vertrag zur Gründung der Gemeinschaft vollständig übernimmt, werden die Vertragsparteien die Möglichkeit eines Beitritts der Türkei zur Gemeinschaft prüfen". Der Beitrittsantrag wirft zum ersten Mal die konkrete Frage auf, wie weit Europa eigentlich reichen soll und zwar nicht das geographische, sondern das in der EG zusammenwachsende politische Europa.

Die NATO ist ein Europa und Nordamerika umfassendes Bündnis, dem die Türkei im eigenen und im Interesse der anderen Partner angehört. Der Europarat ist eine internationale Staatengemeinschaft ohne politische Finalität. Die Europäische Gemeinschaft aber ist ein supranationaler Wirtschaftsstaat, dessen Integrationsprozeß dabei ist, die Außen- und Sicherheitspolitik einzuschließen, und der am Ende als Föderation besonderer Art Staatsqualität zuwachsen soll. Unter diesen Aspekten stellt sich die Frage, ob ein halb-europäischer Staat, wie die Türkei zur EG gehören kann, ohne daß diese dadurch ihre besondere Qualität einbüßen würde. Eine westlich orientierte Politik allein ist kein Entscheidungskriterium, sonst hätte auch der Aufnahmeantrag Marokkos positiv beschieden werden müssen. Die EG muß sich vielmehr entscheiden, ob sie über die geographischen Grenzen Europas hinauswachsen will, und wenn diese Frage nicht grundsätzlich verneint wird, welche Kriterien sie hierfür festlegt.

Die Mitgliedschaft der Türkei würde bedeuten, daß die EG unmittelbar an arabische Staaten und den Iran grenzen würde. Die EG müßte bereit sein, eine von der islamischen Welt geprägte Gesellschaft auch kulturell zu integrieren. Daß die Mitgliedschaft für die

Türkei große Vorteile mit sich bringen würde, steht außer Frage. Für die Europäische Gemeinschaft würde diese Mitgliedschaft hingegen eine erhebliche Belastung bedeuten. Das Brutto-Sozialprodukt je Kopf der Bevölkerung beträgt in der Türkei etwa 40% des portugiesischen BSP. Der notwendige wirtschaftliche Entwicklungsprozeß würde lang und teuer werden.

Sehr oft wird auch darauf verwiesen, daß die EG mit einem Mitgliedsland Türkei die ganzen vielschichtigen und auch gefährlichen Entwicklungen des Islam und seiner Fundamentalisten in die Gemeinschaft hineinlasse. Dem muß man entgegenhalten, daß die Einbeziehung der Türkei in den europäischen Integrationsprozess eher dämpfend auf die Islamisierung in diesem Land wirken dürfte. Umgekehrt könnte eine endgültige Zurückweisung des Aufnahmebegehrens der Türkei denjenigen Kräften Auftrieb geben, die gegen eine "Verwestlichung" des Landes sind. Am Ende hätte die EG dann einen aggressiven islamischen Staat direkt vor ihren Toren mit der nicht gering zu achtenden Gefahr eines Übergreifens auf die starken islamischen Volksgruppen auf dem Balkan, in Albanien, Bosnien und Bulgarien. Es ist also durchaus denkbar, daß die EG eines Tages ein zunehmendes politisches Interesse daran gewinnen kann, mit einem Mitgliedsland Türkei ihre Grenzen zum islamischen Fundamentalismus weit hinauszuschieben. Eine in die EG integrierte Türkei würde auch kulturell dem aggressiven arabischen und iranischen Islam einen europäischen Islam entgegenstellen können. Mit der Antwort auf diese politische Frage wird letztlich über die Mitgliedschaft der Türkei zu entscheiden sein. Der Weg bis zu einer solchen Entscheidung wird Zeit brauchen, zumal die Erweiterung der EG nach Norden und Osten in den kommenden Jahren ihre ganze Kraft erfordern wird.

Auch muß sich in der Türkei noch vieles ändern, um als demokratischer Rechtsstaat mit voller, uneingeschränkter Achtung der Menschenrechte über die Schwelle der Gemeinschaft treten zu können. Solange beispielsweise den Kurden, einer nationalen Minderheit in der Ost-Türkei, sogar der Gebrauch ihrer Muttersprache verboten ist, und eine türkische Nationalisierungspolitik jede Achtung vor dem Lebensrecht anderer Volksgruppen vermissen läßt, kann über einen Beitritt nicht verhandelt werden. Wirtschaftlich bietet der Assoziierungsvertrag schon heute vielfache Möglichkeiten, dem Land bei seiner Entwicklung zu helfen und es enger an die EG zu binden. Allerdings muß auch die Türkei ihre vertraglichen Verpflichtungen erfüllen, um zum Beispiel die schon für 1986 vorgesehene Zollunion mit der Gemeinschaft zu verwirklichen. Der Fortbestand von Importabgaben zum vermeintlichen Schutz der eigenen Industrie steht einer Zollunion immer noch entgegen.

Eine ganz wichtige Rolle werden die Millionen Türken, die in den EG-Mitgliedstaaten arbeiten und leben, für die allmähliche Annäherung spielen können. Sie können durch ihre Erfahrungen dazu beitragen, eine kulturelle Brücke zwischen der EG und der Türkei zu bauen, die eine wichtige Voraussetzung für die volle Mitgliedschaft der Türkei sein wird. Bei der Gemeinschaftspolitik gegenüber den türkischen Gastarbeitern und ihren Familien sollte dieser Gesichtspunkt nicht gering geachtet werden.

Die Prognose für die zukünftigen Beziehungen zwischen der EG und der Türkei und auch für die Möglichkeit einer Vollmitgliedschaft muß insbesondere auch das Verhältnis zwischen Türken und Griechen einbeziehen. Beide Länder stehen einander mit Abneigung, wenn nicht sogar feindlich gegenüber. Einer der vielen Gründe hierfür ist die jahrhundertelange Fremdherrschaft der Türken über Griechenland und der lange Kampf der Griechen um Freiheit und Unabhängigkeit. Aber wie so oft in der Geschichte können gerechte Ziele über das gebotene Maß hinausschießen. So hat Griechenland in den Balkankriegen und nach dem ersten Weltkrieg immer stärker auch türkisch besiedelte Gebiete beansprucht und zum Teil auch dem eigenen Staatsgebiet einverleiben können. Ein rigoroser Bevölkerungsaustausch in den zwanziger Jahren hat sicherlich ebenfalls nicht zur Befriedung zwischen beiden Staaten beigetragen. Auch gibt es immer noch andere Konflikte, so fordern die Türken gewisse Rechte am Seegebiet der Ägäis und an den dort vermuteten Ölvorkommen. Griechenland läßt die vor allem in Thrazien lebende türkische Minderheit spüren, daß sie nicht völlig gleichberechtigte Bürger sind. Griechenland tut auch fast alles, um eine Annäherung der Türkei an die EG zu erschweren. Besonders hat der Konflikt um und in Zypern das Verhältnis beider Völker zueinander eher noch verschlechtert. Die Politik der griechischen Zyprioten, die auf einen Anschluß der Insel an Griechenland hinzielte und die türkischen Zyprioten von Anfang an diskriminierte, hat die Besetzung des Nordteils der Insel durch türkisches Militär und die dann folgende Teilung der Insel entscheidend mit verursacht. Aber hier sind die Türken über das Maß hinausgegangen und haben erhebliche Teile des griechischen Siedlungsgebiets mit besetzt und dem türkischen Teilstaat auf der Insel zugeschlagen. Eine allmähliche Verbesserung der Beziehungen zwischen Griechen und Türken, die immerhin beide auch Nato-Mitglieder sind, wird eine wichtige Voraussetzung für die Zukunft der Beziehungen der Türkei zur EG und auch für die endgültige und positive Entscheidung über die Aufnahme der Türkei in die EG sein.

Zypern

Zypern gehört geographisch nicht zu Europa, ist also auch kein halb-europäischer Staat, ist aber durch seine griechisch/türkische Bevölkerung eng mit Europa verbunden und wirtschaftlich voll nach Europa orientiert. Ähnlich wie Gibraltar und Malta spielte Zypern in der Geschichte eine wichtige Rolle für die Beherrschung des Mittelmeers und später auch des Seeweges durch das Mittelmeer nach Asien. Nach dem Machtverfall des oströmischen und byzantinischen Reiches stritten jahrhundertelang die Araber, die französischen Kreuzritter, die Genuesen und die Venezianer um den Besitz der Insel. Seit 1571 gehörte die Insel, wie der ganze östliche Mittelmeerraum, zum Osmanischen Reich. 1878 besetzte Großbritannien Zypern und annektierte das Land 1914 nach der Kriegserklärung der Türkei. Seit 1925 war Zypern britische Kronkolonie. Die Mehrheit der griechischen Zyprioten strebte nach 1945 den Anschluß der Insel an Griechenland an, während die türkischen Zyrioten eine Teilung der Insel wollten. Nach jahrelangen Unruhen und Kämpfen mit der britischen Kolonialmacht wurde Zypern am 16. August 1960 eine unabhängige Republik. Seit 1961 gehört es zum britischen Commonwealth und zum Europarat.

Der Konflikt der beiden Bevölkerungsgruppen dauert bis in die Gegenwart. Die griechische Mehrheit beherrschte praktisch den Staat und tat alles, um die türkische Minderheit in ihren demokratischen Rechten zu beschränken, so daß die UNO mit einer Schutztruppe eingreifen mußte, um die Konflikte zwischen den beiden Bevölkerungsgruppen zu unterbinden. Der Versuch der Inselgriechen und ihrer Anschlußbewegung an Griechenland - Enosis -

zusammen mit den griechischen Obristen, die damals Griechenland diktatorisch beherrschten, Zypern mit Griechenland zu vereinen, führte 1974 zum Sturz der Obristendiktatur und zur Besetzung Nord-Zyperns durch türkische Truppen. Seither ist die Insel geteilt.

Der Streit auf der Insel und um die Insel ist nicht nur ein Streit der Nationalitäten um ihre Eigenständigkeit, sondern auch um eine politisch-strategisch wichtige Position im östlichen Mittelmeer. Für Griechenland würde die Insel eine sehr bedeutsame Stärkung seiner Position gegenüber der Türkei bedeuten. Für die Türkei und ihre Wirtschaftsbeziehungen zur arabischen und nordafrikanischen Welt hat die Insel als Handelszentrum ein großes Gewicht. Die friedliche Zukunft Zyperns kann also nur in einer endgültigen Teilung der Insel zwischen Griechenland und der Türkei oder in einem von beiden Nachbarstaaten unabhängigen Staat liegen. Eine Teilung und der Anschluß der Teile an die beiden Nachbarstaaten wird ernsthaft von keiner Seite mehr gefordert. So bleibt eine staatliche Eigenständigkeit bei gleichberechtigter Mitwirkung der beiden Volksgruppen in Form einer föderativen Republik die einzige und vernünftige Lösung. Die staatliche Verselbständigung Nord-Zyperns hat auf Dauer keine Zukunft und ist bis heute auch nur von der Türkei völkerrrechtlich anerkannt worde.

Zypern ist seit dem 1. Juni 1973 mit der EG durch einen Assozziierungsvertrag verbunden. Auch Zypern hat einen Antrag auf Vollmitgliedschaft in der Gemeinschaft gestellt. Über diesen Antrag wird die EG aber nur im Zusammenhang mit der Mitgliedschaft der Türkei entscheiden können. Sowohl die geographische Situation der Insel, als auch die ethnischen, religiösen und wirtschaftlichen Fragen erlauben keine isolierte Entscheidung für Zypern, das heißt, Zypern kann nur zusammen mit der Türkei oder gar nicht Mitglied der EG werden. Voraussetzung ist eine Beilegung des griechisch-türkischen Konflikts um Zypern und eine Lösung der politischen Zukunft der Insel in Form eines Bundesstaates bei völliger gegenseitiger Gleichberechtigung der Volksgruppen und Respektierung der kulturellen und religiösen Eigenständigkeit. Diese Forderungen gehören zu den Grundbedingungen der EG für eine Mitgliedschaft, nämlich rechtsstaatliche demokratische Staats- und Verfassungsstruktur und volle Respektierung der Menschenrechte. Entscheidet sich die Gemeinschaft für eine Mitgliedschaft der Türkei, so sollte sie auch den Anfnahmeantrag Zyperns positv beantworten, da der Inselstaat historisch, kulturell und wirtschaftlich eng mit Griechenland und der Türkei verbunden ist und daher zum wirtschaftlichen und politischen Europa gehört.

Die endgültige und friedliche Beilegung des jahrzehntelangen Konflikts um Zypern liegt nicht nur im Interesse der Griechen und Türken, sondern auch im Interesse der EG. Die Gemeinschaft kann auf Dauer nicht untätig gegenüber dem Streit ihres Mitgliedslandes Griechenland und ihres Assoziiationspartners Türkei sein, denn dieser Streit gefährdet letztlich auch ein Stück gesamteuropäischer Sicherheit. Daher wird es die Aufgabe der EPZ und erst recht der politischen Union sein - wenn es sein muß, mit gebührendem Druck - Lösungsmöglichkeiten für die Zukunft Zyperns zu finden und auch durchzusetzen, um so wenigstens eine der vielen Konfliktquellen zwischen Griechenland und der Türkei endgültig zu beseitigen.

Die Nachfolgestaaten der Sowjetunion, die Gemeinschaft Unabhängiger Staaten und die EG

- Die historische Entwicklung der Beziehungen Rußlands zum Westen -

Mit der Niederlegung der Bannbulle Papst Leo IX. gegen den Patriarchen von Konstantinopel Kerullarios auf dem Altar der Hagia Sophia am 16. Juli 1054 trennten sich die orthodoxe von der lateinischen, der römischen Kirche endgültig. Dieses kirchliche Schisma prägte auch das Verhältnis Rußlands zu Europa durch alle Jahrhunderte bis in unsere Zeit. Das orthodoxe Rußland war vom lateinisch - abendländischen Europa getrennt. Erst das Ende der Alleinherrschaft der römisch-katholischen Kirche durch die Reformation schuf die Voraussetzungen für eine allmähliche Wiederannäherung Rußlands an die abendländische Welt. Seit Zar Peter I., dem Großen, Anfang des 18. Jahrhunderts, bemühten sich die russischen Herrscher, das Land nach Westen hin zu öffnen. Man holte Einwanderer, vor allem Deutsche, als Handwerker, Bauern und Kaufleute ins Land. Durch den Erwerb des Baltikums als Folge des nordischen Krieges und der polnischen Teilungen wurden viele Deutsche, die seit der Zeit des Ritterordens in diesen Regionen lebten, russische Bürger. Dadurch verstärkte sich der deutsche Einfluß auf die russische Politik erheblich, und es wurde der Weg Rußlands zur europäischen Großmacht gefördert. Durch die Kriege gegen das Frankreich Napoleons und die Beteiligung Rußlands an der Befreiung Europas von der französischen Herrschaft, festigte sich die europäische Position Rußlands beträchtlich. Napoleon hat zwar auch die russischen Armeen schlagen, aber Rußland nie besiegen und aus Europa hinausdrängen können. 1808 auf dem Erfurter Fürstentag wurde Europa in zwei Machtbereiche, einen französischen und einen russischen aufgeteilt und damit Rußland zum ersten Mal als Machtfaktor des europäischen Gleichgewichts anerkannt.

Nach dem Sturz Napoleons war Rußland zusammen mit Österreich und Preußen die führende Macht in der Heiligen Allianz zur Bewahrung der auf dem Wiener Kongress 1815 restaurierten und neu geschaffenen Staaten- und Fürstenordnung in Europa. Rußland war während des ganzen 19. Jahrhunderts eine der bestimmenden europäischen Mächte. Durch seine politische und militärische Intervention bewahrte Rußland das auf dem Wiener Kongress geschaffene europäische Gleichgewichtssystem. 1848/52 war es Rußland, das durch sein Eingreifen einen Erfolg der ungarischen Revolution gegen Österreich verhinderte und auch Preußen zum Rückzug aus Schleswig-Holstein zwang und somit eine deutsche Lösung der Schleswig-Holstein-Frage schon damals verhinderte. Die Allianz der europäischen Großmächte zur Bewahrung der Wiener Ordnung brach erst mit dem Krimkrieg (1853-56) Rußlands gegen die Türkei und an deren Seite Frankreich, Großbritannien und Sardinien, auseinander. Preußen blieb in diesem Konflikt neutral, Österreich hingegen verbündete sich mit den Westmächten, ohne jedoch in den Krieg einzugreifen. Durch seine drohende Haltung zwang es Rußland, starke Truppen an seiner Westgrenze zu konzentrieren, die bei der Auseinandersetzung mit der Türkei und den Westmächten dann fehlten. In diesem Verhalten Österreichs lag einer der Gründe für den späteren Konflikt Rußlands mit Österreich-Ungarn, der zum ersten Weltkrieg führen sollte.

Bis zum Ende des 19. Jahrhunderts dauerten die kriegerischen Auseinandersetzungen Rußlands mit dem Osmanischen Reich der Türken. Rußland konnte den Türken nach und nach die gesamte Nordküste des Schwarzen Meeres abnehmen und sein Gebiet bis zur Donaumündung ausdehnen. Neben Österreich-Ungarn war es vor allem auch Rußland, das den Balkanvölkern half, sich von der türkischen Herrschaft zu befreien. Hierdurch gewann Rußland einen wachsenden Einfluß vor allem auf die die slawischen Staaten des Balkan, Bulgarien und Serbien, nicht zuletzt auch, weil Rußland, anders als Österreich-Ungarn, keine eigenen Gebietserwerbungen auf dem Balkan anstrebte. Rußland ermunterte vor allem die Serben zu einer zunehmend anti-österreich-ungarischen Politik mit dem Ziel der Befreiung der südslawischen Gebiete, die damals zu Österreich und zu Ungarn gehörten. Diese Entwicklung sollte 1914 zum Ausbruch des ersten Weltkriegs und damit zu einer völligen Veränderung der europäischen Machtstruktur führen.

Nach dem verlorenen Krimkrieg orientierte sich die russische Politik zunächst wieder stärker nach Asien. Schon im 17. und 18. Jahrhundert hatte Rußland Sibirien und Alaska erobert und kolonisiert. Im 19. Jahrhundert begann die Eroberung der fernöstlichen Gebiete am Amur und Kamtschadtkas, sowie der muslimischen Länder im Süden Sibiriens. Die imperialistische Expansion der europäischen Großmächte lag in der Politik jener Zeit. Es galt, die Welt untereinander aufzuteilen und sich Macht und Einfluß zu sichern. Rußland annektierte damals den ganzen nordasiatischen Kontinent. Nur seine auf Nordamerika übergreifenden Besitzungen in Alaska gab Rußland wieder auf, indem es schon 1867 Alaska an die USA verkaufte. Auch in der Kaukasus-Region eroberte Rußland große Gebiete, die bis dahin zu Persien gehörten, und schob seine Südgrenze weit über den Kamm des Kaukasus hinaus. Anders als die westeuropäischen Großmächte konnte Rußland diese eroberten Gebiete direkt seinem Reich angliedern und integrieren. Kolonien und Mutterland bildeten eine Einheit und waren nicht durch Weltmeere getrennt. Durch die Eroberungen in Ost- und Südasien hörte Rußland auf, ein rein europäischer Staat zu sein.

Im Gegensatz zu den westeuropäischen Kolonialstaaten hat Rußland und später die Sowjetunion die im 18. und 19. Jahrhundert eroberten Gebiete und Völker bis zu ihrer Auflösung Ende 1991 nicht in die Unabhängigkeit entlassen. Es blieb Kolonialmacht, wenngleich in Form einer föderativen Union gleichrangiger Republiken. Eine Volksbefragung im März 1991 über die Zukunft dieser Union ergab noch eine Mehrheit für deren Fortbestand. Allerdings stimmten alle Völker der Sowjetunion gemeinsam und nicht etwa die einzelnen Völker individuell über ihr zukünftiges Schicksal ab. Da die Russen etwa die Hälfte der Einwohner der Sowjetunion ausmachten, sagte das Ergebnis der Volksabstimmung nur wenig über den Wunsch der nichtrussischen Völker, ihre Zukunft innerhalb oder außerhalb der Union gestalten zu wollen, aus.

Der fortschreitende Verfall des Osmanischen Reichs stärkte Rußlands Position in Südosteuropa und führte zu einem ständig zunehmenden Gegensatz zur Österreich-Ungarn. Beide Mächte wollten soviel wie möglich von der ehemals türkischen Machtposition in diesem Teil Europas übernehmen. Ein ausgewogenes Gleichgewicht zwischen Rußland, Österreich-Ungarn und dem verbliebenen und immer noch mächtigen Osmanischen Reich lag auch im Interesse der Westmächte und Deutschlands. Der Berliner Kongress 1878 führte zu einem massiven Eingriff der europäischen Mächte in die Friedensregelungen auf dem

Balkan. Rußland konnte zwar Bessarabien bis zum Donaudelta wiedergewinnen und behaupten, aber es konnte nicht die völlige Selbständigkeit Bulgariens mit einem weit über die heutigen Grenzen hinausreichenden Territorium durchsetzen und damit einen verstärkten Einfluß auf diese Balkanregion erlangen. Österreich-Ungarn okkupierte das bis dahin osmanische Bosnien und die Herzegowina und erweiterte damit sein südslawisches Einflußgebiet und verschärfte zugleich die Spannungen gegenüber Serbien.

In Rußland verstärkte sich seither wieder das Gefühl, von Europa getrennt und isoliert zu sein. Die traditionellen Bindungen an Preußen übertrugen sich zunächst auf das neue Deutsche Reich. Es kam 1881 auch zu einer gewissen Entspannung zwischen Rußland und Österreich-Ungarn und zur Erneuerung des Drei-Kaiser-Bundes, der 1884 und 1887 jeweils um drei Jahre verlängert wurde. Dieser Bund war eine gegenseitige Neutralitätszusage im Falle eines Angriffs von vierter Seite. Ergänzt wurde diese Bindung an Deutschland durch den Rückversicherungsvertrag von 1887, durch den die russisch/österreichisch-ungarischen Spannungen neutralisiert werden sollten, und Rußland Rückendeckung für seine Politik auf dem Balkan, insbesondere in der sogenannten Meerengenfrage erhalten sollte. Aber 1890 endete diese Politik des deutsch-russischen Ausgleichs und damit das kunstvoll ausgewogene Gleichgewicht der europäischen Mächte in Mittel- Ost- und Südosteuropa.

Neben der enger werdenden Bindung Deutschlands an Österreich-Ungarn, war auch die wirtschaftliche Entwicklung, insbesondere die Blockierung des deutschen Marktes für russische Getreideexporte ein Grund für die zunehmende Lösung der engen Beziehungen zwischen Deutschland und Rußland. Rußland suchte nun zunächst wirtschaftliche und später dann auch politische und militärische Bindungen an Frankreich. Gleichzeitig verlagerte Rußland seine politischen Aktivitäten wieder nach Asien, erlitt aber im Krieg gegen Japan 1904/05 eine empfindliche Niederlage. In den folgenden Jahren bemühte sich Rußland um eine engere Bindung an Großbritannien und um eine Verständigung über die gegenseitigen Interessen in Persien und Afghanistan. Die Annexion Bosniens und der Herzegowina durch Österreich-Ungarn 1908 brachte den endgültigen Bruch Rußlands mit Österreich-Ungarn und auch mit Deutschland. Rußland stand jetzt zusammen mit Frankeich und Großbritannien den Mittelmächten Deutschland und Österreich-Ungarn und auch noch Italien und Rumänien gegenüber. Diese Machtgruppierung sollte für das weitere zwanzigste Jahrhundert und insbesondere die beiden Weltkriege bestimmend bleiben.

Die Entstehung der Sowjetunion und ihr Aufstieg zur Weltmacht

Es ist hier nicht der Raum, um die Vorgeschichte und den Verlauf des ersten Weltkriegs im einzelnen darzustellen. Rußland verfolgte mit seiner Kriegspolitik zwei wesentliche Ziele, einmal die Stellung Österreich-Ungarns auf dem Balkan entscheidend zu schwächen und die slawischen Volksgruppen des Balkan auf ihrem Weg in die Unabhängigkeit zu unterstützen. Zum anderen erstrebte Rußland - wie schon im siebenjährigen Krieg gegen Preußen - den Erwerb Ostpreußens und von Teilen des österreichischen Galiziens. Die Niederlage Rußlands auf der einen Seite und Deutschlands, wie Österreich-Ungarns auf der anderen Seite und der Zerfall Österreich-Ungarns in unabhängige Einzelstaaten isolierte Rußland zunächst völlig vom europäischen Geschehen. Rußland verlor Finnland, Polen und die baltischen Provinzen und mußte Bessarabien wieder an Rumänien abtreten. Ähnlich wie Deutschlands Nachbarn nutzten auch die Nachbarn Rußlands, insbesondere Polen, die Schwäche des Landes, um weit über das eigene Volksgebiet hinausreichende Gebiete zu annektieren. Nur in der Ukraine und in den kaukasischen Republiken gelang es Sowjetrußland mit militärischer Gewalt die Loslösung dieser Republiken aus der Union zu verhindern bzw. rückgängig zu machen.

Für fast zwei Jahrzehnte war die neue Sowjetunion praktisch aus den europäischen Entwicklungen ausgeschaltet. An ihren Westgrenzen sah sich das Land von einem Staatengürtel umgeben, der als cordon sanitaire ausdrücklich als eine Barriere zu Europa gedacht war, diese Aufgabe aber nur für knapp ein Jahrzehnt tatsächlich wahrgenommen hat. Mit dem Wiedererstarken Deutschlands, dem Anschluß Österreichs und dem Zerfall der Tschechoslowakei wurde die Sowjetunion wieder in die europäische Entwicklung einbezogen. Bemühungen, den alten Bund mit Frankreich und Großbritannien gegen Deutschland, Italien und die Balkanstaaten zu erneuern, scheiterten zunächst. Die Sowjetunion war nicht bereit, für die Westmächte allein die Last eines Krieges mit den Mittelmächten zu tragen. Sie verständigte sich stattdessen mit Deutschland und konnte auf diesem Wege ihre territorialen Verluste aus der Zeit nach dem ersten Weltkrieg weitgehend wieder wettmachen. Sicherlich erwarteten die sowjetische Führung und ihr Diktator Stalin eine lange und Kräfte zehrende Auseinandersetzung zwischen Deutschland und den beiden Westmächten. Die sowjetische Führung übersah, daß es Hitler und dem von ihm beherrschten Deutschland nicht in erster Linie um eine Zerschlagung der Machtposition Frankreichs und Großbritanniens, sondern um eine großangelegte Landnahme im Osten, also zu Lasten der Sowjetunion und Polens, ging. Diese ideologisch begründeten Politträume Hitlers waren so weltfremd, daß sie nirgendwo wirklich ernst genommen wurden, obwohl sie immer wieder geäußert worden waren und auch in Hitlers Buch 'Mein Kampf' nachgelesen werden konnten.

Der deutsche Überfall auf die Sowjetunion veränderte die Situation in Europa schlagartig. Nun standen sich die Mächte in gleicher Konstellation wie im ersten Weltkrieg wieder gegenüber. Allerdings wurde durch den Eintritt der USA in den Krieg in Europa aus dem innereuropäischen Machtkampf zunehmend ein Kampf nichteuropäischer Mächte um Europa, zunächst gegen Deutschland, später dann um den Einfluß in Europa. Die Sowjetunion stieg in wenigen Jahren - trotz der gewaltigen Verluste und Zerstörungen durch den Krieg - von einer isolierten euro-asiatischen Macht zur beherrschenden Weltmacht neben den USA auf und sprengte damit ihren europäischen Rahmen endgültig.

Machtpolitisch beherrschte die Sowjetunion nach dem Kriege Mittel- Ost- und Südosteuropa für gut viereinhalb Jahrzehnte. Diese Herrschaft über die östliche Hälfte Europas war für die Sowjetunion ein Teil ihrer Weltherrschaftsrolle. Irgendeine Form europäischer Integration mit der langfristigen Perspektive eines einigen Europas mit oder ohne Einschluß der Sowjetunion war zu keiner Zeit das Ziel der sowjetischen Politik.

Es ist bereits dargelegt worden, welche Haltung die Sowjetunion gegenüber den Anfängen der westeuropäischen Einigungsbemühungen für lange Zeit eingenommen hat. Das Interesse an der neuen "europäischen Qualität" begann sich erst zu regen, als deutlich wurde, daß die Europäische Gemeinschaft nicht nur eine vorübergehende Gestaltung amerikanischer Politik und amerikanischen wirtschaftlichen Einflusses in Europa war. Die immer stärker werdende

Eigengesetzlichkeit des europäischen Einigungsprozesses und die Einbeziehung von inzwischen zwölf Staaten und damit der meisten Wirtschaftszentren in die EG, trug entscheidend zu den wirtschaftlichen und politischen Wandlungsprozessen im kommunistischen Herrschaftsbereich und in der Sowjetunion selbst bei.

Der Zerfall der Sowjetunion als Folge von mehr Freiheit und mehr Demokratie

Die zunehmende wirtschaftliche Schwäche der kommunistischen Staaten war einerseits sicherlich eine Folge der nachlassenden Fähigkeit der zentral gelenkten Wirtschaften, das Tempo der technologischen Entwicklung der freien Marktwirtschaft mitzuhalten, andererseits aber auch eine Konsequenz der Liberalisierung und Humanisierung der kommunistischen Ideologie. Ein großer Vielvölkerstaat wie die Sowjetunion und das politische und militärische Einflußgebiet vor ihren westlichen Grenzen konnte auf Dauer nur mit politischer und militärischer Gewalt zusammengehalten und beherrscht werden. Mit der Lockerung der sowjetischen Machtmittel als Folge der Perestroika- und Glasnost- Politik auf der Grundlage des KSZE-Abkommens und der Beschlüsse der Folgekonferenzen ging der Zerfall dieses Machtsystems einher. Auch zeigte sich sehr schnell, daß die kommunistische Ideologie in den mittel- und osteuropäischen Völkern und Gesellschaften keine feste Verankerung gefunden hatte, sondern nur durch sowjetrussischen politischen und militärischen Druck bestehen konnte. Wie ein Kartenhaus zerfiel das kommunistische System und erlaubte den Staaten und Völkern mit unterschiedlicher Kraft und Geschwindigkeit zur pluralistisch-rechtsstaatlichen Demokratie und zur Marktwirtschaft zurückzukehren. Für den sowjetisch beherrschten Teil Deutschlands, die DDR, endete damit zugleich auch die politische Grundlage ihrer staatlichen Selbständigkeit. Sie wurde wieder Teil eines einheitlichen Deutschlands.

Statt, wie in den vergangenen Jahrzehnten, das halbe Europa zu beherrschen und als militärisches, politisches und wirtschaftliches Einflußgebiet zu nutzen, sah sich die Sowjetunion einem schnell zusammenwachsenden Gesamteuropa gegenüber. Wirtschaftlich jedenfalls wird ganz Europa in ein bis zwei Jahrzehnten zu einem einheitlichen Markt zusammengewachsen sein. Politisch wird dieser Prozess wohl länger dauern.

Da das politische Bündnis der Sowjetunion mit den mittel- und osteuropäischen Staaten aufgelöst und der Warschauer Pakt inzwischen ausgelaufen ist, hat auch die Präsenz sowjetischer Militäreinheiten in Mittel- und Osteuropa für die Sowjetunion kaum noch sicherheitspolitische Relevanz und wird daher bis 1994 schrittweise aufgegeben.

Der letzte sowjetische Präsident, Gorbatschow, sprach immer wieder vom Gemeinsamen Europäischen Haus, in dem natürlich auch Platz für sein Land sein mußte. Die ehemalige Sowjetunion hatte im Europarat als Gast einen Beobachterstatus erhalten und mit der EG weitgehende vertragliche Regelungen für den Handel und die Zusammenarbeit getroffen. Mit der Auflösung der Sowjetunion, Ende 1991, und der Gründung der Gemeinschaft Unabhängiger Staaten (GUS) hat jedoch ein neues Kapitel der Beziehungen der EG zu diesem Teil der Welt begonnen. An die Stelle der Sowjetunion sind unabhängige Staaten getreten. Die drei Baltischen Republiken haben sich völlig gelöst und nicht der GUS angeschlossen. Sie sind wieder selbständige Völkerrechtssubjekte geworden. Sie konnten ihr

Streben nach Unabhängigkeit auf die Tatsache gründen, daß sie 1918 zusammen mit Polen und Finnland unabhängig geworden sind und nur durch die völkerrechtswidrige Annexion 1940 wieder in die Sowjetunion hineingezwungen wurden.

Die Geschichte des Baltikuns war und ist zugleich eine Geschichte des Machtkampfes um den Ostseeraum. Die Eroberung und Kolonisierung durch den Deutschen Orden schuf enge Beziehungen Estlands und Livland/Kurlands, des heutigen Lettlands, zum Deutschen Reich und den Deutschen. Litauen hingegen war durch dynastische Bindungen eng mit Polen verbunden und teilte das Schicksal Polens bis zur Aufteilung am Ende des 18. Jahrhunderts. Nach dem Zerfall der Herrschaft des Deutschen Ordens teilten sich Polen und Schweden zunächst die Herrschaft über das Baltikum. Mit der zunehmenden Macht Rußlands verlor Schweden nach und nach das heutige Estland und Teile Lettlands. Durch die polnischen Teilungen fiel auch Polen-Litauen an Rußland und blieb Teil des Russischen Reiches bis zum Ende des ersten Weltkriegs.

Der Krieg zwischen Deutschland und Rußland war auch ein Streit um die Vorherrschaft im Baltikum. Im Frieden von Brest-Litowsk 1918 mußte Rußland zugunsten Deutschlands auf das Baltikum verzichten. Deutschland sah in diesem Gebiet seine Einflußzone und hatte die Absicht, die baltischen Provinzen zwar nicht in das Reichsgebiet einzugliedern, aber eng mit dem Reich zu verbinden. Die Niederlage Deutschlands gab dann den Balten die Chance, sich auch aus dem deutschen Einflußbereich zu lösen und - abgesehen von Litauen - erstmalig eigene Staaten zu bilden. Rußland versuchte zwar, diese Gebiete mit militärischer Gewalt wieder zurückzugewinnen, es war aber zu schwach, um diese Absicht durchzusetzen. 1920 schloß Sowjetrußland mit den drei Baltenstaaten Frieden, anerkannte sie und erfüllte auch deren z.T. weitgehenden territorialen Forderungen. Zwischen Polen und Litauen blieben die Stadt Wilna und das umliegende Gebiet strittig. Obwohl Litauen zugesprochen, annektierte Polen 1923 dieses damals als Mittellitauen bezeichnete Territorium. Erst 1938 anerkannte Litauen den Verlust seiner Hauptstadt und die Grenze zu Polen. 1939 erhielt Litauen das Gebiet von der Sowjetunion zurück, nachdem diese die 1920 an Polen verlorenen weißrussischen und ukrainischen Gebiete mit dem sogenannten Molotow-Ribbentrop-Abkommen wieder zurückerlangen konnte.

Die drei Baltenstaaten entwickelten sich nach Erlangung ihrer Unabhängigkeit getrennt voneinander. Der Streit zwischen Litauen und Polen um das Wilna-Gebiet verhinderte eine engere Bindung beider Staaten aneinander. Auch sonst erkannte man im Baltikum nicht, daß die errungene Unabhängigkeit allein durch die gleichzeitige Niederlage Deutschlands und Rußlands möglich geworden war. Man sah auch nicht, daß das Wiedererstarken dieser beiden Mächte das Baltikum alsbald auch wieder in deren Macht- und Einflußkreis einbeziehen würde. Hitlers Ziel war es, diese Staaten für den deutschen Herrschaftsbereich zu gewinnen. Ebenso wollte Stalin wieder einen gesicherten Zugang zur Ostsee für die Sowjetunion erlangen. Die Einigung beider Diktatoren und der Verzicht Hitlers auf seine Ziele war nur die Vorstufe des Krieges zwischen den beiden Rivalen. Für die siegreiche Sowjetunion war darum die Zugehörigkeit der Baltenrepubliken nach dem Ende des Krieges keine zu verhandelnde Frage mehr.

Es ist heute müßig darüber zu spekulieren, ob eine wirtschaftliche und sicherheitspolitische Föderation der drei Baltenrepubliken und, verbunden damit, militärischer Widerstand - wie in Finnland - gegen den sowjetischen Angriff 1939/40 die Annexion 1940 verhindert hätte. Jedenfalls verloren die drei Republiken, nacheinander und jede für sich, ihre Unabhängigkeit wieder.

Der Zerfall der Sowjetunion gab den Baltenrepubliken 1991 erneut die Chance, staatliche Selbständigkeit zu erlangen. Die allgemeine diplomatische Anerkennung dieser Unabhängigkeit ist aber erst ein Schritt zur Sicherung ihrer Staatlichkeit. Große Anstrenungen werden nötig sein, um die Wirtschaft, die sehr stark - wie schon vor 1918 - auf den russischen Markt hin orientiert ist, wieder selbständig und international wettbewerbsfähig zu machen. Es wird auch viel Kraft und Vernunft nötig sein, um der nationalen Euphorie zu entgehen. Zwischen den Weltkriegen waren alle drei Baltenstaaten von nationaler Überschwenglichkeit gefangen und ihre Politik beeinflußt worden. Ein wirklich demokratischer Staatsaufbau ist ihnen damals nicht gelungen. Alle drei Republiken wurden diktatorisch regiert. Diese historischen Erfahrungen sollten den drei Republiken jetzt helfen, ihren Wiedereintritt in die europäische Staaten- und Völkergemeinschaft neu und anders zu gestalten. Mit der Aufnahme der drei Baltenrepubliken in den Kreis der Teilnehmerstaaten des KSZE-Prozesses am 10.September 1991 in Moskau ist der erste wichtige Schritt in diese Richtung getan worden.

Die EG wird den drei Baltenrepubliken in den kommenden Jahren durch Assoziierungsabkommen die wirtschaftliche Bindung an die Gemeinschaft erleichtern und damit die schrittweise An- und Einbindung in die EG ermöglichen. Gehen müssen die Baltenrepubliken diesen Weg allein, und es wird ein langer Weg sein, an dessen Ende im neuen Jahrhundert auch die Vollmitgliedschaft in der EG stehen kann. Voraussetzung hierfür ist, wie bei allen Bewerbern um die Mitgliedschaft, eine stabile pluralistische Staatsstruktur, die Wahrung der Menschenrechte und eine funktionierende Marktwirtschaft.

Anders als die Baltenstaaten gehören Moldawien, Rußland, die Ukraine und Weißrußland der neuen Staatengemeinschaft GUS an. Von den nichteuropäischen Republiken haben sich, außer Georgien, alle anderen ebenfalls dieser Gemeinschaft angeschlossen. Ob die GUS Bestand haben wird, und welche Gestalt sie einmal gewinnen wird, ist gegenwärtig - Ende 1991 - völlig offen. Die politische Vernunft und die gegebene enge wirtschaftliche Verflechtung würde eine Wirtschafts- und Währungsunion, sowie eine gemeinsame Außen- und Verteidigungspolitik geradezu erzwingen. Aber die Begeisterung über die neue oder wieder errungene Unabhängigkeit und damit die persönlich-menschliche Freude an der Machtausübung wird wohl der politischen Vernunft nur wenig Spielraum lassen.

Die Alternativen für die Beziehungen der Gemeinschaft Unabhängiger Staaten zur EG

Für die Beziehungen der EG zu den Nachfolgestaaten der Sowjetunion, zur GUS, wird die neue politische und wirtschaftliche Struktur sehr entscheidend sein. Entwickelt sich die Gemeinschaft Unabhängiger Staaten zu einer Föderation mit einem einheitlichen Wirtschaftsgebiet und einer gemeinsamen Währung, also zu einem neuen - lockeren - Bundesstaat, so muß die EG ihre Beziehungen zu diesem neuen Staat regeln. Sehr viel wahrscheinlicher aber ist, daß die Mitgliedstaaten der GUS selbständige Völkerrechtssubjekte werden und auch eigene Wirtschaftsgebiete mit eigenen Währungen entwickeln werden, die GUS also nur ein Staatenbund, eine Konföderation, sein wird. Nachfolgend werden diese beiden Möglichkeiten bei der Untersuchung der Beziehungen zwischen der EG und den Nachfolgestaaten der Sowjetunion zugrundegelegt.

Auch wenn der RgW inzwischen aufgelöst worden ist, so könnten und sollten die bestehenden vielfältigen Wirtschaftsbeziehungen der früheren RgW-Staaten mit den Nachfolgestaaten der Sowjetunion und untereinander in die zu entwickelnden Wirtschaftsbeziehungen zur EG einbezogen werden. Die Überwindung der ökonomischen Teilung Europas wird ohnehin länger dauern, als viele gegenwärtig annehmen, und auch schwierige Umstellungsphasen erleben. Arbeitslosigkeit, Rückgang des Außenhandels und steigende Inflationsraten werden die Begleiter dieses Prozesses sein. Viele Unternehmen sind technisch veraltet, ökologisch unverantwortbar und in ihrer Produktion zu teuer und daher nicht wettbewerbsfähig. Die Umstellung erfordert Kapital, Zeit, Erschließung neuer Märkte, Schulung und Bewußtseinswandel. Dieser Prozess kann für die Nachfolgestaaten der Sowjetunion und auch für die mittel- und osteuropäischen Länder erleichtert und damit erträglicher werden, wenn die bestehenden Wirtschaftsbeziehungen allmählich in die zu entwickelnde wirtschaftliche Kooperation ganz Europas übergeleitet werden.

Mittelfristig sind die Chancen für den Ausbau der Wirtschaftsbeziehungen zwischen der EG in ihrer jetzigen Gestalt, und erst recht zwischen einer gesamteuropäischen Wirtschaftsgemeinschaft und der GUS, insbesondere dann unschätzbar groß, wenn auch dort mehr und mehr marktwirtschaftliche Strukturen die bisherige schwer bewegliche zentrale Planwirtschaft ersetzen. Die GUS besitzt reiche Energie- und Rohstoffvorkommen; sie benötigt für ihre Entwicklung große Mengen an Investitions- und Konsumgütern. In dem Maße, in dem die Wirtschaft der GUS auf dem Weltmarkt wettbewerbsfähig wird, wird sie auch in das weltweite System der Arbeitsteilung in der Wirtschaft hineinwachsen und ein bedeutender Handelspartner der EG werden können. Auch für den Außenhandel der EG ist eine solche Entwicklung von beachtlicher Bedeutung. Die EG erwirtschaftet etwa ein Viertel des Bruttosozialprodukts durch Außenhandel. Ihre klassischen Handelspartner in Nord- und Südamerika, in Afrika und in Südasien sind zum großen Teil erheblich verschuldet, müssen also ihre Deviseneinnahmen weitgehend für den Schuldendienst aufwenden und haben daher nur begrenzte Finanzmittel für den Import von Waren und Leistungen aus der EG zur Verfügung. Die Agrarpolitik der EG behindert zudem in wachsendem Maße den Welthandel mit Agrarerzeugnissen und hindert die klassischen Agrarstaaten, durch Export in die EG und auf andere Märkte Devisen zu verdienen, mit denen sie dann Importe aus der EG bezahlen könnten. Mittelfristig gibt es nur zwei Regionen auf der Erde, mit denen der Handel entwicklungsfähig ist: Einmal die Staaten des West-Pazifik von Japan und Korea im Norden bis zu den ASEAN-Staaten im Süden und die ehemaligen RgW-Staaten, insbesondere die GUS. Noch hat die EG einen erheblichen Vorsprung in der wirtschaftlichen und vor allem technologischen Entwicklung vor der GUS. Wenn sich aber eines Tages diese zum Teil großen Länder und die Intelligenz und Kreativität ihrer Menschen voll entfalten können, wenn die ökonomische Eiszeit überwunden sein wird, und die Ketten des verkrusteten bürokratischen Zwangs abgefallen sein werden, dann werden diese Länder in der Lage sein, mit dem Westen gleichzuziehen und ihn vielleicht sogar zu überflügeln.

Der EG fällt eine große Verantwortung für die weitere wirtschaftliche Entwicklung der GUS zu, insbesondere dann, wenn sie sich um bisherige EFTA-Staaten und mittel- und osteuropäische Staaten erweitert. Entscheidend für die zukünftige Entwicklung ist der Wandel des Wirtschaftssystems in den Mitgliedstaaten der GUS. Gelingt die allmähliche Umwandlung in eine freie Marktwirtschaft, so kann sich eine beachtliche Wirtschaftskraft entfalten, die im nächsten Jahrhundert gleichrangig neben die gegenwärtigen Wirtschaftsführungsmächte tritt. Dieser Prozess wird - ebenso wie in den früheren kommunistischen Staaten Mittel- und Osteuropas - mühsam und langwierig sein. Die kommunistische Wirtschaft ist jahrzehntelang durch zentrale Planungsinstanzen geführt worden. Für die Entwicklung wirtschaftlicher Eigeninitiative gab es keinen Freiraum. Die Kosten der Produktion und der Ertrag spielten keine Rolle, entscheidend war die Erfüllung der Planvorgaben. Eine solche Wirtschaft kann nicht in wenigen Jahren auf eine marktwirtschaftliche Grundlage gestellt werden. Auch wird der Zusammenbruch der zentralen Planung und Steuerung nicht zeitgleich vom Aufbau freier marktwirtschaftlicher Strukturen begleitet. Es dauert vielmehr Jahre, ehe sich eigenverantwortliche Unternehmen und Unternehmer zu leistungsfähigen Stützen der Wirtschaft entwickeln können. Wenn zudem der politische Zerfall der ehemaligen Sowjetunion auch zu einem wirtschaftlichen Auseinanderbrechen führt, so werden sich die Schwierigkeiten eher noch verstärken.

Die Entwicklung marktwirtschaftlicher Strukturen und Aktivitäten macht auch die Wiederherstellung von privatem Eigentum an Grund und Boden und an Produktionsmitteln notwendig. Ein Wirtschaftsgebiet, das seit mehr als zwei Generationen diese Formen der persönlichen Bindung nicht mehr kennt, wird Jahre benötigen, um die rechtlichen und administrativen Voraussetzungen zu schaffen, die eine solche Reprivatisierung erfordert. Parallel hierzu haben die Mitgliedstaaten der GUS einen großen Investitionsnachholbedarf. Auch der wird nicht in kurzer Zeit bewältigt werden können. Viele Produktionsmittel sind erneuerungsbedürftig; die Infrastruktur des Transportwesens und der Kommunikation in einem so weiten Land erfordert hohe Investionen und Zeit für ihre Erneuerung und vielfach für ihre Erstellung. Das ganze Land braucht große Summen an finanziellem und geistigem Kapital. Die Aufrechterhaltung und Belebung des Außenhandels ist dafür von entscheidender Bedeutung.

Erforderlich ist insbesondere ein funktionierender Kapitalmarkt. Zwar können die Unternehmen seit einiger Zeit selbst über Im- und Exporte entscheiden, müssen aber die erforderlichen Devisen selbst erwirtschaften. Dies zeigt, wie wenig das Prinzip der Arbeitsteilung bisher verwirklicht worden ist, und wie unzulänglich das Bankensystem und der Devisenmarkt bisher funktionieren. Das Fehlen einer leistungsfähigen und flexiblen Infrastruktur erweist sich immer stärker als große Behinderung der wirtschaftlichen Entwicklung. So war beispielsweise1990 die Getreideernte außerordentlich gut und dennoch mangelte es zeitweilig an Brot. Reisende konnten erleben, daß in den südsibirischen Republiken ein Überfluß an Obst und Gemüse angeboten wurde, in Moskau und St.Petersburg die Geschäfte aber leer waren. Das Zusammenwirken von Erzeugung, Transport, Lagerung, Verarbeitung und Vermarktung erfordert auch einen funktionierenden Handel, den es bisher in der Sowjetunion nicht gab. Ehe nicht ein vielfältiges Waren- und Dienstleitungsangebot der verdienten Kaufkraft gegenübersteht, fehlt auch der entscheidende Anreiz zum Geldverdienen. Die entsprechende Steuerung der Geldmenge, die Abschöpfung des vorhandenen Kaufkraftüberhangs und die Konvertierbarkeit sind wichtige Voraussetzungen für eine erfolgreiche Umwandlung der Plan- in eine Marktwirtschaft. Die damit verbundene Freigabe der Preise und ihre Bestimmung durch Angebot und Nachfrage und damit auch der Abbau der marktstörenden Subventionen ist einer der schwierigsten Schritte, vor dem sich die Politik lange gescheut hat.

Mit dem Übergang von der zentralen Plan- zur Marktwirtschaft werden auch vielschichtige politische Macht und Einfluß verlorengehen. Darum ist es verständlich, daß die herrschende Klasse in der Wirtschaft, der kommunistischen Partei, den Verwaltungen und auch in der Armee sich gegen diese Veränderungen zur Wehr setzt. Mehr Markt bedeutet weniger Staat, und das zehrt an den vielfältigen Privilegien.

Grundlage für den Ausbau und die Vertiefung der Wirtschaftsbeziehungen zwischen der EG und der GUS kann der bestehende Handels- und Kooperationsvertrag sein. Nach Aufnahme diplomatischer Beziehungen im Februar 1989 wurden die wirtschaftlichen Beziehungen erstmalig durch den Vertrag über den Handel und die wirtschaftliche Zusammenarbeit vom 18. Dezember 1989 umfassend geregelt. Damit war eine Grundlage nicht nur für den Warenaustausch sondern auch für die wissenschaftliche und kulturelle Zusammenarbeit geschaffen worden. Bis Ende 1995 sollen die noch bestehenden mengenmäßigen Beschränkungen im gegenseitigen Handel abgebaut werden, so daß dann beide Märkte gegenseitig voll geöffnet sind. Einbezogen wurde auch die Kooperation auf dem Energiesektor, einschließlich der Kernenergie, und damit ein sehr zukunftsträchtiger Bereich, berücksichtigt man die großen Energiereserven der GUS. Zusammenarbeit im Bereich der Kernenergie bedeutet auch den Einschluß der Sicherheit dieser Energiegewinnung. Die Katastrophe von Tschernobyl hatte allen Beteiligten klar gezeigt, daß die Sicherheit von Kernreaktoren keine nationale Frage mehr ist, sondern ganz Europa, einschließlich der Sowjetunion, betrifft.

Eine vielfältige Kooperation wäre als weiterer Schritt denkbar. Besondere Beziehungen zu den Republiken dieser umgestalteten Union, einschließlich bilateraler diplomatischer Beziehungen, sind dann im Rahmen ihrer Kompetenzen möglich und auch erstrebenswert. Der Europarat und eine mögliche Institutionalisierung des KSZE-Prozesses sind Ebenen, auf denen die EG und die neue GUS vielfältig, und zum Nutzen beider Seiten, zusammenwirken können, wobei eine Mitgliedschaft der europäischen Republiken dieser Gemeinschaft im Europarat angestrebt werden sollte. Eine enge Assoziierung der EG mit den europäischen Republiken und eine Freihandelszone und sogar eine Zollunion mit der gesamten Union sind durchaus realistische Perspektiven für die weitere Zukunft der Beziehungen zwischen der EG und einer sich entwickelnden GUS.

Die Beziehungen der EG zur GUS können, ja sollten auch sicherheitspolitische Aspekte umfassen, um den fundamentalen Interessen beider Seiten in diesem Politikbereich entgegenzukommen. Die Bestimmungen im Vertrag zwischen Deutschland und der ehemaligen Sowjetunion vom 9. November 1990, wonach sich die Vertragspartner im Falle eines Angriffs verpflichten, dem Angreifer nicht beizustehen, könnte ein Muster für eine zukünftige Sicherheitsvereinbarung zwischen der EG und den Mitgliedstaaten der GUS sein und ebenso auch für ein entsprechendes Abkommen mit den USA. Auf diese Weise würde die EG zwischen den beiden Großmächten ein den Frieden und das subjektive Sicherheitsgefühl stabilisierender Faktor werden.

Was vorstehend für die Wirtschaft gesagt wurde, gilt auch für die Demokratisierung der Gesellschaft. Ein großes Land, in dem viele Völker und Kulturen leben, kann nicht in wenigen Monaten die Diktatur einer Partei in eine pluralistische Demokratie verwandeln. Die ersten Schritte, z.B. bei Wahlen personelle Alternativen anzubieten und sogar die Präsidenten der einzelnen Republiken durch das Volk oder durch parlamentarische Gremien wählen zu lassen, sind nicht gering zu bewerten. Selbst völlig freie Parlamentswahlen in bisher kommunistischen Staaten, haben den Kommunisten z.T. noch beachtliche Mehrheiten gebracht. Die Bürger waren an die Personen gewöhnt und an die eine regierende Partei. Pluralistische Demokratie ist auch eine Frage des Bewußtseins, dessen Wandel Zeit erfordert.

Von einem pluralistisch - demokratischen Rechtsstaat sind die meisten Republiken der GUS noch ein gutes Stück entfernt. In vielen Bereichen haben sich aber die Grundprinzipien der Menschenrechte schon als wirksam erweisen können. So ist eine gewisse Glaubens- und Meinungsfreiheit heute durchaus gewährleistet. Auch ist die persönliche Wahl des Wohnortes und des Arbeitsplatzes und sogar das Streikrecht möglich geworden. Das Europäische Parlament hat in vielen Entschließungen immer wieder darauf hingewiesen, welche Bedeutung die Wahrung der Menschenrechte für seine politische Meinungsbildung hat und welchen Rang es der Respektierung der Menschenrechte einräumt, wenn es um die Verbesserung der Beziehungen zur Europäischen Gemeinschaft geht. Trotz aller erkennbaren Verbesserungen in der ehemaligen Sowjetunion genießen die kollektiven sozialen Rechte immer noch den Vorrang und dienen als Rechtfertigung für die fortbestehende Einschränkung individueller Menschenrechte. Längerfrisitg dürfte den Mitgliedstaaten der GUS der Aufbau demokratischer Staatswesen, die in der Lage sind, die Menschenrechte zu gewährleiten, und deren Wirtschaft marktwirtschaftlich strukturiert ist, gelingen. Es ist eine Frage der Zeit, der verfügbaren Ressourcen und vor allem des Bewußtseinswandels. Für die EG bedeutet dies, daß beide Seiten, die EG und die GUS, wenn sie ein einheitliches Wirtschaftsgebiet bleibt, gute Chancen nicht nur für eine fruchtbare wirtschaftliche Zusammenarbeit, sondern auch für eine vielfältige Kooperation in der Wissenschaft, der Forschung, der Kultur und anderer Politikbereiche eröffnet.

Ganz anders sehen die Zukunftsperspektiven aus, wenn die ehemalige Sowjetunion auch wirtschaftlich in voneinander unabhängige Staaten auseinanderfällt. Für die europäischen Republiken M o l d a w i e n, die U k r a i n e und W e i ß r u ß l a n d gilt in diesem Fall das, was oben über die Balkanstaaten gesagt wurde. Sie sind europäische Staaten und können die Mitgliedschaft in der EG beantragen. Es wird aber sicherlich noch weit bis ins nächste Jahrhundert dauern, ehe sie die Voraussetzungen für eine Mitgliedschaft erfüllen können. Die EG wird daher auch mit ihnen Handels- und Kooperationsverträge und später Assoziierungsabkommen schließen, um so die wirtschaftliche Entwicklung zu fördern und längerfristig die Annäherung an die EG zu ermöglichen und die Voraussetzungen für eine Mitgliedschaft zu schaffen.

Anders liegen die Verhältnisse in den kaukasischen und islamischen Republiken. Sie gehören nicht zu Europa, eine Mitgliedschaft in der EG scheidet als Ziel einer Kooperation daher aus. Aber eine enge wirtschaftliche und politische Zusammenarbeit liegt im beiderseitigen Interesse. Denkbar ist, daß sich die I s l a m i s c h e n R e p u b l i k e n zu einer Wirtschafts- und Währungsunion und vielleicht auch zu einer politischen Einheit, in welcher Form auch immer, zusammenfinden, um so ihre Interessen sowohl innerhalb der GUS, als auch in der Welt sehr viel effektiver vertreten zu können. Die EG wäre gut beraten, eine solche Entwicklung aktiv zu fördern und enge vertragliche Beziehungen zu einer solchen islamischen Staatengemeinschaft zu gestalten. Dabei muß man auch berücksichtigen, daß diese Gebiete zum größten Teil erst im 19. Jahrhundert in das russische Reich eingegliedert wurden. Das Streben nach völliger Unabhängigkeit ist gegenwärtig nicht sehr stark ausgeprägt. Das Ergebnis der Volksabstimmung am 17. März 1991 über den Fortbestand der Union war in diesen Gebieten sogar herausragend positiv. Diese Haltung der Bevölkerung war sicherlich auch ein Ergebnis der zurückhaltenden Politik der sowjetischen Führung gegenüber dem Islam. Die religiöse Toleranz gegenüber dem Islam hat viel früher eingesetzt als gegenüber der orthodoxen Kirche und war mit einem erheblichen Mitteleinsatz zur Restauration verfallener Moscheen, Koranschulen und anderer religiös-kultureller Denkmäler verbunden. Auch war die Versorgungslage in diesen Regionen besser als im europäischen Teil der ehemaligen Sowjetunion, woraus deutlich wird, wie stark die Haltung der Bevölkerung gegenüber einem Fortbestand der Union oder einer Verselbständigung auch von der wirtschaftlichen Lage und der Versorgung mit Nahrung, Konsumgütern, Wohnraum und anderen lebensnotwendigen Dingen beeinflußt wurde. Aber früher oder später dürfte - auch unter dem Einfluß der islamischen Bewegung im arabisch-iranischen Raum - das Streben nach Ausgestaltung der Unabhängigkeit stärker werden, besonders dann, wenn sich die Republiken im Westen mit Erfolg zu verselbständigen vermögen und Anschluß an die EG finden.

Mittelfristig werden die islamischen Republiken auch als Partner vielschichtiger Interessen ihrer Nachbarn an politischer Bedeutung gewinnen. Auf der einen Seite wird die Volksrepublik China ihre Westgrenze durch gute Beziehungen zu den neuen unabhängigen Nachbarstaaten zu sichern und jeglichen Einfluß, der die fortdauernde kommunistische Diktatur gefähren könnte, zu unterbinden versuchen. Im Süden dürfte Iran an einer Stärkung islamisch-fundamentalistischer Entwicklungen in diesen Republiken interessiert sein. Im ferneren Westen wird die Türkei großes Interesse an guten Beziehungen zu den islamischen Republiken haben, um Partner für eine westlich orientierte Politik innerhalb der islamischen Staatenfamilie zu gewinnen und auch, um ein gewisses Gegengewicht gegen Iran aufzubauen. Für die EG ist diese sich anbahnende Neugestaltung des Mächtegleichgewichts von vielfältigem Interesse, so daß sie die Entwicklung in diesem Teil der ehemaligen Sowjetunion mit besonderer und aktiver Aufmerksamkeit beobachten und begleiten sollte.

Die fast unversöhnliche Feindschaft zwischen den K a u k a s i s c h e n R e p u b l i k e n macht eine ähnliche Entwicklung in diesem Teil der früheren Sowjetunion auf lange Sicht unwahrscheinlich. Die Republiken in der Kaukasusregion konnten zwar auch nach 1918 ihre Unabhängigkeit erstreiten, verloren diese aber schon nach wenigen Jahren wieder. Sie haben jetzt erneut die Chance, als unabhängige Staaten innerhalb oder außerhalb der GUS ihre wirtschaftliche und politische Eigenständigkeit zu entfalten. Wieweit sie dazu in der Lage sein werden, wird die Zukunft zeigen müssen. Für die EG stellen sich gegenwärtig nur bilaterale Beziehungen zu den einzelnen Republiken als realistische Perspektiven. Allerdings sollte die EG nicht tatenlos beiseite stehen, wenn sich diese Völker und Staaten gegenseitig in konfessionell motivierten Kriegen oder intern in Bürgerkriegen bekämpfen und zerstören. Die Friedenssicherung und Wiederherstellung ist d i e entscheidende außenpolitische Aufgabe der werdenden Europäischen Politischen Union und dies vorrangig in Europa selbst und an seinen Grenzen.

Es bleibt die Frage, wie gestaltet die EG ihre Beziehungen zu R u ß l a n d, wenn dieses Land ein von den übrigen Mitgliedern der GUS losgelöstes eigenständiges Wirtschaftsgebiet wird. In den kommenden Jahren wird sich für die EG daher immer drängender die Frage stellen, wie kann und wie soll Rußland in den Prozess der europäischen Integration einbezogen werden. Als halb-europäischer Staat, der den gesamten nordasiatischen Kontinent umfaßt, kann Rußland nicht an dem politischen Integrationsprozess der Europäischen Gemeinschaft teilhaben, wenn diese nicht ihre politische und ideologische Zielsetzung aufgeben will. Dies ist oben eingehend erörtert und begründet worden. Da Rußland aber auch, und in ihrem westlichen Teil dominierend, ein europäischer Staat ist, muß die Qualität der Beziehungen der EG zu diesem Land eine andere sein als etwa die Kooperation mit den ASEAN-Staaten oder den AKP-Staaten. Langfristig muß über den Handel und die Kooperation hinaus eine besondere Form der Assoziierung zwischen der EG und Rußland entwickelt werden, die diesem besonderen Verhältnis zwischen Europa und dem halbeuropäischen Rußland im beiderseitigen Interesse entspricht.

Der Übergang zur pluralistisch rechtsstaatlichen Demokratie und die volle Respektierung der Menschenrechte wird in diesem Land in überschaubarer Zukunft vollzogen sein, ebenso die Umwandlung der zentral gesteuerten Planwirtschsft in eine freie Marktwirtschaft. Trotz ihrer vielfältigen ökonomischen und politischen Probleme ist und bleibt Rußland für eine überschaubare Zukunft Weltmacht, deren Stabilität für das Gleichgewicht der gegenwärtigen und zukünftigen führenden Mächte dieser Welt, nämlich die USA, Europa, Japan, China und wohl auch Indien von großer Bedeutung ist. Für die politischen Beziehungen der EG zu Rußland wird der Wandel der inneren Struktur dieser Union russischer und nichtrussischer Völker sehr wesentliche Bedingungen setzen. Wenn auch eine volle Integration nicht denkbar ist, da eine EG ihren Rahmen 'Europa' sprengen würde, wenn sie sich bis Wladiwostok ausdehnen würde, und auch eine Teilintegration der geographisch zu Europa gehörenden Gebiete ausscheidet, da sie Rußland in zwei Wirtschaftsgebiete teilen würde, so wird doch die Form und die Tiefe der Zusammenarbeit ganz wesentlich durch die zukünftige Struktur des Landes geprägt werden.

Gelingt es der Führung, das Land zusammenzuhalten und den einzelnen Regionen und Volksgruppen weitgehende Autonomie und kulturelle Eigenständigkeit zu gewähren, so könnte sich Rußland zu einem Wirtschaftsgebiet von beachtlicher Kraft und Stärke entwickeln. Rußland wird in diesem Fall in vielfacher Weise in die frühere Rolle der Sowjetunion hineinwachsen, allerdings geschwächt durch die territoriale Begrenzung auf die ehemalige Russische Sowjetrepublik. Im europäischen Teil wird Rußland kleiner sein als im 18. und 19 Jahrhundert vor Beginn der Kolonisation Sibiriens. Gelingt es Rußland, sich im

Innern als eine Vielvölkerföderation zu stabilisieren, so kann es politisch und wirtschaftlich mittelfristig eine Position als Großmacht in neuer Gestalt entwickeln und damit die alte Rolle der Sowjetunion behaupten. Die ihm verbleibende Verfügungsgewalt über ein großes Atomwaffenarsenal wird diese Rolle stützen. Aber es wird ein langer und mühsamer Weg sein, den Rußland zu gehen hat, um sich vor allem wirtschaftlich ein stabiles Fundament zu schaffen. Gelingt Rußland die innere Stabilisierung nicht, so wird das Land kaum die Kraft entwickeln können, die zur Behauptung einer Großmachtposition notwendig ist. Der Anspruch, Atomweltmacht zu bleiben mit einer fortdauernden inneren Schwäche, werden Rußland zu einem Risiko für den Frieden werden lassen, ein Risiko insbesondere auch für Europa und seinen fortdauernden Integrationsprozess. Für die EG wird dann auch die Frage einer gemeinsamen Verteidigungs- und Sicherheitspolitik eine neue und aktualisierte Bedeutung erhalten. In diesem Fall würde dem einigen Europa gemeinsam mit den USA die Aufgabe zufallen, die westliche Welt vor den Gefahren zu schützen, die aus einer instabilen Atommacht Rußland erwachsen könnten.

Es liegt also im Interesse der Sicherheit und der Zukunft der EG, daß Rußland sich zu einer politisch und wirtschaftlich stabilen Macht entwickelt. Europa wird politisch stark genug sein müssen, um ein Gegengewicht gegenüber dem zukünftigen Rußland bilden zu können. Dies schließt eine enge wirtschaftliche und politische Kooperation mit Rußland durchaus ein.

Wenn sich außerdem die Beziehungen der EG zu Moldawien, Weiß-Rußland und der Ukraine und zu den baltischen Republiken im Laufe der Entwicklung enger gestalten und in fernerer Zukunft auch eine Mitgliedschaft dieser Staaten in der EG denkbar wird, so bedeutet dies ein Hineinwachsen der EG in Gebiete, die auch in Zukunft vorrangige Interessenszonen Rußlands sein werden. Wenn die EG also langfristig zu einer Union ganz Europas unter Einschluß der europäischen Republiken der GUS und des Baltikums werden will, so muß sie stets zugleich die fortbestehenden russischen Interessen beachten und eine besondere Beziehung zu Rußland entwickeln, die die Tatsache berücksichtigt, daß Rußland im wesentlichen auch ein europäisches Land ist und bleiben wird. Aus der einstigen, religiös begründeten Isolierung Rußlands über die Jahrhunderte könnte so durchaus eine fruchtbare politische und wirtschaftliche Partnerschaft zwischen Europa und dem euroasiatischen Rußland werden, die für beide Seiten von großem Nutzen sein würde.

Keineswegs auszuschließen ist zudem, daß auch andere selbständige Republiken der ehemaligen Sowjetunion in Zukunft über Atomwaffen verfügen werden. Mit den islamischen Republiken würden dann auch erstmalig souveräne islamische Staaten über eigene Atomwaffen verfügen und dem politischen Kräftespiel einen neuen und höchst gefährlichen Aspekt verleihen. Das weltweite Mächtegleichgewicht würde in hohem Maße instabil werden. Es liegt daher auch deswegen im gesamteuropäischen Interesse, alle Bestrebungen zu unterstützen, die auch bei einer wirtschaftlichen Desintegration der Mitgliedstaaten der GUS eine gemeinsame Verfügungs- und Kommandogewalt über das bestehende Atomwaffenpotential der ehemaligen Sowjetunion sichert. Atomwaffen in der Hand nur weniger Staaten und weniger Machtträger sind Risiko genug für die Welt. Eine Zunahme der Zahl der über Atomwaffen verfügenden Staaten und Menschen wird zu einer unabsehbaren Gefahr für die Welt insbesondere dann werden können, wenn die Machtträger unkontrollierte und unkontrollierbare Alleinherrscher oder von ideologischem oder religiösem Fanatismus besessene Herrscher sind.

Das weltweite Gleichgewicht der Kräfte wird in Zukunft ein anderes und wesentlich verändertes Bild bieten. Es stehen sich nicht mehr, wie in der Vergangenheit, die Sowjetunion und die USA, jeweils verbündet mit einer Hälfte Europas, gegenüber, sondern ein mehr und mehr zusammenwachsendes Europa wird als eigenständige Kraft diesem Gleichgewicht eine neue Bedeutung und ein neues Gewicht geben. Wenn Europa sich für eine Politik des Friedens und wachsender Gerechtigkeit in der Welt entscheidet und seine Position stets auf der Seite des Angegriffenen, des in seinen Rechten Verletzten sieht, so kann das Gewicht dieses Kontinents zu einer stabilen, wirksamen und auch dauerhaften Garantie einer zunehmend friedlichen, humaneren und gerechteren Weltordnung führen.

Deutschland und das europäische Gleichgewicht

Vom Westfälischen Frieden 1648 bis zur Neugründung eines deutschen Staates 1871

Deutschland wurde zum besonderen politischen Problem in Europa, als es aufhörte, die dominierende Macht dieses Kontinents zu sein. Am Anfang dieser Entwicklung stand die Reformation und mit ihr die Glaubensspaltung in Deutschland. Nicht mehr das Reich und der Kaiser, sondern immer mehr die evangelischen oder katholischen Fürsten und Stände bestimmten die Politik miteinander oder immer häufiger auch gegeneinander.

Mit dem Dahinschwinden der beherrschenden Rolle des Heiligen Römischen Reiches Deutscher Nation in Europa begannen die Mächte an der Perepherie aufzusteigen, Frankreich und England im Westen, Dänemark und Schweden im Norden und Polen-Litauen im Osten. Das Weltreich der Habsburger begann auseinanderzufallen, Spanien und Neapel-Sizilien im Süden und die Niederlande im Westen wurden immer stärker eigenständige politische Faktoren in Europa. Höhepunkt und vorläufiges Ende dieser Entwicklung war der dreißigjährige Krieg. Er war nur vordergründig ein Glaubenskrieg. Tatsächlich wurde um das Machterbe des Reiches gekämpft. Schweden hat zwar durch sein Eingreifen verhindern wollen, daß ganz Deutschland wieder katholisch wurde und damit auch Schweden einem wieder mächtiger werdenden Reich gegenüberstehen würde. Aus dem Kampf für die protestantische Sache wurde im Verlauf des Krieges immer mehr ein Kampf im Bunde mit dem katholischen Frankreich gegen das Reich und den katholischen Kaiser. Am Ende des Krieges bestand Deutschland aus 253 mehr oder weniger souveränen selbständigen Territorien. Der Kaiser, sowie die Reichsorgane waren nur noch machtlose Symbole.

Mit dem Westfälischen Frieden wurde das Gleichgewicht der katholischen und evangelischen Territorien und die Aufgliederung des Reiches in fast souveräne Staaten und Gebiete als Verfassungsgesetz für Deutschland festgeschrieben. Frankreich wurde die vorherrschende Macht in Europa. England verlor nach jahrhundertelanger Auseinandersetzung mit Frankreich alle seine Gebiete auf dem Kontinent und entfaltete fortan als See- und Kolonialmacht seine Weltgeltung, war aber stets darauf bedacht, in Europa keine seine Interessen bedrohende Vormacht entstehen zu lassen. Die deutschen Territorien waren fortan eingeordnet in dieses neue Gleichgewichtssystem. Deutschland wurde für mehrere Jahrhunderte das Schlachtfeld für zahlreiche Kriege um die Vorherrschaft in Europa. Österreich und mit ihm das Haus Habsburg verloren trotz der fortbestehenden Kaiserwürde immer mehr ihr Interesse an Deutschland und wuchs aus dem Reich heraus. Seine Interessen lagen vornehmlich in Italien und mehr und mehr auch auf dem Balkan. Brandenburg-Preußen konnte diese Entwicklung nutzen und Österreich die Führungsrolle in der deutschen Staatenwelt streitig machen und somit allmählich die Voraussetzungen für eine Veränderung der Rolle Deutschlands im europäischen Gleichgewichtssystem schaffen. Mit dem Aufstieg Preußens ging die Europäisierung Rußlands einher, das fortan als europäische Großmacht auch Deutschland ganz entscheidend beeinflußte. Die Teilungen und der Untergang Polens für mehr als ein Jahrhundert waren die Konsequenz dieser neuen Rolle Rußlands.

Die Staatlichkeit und insbesondere die staatliche Einheit der Deutschen ist seit dem westfälischen Frieden stets auch eine Frage des europäischen Gleichgewichts gewesen. Mit dem Niedergang der kaiserlichen Zentralgewalt und dem Zerfall des Reiches wurden die deutschen Territorien Objekt der europäischen Machtpolitik. Die Niederlande und die Schweiz schieden völlig aus dem Reichsverband aus. Der Norden Deutschlands wurde nach dem Scheitern der schwedischen Hegemonialpolitik Karl XII. in den nordischen Kriegen von England (Hannover), Dänemark (Schleswig-Holstein und Oldenburg) und Schweden (Vorpommern) gleichermaßen beherrscht, während sich Brandenburg-Preußen schon in der Mitte des 17. Jahrhunderts aus der polnischen Lehnshoheit über Ostpreußen lösen konnte. Im Westen drang Frankreich zielstrebig an den Rhein vor und erwarb das Elsaß, Lothringen und Teile der spanischen Niederlande vom Reich. In den spanischen Erbfolgekriegen gelang es jedoch, Frankreichs Annexionsbegehren bezüglich der Pfalz und weiterer linksrheinischer Gebiete endgültig abzuwehren und den Aufstieg Frankreichs zur europäischen Hegemonialmacht zu stoppen. Erstmalig griff England wieder aktiv in diese Auseinandersetzungen mit ein, um einen allzugroßen Machtzuwachs Frankreichs zu verhindern. Die damals geforderte Rückgabe des Elsaß und insbesondere der zehn freien Reichstädte mit Straßburg, die einige Jahrzehnte vorher von Frankreich annektiert worden waren, scheiterte aber auch am englischen Desinteresse an einer wieder gestärkten Stellung von Kaiser und Reich.

Im 18. Jahrhundert gewann Frankreich wieder stärkeren Einfluß auf die süd- und westdeutschen Staaten, während sich Brandenburg-Preußen nach dem Zerfall Polen-Litauens enger an Rußland orientierte. Im Süden erwuchs mit Österreich eine neue Großmacht aus dem immer machtloseren Reich. Dieses ganze Jahrhundert war gekennzeichnet durch zahllose Kriege, die fast alle auf deutschem Gebiet geführt wurden und stets mit der Veränderung der territorialen Einflußzonen auf dem Gebiet des Reiches endeten. Erstmalig erwuchs aber mit Preußen eine zweite neue Macht in Deutschland, die sich mit viel Tüchtigkeit, Geschick und auch Glück behaupten konnte gegen den Versuch fast aller damaligen europäischen Großmächte im siebenjährigen Krieg, diese Veränderung im deutsch/europäischen Gleichgewicht wieder zu beseitigen. Während sich Österreich durch den Erwerb der Kronen von Böhmen und Ungarn und durch Erfolge in den Kriegen gegen das osmanisch-türkische Reich immer stärker nach Südosten auf dem Balkan ausdehnte und aufhörte, ein überwiegend deutscher Staat zu sein, wurde Preußen trotz der umfangreichen polnischen Gebietserwerbungen zur deutschen Großmacht. Für England stellte Preußen das natürliche Gegengewicht gegen Frankreich dar und wurde darum vor allem materiell unterstützt. Preußen selbst suchte enge Bindungen an Rußland, das seit Peter I. europäisch orientierte Großmacht geworden war und seit den Aufteilungen Polens territorial weit nach Europa hineinreichte.

Ein Wendepunkt der europäischen Entwicklung war die französische Revolution und der Versuch Frankreichs, unter Napoleon erneut europäische Hegemonialmacht zu werden. Das alte Reich, das nur noch in der Person des Kaisers, des Reichstags und einiger Symbole existierte, verließ die Bühne der Geschichte nun endgültig. Frankreichs Expansion an den Rhein als Ergebnis des ersten Koalitionskrieges traf keine deutsche Nation, kein Reich, mehr sondern nur zahlreiche mittlere und kleine Staaten und Territorien. Die wichtigste Frage war nicht das nationale Schicksal, sondern die Kompensation für den erlittenen Gebietsverlust. Man begann mit der ersten territorialen Reform auf dem westfälischen Flickenteppich

Deutschland. Der Reichsdeputationshauptschluß von 1803 beendete die Zersplitterung des Reiches in eine unübersehbare Vielfalt von Gebieten. Die souveränen geistlichen Gebiete, darunter die Herrschaften der geistlichen Kurfürsten, wurden säkularisiert und ebenso wie zahlreiche reichsunmittelbare Territorien aufgelöst und den verbliebenen deutschen Staaten zugeschlagen. Damit verlor das Kaisertum seine ihm verbliebene wesentliche Grundlage. 1806 legte daher der letzte deutsche Kaiser die Krone nieder und beendete damit eine fast tausendjährige Geschichte der Deutschen in Europa. Deutschland aber blieb Spielfeld der europäischen Großmächte. Im Westen schuf Napoleon den Rheinbund und belohnte die Herrscher Bayerns, Württembergs und Westfalens mit Königstiteln. Preußen überlebte seine Niederlage 1806 nur als enger Partner Rußlands. Österreich wurde nach jeder Niederlage weiter nach Osten zurückgedrängt. Frankreich beherrschte auf dem Höhepunkt der Machtentfaltung Napoleons den Westen und Süden Deutschlands, die Niederlande und ganz Nordwestdeutschland. Hamburg, Lauenburg und Lübeck wurden sogar Teile des französischen Kaiserreiches. Fast alle deutschen Staaten, Preußen eingeschlossen, mußten an der Auseinandersetzung der beiden verbliebenen europäischen Großmächte Frankreich und Rußland 1812 um die Vorherrschaft in Europas teilnehmen und etwa die Hälfte der französischen Armee stellen. Preußens Seitenwechsel und Österreichs Teilnahme - nach langem Zögern - einte die Deutschen im Kampf gegen das Frankreich Napoleons. Die Württemberger und die Sachsen blieben allerdings fast bis zum Ende an der Seite Frankreichs. Die Sachsen bezahlten mit dem Verlust ihres halben Territoriums, das auf dem Wiener Kongress Preußen als Entschädigung für die nicht wiedergewonnenen polnischen Gebiete zugesprochen wurde.

Der vereinten Anstrengung der Deutschen Staaten im Bunde mit Rußland, Großbritannien und den Niederlanden gelang es, Frankreich endgültig zu schlagen und sein Hegemoniestreben zu beenden. Auf dem Wiener Kongress 1815 wurde das europäische Mächtesystem neu geordnet, oder besser gesagt, man kehrte zur alten Ordnung von vor 1789 zurück, ohne jedoch die vorrevolutionäre Staaten- und Ländchenwelt zu restaurieren. Der Umbruch der Gesellschaft und des Denkens durch die französische Revolution, besonders die Idee von einer mit dem Staat identischen Nation und das gemeinsame Erlebnis des Freiheitskampfes prägte bei den Deutschen den Wunsch nach neuer nationaler Identität. Dieser Wunsch der deutschen - und auch der italienischen - Nation blieb damals unerfüllt. Eine Lösung der deutschen Frage brachte dieser Friedenskongress nicht. Niemand war bereit, einem vereinten deutschen Staat in Europa Platz zu schaffen. Österreich als Vielvölkerstaat konnte nur Vormacht in Deutschland bleiben, wenn dieses Deutschland als ein lockerer Staatenbund organisiert wurde und alle Versuche einer nationalen Lösung unterbunden wurden. Auch war Österreich nicht bereit, auf seine Gebiete in Norditalien zu verzichten und damit die Voraussetzung für ein einheitliches Italien zu schaffen. Metternich, der damals führende Staatsmann Österreichs, fürchtete das Erstarken der Nationalstaatsidee, weil sie das Ende Österreichs als Vielvölkerstaat bedeut haben würde. Die Bewahrung der legitimen Rechte der Fürsten - nicht der Völker - war daher die Formel, mit der Metternich die für Österreich so brisante Frage nach der nationalen Einheit der Deutschen und, ob Österreich eigentlich ein deutscher Staat ist und bleiben wolle, noch einmal offen lassen konnte. Dabei blieben fast alle territorialen Veränderungen in Deutschland seit Beginn der Revolution erhalten. Die früher geistlichen Gebiete wurden nicht wieder hergestellt und ihre Fürsten nicht wieder in ihre "Rechte" eingesetzt. Die deutschen Staaten mußten auch nicht auf alle Gebiete verzichten, die ihnen unter Napoleon zugewachsen waren. Auch Frankreich behielt die in jahrhundertelanger Ostexpansion eroberten Gebiete. Deutschland blieb als lockerer Bund souveräner Staaten weiterhin Objekt europäischer Gleichgewichts- und Machtpolitik.

Es war vor allem Metternich, der einen, wie auch immer gestalteten, deutschen Nationalstaat fürchtete und sicherlich zu Recht davon ausging, daß ein solcher neuer deutscher Nationalstaat das Ende der Vielvölkermonarchie Österreich einleiten würde. Aus Sorge vor einem Übergewicht Rußlands in Europa und damit einem starken Einfluß auf die slawischen Völker auf dem Balkan und in Österreich, hatte Metternich noch nach der Niederlage Napoleons in Rußland und Deutschland (Völkerschlacht bei Leipzig 1813) eine Erhaltung des französischen Kaiserreiches mit Napoleon als Kaiser, allerdings territorial beschränkt auf die vorrevolutionären Grenzen, diplomatisch angestrebt. Erst als Napoleon selbst unter maßloser Überschätzung seiner ihm verbliebenen Möglichkeiten das Spiel überzog, stimmte auch Österreich der Entmachtung Napoleons, der immerhin der Schwiegersohn des österreichischen Kaisers war, zu. Metternich tat aber alles, um Frankreich nicht allzusehr zu schwächen und somit als gewichtigen Faktor im europäischen Gleichgewicht zu erhalten. Anders als Deutschland nach dem ersten Weltkrieg wurde Frankreich, die besiegte Großmacht, auf dem Wiener Kongress nicht gedemütigt, sondern an der Neuordnung Europas weitgehend gleichberechtigt beteiligt, ja sogar in ein neues Bündnissystem einbezogen, als ein kriegerischer Konflikt drohte zwischen Preußen und Rußland einerseits und Österreich und England andererseits wegen der preußischen Forderung nach der Abtretung ganz Sachsens. Frankreich verbündete sich damals mit Österreich und England.

Die Einordnung Preußens in das europäische Mächtesystem war eine der schwierigsten Fragen der Wiener Friedensordnung. Großbritannien und vor allem Rußland wünschten ein gestärktes Preußen als Gegengewicht zu Frankreich und zu Österreich. Vor allem Großbritannien erwirkte in Wien, daß Preußen durch die Übernahme der rheinisch-westfälischen Gebiete in Westdeutschland von einer ostdeutschen zu einer zentraldeutschen Macht wurde. Bayern und Sachsen neigten aus Sorge vor dem mächtig gewordenen Preußen mehr Österreich zu; Hannover war in Personalunion mit Großbritannien verbunden. Frankreich suchte mit zunehmender Erholung seinen alten Einfluß auf Südwestdeutschland wieder zu stärken. Durch den Erwerb der späteren Rheinprovinz hatte Preußen aber im Westen die Rolle einer Schutzmacht gegenüber französischen Expansionswünschen gewonnen, während sich Österreich mit der Abtretung des Breisgau an Baden und der österreichischen Niederlande und Luxemburgs an die Vereinigten Niederlande ganz aus Westdeutschland zurückgezogen hatte. Österreich war jetzt stärker in Italien und auf dem Balkan als in Deutschland engagiert.

Die Wiener Friedensordnung ließ die Deutsche Frage offen und damit ungelöst. Deutschland blieb in seinen Teilen Objekt europäischer Machtpolitik. Aber die Stärkung Preußens und seine Etablierung als deutsche und europäische Zentralmacht wies der deutschen Entwicklung einen neuen Weg und präjudizierte die spätere Entwicklung in Deutschland. Die in Wien geschaffene Staatenordnung gab jedoch Europa für die folgenden 100 Jahre eine Stabilität, die der Kontinent zuvor nie gekannt hatte. Die deutschen Staaten wurden im Deutschen Bund zusammengeschlossen. Dieser Bund war eine Föderation weitgehend souveräner großer, mittlerer und kleiner Staaten unter der Führung Österreichs, sehr bald aber schon beherrscht vom Dualismus zwischen Preußen und Österreich. Während Österreich die politische Führung des Bundes in der Hand hatte, förderte Preußen die wirtschaftliche Zusammenarbeit und zunehmend das wirtschaftliche Zusammenwachsen.

Die europäischen Mächte konnten in den folgenden Jahrzehnten, gesichert durch die Wiener Ordnung, ihre Machpositionen in der Welt ausbauen und stärken. Rußland eroberte den ganzen Norden des asiatischen Kontinents, Großbritannien beherrschte Indien und zusammen mit Frankreich große Teile Afrikas; Frankreich und die Niederlande teilten sich Südostasien. In Europa stabilisierte Österreich seine aus der türkisch-osmanischen Erbmasse erworbenen Gebiete, hatte aber zunehmend mit dem wachsenden Nationalismus in Italien und im eigenen Land zu kämpfen. Der gemeinsame Kampf aller Deutschen gegen Frankreich und Napoleon und die starke Wirkung der Ideen der französischen Revolution hatte in den deutschen Staaten die Saat der nationalen Einheit hinterlassen und damit Europa erneut das beschert, was man bis in unsere Tage die deutsche Frage nennt: Ein gemeinsamer Staat aller Deutschen wäre wieder das übermächtige Zentrum Europas, wie einst das Heilige Römische Reich Deutscher Nation vor der Reformation, geworden. Ein solches Deutschland würde das in Wien wiederhergestellte alte europäische Gleichgewicht unweigerlich verändern, wenn nicht sogar zerstören. Würde sich ein solches Deutschland für einen Bund mit Rußland, der alten preußischen Tradition folgend, entscheiden, so würden diese Mächte früher oder später in Europa dominieren. Würde sich ein solches Deutschland für die Allianz mit den Westmächten entscheiden, so würde Rußland wieder aus Europa hinausgedrängt, wie vor der Zeit Peters des Großen. Bliebe Deutschland aber isoliert als Europas Mitte, so würde es früher oder später die europäischen Großmächte gegen sich vereinen. Gewinnt es einen solchen Konflikt, so beherrscht es Europa, unterliegt es, so ist dies das Ende des einheitlichen deutschen Staates.

In den Jahrzehnten nach 1815 wurde immer wieder die staatliche Einheit der deutschen Nation gefordert. Das Wartburgfest im Oktober 1817 und das Hambacher Fest im Mai 1832 waren Demonstrationen der jungen Generationen, die als Soldaten gegen Frankreich gekämpft hatten und von der Neuordnung in Europa enttäuscht waren. Vor allem die vielfach verfassungslose Herrschaft der vorrevolutionären Dynastien und die rigorose Unterdrückung und Zerstörung der sozialen und gesellschaftlichen Ideen und Reformen der napoleonischen Zeit erboste die Jugend und trieb sie in Opposition zu den herrschenden Schichten. Man forderte "die vereinigten Freistaaten Deutschlands" und auch schon "das konföderierte republikanische Europa". Frankreichs erneute Forderung nach der Rheingrenze förderte und trieb die nationale deutsche Erhebung an. Damals entstanden Lieder wie "Die Wacht am Rhein".

1848 brach in Deutschland die Revolution aus, angeregt durch den Umbruch in Frankreich. Es waren die Studenten und Kämpfer der Freiheitskriege, die als Bürger erreichen wollten, was ihnen 1815 versagt geblieben war. Gesamtdeutsche Wahlen zu einer Nationalversammlung fanden statt, eine Reichsverfassung wurde geschaffen. Dies waren damals große Schritte zur staatlichen Einheit aller Deutschen. Aber ihr Versuch, auf diesem Wege einen deutschen Staat zu schaffen, scheiterte. Für dieses Scheitern gab es viele Gründe. Einer war die mangelnde Radikalität und die Konzentration auf die Ausarbeitung einer Verfassung zu einer Zeit, als es eigentlich um die Machtfrage ging. Zu keiner Zeit war die

Nationalversammlung wirklich im Besitz der ganzen Macht in Deutschland. Vor allem gelang es auch nicht, eine Lösung für das Problem 'Österreich' zu finden. Der Streit um die Einbeziehung der Deutschen in Österreich führte zur Spaltung der Nationalversammlung in Groß- und Klein-Deutsche. Die Mehrheit entschied sich für die kleindeutsche Lösung, da eine Einbeziehung der deutsch besiedelten Gebiete Österreichs zu einer Spaltung, wahrscheinlich zum Auseinanderbrechen Österreichs geführt hätte. Vor allem aber war 1848/52 das europäische Gleichgewichtssystem des Wiener Friedens noch intakt. Der Widerstand von außen, von Seiten der Wiener Garantiemächte, führte letztlich zum Scheitern aller Bemühungen, den deutschen Bund in die neue Form eines Bundesstaates zu führen. Die Aufteilung Deutschlands in viele selbständige Staaten war den europäischen Mächten lieber als ein unberechenbarer neuer Machtfaktor in der Mitte Europas. Großbritannien wurde mißtrauisch, als die Nationalversammlung 1849 den Bau einer deutschen Kriegsflotte einleitete. Es verhinderte gemeinsam mit Rußland auch, daß sich Schleswig-Holstein schon 1850 mit Preußens Hilfe von Dänemark löste. Der deutsche Krieg gegen Dänemark mußte auf Druck dieser beiden Mächte abgebrochen werden, so daß die Schleswig-Holsteiner sich selbst überlassen blieben und wieder dänischer Herrschaft unterworfen wurden. Rußland drohte sogar mit Krieg, als Preußen der mehrheitlich polnisch bewohnten Provinz Posen 1848 Autonomie in einem deutschen Staat gewähren wollte.

Auch in Österreich und Ungarn waren es russischen Truppen, die dazu beitrugen, das alte System zu bewahren. Die europäischen Mächte waren nicht bereit, einen deutschen Staat aufzunehmen und einzugliedern, und sie waren noch stark genug, dies durchzusetzen. Schließlich konnte Österreich seine Stellung als Führungsmacht im wiederhergestellten Deutschen Bund behaupten und durch massiven Druck auf Preußen im Vertrag von Olmütz alle Versuche einer deutschen Union unter Preußens Führung, das heißt ohne Österreich, noch einmal verhindern.

Das Scheitern der Einheit ließ die Frage einer Verträglichkeit eines deutschen Staates mit der existierenden europäischen Staatenwelt immer klarer in den Vordergrund treten. Für Bismarck und Preußen war dies fortan das entscheidende politisch und diplomatisch zu lösende Problem. Nach dem Ende der revolutionären Periode und der erzwungenen Wiederherstellung der Wiener Ordnung und des Deutschen Bundes begann sehr schnell der Verfall dieser Ordnung. Die Wiener Mächte gerieten mehr und mehr in Konflikte miteinander. Im Krimkrieg kämpften Frankreich und Großbritannien an der Seite der Türkei gegen Rußland, um zu verhindern, daß Rußland auf dem Balkan und im östlichen Mittelmeerraum zu stark wurde und dadurch vor allem die britischen Interessen gefährdete. Rußland wandte sich nach der Niederlage in diesem Konflikt für etliche Jahrzehnte von Europa ab und erweiterte sein asiatisches Imperium. 1859 folgte der Krieg Österreichs gegen Frankreich. Es ging um Nord-Italien und ermöglichte Piemont-Sardinien, die Führung bei der nun beginnenden Einigung Italiens zu übernehmen. Österreich wurde schrittweise völlig aus Italien verdrängt. Frankreich konnte seine Position durch den Erwerb Savoyens und Nizzas stärken.

Bei der Eroberung afrikanischer und asiatischer Gebiete als Kolonien gerieten auch Frankreich und Großbritannien häufiger in Konflikte miteinander und schwächten so ihre Stellung in Europa. Diese Schwächung und Veränderung des in Wien geschaffenen europäischen Gleichgewichts eröffnete die politische Möglichkeit für die Deutschen, sich der

'Wiener Ordnung' zu entziehen. Der Preis für die erstrebte Einheit war eine Teilung Deutschlands in Klein-Deutschland (Groß-Preußen) und Österreich und damit die Ausschaltung der süddeutschen und südosteuropäischen Großmacht aus der deutschen staatlichen Entwicklung. Der Krieg 1866 zwischen Preußen und Österreich beendete den Dualismus beider Mächte in Deutschland und beseitigte damit eines der Hindernisse, die 1815 und auch noch 1848/52 mit dazu beigetragen hatten, die Schaffung eines neuen deutschen Staates zu verhindern. Die europäischen Großmächte verfolgten diesen deutschen Machtkampf um die Vorherrschaft und damit auch um die zukünftige Gestaltung Deutschlands mit sehr unterschiedlichen Reaktionen. Rußland, als alter Partner Preußens, verhielt sich abwartend und wohlwollend neutral und sah die Schwächung Österreichs durch Preußen nicht ungern. Frankreich war durch das imperiale Abenteuer in Mexiko geschwächt und nicht in der Lage, Österreich beizustehen. Die maßvolle Politik gegenüber dem besiegten Österreich wiederum verhinderte Österreichs Teilnahme an der Seite Frankreichs im deutsch-französischen Krieg 1870/71. Die Schaffung eines Norddeutschen Bundes 1867 nach dem Krieg Preußens gegen Österreich - und nicht die Einigung aller deutschen Staaten ohne Österreich - geschah vor allem mit Rücksicht auf Frankreichs Widerstand gegen die deutsche Einheit. Frankreich wollte keinen deutschen Staat an seiner Ostgrenze. Es trug schon schwer an der Nachbarschaft Preußens. Schon in den vierziger Jahren wurde in Frankreich die Forderung nach der Rheingrenze wieder laut und führte in Deutschland zu einer erheblichen nationalen Unruhe. Wenn schon ein deutscher Staat nicht zu verhindern war, so wollte Napoleon III. wenigstens linksrheinische Gebiete als Kompensation. Frankreich forderte daher eine territoriale Erweiterung zu Lasten Preußens und Bayerns in der Pfalz, um hier den alten Traum von der Rheingrenze auch in dieser Region wieder zu verwirklichen. Am Ende verschaffte die französische Großmachtpolitik Frankreich keinen territorialen Zugewinn zu Lasten Deutschlands, sondern Frankreich verlor mit dem Elsaß und Ost-Lothringen wieder Teile seiner Eroberungen aus dem 17. und 18. Jahrhundert. Nach dem erfolgreichen Krieg der deutschen Staaten gegen Frankreich 1870/71 konnten auch die süddeutschen Staaten einbezogen und das Deutsche Reich als föderatives Kaiserreich gegründet werden.

Das neue Deutsche Reich als Störfaktor des europäischen Gleichgewichts

Diesmal war es keine Revolution von unten, sondern der Weg zur Einheit war ein Weg der schrittweisen Stärkung der Macht Preußens und damit der Relativierung der Einflußmöglichkeiten der alten Wiener Garantiemächte. Anders als in den verschiedenen Geschichtsperioden seit 1648 war die deutsche Frage nun wieder in die Hand der Deutschen gelegt worden. In Europas Mitte war mit Deutschland ein neuer Machtfaktor entstanden, der das ganze, seit Jahrhunderten vertraute Staatensystem veränderte. Anders als in Italien, wo Piemont-Sardinien im neuen, durch seine Politik geeinten Italien aufging, sah Preußen in Deutschland in erster Linie eine Machtfrage für Preußen und erst in zweiter Linie eine geeinte Nation. Deutschland erbte damit auch das, was man den preußischen militaristischen Geist nennt, eine Haltung des Staates gegenüber seinen Bürgern und auch umgekehrt, die für die Existenz Preußens, als Staat ohne natürliche Grenzen, seine Berechtigung gehabt haben mochte, für das ganze Deutschland aber zu einer intellektuellen Überheblichkeit und Arroganz führte, die sich als verhängnisvoll erweisen sollte. Ein liberales, freiheitliches Deutschland, auf dem Wiener Kongress geschaffen oder auch noch 1848/52 entwickelt und daran von den übrigen europäischen Mächten nicht gehindert, hätte sicherlich einen anderen Weg beschritten, als das preußisch geprägte Deutschland von 1871.

Die militärischen und politischen Erfolge dieser Jahre steigerten das Selbstbewußtsein der Deutschen, das sich seit der Befreiung von Frankreichs Herrschaft entwickelt hatte. Man hielt sich auch für kulturell überlegen und für militärisch nicht besiegbar. Die Mühsal der erfolgreichen Befreiungskriege und die günstige, von einer vorsichtigen Politik gestaltete Lage während der drei Kriege gegen Dänemark, Österreich und Frankreich wurden zur nicht mehr selbst erlebten Geschichte und waren schnell vergessen. So glaubte die große Mehrheit der Deutschen, sie könne sich, auf sich allein gestellt und nur an das schwächer werdende Österreich-Ungarn gebunden, in Europa behaupten.

Für Deutschlands Nachbarn bedeutete der neue Staat eine Störung ihrer politischen Koordinaten. Jahrhundertelang dienten die deutschen Einzelstaaten dazu, Machtstrukturen und Machtgewichte in Europa zu entwickeln, zu stärken und auszugleichen, ohne daß man die politische Macht Deutschlands fürchten mußte. Deutschland war - oft wehrloses - Schlachtfeld für die Auseinandersetzung der europäischen Mächte gewesen, insbesondere im 17. und 18. Jahrhundert und bis zum Ende der Ära Napoleon. Dies alles änderte sich mit der Neugründung des Reiches. Preußen-Deutschland meldete nun seine Teilnahme an der europäischen Politikgestaltung an und konnte nicht mehr beliebig, wie eine Figur auf dem Schachspiel, von den anderen benutzt werden. Bismarck erkannte aber sehr schnell, daß die zukünftige deutsche Politik Europa mit der Existenz des neuen Staates vertraut machen, ja versöhnen mußte. Er wußte, daß Frankreich nicht auf Dauer geschwächt und isoliert bleiben würde. Er bemühte sich daher um eine Politik des Ausgleichs und erklärte immer wieder, daß Deutschland saturiert sei und keinerlei Gebietsansprüche in Europa mehr geltend mache. Wie schwierig diese Politik des Ausgleichs war, zeigte sich sehr bald, als es darum ging, Rußlands Vordringen auf dem Balkan zu bremsen, ohne seine Freundschaft zu verlieren und ohne es gänzlich um den Preis seines militärischen Erfolges gegen die Türkei zu bringen. Wie oben näher ausgeführt worden ist, kam es auf dem Berliner Kongreß 1878 unter Vorsitz Bismarcks zu einer Verständigung im Streit zwischen Österreich-Ungarn und Großbritannien einerseits und Rußland andererseits. Aber es gelang Bismarck nicht, eine damals beginnende Verstimmung des langjährigen Partners Rußland zu verhindern. Die deutsche Politik versuchte, Deutschland und Österreich-Ungarn eng aneinanderzubinden, ohne die Partnerschaft zu Rußland zu beeinträchtigen, gleichzeitig aber den Gegensatz dieser beiden Staaten auszugleichen und Großbritanniens Neutralität gegenüber diesen europäischen Streitfragen zu sichern. Bismarck wollte, daß Deutschland stets auf der Seite der Mehrheit der Staaten, das heißt auch der Stärkeren stehen, und daß Berlin die Rolle des Streitschlichters in Europa, und damit des europäischen Entscheidungszentrums, zufallen sollte.

1879 wurde der sogenannte Zweibund zwischen Deutschland und Österreich-Ungarn geschlossen. Damit verbündeten sich die beiden führenden Mächte des alten deutschen Bundes und wurden bis zum ersten Weltkrieg immer enger zusammenwachsende Partner in

Mitteleuropa. Mittelfristig war mit diesem Bündnis eine Entscheidung gegen eine Partnerschaft Deutschlands mit Rußland gefallen und damit die Neuformierung des Bundes der Wiener Garantiemächte eingeleitet worden. Zunächst aber wurde Rußland durch ein Neutralitätsabkommen in diesen Zweibund einbezogen. Die Vertragspartner versprachen einander, bei einem Angriff einer vierten Macht, gedacht war vor allem an Frankreich, gegen einen von ihnen strikt neutral zu bleiben. 1882 wurde auf Initiative Italiens aus dem Zweibund der Dreibund. Italien suchte auf diese Weise Rückhalt gegen die französische Kolonialexpansion zu seinen Lasten in Afrika. Dieser Bund mit Italien war aber belastet durch den Gegensatz zwischen Italien und Österreich-Ungarn. Im Laufe des 19. Jahrhunderts hatte Österreich alle seine norditalienischen Besitzungen verloren, besaß aber mit Trient und Triest und Umgebung noch italienisch besiedelte Gebiete, auf die Italiens Expansionswünsche zielten. Zu Beginn des ersten Weltkriegs scheiterte der Dreibund vor allem daran, daß die Westmächte Italien mit der Zusage entsprechender Gebietserweiterungen auf ihre Seite ziehen konnten.

Bis zum Anfang der neunziger Jahre war Deutschland die politische Führungsmacht in der Mitte Europas, verbündet mit dem durch nationale Unabhängigkeitsbewegungen mehr und mehr geschwächten Österreich-Ungarn und dem nur begrenzt zuverlässigen Italien, und gedeckt durch Neutralitätsabkommen mit Rußland. Frankreich blieb weitgehend isoliert, wurde aber bei seiner imperialen Kolonialpolitik wohlwollend von Bismarck unterstützt. Auch Großbritannien war in diesen Jahren außerhalb Europas mit seiner imperialen Expansionspolitik voll beschäftigt. Ende der achtziger Jahre begannen sich aber die Beziehungen Rußlands zu Österreich-Ungarn zu verschlechtern, vor allem, weil Rußland immer mehr zur Patronatsmacht der Slawen in Österreich-Ungarn wurde. Eine Fortsetzung der Neutralitätsabkommen Rußlands mit dem Dreibund war nicht länger möglich. Mit dem Rückversicherungsvertrag vom Juni 1887 zwischen Deutschland und Rußland wurde aber zwischen beiden Ländern ein gewisser Ersatz gefunden. Deutschland anerkannte die "historischen Rechte" Rußlands auf dem Balkan und versuchte, durch eine aktive Neutralitätspolitik den Gegensatz zwischen Österreich-Ungarn und Rußland zu entschärfen.

Vor allem wirtschaftliche Gegensätze führten zu einer wachsenden Verschlechterung der Beziehungen zwischen Deutschland und Rußland und leiteten das russisch - französische Zusammengehen ein. Diese Entwicklung war von der deutschen Politik lange für unmöglich gehalten worden, da man den ideologischen Gegensatz zwischen der Republik Frankreich und dem autokratischen Zarenreich Rußland für unüberbrückbar hielt. Aber die gegenseitigen wirtschaftlichen Interessen und vor allem der wachsende politische Gegensatz zu den mitteleuropäischen Mächten waren stärker als die Aversionen gegeneinander. Hiermit begann eine Entwicklung, die zum Wiederaufleben der gemeinsamen Europapolitik Frankreichs, Großbritanniens und Rußlands führen sollte und damit zu einer Mächtekonstellation wie nach dem Wiener Kongress. Nur die Mitte Europas war nicht mehr, wie nach 1815, in viele Einzelstaaten gegliedert, überlagert von der Rivalität Preußens und Österreichs, sondern als Dreibund dreier Staaten organisiert und somit störend für die europäische Politik. In den neunziger Jahren aber gab es noch keine politischen Gegensätze zwischen den Mittelmächten und Großbritannien, so daß dem Dreibund nur Frankreich und Rußland gegenüberstanden und Großbritannien eine ausgleichende Rolle spielen konnte. Erst die Änderung der deutschen

Politik unter Kaiser Wilhelm II., die verstärkten kolonialen Ambitionen und vor allem die für eine Kontientalmacht völlig nutzlose Schaffung einer großen Flotte, führten schließlich dazu, daß Großbritannien den Ausgleich mit Frankreich und vor allem mit Rußland suchte und sich so die Mächtegruppierung der beiden Weltkriege bildete.

Verbündet mit dem schwächer werdenden Österreich-Ungarn und dem politisch unsicheren Italien stand Deutschland praktisch allein in der Mitte Europas. Für eine europäische Hegemonie war es - noch - zu schwach; als ein von den anderen Mächten ertragener Faktor des europäischen Gleichgewichts aber schon zu stark. Deutschland hatte im Grunde nur zwei politische Optionen: Entweder die Wiederaufnahme und Fortentwicklung der preußischen Politik einer Bindung an Rußland oder aber einen Ausgleich mit Großbritannien, um damit ein Gegengewicht gegen Frankreich und Rußland zu schaffen. Die erstere der beiden Optionen hätte vorausgesetzt, daß Deutschland die fast schon bedingungslose Bindung an Österreich-Ungarn gelockert hätte und wirtschaftliche, vor allem agrarwirtschaftliche Konzessionen gemacht hätte. Hiergegen stand schon damals eine starke Lobby der ostelbischen Landwirtschaft. Die Verbesserung der Beziehungen zu Großbritannien hätte einen Verzicht, jedenfalls eine erhebliche Einschränkung des Flottenbaus notwendig gemacht. Dagegen gab es Widerstände nicht nur des Kaisers selbst, sondern vor allem auch der Schwerindustrie, die erheblichen Nutzen aus dem Flottenbau zog.

Der deutsche Nationalstaat in Europas Mitte konnte sich auf Dauer nur als friedensstabilisierender und ausgleichender Faktor behaupten, wenn er sich ständig bemühte, bestehende Gegensätze mit Rußland auf dem Wege von Kompromissen auszugleichen und mit Frankreich mittelfristig einen Weg zu suchen, der es dem Nachbarn erleichterte, sich mit dem Verlust des Elsass und Ost-Lothringens abzufinden. Denkbar wäre sogar die Rückgabe der französisch-sprachigen Teile Lothringens mit der Stadt Metz als Zeichen des Ausgleiches gewesen. Man hatte ja auch 1871 auf das französisch-sprachige südliche Elsaß mit der Stadt Belfort verzichtet. Ein Deutschland, das aber die imperiale Weltpolitik Großbritanniens und Frankreichs schrittweise übernahm und durch Kolonialerwerb, Flottenbau und auf andere Weise als europa- und weltpolitischer Konkurrent der anderen Großmächte auftrat, mußte früher oder später in Konflikt mit diesen geraten. Die Bindung an das reformunfähige Österreich-Ungarn und an das zerfallende türkisch/osmanische Reich und auch die wirtschaftliche Expansion bis hin zu territorialen Ambitionen in Europa, taten das Ihrige, um das Konfliktpotential in Europa ständig zu steigern. Vor allem das Bündnis mit Österreich-Ungarn hinderte Deutschland daran, einen Ausgleich mit Rußland zu suchen; die völlige Verkennung der europa- und weltpolitischen Lage durch Kaiser Wilhelm II. und seine Regierungen verhinderte den Ausgleich mit Großbritannien. Ein wirklicher Ausgleich mit Frankreich ist nie gesucht worden. Man konnte in Berlin einfach nicht glauben, daß sich so gegensätzliche Mächte wie Rußland, Frankreich und Großbritannien verständigen würden. Schon in den neunziger Jahren war immer deutlicher geworden, daß Deutschland sich der imperialen Politik der übrigen europäischen Großmächte nicht auf Dauer entziehen wollte und wohl auch nur schwer konnte. Wirtschaftliche und politische Hegemonialbestrebungen, der schon erwähnte Flottenbau und die Kolonialpolitik, verbunden mit nationaler Überschätzung der militärischen Macht und auch eine kulturelle Isolierung führten dazu, daß Deutschland immer mehr zum Störfaktor des europäischen Gleichgewichts und nicht mehr als dessen Teil angesehen wurde. Man vergaß in den deutschen Führungsschichten, wie unstabil die Grundlage der nationalen Einheit immer noch war und wie sehr diese nur auf einem ausgewogenen europäischen Fundament ruhen konnte. Besonders deutlich wurde dies in der sogenannten Marokkokrise 1911. Unter dem neuen Außenstaatssekretär Kiderlen-Waechter wollte es Deutschland den anderen Großmächten gleichtun und eine selbstbewußte, aggressive Außenpolitik treiben. Überall in Nord-Afrika besaßen die europäischen Mächte ihre Einfluß- und Herrschaftszonen, nur Deutschland noch nicht. Marokko bot sich als Ziel dieser außenpolitischen Ambitionen an. Aber auch Frankreich wollte sein nordafrikanisches Herrschaftsgebiet um Marokko erweitern. Ein Konflikt mit Deutschland war also vorhersehbar. Schon 1905 hatte Deutschland zum ersten Mal versucht, sich politisch in Marokko zu engagieren. Das Ergebnis waren damals vertraglich festgelegte Rechte Frankreichs in Marokko. Deutschland gewann lediglich gewisse wirtschaftliche Entfaltungsmöglichkeiten. Dies reichte vor allem der deutschen Wirtschaft nicht, sie wollte Teile Marokkos als deutsches Wirtschaftsgebiet. Der sogenannte Panthersprung nach Agadir brachte den Höhepunkt der Krise 1911 und führte letztlich Großbritannien und Spanien an die Seite Frankreichs. Am Ende mußte Deutschland erneut zurückweichen, um nicht wegen seiner Gebietswünsche in Marokko einen Krieg zu riskieren. Als 'Entschädigung' für die Aufgabe seiner Wünsche erhielt Deutschland Teile Französisch- Zentralafrikas und konnte seine Kolonie Kamerun um 275000 km² vergrößern.

Der britischen Führung hatte diese Marokkokrise deutlich gemacht, daß eine erfolgreiche deutsche Politik und eine erhebliche Vergrößerung des deutschen Kolonialreiches, etwa durch die Abtretung des französischen und später auch des belgischen Kongogebietes an Deutschland, so wie es Berlin anstrebte, zu einer deutlichen Schwächung Frankreichs führen und damit Deutschlands Position beträchtlich stärken würde. Dies würde außerdem das europäische Gleichgewicht in den Augen der britischen Politik empfindlich stören.

Früher oder später mußte der Konflikt der drei Großmächte mit Deutschland und um Europas Mitte kommen. Der Anlaß schließlich, die Ermordung des östereich-ungarischen Thronfolgers, war nicht die Ursache, sondern nur der Auslöser. Es war die Angst vor einer völligen Isolierung und Einkreisung auf deutscher Seite und die Furcht vor einer wachsenden deutschen Dominanz in Europa auf der anderen Seite, die letztlich das Klima schuf, in dem der Krieg fast als eine Erlösung aus der unerträglich gewordenen Spannung gesehen wurde.

Der erste Weltkrieg war ein Krieg der alten drei Großmächte Europas gegen die staatliche Neuordnung Mitteleuropas und damit gegen die Veränderung des Gleichgewichtssystems durch die Entstehung des geeinten deutschen Staates. Das politische Ziel der alten Großmächte war die Zerstörung Deutschlands und die Wiederherstellung der alten Ordnung in Mitteleuropa. Ein gemeinsamer Sieg dieser drei Mächte hätte zu einer Aufteilung Deutschlands in souveräne Mittel- und Kleinstaaten und zur Annexion linksrheinischer Gebiete weit über Elsaß-Lothringen hinaus durch Frankreich und Ostpreußens, großer Teile Schlesiens und der Provinz Posen durch Rußland geführt.

So wie sich Deutschland schon vor dem Krieg nicht entscheiden konnte, ob es Anlehnung an den Osten, und damit an Rußland, oder an den Westen, und damit an Großbritannien, suchen sollte, so zielte auch seine Kriegszielpolitik erneut auf eine Stärkung der Position Mitteleuropas. Ein um belgische, französische und russisch-polnische Gebiete vergrößertes

Deutschland und ein ebenfalls um russisch-polnische und serbische Gebiete vergrößertes Österreich-Ungarn sollten gemeinsam Mitteleuropa beherrschen und über den Balkan, die Türkei und das westliche Rußland dominieren. Man wollte also die Mittellage zwischen den drei Großmächten stärken, aber nicht verändern. Man übersah, daß eine derartige Mitteleuropa-Konzeption nur auf Dauer Bestand haben würde, wenn sie stärker war, als die drei gegnerischen europäischen Großmächte Rußland, Frankreich und Großbritannien zusammen, also eine Situation wieder hergestellt würde, die mit der Lage des Heiligen Römischen Reiches Deutscher Nation im späten Mittelalter vergleichbar gewesen wäre. Dies aber war im ersten Weltkrieg eine absolute Illusion, fern jeder realen Einschätzung der Machtverhältnisse auch eines siegreichen Deutschland. Schon der durch die verstärkte politisch-nationalistische Zentrifugalkraft immer mehr geschwächte Partner eines solchen Mitteleuropa, nämlich Österreich-Ungarn, erlaubte keine auf Dauer stabile Mitteleuropa-Lösung. Die Schwäche und das schließliche Auseinanderbrechen Österreich-Ungarns, intensiv und politisch kurzsichtig gefördert von den damaligen Westmächten, zerstörte alle derartigen deutschen Kriegszielüberlegungen.

Die Niederlage Rußlands und sein Ausscheiden aus dem europäischen Mächtesystem und die Zerschlagung Österreich-Ungarns verhinderten nach dem ersten Weltkrieg das Zerbrechen der deutschen Einheit und führten zu einer völlig neuen Situation in Europa. Außerdem hatte sich gezeigt, daß die drei alliierten Mächte aus eigener Kraft nicht mehr in der Lage waren, Deutschland militärisch zu überwinden. Nur das Eingreifen der außereuropäischen Macht USA erzwang schließlich die Niederlage Deutschlands. Erstmalig hatte damit eine nicht-europäische Macht entscheidend in die Gestaltung des europäischen Mächtegleichgewichts eingegriffen und damit eine Rolle übernommen, die die europäische Entwicklung bis in die neunziger Jahre prägen sollte. Die Schaffung des Friedens in Europa überließen die USA aber fast völlig den alten europäischen Großmächten, und sie verloren ihn letztlich auf diese Weise. Großbritannien und vor allem Frankreich konnten in Versailles zahlreiche territoriale Amputationen Deutschlands durchsetzen. Sie erreichten auch seine politische und moralische Demütigung und seinen Ausschluß aus der europäischen Völkerfamilie. Eine völlige Zerschlagung des Staates und die Wiederherstellung souveräner deutscher Einzelstaaten gelang ihnen jedoch nicht mehr. Frankreichs Bemühungen, jedenfalls das Rhein-Ruhrgebiet von Deutschland zu trennen und als eigenen Staat zu gestalten, scheiterte sehr schnell. Ein wichtiger Grund für das zunehmende Interesse an der Erhaltung Deutschlands war, daß man es als Gegengewicht gegenüber dem jetzt kommunistischen Rußland brauchte. Zwar war die junge Sowjetunion noch schwach und mit sich selbst beschäftigt, so daß ein cordon sanitaire der neuen mittel- und osteuropäischen Staaten hinreichte, um Europa zu sichern. Mittelfristig aber war Deutschland notwendig geworden, um ein Gegengewicht gegen die sowjetrussische Macht zu bilden.

Die leichtfertige und politisch im hohen Maße fehlerhafte Zersplitterung Österreich-Ungarns zerstörte das einzige Gegengewicht, das in Mitteleuropa nach dem Ausscheiden Rußlands gegenüber Deutschland möglich gewesen wäre. So war die politische Situation für Deutschland trotz seiner militärischen Niederlage besser als vor dem Krieg. Deutschland erhielt die Chance, sich zur domminierenden Macht in Mittel-, Ost- und Südosteuropa aufzubauen und damit eine Position zu erringen, die ihm sehr bald wieder eine führende

Rolle in Europa hätte zukommen lassen. Deutschland hätte erstmals nicht mehr zwischen den alten Mächten gestanden, sondern wäre ein gleichberechtigtes Gegenüber für die Westmächte geworden. Aber die Demütigung durch den Versailler Vertrag und die territorialen Verluste unter Mißachtung und zum Teil ausdrücklicher Verletzung des Selbstbestimmungsrechtes immer dann, wenn dies zugunsten Deutschlands sich ausgewirkt hätte, machten die deutsche Politik und die Öffentlichkeit blind für diese neuen politischen Möglichkeiten.

Durch den Zerfall Österreich-Ungarns war jetzt auch die Überwindung der 1867 erfolgten Teilung Deutschlands möglich geworden. Die deutsch besiedelten Gebiete Österreichs waren nicht mehr an den Vielvölkerstaat gebunden und konnten sich mit dem übrigen Deutschland vereinen. Das Parlament Deutsch-Österreichs beschloß schon im November 1918 die Vereinigung mit Deutschland. Eine entsprechende Bestimmung wurde in die neue deutsche Verfassung aufgenommen. Volksabstimmungen in einigen österreichischen Bundesländern ergaben- bis sie auf alliierten Druck hin unterbleiben mußten - große Mehrheiten für die Vereinigung mit Deutschland. In den Friedensverträgen mit Deutschland und Österreich wurde jedoch eine Vereinigung beider Staaten ausdrücklich untersagt und damit eine Chance verspielt, daß sich Deutschland mit seiner Niederlage und den Gebietsverlusten leichter hätte abfinden können. Aber die Vereinigung mit Österreich und erst recht auch der Anschluß der deutsch besiedelten Gebiete Böhmens und Mährens hätte dem besiegten Deutschland einen wirtschaftlichen und politischen Machtzuwachs gebracht, den die damaligen Siegermächte nicht hinnehmen wollten.

Schon Anfang der zwanziger Jahre zeigte sich, wie wenig Nutzen die westeuropäischen Siegermächte aus ihrem Erfolg zu ziehen in der Lage waren. Wirtschaftlich konnten sie Deutschland nicht auf Dauer geschwächt lassen, wenn sie bei sich selbst eine positive Entwicklung anstrebten. Politisch verlor Großbritannien mehr und mehr seine frühere Weltmachtrolle an die USA. Frankreich war am Ende seiner Kraft und sah nur noch in einer defensiven Abschirmung hinter einem gigantischen Festungswall, der Maginot-Linie, eine politische Zukunft. In dieser Zeit wurde aber auch die erste Saat für die Idee der Einheit Europas zur Überwindung des überlebten, isolierten Nationalstaates gelegt. Deutschland wuchs langsam wieder hinein in die europäische Völkerfamilie, war aber politisch immer noch durch wirtschaftlich unsinnige Reparationsforderungen und Ungleichbehandlung diskriminiert. Auch erkannten die deutschen politischen Führungsschichten nicht die großen Chancen dieser Zeit für einen neuen und stabilen Platz Deutschlands im europäischen Mächtesystem. Man trauerte um die verlorenen, längst jedoch wirtschaftlich wertlosen Kolonien und um die verlorenen Provinzen. Die Wirtschaftskatastrophe von 1929/30 bot dann der kleinbürgerlichen Revolution Hitlers und seiner Bewegung die Chance, an die Macht zu kommen. Ohne das totale Versagen der damaligen politischen und wirtschaftlichen Führung in Deutschland wäre ihm dies jedoch, trotz der katastrophalen Wirtschaftslage, nicht gelungen. Man vertraute ihm die Macht an, in der Erwartung, daß er die politische Schmutzarbeit erledigen würde, die man zwar wünschte, aber sich selbst nicht zutraute.

Hitler führte Deutschland sehr schnell wieder aus der sich anbahnenden europäischen Partnerschaft, insbesondere mit Frankreich, heraus und in die alte Isolation in Europas Mitte zurück. Mit seinem rassenideologisch begründeten Vernichtungswillen und seiner Alles-oder nichts-Politik erreichte die Isolierung Deutschlands in Europa ihren Höhepunkt. Hitler erkannte und nutzte Deutschlands Chancen in Ost- und Südosteuropa und baute die vorherrschende Stellung Deutschlands in diesem Raum sehr zielstrebig aus. Die Westmächte waren zu dieser Zeit kräftemäßig nicht in der Lage, ein Gegengewicht gegen die deutsche Entwicklung zu schaffen. Die Sowjetunion war durch die Säuberungsaktionen Stalins und durch die schlimmen Folgen der Zerschlagung der bäuerlichen Landwirtschaft außenpolitisch ohne jeden Einfluß. Die Nachfolgestaaten Österreich-Ungarns schließlich spielten im europäischen Kräftegleichgewicht kaum noch eine Rolle. So konnte sich Deutschland unter Hitler in den dreißiger Jahren ungehindert von außen sehr schnell zu einer in Europa wieder dominierenden Großmacht entfalten. Österreich wurde ohne Widerstand der Mächte in das Reich eingegliedert und damit der alte Traum eines vereinten Staates fast aller Deutschen verwirklicht. Das Memelgebiet, das die Litauer unter Verletzung des Versailler Vertrages 1923 durch einen Handstreich annektiert hatten, fiel an Deutschland zurück. Die Tschechoslowakei verschwand von Europas Landkarte und die Balkan-Staaten wurden, ebenso wie Italien, Teil des mittel- osteuropäischen deutschen Einflußbereichs. Zwanzig Jahre nach dem Ende des ersten Weltkriegs war Deutschland die führende Macht Europas geworden. Großbritannien und Frankreich mußten dem Zerfallen der nach dem ersten Weltkrieg in Paris geschaffenen neuen europäischen Ordnung fast tatenlos zusehen und konnten gegenüber Deutschland kein wirksames politisches Gegengewicht entwickeln. Sie fielen zu Beginn des zweiten Weltkriegs in die Rolle der Randgebiete an der Westgrenze des alten Heiligen Römischen Reiches Deutscher Nation vor der Reformation zurück.

Als Fortsetzung des ersten Weltkriegs, und zwar als innereuropäischer Machtkampf, hätte der zweite Weltkrieg Deutschland zur einzigen europäischen Weltmacht aufsteigen lassen. Aber Hitler hatte ganz andere Ziele, er träumte von einem Großgermanischen Weltreich und wollte ganz Osteuropa einbeziehen und die dortige Bevölkerung entweder vernichten oder aber zu Sklaven der deutschen Herren machen. Er suchte die Auseinandersetzung mit Osteuropa und nicht mit den Westmächten. So bemühte er sich lange Zeit um einen Ausgleich mit Großbritannien, um so Frankreich zu neutralisieren, um freie Hand im Osten zu bekommen. England galt eine Art Haßliebe von seiner Seite. Es war für ihn ein germanischer Bruderstaat, dem er sich innerlich stärker verbunden fühlte als etwa Italien, mit dem er allein aus ideologischen Gründen paktierte. Großbritannien sollte die Welt-See- und Kolonialmacht sein, während Deutschland das kontinentale Europa beherrschen wollte.

Anders als im ersten Weltkrieg stand Deutschland zunächst nur den beiden Westmächten gegenüber, nachdem Polen in einem kurzen Feldzug besiegt werden konnte. Nach der Niederlage Frankreichs blieb Großbritannien der einzige, von Hitler eigentlich überhaupt nicht gewollte Gegner. Aber Deutschlands See- und Luftmacht reichte nicht aus, um Großbritannien zu bezwingen. So blieb dieses Land ein potentielles Gegengewicht gegenüber Deutschland, dessen Bedeutung weniger in seiner militärischen Leistungskraft als in seiner geographischen Lage lag. Unter dieser Bedingung begann Hitler seinen Eroberungskrieg im Osten Europas. Durch den Angriff auf die Sowjetunion führte Hitler Deutschland wieder zurück in die politische Lage nach der Reichsgründung 1871. Die Sowjetunion war jetzt wieder als europäische Großmacht einbezogen in die Auseinandersetzung zwischen den Mächten. Deutschland kämpfte wieder gegen die Dreierkoalition des ersten Weltkriegs, allerdings unter völlig veränderten Dimensionen. Die Gefahr eines deutschen Weltreiches in

Europa führte die USA an der Seite Großbritanniens in den Krieg hinein. Aus dem europäischen Kampf um die Vorherrschaft in Europa wurde so schrittweise ein Kampf um Europas Rolle in der Welt. Schon im ersten Weltkrieg hatte allein das militärische und wirtschaftliche Gewicht der USA den Krieg zuungunsten Deutschlands entschieden. Den Frieden hatten die Amerikaner hingegen den Europäern überlassen und verloren. Jetzt drohte ein von Deutschland beherrschtes Europa zur direkten Gefahr für die Position der USA in der Welt zu werden und so wurde der europäische Krieg zu einem wirklichen Weltkrieg um Europa. Nur der vereinten wirtschaftlichen und militärischen Kraft der Sowjetunion, der USA und auch Großbritanniens gelang es schließlich, Deutschland erneut zu bezwingen und Europa zum gemeinsamen Herrschaftsbereich der beiden neuen Weltmächte zu machen. Großbritannien und erst recht Frankreich mußten sich mit einer Randrolle zufrieden geben.

Deutschland im Kräftespiel der Siegermächte des zweiten Weltkriegs

Nach 1945 hörten die Mächte Europas auf, gestaltend das Gleichgewicht in diesem Teil der Welt zu bilden. Europa war zum Herrschaftsbereich der neuen halb- oder nicht-europäischen Weltmächte USA und Sowjetunion geworden. Das von Deutschland hinterlassene Machtvakuum wurde von diesen Weltmächten ausgefüllt und kontrolliert. Für die Deutschen endete der kurze Traum der nationalen Einheit der ganzen Nation. Österreich wurde wieder ein selbständiger Staat, das Sudetenland wurde an die Tschechoslowakei zurückgegeben, jedoch ohne die dort lebenden Menschen. Diese wurden enteignet und aus dem Lande vertrieben. Der Osten Deutschlands - ebenfalls ohne die meisten der Bewohner - wurde von Polen und der Sowjetunion annektiert. Schon 1919/20 hatte Deutschland etwa 1/7 seines Staatsgebietes verloren; 1945 verlor es noch einmal etwa 1/4 seines verbliebenen Territoriums. Es bestand auch wenig Bereitschaft der damaligen Siegermächte, auf dem verbliebenen deutschen Territorium weiterhin einen einheitlichen deutschen Staat zu tolerieren. Zweimal war es nicht möglich gewesen, dieses Deutschland in das europäische Mächtesystem zu integrieren, es noch ein drittes Mal zu versuchen, bestand zunächst wenig Neigung.

Schon auf den Konferenzen in Teheran und Yalta waren sich die USA, die Sowjetunion und Großbritannien einig, daß Polen die mit dem Rigaer Frieden erworbenen weißrussischen und ukrainischen Gebiete wieder verlieren und seine Ostgrenze etwa der Curzon-Linie entsprechen sollte. Stalin forderte zunächst, daß Ostpreußen und Danzig an Polen fallen und im übrigen die deutschen Grenzen, wie sie im Versailler Vertrag festgelegt worden waren, bestehen bleiben sollten. Er schlug außerdem vor, Österreich, Bayern und das Rheinland als unabhängige Staaten vom Rest Deutschlands zu lösen.

Um der polnischen Exilregierung den Verlust der Gebiete östlich der Curzon-Linie annehmbar zu machen, wurde dann in Yalta die Idee einer Westverschiebung Polens entwickelt. Polen sollte jetzt auch Schlesien, Ost-Pommern und Ost-Brandenburg bis zur Oder erhalten. Die polnische Exilregierung lehnte diese Vorschläge entschieden ab, sie wollte nicht auf Ost-Polen verzichten und weder Pommern mit Stettin noch Schlesien mit Breslau dafür erwerben. Dennoch wurde in Yalta und später in Potsdam die Oder als Polens Westgrenze festgelegt. Vor allem Winston Churchill, der damalige britische Premierminister, erkannte sehr bald, was eine derartige territoriale Verschiebung und die Vertreibung von Millionen Menschen bedeuten würde. Er plädierte daher für die östliche, die sogenannte Glatzer Neiße, als Fortsetzung der Oder-Grenze. Auf diese Weise wäre der größere Teil Niederschlesiens bei Deutschland verblieben. Aber die Entscheidung, die in Potsdam getroffen wurde, war eindeutig. Die Oder und die westliche, die Görlitzer Neiße, bildeten fortan Polens Westgrenze. Damit war, trotz aller abschwächenden Erklärungen und auch der Aussage im Deutschland-Vertrag, daß die endgültige Grenzfestlegung einem Friedensvertrag mit Deutschland vorbehalten bleibe, die deutsch-polnische Grenze auch von den Westmächten endgültig bestimmt. Dies war auch den deutschen Bundesregierungen unter der Kanzlerschaft Adenauers klar und deutlich gemacht worden. Hoffnungweckende öffentliche Reden und Erklärungen, vor allem an die Adresse der Vertriebenen, dienten allein innen- und wahlpolitischen Zwecken.

Auch Churchill hatte Teilungpläne für Deutschland. Er wollte Preußen, Sachsen und Bayern zusammen mit Österreich staatlich verselbständigen. Die USA plädierten sogar für eine Aufteilung Deutschlands in fünf selbständige Staaten und in vier internationalisierte Gebiete unter der Verwaltung der Vereinten Nationen. Alle diese Vorschläge zeigten wenig historisches Wissen und Verständnis. Sie wären Lösungen gewesen, die aus der jeweiligen Augenblickslage heraus entstanden wären und wären wohl auch nur sehr kurzlebig gewesen, wie historische Beispiele belegen, wie etwa die Freistaaten Fiume und Triest oder das Memelgebiet. Solche geschichtslosen Augenblickslösungen waren in der Vergangenheit oft Ursachen für ständige Streitigkeiten und damit politische Gefahrenherde, wie z.B. Danzig zwischen den beiden Weltkriegen.

Erst am Ende des Krieges wurden diese Gedanken wieder fallengelassen. Im Westen bemühte sich nur noch Frankreich, seine Besatzungszone als selbständige Staaten zu gestalten. Den USA und Großbritannien wurde aber sehr bald klar, daß eine Aufteilung Deutschlands in mehrere selbständige Staaten die Gefahr einer Sowjetisierung dramatisch erhöhen würde, und daß eine wirtschaftliche Gesundung Westeuropas ohne ein wirtschaftlich stabiles Deutschland kaum zu erreichen sein würde. Daher strebten sie nun eine wirtschaftliche und später auch politische Neuordnung in ihren Besatzungszonen an.

Auch die Sowjetunion war, nachdem sie ein weit über den militärisch eroberten Teil Deutschlands hinausreichendes Besatzungsgebiet erhalten hatte, an einer staatlichen Aufteilung Deutschlands nicht mehr interessiert. Sie sah ihren Machtbereich in Deutschland als Basis für die Herrschaft über den ganzen Rest Deutschlands an. Auch erkannten die vier Besatzungsmächte sehr schnell, daß Deutschland trotz der totalen militärischen Niederlage wegen seiner geographischen Lage in der Mitte Europas und seiner Position am Treffpunkt der beiden neuen Weltmächte eine Schlüsselposition in Europa einnahm. Wer Deutschland beherrschen konnte, der dominierte in Europa. So wurde Deutschland zunächst in drei, und dann unter Beteiligung Frankreichs in vier Besatzungszonen aufgeteilt. Berlin wurde ebenfalls in vier Besatzungssektoren gegliedert. Anders als Frankreich erhielt Polen nicht den Status einer Besatzungsmacht. Ostdeutschland wurde Polen formell zur Verwaltung übertragen, ohne daß Polen an der Militärregierung für ganz Deutschland beteiligt wurde. Die vier Besatzungsmächte bemühten sich gemeinsam, eine Viermächteherrschaft über Deutschland aufzubauen und zu gestalten. Aber die gegensätzliche Ideologie und das Bemühen, unter Zurückdrängung der jeweils anderen Seite, Einfluß auf ganz Deutschland zu gewinnen, ließ diesen Versuch bald scheitern.

Letztendlich blieb nach dem zweiten Weltkrieg die Einheit Deutschlands erhalten, weil sich die Siegermächte nicht über eine gemeinsame Zukunft Deutschlands einigen konnten und gegenseitig die Ausweitung des Einflusses der jeweils anderen Seite auf ganz Deutschland fürchteten. Nach 1945 war es also die Uneinigkeit der europäischen Mächte und der USA über das weitere Schicksal Deutschlands, während es nach dem ersten Weltkrieg die Niederlage der östlichen Großmacht Rußland und die Zerstückelung Österreich-Ungarns war, die Deutschland vor einer Wiederaufteilung in Einzelstaaten bewahrte. Unter diesen Bedingungen war aber auch eine Einigung der vier Besatzungsmächte über die Zusammenfassung der vier Besatzungszonen zu einem deutschen Staat unter einer Regierung nicht zu erwarten. Im Falle Österreichs, das auch in vier Besatzungszonen, und die Hauptstadt Wien in vier Sektoren aufgeteilt worden war, konnte man sich schließlich auf eine Neutralisierung im Ost-Westkonflikt verständigen. Im Falle Deutschland war jedoch das wirtschaftliche und politische Potential zu groß, um es in Europas Mitte wieder isoliert und neutralisiert sich selbst zu überlassen.

Nachdem Deutschland wirtschaftlich - nach Gründung der sogenannten Bizone - zunächst in drei Einheiten geteilt war, und nach der Währungsreform in zwei Wirtschafts- und Währungsgebiete zerfallen war, mußte die staatliche Organisation der Besatzungsgebiete neu geregelt werden. Eine einheitliche Verwaltung und erst recht eine gemeinsame deutsche Regierung war zu jener Zeit unerreichbar geworden. Keine der beiden Seiten traute der anderen und würde einer gesamtdeutschen Regierung getraut haben. Die Gründung der Bundesrepublik Deutschland im Mai und der DDR im Oktober 1949 war daher die Konsequenz der Mächtekonfrontation inmitten Europas und Deutschlands.

In den Westzonen Deutschlands waren die Vorbehalte gegen einen West-Staat groß. Man befürchtete, daß dieses staatliche Provisorium sehr schnell endgültig werden könnte, jedenfalls aber solange Bestand haben würde, solange die beiden Machtblöcke bestehen würden. Trotz dieser Teilung Deutschlands in zwei Staaten und der formellen Abtrennung der Gebiete östlich von Oder und Neiße hatten sich die vier Besatzungsmächte die Verantwortung für Deutschland als Ganzes vorbehalten und damit die rechtliche Vorläufigkeit dieser Lösung dokumentiert. Es war die Fiktion eines völkerrechtlichen Restes des einst besiegten Deutschland. Es war aber auch das Instrument in der Hand der ehemaligen Besatzungsmächte, um beide deutsche Staaten an einer Inanspruchnahme ihrer vollen Souveränität zu hindern und so gewisse Kontrollrechte zu bewahren.

Zwei Grundentscheidungen traf die Bundesrepublik damals, die für die Zukunft Deutschlands richtungweisend werden sollten. Es war einmal die Westbindung der Bundesrepublik und ihre konsequente Politik der west-europäischen Integration. Zum anderen war es die Festschreibung der Bundesrepublik als Provisorium, als Staat, dessen Verfassungsziel die Wiederherstellung der nationalen Einheit war. Je mehr sich der westdeutsche Staat festigte und seinen Platz in der westlichen Staatengemeinschaft fand, desto eindeutiger wurde die Zukunft dieses Staates in einer umfassenden Integration in die westeuropäische Staatengemeinschaft unter weitgehender Aufgabe der nationalen Souveränität gesehen. Die Bundesrepublik wollte heraus aus der isolierten europäischen Mittellage und optierte auch deswegen für eine enge Partnerschaft mit dem Westen, vor allem mit Frankreich. Die endgültige Aussöhnung und eine stabile politische Partnerschaft mit Frankreich war die beherrschende Leitlinie der deutschen Westpolitik nach 1949. Auch Frankreich suchte dauerhafte Bindungen an die Bundesrepublik. Es strebte aber, besonders unter der Präsidentschaft de Gaulle's, eine politische Vorherrschaft in West-Europa an, die wirtschaftlich von der Bundesrepublik getragen werden sollte. De Gaulle wollte die anglo-amerikanische Vorherrschaft auf dem europäischen Kontinent durch eine feste deutsch-französische Partnerschaft ersetzen. Er war bereit, die französischen Vorbehalte gegen eine Wiedervereinigung aufzugeben, wenn Deutschland auf die Ostgebiete und auf eine atomare Bewaffnung der Bundeswehr verzichten würde. In einer deutsch-französischen Allianz sah er ein ausreichendes Gegengewicht gegen die anglo-amerikanische Vorherrschaft einerseits und gegen die sowjetische Bedrohung andererseits. Daß nur ganz Europa in einer neuen, von den Weltmächten getragenen Ordnung seinen selbstbestimmten Platz behaupten konnte, das sah der französische Präsident nicht, dazu war er zu sehr im überkommenen nationalstaatlichen Denken verhaftet. Für de Gaulle war der souveräne Nationalstaat Grundlage seiner Politik. Er war, wie Carlo Schmidt es einmal formulierte, die "finalité de l'histoire". Der Aufgabe von souveränen Rechten und deren Übertragung auf die Europäische Gemeinschaft stand de Gaulle sehr zurückhaltend, ja ablehnend gegenüber. Europa war für ihn nur als ein Bund souveräner Vaterländer akzeptabel.

Im Gegensatz zu Frankreich wollten die USA, und an ihrer Seite Großbritannien, die nordatlantische Partnerschaft stärken und ausbauen. Sie wünschten die Bundesrepublik als europäischen Partner dieser atlantischen Allianz. So sah sich die Bundesrepublik vor der politischen Alternative, entweder Frankreichs Juniorpartner und wirtschaftliche Stütze in einem von den USA weitgehend unabhängigen Westeuropa, oder aber enger Bündnispartner der USA in der Nato und damit nicht so stark an Frankreich gebunden zu sein. Die Möglichkeiten der Bundesrepublik, in der Außenpolitik völlig frei zu entscheiden, waren begrenzt durch die fortbestehende Einschränkung ihrer Souveränität, durch die als vorläufig angesehene Teilung des Landes und besonders durch die Lage Berlins, das in seiner Sicherheit vor allem von der Garantie der USA abhängig war. Anders als die Bundesrepublik, konnte Frankreich politisch viel ungebundener handeln und seine Unabhängigkeit auch durch eine Intensivierung der Beziehungen zur Sowjetunion demonstrieren und so die Bundesrepublik an die politischen Wege früherer Zeiten erinnern. Frankreich war gegenüber dem sowjetischen Imperium durch Deutschland und damit eben auch durch die amerikanische Präsenz gedeckt und hatte auf diese Weise volle politische Handlungsfreiheit. Es riskierte allenfalls ein mildes, verständnisvolles politisches Lächeln seiner Nachbarn über die Rückkehr in politische Dimensionen früherer Zeiten.

Die Bundesrepublik Deutschland war an die USA gebunden und mußte diese Beziehungen pflegen und entwickeln, nicht zuletzt auch, um dem Drängen de Gaulle's zu entgehen. Umgekehrt waren auch die USA daran interessiert, in dieser Phase des kalten Krieges ihren potentesten Bundesgenossen in Europa nicht zu verlieren. Die westdeutsche Position war noch aus einem anderen Grund zu jener Zeit wenig flexibel. Die deutsche Politik hielt immer noch die Fiktion der Fortexistenz Deutschlands in den Grenzen des Versailler Vertrages aufrecht, wonach die Ostprovinzen, so wie es im Potsdamer Abkommen formell beschlossen worden war, nur unter polnischer und russischer Verwaltung standen. Die DDR galt als Teil Deutschlands, dem der Anschluß an den deutschen Staat Bundesrepublik durch die sowjetische Besatzungsmacht verwehrt wurde. Diese politischen Fesseln wurden erst mit der neuen Ostpolitik, die der Außenminister und spätere Bundeskanzler Willy Brandt Ende der sechziger Jahre entwickelte, behutsam gelockert. Grundlage dieser Entwicklung war sowohl eine stabile Partnerschaft mit den USA, als auch die enge und freundschaftliche Verbindung zu Frankreich.

Die Entwicklung der russischen Zone war am Anfang geprägt von dem Wunsch der Sowjetunion, den sowjetischen Machtbereich auch auf den westlichen Teil Deutschlands auszudehnen. Darum wurden alle Versuche, die Zone zu sowjetisieren, in den Jahren nach dem Kriegsende strikt unterbunden. In Stalins Augen war die Zerstörung Deutschlands, die Abtretung der Ostgebiete mit der Vertreibung der Bevölkerung und verbunden damit, ein langjähriges Elend der Flüchtlinge in Rest-Deutschland und die Belastung mit den sonstigen Kriegsfolgen ein guter Nährboden für den Kommunismus in ganz Deutschland. Erst als er erkennen mußte, daß die Westzonen sich immer stärker antikommunistisch orientierten und dort pluralistische, demokratische Strukturen sich dauerhaft entwickelten, begann die Sowjetunion, ihre Zone auch ideologisch in den sowjetischen Herrschaftsbereich einzubeziehen. Mit dem Scheitern der sowjetischen Blockade der drei Westberliner Sektoren und auch aller späteren Versuche, West-Berlin aus seiner Bindung zu Westdeutschland zu lösen und die drei Westmächte zur Aufgabe ihrer Besatzungsrechte zu veranlassen, wurde die Sowjetunion gezwungen, die staatliche Ordnung ihrer Zone mit der Hypothek einer wirtschaftlichen, politischen und ideologischen Enklave zu belasten. West-Berlin blieb bis zum Bau der Berliner Mauer 1961 für die Bewohner der DDR das Tor in den Westen und bis zum Ende der Teilung Deutschlands ein schwerwiegendes Hemmnis gegen eine endgültige Teilung und radikale Abschottung der Menschen in der DDR gegen den Westen. Politisch entwickelte sich der in der russischen Zone gegründete Staat DDR ganz im Interesse der Sowjetunion. Für sie war die Ostbindung zwangsläufig, und zwar sowohl politisch als auch wirtschaftlich im RgW. Anders als die Bundesrepublik sah sich die DDR jedoch zunehmend nicht mehr als Provisorium, sondern als endgültiger weiterer deutscher Staat. Lediglich das geteilte Berlin und die sich daraus ergebenden territorialen Probleme blieben auch für die DDR ein Symbol des Vorläufigen.

Die Beziehungen zwischen den beiden deutschen Staaten, die eingebunden waren in die einander jahrzehntelang feindlich gegenüberstehenden Machtblöcke, waren sehr wechselhaft. Am Anfang bemühte sich die DDR immer wieder um Kontakte zur Bundesrepublik, auch, um im Sinne der sowjetischen Politik die Möglichkeiten, Einfluß auf ganz Deutschland zu gewinnen, nicht zu verbauen. Die Bundesrepublik lehnte hingegen jede Form der Anerkennung der DDR ab. Für sie war allein sie Nachfolgerin des Deutschen Reiches. Sie übernahm die Verpflichtungen Deutschlands gegenüber den ehemaligen Kriegsgegnern und insbesondere gegenüber den Juden und Israel. Mit der Hallstein-Doktrin ging die Bundesrepublik soweit, daß sie allen Staaten den Abbruch der diplomatischen - und auch der wirtschaftlichen -

Beziehungen für den Fall der Anerkennung der DDR androhte. Damit legte sie sich schwere außenpolitische Fesseln an.

Die DDR und ihre SED sahen für lange Zeit eine Konföderation beider deutscher Staaten als mögliche Lösung an. Später kehrte sich das Verhältnis um. Die DDR leugnete den Fortbestand Deutschlands und betonte ihre völkerrechtliche Eigenständigkeit. Eine Wiedervereinigung wurde nur noch für möglich gehalten, wenn auch in der Bunderepublik die Kommunisten die Macht erobert hätten. Kontakte zur Bundesrepublik waren für sie nun internationale Kontakte. Das Wort Deutschland und die Zielsetzung der Wiedervereinigung wurden aus der Verfassung der DDR gestrichen. Aber es blieben 'besondere' Beziehungen; so nutzte die DDR die Vorzüge des innerdeutschen Handels, die auf der defacto-Einbeziehung der DDR in das Binnenhandelsgebiet Bundesrepublik innerhalb der EG beruhten. Am Ende einigte man sich auf die Formel 'Eine Nation, zwei Staaten'. Ziel der bundesdeutschen Politik gegenüber der DDR war es, das Zusammenleben so entkrampft wie möglich zu gestalten und für die Menschen in beiden Teilen Deutschlands das Optimum an Bewegungsfreiheit zu erreichen. Nolens volens mußte die kommunistische Regierung der DDR hierfür als Gesprächspartner akzeptiert werden.

Provisorien können eine sehr dauerhafte Sache werden. In der Geschichte der Völker ist die Gewöhnung an einen Zustand oft die Basis für dessen Fortbestand. In dem Maße, in dem eine neue Generation nachwuchs, die nichts anderes kannte als die deutsche Mehrstaatigkeit, begann dieser Zustand, einen festen Platz im politischen Bewußtsein einzunehmen. Die Ereignisse in der DDR wurden für die Menschen in der Bundesrepublik immer stärker zu Ereignissen eines anderen Staates. An die Einheit des Landes zu erinnern, wurde allmählich unmodern, es wurde politisch schick, Kontakte zu den Machthabern in der DDR zu knüpfen. Daß diesen jegliche demokratische Legitimation fehlte, spielte kaum noch eine Rolle. Das rechtliche Provisorium des Grundgesetzes wurde langsam vergessen, und die Trennung der letzten Bindungen, z.B. die Aufgabe der gemeinsamen Staatsangehörigkeit für eine legitime Forderung der kommunistischen Machthaber gehalten. Nur die Menschen, vor allem die Jugend, hatte sich zur großen Überraschung für viele Bürger und Politiker in der Bundesrepublik und der EG nicht mit der Endgültigkeit der Teilung abgefunden, sondern wurde 1989 sogar zur treibenden Kraft der friedlichen Überwindung.

Die - wenn auch provisorische - staatliche Neuordnung der beiden Herrschaftsbereiche Deutschlands unabhängig voneinander war also zwangsläufig die Folge des wachsenden Ost-West-Gegensatzes. Damit war Deutschland zunächst doch in mehrere Staaten aufgeteilt, zwar nicht in fünf oder sechs, wie es die USA und Großbritannien ursprünglich geplant hatten, sondern nur in drei, die Bundesrepublik, die DDR und Österreich. In gewisser Weise war somit die Situation in Deutschland aus der Zeit zwischen 1815 und 1871 wiederbelebt worden. Der Osten - früher Preußen, jetzt die DDR - stand wieder an der Seite Rußlands, der Sowjetunion; und der Westen - früher die Süddeutschen Staaten und Hannover - stand jetzt als Bundesrepublik wieder an der Seite der Westmächte und der USA. Österreich war neutral und stand damit zwischen den Fronten des kalten Krieges. Anders aber als nach 1815, wurde diese Aufteilung von den Mächten nicht als die endgültige Gestaltung Deutschlands angesehen. Beide Seiten haben die Wiederherstellung der staatlichen Einheit Deutschlands für lange Zeit politisch unterstützt. Die Westmächte haben sich im Deutschlandvertrag ausdrücklich hierzu verpflichtet. Als in den siebziger Jahren erkennbar wurde, daß die Bundesrepublik fest in die westliche Staatenordnung eingebunden war und keinerlei Chance bestand, sie hieraus zu lösen und schrittweise für den sowjetischen Machtbereich zu gewinnen, hörte die Sowjetunion und mit ihr die DDR, wie oben dargelegt, auf, die Wiederherstellung der deutschen Einheit als politisches Ziel zu verfolgen. Für sie war die staatliche Teilung fortan endgültig. Die Westmächte hingegen haben die Wiederherstellung der Einheit Deutschlands immer - verbal jedenfalls - politisch unterstützt.

Die beiden deutschen Staaten entwickelten sich schnell, wirtschaftllich und auch politisch vom Objekt zum Mitgestalter der Politik ihrer jeweiligen Machblöcke. Der Versuch, durch eine Politik der Stärke diese Situation in Europa zu verändern und den Osten zur Aufgabe seines Herrschaftsbereiches zu zwingen, scheiterte in den fünfziger und sechziger Jahren. Dennoch verschaffte ihre schnell wachsende wirtschaftliche Macht der Bundesrepublik bald eine dominierende Stellung unter den europäischen Verbündeten der USA und damit die Grundlage - erstmalig als Teil des Westens - eigene politische Wege entwickeln und verfolgen zu können. Die Bundesrepublik blieb in allen Perioden der Nachkriegszeit fest im westlichen Bündnis und in der Europäischen Gemeinschaft integriert. Dennoch gab es immer wieder Sorgen, daß sie sich aus der westlichen Staatengemeinschaft lösen und an die Sowjetunion annähern könnte. Die Sowjetunion hatte verlockende politische Trümpfe in der Hand, die ihr zum Teil auch durch die Vertrauensseligkeit der Politik der Westmächte bei Kriegsende zugefallen waren. Sie konnte den Deutschen die Einheit ihres Staates und ihrer Hauptstadt Berlin und sogar eine Revision der Ostgrenze zu Polen als Preis für eine Ostbindung Deutschlands anbieten. Die Westmächte waren außerdem auf das Wohlverhalten der Sowjetunion angewiesen, was ihren Zugang zu ihren Sektoren in Berlin betraf. Sie konnten den Deutschen nichts weiter bieten als den militärischen Schutz der Bundesrepublik und eine mehr und mehr gleichberechtigte Einbindung in die westliche Staatengemeinschaft, jedoch bei Fortdauer der Teilung.

Die deutsche Frage war geblieben, aber sie hatte ihre Akzente erheblich verändert. Galt es nach 1815, das Potential Deutschlands, aufgeteilt in viele Einzelstaaten, richtig und ausgleichend in das europäische Gleichgewicht einzuordnen und auch zu verhindern, daß sich diese Einzelstaaten zusammenschlossen, so war sie seit 1871 eine Frage der Einordnung, ja Einbindung der Macht des geeinten deutschen Staates in das europäische Staatensystem. Dies Problem wurde nicht gelöst. Deutschland blieb als führende Macht in Europas Mitte isoliert. Statt ein neues Gleichgewichtssystem unter Einschluß Deutschlands zu entwickeln, führte die Politik der Mächte dazu, daß sie sich gegen Deutschland zusammenschlossen und es schließlich besiegten. Zerstören konnten sie den deutschen Staat jedoch nicht. Die deutsche Frage blieb offen. Nach einer kurzen Phase deutscher Hegemonie in Europa kam es erneut zum Krieg und zu einer zweiten, noch katastrophaleren Niederlage Deutschlands, diesmal allerdings nur noch und entscheidend mit Hilfe der USA und der halbeuropäischen Sowjetunion.

Nach 1945 gewann die deutsche Frage wieder eine andere Gestalt. Deutschland war nicht mehr isoliert in Europas Mitte und Gegner der europäischen Großmächte, es war jetzt in zwei halbsouveräne Staaten geteilt und dem neuen Mächtegleichgewicht West - Ost zugeordnet. Die staatliche Einheit der Deutschen - jetzt ohne die Deutschen in Österreich - blieb offen und bildete den Kern der 'deutschen Frage' mit dem besonderen Aspekt der ideologischen Teilung der Deutschen und einer Teilung innerhalb der Teilung, nämlich der Hauptstadt Berlin inmitten des zum Ostblock gehörenden Gebietes. Keiner der beiden Machtblöcke war bereit, seinen Teil Deutschlands dem anderen zu überlassen. Versuche, Kompromißlösungen zu finden, so etwa die Diskussion im Anschluß an den sowjetischen Vorstoß 1952, Deutschland zu vereinen und blockfrei zu neutralisieren, führte zu keiner Veränderung der Lage. Allerdings bestand auch bei den westlichen Partnern der Bundesrepublik latent die Sorge, sie könne als Preis für die nationale Einheit das westliche Bündnis und die EG verlassen und zusammen mit der DDR ein wirtschaftlich und politisch mächtiges, aber ungebundenes Zentrum Europas werden. Keine deutsche Regierung hat jedoch jemals derartige Überlegungen vertieft, ja nicht einmal ernsthaft erwogen. Man war sich bewußt, daß auch ein wirtschaftlich und politisch starkes, vereinigtes Deutschland alsbald wieder in Gegensatz zu vielen seiner Nachbarn geraten würde und ein zunehmend wieder gestörtes Gleichgewicht auf Dauer nicht überstehen würde. Die feste Einbindung der Bundesrepublik - und handelspolitisch auch der DDR - in den Westen war seit 1949 die politische Maxime aller deutschen Regierungen. Eine Neutralisierung Deutschlands war zu keiner Zeit für die deutsche Politik eine realistische Alternative und hätte auch, wie die Entwicklung gezeigt hat, keine Verbesserung der deutschen Position in Europa mit sich gebracht. Das Provisorium der deutschen Teilung erwies sich so über viele Jahrzehnte als ein sehr stabiles Element des europäischen und weltweiten Gleichgewichts.

Deutschland ist zu stark, um seinen Nachbarn gleichgültig zu sein. Aber es ist auch nicht stark genug, um seinerseits den Interessen der Nachbarn gegenüber gleichgültig sein zu können, wie die beiden Weltkriege gezeigt haben. Deutschland kann nicht seinen eigenen neutralen Weg gehen, es ist zur Zusammenarbeit in und mit Europa bestimmt. Die Angst der Nachbarn, die Bundesrepublik Deutschland könne aus ihrer europäischen Solidarität ausbrechen und sich mit der Sowjetunion verbinden, um die Ergebnisse des zweiten Weltkrieges jedenfalls teilweise zu korrigieren, war lange lebendig, obwohl der Vertrag von Rapallo nach dem ersten Weltkrieg letztlich eine Antwort und damit eine Reaktion Deutschlands auf die Diskriminierung durch die damaligen Siegermächte war, und nur in zweiter Linie ein eigenständiges Ziel deutscher Politik. Aber die Deutsche Republik konnte sich in den zwanziger Jahren nicht entscheiden, sie wollte alle Optionen offen halten und keine festen Bindungen eingehen.

Nach 1945 bestand lange die Gefahr, daß die drei Siegermächte - zunächst ohne Frankreich - über Deutschlands und damit auch Europas Zukunft entscheiden würden, ohne die Mitwirkung Deutschlands und anderer betroffener europäischer Staaten. Der Konflikt zwischen den Siegermächten verhinderte eine schnelle und dann wohl auch endgültige Neuordnung und Friedensregelung nach dem Vorbild des Versailler Vertrages und gab Deutschland in der Gestalt zweier, aus den Besatzungszonen hervorgegangener Staaten die Chance, zunehmend einflußreicher an Europas Neuordnung mitzuwirken. Beide Staaten entschieden sich diesmal konsequent für eine feste Bindung an die Mächtegruppierungen, aus denen sie hervorgegangen waren. Sie hatten allerdings, am Anfang jedenfalls, so gut wie keine Alternative zu einer solchen Politik.

Die Überwindung der europäischen und deutschen Teilung

- Deutschlands neuer Platz im europäischen Gleichgewicht -

Drei politische Elemente führten am Ende der achtziger Jahre zur grundlegenden Veränderung der europäischen und deutschen Situation. Dies war einmal die rasch wachsende Wirtschaftskraft der Europäischen Gemeinschaft und der Bundesrepublik in ihr. Hieraus erwuchs der Bundesrepublik zunehmend politischer Einfluß in Westeuropa und in der Militärallianz der NATO. Dadurch war die Bundesrepublik in der Lage, durch wirtschaftliche Instrumente effektiv auf politische Veränderungen zu reagieren. Dies bot ihr die Möglichkeit, den wirtschaftlichen Preis für die Aufgabe der DDR und Osteuropas durch die Sowjetunion zu zahlen. Schon Kurt Schumacher hatte 1947 mit seiner sogenannten 'Magnet-Theorie' gefordert, daß der Westen Deutschlands wirtschaftlich und sozialpolitisch so eindeutig überlegen gestaltet werden müsse, daß er seine Magnetwirkung auf die Menschen in der damaligen Ostzone ausübe und so zur Wiedergewinnung der nationalen Einheit beitragen könne. Zwar anders als damals gedacht und argumentiert, hatte auch die Adenauersche Politik der Stärke auf diese Weise zwar nicht militärisch, wohl aber wirtschaftlich zur Veränderung der politischen Lage in Europa beigetragen.

Ein wesentlicher Anstoß für die Veränderungen in Europa ist aber von der neuen Ostpolitik ausgegangen, die zur Zeit der großen Koalition durch den damaligen Außenminister Willy Brandt eingeleitet und von ihm als Kanzler während der folgenden sozialliberalen Koalition voll entwickelt wurde. Die feste Einbindung der Bundesrepublik in die westliche Staatengemeinschaft gab ihr den notwendigen Rückhalt für die Entwicklung einer neuen Politik gegenüber Osteuropa und der Sowjetunion. Voraussetzung für die neue politische Linie war die Aufgabe haltloser Positionen in der polnischen Grenzfrage und die Hinnahme des status quo in Deutschland, also die partielle Anerkennung der DDR. Durch die Aufgabe der Politik der Nichtanerkennung der Kriegsfolgen entledigte sich die Bundesrepublik vieler selbst auferlegter Fesseln und schuf sich außenpolitisch einen breiteren Handlungsspielraum. Auch wurde dadurch der Propaganda des kommunistischen Blocks gegen die Bundesrepublik der Boden entzogen. Die absolute Trennung vom Westen und die strikte Unterbindung jeglicher menschlicher Kontakte wurde nun immer weniger plausibel. So konnte ein Klima der Entspannung und der Gesprächsbereitschaft geschaffen werden, das es bis dahin nicht gegeben hatte.

Die Hinnahme der Annexion der deutschen Ostgebiete und des Verlustes des Sudetenlandes und vor allem die Anerkennung der Zweistaatigkeit Deutschlands leitete eine politische Entwicklung ein, an deren Ende die Vereinigung der beiden deutschen Staaten stehen sollte. Scheinbar wurde mit der neuen Ostpolitik die Nachkriegsordnung in Europa gefestigt und besiegelt. Tatsächlich aber begann damals die Aufweichung des kommunistischen "Betonklotzes" und damit die immer härtere Konfrontation der unterdrückten Völker und Menschen mit den Begriffen 'Freiheit', 'Recht' und 'Solidarität'. Eine gewaltsame Überwindung des Gegensatzes Ost-West in Europa war nicht möglich, solange beide Seiten einander machtgleich gegenüberstanden. Darum mußte das ideologische Fundament des Kommunismus bekämpft werden, zumal Europas und Deutschlands Teilung und die kommunistischen Diktaturen nicht auf dem freien Willen der Menschen beruhten.

Die Westmächte waren überrascht und betroffen von den Perspektiven der Ostpolitik, nämlich der Anerkennung des status quo. Sie waren nur mühsam dazu zu bewegen, sich an dem damit eingeleiteten Prozess einer Konkurrenz der Ideologien zu beteiligen. Erstes konkretes Ergebnis der neun Ostpolitik waren vertragliche Regelungen der Beziehungen zwischen der Bundesrepublik und ihren östlichen Nachbarn, einschließlich der DDR, sowie Vereinbarungen zwischen den vier ehemaligen Kriegsalliierten über Berlin. In den sogenannten Ostverträgen (mit der Sowjetunion vom 12. August 1970, mit Polen vom 7. Dezember 1970, dem Viermächteabkommen über Berlin vom 3. September 1971, dem Grundlagenvertrag mit der DDR vom 21. Dezember 1972 und mit der Tschechoslowakei vom 11. Dezember 1973) wurde der status quo vertraglich anerkannt und damit die Möglichkeit weitergehender, insbesondere humanitärer Erleichterungen und politischer Entspannungen eröffnet. Diese Ostverträge hatten zur Folge, daß die Bundesrepublik fortan nicht mehr als der große Friedensstörer in der kommunistischen Propaganda gebrandmarkt werden konnte, sondern - auch wegen der wirtschaftlichen Vorteile - wesentlich zurückhaltender behandelt werden mußte.

Dieses neue politische Klima zwischen Ost und West schuf die Voraussetzungen für den Westen, auf den sowjetischen Wunsch einzugehen und einer europäischen Konferenz über Sicherheit und Zusammenarbeit zuzustimmen. Die Mitglieder des Warschauer Pakts hatten erstmalig auf ihrer Tagung am 17. März 1969 in Budapest die Einberufung einer gesamteuropäischen Konferenz der Sicherheit und Zusammenarbeit gefordert. Die Sowjetunion hoffte, mit dieser Konferenz ihren territorialen Besitzstand und ihren ideologischen Machtbereich festschreiben und endgültig sichern zu können. Das Eingehen auf die Forderungen des Westens, den Völkern des kommunistischen Machtbereichs mehr Freizügigkeit, mehr Meinungsfreiheit und mehr Menschenrechte zu gewähren, schien den kommunistischen Führungen offenbar kein großes Risiko für ihren Machterhalt zu bedeuten. Man gab sich in allen diesen diktatorisch regierten Staaten der Illusion hin, daß der Wunsch, eine breite Zustimmung der Menschen zur Politik und zum System zu finden, auch der Wirklichkeit entsprach. Diktatoren neigen immer dazu, die von ihnen zensierte und dosierte öffentliche Meinung für die tatsächliche Meinung der Mehrheit der Bürger und damit für die Wirklichkeit zu halten.

Der mit dem Abkommen von Helsinki eröffnete KSZE-Prozess leitete in Mittel- und Osteuropa den ideologischen Umbruch ein. Anfang der achtziger Jahre konnte in Polen der Aufstand der Arbeiterschaft noch mit der Verhängung des Kriegsrechts unterdrückt werden. Aber die Lockerung der ideologischen Gewalt in der Sowjetunion durch Michail Gorbatschow und der schnelle Zusammenbruch der kommunistischen Herrschaft in Ungarn und Polen, dann in der Tschechoslowakei und später in Bulgarien und Rumänien und schließlich sogar in Albanien entzog der herrschenden SED in der DDR schneller und radikaler den Boden der Macht, als jeder vorher erwartet hatte. Die Aufgabe der sogenannten Brechnew-Doktrin, das heißt, der ideologischen Alleinbestimmung der KPdSU über die mittel- und osteuropäischen Staaten und damit der Verzicht, mit militärischer Gewalt die kommunistischen Regierungen zu stützen, gab letztlich den Ausschlag für den Erfolg der Revolutionen und damit für den Beginn des Demokratisierungsprozesses.

Isoliert inmitten nicht mehr kommunistisch beherrschter Staaten, war die DDR nicht haltbar. So mußte die Sowjetunion notgedrungen einem Rückzug ihrer Besatzungstruppen aus diesem Teil Deutschlands zustimmen und damit die Rücknahme ihres Machtbereiches auf ihr eigenes Territorium einleiten. Mit dem Wegfall der ideologischen Spaltung in Deutschland und mit der Aufgabe der militärischen Präsenz durch die Sowjetunion fielen auch die Gründe für die separate Staatlichkeit der früheren russischen Zone weg. Die Vereinigung zu einem deutschen Staat war daher eine zwangsläufige Folge dieser Entwicklung. Versuche, die DDR als alternativen demokratischen deutschen Staat zu bewahren und weiter zu entwickeln, blieben ohne große Resonanz, sowohl aus wirtschaftlichen Gründen als auch wegen der dann schwierigen politischen Zuordnung dieses neuen Staates in Europa und wohl auch wegen der dann kaum lösbaren Frage der Zukunft des geteilten Berlins.

Für die Sowjetunion war der Rückzug aus Mittel- und Osteuropa nicht nur eine Geste der Friedfertigkeit, sondern auch absolute wirtschaftliche Notwendigkeit. Das ständig weiter auseinanderfallende Niveau der wirtschaftlichen Leistungsfähigkeit in Ost und West war der dritte und wohl letztlich entscheidende Grund für die Veränderungen in Europa. Die Planwirtschaft hatte sich als unfähig erwiesen, die moderne Datentechnologie und damit den Übergang zur nachindustriellen Periode voll mitzuvollziehen. Die kommunistischen Wirtschaftssysteme lebten lange Zeit von der Substanz und zu Lasten der Natur und der Umwelt. Sie waren immer weniger in der Lage, den wachsenden militärischen Bedarf und gleichzeitig die private Nachfrage nach Konsumgütern, Wohnungen und Dienstleistungen zu befriedigen. Wirkliche Reformen hätten aber die Aufgabe grundlegender kommunistischer Wirtschaftslehren bedeutet und wurden deswegen nirgendwo ernsthaft eingeleitet und dort wo sie vorgeschlagen und in vorsichtigen Ansätzen praktiziert wurden, sehr oft sogleich wieder unterdrückt. Die grenzübergreifenden Informationen durch die modernen Medien, der infolge des KSZE-Prozesses zunehmende Kontakt zum westlichen Lebensstandard, und der Vergleich der alltäglichen Wirklichkeit mit den ideologischen Wunschvorstellungen ließen zudem die Bevölkerung immer kritischer gegenüber ihrem Herrschaftssystem werden. Vor allem die Jugend, die nichts anderes kannte als den Kommunismus, die aber erfuhr, wie wenig fähig Staat und Gesellschaft waren, das zu verwirklichen, was ihre Propaganda verkündete und versprach, und die sehen konnte, was der so sehr bekämpfte und verleumdete Kapitalismus zu leisten vermochte, wurde zum eigentlichen Träger des Umsturzes.

Die Überwindung der Trennung der beiden Staaten in Deutschland und die schnelle Bereitschaft der Menschen, in der DDR, ihre separate Staatlichkeit aufzugeben, fiel den Bürgern auch deswegen leicht, weil sich in den beiden deutschen Staaten, anders als in Österreich, kein separates Nationalbewußtsein entwickelt hatte. Die Bundesrepublik war für viele Bürger nur die staatliche Ordnung ihrer Sicherheit nach außen und vor allem ihrer individuellen wirtschaftlichen und persönlichen Handlungsfreiheit nach innen. Der Staat war unter der NS-Diktatur zu einem Über-Ich geworden, jetzt wurde er zu einem notwendigen Übel, der den Bürgern vor allem die wirtschaftliche Wohlstandsentwicklung sichern sollte. Nur unwillig erfüllten daher viele Bürger diesem Staat gegenüber ihre Pflichten.

In der DDR wurde - anders als in der Bundesrepublik - die Geschichte und die Gegenwart zur Entfaltung eines gewissen Nationalstolzes genutzt. Aber im Ergebnis gab es für viele Bürger ein gespaltenes Verhältnis und Bewußtsein gegenüber dem Staat. Nach außen, und oft zum eigenen Nutzen, machte er mit, demonstrierte, applaudierte und bekannte sich zu 'seiner DDR'. Im Innern war vielen DDR-Bürgern der Staat, ihr Staat, völlig gleichgültig. Es ging ums Überleben und darum, so gut es ging, sich einzurichten und sich etwas persönlichen Wohlstand und Freiraum zu schaffen.

Jetzt hat die Nation die Deutschen wieder eingeholt. Die Ausnahmesituation ist vorbei und damit auch die Entschuldigungsgrundlage für die Nichtbeteiligung an gesamteuropäischen politischen Aufgaben und Pflichten oder auch an Aktionen der UNO, etwa zur Durchsetzung von Recht, Gerechtigkeit und Menschenwürde in der Welt. Jetzt haben die Deutschen wieder ihre staatliche Einheit - wenngleich jedoch nur auf etwa zweidrittel des Territoriums, das zu Beginn des Jahrhunderts Deutschland war - und damit Rechte und Pflichten innerhalb der Völkergemeinschaft und vor allem auch innerhalb der EG. Seit der Niederlage Deutschlands war die Zugehörigkeit der beiden Teile und später der beiden Staaten in Deutschland zu den beiden von den Weltmächten USA und Sowjetunion angeführten Machtblöcken vorgegeben und kaum von den Deutschen selbst nachhaltig zu beeinflussen. Das vereinte Deutschland muß nun seine Position in Europa neu bestimmen und dabei vor allem anderen das Vertrauen seiner Partner- und Nachbarstaaten zu diesem wiedererstandenen deutschen Staat gewinnen und stärken.

Die Haltung der USA gegenüber der deutschen Vereinigung war von Anfang an positiv. Man sah in der Wiedervereinigung die Verwirklichung des Selbstbestimmungsrechtes der Deutschen und auch ein Menschenrecht, das dieses Volk für sich beanspruchte. Amerika stand zu seinen vertraglichen Pflichten und respektierte das verfassungsrechtliche Grundprinzip der Bundesrepublik. Entscheidend für die USA war die Sicherung ihrer - reduzierten - Präsenz in Europa, das heißt, der Fortbestand einer sicherlich neu zu gestaltenden NATO unter Einschluß Deutschlands, das für Amerika der wichtigste Bündnispartner ist. Die Neutralisierung auch nur eines Teile des vereinigten Deutschlands war für die USA ebensowenig realistisch wie das Ausscheiden der alten Bundesrepublik aus dem Bündnis und aus der Europäischen Gemeinschaft. Dies hätte dazu geführt, daß der wirtschaftlich stärkste Staat in Europa wieder zum Kristalisationspunkt für ein letztlich orientierungsloses Mitteleuropa geworden wäre. Man hätte in Ost und West dieses Deutschland umworben, um es auf die jeweilige Seite zu ziehen und damit ein Übergewicht zu erreichen, man hätte aber auch durch die Gestaltung der Bündnissysteme die Macht Deutschlands auszugleichen versucht. Wohin eine solche Entwicklung wieder hätte führen können, lehrt die Erfahrung aus der Geschichte der letzten 100 Jahre. Darum war für die Amerikaner die sowjetische Akzeptanz der deutschen NATO-Mitgliedschaft, wenngleich mit einer stark reduzierten Armee, so entscheidend wichtig. Durch die Zusicherung, daß auf dem Gebiet der früheren DDR keine nichtdeutschen NATO-Verbände stationiert würden, wird dieses Gebiet zur Pufferzone zwischen der NATO und den Nachfolgestaaten der Sowjetunion und damit zu einem wichtigen Sicherheitselement, insbesondere für Rußland.

Die ehemalige Sowjetunion wurde durch die Ereignisse in der DDR offensichtlich überrascht. Darum war sie zunächst bestrebt, den status quo zu erhalten. Als sich dies als aussichtslos erwies, forderte sie, wie schon in den fünfziger Jahren, eine Neutralisierung ganz Deutschlands. Diese Idee stieß aber sogar in Osteuropa auf erhebliche Skepsis und wurde daher sehr bald wieder verworfen. Die weiteren politischen Aktionen der früheren Sowjetunion waren durch immer neue Ideen gekennzeichnet: So sollte Deutschland beiden Bündnissen, der NATO und dem Warschauer Pakt angehören und später in ein gesamteuropäisches Sicherheitssystem eingegliedert werden. Dann wollte man die innere von der äußeren Vereinigung abkoppeln und die Rechte der Kriegsalliierten zunächst fortbestehen lassen, um Zeit für die Regelung der Bündnisfrage zu gewinnen. Schließlich stimmte die ehemalige Sowjetunion der Mitgliedschaft Deutschlands in der NATO zu, setzte aber gleichzeitig eine Reduzierung der gesamtdeutschen Armee durch.

Das Ja der ehemaligen Sowjetunion zur Wiederherstellung der deutschen Einheit in den Grenzen der vier Besatzungszonen von 1945 kam für alle diejenigen nicht überraschend, die die sowjetische Deutschlandpolitik nach dem Kriege aufmerksam verfolgt haben. Die DDR war für die Sowjetunion stets nur die zweitbeste Lösung, nämlich den Teil Deutschlands, den sie besetzt hatte, politisch und wirtschaftlich an sich zu binden. Engere wirtschaftliche und politische Beziehungen zu einem vereinten Deutschland hatten für die Sowjetunion eine größere Bedeutung, als der - sehr unsichere - Fortbestand einer kommunistischen Regierung in ihrer ehemaligen Besatzungszone. Hinzu kamen die umwälzenden Veränderungen in ganz Mittel- und Osteuropa und damit der Zerfall des Warschauer Pakts und der Wandel der wirtschaftlichen Systeme. Auch in den Nachfolgestaaten der Sowjetunion, der GUS, ist, wenn auch viel mühseliger und langfristiger, der Weg zu mehr Marktwirtschaft und zu mehr pluralistischer Demokratie begonnen worden. Die GUS braucht für ihren Veränderungsprozeß die wirtschaftliche Hilfe und die politische Partnerschaft Deutschlands. Aber Deutschland steht nicht mehr als isolierter, ungebundener Staat in der europäischen Mitte, sondern als einer der führenden Mitgliedstaaten der EG der GUS gegenüber. Nur ein vereintes Deutschland kann für die GUS und für Mittel- und Osteuropa eine effektive Brücke zum EG-Integrationsprozess werden. Enge wirtschaftliche Beziehungen zur EG werden die Voraussetzung für eine Entwicklung des großen Gebietes der ehemaligen Sowjetunion sein und unter anderem für den allmählichen Abbau des technologischen Rückstands in den Nachfolgerepubliken schaffen können.

Aber auch für Deutschlands Nachbarstaaten im früher nicht-kommunistischen Europa und in der EG kam der Prozess der Wiedervereinigung ebenfalls überraschend und vielfach zu schnell. Zwar hatte man dieses Ziel des Bündnis- und EG-Partners Bundesrepublik stets unterstützt, wenn auch mit der 'reservatio mentalis', sich dabei nicht mit Realitäten in einer überschaubaren Zukunft zu beschäftigen. Nun wurden die politischen Zentren in ganz Europa von den Ereignissen beinahe überrumpelt. Aber die Einheit Deutschlands war nach dem Zusammenbruch der kommunistischen Systeme und der Bereitschaft der Sowjetunion, sich auf ihr eigenes Territorium zurückzuziehen, ohne politische Alternative. Frankreich faßte sich schnell und versuchte zunächst, den begonnenen Prozess zu stoppen und die DDR zu stützen. Noch im Dezember 1989, wenige Wochen nach der Öffnung der Mauer in Berlin, machte der französische Präsident Mitterand in Ost-Berlin bei der noch regierenden SED eine offizielle Visite, um damit Frankreichs Wunsch nach einem Fortbestand der Zweistaatlichkeit Deutschlands zu dokumentieren.

Noch reservierter standen die Briten der deutschen Vereinigung gegenüber. Sie stützten noch beharrlich den Fortbestand der Zweistaatlichkeit Deutschlands, als die französische Politik bereits in der Erkenntnis, daß der Einigungsprozess nicht mehr aufzuhalten war, begonnen hatte, die Einbindung der DDR als Teil einer vergrößerten Bundesrepublik in die EG zu fördern. Aber die britische Führung stand schließlich auch unter dem Zwang, den Prozess in Mitteleuropa unterstützen zu müssen, einmal, weil sie sich im Deutschlandvertrag dazu ausdrücklich verpflichtet hatte, und zum anderen den mit ihr verbündeten Deutschen immer wieder das Selbstbestimmungsrecht und damit das Recht auf nationale Einheit zugesprochen hatte, gewiß auch in der Erwartung, diese Zusage in absehbarer Zeit nicht einlösen zu müssen.

Für Großbritannien stehen die deutsche Vereinigung und die Vollendung der politischen Union in Europa im engen Zusammenhang miteinander. Deutschland muß in den europäischen Integrationsprozess eingebunden bleiben, darum steht die britische Führung jetzt nolens volens unter einem gewissen Zwang, den europäischen Einigungsprozess fördern zu müssen. Großbritannien hat Sorge, daß Deutschland zur wirtschaftlichen und mehr und mehr auch zur politischen Führungsmacht in Europa wird. Diese Stärke aber zu europäisieren, bedeutet Abschied nehmen vom Bewahren der eigenen, uneingeschränkten Souveränität.

Die reservierte und zuweilen sogar ablehende Haltung Großbritanniens auf dem Gipfel in Maastricht, Anfang Dezember 1991, schien dieser Aussage zu widersprechen. Sie war aber vor allem innenpolitisch begründet. Die Unterhauswahlen im Jahr 1992 zwangen den damaligen Premierminister John Major, auf die antieuropäisch eingestellten konservativen Abgeordneten in seiner Unterhausfraktion und auf deren Wählerschaft Rücksicht zu nehmen. Nach der Wahl wird der neue Premierminister wieder mehr Handlungsfreiheit haben und diese auch im Interesse seines Landes in der dargestellten Weise nutzen müssen.

Besonders betroffen von der deutschen Vereinigung war Polen. Die Geschichte dieses Landes ist geprägt von der Tatsache, daß es zwischen zwei großen Völkern leben muß. Der Aufstieg Rußlands im 18. Jahrhundert zum mächtigen osteuropäischen Staat und Preußens zur führenden Macht in Deutschland leitete damals das Ende des alten polnisch-litauischen Feudalreiches ein. Erst die Niederlage seiner beiden Nachbarn 1918 gab den Polen die Chance zur staatlichen Erneuerung. Das Wiedererstarken seiner Nachbarn und ihre Verständigung über die gebietliche Neuordnung Osteuropas brachte 1939 das erneute Ende der ersten polnischen Republik. Nach dem Kriege wurde Polen zwar wieder ein souveräner Staat, belastet aber mit der Kriegsbeute der deutschen Ostprovinzen und damit mit einer tiefgreifenden Entfremdung zu seinem westlichen Nachbarvolk. Daher hatte für viele Jahre eine enge Anlehnung an die Sowjetunion und eine Stützung der deutschen Zweistaatlichkeit unumstößlichen Vorrang für die polnische Politik. Zwar hatte die DDR schon 1950 im Görlitzer Vertrag die Oder-Neiße-Linie als Grenze zu Polen anerkannt. Auch hatte die Bundesrepublik 1970 im Vertrag mit Polen ebenfalls die bestehende Grenze zwischen Polen und der DDR völkerrechtlich anerkannt. Es blieb aber der Friedensvertragsvorbehalt des Potsdamer Abkommens bestehen. Polen hatte daher durchaus ein Interesse am Fortbestand der DDR und bemühte sich dementsprechend, die Vereinigung beider deutscher Staaten zu verhindern. Noch Anfang 1990 wurden das Bündnis mit der Sowjetunion und der Warschauer Pakt als Fundament der polnischen Außenpolitik öffentlich betont, gewissermaßen als Rückversicherung gegenüber einem vereinten Deutschland. Vielleicht glaubte man auch, daß der Warschauer Pakt die deutsche Vereinigung verhindern könnte und würde. Anders als Ungarn und die Tschechoslowakei schien Polen damals auch an einem schnellen Abzug der sowjetischen

Truppen aus dem Land nicht sonderlich interessiert zu sein, um auf diese Weise - gewollt oder nicht - der Sowjetunion die Möglichkeit zu belassen, über die Vereinigung der deutschen Staaten und über den Rückzug aus Deutschland in einer längeren Frist zu verhandeln. Jedenfalls gehörte dieses Verhalten zur polnischen Politik, die eine - mindestens gewisse - Zweistaatlichkeit in Deutschland anstrebte.

Man erkannte in Polen dann doch sehr schnell, daß der deutsche Einigungsprozess nicht mehr aufzuhalten war. Polen bemühte sich nun, in die Verhandlungen der vier Mächte und der beiden deutschen Staaten über den Prozess der Vereinigung einbezogen zu werden. Dies gelang nicht in dem erhofften Umfang. Polen erreichte aber, daß die endgültige Anerkennung der Oder-Neiße-Grenze zwischen Polen und Deutschland von den vier Mächten zur Bedingung für ihre Zustimmung zum Einigungsprozess und zur Ablösung der noch bestehenden Besatzungsrechte gemacht wurde. Im Vertrag vom 14. November 1990 wurde die Oder-Neiße-Linie endgültig vom vereinten Deutschland anerkannt und damit auf die deutschen Gebiete östlich dieser Grenze verzichtet. Außerdem schlossen beide Staaten einen Freundschaftsvertrag. Die Konsequenz dieser vertraglichen Vereinbarungen war eine Neuorientierung der polnischen Politik. Der Warschauer Pakt und das Bündnis mit der Sowjetunion gehörten nun der Vergangenheit an. Polen begann jetzt enge Beziehungen zu Deutschland und zur EG zu entwickeln. Fast eine Ironie der Geschichte ist auch die Tatsache, daß fast zeitgleich mit der Vereinigung der Deutschen zu einem Staat an Polens Westgrenze der mächtige Nachbar im Osten aufgehört hat zu bestehen. Statt der Weltmacht Sowjetunion sind jetzt mehrere mittlere und kleinere Staaten Polens östliche Nachbarn geworden. Polens historischer Alptraum, zwischen zwei großen Staaten erdrückt zu werden, gehört nun vielleicht auch auf Dauer der Vergangenheit an.

Ohne Zweifel hätten fast alle Nachbarstaaten Deutschlands die Zweistaatlichkeit oder - unter Einschluß Österreichs - die Dreistaatlichkeit als Dauerlösung bevorzugt und begrüßt. Dies wäre für sie die leichtere, erträglichere, ja bequemere Lösung gewesen. Auch war die westliche Politik nicht auf eine derart dramatische Veränderung in Mittel- und Osteuropa vorbereitet. Es galt jahrzehntelang als undenkbar, daß die DDR und die übrigen Staaten des sowjetischen Machtbereichs die kommunistische Diktatur abschütteln und von der Sowjetunion freigegeben werden könnten. Man hatte sich mit diesem Machtgleichgewicht West - Ost abgefunden und glaubte, es sei für eine lange Zukunft die Basis für die europäische Politik und Geschichte. Aber die Geschichte ist anders verlaufen, sie hat den Deutschen noch einmal die Chance gegeben, - zwar endgültig getrennt von den Deutschen in Österreich -, in einem Staat zu leben, der allerdings seit Beginn des 20. Jahrhunderts von seinen Nachbarn um 1/3 verkleinert worden ist. Alle Bemühungen der britischen, französischen und auch der sowjetischen Politik, den Einigungsprozess mindestens zu strecken und längerfristig anzulegen, um stärker auf ihn einwirken und ihn mitgestalten zu können, scheiterten sowohl am lauten und klaren Bekenntnis der Menschen in der DDR, als auch an der festen Haltung der Bundesregierung. Sie sah mit Recht keinen zeitlichen Spielraum mehr und war politisch stark genug, diese Position auch bei ihren Verbündeten durchzusetzen. Die Entwicklung in der Sowjetunion seit 1990 hat diese Haltung nachträglich voll bestätigt.

Alle Nachbarn Deutschlands haben sehr schnell zu einer wirklichkeitsnahen Bewertung der neuen politischen Situation zurückgefunden, die mittel- und osteuropäischen Staaten noch zügiger als die westeuropäischen. Für sie war Deutschland das Tor zu Europa und zur Europäischen Gemeinschaft geworden. Die EG und ihre politische Führung hat diese neue Konstellation sehr frühzeitig erkannt und zügig die Eingliederung der ehemaligen DDR als Teil ihres Mitglieds Bundesrepublik betrieben und gefördert. Sie war durch die Veränderungen in Europa - nicht völlig unvorbereitet - aus einer Integrationsgemeinschaft innerhalb des westlichen Blocks zur Basis einer wirtschaftlichen und politischen Integration ganz Europas geworden. Ihr wird in Zukunft die Aufgabe zufallen, Deutschland in Europa einen Platz zu geben, durch den die deutsche Frage dann endgültig beantwortet und zum historischen Begriff geworden sein wird.

So hat Deutschland nach 45jähriger Beschränkung seiner Souveränität und Teilung seines Landes in wenigen Monaten seine volle und uneingeschränkte Souveränität und seine staatliche Einheit zurückgewonnen. Besonders eindrucksvoll war dies in Berlin. Dort hatten die Alliierten des zweiten Weltkriegs seit 1945 die oberste Gewalt ausgeübt. Mit dem Ende dieser Besatzungshoheit wurde Berlin wieder Teil und Hauptstadt eines freien und vereinten Landes. Die Konzessionen, die Deutschland als politischen Preis leisten mußte, waren die endgültige Hinnahme und Anerkennung der Ostgrenze an Oder und Neiße, die Beschränkung der Streitkräfte auf 370 000 Soldaten, die weitere Stationierung sowjetischer Truppen in Deutschland bis 1994, belastet mit erheblicher finanzieller Unterstützung, und schließlich der erneute Verzicht auf ABC-Waffen.

Aber nicht nur die Situation Deutschlands hatte sich in diesen Monaten verändert. Ganz Europa stand vor einer völlig neuen politischen Lage. War es bisher dreigeteilt in ein westliches, ein östliches und ein bündnisfreies Lager und eingebunden in ein weltweites Gleichgewicht der beiden Großmächte USA und Sowjetunion, so gewann es nun eine weitgehende Gestaltungsfreiheit für seine Politik - gemeinsam ebenso wie einzelstaatlich - zurück. Das östliche Bündnis, der Warschauer Pakt, hat sich aufgelöst. Die Sowjetunion ist in eine Gemeinschaft Unabhängiger Staaten auseinandergefallen mit gewaltigen wirtschaftlichen und politischen Problemen im Innern. Der größte Nachfolgestaat der Sowjetunion, Rußland, hat aber seinen Anspruch, die Rolle der bisherigen Weltmacht Sowjetunion zu übernehmen und in Zukunft die Weltpolitik mitzugestalten, bereits und wiederholt angemeldet und auch praktiziert. Die mittel- und osteuropäischen Staaten sind jetzt ungebunden und blockfrei, aber intensiv bemüht, sich der EG anzuschließen. Die frühere DDR ist als Teil Deutschlands Mitglied der EG und des bisher fortbestehenden westlichen Bündnisses der NATO geworden. Durch ihren Rückzug aus Osteuropa hat die frühere Sowjetunion gleichzeitig erreicht, daß die USA ihre Präsenz in Mittel- und Westeuropa schrittweise abbauen und nur noch symbolisch aufrechterhalten. Dadurch wird die unmittelbare Konfrontation beseitigt und dem Sicherheitsbedürfnis der Nachfolgestaaten der Sowjetunion in erheblichem Maße entsprochen.

Europa ist aus dem West-Ost-Gegensatz herausgewachsen, wenngleich in der NATO mit Nordamerika verbunden geblieben. Erstmalig in seiner Geschichte seit dem Westfälischen Frieden ist Deutschland nicht mehr isoliertes Mitteleuropa und auch nicht einem Machtblock in Europa gegen andere Teile Europas zugeordnet. Deutschland ist integrierter Teil Europas und wird auch Teil der Europäischen Politischen Union und der - wie auch immer gestalteten - gesamteuropäischen Sicherheits- und Verteidigungsunion sein.

Deutschland und seine Nachbarn und Partner in Europa haben begriffen, daß die deutsche Frage nur eine europäische Antwort verträgt. Nur ein wirtschaftlich und politisch integriertes - nicht nur alliiertes - Europa, gibt dem Kontient Sicherheit vor der Kraft Deutschlands, aber auch Deutschland Schutz vor der Begehrlichkeit seiner Nachbarn und vor deren Streben, das zu starke Deutschland gemeinsam seiner Macht zu berauben. Nur ein vereintes Europa kann auf Dauer einen vereinten Staat der Deutschen er- und vertragen. Für ein Europa souveräner, selbständiger und damit politisch isolierter Einzelstaaten ist ein deutscher Staat auf Dauer entweder beherrschende Macht oder aber gemeinsamer Gegner, den es in erträglich große Einzelstaaten zu zergliedern gilt. Für Deutschland bedeutet dies, es wird unangefochten nur in einer europäischen Gemeinschaft Macht haben. Mit dieser Macht aber wächst auch die Verantwortung für Europa. Die Zeit der selbstgefälligen Beschränkung auf die eigenen Probleme ist vorüber. Das vereinte Deutschland trägt nun die Hauptverantwortung für das zu vereinigende Europa mit. Die wirtschaftliche und politische Stärke Deutschlands und seine geographische Lage im Zentrum Europas, aber auch an der Berührungslinie von Ost- und Westeuropa, werden Deutschland die entscheidende Rolle bei der schrittweisen Integration der ehemaligen RgW-Staaten in die EG zuweisen. Für die westeuropäischen Mächte bedeutet dies, entweder sie engagieren sich zusammen mit Deutschland, oder aber Deutschland wird die beherrschende Integrationskraft im Osten und Südosten Europas. Eine gewisse Rivalität zwischen Deutschland und Frankreich im Bezug auf den politischen Einfluß auf die osteuropäischen Staaten ist schon erkennbar. Sie kann sich durchaus und in aller Freundschaft fruchtbar für die europäische Zukunft entfalten, aber sie zeigt auch, daß auf lange Sicht der Friede in ganz Europa nur durch die wirtschaftliche und politische Einheit des Kontinents zu sichern ist.

Europa und die Machtstrukturen der Welt

Wenn in der Vergangenheit von der Europäischen Gemeinschaft oder auch von Europa als Dritter Kraft zwischen den USA und der Sowjetunion gesprochen, und dies als politisches Ziel gefordert wurde, so galt es als guter, vernünftiger Ton, dies als Illusion in das Reich der politischen Träumerei zu verweisen. Europa könne sich nur als zuverlässiger Juniorpartner an der Seite jeweils einer der Großmächte behaupten und seine politische Zukunft suchen. In wenigen Jahren, fast nur Monaten, hat die Geschichte Europa jetzt einen ganz anderen Platz zugewiesen. Zwar sind außen- und sicherheitspolitisch fast alle Mitgliedstaaten der EG nach wie vor mit den USA im nordatlantischen Bündnis verbunden, aber die EG als ganze ist auf dem Wege, sich zu einem eigenständigen politischen Faktor neben den USA zu entwickeln. Die enge Bindung der mittel- und osteuropäischen Staaten an die Sowjetunion ist zerbrochen. Der Warschauer Pakt existiert nicht mehr. Die ehemaligen Mitgliedstaaten des Warschauer Pakts suchen eine enge Anlehnung an die EG. Ihr Fernziel ist die volle Mitgliedschaft und damit auch die Mitgliedschaft in der sich entwickelnden Politischen Union. Aus zwei früher an die beiden Großmächte gebundenen Hälften Europas wird sich über den Rahmen der gegenwärtigen Europäischen Gemeinschaft hinaus in den kommenden Jahrzehnten ein einiges Europa als politische Kraft neben Rußland und den USA entwickeln. Allerdings werden die europäischen Einzelstaaten noch für viele Jahre die europäische Rolle in der Welt gestalten und für Europa auftreten. Aber immer stärker wird neben den Einzelstaaten die EG für Europa handeln und Europa in der Welt repräsentieren. Aus den vielen nationalen Erscheinungsbildern der Europäer wird - am Anfang kaum merklich - das geeinte Europa hervorwachsen und sich in der Welt darstellen. So wie sich das alte Europa nach der deutschen Staatsbildung 1871 mit diesem neuen Staat vertraut machen mußte, so wird auch die Welt Europa nicht mehr als Vielfalt nationaler Einzelstaaten, sondern als wirtschaftliche und politische Einheit erfahren.

Wirtschaftlich hat die EG schon seit vielen Jahren neben den USA und Japan einen führenden Platz im Welthandel. Der in den kommenden Jahren schrittweise vollzogene wirtschaftliche Einigungsprozess der EG mit den EFTA-Staaten und - längerfristig - auch mit den ehemaligen RgW-Staaten wird zur wirtschaftlichen Einheit ganz Europas bis an die Ostgrenze Polens, vielleicht sogar bis an die Westgrenze Rußlands führen. Europa wird zum unangefochtenen Wirtschafts- und Handelszentrum der Welt werden. Damit wird Europa aber auch mehr und mehr Verantwortung für die Entwicklung der Welt und für die Sicherung des Friedens und des dauerhaften Überlebens der Menschheit zuwachsen. Der wirtschaftlichen Einheit wird die politische folgen müssen, wenn Europa diese Verantwortung zum Nutzen der Welt wahrnehmen will.

Der sogenannte Golfkonflikt 1990/91 hat die Weltpolitik stärker verändert, als viele Zeitgenossen zu erkennen und zu begreifen vermochten. Erstmalig haben die Vereinten Nationen unter Führung der USA und mit wohlwollender Tolerierung und Unterstützung durch die Sowjetunion die Einhaltung des Völkerrechts erzwungen. Die Europäer haben - noch in ihrer nationalen Vielfalt - durch Militärkontingente, durch ihre Infrastruktur und durch Finanzleistungen teilgenommen. Ihr politischer Anteil war gering, da es immer wieder nötig war, in der EG zwölf nationale Politiken zu koordinieren. Aber die Europäer haben endlich und deutlich erkennen können, daß zur wirtschaftlichen auch die politische Einheit gehört, wenn sie ihren möglichen politischen Einfluß voll zur Geltung bringen wollen.

Ein wichtiges Ergebnis des Golfkrieges ist, daß in Zukunft die UNO und die in ihr führenden Weltmächte keine Verletzung des Völkerrechts mehr tolerieren können, ohne nicht zugleich diese Staatengemeinschaft zu gefährden. So wie im Mittelalter der Landfriede das Faustrecht der Menschen gegeneinander allmählich ersetzte, geht jetzt auch das Faustrecht der Staaten in eine Weltrechts- und Friedensordnung über. Europas wirtschaftliche und daraus resultierende politische Macht wird nötig sein, um einen solchen Wandel zu fördern und schließlich durchzusetzen. Dazu aber braucht Europa Machtinstrumente. Eine Zusammenfügung der nationalen Streitkräfte zu einer Europa-Armee dürfte noch für eine lange Zeit sehr problematisch sein. Nationale Verfassungen, neutrale Positionen und vor allem emotionale Barrieren stehen einer solchen Entwicklung entgegen. Ein Ausweg wäre die Schaffgung einer Europäischen Legion auf freiwilliger Basis unter dem Kommando der EG oder einer innerhalb der EG neu gestalteten Westeuropäischen Union -WEU-. Neutrale Staaten, die zwar Mitglied der EG werden wollen, aber ihre politische Position auch innerhalb der EG - zunächst - bewahren wollen, sind frei, sich an dieser Sicherheitsgemeinschaft in der EG zu beteiligen oder davon Abstand zu nehmen. Ihre nationalen Streitkräfte werden nicht in eine gemeinsame europäische Streitmacht einbezogen, sie verbleiben unter nationalem Oberbefehl. Dennoch steht es den Bürgern dieser Mitgliedstaaten frei, in der Europäischen Legion und damit Europa als Ganzem zu dienen.

Eine weitere Aufgabe von bisher ungeahnten Dimensionen wird auf Europa und die Europäer zukommen, die sie nur gemeinsam bewältigen werden, oder aber sie werden von der Entwicklung mittelfristig erdrückt werden. Es ist die Aufgabe, Hunger und Armut in der Welt nicht nur zu mildern und deren Ursachen zu beseitigen, sondern endgültig zu überwinden. Die meisten Staaten haben sich bisher als unfähig erwiesen, diese Probleme auch nur zu mildern, geschweige denn zu lösen. Alle erkennbaren Erfolge der Entwicklungspolitik werden vor allem durch das ungehemmte Bevölkerungswachstum immer wieder zunichte gemacht. So drängen immer mehr Menschen aus aller Welt nach Europa, um hier bessere Lebens- und Überlebensbedindungen zu finden. Dies kann aber nicht die dauerhafte Lösung sein und würde mittelfristig Europa die Möglichkeit nehmen, Wohlstand und Wirtschaftskraft zu entwicklen, um der Welt zu helfen.

Drei entwicklungspolitische Ziele sind unverzichtbar: Einmal müssen die Völker und Staaten, die der Hilfe bedürfen, veranlaßt werden, auf überflüssige Armeen zu verzichten und damit erhebliche Finanzressourcen zu sparen. Dies setzt aber eine Garantie ihrer staatlichen Existenz und Sicherheit voraus. Nur die UNO und in ihr die Großmächte, einschließlich Europa, sind in der Lage, eine solche Garantie zu geben. Eine solche Garantie muß ergänzt werden um Einrichtungen zur Lösung von Streitfragen zwischen den Staaten und zur Durchsetzung derartiger streitschlichtender Maßnahmen.

Zum anderen muß die Bevölkerungsentwicklung den Lebensbedingungen der einzelnen Völker und Staaten und letztlich der ganzen Erde angepaßt werden. Kinder, die nur geboren werden, um wieder zu verhungern, weil es nicht genug Nahrung gibt, sind kein Bild der Schöpfung Gottes. Hier versündigen sich die Menschen, wenn sie sich stärker vermehren, als es ihre Lebensgrundlagen erlauben. Die Lösung liegt nicht in Nahrungsmittelhilfen über den Erdball hinweg, sondern in einer ökologisch sozialen Vernunft eines jeden Volkes. Ein entscheidender Schritt zur Erreichung dieses Zieles wird die Schaffung eines Systems sozialer Sicherheit sein, um so die Rolle vieler Kinder vor allem als Alterssicherung für ihre Eltern zu vermeiden.

Schließlich brauchen viele Völker der Welt die materielle Hilfe der Industrienationen für ihre wirtschaftliche Entwicklung. Soll diese Hilfe aber wirksame Hilfe zur Selbsthilfe sein, so muß sie anders gestaltet werden als bisher. Grundlage muß allein die soziale, wirtschaftliche und ökologische Struktur der Lebensgebiete der Hilfe empfangenden Völker sein. Entwicklung darf nicht bedeuten, in den betroffenen Ländern Industriestrukturen zu schaffen, die ein Abbild der gebenden Industriestaaten darstellen und sehr oft von deren Wirtschafts- und Handelsinteressen bestimmt sind. Entwickelt werden muß die vorhandene Struktur, die den Lebensbedingungen entspricht. Nur so wird Entwicklungshilfe nicht zu einer ständig wachsenden Verelendung vieler Menschen führen, weil sie sich in einer für sie künstlich geschaffenen Industriestruktur wiederfinden, in der sie nicht leben können.

Auf die EG in ihrer gegenwärtigen Gestalt und noch viel mehr auf eine EG, die ganz Europa weitgehend umfaßt, kommen also in den kommenden Jahrzehnten wirtschaftliche und politische Aufgaben zu, die große Anstrengungen erfordern werden, und die die Leistungskraft der Entwicklungsländer allein weitgehend überfordern würden. Neben den USA und Japan wird nur die EG in der Lage sein, diese Rolle in der Welt zu übernehmen und damit letztlich auch Europa und seine Völker vor einem Chaos zu bewahren. Mehrere Mitgliedstaaten der EG waren bis vor wenigen Jahren Kolonialmächte und sind nach wie vor mit ihren früheren Kolonien mehr oder weniger eng verbunden. Die EG hat aus dieser Bindung ihre Entwicklungspolitik gestaltet, die sich neben der fortlaufenden nationalen Entwicklungspolitik der Mitgliedstaaten zu einem bedeutenden Instrument der gemeinschaftlichen Außenpolitik entwickelt hat.

Die Aufgabe der nachfolgenden Untersuchung ist es , den wirtschaftlichen und politischen Standort der Europäischen Gemeinschaft in der Machtstruktur dieser Welt zu bestimmen und ihre politische Rolle zu analysieren, die sich aus der absehbaren Entwicklung ergeben kann. Sechs wirtschaftliche und politische Regionen gestalten und beeinflussen neben Europa und der GUS die Weltwirtschaft und die Weltpolitik. Dies sind die AKP-Staaten, das islamische Nordafrika und Westasien, Südasien, der Westpazifische Raum und Nord- und Südamerika.

Europa und die AKP-Staaten

Einige EG-Mitgliedstaaten waren für viele Menschenalter als Kolonialmächte mit Afrika und weiten Teilen Asiens und der Karibik eng verbunden. Sie haben ihre Kolonien politisch, wirtschaftlich und kulturell stark beeinflußt im positiven wie auch im negativen Sinn und somit die Staaten, die aus den früheren Kolonien hervorgegangen sind, geprägt. Obwohl inzwischen fast alle Kolonien selbständige Staaten geworden sind, ist dieser Einfluß und die gegenseitige Abhängigkeit nach wie vor groß. Vor allem für Frankreich war es bei Gründung der EG unverzichtbar, die Bindungen an die früheren Kolonien fortbestehen zu lassen und in geeigneter Weise auch die EG in diese Bindungen einzubeziehen. Umgekehrt war es für die EG politisch bedeutsam, sich diese ehemaligen Kolonien zu assoziieren, da die einzelnen ehemaligen europäischen Kolonialstaaten mittelfristig kaum in der Lage sein würden, den europäischen Einfluß in den jungen Staaten wirtschaftlich und vor allem politisch aufrechtzuerhalten. Ein Machtvakuum, das sonst hätte entstehen können, hätte damals den kommunistischen Ostblock, insbesondere die Sowjetunion, aber auch die USA eingeladen, es auszufüllen und damit Europa aus seinen gewachsenen Beziehungen zu verdrängen. Das lag nicht im Interesse der EG. Zugleich mit den römischen Verträgen wurde daher ein "Durchführungsabkommen über die Assoziierung der überseeischen Länder und Hoheitsgebiete mit der Gemeinschaft" unterzeichnet. Vor allem französische Kolonien waren hiervon betroffen.

Nur langsam entwickelten sich aus den bilateralen Beziehungen der ehemaligen Kolonialmächte zu ihren früheren Kolonien übergreifende europäische Beziehungen. Fast alle jungen Staaten Afrikas haben nach Erlangung der staatlichen Unabhängigkeit aus eigener, allerdings sehr oft wirtschaftlich zwingender Entscheidung ihre besonderen Beziehungen zur EG fortgesetzt. 1964 wurden die Beziehungen von 17 afrikanischen Staaten zur EG im Vertrag von Jaunde neu und umfassend geregelt. Die EG stellte die Finanzmittel für die Zusammenarbeit zur Verfügung und gewann damit eine dominierende Stellung von beinah postkolonialem Charakter. 1971 wurde diese Zusammenarbeit durch ein weiteres Abkommen - Jaunde II - für weitere vier Jahre verlängert.

Während sich die europäische Afrikapolitik in dieser Zeit fast ausschließlich auf ehemals französische Gebiete in Afrika konzentrierte, änderte sich die Lage mit dem Beitritt Großbritanniens grundlegend. In die Zusammenarbeit mit den afrikanischen Staaten wurden jetzt auch die ehemaligen britischen Kolonien in Afrika, dem Pazifik und der Karibik einbezogen. Eine Neuordnung dieser Zusammenarbeit mit den ehemaligen europäischen Kolonien und damit auch eine Neugestaltung der gemeinschaftlichen Enbtwicklungspolitik wurde in den siebziger Jahren immer drängender. Das Ergebnis dieser Bestrebungen war das Abkommen von Lomé vom 28. Februar 1975. Mit diesem Abkommen schuf sich die EG ein wirksames Instrument, um den inzwischen 69 Staaten Afrikas südlich der Sahara, des Pazifiks und Mittelamerikas bei ihrer Entwicklung zu helfen. Bei dieser Hilfe geht es vor allem um wirtschaftliche Unterstützung und um die Erleichterung des Handels mit der EG. Ein erheblicher Teil der von der EG für diese Zusammenarbeit bereitgestellten Mittel muß aber immer noch für Nahrungsmittelhilfen aufgewendet werden, um Hungerkatastrophen zu mildern. Obwohl die Finanzmittel seit Abschluß des ersten Lomé-Abkommens 1975 von 3,5 Mrd. ECU (für 1975-1979) auf 12 Mrd. ECU im vierten Lomé-Abkommen von 1989 (für 1990 - 1995) angestiegen sind, haben die wirtschaftlichen Probleme der Empfängerländer, vor allem in Afrika, eher zu- als abgenommen. Der Bevölkerungszuwachs in sehr vielen Staaten überrollt alle Erfolge der Entwicklungshilfeanstrengungen.

Neben der bisher wenig wirksamen Bevölkerungspolitik ist es insbesondere die Struktur vieler AKP-Staaten, die ihre Entwicklung behindert. Als die Europäer im 18. und 19. Jahrhundert die Welt in Kolonialreiche aufteilten, nahmen sie weder auf die Siedlungsgebiete der Völker und Stämme noch auf die wirtschaftlichen Bedingungen Rücksicht. Mit Stift und Lineal wurden am grünen Tisch in Europa die Kolonien abgegenzt. Diese Grenzen sind geblieben. Nur in wenigen Fällen hat man am Ende der Kolonialperiode die betroffenen Menschen selbst über ihre Staatszugehörigkeit entscheiden lassen. So entstand ein wahrer

Flickenteppich von Staaten, die heute eifersüchtig über ihre Souveränität wachen und oft große Geldsummen für weitgehend überflüssige Streitkräfte und Waffenkäufe ausgeben. Die Armeen wurden fast überall die einzigen Machtträger, so daß Machtwechsel fast immer nur durch Militärputsche erfolgten. Die Bewahrung der Macht der Militärkasten und der damit verbundenen Privilegien und nicht die Entwicklung zum Wohle der Menschen war und ist fast überall in diesen Staaten die Maxime der Herrschenden. Anstelle einer wirksamen Förderung der einheimischen Landwirtschaft, des Gewerbes und des Handels untereinander wurde sehr oft fremde Geldhilfe für unsinnige Prestigeobjekte verschwendet, sehr oft lebhaft unterstützt von der europäischen, nordamerikanischen oder auch japanischen Geschäftswelt. Auf diese Weise wurden und werden die Mittel der Entwicklungshilfe zur Wirtschaftsförderung in der industriellen Welt umfunktioniert. Lebensmittelgeschenke halfen zwar für den Augenblick den Hungernden, zerstörten aber häufig für immer die Landwirtschaft der Empfängerländer, die gegen die billigen oder oft kostenlosen Agrarprodukte aus Europa und Nordamerika nicht konkurrieren konnten. Die Bauern zogen in die Städte und vermehrten dort das Slumproletariat. Lebensmittelhilfen wurden auf diese Weise zu einer dauerhaften Notwendigkeit. So gesehen ist die Nahrungsmittelhilfe eine der Ursachen des zunehmenden Nahrungsmittelmangels, vor allem in Afrika!

Das wirtschaftliche Hauptziel der EG-Kooperation mit den AKP-Staaten ist daher die Sicherstellung der Ernährung aus eigener Kraft. Der Ausbau und die Förderung der einheimischen Landwirtschaft, des Kleingewerbes und der dafür notwendigen Infrastruktur - Transport, Lagerung und Verarbeitung - sind neben einer wirksamen Bevölkerungspolitik die vorrangigen Schritte. Die vorhandenen gesellschaftlichen und wirtschaftlichen Strukturen müssen entwickelt werden. Das Lomé IV-Abkommen weist deutlicher als seine Vorgänger in diese Richtung. Daneben ist eine umfassende Verbesserung der Bildung der nachwachsenden Generationen ganz entscheidend für den Erfolg jeglicher Entwicklungs- und Demokratisierungspolitik. Auf Dauer dürfen auch die ehemaligen Kolonialgrenzen kein Tabu sein. Vor allem Afrika, aber auch die karibische und die pazifische Inselwelt brauchen größere Wirtschaftseinheiten, um bei der Bewältigung ihrer Probleme erfolgreich sein zu können. Währungszonen, wie das Gebiet des afrikanischen Franc in den ehemaligen französischen Kolonien, reichen nicht aus, Wirtaschaftsunionen und politische Föderationen müssen angestrebt werden. Sonst werden blutige Konflikte, wie die zwischen Somalia und Äthiopien oder in Uganda und Burundi zunehmen, vor allem, wenn die einzelnen Staaten ihre Menschen nicht mehr ernähren können und diese dann in die Nachbarstaaaten drängen.

Positiv zu werten ist das Bestreben der Organisation für afrikanische Einheit - OAU -, mittelfristig eine afrikanische Wirtschaftsgemeinschaft zu schaffen. Die Staatschefs haben im Frühsommer 1991 auf ihrem 27. Gipfeltreffen in Abuja/Nigeria einen entsprechenden Beschluß gefaßt und einen Vertrag zur Schaffung einer afrikanischen Wirtschaftsgemeinschaft unterzeichnet. Danach wollen sich die 51 Unterzeichnerstaaten in Etappen bis zum Jahre 2025 nach dem Vorbild der EG zu einer Wirtschaftsgemeinschaft zusammenschließen. Es ist nicht das erste Mal, daß die OAU einen solchen Beschluß faßt, aber diesmal ist ein konkreter Vertrag unterzeichnet worden, der nach seiner Ratifizierung verwirklicht werden kann. Für die EG hat eine solche afrikanische Wirtschaftsgemeinschaft eine große Bedeutung. Mit ihr würden die Chancen steigen, daß Afrika sich mittelfristig selbst aus seinen wirtschaftlichen

Schwierigkeiten befreien und vor allem seine Menschen aus eigener Kraft ernähren und versorgen kann. Auch könnte die Hilfe aus Europa, Japan und Nordamerika dann wesentlich wirksamer eingesetzt werden, als bisher in den zersplitterten Regionen dieses Kontinents. Politisch wäre ein solcher Weg Afrikas für Europa von erheblicher Bedeutung, denn langfristig würde auch eine afrikanische Wirtschaftsgemeinschaft nicht ohne politische Gemeinsamkeiten auskommen können. Ein Afrika, das zu einer wirtschaftlichen und politischen Einheit zusammenwächst, würde Partner und Gegengewicht Europas sein. Es würde aber auch zusammen mit Europa die möglicherweise wachsende politische Macht des islamischen Raumes in Nordafrika und im Nahen Osten weltpolitisch leichter ausgleichen und damit abgrenzen, als ein zersplittertes und zerstrittenes Afrika.

Es liegt also im eigenen Interesse der EG, die Entwicklung einer afrikanischen Wirtschaftsgemeinschaft wirtschaftlich und politisch nachhaltig zu fördern. Dies bedeutet aber auch ein stärkeres gesamteuropäisches, sicherheitspolitisches Engagement in Afrika. Die Gemeinschaft darf Frankreich mit dieser Aufgabe nicht mehr auf Dauer allein lassen, sondern muß selbst und aktiv tätig werden. Für die gesamte EG sind die AKP-Staaten, vor allem in Afrika für eine längerfristige Zukunft wichtige Partner. Die Entwicklung einer gesunden Wirtschaft und einer überlebensfähigen Bevölkerungsstruktur liegt auch im europäischen Interesse. Ein immer stärkeres Anwachsen der Bevölkerung, begleitet von immer größeren Ernährungs- und Umweltproblemen, würde zu einem Wanderungsdruck nach Europa führen und damit Europas Leistungsfähigkeit zunehmend gefährden, von den damit einhergehenden, unabsehbaren sozialen und soziologischen Problemen einmal ganz abgesehen.

Mühsamer wird der Weg zur demokratisch gestalteten Machtausübung in den afrikanischen Staaten sein. Wohl erst in Generationen und als Ergebnis umfassender Bildung wird sich allmählich das notwendige demokratische Bewußtsein entwickeln. Noch lange werden also kleine Führungsschichten in der Ausübung der Macht miteinander und gegeneinander konkurrieren. Der Weg zur Demokratie in Afrika führt über, am Anfang sicherlich begrenzte, Machtalternativen. Gewaltsame Machteroberung und dann kritikfeindliche Diktatur und eine hemmungslose Ausbeutung der Bevölkerung unter Berufung auf die Souveränität des Staates, dies wird in der Welt des 21. Jahrhunderts immer weniger akzeptiert und hingenommen werden.

Europa und die Islamische Welt

- Die südlichen Mittelmeeranrainer -

Nordafrika, von Marokko bis Ägypten, stand in der überschaubaren europäischen Geschichte immer im Wechselspiel mit den südeuropäischen Staaten. Die großen Kulturen der ägyptischen und vorderasiatischen Reiche haben den Süden Europas intensiv beeinflußt. Nach dem Verfall dieser Reiche waren es die Phönizier, die die Küsten des Mittelmeeres beherrschten. Ihre berühmteste Niederlassung wurde Karthago im heutigen Tunesien. Phönizier und Karthager suchten im Norden des Mittelmeeres Handelspartner, aber auch gewaltsame Eroberungen. Nach ihnen waren es die Griechen, die ihren Einflußbereich von Kleinasien bis Spanien ausdehnten. Seither beherrscht das Mittelmeer, wer seine Nord- und

Südküsten unter Kontrolle hat. Dies galt für die Römer, die Byzantiner, die Araber und die Osmanen, und es gilt bis in unsere Tage für die Bemühungen der Sowjetunion und der USA um die Vorherrschaft in dieser Region. Auch die Beziehungen der EG zu den heutigen nordafrikanischen Staaten sind nicht zuletzt von dieser Einsicht geprägt.

Das Römische Reich umfaßte zur Zeit seiner größten Ausdehnung den gesamten Mittelmeerraum und beherrschte ihn kulturell und wirtschaftlich. Schon vor den Römern siedelten die Griechen im Norden, wie im Süden des mittleren und östlichen Mittelmeeres. Das von ihnen geprägte Oströmische, später Byzantinische Reich umfaßte nicht nur Kleinasien, sondern zur Zeit seiner größten Machtentfaltung den ganzen Osten und weite Teile des Südens des Mittelmeerraums. Mit der Ausbreitung des Islam und der Herrschaft der Araber verschwand der griechisch-römische Einfluß aus Vorderasien und Nordafrika. Mit dem neuen Glauben entwickelte sich eine neue, reiche Kultur, die ihrerseits auch Südeuropa bis in unsere Zeit beeinflußt hat. Für viele Jahrhunderte wurde nun der Süden Europas, Spanien, Portugal und Sizilien zum Macht- und Einflußbereich der arabischen Herrscher Nordafrikas. Das Christentum, der Islam und das Judentum erlebten in Südeuropa eine große Zeit fruchtbarer Gemeinsamkeit und Toleranz. Erst die Rückkehr christlicher Herrscher beendete diese friedvolle Gemeinsamkeit. Fortan wurde Nordafrika wieder das Ziel zunächst türkisch-osmanischer, später europäischer Expansion. Spanien, Frankreich, Italien und Großbritannien unterwarfen im 19. und 20. Jahrhundert ganz Nordafrika. Erst nach dem zweiten Weltkrieg konnten diese Gebiete ihre staatliche Unabhängigkeit zurückgewinnen.

Für die EG, die heute den ganzen Norden des Mittelmeeres von Griechenland bis Spanien umfaßt, haben gute wirtschaftliche und politische Beziehungen zu den Staaten Nordafrikas einen wachsenden Rang. Für die EG ist zwar die Bedeutung des Handels mit diesen Staaten geringer als für ihre Partner. Für diese ist der Zugang zu den europäischen Märkten beinahe existenznotwendig. Darum hat die EG schon in den sechziger Jahren damit begonnen, die Wirtschaftsbeziehungen zu diesen Staaten Nordafrikas auf vertragliche Grundlagen zu stellen. Mit den Maghreb-Ländern - Algerien, Marokko und Tunesien -, den Maschrik-Ländern - Ägypten, Jordanien, dem Libanon und Syrien - und mit Israel bestehen solche vertraglichen Beziehungen, die schrittweise ausgebaut worden sind. Mit Israel wurde 1975 und mit den Maghreb-Ländern 1976 ein Freihandelsabkommen, mit den Maschrik-Ländern 1977 ein präferentielles Handels- und Kooperationsabkommen geschlossen. Mit diesen Verträgen räumte die EG diesen Staaten wichtige handelspolitische Vorteile ein. Außerdem gewährte sie Finanzhilfen und erleichterte den Bürgern dieser Staaten die Arbeitsaufnahme in den Mitgliedsländern der Gemeinschaft. Problematisch war und ist der Handel mit Agrarprodukten. Die meisten nordafrikanischen und vorderasiatischen Staaten exportieren in hohem Maße Agrarerzeugnisse. Hierfür ist aber der EG-Markt, insbesondere nach dem Beitritt Spaniens und Portugals, nur sehr begrenzt aufnahmefähig. Die Agrarpolitik der EG hat den absoluten Schutz der eigenen Landwirtschaft zum Ziel und behindert daher mit Quoten und Abgaben den Import aus dritten Staaten. Nur sehr zögerlich entwickelt sich in den Mittelmeerregionen eine exportfähige Industrie, die auf dem EG-Markt größere Chancen haben könnte.

Die Mittelmeerpolitik der EG ist durchaus erfolgreich gewesen. Dazu haben auch die gegenwärtig bestehenden Assoziierungsverträge mit diesen Staaten beigetragen, die die wirtschaftlichen, finanziellen und wissenschaftlichen Beziehungen weiter vertiefen konnten.

Die EG hat diese Politik verfolgt, auch um ihr politisches Interesse an einer guten und engen Kooperation mit dem gesamten nordafrikanischen Raum zu demonstrieren. Noch offen und vertraglich nicht geregelt sind allerdings die Beziehungen zu Libyen, dessen Staatsführer wie ein Diktator herrscht und immer wieder in wechselnder Weise Machtexpansionsbestrebungen erkennen läßt. Darum hat die EG in ihrer Mittelmeerpolitik Libyen weitgehend isoliert, so daß die Politik dieses Landes die europäischen Bemühungen um eine enge Zusammenarbeit mit den nordafrikanischen Staaten bisher kaum zu beeinträchtigen vermochte.

Bis 1945 war das Mittelmeer ein von europäischen Mächten beherrschtes Meer. Der Rückzug aus den europäischen Kolonien und Mandatsgebieten im Osten und Süden des Mittelmeeres hinterließ ein Machtvakuum, das die USA und zunehmend auch die Sowjetunion auszufüllen begannen. Der letzte Versuch Frankreichs und Großbritanniens, mit militärischer Gewalt ihre Herrschaft über die Suezkanal-Zone zu behaupten, scheiterte 1956 vor allem am massiven Druck der beiden damaligen Weltmächte. Wie das kontinentale Europa, so war auch der Mittelmeerraum schließlich voll in die West-Ost-Rivalität einbezogen und Teil des weltweiten Machtgleichgewichts geworden. Für die nordafrikanischen und östlichen Anrainerstaaten war diese Entwicklung mit vielen Vorteilen verbunden. Sie konnten ihre politische Gunst zu einem guten Preis verkaufen.

Für Europa, aber auch für die beiden Weltmächte, war das Mittelmeer aber nicht nur eine politische und militärische Einflußzone, sondern es war und ist auch ein sehr wichtiger Handelsweg. Große Teile des europäischen Ölbedarfs werden durch das Mittelmeer befördert. In dem Maße, in dem auch die USA auf Ölimporte aus dem arabischen Raum angewiesen sind, gilt dies auch für dieses Land. Für die ehemalige Sowjetunion, und jetzt für einige ihrer Nachfolgestaaten ist das Mittelmeer neben der Ostsee einer der beiden Zugänge für ihre Schiffahrt zu den Weltmeeren.

Zusammen mit den Lomé-Abkommen, die fast ganz Afrika südlich der Sahara umfassen, bewirken die Assoziierungsabkommen mit den Maghreb- und Maschrik-Ländern, daß zwischen der EG und fast ganz Afrika die Voraussetzungen für einen ungestörten und entwicklungsfähigen Handel geschaffen worden sind. Außerdem ist die Kooperation auf wirtschaftlichem, wissenschaftlichem und kulturellem Gebiet vertraglich geregelt. Die EG hilft zudem allen diesen Staaten mit erheblichen Finanzbeiträgen bei der Lösung ihrer entwicklungspolitischen Aufgaben. So sichert die EG nicht nur ihre Handelsinteressen und ihre Versorgung mit Energieimporten, sie trägt auch zur friedlichen Entwicklung dieser Region bei. Dies ist nicht zuletzt auch für die eigene Sicherheit, insbesondere im Süden Europas, von großer Wichtigkeit.

Bei der Entscheidung über einen späteren Beitritt Maltas und vor allem der Türkei und Zyperns zur EG wird die Gemeinschaft auch ihr politisches Interesse an der Einflußnahme auf die Entwicklung insbesondere des östlichen Mittelmeerraumes bewerten müssen. Eine wirtschaftlich stabile und - nach dem Ende der Ost - West-Konfrontation - auch sicherheitspolitisch befriedete Mittelmeerregion ist für die Sicherheit der EG absolut unverzichtbar.

Die Rolle, die die Maghreb-Staaten im Verhältnis zur EG spielen oder jedenfalls spielen könnten, wird stark beeinträchtigt durch die Spannungen und oft Feindschaften dieser Länder untereinander. Dadurch wird ihre Position im Spiel der Kräfte dieser Region außerordentlich geschwächt.

Die ausgefallene Politik Libyens tut ein übriges, um diese Rolle Nordafrikas gegenüber der EG zu schwächen. Das Ende der Ost-West-Konfrontation, aus der die nordafrikanischen Staaten oft politischen Nutzen gezogen haben oder zu ziehen versucht haben, wird ihr politisches Gewicht weiter reduzieren. Erst die Überwindung ihrer zwischenstatlichen Konflikte wird es ihnen in Zukunft ermöglichen, gegenüber der EG eine geschlossene Haltung einzunehmen und damit effektivere Politik zu entwickeln.

Erste Anzeichen einer solchen Veränderung sind zu erkennen. So haben Marokko und Algerien, ebenso wie Tunesien und Libyen, wieder diplomatische Beziehungen miteinander aufgenommen. Auch wurde 1989 die Union des Arabischen Maghreb zwischen Libyen, Tunesin, Algerien, Marokko und Mauretanien gegründet. Aber die politisch aktiv gewordenen Kräfte des islamischen Fundamentalismus haben Algerien bereits wieder isoliert. Ungelöst ist nach wie vor das marokkanische Problem der annektierten West-Sahara. Auch werden die immer ernsteren sozialen Probleme des sehr großen Geburtenüberschusses - 45 % der Bevölkerung sind unter 15 Jahre alt - sehr bald alle Euphorie der Einheit des Maghreb hinwegfegen.

Es liegt daher auch im eigenen Interesse der EG, Wirtschaft und Wohlstand in dieser Region zu fördern, um die Voraussetzungen für eine wirksame Bevölkerungspolitik zu schaffen. Eine im bisherigen Umfang weiter wachsende Bevölkerung würde nicht nur die Lebensmöglichkeiten dieser Länder überfordern, sondern auch Quelle zunehmender politischer Instabilität sein. Auch würde eine Bevölkerungswanderung nach Europa die Folge sein, die die Gemeinschaft auf Dauer weder verkraften noch hinnehmen kann. Die Konsequenz wären wachsende Spannungen, Instabilität der Sicherheitsbedingungen nach außen und zunehmende politische Radikalisierung nach innen als Folge der Abwehr einer solchen Zuwanderung durch die europäische Bevölkerung. Stabile und wirksame wirtschaftliche und politische Beziehungen zu den Staaten Nordafrikas gehören daher zu den herausragenden Maximen einer europäischen Außenpolitik.

Europa und das westliche und südliche Asien

West-Asien umfaßt drei Regionen, deren Beziehungen zur EG sich in vielfältiger Weise voneinander unterscheiden. Es ist zum einen der indische Subkontinent, zum anderen die Staatengruppe der arabischen Halbinsel und schließlich Iran. Diese Staaten gehören, mit Ausnahme Indiens, politisch zur islamischen Welt. Die Beziehungen der EG zu diesen süd- und westasiatischen Staaten, wie auch die Bedeutung dieser Region für die EG, werden von drei Faktoren bestimmt und beeinflußt: Einmal kommt ein erheblicher Teil der für Europa lebenswichtigen Energieimporte aus dieser Region, zum anderen ist die Politisierung des Islam hier besonders ausgeprägt und schließlich ist der jahrzehntelange Konflikt zwischen Israel und seinen arabischen Nachbarn auch ein Sicherheitsrisiko für Europa. Dieser Konflikt hat 1948 mit der Gründung des Staates Israel begonnen und ist bis heute ungelöst. Europa hat bisher die Wahrung des Friedens und die Suche nach einer gerechten und vernünftigen Lösung weitgehend den USA und der früheren Sowjetunion überlassen. Erst der sogenannte Golfkrieg gegen den Irak hat den Europäern mit historischer Schärfe vor Augen geführt, wie machtlos sie politisch immer noch sind, solange ihre Außen- und Sicherheitspolitik nur die Summe von zwölf nationalen Politiken ist, von den Politiken der ost- und südosteuropäischen Staaten einmal ganz abgesehen.

Eine endgültige und für alle Beteiligten akzeptable Lösung der Israel - Palästina-Frage wird nicht nur die erste wichtige Aufgabe der sich entwickelnden Europäischen Politischen Union sein, sondern zugleich auch eine Bewährungsprobe für die angestrebte gemeinsame Außen- und Sicherheitspolitik. Die unglückselige und mehr aus der augenblicklichen Kriegssituation als aus dem Streben nach langfristiger und dauerhafter Stabilität im Nahen Osten entwickelte britisch-französische Politik im und nach dem ersten Weltkrieg ist die eigentliche Ursache der andauernden Krisensituation. Einseitig wurde den Juden 1917 in der Balfour-Deklaration eine eigene staatliche Heimstatt im damals zur Türkei gehörenden Palästina versprochen, ohne daß hierüber ein Konsens mit den betroffenen Arabern auch nur versucht worden wäre. Als dann nach dem zweiten Weltkrieg 1947/48 die Einlösung dieser Zusagen eingefordert wurde, zog sich Großbritasnnien als Mandatsmacht aus seiner Verantwortung zurück und hinterließ ein dauerhaftes Krisengebiet. Schon 1946 hatten die jüdischen Bewohner in Palästina mit Unterstützung der Sowjetunion gegen die britische Mandatsmacht für eine Einlösung des 1917 gegebenen Versprechens gekämpft. Die Sowjetunion wollte damit die Verdrängung Großbritanniens aus diesem Raum fördern und seine Position im Nahen Osten schwächen, um selbst politisch stärker Einfluß zu gewinnen.

Der Beschluß der UN-Vollversammlung im Jahre 1947, der eine Teilung Palästinas in einen jüdischen und einen arabischen Staat vorsah und für Jerusalem einen internationalen Status anstrebte, hätte durchaus eine Grundlage für eine vernünftige Lösung sein können, wenn Juden und Araber bereit gewesen wären, in Palästina in Form einer Föderation zusammenzuleben und zusammenzuarbeiten. Eine gemeinsame Wirtschafts-, Außen- und Sicherheitspolitik bei voller innerer Autonomie der Teilstaaten hätte die Grundlage sein müssen. Aber die arabische Seite lehnte den Teilungsplan ab und versuchte statt dessen eine Lösung in ihrem Sinne mit Gewalt zu erreichen. Das Ergebnis ist heute ein direkt oder als Besatzungsmacht durch den jüdischen Staat Israel beherrschtes ehemaliges Mandatsgebiet Palästina.

Bei der Aufteilung der arabischen Gebiete des früheren osmanischen Reiches und der staatlichen Neuordnung dieses Raumes haben Großbritannien und Frankreich kein politisches Meisterstück hinterlassen. Jede dieser Mächte suchte in erster Linie seinen eigenen Einfluß zu sichern und auszubauen. So wurden künstliche Staaten geschaffen und rivalisierenden Stammesfürsten als Herrschaftsgebiete zugeteilt. Vor allem aber sicherten sich die beiden europäischen Mächte ihre Mandatsgebiete und Kolonialherrschaften, Frankreich in Syrien und dem Libanon, Großbritannien in Palästina, Jordanien und Irak, sowie Kuwait und Bahrain. Ursprünglich wollten die beiden europäischen Mächte die arabischen Gebiete des türkisch-osmanischen Reiches als Kolonien annektieren. Entsprechende Abreden aus dem Jahre 1916, die ihren Namen nach den damaligen Unterhändlern Mark Sykes und George Picot erhielten, belegen diese Ziele. Das 14 Punkte-Programm des amerikanischen Präsidenten Wilson, dem sie notgedrungen zustimmen mußten, und die durch die russische Revolution entfachte Kriegszieldiskussion zwang sie zum Verzicht auf diese Annexionspolitik. Die Herrschaft über diese arabischen Gebiete wurde dann nach dem Ende des Krieges in den Mantel eines Völkerbundmandats gekleidet.

Die europäischen Mächte herrschten in diesen Mandatsgebieten wie Kolonialherren. Erst nach dem zweiten Weltkrieg wurden die Mandatsgebiete in die Unabhängigkeit entlassen. Vor allem Frankreich tat sich dabei schwer, und es bedurfte eines starken politischen Drucks der USA, um Präsident de Gaulle zu veranlassen, die französische Herrschaft in Syrien und dem Libanon zu beenden. Am Ende ihrer Herrschaft hinterließen diese beiden europäischen Großmächte ein politisch instabiles Gebiet, dessen Schicksal fortan in der Hand autokratisch herrschender Familienmonarchien oder Militärdiktatoren lag. Demokratische Ansätze, wie im Libanon, konnten den Konflikt zwischen Christen und Muslimen nicht verhindern. Territoriale Streitigkeiten, von den irakischen Annexionsabsichten auf Kuwait einmal abgesehen, gab es hingegen wenige. Sie wurden in der Regel friedlich gelöst. Ebenso scheiterten auch kommunistisch - marxistische Versuche, Einfluß zu gewinnen. Nur im Südjemen gelang es ihnen für einige Zeit, die Macht zu gewinnen. Die reichen Ölvorkommen sicherten den meisten Staaten dieser Region eine solide Basis für die, wenn auch oft einseitige wirtschaftliche Entwicklung. Sie sicherten aber auch den fortbestehenden Einfluß der europäischen Staaten und der USA.

Diese wirtschaftliche und strategische Bedeutung des Nahen Ostens führte aber auch dazu, daß sich die Sowjetunion nach dem zweiten Weltkrieg bemühte, Einfluß zu gewinnen. So wurde der Kampf der Juden gegen die britische Mandatsmacht und die Araber, wie schon angedeutet, von der Sowjetunion mit Waffenlieferungen und diplomatisch unterstützt. Syrien, der Irak und Ägypten erhielten ebenfalls umfangreiche Waffenlieferungen, um ihre Position gegenüber den früheren Mandatsmächten und auch gegenüber den USA zu stärken. Insbesondere die großen Waffenlieferungen an Ägypten im Jahre 1955 und das Scheitern des wenig geschickten Versuchs Großbritanniens und Frankreichs im Jahre 1956, in alter Kolonialmachtmanier die Kontrolle über die Suezzone zurückzugewinnen, stärkten die Position der Sowjetunion im Nahen Osten erheblich. Es blieben aber fast immer nur äußerlich freundschaftliche Beziehungen der arabischen Staaten zur Sowjetunion. Im Innern gelang es nirgendwo, über die kommunistischen Parteien nennenswerten Einfluß zu gewinnen und die Staats- und Gesellschaftsstrukturen im Sinne ihrer Ideologie zu verändern. Im Gegenteil, die kommunistischen Parteien wurden trotz freundschaftlicher Beziehungen zur Sowjetunion fast überall verfolgt oder in ihrer politischen Arbeit beeinträchtigt.

Die zunehmende Entspannung zwischen der Sowjetunion und den USA wirkte sich auch auf den Nahen Osten aus. Ägypten wechselte die Seite und suchte schon in den siebziger Jahren stärkere Bindungen zu den USA. Trotz des fortbestehenden Freundschaftsvertrages mit der Sowjetunion vom 27. Mai 1971 wurden schon im folgenden Jahr die zahlreichen sowjetischen Militärberater des Landes verwiesen. Ägypten wollte dadurch seine Unabhängigkeit demonstrieren. Mit dem Camp-David-Abkommen vom 26. März 1979 beendete Ägypten als einziges arabisches Land den Konflikt mit Israel und gewann dadurch die bis dahin von Israel besetzte Sinai-Halbinsel zurück, isolierte sich aber für viele Jahre in der gesammten arabischen Welt.

Der sowjetische Versuch, Syrien, Libyen und den Irak stärker an sich zu binden, blieb nicht ohne Erfolg, brachte aber der Sowjetunion keine politisch beherrschende Stellung im

Nahen Osten. Mit der zunehmenden Entspannung zwischen den beiden Weltmächten und mit dem vor allem wirtschaftlich bedingten schrittweisen Rückzug der Sowjetunion aus ihren weltpolitischen Aktivitäten, ging die Rolle des Nahen Ostens, Objekt der Rivalität der Sowjetunion und der USA zu sein, allmählich zuende. Dennoch blieb die Sowjetunion noch lange bemüht, aktiv am poltischen Prozess in diesem Teil der Erde beteiligt zu bleiben und fand darin zunehmend Unterstützung der USA. Eine Friedenslösung muß von den USA, Rußland und der EG getragen werden, wenn sie stabil und dauerhaft sein soll. Israel wird nur dann seine Maximalpositionen aufgeben, und die arabischen Staaten werden auch nur dann zur definitiven Anerkennung Israels und zu dauerhaften Kompromissen bereit sein, wenn insbesondere die USA und Rußland aus ihrer Sicht nicht mehr gegeneinander ausgespielt werden können. Es liegt auch im Interesse der EG, eine solche politische Entwicklung zu fördern und vor allem zur Stabilisierung der am Ende gefundenen Lösungen beizutragen.

Das große Engagement der UNO unter Führung der westlichen Industriestaaten für die Bewahrung der Unabhängigkeit Kuwaits und die Erhaltung der autokratischen Herrschaft der Fürstenfamilie ist in allererster Linie mit den großen Ölvorräten dieses Landes zu erklären. Ohne diese Voraussetzungen wäre es wohl nicht zu einer derart spektakulären militärischen Intervention gekommen, wie das Beispiel des 1975 von Indonesien annektierten Ost-Timor zeigt. Diese Annexion war und ist ein eindeutiger Bruch des Völkerrechts. Aber da keine besonderen wirtschaftlichen Interessen an Ost-Timor bestanden und die guten Beziehungen zu Indonesien Vorrang genossen, rührte sich keine amerikanische oder europäische Hand oder gar Waffe, um die Unabhängigkeit Ost-Timors zu bewahren und die zahlreichen UN-Resolutionen gegen Indonesien durchzusetzen. In Zukunft wird es sich zeigen, ob die UNO und mit ihr die Weltmächte und auch die EG willens und bereit sind, gegen jede Verletzung des Völkerrechts mit entsprechenden Maßnahmen, einschließlich militärischer Gewalt, vorzugehen, um so die Herrschaft des Rechts auch zwischen den Staaten und Völkern zu bewahren.

Der Konflikt zwischen Israel und seinen arabischen Nachbarn beruht im Grunde auf einem kaum auflösbaren Antagonismus: Auf der einen Seite das Versprechen, den Juden in ihrer biblischen Heimat einen eigenen Staat zu schaffen, und auf der anderen Seite das Recht der Palästinenser, in ihrer Heimat zu leben und sich staatlich zu organisieren. Natürlich hätte man nach dem Krieg mit den Palästinensern verfahren können, wie mit den Deutschen in den Ostprovinzen und im Sudetenland, und sie aus Palästina vertreiben und in Jordanien ansiedeln können. Viele Hunderttausende sind in der Tat durch die Kriege als Flüchtlinge aus ihrer angestammten Heimat vertrieben worden und leben heute in Jordanien und anderen arabischen Staaten. Aber noch mehr sind geblieben. Als Ergebnis der ersten israelisch - arabischen Kriege entstand der Staat Israel mit einer großen Zahl arabischer Bürger und einer höchst sicherheitsgefährdeten territorialen Gestalt. Der damals unter ägyptische und jordanische Herrschaft gefallene Teil Palästinas war zwar ein geschlossenes arabisches Siedlungsgebiet, aber als selbständiger Staat kaum lebensfähig.

Seit 1967 beherrscht Israel ganz Palästina und mit den Golanhöhen auch Teile Syriens. Durch Besiedlung versucht Israel auch diese Gebiete schrittweise in Besitz zu nehmen. Aber die große Zahl der palästinensisch-arabischen Bürger wird auf Dauer die Schaffung eines ganz Palästina umfassenden Staates Israel verhindern. Eine Vertreibung aller Araber ist heute ebensowenig möglich, wie eine erneute Vertreibung aller Juden aus Palästina/Israel. Ein dauerhafter Frieden kann nur gefunden werden, wenn sich beide Völker in Palästina gemeinsam und endgültig gegenseitig Wohnrecht sichern und gemeinsam staatlich organisieren. Vernünftig wäre eine Aufteilung Palästinas/Israels in autonome jüdische und arabische Kantone nach Schweizer Vorbild. Jerusalem als gemeinsame Hauptstadt und eine Verfassung, die beiden Völkern volle Gleichberechtigung zusichert, das wäre eine Grundlage für einen dauerhaften Frieden. Es wird eine der wichtigsten außenpolitischen Aufgaben der EG in der nächsten Zukunft sein, mit ihrer ganzen wirtschaftlichen und zunehmenden politischen Kraft für einen gerechten Frieden im Nahen Osten zu wirken, denn der Friede in dieser Region ist auch der Friede Europas.

Der Konflikt zwischen Israel und seinen arabischen Nachbarn war lange Zeit überlagert vom Ost-West-Konflikt und damit vom weltweiten Gegensatz zwischen den USA und der Sowjetunion. Beide Seiten haben sich bemüht, ihren Einfluß zu sichern und die nahöstlichen Staaten durch Finanz- und auch Waffenhilfen für sich zu gewinnen. Dabei waren die USA zunehmend stärker als die Sowjetunion von Öllieferungen aus dieser Region angewiesen. Eine einheitliche europäische Nahostpolitik fehlt bis in die Gegenwart. Abgesehen von den Erklärungen von Venedig 1973 und 1980 und von Madrid 1989, die eine Sicherung das Lebensrechts sowohl der Israelis, als auch der Palästinenser als gemeinsames politisches Ziel enthielten, gibt es bisher keine effektive europäische Nahostpolitik, sondern nur zum Teil nicht einmal kongruente Politiken einiger Mitgliedstaaten. Wahrscheinlich ist die EG als eine Nur-Wirtschaftsgemeinschaft zu einer gemeinsamen Nahostpolitik bisher gar nicht in der Lage. Zu verschieden sind die historischen Bindungen der einzelnen Mitgliedstaaten an die arabische Welt und zu unterschiedlich auch die wirtschaftlichen und politischen Interessen an den Beziehungen zu den Staaten Vorder-Asiens. Solange die EG-Außenpolitik ein Kompromiß von zwölf nationalen Politiken im Rahmen der EPZ ist, solange werden sich die verschiedenen Positionen wohl kaum zu mehr als einem allgemeinen und damit wenig aussagekräftigen Kompromiß zusammenbringen lassen.

Hinzu kommt, daß Israel nie ein großes Vertrauen zu einer EG-Nahostpolitik gehabt hat und sich lieber auf die Sicherheitsgarantien der USA gestützt hat. Die USA hingegen sahen diese Region als Feld ihrer Ost - Westpolitik und wünschten keine europäischen Alleingänge. Der Konflikt um die versuchte Annexion Kuwaits durch den Irak markiert in dieser Frage einen Wendepunkt für den Nahen Osten. Erstmalig traten die USA und die EG auf der einen Seite und die Sowjetunion auf der anderen Seite nicht als politische und militärische Rivalen auf. Vielmehr unterstützte auch die Sowjetunion die UN-Aktion gegen Irak und deckte deren militärische Exekution. Damit war dem Irak die wohl erwartete Möglichkeit genommen, insbesondere die beiden Weltmächte zum eigenen Vorteil gegeneinander auszuspielen.

Dieses offensichtliche Ende der Konfrontation der beiden Weltmächte bietet der EG erstmalig die Chance, aus dem politischen Schatten der USA als Schutzmacht herauszutreten und im Rahmen der EPZ und der kommenden politischen Union eine eigene Nahostpolitik zu entwickeln. Aber nicht nur die EG, auch die ehemaligen europäischen RgW-Staaten sind in zunehmendem Maße auf Öllieferungen aus dieser Region angewiesen, da die Sowjetunion und ihre Nachfolgestaaten, die bisher ihre Partnerstaaten zu günstigeren Bedingungen versorgte, jetzt ihre Ölexporte nur noch zu Weltmarktbedingungen und -preisen liefern.

Eine europäische Nahostpolitik muß auch diese Wirtschaftsinteressen sichern und darüberhinaus gutnachbarliche Beziehungen zu allen Staaten des Nahen Osten entwickeln, um so friedenssichernd wirken zu können. In dieser Hinsicht hat die EG schon seit längerem eine aktive Politik gestaltet. Sowohl mit Israel als auch mit den benachbarten arabischen Staaten Jordanien, dem Libanon und Syrien bestehen Kooperationsabkommen. Diese Abkommen erleichtern den Handel und insbesondere den Zugang zum EG-Markt. Außerdem beteiligt sich die EG mit Finanzmitteln an verschiedenen Projekten in diesen Ländern und hilft durch Nahrungsmittellieferungen bei der Versorgung der zahlreichen Flüchtlinge in den arabischen Staaten.

Ein weiterer wichtiger Schritt der EG war es, am 24. Juni 1988 mit den Mitgliedstaten des Golf-Kooperationsrates einen Handels- und Kooperationsvertrag abzuschließen. Dem Golf-Kooperationsrat gehören Saudi-Arabien, die Vereinigten Emirate, Oman, Bahrain, Kuwait und Katar an. Gegründet worden ist dieser Rat 1981, um gemeinsam die Interessen der Mitgliedstaaten gegenüber den Ölimportländern zu vertreten. Inzwischen ist der Golf-Kooperationsrat zu einer Zollunion weiterentwickelt worden. Das Ziel seiner Mitglieder ist eine Wirtschaftsgemeinschaft. Eine begrenzte Freiheit für Arbeitnehmer und für Kapital konnte inzwischen schon erreicht werden. Der Vertrag mit der EG regelt die gegenseitigen Beziehungen und schafft einen institutionellen Rahmen für die Zusammenarbeit im Bereich der Wirtschaft, der Wissenschaft, der Technologie und des Umweltschutzes. Vorausgegangen war im Mai 1976 die Vereinbarung eines Arabisch-Europäischen Dialogs, der aber wenig konkrete Ergebnisse gebracht hat, zumal der Nahostkonflikt auf Wunsch der USA ausdrücklich ausgeklammert worden war.

Während der Golf-Kooperationsrat die wohlhabenden Ölstaaten am arabischen Ufer des Persischen Golfs umfaßt, sind im Arabischen Kooperationsrat die politisch und insbesondere militärisch stärkeren Staaten Vorderasiens zusammengeschlossen. Diesem nach dem Krieg zwischen Irak und Iran am 19. Februar 1989 in Bagdad gegründeten Arabischen Kooperationsrat gehören Ägypten, Jordanien, Jemen und der Irak an. Syrien wurde durch diesen Schritt damals weiter isoliert. Es hat aber den Golfkonflikt nutzen können, um sich stärker gegenüber den USA und der EG zu öffnen. Die Bereitschaft, an einer Nahost-Friedenskonferenz mitzuwirken und sich mit Israel an den Verhandlungstisch zu setzen, ist ein deutliches Zeichen dieser veränderten Machtkonstellation. Ägypten hat seine Isolation, in die es durch den Abschluß des Friedensvertrags mit Israel geraten war, überwunden und entwickelt sich zunehmend zur dominierenden arabischen Macht. Die Unterstützung Iraks im Golfkrieg hat zudem Jordanien, den Jemen und besonders die Palästinenser (PLO) stark geschwächt und dadurch die führende Position Ägyptens noch gestärkt. Für die EG bleibt Ägypten der wichtigste Partner seiner politischen Beziehungen zur arabischen Welt. Ein Kooperationsabkommen mit dem Arabischen Kooperationsrat sollte diese Beziehungen ausbauen und festigen.

Der Golfkonflikt hat der EG mit brutaler politischer Deutlichkeit vor Augen geführt, wie dringend neben der wirtschaftlichen auch die außen- und sicherheitspolitische Einheit ist. Auf Dauer kann nicht die Wirtschaftspolitik Gemeinschaftsaufgabe sein, die Außen- und

Sicherheitspolitik aber Angelegenheit der Mitgliedstaaten bleiben. Zwar hatten sich die Mitgliedstaaten der EG auf eine gemeinsame außenpolitische Linie, nämlich die Entschließung des Sicherheitsrates der UNO gegen den Irak durchzusetzen, geeinigt und hielten diese Politik auch ohne Einschränkungen gemeinsam durch, aber im Golfkrieg dominierten eindeutig die USA. Großbritannien profilierte sich vor allem als Partner der USA und nicht als Mitglied der EG und der WEU. Frankreich verfolgte zunächst eine eigene Politik zur Abwendung kriegerischer Auseinandersetzungen. Erst nach dem Scheitern dieser Bemühungen beteiligte es sich mit militärischen Einheiten an der UN-Aktion. Deutschland, Italien, Spanien und andere Mitgliedstaaten unterstützten den militärischen Aufmarsch logistisch. In Deutschland stritt man aber vor allem um die verfassungsrechtlichen Grenzen für den Einsatz von Einheiten der Bundeswehr außerhalb des Landes und beteiligte sich durch namhafte Finanzhilfen an die USA und Großbritannien.

Obwohl der Golfkonflikt und der andauernde Streit zwischen Israel und seinen arabischen Nachbarn auch die Sicherheit Europas berührt, war die EG bisher nicht fähig, als geschlossene politische Kraft zur Beendigung dieser Konflikte beizutragen. Sollen aber die Bemühungen um einen dauerhaften Frieden in Nahost und um die Lösung des Israel-Palästina-Problemes Erfolg haben, so kann Europa diese Aufgabe nicht den USA und Rußland allein überlassen, sondern muß sich selbst so geschlossen wie möglich engagieren.

Bedeutsam für die zukünftige europäische Nahostpolitik wird die Politisierung des Islam sein. Das Ausmaß dieser Entwicklung ist gegenwärtig nur schwer abschätzbar. Eine Renaissance islamischer Religiosität braucht aber auf keinen Fall negativ gewertet zu werden. Dies gilt auch für den Islam als politisches Ordnungsmodell. Wenn im Iran eine absolute Monarchie durch eine populistische Theokratie abgelöst wird, oder in Saudi-Arabien die Oligarchie gestärkt wird, so braucht sich dies nicht negativ auf die Beziehungen zur EG und ganz Europa auszuwirken. Beide Staatsformen können durch den Koran legitimiert sein. Das Scheitern des westlich orientierten Modells im Iran und möglicherweise auch in Algerien hat ohne Frage die Rückkehr zu den religiösen, den eigenen Wurzeln gefördert oder wird sie fördern. Inwieweit die Völker auch die Rückkehr zu eigentlich überholten Formen des Strafens oder zur religiös begründeten Diskriminierung der Frauen hinnehmen, ist letztlich eine innerstaatliche Machtfrage und wird zwischen den Herrschenden und den Beherrschten zu entscheiden sein.

In vieler Hinsicht ist der Islam eine Religion, die eine Bewältigung der Probleme der realen Welt will, während das Christentum eher der realen Welt entfliehen will und von der Hoffnung auf eine bessere Welt jenseits des irdischen Daseins lebt. Wenn trotzdem heute islamische Staaten eher rückständig und christlich geprägte Staaten eher fortschrittlich leben - bei allem Vorbehalt gegen derartige Begriffe - so liegt die Ursache hierfür vor allem darin, daß sich die christlich geprägten Staaten und Völker seit der Reformation schrittweise von der engen biblischen Sicht und Interpretation der Welt gelöst haben und damit Freiheit für Forschung und Technologieentwicklung, aber auch für soziale Reformen gewonnen haben. Die islamischen Staaten und Völker, die eine Renaissance ihres Glaubens anstreben, kehren oft in die engen Fesseln ihrer Glaubenslehren zurück und hindern ihre Entwicklung und notwendige Reformen mehr, als daß sie sie fördern.

Bedeutsam für die zukünftigen Beziehungen zwischen der EG und den islamischen Staaten wird die politische, insbesondere die außenpolitische Auswirkung der Islamisierung der Politik sein. Solange den islamisierten Staaten solche gegenüber stehen, in denen die Religion und ihre Praktizierung mehr in die individuelle, persönliche Sphäre gehört, wird sich ein gewisses Gleichgewicht innerhalb der islamisch-arabischen Staatenwelt bilden. So war die - von den Westmächten und den arabischen Oligarchien unterstützte - Stärkung des Irak als Gegengewicht zum islamisierten Iran gedacht. Auch nachdem sich der Irak erfolglos gegen seine "Förderer" gewandt hat, wird diese Funktion im Gleichgewichtssystem nicht völlig vernachlässigt werden. Die Schonung des irakischen Diktators Sadam Hussein spricht dafür. Syrien wird sich aber stärker als westliches Gegengewicht gegenüber dem Irak entwickeln, um das Gleichgewicht auch insoweit wieder zu sichern.

Erst dann, wenn die Politisierung des Islam den ganzen arabischen Raum erfassen sollte und auch die Türkei einbeziehen und die mittelalterliche Eroberungstradition wieder beleben würde, wäre diese Entwicklung eine direkte Bedrohung Europas und würde eine Reaktion der europäischen Außen- und Sicherheitspolitk herausfordern. Gegenwärtig und in überschaubarer Zukunft erscheint eine solche Entwicklung aber im höchsten Maße unwahrscheinlich zu sein, nicht zuletzt deshalb, weil die Entwicklung und die Beeinflussung des Bewußtseins der arabischen Völker durch die modernen Medientechnologien und durch die zunehmende Kommunikation über die Kulturgrenzen hinaus, religiös motivierte Aggressionen kaum noch durchsetzbar erscheinen läßt. Europa seinerseits sollte jedoch nicht vergessen, daß die arabischen Gebiete bis in die jüngste Vergangenheit immer wieder das Ziel europäisch geführter Expansionen gewesen sind. Die Kreuzzüge des Mitterlalters, Frankreichs Einfall in Ägypten unter Napoleon und die schrittweise Unterwerfung großer Teile des arabischen Raumes unter europäische Herrschaft als Kolonien oder Mandatsgebiete im 19. und 20. Jahrhundert sind Zeugnisse hierfür. Viele der heutigen Konflikte haben ihre Ursache in der willkürlichen Grenzziehung durch die Europäer. Ihnen erwächst daraus auch eine Verpflichtung gegenüber der arabischen Welt zur Hilfe bei einer schrittweisen friedlichen Entwicklung dieser Staaten und Völker.

Der Ausbau und die Vertiefung der Beziehungen der EG zur arabischen Welt ist außerdem nicht nur aus Gründen der Energieversorgung oder des Interesses an der friedlichen Lösung des Konflikts zwischen Israel und seinen arabischen Nachbarn geboten, sondern dient auch der Stabilisierung der politischen Position einer schrittweise ganz Europa umfassenden EG. Die arabischen Staaten sind im Süden und im Südosten unmittelbare Nachbarn Europas. Eine stabile, freundschaftliche Kooperation sichert den Frieden Europas und festigt auch die Beziehungen zwischen Europa und der GUS, wie immer sie sich als Union entwickeln und gestalten wird. Es ist ein solides Machtdreieck: Europa, die arabischen Staaten und die Nachfolgestaaten der ehemaligen Sowjetunion.

Europa und der Indische Subkontinent

Der Kampf um Macht und Einfluß in Vorderasien war seit Jahrtausenden auch immer ein Kampf um die Herrschaft in und über Indien. Alexander der Große hat sein Reich im Osten bis in den Westen Indiens ausgedehnt. Viele große Reiche des vorderen Orients haben dies nach ihm versucht. Von Norden her war Indien das Ziel der Eroberungszüge der Mongolen. Es war der Reichtum dieses Subkontinents, es war aber später auch die Beherrschung des Indischen Ozeans und seiner Küsten, die immer wieder das Interesse der Mächte weckten. Die Suche nach dem Seeweg nach Indien führte Kolumbus nach Amerika! Seit dem 17. Jahrhundert bemühten sich Niederländer, Portugiesen und Briten um die Herrschaft über Indien. Bis 1947 war der ganze Subkontinent britische Kronkolonie. Auch der Indische Ozean war bis zur Mitte des 20. Jahrunderts britisches Herrschaftsgebiet. Großbritannien beherrschte Ostafrika, Australien, den Suezkanal, die Einmündung des Roten Meeres mit Aden, den Persischen Golf mit Kuwait, Bahrain und dem Irak. Im Osten waren mit der Malaysischen Halbinsel und Singapur auch die Schiffahrtswege zum Pazifik unter britischer Kontrolle.

Mit dem schnellen Zerfall der britischen Herrschaft nach dem zweiten Weltkrieg entstand in diesem Teil der Welt ein Machtvakuum, das sowohl die USA, als auch die Sowjetunion auszufüllen trachteten. Die blockfreien Staaten wirkten diesen Bemühungen und damit der friedensgefährdenden Rivalität der beiden Weltmächte im Indischen Ozean tatkräftig entgegen. 1971 erreichte Sri Lanka eine offizielle Resolution der UN-Vollversammlung, die den Indischen Ozean zu einer "Zone des Friedens" erklärte (UN-Doc A/Res. 2832/XXVI). Diese Resolution konnte aber nicht verhindern, daß die beiden Weltmächte im Indischen Ozean starke Stützpunkte aufbauten und ständig durch Flotteneinheiten präsent waren. Die weltweite Entspannung und der Rückzug der Sowjetunion aus dieser rivalisierenden Weltpolitik hat auch die strategisch-politische Bedeutung des Indischen Ozeans verringert.

Nach Erlangung der Unabhängigkeit zerfiel der Indische Subkontinent wieder in sich zum Teil hart befehdende Staaten: Indien, Pakistan, Bangladesch und Sri Lanka. Diese andauernden Rivalitäten begrenzen den politischen Einfluß vor allem Indiens ebenso, wie die immer noch wachsende Bevölkerung.Jeder Fortschritt in der Entwicklung der Landwirtschaft und der Technologie wird seit langem von der zunehmenden Zahl der Menschen sofort wieder kompensiert. Dennoch sind Indien und auch Pakistan zwei Staaten, die erhebliche Erfolge in ihrer Entwicklung vorweisen und als neue Industriestaaten gelten können.

Für die EG sind enge und gegenseitig nutzbringende Beziehungen zu den Staaten des Indischen Subkontinents von großer Bedeutung, auch im Hinblick auf das Mächtegleichgewicht Naher Osten, Nachfolgestaaten der Sowjetunion und China. Indien selbst hat stets eine Politik der Blockfreiheit verfolgt und war bestrebt, die Weltmächte vom Subkontinent fernzuhalten. Pakistan hingegen hat sich dem von den USA geführten westlichen Block angeschlossen und ist Mitglied des Bagdad-Paktes, später der Central Treaty Organisation - Cento - und der South East Asian Treaty Organisation - Seato - geworden. Indien hat sich nie um besondere Beziehungen zur westlichen Führungsmacht bemüht. Es war aber seinerseits für lange Zeit den besonderen Bemühungen der Sowjetunion ausgesetzt, die ein gewisses Gegengewicht gegen das in das westliche Bündnissystem eingebundene Pakistan aufbauen wollte. Für Indien war die Sowjetunion ein durchaus willkommener Partner, aber nicht gegen den Westen sondern gegen China. Die Spannungen zwischen China und der Sowjetunion und der chinesisch-indische Krieg 1962 führten beide Mächte fast zwangsläufig zusammen, ohne daß Indien jedoch je zum kommunistischen Lager gehörte.

China seinerseits suchte vor allem gute Beziehungen zu Pakistan und störte sich nicht an dessen enger Bindung an die USA. Für China ging es um den Ausgleich, die Neutralisierung der Unterstützung Indiens durch die Sowjetunion und damit um die Stärkung der antisowjetischen Front. Erst die sowjetische Besetzung Afghanistans führte zu einer veränderten chinesischen Haltung gegenüber Indien. Nun gewann die gemeinsame Frontstellung aller südasiatischen Staaten gegen ein weiteres Vordringen der Sowjetunion den Vorrang. Ende der siebziger Jahre, auch als Folge der politischen Umwälzungen in Iran, begann sich Pakistan stärker der blockfreien Staatengruppe zuzwenden und damit den Gegensatz zu Indien abzubauen. Seit 1979 gehören Pakistan und damit alle Staaten des indischen Subkontinents endgültig der blockfreien Bewegung an.

Die EG hat sich schon in den siebziger Jahren um den Ausbau ihrer Beziehungen zu den Staaten des indischen Subkontinents bemüht. In den siebziger Jahren schloß sie Handelsabkommen und im folgenden Jahrzehnt weitergehende Kooperationsabkommen mit diesen Staaten, um so vor allem eine enge Zusammenarbeit auf wirtschaftlichem, aber verbunden damit auch auf politischem Gebiet zu fördern. Längerfristig wird eine erweiterte EG ihre Beziehungen zum indischen Subkontinent vertiefen können und auch sollen, denn die Staaten dieser Region gehören neben den ASEAN-Staaten zu den potentiellen Wachstumsgebieten für den europäischen Außenhandel. Auch politisch wird die EG an stabilen Verhältnissen rund um den Indischen Ozean interessiert sein müssen, um ihre Handelswege zu sichern, und auch, um eine friedliche Entwicklung im östlichen Afrika und in der Golfregion fördern zu können. Stabile wirtschaftliche und politische Verhältnisse in Indien und Pakistan werden nicht ohne Auswirkungen auf die weitere Entwicklung Chinas zur pluralistischen Demokratie sein. Darüberhinaus wird die weitere Entwicklung in Afghanistan, Iran und den muslimischen Republiken der GUS vom indischen Subkontinent aus beeinflußt werden können.
Insbesondere dann, wenn sich der islamische Einfluß in den süd-sibirischen, muslimischen Mitgliedstaaten der GUS verstärken sollte und daraus engere Bindungen an Iran und andere Vorderasiatische Staaten erwachsen, wird Indien als Ausgleich gegenüber diesem islamischen Block an Bedeutung und Einfluß gewinnen.

Seit 1980 bemühen sich die Staaten des indischen Subkontinents, einschließlich des Inselstaats der Malediven, intensiv darum, ihre Zusammenarbeit zu verbessern. Sie planen eine regionale Zusammenarbeit in der South Asian Regional Cooperation - SARC -.

Ziel einer zu entwickelnden EG-Außenpolitik gegenüber solchen Staatenverbindungen muß es sein, ein Mächtegleichgewicht als wesentliche Grundlage für Stabilität und Frieden zu entwickeln. Da ein solches Gleichgewicht bestehende oder entstehende Streitigkeiten nicht verhindern, sondern lediglich eine gewaltsame, kriegerische Lösung erschweren kann, muß eine solche Friedenspolitik der EG auch Streitschlichtungsinstrumente entwickeln und ihre Anwendung durchsetzen, sei es im Rahmen der UNO oder der EG. Erste Ansätze hierzu sind in Europa im Zuge der Weiterentwicklung des KSZE-Prozesses entstanden. Fernziel einer solchen von der EG getragenen und auch innerhalb der UNO geförderten Politik muß es sein, Streitigkeiten der Staaten und Völker durch entsprechende neutrale Gerichtsinstanzen verbindlich entscheiden zu lassen und den Vollzug solcher Streitschlichtungssprüche notfalls auch zu erzwingen. Dann erst wird für die Völker so etwas wie ein ewiger Weltfriede gelten, so wie einst am Ende des Mittelalters der ewige Landfriede das Faustrecht der Menschen untereinander beendete.

Europa und der westpazifische Raum

Die westpazifischen Regionen waren mit Ausnahme Japans und Siams/Thailands europäische Kolonien gewesen. Vor den Europäern hatten schon Araber und Perser weite Teile Indiens, des heutigen Indonesiens, Indochinas und der Malayischen Halbinsel beherrscht und teilweise für den Islam gewonnen. Erste Handelsniederlassungen der Portugiesen, Spanier und Niederländer wurden schon früh im 16. und 17. Jahrhundert gegründet. Daraus entwickelten sich in den folgenden Jahrhunderten zum Teil staaatenähnliche Handelsgesellschaften. Im 19. Jahrhundert wurde der koloniale Einfluß der Spanier und Portugiesen zurückgedrängt. Die Niederländer stabilisierten ihre Kolonie Niederländisch-Indien, die Briten, die im Süden Australien und Neuseeland besaßen, eroberten von Indien aus Burma und das heutige Malaysia. Frankreich beherrschte Vietnam, Laos und Kambodscha, vereinigt als Indochina. Auch Deutschland wurde pazifische Kolonialmacht. Es erwarb den nordöstlichen Teil von Neu-Guinea und von den Spaniern eine große pazifische Inselregion, die Karolinen, die Marianen, die Marshall-Inseln und West-Samoa.

Die Rivalität der europäischen Staaten um die Macht in der Welt hatte die westpazifische Region voll einbezogen. Auch das große, aber zu jener Zeit machtlose China unterlag starken europäischen Einflüssen. Nur Japan und Thailand konnten sich dieser europäischen Machtrivalität ganz oder weitgehend entziehen. Japan hatte früh Anschluß an die westlichen Industriestaaten gesucht und sich dadurch das Schicksal der meisten asiatischen Staaten erspart, entweder Kolonie, oder aber von Europa oder Nordamerika abhängig zu werden. Der Mangel an Energie und Rohstoffen führte schon im 19. Jahrhundert zu einer expansiven imperialistischen Politik. Korea, die Mandschurei, Formosa, Süd-Sachalin und die nördlichen Kurilen wurden annektiert oder unterworfen. Mit China lag Japan jahrzehntelang im Kampf um die vorherrschende Stellung in Ostasien. In mehreren Kriegen gegen China und auch gegen Rußland, das durch die Unterwerfung ganz Ostsibiriens zum Festlandnachbarn Japans geworden war, konnte Japan seine Position festigen. Durch die Teilnahme am ersten Weltkrieg gegen Deutschland konnte Japan seinen Machtbereich erneut erweitern und konsolidieren. Die Expansion Japans kollidierte aber zunehmend mit den US-amerikanischen Interessen im Westpazifik. 1898 hatten die Amerikaner die Spanier gezwungen, die Philippinen an sie abzutreten. Außerdem hatten die USA mit den Sandwich-Inseln (Hawai), 1897 annektiert, und Guam, 1899 von Spanien abgetreten, wichtige Stützpunkte im Pazifik erworben. Die Periode zwischen den beiden Weltkriegen war eine Zeit wachsender Rivalität zwischen Japan und den USA im Westpazifik. Der Versuch Japans, im zweiten Weltkrieg die USA herauszufordern und ihren Einfluß auf den östlichen Pazifik zu begrenzen, scheiterte an der überragenden Wirtschaftskraft der USA und ihrer Fähigkeit, diese in kurzer Zeit in eine militärische Überlegenheit umzusetzen.

Der Einfluß der europäischen Kolonialmächte ging schon nach dem ersten Weltkrieg merklich zurück. Immer stärker strebten die pazifischen Kolonien nach staatlicher Selbständigkeit. Die japanische Eroberung und zeitweilige Beherrschung weiter Teile dieser Region während des zweiten Weltkriegs unterbrach die europäische Kolonialherrschaft und leitete ihr Ende ein. Zwar versuchten Frankreich in Indochina und die Niederlande in Indonesien in langen und kräfteverzehrenden Kriegen ihre Positionen zu behaupten. Großbritannien hingegen entließ seine Kolonien ohne lange kriegerische Konflikte in die Unabhängigkeit und konnte zusammen mit den von europäischen Einwanderern beherrschten Staaten Australien und Neuseeland durch das britische Commonwealth einen gewissen Einfluß in seinen früheren Kolonien bewahren.

Japan hat nach dem zweiten Weltkrieg mit großem Erfolg auf dem Feld der Wirtschaft erreicht, was ihm militärisch nicht gelungen war, die Dominanz im westpazifischen Raum. Japan beliefert heute den ostasiatischen und amerikanischen Markt mit nahezu allen Investitions- und Konsumgütern. Es ist der Hauptgläubiger der USA. Politisch hat sich Japan für viele Jahre zurückgehalten und die eigene Militärmacht stark beschränkt. Die USA waren die anerkannte Schutzmacht dieser Weltregion. Aber mit der Überwindung des Ost-West-Konflikts und der schwächer werdenden Wirtschaftskraft der USA wird ein wieder wachsendes nationales Selbstbewußtsein in Japan einhergehen. Anders als Deutschland, ist Japan nicht Mitglied einer supranationalen Staatengemeinschaft, sondern nur durch internationale Verträge gebunden. Die USA, und verstärkt neben ihr auch die EG, werden in Ostasien wirtschaftlich und politisch ein Gegengewicht zur japanischen Position entwickeln müssen, um die anderen Völker vor einer einseitigen wirtschaftlichen und damit auch politischen Beherrschung durch Japan zu bewahren.

Nach dem zweiten Weltkrieg fiel Japan zunächst für mehrere Jahrzehnte als politische Macht in Asien aus. Die zahlreichen jungen Staaten waren wirtschaftlich schwach und im Innern oft politisch labil, so daß zwangsläufig die USA, die Sowjetunion und später China ihren Einfluß ausbauen konnten. Die asiatischen Staaten wurden mehr oder weniger abhängig von diesen Mächten. Staaten, die am Ende des Krieges militärisch besetzt wurden, wie Korea, wurden, ähnlich wie Europa und Deutschland, geteilt und gehörten in ihren Teilen den sich auch in Asien aufbauenden weltweiten Machtblöcken an.

Ein besonderes Schicksal erlitt Vietnam. Frankreich hatte zunächst versucht, seine frühere Kolonialherrschaft mit militärischer Gewalt wieder zu errichten. Es unterlag aber den um ihre Unabhängigkeit kämpfenden Vietnamesen, die mit Hilfe Chinas im Norden einen kommunistischen Staat errichteten, während im Süden ein westlich orientierter Staat entstand, der zunehmend unter den Einfluß der USA geriet. Der Streit der beiden Machtblöcke um den Einfluß in der westpazifischen Region, insbesondere um Indochina, führte zu jahrelangen Kriegen in Korea und Vietnam, die letztlich von den USA und der Sowjetunion, sowie auch China geführt wurden. In Korea blieb der status quo in Form der Teilung des Landes in zwei antagonistische Staaten bis heute erhalten. In Vietnam gelang den Kommunisten die Vereinigung der beiden Staaten unter ihrer Herrschaft. Auch in Malaysia und Indonesien versuchten die Kommunisten, durch Untergrundkämpfe die Macht zu gewinnen, hatten aber damit keinen Erfolg. Anders in China, das sich zu den Siegermächten des zweiten Weltkriegs zählte, aber durch innen- und besonders sozialpolitische Unfähigkeit der Regierenden, durch Korruption und auch durch Fehleinschätzung der Machtverhältnisse zu einem kommunistisch beherrschten Land wurde. Den Kommunisten gelang es jedoch nicht, die bis zum Kriegsende zu Japan gehörende Insel Formosa zu erobern, so daß bis in die Gegenwart zwei chinesische Staaten existieren.

Während sich in Europa der Einfluß der beiden Machtblöcke in den sechziger Jahren allmählich stabilisierte und wechselseitig respektiert wurde, hat im Westpazifik erst der Beginn des Reformprozesses in der Sowjetunion zu einem spürbaren Nachlassen der kommunistischen Aktivitäten geführt. In Kambodscha bemüht man sich gegenwärtig eine Position zwischen den Machtblöcken zu entwickeln. In Vietnam beginnt man vorsichtig mit wirtschaftlichen und, noch zurückhaltender, mit politischen Reformen. In Korea wird, wie schon seit Jahren, lebhaft von einer Wiedervereinigung gesprochen, aber keine Seite gedenkt bisher auch nur eine Spur ihrer Macht freiwillig aufzugeben. Im Süden Koreas kann zudem von einer wirklichen Demokratie nur bedingt die Rede sein; im Norden herrscht ein Familienklan in Gestalt einer kommunistischen Monarchie, ähnlich wie in Rumänien vor dem Sturz des Diktators Ceausescous. Wie in Osteuropa werden auch hier die Völker ihr Schicksal in die Hand nehmen, und für ihr Land demokratische Gerechtigkeit erkämpfen müssen. In China wehrt sich die herrschende kommunistische Klasse gegen politisch demokratische Reformen und unterdrückt alle Versuche mit miltärischer Gewalt. Wirtschaftlich bemüht sich auch China um mehr Flexibilität. Marktelemente sind eingeführt worden und haben durchaus positive Resultate ergeben.

Im gesamten westpazifischen Raum dominieren gegenwärtig die USA. Sie haben Militärbündnisse mit Japan, Süd-Korea, Indonesien, den Philippinen, Thailand, sowie Australien und Neuseeland geschlossen. Sie garantieren die politische Unabhängigkeit Taiwans. Umgekehrt hat die Sowjetunion ihre Hand - wenngleich mit nachlassender Intensität - über Vietnam gehalten. Nord-Korea ist eng mit China verbunden. Anders als in Europa stand und steht dem Westen im Westpazifik jedoch kein weitgehend geschlossener kommunistischer Block gegenüber. China ist zu groß und wohl auch militärisch zu stark, um sich auf Dauer uneingeschränkt einer russischen Vorherrschaft zu unterwerfen. So war - und ist - die Position des Ostblocks in dieser Region im west-östlichen Mächtespiel durch eine ausgeprägte Rivalität zwischen der früheren Sowjetunion - und jetzt wohl Rußland - und China gekennzeichnet. Erst am Ende der achtziger Jahre mit der beginnenden Veränderung in Europa und in der Sowjetunion hat sich diese Rivalität wieder abgeschwächt, ohne jedoch völlig verschwunden zu sein. Die Staaten dieser Region, soweit sie nicht fest an einen der beiden Machtblöcke gebunden waren, sahen sich daher jahrzehntelang dem rivalisierenden Bemühen der USA, Chinas und der Sowjetunion ausgesetzt, Einfluß zu gewinnen.

Je stärker sich die EG wirtschaftlich und, aus der Sicht dieser ferneren Region, auch politisch entwickelte, desto größer wurde ihre Bedeutung als ausgleichender Faktor gegenüber den im Westpazifik rivalisierenden Mächten USA und Japan auf der einen und China und der Sowjetunion auf der anderen Seite. Nicht vorrangig wirtschaftliche sondern vielmehr politische Interessen führten daher schon 1980 zum ersten Kooperationsvertrag der EG mit den im A S E A N - Bund zusammengeschlossenen Staaten: Brunei, Indonesien, Malaysia, Philippinen, Singapur und Thailand. Mit diesem Vertrag wurde die EG erstmalig politisch in das Mächtespiel Ostasiens einbezogen. Die ASEAN-Staaten hatten sich 1967 zusammengeschlossen, um die regionale Zusammenarbeit auf politischem und wirtschaftlichem Gebiet zu fördern und zu festigen. Man wollte aber auch gemeinsam die Einmischung von außen abwehren. Vor allem der Sieg der Kommunisten in Vietnam und die Vereinigung der beiden Teile dieses Landes unter kommunistischer Führung am Ende der siebziger Jahre und auch die damals immer stärker werdende Präsenz der Sowjetunion in Indochina stärkte den Zusammenhalt der ASEAN-Staaten. Diese Entwicklung förderte außerdem die Bestrebung, enger mit der EG zusammenzuarbeiten. Man wollte dadurch einen Ausgleich gegenüber dem verstärkten wirtschaftlichen Einfluß Japans und dem zunehmenden politischen und militärischen Einfluß der USA erreichen.

Am 7. März 1980 wurde der Kooperationsvertrag zwischen der EG und den ASEAN-Staaten unterzeichnet. Es war das erste gemeinsame Abkommen der ASEAN-Staaten und auch das erste Abkommen der EG mit einer außereuropäischen Staatengemeinschaft. Dieser Vertrag ist inzwischen viermal, zuletzt im Herbst 1991, um jeweils zwei Jahre verlängert worden. Neben der wirtschaftlichen und wissenschaftlichen Zusammenarbeit wurde eine regelmäßige politische Konsultation vereinbart. Alle achtzehn Monate treffen sich die Außenminister der EG-Mitgliedstaaten und der ASEAN-Staaten zur Beratung gemeinsamer politischer Fragen. Außerdem treffen sich am Rande der jährlichen Ministertagung der ASEAN-Staaten der amtierende Ratspräsident der EG und seine Vertreter, die Troika, mit den Vertretern der ASEAN-Staaten zur politischen Konsultation. Regelmäßig konferieren auch die Mitglieder der ASEAN-Delegation des Europäischen Parlaments mit Parlamentariern aus den ASEAN-Staaten abwechselnd in Europa und in einer der Hauptstädte der ASEAN-Staaten. Sichtbares Ergebnis dieser Kooperation war die Einleitung eines Friedensprozesses in Kambodscha durch die Einsetzung der nationalen Dreiparteienkoalition. Dazu konnte die EG, und vor allem Frankreich, wirksam beitragen.

Die wirtschaftliche Kooperation innerhalb des ASEAN-Bundes und mit der EG geht nur langsam voran. Der große Unterschied der Wirtschaftskraft der einzelnen Mitgliedstaaten des ASEAN-Bundes verbietet eine schnelle Entwicklung gemeinsamer Marktstrukturen. Der Umfang der Wirtschaftsbeziehungen mit der EG steht nach wie vor hinter dem mit den USA und vor allem mit Japan zurück. Aber mittelfristig sind die ASEAN-Staaten nicht nur wirtschaftlich, sondern auch politisch als Partner der EG von erheblichem Gewicht, wenn die EG ihren stabilisierenden Einfluß in dieser Region erfolgreich entfalten will. Allerdings zeichnet sich auf Seiten der ASEAN-Staaten eine gewisse Änderung ab. Die politischen Veränderungen in Indochina erfordern eine Neuorientierung ihrer Haltung diesen Staaten gegenüber. Zu erkennen ist aber auch die Tendenz, sich stärker gegen wirtschaftliche und poltische Einflüsse von außen zu schützen, oder anders ausgedrückt, westlichen Vorstellungen von Politik, Demokratie und Menschenrechten den Einfluß zu verwehren. Bemühungen der USA, Japans und Koreas, die Asian Pacific Economic Cooperation (APEC) zu aktivieren und zu institutionalisieren, wurden von den ASEAN-Staaten abgelehnt. Vor allem Malaysia fürchtet eine westliche Vorherrschaft und favorisiert daher die Schaffung eines ostasiatischen Wirtschaftsblocks.

Die enge Bindung Großbritanniens an die "europäischen" Staaten Asiens A u s t r a l i e n und N e u s e e l a n d im Commonwealth erleichtern die weitgehend problemlose Zusammenarbeit der EG mit diesen im Süden der Westpazifik-Region liegenden Gebieten. Durch den 1951 geschlossenen ANZUS-Pakt haben Australien und Neuseeland ihre traditionell ebenfalls engen Beziehungen zu den USA geregelt und in diesem Teil des Westpazifik den Einfluß Nordamerikas und Europas vor allem in Fragen der Sicherheitspoltik ausgeglichen. Stärker noch als Australien sucht Neuseeland Einfluß auf die kleinen südpazifischen Inselstaaten zu gewinnen und zu erweitern, um dort zur politischen Stabilisierung beizutragen. Die Zusammenarbeit der EG mit den pazifischen AKP-Staaten trifft sich hier mit den Interessen Neuseelands.

Die Beziehungen der ASEAN-Staaten sowie Australiens und Neuseelands zur EG einerseits, und zu den USA andererseits, sind daher durchaus vergleichbar. Politisch suchen beide Gruppen ein ausgewogenes Verhältnis zueinander und unterstützen die Politik der EG und ihrer Mitgliedstaaten ebenso wie die der USA, obwohl es durchaus auch unterschiedliche Auffassungen gibt, z.B. in der Indochina-Politik. Hier ist die Haltung der USA sehr viel zurückhaltender als diejenige Australiens und Neuseelands, bedingt vor allem durch das nur langsam verschwindende Vietnam-Trauma in den USA.

Ziel der EG-Politik muß es sein, in einem politischen Dreieck Nordamerika, ASEAN, Australien/Neuseeland und Europa friedensstabilisierend zu wirken. So können insbesondere die Handels- und Wirtschaftsbeziehungen zu diesem Teil der Erde gefördert werden, die für die EG von besonderem Gewicht sind. Die hohe Verschuldung der Staaten Nord- und Südamerikas und Afrikas lassen die ganze westpazifische Region als Handelspartner der EG immer stärker in den Vordergrund treten. Der Handel mit diesen Wirtschaftsgebieten wird in den kommenden Jahrzehnten für die EG immer wichtiger werden. Neben den Handels- und Wirtschaftsbeziehungen zu den ehemaligen RgW-Staaten Mittel- und Osteuropas haben die Handels- und Wirtschaftsbeziehungen zu den Staaten des Westpazifik die größten Zukunftschancen für die EG. Auch darum muß die Europäische Gemeinschaft außenpolitisch diesen Beziehungen eine hohe Priorität einräumen.

Australien und Neuseeland sind dünn besiedelte Gebiete. Ihr politischer Einfluß und ihr Durchsetzungsvermögen im westpazifischen Raum sind daher nur begrenzt, verglichen mit den großen und volkreichen Staaten J a p a n und vor allem C h i n a. Japan ist heute die führende Wirtschaftsmacht in dieser Region und damit Hauptkonkurrent der EG und der USA. Parallel zur wirtschaftlichen Macht wird Japan immer stärker auch wieder zur politisch führenden Macht in Ostasien werden. In dieser Rolle wird Japan ein wichtiger Partner der EG bei der Bewahrung der Stabilität und des Friedens und auch bei der notwendigen Intensivierung der Hilfe für die Entwicklungsländer sein. Während Süd-Korea, Taiwan, Hongkong und von den ASEAN-Staaten Malaysia und Singapur wirtschaftlich neben Japan eine wachsende Bedeutung gewinnen werden, wird Chinas Entwicklung vor allem die politische Stellung Japans beeinflussen.

Erst die japanische Niederlage 1945 befreite China von der jahrzehntelangen Abhängigkeit von Japan. Nach dem Kriege war Japan unter amerikanischer Besatzung, und auch nach Wiedererlangung seiner vollen Souveränität, außenpolitisch und vor allem sicherheitspolitisch eher passiv. Mit dem Sieg der Kommunisten in China 1949 sah sich Japan einem mächtiger werdenden kommunistisch beherrschten Festlandsblock gegenüber, zu dem Nord-Korea und Nord-Vietnam nach den Teilungen dieser Länder noch hinzukamen. Japan gewann in diesen Jahren sehr schnell eine strategische Schlüsselstellung für die USA und ihre Verbündeten. Der ideologische Konflikt und die wachsende politische Rivalität zwischen China und der Sowjetunion stärkten Japans Position, vor allem nach dem Abschluß des Friedens- und

Freundschaftsvertrages mit China im Jahre 1978. In diesem Vertrag vereinbarten beide Staaten außer der formellen Beendigung des Kriegszustandes eine enge wirtschaftliche Zusammenarbeit. Eine entsprechende Vereinbarung mit der früheren Sowjetunion ist bis in die Gegenwart nicht zustande gekommen. Der Grund hierfür ist der fortbestehende Streit um die südlichen Kurilen. Die Sowjetunion hatte nach dem Kriege sämtliche Kurileninseln besetzt und annektiert auch die vier, die unmittelbar der nördlichen japanischen Insel Hokkaido vorgelagert sind und viel länger zu Japan gehören als die 1875 erworbenen Kurilen. Japan fordert diese Inseln - bisher vergeblich - darum auch immer noch zurück und verweigerte der früheren Sowjetunion und verweigert jetzt Rußland die dringend benötigte Wirtschaftshilfe.

Für die EG ist Japan der wichtigste Hanbdelspartner und Konkurrent im Westpazifik. EG und Japan beherrschen den Weltmarkt. 40% des Welthandels werden von ihnen abgewickelt. Zunehmend wurden auch die politischen Beziehungen entwickelt und verstärkt. Die Bewahrung einer rechtsstaatlichen, demokratischen Staatsform und der freien Marktwirtschaft führte beide Mächte in ihrer Abwehrhaltung gegenüber dem kommunistischen Block zusammen. Die Beziehungen zu Japan konnten 1991 durch die Unterzeichnung einer offiziellen Erklärung, mit der ein regelmäßiger politischer Dialog institutionalisiert wurde, verbessert und gefestigt werden.

Mit den Veränderungen in Osteuropa und der Sowjetunion bleibt China die große kommunistische Macht im Westpazifik. Auch wenn absehbar ist, daß auch in China die junge Generation die erstarrte Diktatur der alten Kommunisten eines Tages genauso beseitigen wird, wie in Osteuropa, so ist China gegenwärtig die behrrschende kommunistische Diktatur in Asien. Das gemeinsame Interesse der EG, Japans und der USA und ihrer pazifischen Verbündeten besteht fort, die Ausdehnung des chinesischen Kommunismus zu verhindern und alle Reformen mit dem Ziel einer freiheitlichen, pluralistischen Demokratie in China tatkräftig zu unterstützen. China hat in den letzten Jahrzehnten beachtliche Leistungen vollbracht, das innenpolitische Chaos und die Korruption früherer Zeiten sind weitgehend eingedämmt worden. Vor allem ist es gelungen, die Menschen vor Hunger zu bewahren. Aber die Bevölkerungsvermehrung wird immer wieder die wirtschaftlichen Fortschritte neutralisieren und dadurch die Entwicklung des Landes zu einer domminierenden Weltmacht be- und verhindern.

Für die EG ist China ein wichtiger Wirtschafts- und Handelspartner. Schon früh, im April 1978, hat sie mit China ein Handelsabkommen geschlossen. Es war das erste Abkommen dieser Art mit einem Staatshandelsland. Damals hoffte man auf Seiten der EG, daß die in China eingeleitete wirtschaftliche Liberalisierung in eine poltische überleiten würde. Diese Hoffnung wurde durch die blutige Niederschlagung der friedlichen Revolution vor allem der studentischen Jugend zerschlagen und damit auch die Hoffnung und Erwartung auf eine kontinuierlich wachsende wirtschaftliche und politische Zusammenarbeit.

Mit der Rückgabe Hongkongs an China im Jahre 1997 wird das Land die Chance bekommen, ein hochentwickeltes Handels- und Wirtschaftszentrum zu gewinnen, das zusammen mit dem großen Hinterland China einen wirksamen Anstoß zur wirtschaftlichen Entwicklung zu geben vermag. Voraussetzung ist allerdings, daß die wirtschaftliche Freiheit Hongkongs nicht beeinträchtigt wird. Wirtschaftliche Freiheit ohne individuelle Freiheit der Menschen ist aber kaum vorstellbar. Die Alternative wäre eine Verelendung dieser Millionenstadt Hongkong und damit eine unabsehbare Belastung ganz Chinas. Für die EG ist Hongkong und sein zukünftiges Schicksal ein ganz wesentlicher Faktor für die Wirtschaftsbeziehungen zur westpazifischen Region und insbesondere zu China.

Außenpolitisch muß die EG die politische Zielsetzung Chinas, nämlich sowohl gegenüber Rußland als auch gegenüber den USA unabhängig zu bleiben und jedem Hegemoniestreben entgegen zu wirken, positiv sehen. Auf diese Weise wird im Westpazifik ein durchaus stabiles Gleichgewicht der drei Großmächte China, Rußland und USA entwickelt, durch das verhindert wird, daß eine der Großmächte dieses wirtschaftlich potente Gebiet als Basis eigener Hegemonialbestrebungen in der Welt nutzt. Japan und die EG haben gleichermaßen ein Interesse an der Bewahrung dieser Mächtebalance.

Politisch ist China weitgehend isoliert. Nachdem der Indochinakonflikt durch Verhandlungen gelöst zu sein scheint, und vor allem, nachdem sich Rußland verstärkt der Durchführung innerer Reformen zugewandt hat und damit der Rückzug des Kommunismus in der Welt begonnen hat, ist das außenpolitische Terrain für chinesisch-kommunistische Expansionen praktisch in sich zusammengefallen. Nur noch Nord-Korea kann als politischer Partner Chinas angesehen werden. Außerdem trägt die fortdauernde Besetzung und Unterdrückung Tibets durch China zur außenpolitischen Isolierung des Landes bei. Dennoch bleibt das Gleichgewicht zwischen den drei Großmächten China, Rußland und USA für die EG ein wichtiger Faktor der Beziehungen zu China. Auch umgekehrt muß China an guten Beziehungen sowohl zur EG, als auch zu den USA interessiert sein, um seinerseits die dominierende Rolle seines nördlichen Nachbarn Rußland auszugleichen. China hat daher auch von Anfang an die europäische Einigung unterstützt. Früher als alle anderen kommunistischen Staaten hat China die EG völkerrechtlich anerkannt und schon 1971 diplomatische Beziehungen zur EG aufgenommen. Das Handelsabkommen von 1978 wurde bereits 1984 erweitert und durch ein Handels- und Kooperationsabkommen ersetzt. Sollte eines Tages China zur Politik der Liberalisierung der Wirtschaft zurückkehren und durch politische Reformen den Weg zur pluralistischen Demokratie öffnen, so wird dieses Land neben Japan der für die EG wichtigste wirtschaftliche und politische Partner in Asien werden können.

Europa und Nordamerika

Einst waren die Vereinigten Staaten von Nordamerika eine britische Kolonie. Nach Erkämpfung ihrer Unabhängigkeit wurden sie Zufluchtsland für Millionen, vor allem Europäer, die politische, religiöse und persönliche Freiheit suchten und auch für die, die materiellen Wohlstand und wirtschaftliche Entfaltung erstrebten. Die USA wurden aber auch eine erzwungene neue Heimat für Millionen Afrikaner, die als Sklaven in dieses Land gebracht wurden. In den vergangenen hundert Jahren sind die USA schrittweise zur wirtschaftlichen, politischen und militärischen Weltmacht aufgestiegen. Zweimal im zwanzigsten Jahrhundert konnte der Aufstieg Deutschlands zur dominierenden Macht in Europa nur mit Nordamerikas Kraft und Hilfe unterbunden werden. Die Gestaltung des Friedens nach dem ersten Weltkrieg aber überließen die Amerikaner den Europäern allein. Er währte nur zwanzig Jahre. Nach dem zweiten Weltkrieg aber bestimmten sie ganz entscheidend in Europa und über Europas

Zukunft, soweit sie Europa beherrschten. Sie wurden für viele Jahrzehnte die Garantie- und Schutzmacht für die westliche Hälfte des gespaltenen alten Kontinents. Es war vor allem die jahrelange Bedrohung Westeuropas durch die Sowjetunion, die die Beziehungen Westeuropas, und insbesondere der EG, zu den USA prägte. Als dominierende westliche Atommacht waren die USA die Hegemonialmacht im westlichen Europa, so wie im Osten die Sowjetunion diese Rolle spielte. Wirtschaftlich, politisch und militärisch haben sich viele Beziehungen zwischen Europa und Nordamerika entwickelt und beide Kontinente eng miteinander verbunden. Nach dem Ende der Teilung Europas werden auch die Staaten Mittel- und Osteuropas in diese Beziehungen hineinwachsen. Aber die Rolle Europas in dieser Partnerschaft wird eine andere sein. Bisher gehörten die EG und die meisten Mitgliedstaaten der EFTA zum westlichen Teil der beiden antagonistischen Blöcke der Welt, die sich in Europa unmittelbar gegenüberstanden. Jetzt ist an die Stelle des alten Ostblocks in Europa eine Zone getreten, die keinem Bündnis mehr angehört oder, wie die ehemalige DDR, obwohl Teil des Nato-Gebietes, nichtdeutschen militärischen Einheiten verschlossen ist. Ein Teil Europas steht heute also zwischen den beiden Weltmächten. Mit den schrittweise enger werdenden Beziehungen zwischen der EG und den ehemaligen RgW-Staaten wird Europa in eine Position zwischen den USA und der Sowjetunion hineinwachsen, obwohl die Nato als Bündnis westeuropäischer Staaten mit Nordamerika zunächst fortbesteht. Aber sie wird ihre Funktion ändern müssen. Aus einem Verteidigungsbündnis Westeuropas und Nordamerikas gegen die Sowjetunion und ihre ost- und südosteuropäischen Verbündeten wird schrittweise ein Sicherheitspakt Nordamerikas und Europas zur Garantie dieser Mittelstellung einer vielleicht eines Tages ganz Europa umfassenden EG werden. Wie auch immer die Zukunft der früheren Sowjetunion sich entwickeln wird, als Föderation, als Konföderation oder auch nur als Bund selbständiger Staaten, die EG wird ihr Sicherheitsinteresse, so wie in der Nato nach Westen auch nach Osten vertraglich festlegen müssen.

Europas Rolle wird die einer Sicherheits- und Friedensmacht zwischen den beiden Weltmächten sein. Dies schließt enge wirtschaftliche und politische Beziehungen sowohl zu den USA, als auch zu der GUS ein. Die beiden Weltmächte ihrerseits müssen sich mit der Veränderung Europas vertraut machen. An die Stelle zahlreicher Nationalstaaten tritt immer stärker die Europäische Gemeinschaft. Die alte Politik, die die Gegensätze der europäischen Staaten ausnutzen und diese Staaten in Bündnisblöcke einbeziehen konnte, hat durch die Entwicklung in Europa ihre Basis verloren. Bis zum zweiten Weltkrieg waren die einzelnen europäischen Staaten sowohl Subjekt, als auch Objekt einer solchen Politik. Danach waren die beiden politischen Hälften Europas Teil dieser nun weltweiten Blockpolitik, jedoch nur noch als Objekt. Die Entwicklung der Haltung der Sowjetunion gegenüber dem Veränderungsprozess in Europa ist dargelegt worden. Die Haltung der USA ist Gegenstand der folgenden Untersuchung.

Die USA und die europäische Einigung

Anders als nach dem ersten Weltkrieg haben die USA sich nach dem zweiten Weltkrieg aktiv in die europäische Entwicklung eingeschaltet. Sie haben die vielfältigen Bemühungen um Europas Einigung tatkräftig unterstützt, auch um das westliche Europa gegenüber dem kommunistisch beherrschten östlichen Europa wirtschaftlich und politisch zu stärken. Für den späteren US-Außenminister John Foster Dulles war eine europäische Föderation schon während des zweiten Weltkrieges ein denkbarer Weg, um Deutschland nach Hitler gefahrlos in die europäische Entwicklung zu integrieren und damit die deutsche Frage dauerhaft zu lösen. Im März 1947 verabschiedete der amerikanische Kongress mehrere Resolutionen, die die "Schaffung von Vereinigten Staaten von Europa im Rahmen der Vereinten Nationen" forderten. Diese politische Haltung der USA trug dann auch wesentlich zur Schaffung des Marshall-Planes bei. Die USA wollten durch die Förderung der europäischen Einheit letztlich auch für sich einen ebenbürtigen Partner in der Weltpolitik gewinnen. Die Ablehnung des Marshall-Planes durch die Sowjetunion und ihre osteuropäischen Partner beschränkte die amerikanische Unterstützung der europäischen Einigung auf Westeuropa und leitete die wirtschaftliche Teilung Europas ein.

Die amerikanische Politik gegenüber Europa änderte sich, nachdem es nicht gelungen war, zugleich mit den Institutionen des Marshall-Planes festere supranationale Strukturen der europäischen Zusammenarbeit zu schaffen. Ursprünglich hofften die amerikanischen Politiker, Großbritannien als führende Macht für diese politischen Ziele in Europa zu gewinnen. Großbritannien erwies sich aber immer stärker nicht als Motor, sondern als Bremser einer solchen von den USA erstrebten europäischen Entwicklung. Entscheidend war für die amerikanische Politik die Einbindung des neuen westdeutschen Staates in die europäischen Strukturen mit oder ohne Großbritannien. Da das Vereinigte Königreich politisch an seine Vorkriegstraditionen anknüpfte und nicht bereit war, hoheitliche Rechte auf eine europäische Gemeinschaft zu übertragen, unterstützten die USA fortan die am Anfang kleinere europäische Lösung, die Integration der Sechs in der Montanunion und der EWG. Mit Großbritannien entwickelte man engere bilaterale Beziehungen und löste das Land somit aus den Überlegungen für eine europäische Gemeinschaft zunächst heraus. So entstand eine doppelgleisige amerikanische Europapolitik, einmal eine atlantische und zum anderen eine kontinentale. Diese bipolare Politik prägte für viele Jahre auch die Beziehungen der EG zu den USA und wirkt noch heute nach.

Da Großbritannien nicht bereit war, die Führungsrolle einer supranationalen europäischen Einigung zu übernehmen, fiel Frankreich diese Aufgabe in dem nun beginnenden "kleineuropäischen" Einigungsprozess zu. Die USA hatten Frankreich deutlich erkennen lassen, daß die Alternative für eine europäische Gemeinschaft unter französischer Führung eine bilaterale enge Zusammenarbeit mit dem damals schnell wirtschaftlich gesundenden Deutschland sein würde. Dies aber hätte den Deutschen schon sehr bald die wirtschaftliche Führungsrolle in West-Europa gegeben. Die USA haben daher die französische Initiative, die zur Gründung der Montanunion führte, und die weitere Entwicklung der EG mit Nachdruck unterstützt und sind britischen Versuchen, den supranationalen Charakter der EG zu verwässern, immer wieder entgegengetreten. Als nach Ausbruch des Koreakrieges die Wiederbewaffnung der Bundesrepublik zur Sicherung Westeuropas notwendig wurde, haben die USA ihr politisches Ziel, Deutschland fest in eine supranationale europäische Gemeinschaft zu integrieren, nicht aufgegeben, obwohl man in Washington die Entwicklung einer europäischen Verteidigungsgemeinschaft als neuer Institution innerhalb und möglicherweise neben der NATO mit einer gewissen Zurückhaltung beobachtete. Das Scheitern der Europäischen Verteidigungsgemeinschaft veranlaßte die USA, eine im Grunde nicht ungern gesehene nationale Lösung des deutschen Verteidigungsbeitrags in Form der Mitgliedschaft in der NATO zu suchen.

Mit der Vergrößerung der EWG auf zwölf Mitgliedstaaten, nun unter Einschluß Großbritanniens, und mit der schnell wachsenden wirtschaftlichen Kraft dieser mittel/westeuropäischen Gemeinschaft entwickelte sich das Verhältnis zu den USA langsam, aber stetig von einer wirtschaftlichen Abhängigkeit zu einer zunehmenden wirtschaftlichen Konkurrenz. Die EG wurde die erste Handelsmacht der Erde. Wirtschaftliche Konflikte mit den von dieser Position verdrängten USA blieben nicht aus und begleiteten als "Hähnchen- Nudel- und Stahlkrieg" die weitere wirtschaftliche Entwicklung. Der Versuch der USA, durch das Erdgastechnologieembargo das Gas-Röhrengeschäft der Bundesrepublik mit der Sowjetunion zu verhindern und damit massiv in die europäische Außenhandelspolitik einzugreifen, scheiterte. Europa war nicht nur wirtschaftlich selbständig geworden, sondern gewann mit seiner Wirtschaftskraft auch mehr und mehr außenpolitischen Spielraum. So handelten die Europäer nach der Besetzung Afghanistans durch die Sowjetunion und den politischen Veränderungen am Persischen Golf zwar solidarisch mit ihren amerikanischen Alliierten, aber sie waren nicht bereit, ihre Bemühungen um eine innereuropäische Entspannung zwischen den beiden Blöcken aufzugeben. Auch die osteuropäischen Bundesgenossen der Sowjetunion ließen sich nicht mehr völlig in den kalten Krieg zurückdrängen. Das gemeinsame Interesse der Europäer an der Bewahrung der europäischen Sicherheit und des Friedens trat gleichrangig neben die Solidarität mit ihrer jeweiligen Supermacht.

Diese sicherheitspolitische Eigenständigkeit Westeuropas gegenüber den USA nahm in den achtziger Jahren stetig zu. Man erkannte nicht nur in den westeuropäischen Nato-Staaten, sondern auch in den osteuropäischen Mitgliedstaaten des Warschauer Paktes, daß die größere Verwundbarkeit Europas in einem West-Ost-Konflikt eine stärkere Differenzierung der Sicherheitspolitik erforderte. Europa wollte nicht zum Schlachtfeld einer militärischen Auseinandersetzung zwischen den USA und der Sowjetunion werden und förderte deshalb den Entspannungsprozess auch in den Jahren, in denen der kalte Krieg wieder aufzuleben drohte, unbeirrt weiter.

Die Beziehungen zwischen der EG und den USA waren in vielfacher Weise ambivalent. Einerseits förderten die USA den europäischen Einigungsprozess, andererseits aber konnten sie sich nur schwer mit der qualitativen Veränderung Westeuropas vertraut machen. In den sechziger Jahren, unter der Präsidentschaft John F. Kennedys, begann man sich der neuen politischen und wirtschaftlichen Realität in Europa bewußt zu werden. Das Interesse an einer Stärkung des verbündeten West-Europa nahm zu. Man erkannte, daß damit die eigene Rolle in der NATO erleichtert werden konnte, ließ aber an der eigenen Führungsposition im Bündnis keinen Zweifel. Auch suchte man neben dem militärischen Bündnis neue wirtschaftliche Beziehungen zu entwickeln. Der Trade Expansion Act vom Oktober 1962 zielte auf eine offene Wirtschaftsassoziation zwischen der EG und den USA. Er gab dem Präsidenten die Möglichkeit, gegenüber der EG die Importzölle stark zu reduzieren. Im Rahmen des GATT führte dies schließlich zur sogenannten Kennedy-Runde. Immer deutlicher suchten die USA ihre Partnerschaft zu den einzelnen europäischen Staaten durch eine Partnerschaft zur EG zu ergänzen. Der Abbruch der Beitrittsverhandlungen mit Großbritannien und die Ermordung Kennedys bedeuteten damals einen erheblichen Rückschlag für diese Bemühungen.

Wirtschaftlich wurde die EG in den kommenden Jahren ein immer lästigerer Konkurrent für die USA. Billige Stahlexporte in die USA, und vor allem die wachsende Störung des Weltagrarmarktes durch die subventionierten und zunehmenden EG-Exporte ihrer Produktionsüberschüsse, sorgten für häufige Verstimmungen. Auch beeinträchtigten die späteren Beitritte Spaniens und Portugals die Wirtschaftsbeziehungen der EG zu den USA, da mit der Einbeziehung dieser Länder in den nach außen protektionistisch abgeschlossenen, gemeinsamen Agrarmarkt die USA ihren bisherigen Marktzugang zu diesen Ländern verloren.

Insbesondere für die deutsche Politik ergab sich aus dieser Entwicklung eine oft schwierige Situation. Einerseits suchte Deutschland eine enge Anlehnung an Frankreich und unterstützte die vor allem im französischen Interesse entwickelte EG-Agrarpolitik, andererseits war eine stabile Partnerschaft mit den USA nicht nur für Deutschland, sondern für die ganze EG für die beiderseitige Sicherheit unverzichtbar. Der deutsch-französische Freundschaftsvertrag, der sogenannte Elysée-Vertrag vom 23.Januar 1963, umging diesen Konflikt, indem er die deutsch-französische Aussöhnung in den Vordergrund stellte. Der Eindruck einer exklusiven Partnerschaft innerhalb der NATO und der EG wurde so vermieden.

Nach dem zweiten französischen Veto gegen eine britische Mitgliedschaft in der EG 1967, bemühte sich Großbritannien zusammen mit der EFTA, seinen Commonwealth - Partnern Australien, Kanada und Neuseeland und den USA eine eigenständige Freihandelszone zu bilden. Aber die USA waren hierzu nicht bereit, sie wollten keine engere Bindung an ein isoliertes Großbritannien. Sie gaben trotz ihrer vielfältigen besonderen Beziehungen zum Vereinigten Königreich der Bindung an die EG stets den Vorrang vor einer Vertiefung bilateraler Beziehungen. Sie wollten Großbritannien als Mitglied der EG und damit eine verstärkte Gemeinschaft als Partner. Mit dem Beitritt Großbritanniens, Irlands und Dänemarks zur Europäischen Gemeinschaft erreichten die USA dieses europapolitische Ziel, das sie seit dem zweiten Weltkrieg verfolgt hatten.

Trotz des Wohlwollens gegenüber der fortschreitenden europäischen Einigung waren die USA aber auch immer wieder bemüht, ihren globalen Führungsanspruch mit dem europäischen Einigungsprozess in Einklang zu bringen. Insbesondere störte die USA die Entwicklung der EPZ und damit der Möglichkeit, daß die Europäer gemeinsam eigene außenpolitische Konzeptionen entwickeln konnten, ohne daß die Amerikaner diese Meinungsbildung beeinflussen oder an ihr teilnehmen konnten.

Großbritannien und vor allem Frankreich wehrten sich entschieden gegen alle Versuche der USA, mehr Einfluß auf die gemeinschaftliche Politikgestaltung zu gewinnen. Auch in den USA setzten sich allmählich die Kräfte durch, die von einem Erfolg der Entwicklung des Europäischen Binnenmarktes und damit auch von einer verstärkten politischen Rolle Europas in der Welt überzeugt waren. Man sieht jetzt aber, daß diese Entwicklung in Europa, vor allem nach der Integration des vereinten Deutschland, für die USA große wirtschaftlliche und politische Chancen bieten kann. So können die weltpolitischen Aufgaben in Zukunft mehr und mehr gemeinsam gestaltet werden. Sie lasten nicht mehr allein auf den Schultern Nordamerikas. Darin kann auch eine neue Zukunftsperspektive für die NATO liegen. Eine stärkere Selbständigkeit der Europäischen Gemeinschaft braucht nicht eine Trennung vom nordamerikanischen Partner zu bedeuten, ebensowenig wie Gemeinsamkeit zwischen Europa und Nordamerika eine Unterordnung Europas unter amerikanische Hegemonie sein muß. So wie im Bereich der Wirtschaftpolitik die Zusammenarbeit mit Nordamerika und Japan im Weltwirtschaftsgipfel bisher durchaus erfolgreich gewesen ist, so kann sich auch im außen- und sicherheitspolitischen Bereich eine Gemeinsamkeit auf der Ebene gleichrangiger Partnerschaft entwickeln.

Wirtschaftlich werden aber die Veränderungen in Europa die Beziehungen zu den USA beeinflussen und verändern. Bis in die siebziger Jahre waren die USA nicht nur politisch, sondern auch wirtschaftlich die herrschende Macht im Rahmen der nordatlantischen Partnerschaft. Dank dieser Rolle und der lange Zeit hindurch unangefochtenen Position des US-$ auf den Weltmärkten konnten die USA sich hohe Budget- und Außenhandelsdefizite, bedingt durch den Vietnam-Krieg, aber auch als Folge der wachsenden Exportschwäche der amerikanischen Wirtschaft, erlauben. Erst allmählich konnte sich die EG aus dieser Abhängigkeit lösen und vor allem mit Hilfe der starken Stellung der DM im europäischen Währungssystem eine unabhängige Position auf den Weltmärkten aufbauen.

Der Wegfall der sowjetischen Bedrohung und die Auflösung des Ostblocks wird mittelfristig zu einer weiteren Entkoppelung der EG-Wirtschaft von der amerikanischen führen. Die Notwendigkeit, die amerikanische Vormachtstellung wirtschaftlich zu stützen, wird schon in naher Zukunft zurückgehen. Der kommende Binnenmarkt wird zudem die europäische Position stärken. Aber diese Entwicklung trägt auch die Chance in sich, das Verhältnis zwischen EG und den USA als eine Beziehung gleichrangiger Mächte neu zu gestalten, insbesondere wenn es gelingt, die Europäische Politische Union als handlungsfähige außen- und sicherheitspolitische Gemeinschaft zu entwickeln.

Die Veränderungen in Europa in den Jahren 1989 und 1990 haben die eigenständige Rolle der europäischen Poltik bereits erheblich verstärkt. Die EG sieht sich mehr und mehr gefordert, eigene politische Positionen in der Weltpolitik zu beziehen. Sie mußte aber auch erkennen, daß sie dazu bisher nur sehr bedingt in der Lage war. So konnten die USA im Golfkonflikt 1990/91 fast problemlos die Führungsrolle bei den von der UNO gegen den Irak verhängten Maßnahmen übernehmen. Von einer gemeinsamen EG-Politik war kaum etwas erkennbar. Die Mitgliedstaaten entschieden auf nationaler Ebene, ob und wie sie sich an den Aktionen der USA beteiligen wollten. Einige schickten Truppenkontingente, andere Flugzeuge oder Schiffe, wieder andere verloren sich in innenpolitischen Debatten über den Umfang und die Grenzen ihrer Bündnisverpflichtungen für den Fall einer Einbeziehung der Türkei in den Konflikt. Von einem gemeinsamen und effektiven politischen Handeln der EG war nichts zu erkennen. Diese Statistenrolle der mächtigsten Wirtschaftsmacht der Erde hat aber den Bemühungen, neben der Wirtschaftsgemeinschaft auch die außen- und sicherheitspolitische Gemeinsamkeit weiter zu entwickeln, Auftrieb gegeben. Europa wird nur dann in Partnerschaft mit den USA seine Möglichkeiten wirklich entfalten können und nicht länger politischer Gehilfe sein müssen, wenn die EG aus der Wirtschaftsgemeinschaft eine außen- und sicherheitspolitische Gemeinschaft und damit eine politische Union entwickelt.

Der Golfkonflikt hat aber trotz der dominierenden Rolle der USA auch ihre Grenzen erkennbar werden lassen. Zur Zeit der Präsidentschaft Ronald Reagans haben die USA zwar mit einer gewaltigen Kraftanstrengung ihre militärische Überlegenheit gegenüber der

Sowjetunion wieder hergestellt, aber der Preis dafür war eine Belastung der Wirtschaftskraft des Landes von sehr erheblichem Ausmaß. Die Verschuldung der USA hat einen gewaltigen Umfang angenommen. Die Kosten für die Rüstung und den Schuldendienst erfordern einen immer höheren Teil des Bruttosozialprodukts, so daß für soziale Pflichten des Staates und auch für die Entwicklung der Wirtschaftskraft immer weniger Mittel verfügbar sind. Die Folge ist eine wachsende Verelendung im Innern und nach außen ein Zurückgehen der Wettbewerbsfähigkeit. Zum Budgetdefizit kommt ein großes Außenhandelsdefizit hinzu. Der wachsende Kapitalbedarf, den das jährliche Sparkapital des Landes schon lange nicht mehr decken kann, wurde bisher vor allem von Japan und Deutschland aufgebracht. Die Möglichkeiten Deutschlands, Überschüsse des Außenhandels in den USA anzulegen, sind aber nach der Wiedervereinigung stark zurückgegangen, da die hohen Kosten der wirtschaftlichen Anpassung der ehemaligen DDR den westdeutschen Kapitalmarkt voll in Anspruch nehmen und auch noch für viele Jahre nehmen werden. Ebenso scheint die Zeit der fast unbegrenzten Kapitalexportmöglichkeiten Japans dem Ende entgegenzugehen. Die schwächer gewordene Leistungsfähigkeit der USA wurde während des Golfkonflikts für alle offensichtlich. Die USA führten zwar die militärischen Aktionen gegen den Irak, aber sie brauchten dafür die Finanzhilfen Deutschlands, Japans und der betroffenen Arabischen Staaten.

Der Hegemonialkonflikt der USA und der Sowjetunion hat dazu geführt, daß beide Weltmächte sich wirtschaftlich übernommen haben. Die Sowjetunion und ihre Nachfolgestaaten haben daraus die Konsequenzen ziehen müssen und sich aus Osteuropa und anderen Machtpositionen in der Welt zurückgezogen. Die USA konnten bisher die Finanzierung ihrer militärischen Dominanz durch Umschichtungen vor allem zu Lasten der Sozialleistungen des Staates und durch Ausnutzung des Weltkapitalmarkts, vor allem zu Lasten der Entwicklungsländer, aber auch der EG, sicherstellen. Dies wird in Zukunft nicht mehr im bisherigen Umfang möglich sein. Die begrenzte Wirtschaftskraft der USA wird auch ihre politische Rolle beeinflussen und begrenzen, so daß mittelfristig auf Europa eine wachsende politische Rolle in der Welt zukommen wird. Die bipolare Konstellation der Weltmächte, die die Zeit nach dem zweiten Weltkrieg geprägt hat, ist vorüber. In dem Maße, in dem es der EG gelingt, aus zwölf politischen Entscheidungszentren ein gemeinsames zu gestalten, wird die EG ihre Kraft neben den Großmächten der Vergangenheit zur Geltung bringen können.

Die Gestaltung dieses Nebeneinander von EG und USA und der notwendige Ausbau der Beziehungen der EG zur GUS wird die für die Stabilisierung eines dauerhaften Weltfriedens wichtigste politische Aufgabe der nahen Zukunft sein. Die NATO hat als westliches Verteidigungsbündnis durch den Abbau des Ost-Westkonflikts ihr notwendiges Gegenüber weitgehend verloren. Sie wird daher ihre bisherige politische Rolle sehr schnell verlieren. Anders hingegen der KSZE-Prozess, in den Europa, Nordamerika und die Sowjetunion/GUS einbezogen sind. Seine Weiterentwicklung kann dazu beitragen, ein neues Gleichgewicht beiderseits des Nordatlantik und auch gegenüber der GUS zu entwickeln und zu stabilisieren. Der KSZE-Prozess bietet für die nähere Zukunft die Legitimation für eine weitere Präsenz der USA in Europa zum Ausgleich des geographischen Vorteils der Nachfolgestaaten der Sowjetunion und auch zur Sicherung ureigenster amerikanischer Interessen. Er kann darüberhinaus Grundlage für eine Kooperation auf vielen Gebieten werden. Der Umweltschutz, die Erhaltung und Wiederherstellung eines ökologischen Gleichgewichts, die weltweit immer notwendiger werdende Entwicklungs-und Bevölkerungspolitik und auch die Bewältigung wiederaufbrechender Nationalitätenkonflikte, verbunden mit der Gestaltung und Durchsetzung eines wirksamen Minderheitenschutzes, dies sind Beispiele für die Herausforderung der im KSZE-Prozess zusammenwirkenden Staaten und Völker. 1991 hat man einen wichtigen Schritt zur Festigung der Beziehungen der EG zu Nordamerika getan, indem die Staats-und Regierungschefs mit der Unterzeichnung einer offiziellen Erklärung einen regelmäßigen politischen Dialog institutionalisiert haben.

Europa und die Lateinamerikanische Welt

Mittel- und Südamerika sind geprägt durch einen jahrhundertelangen Einfluß Spaniens und Portugals. Abgesehen von wenigen britischen, dänischen, französischen und niederländischen Kolonien, vor allem in der Karibik, war das ganze Gebiet bis in das 19. Jahrhundert spanischer und -Brasilien - portugiesischer Kolonialbesitz. Der wirtschaftliche und vor allem kulturelle Einfluß der iberischen Mitgliedstaaten der EG in Lateinamerika ist auch heute noch bedeutend. Seit dem Beitritt Spaniens und Portugals in die EG wird dadurch auch eine starke Orientierung der EG-Politik in Richtung auf Lateinamerika bewirkt und beeinflußt.

Politisch und wirtschaftlich dominieren aber bis in die Gegenwart die USA. Für sie ist dieser ganze Kontinent eine fast monopolisierte Einflußsphäre. Seit der Monroe-Doktrin von 1823, durch die jegliche Einmischung europäischer Staaten in die Angelegenheiten amerikanischer, das bedeutete auch lateinamerikanischer Staaten, zurückgewiesen wurde, üben die USA die Rolle einer gewollten, vielfach aber auch nicht erwünschten Schutzmacht über den ganzen Kontinent aus. Politisch haben die USA diese Funktion stets intensiv und zu ihrem Vorteil wahrgenommen. Ihre eigenen demokratisch-rechtsstaatlichen Grundsätze wurden gelegentlich auch vergessen, wenn es um die Bewahrung ihrer Macht in Mittel- und Südamerika ging. Diktatoren, wie Pinochet in Chile, Batista in Kuba und Somoza in Nicaragua, wurden gestützt, wenn es den Interessen der USA nützte. Demokratische Bewegungen und Umwälzungen wurden aus dem gleichen Grund diffamiert und bekämpft und zuweilen in die Arme des Kommunismus, und damit der Sowjetunion, getrieben, wie z.B. Kuba. Man schreckte auch nicht vor einer Unterstützung separatistischer Bewegungen zurück, wenn es nur dem eigenen Vorteil diente, wie etwa bei der Lostrennung Panamas von Kolumbien und seiner staatlichen Verselbständigung im Jahre 1909. Lang ist auch die Liste militärischer Interventionen der USA, vor allem in Mittelamerika. Mittel- und Südamerika hat für die USA eine ähnliche Bedeutung wie die mittel- und osteuropäischen Staaten für die Sowjetunion bis zu Ende der achtziger Jahre. In beiden Fällen bestimmte die jeweilige Patronatsmacht die politische Philosophie in den beeinflußten Staaten. Ebenfalls richtete sich in beiden Fällen die wirtschaftliche Aktivität der abhängigen Gebiete vorwiegend nach den Intereessen der jeweils vorherrschenden Großmacht, im Falle Mittel- und Osteuropas durch eine strikte Orientierung der kommunistischen Planwirtschaft auf die Ziele und Vorgaben der sowjetischen Wirtschaft, in Lateinamerika durch die beherrschende Stellung von US-Firmen in diesen Ländern. Die vielgestaltige Ausbeutung der Ressourcen Lateinamerikas durch derartige Großunternehmen genießt bis in die Gegenwart den politischen und - wenn nötig - auch den militärischen Schutz der USA.

Diese historische Entwicklung war möglich geworden, weil sich Nordamerika ganz anders als das lateinische Amerika entwickeln konnte. Durch die systematische Eroberung und Besiedlung des nordamerikanischen Kontinents bei gleichzeitigem beinahe 'Völkermord' an der indianischen Urbevölkerung konnten sich die Einwanderer aus Europa schrittweise einen hochindustrialisierten, föderativ gegliederten Staat schaffen. Dies gelang, obwohl eine Vielfalt von Kulturen und Sprachen nicht nur aus Europa, sondern auch aus Afrika und Asien in Nordamerika aufeinander stießen und Gemeinsamkeit entwickeln mußten. Der einzige Versuch, den Staat aufzuspalten, wurde durch einen jahrelangen und blutigen Bürgerkrieg in den Jahren von 1863 bis 1865 verhindert.

Ganz anders verlief die Entwicklung in Mittel- und Südamerika. Die Ureinwohner wurden zwar erheblich dezimiert, aber nicht ausgerottet, sondern auf unterster gesellschaftlicher Ebene in den spanischen und portugisischen Kolonien integriert und katholisiert. Obwohl, oder vielleicht, weil der ganze Kontinent, mit Ausnahme Brasiliens, von Spanien beherrscht und kulturell getragen war, zerbrach er nach dem Ende der Kolonialzeit in viele selbständige Staaten, die in zahlreichen Kriegen gegeneinander ihre Grenzen und damit ihren Gebietsstand veränderten oder behaupteten. Die - auch nach dem Ende der spanisch/portugiesischen Kolonialherrschaft - fortbestehende feudale Herrschaftsform und der lähmende Einfluß der katholischen Kirche verhinderten die Entwicklung einer modernen, leistungsfähigen Industriegesellschaft. Trotz reicher Energie- und Rohstoffvorkommen und durchaus effektiver Agrarstrukturen lebt die Masse der Menschen in viel stärkerem Umfang als in Nordamerika in Elend und Armut. Diese wirtschaftliche Schwäche ist der Hauptgrund für die weitgehende Abhängigkeit von den USA, ihrer Wirtschaft und ihrer politischen Vorgaben.

In den Jahrzehnten nach dem zweiten Weltkrieg haben sich die Anzeichen einer langsamen, aber doch deutlich erkennbaren Veränderung sichtbar vermehrt. So konnten sich pluralistisch-demokratische Strukturen in den meisten Staaten Mittel- und Südamerikas durchsetzen und verstärken. Die Zeit der Militärdiktaturen ist offenbar Vergangenheit. Durch den Rückzug der Sowjetunion aus der ideologisch bestimmten Weltpolitik und durch das Ende der kommunistischen Diktaturen in Mittel- und Osteuropa ist auch das Ende kommunistischer Experimente in einigen Staaten dieser Region abzusehen. Nach europäischem Vorbild haben sich wirtschaftliche Staatenzusammenschlüsse gebildet, die mittelfristig zur Stärkung der Wirtschaftskraft führen können. Der Andenpakt zwischen Chile, Ecuador, Kolumbien, Peru und Venezuela und der Gemeinsame Zentralamerikanische Markt (MCCA), dem Costa Rica, El Salvador, Guatemala, Honduras und Nicaragua angehören, sowie der Gemeinsame Karibische Markt (CARI-COM) gehören zu diesen, jedoch nicht immer erfolgreichen, Versuchen. So hat der MCCA zu Beginn seiner Zusammenarbeit zwar erhebliche Erfolge erzielen können. Der Handel wurde liberalisiert, ein gemeinsamer Außenzoll vereinbart und die Industrialisierung forciert. Dieser gemeinsame Markt war aber zu klein. Die unterschiedlich starke Abhängigkeit der einzelnen Mitgliedstaaten vom Außenhandel und von Energieimporten blieb bestehen, so daß er Ende der sechziger Jahre wieder auseinanderzufallen begann. Fünfundzwanzig Mittel- und Südamerikanische Staaten gehören der Sistema Economica Latino Americana (SELA) an, die eine Koordinierung der regionalen Zusammenarbeit anstrebt und die Interessen des Kontinents nach außen wirksamer zur Geltung bringen will. Die meisten südamerikanischen Staaten entsenden außerdem Abgeordnete ihrer nationalen Parlamente in ein gemeinsames Lateinamerikanisches Parlament, das auch regelmäßig mit Abgeordneten des Europäischen Parlaments zu Konsultationen zusammenkommt.

Zahlreiche Staaten Lateinamerikas bemühen sich zunehmend darum, bessere wirtschaftliche und politische Beziehungen zur EG zu entwickeln. Dieses Streben nach mehr Eigenständigkeit und Blockfreiheit ist zudem eine Reaktion auf die seit dem 19. Jahrhundert bestehende und sich in diesem Jahrhundert noch verstärkende Dominanz der USA. Allerdings muß die Aufrechterhaltung von guten und ausgewogenen Beziehungen zu den USA aus geopolitischen und insbesondere sicherheitspolitischen Gründen auch in Zukunft Leitlinie der lateinamerikanischen Politik bleiben. Auch die EG hat ein Interesse an besseren Beziehungen und ist bemüht, diese schrittweise auszubauen, insbesondere seitdem Spanien und Portugal zur Europäischen Gemeinschaft gehören. Ein wichtiger Bereich für die Verbesserung der Kooperation ist der Handel. Durch Rahmenabkommen mit Zentralamerika, Mexiko und Uruguay 1975, Brasilien 1980 und mit den Andenpaktstaaten 1983 hat die EG ihr Interesse an verbesserten wirtschaftlichen Beziehungen deutlich gemacht. Für die EG ist der Mittel- und Südamerikanische Markt wichtig, wenngleich eine hohe Verschuldung vieler Staaten dieser Region eine nennenswerte Erweiterung des Handels in naher Zukunft kaum erwarten läßt. Eine Verbesserung der wirtschaftlichen Arbeitsteilung zwischen Lateinamerika und Europa kann aber durchaus zur wirtschaftlichen Erholung und damit auch zur Stabilisierung der politischen und sozialen Lage beitragen. Die EG muß alle Bemühungen, die darauf abzielen, die wirtschaftliche und politische Zersplitterung Lateinamerikas zu überwinden, nachhaltig unterstützen. Sie braucht mittelfristig ein wirtschaftlich gestärktes, demokratisiertes und damit politisch stabiles Lateinamerika an ihrer Seite, um den politischen, wirtschaftlichen, sozialen und nicht zuletzt ökologischen Frieden auf der Erde sichern zu helfen.

Ein ausgewogenes Verhältnis zwischen Lateinamerika und Angloamerika, das nicht mehr auf einer einseitigen wirtschaftlichen, militärischen und politischen Vorherrschaft des Nordens beruht, ist eine auf Dauer stabilere Grundlage für den ganzen amerikanischen Kontinent und liegt damit auch im Interesse der EG. Wirtschaftlich wird die EG zunehmend im Wettbewerb mit den USA in Lateinamerika stehen. Politisch wird die einseitige Orientierung nach Norden ersetzt werden durch eine mehrseitige Bindung, insbesondere zu den iberischen Mitgliedstaaten der Europäischen Gemeinschaft, deren politische Position in Lateinamerika durch ihre Mitgliedschaft in der EG wesentlich gestärkt worden ist.

Gedanken zum Schluß

Europas Weg durch die Geschichte bis in unsere Tage ist ein wechselvolles Streben seiner Völker und Staaten nach Macht und Vorherrschaft. Staaten entstanden, wurden groß und mächtig und verschwanden wieder. Insbesondere die großen Staaten Europas erlagen immer wieder der Versuchung, sich den Kontinent unterwerfen zu wollen. Zuletzt waren es die Deutschen, deren Versuch, Europa zu beherrschen, nach zwei Weltkriegen scheiterte. Europa hat zu keiner Zeit die Unausgewogenheit seiner Machtstrukturen geduldet. Zwar dauerte es manchmal lange, ehe die Staaten und Völker sich aufrafften, um für eine Ausgewogenheit der Macht und der Herrschaft in Europa zu streiten. Der Preis, den sie hierfür zahlen mußten, war in der Geschichte oft sehr hoch. Aber am Ende stand immer wieder ein ausgewogenes Gleichgewicht der großen Staaten und - in ihrem Schatten - auch der mittleren und kleinen Staaten.

Seit fast zweihundert Jahren leben die europäischen Völker in national abgegrenzten, oft engstirnig isolierten Staaten. Das eigene Volk, der eigene Staat wurde häufig zum angebeteten, mystisch verklärten Abstraktum; den anderen wurde nicht selten selbst das Existenzrecht abgesprochen. Große Gewaltpotentiale wurden geschaffen und unterhalten. Mit zuweilen die Vernunft blendendem Mißtrauen lebte man nebeneinander und kämpfte gegeneinander. Provinzen und Landstriche wechselten als Zeichen des Erfolges die staatliche Zugehörigkeit. Die eigene Größe degenerierte zu beherrschten Quadratkilometern Landes. Dieses Europa prägte für lange Zeit die Welt und verlor seine Macht wieder, weil es, blind für die Entwicklungen, seine Kraft in Weltkriegen verbrauchte. Plötzlich fand man sich als Objekt der Herrschaft nichteuropäischer Mächte wieder. Aber die Geschichte hat Europa und seinen Völkern noch einmal eine Chance gegeben. Die Europäer haben dies erkannt und diese Chance durchaus genutzt. Nicht mehr gegeneinander, sondern gemeinsam begannen sie nach dem zweiten Weltkrieg, ihre Zukunft zu gestalten. Zuerst waren es nur sechs Staaten, die Gründungsmitglieder der europäischen Gemeinschaft für Kohle und Stahl. Dann fand sich allmählich ganz West- und Südeuropa in der EG wieder. In wenigen Jahren werden Skandinavien und die Alpenregion dazugehören. Zu Beginn des neuen Jahrhunderts werden dann auch die meisten Staaten Ost- und Südosteuropas in der Lage sein, in der EG als Vollmitglieder zu leben und zu wirken. Es ist ein Prozess von wahrhaft historischer Dimension, dieses Aufeinander-Zugehen und Zusammenwachsen in der Europäischen Gemeinschaft und bald auch in der Europäischen Union.

Diese Union wird eine Union von weiterbestehenden Staaten sein. Das muß nicht bedeuten, daß die Staaten in ihrer heutigen Identität für alle Zeiten fortbestehen. Es können neue Staaten durch Verselbständigung von Gebieten, durch das Auflösen oder auch durch den Zusammenschluß mehrerer bestehender Staaten entstehen. Die Europäische Union als Gemeinschaft von Staaten bedeutet auch, daß die einzelnen Staaten ihren Standort in der Union suchen und entwickeln müssen. Daraus wiederum folgt, daß sie auch in Zukunft im Wettbewerb miteinander stehen werden. Dieser Wettbewerb innerhalb der Union wird aber nur ein friedlicher sein können, denn mit dem Eintritt in die Union müssen die Staaten ihr außenpolitisches Gewaltmonopol zugunsten der Union aufgegeben. Die Suche nach dem Standort in der Union und der friedliche Wettbewerb mit anderen Mitgliedstaaten wird aber auch das Streben nach einem Ausgleich von Macht und Einfluß einschließen, also eine neue Form eines Gleichgewichtsstrebens innerhalb der Union bedeuten.

Mit Erstaunen und auch mit Entsetzen erleben viele Menschen in Europa Entwicklungen wie die in Jugoslawien. Dort regt sich neuer Nationalismus, oder anders, dort streben die Völker und Volksgruppen fort aus der staatlichen Einheit, in der sie jahrzehntelang offenbar friedlich miteinander gelebt haben. Das Gespenst nationaler Blindheit, Überheblichkeit und des nationalen Egoismus, das man längst im Schatten der Geschichte versunken glaubte, ist wieder da, begleitet von häßlichen Tönen vergangener Geschichtsepochen. Dennoch muß dies nicht unbedingt ein für Europas Zukunft negatives Signal sein. Die bisherige Ruhe in vielen Staaten Mittel- und Osteuropas war die Ruhe der diktatorischen Unterdrückung, des politischen Friedhofs. Die neue Freiheit gibt den Völkern und Volkgruppen den Mut, ihre Eigenständigkeit erneut einzufordern und historisches und politisches Unrecht der Vergangenheit zu korrigieren. Es liegt an der EG, die neue staatliche Philosophie der "Einheit in der Vielfalt" dem Osten und Südosten Europas zu vermitteln. Dann, und auch nur dann, kann der neue Nationalismus ein durchaus zukunftsweisendes Element der gemeinsamen europäischen Geschichte werden.

In Europa verstärken sich gegenwärtig zwei scheinbar gegenläufige Strömungen: Einmal schließen sich Staaten immer enger zusammen und bilden unter Einschränkung und Aufgabe ihrer nationalen Eigenständigkeit neue Gemeinschaften. In anderen Staaten aber streben einzelne Regionen und Volksgruppen nach immer mehr Selbstbestimmung und Selbständigkeit. Diese Entwicklung ist eine Konsequenz aus der Überwindung der Absolutheit des nationalen Souveränitätsprinzips. Innerhalb einer enger werdenden europäischen Kooperation und Integration verliert das Übergewicht der nationalen Gemeinsamkeit und Einheitlichkeit über die völkische und kulturelle Vielfalt in vielen europäischen Staaten zunehmend an Bedeutung. Die Einheit der Nationen ist nicht mehr ein Überlebenselement im Wettstreit der Völker. So entsteht ein Freiraum für mehr Autonomie und Selbstverwirklichung der Regionen und Volksgruppen. Dies zu fördern, bedeutet, die Vielfalt der europäischen Kulturen zu erhalten und zu stärken. Politisch aber sollten die staatlichen Einheiten nicht zerstört werden. Es gilt vielmehr, in Europa einen mehrstufigen Föderalismus zu schaffen, dessen Ebenen die Staaten und ihre - vor allem kulturell autonomen - Regionen und Provinzen sind. Nicht erstrebenswert wäre ein Zerfall europäischer Staaten in eine Vielzahl neuer selbständiger kleiner und mittlerer Staaten. Dies würde nämlich zu einer erheblichen Stärkung der europäischen Zentralgewalt führen und damit letztlich den Interessen der Regionen entgegenwirken. Auch würde das ausgewogene Gleichgewicht der bestehenden europäischen Staatenwelt durch die völlige Auflösung einiger Mittelstaaten und die Entstehung zahlreicher Kleinstaaten wieder verändert werden. Die größeren Staaten würden an Einfluß gewinnen, und es würde möglicherweise auch eine innergemeinschaftliche Rivalität um den Einfluß auf die neuen Kleinstaaten entstehen. Dies alles wäre nicht förderlich für die fortschreitende Vertiefung der europäischen Staatengemeinschaft. Darum sollten Staaten, wie Jugoslawien oder die Tschechoslowakei, trotz weitgehender Selbständigkeit ihrer Gliedstaaten, jedenfalls als Wirtschaftseinheiten und auch als außenpolitische Größen erhalten bleiben. Bestrebungen der Serben in Jugoslawien und der Tschechen in der Tschechoslowakei nach dominierender Vorherrschaft muß durch Stärkung der Staatlichkeit der Gliedstaaten eine unüberwindbare

Schranke entgegengestellt werden. Nur so kann den einzelnen Völkern und Volksgruppen zugemutet werden, in Gemeinschaft mit diesen zahlenmäßig dominierenden Völkern in einem Staat zu leben. Der Bürgerkrieg in Jugoslawien hat zudem deutlich gezeigt, wie lang der Weg mancher Völker in Europa zur europäischen Gemeinsamkeit und damit in die Europäische Gemeinschaft noch ist.

Die EG ist also aufgerufen, den Prozess der Regionalisierung zu fördern, gleichzeitig aber dem Zerfall von Staaten, und damit einer Vermehrung europäischer Kleinstaaten entgegenzuwirken. Dabei muß die Gemeinschaft deutlich machen, daß das Recht auf Selbstbestimmung der Völker nicht immer bedeuten kann, daß jedes Volk, jede Volksgruppe sich als unabhängiger Staat organisieren darf. Dies ist oft politisch, wirtschaftlich und geographisch bei zergliederten und nicht zusammenhängenden Siedlungsgebieten gar nicht möglich. Das Selbstbestimmungsrecht bedeutet aber stets das Recht auf kulturelle Eigenständigkeit und Eigenbestimmung und auch auf eine volle Gleichberechtigung innerhalb der staatlichen Einheit. Die Mittel der EG zur Durchsetzung einer solchen Politik sind vielfältig und reichen gegenwärtig von Wirtschafts- und Finanzsanktionen bis hin zu diplomatischem Druck. Vor allem aber muß die EG eine klare und eindeutige gemeinsame politische Zielsetzung entwickeln. Mit anderen Worten zeigen diese Ereignisse in Südosteuropa erneut, wie dringend die Entwicklung einer Europäischen Politischen Union mit einer gemeinsamen integrierten Außenpolitik ist.

Europa braucht aber auch Machtinstrumente, um seine Politik durchzusetzen und um nationale Konflikte und Kriege in Europa zu verhindern. Das heißt, eine integrierte Sicherheits- und Verteidigungspolitik ist gleichermaßen notwendig, und damit auch eine gemeinsame Streitmacht, eine Europäische Legion.

Die Politische Union wird den Staaten und Völkern Europas ihren Platz in der Gemeinschaft geben und sichern. Sie wird ein innergemeinschaftliches Gleichgewicht schaffen und auch immer wieder stabilisieren müssen. Nach Thomas Hobbes sind die Aufgaben des Staates, Freiheit, Sicherheit und Wohlstand seiner Bürger zu garantieren. Dies kann in dieser Welt der Großmächte auf Dauer kein europäischer Einzelstaat mehr für sich allein. Das kann nur die Gemeinschaft der europäischen Staaten, die Europäische Union. Der Europäischen Union wird aber auch und zunehmend im Mächtespiel der Welt eine neue Rolle zuwachsen. Sie wird immer stärker an die Stelle der einzelnen europäischen Staaten in der Weltpolitik treten und allein durch ihre Existenz einen Einfluß gewinnen, den die einzelnen europäischen Staaten, auch die früheren Großmächte, niemals gehabt haben. Nur als Einheit wird Europa in der Lage sein, die Eigenständigkeit und Selbstbestimmung seiner Völker in der Welt zu sichern. Ebenfalls nur als Einheit werden die Europäer in Zukunft aktiv an der Gestaltung und Sicherung des Friedens in der Welt mitwirken können und nicht wieder zum Objekt der Politik nichteuropäischer Mächte werden.

Europa hat keine imperialen Ziele mehr, die es in der Welt verfolgt. Das wird seine Stärke sein, politisch und moralisch. Rußland, als fortbestehende Großmacht, beherrscht große nichtrussisch besiedelte Gebiete in Asien und wird diese Herrschaft sichern wollen. Die USA verfolgen massive Machtinteressen vor allem in Mittelamerika, aber auch im pazifischen Raum. Europa wird für viele Staaten und Staatengruppen in der Welt zum Hüter der Stabilität und des Friedens und damit schrittweise auch zum Garanten eines weltweiten

Mächtegleichgewichts werden können. Seine wirtschaftliche Stärke wird dabei das Hauptinstrument seiner Weltpolitik sein. Europa hat in unserer Zeit viele Chancen. Scheitert der europäische Einigungsprozess aber am Streben nationaler Politiker und Militärs, ihre lokale Macht zu bewahren, so wird Europa langfristig wieder zu einer Vielfalt staatlicher Einheiten und damit zum Einflußgebiet nichteuropäischer Mächte. Seine Bedeutung in der Welt und die friedenssichernde Rolle, die ein einiges Europa spielen könnte, blieben eine politische Vision.

Das Zusammenwachsen Europas wird viel länger dauern, als die - zu Recht ungeduldigen - Streiter für die Europäische Union erwarten. Als auf dem Haager Kongress 1948 das große Bekenntnis zur gemeinsamen europäischen Staatlichkeit verkündet wurde, hofften viele, dieses Ziel in wenigen Jahren, allenfalls in ein oder zwei Jahrzehnten zu erreichen. Damals aber stand die vierzigjährige Periode der europäischen Teilung in Ost und West gerade erst am Anfang. Erst am Ende des Jahrhunderts gelang es den Menschen in Europa, dieses gewaltige Hindernis zu überwinden. Die politische Einigung Europas ist aber nicht nur abhängig vom politischen Handlungswillen, sondern auch von einer schrittweisen Entnationalisierung des Bewußtseins der Menschen. Erst wenn als Folge der wirtschaftlichen Einheit die isolierte nationale Bindung allmählich begleitet wird von einer übernationalen Bindung an die Europäische Union, wird auch die politische Organisation dieser Gemeinschaft für die Menschen akzeptabel werden. In jedem Fall aber wird daneben die einzelstaatliche Organisation der EG fortbestehen. Die kulturellen, historischen, religiösen und charakterlichen Unterschiede der europäischen Völker können und sollten nicht nivelliert werden. Der Prozess der Bildung einer neuen Nation, wie in den USA, hat die Loslösung der Menschen von ihrer Bindung an ihren Volks- und Kulturraum zur Voraussetzung gehabt. Alle Amerikaner, von den Überlebenden des Indianer-Völkermordes abgesehen, waren einmal selbst, oder ihre Vorfahren, Immigranten. Diese Voraussetzung gibt es in Europa nicht. Daher wird die Europäische Gemeinschaft eine politische Föderation eigenständiger, staatlich organisierter Völker mit weitgehender Autonomie sein.

Wie erfolgreich die gemeinsame Ausübung übertragener hoheitlicher Rechte sein kann, zeigt die europäische Wirtschaftsgemeinschaft. Die gemeinsamen Organe können in vielen Bereichen der Wirtschaftspolitik für alle verbindlich handeln. Das hat sehr positive Entwicklungen und Ergebnisse zur Folge gehabt. Die gemeinsame Wirtschaftskraft der EG hat sich als größer erwiesen, als die Summe der wirtschaftlichen Möglichkeiten der zwölf Mitgliedstaaten. Der Golfkonflikt 1990/91 hat aber auch deutlich gemacht, daß die mögliche politische Stärke, die aus der gemeinsamen wirtschaftlichen Kraft erwächst, nicht entwickelt und entfaltet werden kann, solange sich die Außen- und Sicherheitspolitik nur als Kooperation der nationalen Regierungen und damit allenfalls als die Summe von zwölf Außen- und Sicherheitspolitiken darstellt. Allen Erklärungen zum Trotz dominierte plötzlich wieder die einzelstaatliche Politik, vor allem in Frankreich und Großbritannien. Europa hat seine potentiellen Möglichkeiten im Golfkonflikt nicht entfalten können. Gewiß wird der Weg zu einem gemeinsamen Außen- und Verteidigungskommissar noch weit sein, aber denkbar ist ein Außen- und Sicherheitspolitischer Ministerrat, der seine Beschlüsse mit qualifizierter Mehrheit faßt, die dann für den zuständigen Kommissar die Grundlage einer einheitlichen europäischen Politik sind. Die Vereinbarungen auf der Konferenz der Staats- und Regierungschefs in Maastricht im Dezember 1991 haben zu einem ersten wichtigen Schritt in

Richtung auf eine außenpolitische Union geführt. Zwar bleibt die Außenpolitik weitgehend der Regierungskooperation vorbehalten, aber sie erfolgt nicht mehr, wie die EPZ bis dahin, neben der EG, sondern in einem Außenministerrat. Mit der Vereinbarung, in einigen fest umrissenen außenpolitischen Bereichen auch mit qualifizierter Mehrheit zu entscheiden, ist darüberhinaus der erste Schritt zur Übertragung außenpolitischer Hoheitsrechte auf die Europäische Union getan worden.

Noch ein Gesichtspunkt bleibt anmerkenswert für die zukünftige Politik in Europa: Die Völker und Staaten werden weiter bestehen. Ihre Interessen werden auch in Zukunft unterschiedlich sein. Sie werden Konflikte untereinander austragen und lösen müssen. Auch wird es weiterhin ein Streben nach wirtschaftlichem und politischem Interessens- und Machtausgleich geben. Solange es Staaten in Europa gibt, gibt es auch einen Ausgleich der Macht, und Versuche, diese Balance zu verändern. Ein solcher Prozess wird auf Dauer nur innerhalb einer föderativen Gemeinschaft friedlich ablaufen. Auch werden die Staaten ihre gegenwärtigen Grenzen, insbesondere wenn diese das Ergebnis von einseitiger Macht- und Gewaltanwendung und nicht selten der Verletzung der Regeln des Völkerrechts sind, auf Dauer nur hinnehmen, wenn diese Grenzen innerhalb einer föderativen Gemeinschaft ihren abgrenzenden, und damit trennenden Charakter verlieren und nur noch rechtlich formale Ordnungsfunktionen haben.

Ein Europa, das sich für die Fortsetzung nationalstaatlicher Dominanz entscheiden würde, würde auf lange Sicht seinen inneren Frieden nicht stabilisieren und nach außen nicht in der Lage sein, die politische Kraft zu entfalten, die sich aus seiner wirtschaftlichen Stärke ergibt. Ein solches Europa würde zu einer Ansammlung politisch fremdbestimmter Mittel- und Kleinstaaten werden. Die großen Probleme der kommenden Zeiten, die Stabilisierung des ökologischen Gleichgewichts und, als Voraussetzung hierfür, die absolute Beendigung des Bevölkerungswachstums, sowie die endgültige Durchsetzung der Menschenrechte und die Beendigung des Gewalt- und Faustrechts der Staaten nach innen und nach außen durch eine Weltrechtsordnung, diese Probleme werden nur gelöst werden können, wenn die Europäer ihre Kräfte vereint entwickeln und einsetzen. So wie im Mittelalter der Landfriede den Bürgern mehr Sicherheit und Recht gab und das Faustrecht der Stärkeren beendete, so muß auch zwischen den Staaten die Möglichkeit geschaffen werden, Rechte und Ansprüche einzuklagen und solche Entscheidungen dann auch friedlich durchzusetzen. Die einmütige Verurteilung der völkerrechtswidrigen Annexion Kuwaits durch den Irak 1990 und die gemeinsame Exekution dieser UNO-Entscheidung war ein erster Schritt in eine neue postnationale Weltordnung. Europa jedoch muß als Einheit handlungsfähig werden oder Europa findet in der Weltpolitik nicht mehr statt.

Die Rolle der einzelnen europäischen Staaten im sich immer wieder wandelnden europäischen Gleichgewichtssystem zeigt deutlich, daß nur die großen Staaten hierbei eine aktive Rolle spielen konnten und immer noch spielen. Bis zum ersten Weltkrieg waren dies Großbritannien und Frankreich im Westen, Deutschland und Österreich-Ungarn in der Mitte und Rußland im Osten Europas. Das Osmanische Reich hatte schon im 19. Jahrhundert sehr schnell seine Macht und seinen Einfluß auf die Entwicklung auf dem Balkan verloren und war zu Beginn des 20. Jahrhunderts aus dem europäischen Mächtekonzert ausgeschieden. Österreich-Ungarn schied dann nach dem ersten Weltkrieg durch den Zerfall in mehrere

Mittelstaaten ebenfalls aus. Italien versuchte vor allem nach dem ersten Weltkrieg, in den Kreis der europäischen Großmächte hineinzuwachsen. Aber seine imperialen Pläne und Aktionen scheiterten immer wieder an der Überschätzung der eigenen Machtmöglichkeiten. Rußland verlor durch die Niederlage und die Revolution am Ende des ersten Weltkrieges seine führende Rolle in Europa, gewann sie dann aber im und nach dem zweiten Weltkrieg infolge der erneuten deutschen Niederlage nicht nur zurück, sondern wurde neben den USA für mehrere Jahrzehnte eine der beherrschenden Weltmächte.

Die zahlreichen europäischen Mittelstaaten konnten ihre Position im europäischen Mächtekonzert in aller Regel nur behaupten und an der Gestaltung des Gleichgewichts mitwirken, indem sie sich immer wieder neu an der jeweiligen Machtsituation orientierten und entsprechend ihre Bündnispolitik gestalteten.

Besonders deutlich zeigt dies die jüngere Geschichte Rumäniens: 1914 blieb Rumänien zunächst neutral, obwohl es mit Deutschland und Österreich-Ungarn einen Bündnisvertrag geschlossen hatte. Als sich 1916 die Kriegslage für die Mittelmächte zu verschlechtern begann, trat Rumänien, in der Hoffnung auf territorialen Gewinn, an der Seite der Westmächte in den Krieg ein. Nach der Niederlage schied es wieder aus, um sich am Ende des Krieges erneut auf Seiten der Westmächte am Krieg zu beteiligen und dann auf Seiten der Sieger sein Territorium erheblich zu vergrößern. Dasselbe Spiel wiederholte sich im zweiten Weltkrieg. Zunächst blieb Rumänien neutral, um dann aber nach der Niederlage Frankreichs, diesmal auf Seiten Deutschlands in den Krieg einzutreten. Als 1944 Deutschlands Niederlage abzusehen war, wechselte Rumänien erneut die Seite, beendete den Krieg aber diesmal nicht als Siegermacht mit territorialem Zuwachs. Es konnte aber seinen Besitzstand im wesentlichen behaupten.

Eine andere Position nahmen die skandinavischen Mittelstaaten ein. Sie bemühten sich lange mit Erfolg, sich aus den europäischen Machtkämpfen herauszuhalten. Im zweiten Weltkrieg gelang dies aber nur noch Schweden, während Norwegen auf seiten Großbritanniens in den Krieg hineingezogen wurde.

Bedingt durch die geographische Randlage konnte sich auch Spanien bis nach dem zweiten Weltkrieg aus dem europäischen Mächtespiel heraushalten. Der Bürgerkrieg von 1936 bis 1939 war allerdings in der Zwischenkriegsphase auch ein Ersatzkriegsschauplatz für die europäischen Großmächte geworden.

Durch die wachsende wirtschaftliche und politische Bedeutung der europäischen Integration hat sich dieses klassische Mächtespiel um das Gleichgewicht völlig verändert. Es sind immer weniger die Nationalstaaten, die miteinander oder gegeneinander ihre Politik gestalten, es ist jetzt immer mehr die Europäische Gemeinschaft, die in diese Machbalance hineinwächst. Sie ist mehr als die Summe ihrer Mitgliedstaaten, sie ist eine neue wirtschaftliche und politische Qualität geworden. In Europa selbst dominiert sie eindeutig wirtschaftlich, aber auch zunehmend politisch gegenüber den noch nicht zur Gemeinschaft gehörenden bisherigen Mittelstaaten. Eine politische Alternative zur schrittweisen Integration aller bisher noch nicht zur Gemeinschaft gehörenden Staaten gibt es nicht mehr. Auch verliert die Neutralität als politische Leitlinie in Europa immer mehr ihre politische Grundlage, denn es gibt immer weniger Machtgegensätze, denen gegenüber eine neutrale Politik möglich wäre. Alle einst führenden europäischen Großmächte sind heute in der Europäischen Gemeinschaft zusammengeschlossen, wenn man von der besonderen Rolle Rußlands als euro-asiatischem Staat einmal absieht. Ihr Mächtespiel hat sich in veränderter Weise in die Gemeinschaft verlagert, allerdings ohne jegliche Möglichkeit einer gewaltsamen politischen und erst recht militärischen Auseinandersetzung. Es geht jetzt für die Mitgliedstaaten allein darum, Einfluß auf die Entwicklung und Gestaltung der Gemeinschaft zu gewinnen, auszubauen und entsprechende Koalitionen innerhalb der Gemeinschaft zu entwickeln. Dies ist ein normaler Prozess in jeder föderativ gestalteten staatlichen Gemeinschaft.

Während sich also das europäische Ringen um eine ausgewogene Struktur der Kräfte, um Macht, Einfluß und Sicherheit in einen Wettstreit innerhalb der Gemeinschaft gewandelt hat, ist die Gemeinschaft als ganzes zu einem neuen Faktor im Mächtespiel der Weltmächte geworden. Noch ist die Gemeinschaft nur wirtschaftlich stark, da ihre Mitgliedstaaten ihr nur auf diesem Politiksektor Kompetenzen zur gemeinsamen Wahrnehmung übertragen haben und selbst auf eine eigene, individuelle Politik weitgehend verzichten. Politisch tritt die Gemeinschaft dagegen nur als die Summe von zwölf nationalen Sicherheits- und Außenpolitiken in Erscheinung. Sie besitzt auch nur wenige Machtinstrumente, um ihre gemeinsame Politik durchzusetzen. Erst dann, wenn die Gemeinschaft auch für die gemeinsame Außen- und Sicherheitspolitik zuständig sein wird, wird sie ihre große Wirtschaftskraft auch in politische Stärke und politischen Einfluß umsetzen können. Aber die Sicherheits- und damit die Verteidigungspolitik ist besonders sensibel in der post-nationalen Entwicklung der Europäischen Gemeinschaft. Sicherheit, Verteidigung und damit der politische Einsatz militärischer und polizeilicher Machtmittel gehören zu den emotional besonders eng an die Nation gebundenen Staatsaufgaben. Der Patriotismus dürfte sich nur langsam europäisieren. Darum sollte auch das Unterhalten von Streitkräften zunächst Aufgabe der Mitgliedstaaten bleiben, so wie beispielsweise auch in Deutschland nach der staatlichen Einigung 1871. Aber im Falle einer Bedrohung der Gemeinschaft von außen und auch, wenn die Gemeinschaft im Rahmen der UNO oder bei anderen Maßnahmen der Völkerrechtsgemeinschaft gefordert wird, muß auch sie als eine Form der Einheit mit staatlicher Qualität unter eigener politischer Verantwortung handeln können. Für Einsätze im Rahmen von UN-Aktionen und zur Durchsetzung politischer Entscheidungen bei Völkerechtsverletzungen oder zur Streitschlichtung oder zur Trennung kriegführender Parteien sollte die EG eine Europäische Legion als gemeinsame Streitmacht schaffen. Diese Legion muß eine Freiwilligenarmee sein, zu der alle Angehörigen der EG-Mitgliedstaaten Zugang haben und die den Status einer gemeinsamen Berufsarmee hat. Sie muß unter dem Oberbefehl der Kommission stehen und mit dieser dem europäischen Parlament politisch verantwortlich sein.

Deutschland war im zwanzigsten Jahrhundert das große Problem des europäischen Gleichgewichts. In zwei Weltkriegen konnte Deutschland nur mit Hilfe der vereinten Macht der Sowjetunion, der westeuropäischen Mächte und Nordamerikas bezwungen und an der Alleinherrschaft über Europa gehindert werden. Aus heutiger Sicht erweist sich der Konflikt der Sieger untereinander nach 1945 als Vorteil für Europa. Kein Friede mit den Mitteln der Gewalt und damit des Krieges beendete das Ringen der Deutschen mit den europäischen Staaten und den USA. Den europäischen Völkern wurde eine politische Pause eingeräumt, vielleicht auch aufgezwungen, um sich der neuen Lage Europas als Objekt weltweiter und nicht mehr europäisch bestimmter Politik bewußt zu werden. Nur weil Europa schließlich für alle - Sieger und Besiegte - ein Sieg über den individuellen, überheblichen Nationalstaat wurde, konnte diese neue Gemeinschaft der Staaten und Völker entstehen. In Zukunft wird der Friede in der Welt nicht mehr durch das Gleichgewicht der europäischen Staaten, sondern durch das Gleichgewicht von Staatenunionen und -gemeinschaften und von Kontinenten bestimmt werden.

Europa muß das Vaterland aller Europäer werden, dann bleibt Raum für viele Mutterländer! Der grenzenlose Kontinent erst wird den vielen Volksgruppen, Rassen und Völkern die volle Freiheit zur Selbstentfaltung und Selbstgestaltung geben. So kann sich der Elsässer als Franzose, als Deutscher oder eben nur als Elsässer fühlen. Der Baske, der Tiroler, der Sorbe, der Sizilianer, der Lappe und wie die vielen Völker und Volkgruppen auch heißen, die unter dem Zwang einheitlicher Vaterländer in die Enge der Nationen gedrückt wurden, sie alle können unter dem gemeinsamen Dach Europas wieder oder auch erstmalig in der Geschichte ihre volle Individualität entfalten. So erweist sich die Idee von der Einheit Europas am Ende dieses so grausamen und so törichten Jahrhunderts als die einzige Idee, mit der die Menschen und Völker dieses Kontinents voller Hoffnung in das neue Jahrhundert, in ein neues Jahrtausend hinüberziehen können.

Literaturübersicht

A l e x a n d r o w, Jewgenij, Ein neues Bulgarien im neuen Europa, in EA 1990, S. 595

A l k a z a z, Aziz, Auf dem Weg zur Arabischen Wirtschaftsgemeinschaft?, in Das Parlament 1991, Nr. 37-38, S. 16

A l l e n, David und M o r g a n, Roger, Großbritannien: Vorrang der nationalen Probleme, in EA 1978, S. 798

A m s t u t z, Peter, Alte Staatsmaxime wackelt, die Neutralität der Schweiz, in FR 1990, Nr. 213, S. 2

B e r n e c k e r, Walther L. Spanien und Portugal zwischen Regime-Übergang und stabilisierter Demokratie in PuZ B51/1990

B i s c h o f, Hendrik, Was nicht zusammengehört, kann nicht zusammenwachsen, Die Krise in Jugoslawien, in FR Nr. 140/1991

B i s m a r c k, Philipp von, R o v a n, Joseph, W e i d e n f e l d, Werner und W i n d e l e n, Heinrich, Die Teilung Deutschlands und Europas, Zusammenhänge, Aufgaben, Perspektiven, Europa Union Verlag, Bonn 1984

B o n d y, Francois, Europa ohne Grenzen, in PuZ B 23/1984

B r u g m a n s, Hendrik, Der Haager Kongress nach vierzig Jahren - Reflexionen eines Zeitzeugen, in integration 1988, S. 47

ders., Europa: der Sprung ins Ungewisse, Europa Union Verlag 1985

C h a r l t o n, Michael, The Price of Victory, Published by British Broadcasting Corporation, London 1983

C h i t i - B a t a l l i, Andrea, A federated Europe and the United States, Rom 1990

C z e m p i e l, Ernst-Otto, Europa nach der "Überwindung des Containment", in EA 1989, S. 373

D a v y, Richard, Großbritannien und die Deutsche Frage, in EA 1990, S. 139

E u r o p e a n D e m o c r a t i c G r o u p (im Europaparlament) (Hsg.) Here to stay, Britains role in the European Community, London o.J.

F a r u k, Sen, Beziehungen der Türkei zur Europäischen Gemeinschaft, in Mitteilungen der Deutsch-Türkischen Gesellschaft e.V. Bonn, Heft 113, 1990

F a ß b e n d e r, Bardo, Zur staatlichen Ordnung Europas nach der deutschen Einigung, in EA 1991, S. 395

F r a n z, Otmar (Hsg), Europas Mitte,
Muster-Schmidt Verlag, Göttingen, Zürich 1987

ders. (Hsg.), Die Europäische Zentralbank, Europa Union Verlag 1990

ders. (Hsg.), Europäische Währung - eine Utopie? Libertas Verlag Sindelfingen 1988

F r e u d e n s t e i n, Roland, Japan und das neue Europa. Die Beziehungen am Ende der Ost-West-Konfrontation und vor der Vollendung des Binnenmarktes, in EA 1990, S. 639

F r e y, Peter, Spanien und Europa, Europa Union Verlag, Bonn 1988

G a n s l a n d t, Herbert R., Politische Kultur und politisches System in Griechenland, in PuZ B 51/1990

G a z z o, Emanuele, Die echte Vorbedingung für die Erweiterung der Europäischen Gemeinschaften. Eine "historische Entscheidung" - wofür?, in EA 1977, S. 691

ders. , Italien: Mögliche Änderungen in der Parteienkonstellation, in EA 1978, S. 805

G l o t z, Peter, Gesamteuropa - Skizze für einen schwierigen Weg, in EA 1990, S. 41

G ö r n e r, Rüdiger, Briten sollen niemals Sklaven sein, in Deutsches Allgemeines Sonntagsblatt, Nr. 21, 1989, S. 3

G o e t z, Hermann und G u n z e r t, Ulrich, Südostasien: Geschichte und Gegenwart, in Informationen 1971, Nr. 144

G o s s e l, Daniel, L e h n i g k, Jens und S c h o m a k e r, Astrid, (Hsg.),Plädoyer für Europa, Verlag Weltarchiv GmbH Hamburg 1989

G r o e b e n, Hans von der und M ö l l e r, Hans (Hsg.), Die Erweiterung der Europäischen Gemeinschaft durch den Beitritt der Länder Griechenland, Spanien und Portugal, Nomos Verlagsgesellschaft, Baden-Baden 1979

G u m p e l, Werner, Comecon, Der Rat für gegenseitige Wirtschaftshilfe (RgW), in Informationen 1977, Nr. 170

G w i a z d a, Adam, Die Desintegration des Rates für gegenseitige Wirtschaftshilfe, Neue Perspektiven für die mitteleuropäischen Länder?, in PuZ, B 45, S. 35

H a a g e r u p, Niels Joergen, Dänemark: Direktwahlen im Schatten wirtschaftlicher und sozialer Probleme, in EA 1978, S. 825

H a b e l, Fritz Peter und K i s t l e r, Helmut, Deutsche und Polen, in Informationen 1970, Nr. 142 und 143

dies., Deutsche und Tschechen 1848 - 1948, in Informationen 1969, Nr. 132

H ä n s c h, Klaus (Hsg), Europa zwischen den Supermächten, L'80, Heft 25, 1983

H a l t z e l, Michael H., Amerikanische Einstellungen zur deutschen Wiedervereinigung, in EA 1990, S. 127

H e i m a n n, Gerhard, Die Auflösung der Blöcke und die Europäisierung Deutschlands, in EA 1990, S. 167

H e r l t, Rudolf, Leere Worte zum Wiegenfest, in Die Zeit 1982, Nr. 14, S. 16

H u b e l, Helmut, Die Mächte im Nahen Osten und der zweite Golfkrieg, in PuZ 1991, B 30-31

H o a d l e y, Steve, Japans Interessen im Südpazifik, in EA 1989, S. 757

H o r n u n g, Klaus, Die Deutsche Frage, in Informationen 1984, Nr. 203

H r b e k, Rudolf, Dänemark, in Jahrbuch 1980, S. 321

H ü t t e n b e r g e r, Peter, Die Entstehung der Bundesrepublik Deutschland, in Informationen 1974, Nr. 157

J a c o b, Ernst Gerhard, Lateinamerikas Geschichte, in Informationen 1967, Nr. 122

J a n s e n, Max, Belgien, Niederlande, Luxemburg (BENELUX), in Jahrbuch der europäischen Integration 1980, S. 301

J a n s e n, Thomas, Italien, in Jahrbuch der Europäischen Integration 1980, S. 345

K a g u t a M u s e v e n i, Yoweri, Die Entwicklung der Beziehungen zwischen Europa und Afrika, in EA 1991, S. 495

K a r a o s m a n o g l u, Ali L., Die Türkei, die europäische Sicherheit und der Wandel der internationalen Beziehungen, in EA 1991, S. 143

K a s a k o s, Panos, Die neue EG-Agenda und die griechische Europa-Politik, in EA 1991, S. 215

K n i p p i n g, Franz und W e i s e n f e l d, Ernst (Hsg.), Eine ungewöhnliche Geschichte, Deutschland - Frankreich seit 1870, Europa Union Verlag, Bonn 1988

K o b b e r t, Ernst, Die Briten taten sich schon immer schwer, in EG-Magazin Januar 1980, S. 7

K ö h l e r ,Wolfgang, Das innerarabische Machtgefüge, in Das Parlament, 1991, Nr. 37-38, S. 2

K o l b o o m, Ingo, Vom geteilten zum vereinten Deutschland, Arbeitspapier zur internationalen Politik 61, Herausgegeben vom Forschungsinstitut der Deutschen Gesellschaft f. Auswärtige Politik e.V. 1991

ders., Ostpolitik als deutsch-französische Herausforderung, in EA 1989, S. 115

ders., Die Vertreibung der Dämonen: Frankreich und das vereinte Deutschland, in EA 1991, S. 470

K o l l e r, Arnold, Europa: Chancen und Herausforderungen für die Schweiz, in EA 1991, S. 358

K r e n z l e r, Horst G., Die Europäische Gemeinschaft und der Wandel in Mittel- und Osteuropa, in EA 1990, S. 89

K u b i g, Bernd W., Ein neues Verhältnis Europa - USA tut not, in Das Parlament 1991, Nr. 39, S. 18

L a t s c h, Johannes, Plebiszite auf dem Puverfaß, Demokratie in Mittelamerika, in Das Parlament 1991, Nr. 6, S. 11

L e m b e r g, Hans, Ost-Mitteleuropa und Südosteuropa, in Informationen 1989, Nr. 225

ders., Geschichte Rußlands und der Sowjetunion, in Informationen 1972, Nr. 151

L i n k, Georg, Ungleiche Partner im europäischen Haus, in Mainzer Beiträge zur Europäischen Einigung, Band 11, Europa Union Verlag, Bonn 1990

L i p g e n s, Walter, Europa-Föderationspläne der Widerstandsbewegungen 1940-1945, Oldenbourg-Verlag, München 1968

L ö f f e l h o l z, Thomas, Bundesrepublik Deutschland, in Jahrbuch 1980, S. 308

L ö f f l e r, Siegfried, Die KSZE im Rahmen der Europäischen Friedensordnung, in Das Parlament 1992, Nr. 3-4, S. 7

L ö w e n t h a l, Richard, Welche Rolle soll Europa spielen? in DIE ZEIT Nr. 2 1982

L o t h, Wilfried, Das Ende der Nachkriegsordnung, in PuZ B18/1991

L u d w i g, Michael, Polen und die deutsche Frage, Arbeitspapiere zur internationalen Politik des Forschungsinstituts der Deutschen Gesellschaft für Auswärtige Politik e.V., Europa Union Verlag, Bonn 1990

M a g e n h e i m e r, Heinz, Zur Neukonstellation der Mächte in Europa, in PuZ B18/1991

M a i e r, Gerhart, R o h l o f f, Adalbert, S c h n e i d e r, Heinrich, Die Europäische Gemeinschaft. Die Außenbeziehungen der EG, in Informationen 1973, Nr. 155

M a r e s c e a u, Marc (Hsg.), The Political and Legal Framework of Trade Relations Between the European Community and Eastern Europe, Martinus Nijhoff Publishers, Dordrecht -Boston - London 1989

M a u l l, Hanns und H e y n i t z, Achim von, Osteuropa: Durchbruch in die Postmoderne? Umrisse einer Strategie des Westens, in EA 1990, S. 441

M e j c h e r, Helmut, Die vergewaltigte arabische Nation, in Das Parlament 1991, Nr. 37-38, S. 3

M e n u d i e r, Henri, Frankreich, in Jahrbuch 1980, S. 315

M e r k e l, Wolfgang, Vom Ende der Diktaturen zum Binnenmarkt 1993, Griechenland, Portugal und Spanien auf dem Weg zurück nach Europa, in PuZ B51/1990

M o n n e t, Jean, Erinnerungen eines Europäers, Carl Hanser Verlag, München - Wien 1978

M o r g a n, Roger, Vereinigtes Königreich, in Jahrbuch der Europäischen Integration 1980, S. 352

M ü l l e r - R o s c h a c h, Herbert, Die deutsche Europapolitik 1949-1977, Europa-Union Verlag, Bonn 1980

M u s t o, Stefan A., Spanien und die Europäische Gemeinschaft, in Europäische Schriften des Instituts für Europäische Politik Band 48, Europa Union Verlag, Bonn 1977

N e r l i c h, Uwe, Europa zwischen alten Ängsten und neuen Hoffnungen, in EA 1990, S. 481

N o v o t n y, Thomas, Neutralitätspolitik - Mythos und Realität, in EA 1989, S. 423

P a p k e, Sven, Der kurze Frühling des Eurokommunismus, in EG-Magazin November 1980, S. 26

P e r t h e s, Volker, Abhängigkeiten und Entwicklungschancen der arabischen Welt, in PuZ 1991, B 30-31

P l o e t z, Karl, Auszug aus der Geschichte, 25.Aflg.
AG Ploetz-Verlag, Würzburg 1956

R e u t e r, Jens, Jugoslawien im Umbruch, in PuZ B 45/1990, S. 3

R e n t m e i s t e r, Heinrich, Österreich und die EG. Die politische Dimension eines möglichen Beitritts, in EA 1989, S. 155

R i e s e, Hans-Peter, Der Wandel der sowjetischen Position zur Deutschen Frage, in EA, 1990, S. 117

R o v a n, Joseph, Frankreichs Europapolitik, Historische Zwänge und konträre Kräfte, in EG-Magazin, April 1982, S. 15

S a c c o, Giuseppe, Rückbesinnung auf den Ursprung der Europäischen Integration. Lehren aus dem Golf-Krieg, in EA 1991, S. 461

ders., Rückbesinnung auf den Ursprung der Europäischen Integration, in EA 1991, S. 461

S a l m o n, Trevor C., Ireland: A Neutral in the Community, Journal of Common Market Studies, Vol XX, No. 3, 1982, S. 205

S c h e n k, Karl-Ernst und S e e l e r, Hans-Joachim (Hsg.) Neue Perspektiven der EG-Beziehungen mit den RGW-Mitgliedstaaten, Europa Union Verlag, Bonn 1988

S c h m i d t, Max und S c h w a r z, Wolfgang, Das gemeinsame Haus Europa - Realitäten, Herausforderungen, Perspektiven, in IPW Berichte des Instituts für Internationale Politik und Wirtschaft, Ost-Berlin 1988, Heft 9 und 10

S c h ö n d u b e, Claus, Europa Taschenbuch, 7.Auflg. Europa Union Verlag, Bonn 1980

ders., Der lange Weg zur Europäischen Union, in Das Parlament 1982, Nr. 29-30, S. 3

S c h n e i d e r, Heinrich, Alleingang nach Brüssel, Österreichs EG-Politik, Europäische Schriften des Instituts für Europäische Politik, Band 66, Europa Union Verlag, Bonn 1990

S c h o l z, Rupert, Deutsche Frage und europäische Sicherheit. Sicherheitspolitik in einem sich einigenden Deutschland und Europa, in EA 1990, S. 239

S c h ü t z e, Walter, Frankreich angesichts der deutschen Einheit, in EA 1990, S. 133

S c h u l m e i s t e r, Otto, Wien und die deutsche Wiedervereinigung, in EA 1990, S. 145

S c h u m a n n, Wolfgang, Irland, in Jahrbuch 1980, S. 339

S c h w a r z, Hans-Peter, Auf dem Weg zum post-kommunistischen Europa, in EA 1989, S.319

S c h w a r z e, Jürgen und B i e b e r, Roland (Hsg.), Eine Verfassung für Europa, von der Europäischen Gemeinschaft zur Europäischen Union, Nomos Verlagsgesellschaft, Baden-Baden 1984

S c h w e i s f u r t h, Theodor, The treaty-making capacity of the CMEA in light of a framework agreement between the EEC and the CMEA, in Common Market Law Review 1985, S. 615

S c h w e i t z e r, C. C. und K a r s t e n, D. (Hsg.) Federal Republic of Germany and EC Membership evaluated, Pinter Publishers, London 1990

S e e l e r, Hans-Joachim, Die Beziehungen zwischen der Europäischen Gemeinschaft und dem Rat für gegenseitige Wirtschaftshilfe, in EA 1987, 189

ders., Vertrag zur Gründung der Europäischen Union, in EuR. 1984, S. 41

ders., Die rechtsstaatliche Fundierung der EG-Entscheidungsstrukturen, in EuR. 1990, S. 99

S e n g h a a s, Dieter, Friedliche Streitbeilegung und kollektive Sicherheit im neuen Europa, in EA 1991, S. 311

ders., Die Neugestaltung Europas, in PuZ B18/1991

ders., Es gibt eine große Unbekannte: Die Sowjetunion, in FR Nr. 139, 1991

S k u b i s z e w s k i, Krzysztof, Neue Probleme der Sicherheit in Mittel- und Osteuropa, in EA 1991, S. 351

S m y s e r, William R., Partner im Widerstreit. Die Bundesrepublik und die Vereinigten Staaten vor dem Beginn einer neuen Ära, in EA 1989, S. 645

ders., Der dritte Anlauf zu einer europäischen Friedensordnung. Wien 1814, Versailles 1919, Paris 1990, in EA 1991, S. 289

S t e i n b a c h, Udo, Europa und der Konfliktherd Naher Osten, in Das Parlament 1991, Nr. 37-38, S. 11

ders., Türkei, in Informationen 1989, Nr. 223

S t ü r m e r, Michael, Die Deutschen in Europa. Auf dem Weg zu einer zwischenstaatlichen Innenpolitik, in EA 1989, S.721

T h a d d e n, Rudolf von, Ohne Pluralismus kann Europa nicht gedeihen, in FR 8.11.1988

T i m m a n, Theo, Niederlande:Wahlkampf in europafreundlichem Klima, in EA 1978, S. 812

T ö k é s, Rudolf L., Vom Post-Kommunismus zur Demokratie, Politik, Parteien und Wahlen in Ungarn, in PuZ 1990, B 45, S. 16

T o n c i c - S o r i n j, Lujo, Was wird aus den Neutralen? Die Erweiterung der Europäischen Gemeinschaften, die Direktwahlen und die "Außenseiter", in EA 1977, S. 701

V a c c h i n o, Juan Mario, Regionalparlamente in Lateinamerika: Vielfältige Ansätze, zunehmende Integrationsdynamik, in integration 1990, S. 70

V o i g t, Karsten D., Die Vereinigung Europas - Westeuropäische Integration und gesamteuropäische Kooperation, in EA 1989, S. 413

V o l l e, Angelika, Der Wandel Großbritanniens vom zögernden Außenseiter zum widerspenstigen Partner in der Europäischen Gemeinschaft, in PuZ B3/1989, S. 30

dies., Großbritannien und der europäische Einigungsprozess, Arbeitspapiere zur internationalen Politik 51, Europa Union Verlag, Bonn 1989

W a g n e r, Wolfgang, Deutschland: Spät erkannte Detailprobleme, in EA 1978, S. 831

ders., Auf der Suche nach einer neuen Ordnung in Europa, in EA 1989, S. 693

ders., Die Dynamik der deutschen Wiedervereinigung. Suche nach einer Verträglichkeit für Europa, in EA 1990, S. 79

W a l d m a n n, Peter, Lateinamerika, Geschichte, Wirtschaft, Gesellschaft, in Informationen 1990, Nr. 226

W a l l a c e, William, G e o f f r e y, Edwards und L o u k a s, Tsoukalis, Eine Gemeinschaft der Zwölf. Die Europäische Gemeinschaft und ihre Erweiterung nach Süden, in EA 1977, S. 627

W a l t e r s, Vernon A., Die Vereinigten Staaten und die europäische Sicherheit nach der Vereinigung Deutschlands, in EA 1990, S. 655

ders., Deutschlands zentrale Rolle: Ein Versuch, die europäische Frage neu zu definieren, in integration 1990, S. 13

ders., Für eine europapolitische Führungsrolle der Bundesrepublik Deutschland, in integration 1988, S. 17

W e b e r, Gabriele, Die europapolitische Rolle der Bundesrepublik Deutschland aus der Sicht ihrer EG-Partner, in Materialien zur Europapolitik, Band 6, herausgegeben vom Institut für europäische Politik, Europa Union Verlag, Bonn 1984

W e h n e r, Gerd, Die Deutschlandpolitik der Westalliierten von 1945 - 1955, in PuZ B51/1989, S. 3

W e i d e n f e l d, Werner, Die Hoffnung auf Originalität ist noch nicht verblichen, Eine Bilanz der europäischen Integration 1984, in FR 1985, Nr. 201 S. 10 und 202 S. 15

ders., Die Identität Europas, Schriftenreihe der Bundeszentrale für politische Bildung, Band 225, Bonn 1985

W e i s e n f e l d, Ernst, Mitterands Europäische Konföderation. Eine Idee im Spannungsfeld der Realitäten, in EA 1991, S. 513

W e l l, Günther van, Die europäische Einigung und die USA, in EA 1991, S. 527 ff.

ders., Wandel in Europa und die beiden deutschen Staaten, in EA 1989, S. 569

ders., Die europäische Einigung und die USA, in EA 1991, S. 527

W e n t u r i s, Nikolaus, Griechenland, in Jahrbuch 1980, S. 332

W e s t o n, Charles, Die USA und der politische Wandel in Europa, in PuZ B 49/1990

W i n i e c k i, Jan, Ein "Marshall-Plan" für Osteuropa? Warnung vor falschen Erwartungen, in Neue Zürcher Zeitung 1988, Nr. 277, S. 37

Y o s t, David S., Frankreich in einem neuen Umfeld, in EA 1990, S. 691

Z a n k, Wolfgang, Panthersprung nach Agadir, in DIE ZEIT, Nr. 29, 1991, S. 37

Z i e g e s a r, Detlef von, Die Angst der Briten vor einem Verlust der Souveränität, in FR 1991, Nr. 283, S. 30

Abkürzungen

EA = Europa Archiv, Halbmonatsschrift der deutschen Gesellschaft für auswärtige Politik im Verlag für internationale Politik GmbH, Bonn

FR = Frankfurter Rundschau

Informationen = Informationen zur Politischen Bildung, herausgegeben von der Bundeszentrale für politische Bildung in Bonn

integration = Beilage zur Europäischen Zeitung, Hsg. Heinrich Schneider, Institut für Europäische Politik, Europa Union Verlag, Bonn

Jahrbuch = Jahrbuch der Europäischen Integration, herausgegeben von Werner Weidenfeld und Wolfgang Wessels, Institut für Europäische Politik, Europa Union Verlag, Bonn

PuZ = Aus Politik und Zeitgeschichte, Beilage zur Wochenzeitung Das Parlament

Das Parlament, Wochenzeitung, herausgegeben von der Bundeszentrale für politische Bildung in Bonn

Stichwort Europa, Europäische Dokumentation, Sammlung, herausgegeben von der Kommission der EG, Amt für amtliche Veröffentlichungen der Europäischen Gemeinschaft.